Frankreich und der Nürnberger Prozess
gegen die Hauptkriegsverbrecher 1945/46

TRANSFORMATIONEN - DIFFERENZIERUNGEN - PERSPEKTIVEN

MAINZER STUDIEN ZUR NEUZEIT

Herausgegeben von Michael Kißener, Jan Kusber,
Andreas Rödder und Matthias Schnettger

BAND 2

PETER LANG

Matthias Gemählich

Frankreich und der Nürnberger Prozess gegen die Hauptkriegsverbrecher 1945/46

PETER LANG

Bibliografische Information der Deutschen Nationalbibliothek
Die Deutsche Nationalbibliothek verzeichnet diese Publikation in der Deutschen Nationalbibliografie; detaillierte bibliografische Daten sind im Internet über http://dnb.d-nb.de abrufbar.

Zugl.: Mainz, Univ., Diss., 2017

Die vorliegende Arbeit wurde vom Fachbereich 07: Geschichts- und Kulturwissenschaften der Johannes Gutenberg-Universität Mainz im Jahr 2017 als Dissertation zur Erlangung des akademischen Grades eines Doktors der Philosophie (Dr. phil.) angenommen.

Abbildung auf dem Umschlag: François de Menthon hält vor dem IMT das Eröffnungsplädoyer für die französische Anklage, 17. Januar 1946 (Office of the United States Chief of Counsel, Charles Alexander, Courtesy of Harry S. Truman Library).

D 77
ISSN 2566-6215
ISBN 978-3-631-76189-2 (Print)
E-ISBN 978-3-631-76190-8 (E-PDF)
E-ISBN 978-3-631-76191-5 (EPUB)
E-ISBN 978-3-631-76192-2 (MOBI)
DOI 10.3726/b14397

Peter Lang – Berlin · Bern · Bruxelles · New York · Oxford · Warszawa · Wien

Diese Publikation wurde begutachtet.

www.peterlang.com

Für Max

Danksagung

Die vorliegende Arbeit ist als Dissertation in einem Cotutelle-Verfahren an der Johannes Gutenberg-Universität Mainz und der Université Paris I Panthéon-Sorbonne entstanden. Mein herzlicher Dank gilt daher an erster Stelle Michael Kißener (Mainz) und Corine Defrance (Paris), den beiden Betreuern der Arbeit, die deren Entstehung begleiteten und den Abschluss in einem deutsch-französischen Verfahren ermöglichten.

Für die Gewährung mehrerer Stipendien und finanzieller Unterstützung habe ich dem Deutschen Historischen Institut Paris, insbesondere dem stellvertretenden Direktor Stefan Martens, dem Deutschen Akademischen Austauschdienst und der Deutsch-Französischen Hochschule zu danken, ohne die die Anfertigung der Arbeit nicht möglich gewesen wäre. Zu danken habe ich ferner den Mitarbeiterinnen und Mitarbeitern in allen von mir besuchten Archiven, in denen ich Zugang zu sämtlichen relevanten Beständen erhielt. Besonders zu erwähnen ist in diesem Zusammenhang Jane Debenest, die mir Einblick in die Unterlagen ihres Vaters Delphin Debenest gewährte.

Zuletzt danke ich allen Kolleginnen und Kollegen, insbesondere Guillaume Mouralis, Michel Massé, Jean-Paul Jean, Guénaël Mettraux und Daniel Bonnard, die mich bei meinen Recherchen mit wichtigen Ratschlägen und Hinweisen unterstützt und so ebenfalls zum Zustandekommen der Arbeit beigetragen haben.

Matthias Gemählich
März 2018

Inhaltsverzeichnis

I. Einleitung

Eine geschichtsvergessene Debatte

Es war eine Entscheidung von historischer Tragweite, die die Abgeordneten der französischen Nationalversammlung am 22. Februar 2000 trafen. Auf der Tagesordnung stand die Diskussion einer Gesetzesvorlage, die Frankreichs Beitritt zum Internationalen Strafgerichtshof (IStGH) regelte.[1] Allerdings existierte dieser bislang nur auf dem Papier. Eineinhalb Jahre zuvor, im Juli 1998, hatten Bevollmächtigte von rund 160 Staaten und Vertreter von Nichtregierungsorganisationen aus allen Teilen der Welt auf der Konferenz von Rom das Statut für den Gerichtshof ausgehandelt und angenommen. Inkrafttreten konnte der Vertrag aber erst, wenn eine Mindestzahl von 60 Staaten ihn anschließend auch ratifizieren würde und bis zu jenem Tag, an dem die französische Nationalversammlung hierüber beriet, hatten dies überhaupt erst sieben Länder getan.[2] Als er vor die Abgeordneten trat, betonte Außenminister Hubert Védrine deswegen eingangs den erklärten Willen der Regierung, Frankreich solle als eines der ersten Länder die Ratifizierung vornehmen. Seine anschließende Rede stand ganz im Zeichen der symbolischen Bedeutung eines solchen Schrittes und er betonte, die Schaffung des IStGH sei „ein echter Sieg im Kampf gegen die Straflosigkeit am Ende eines Jahrhunderts, das von das menschliche Gewissen herausfordernden Schrecken geprägt war."[3] Nicht fehlen durfte an dieser Stelle der Blick zurück auf das Ereignis, das für den Beginn des von Védrine beschworenen Kampfes für eine internationale Strafgerichtsbarkeit steht und das die Unterstützer des IStGH seit jeher als geschichtlichen Fixpunkt ihrer Sache betrachten: den Nürnberger Prozess gegen die Hauptkriegsverbrecher, in dem sich erstmals individuelle Personen vor einem internationalen Gericht für Verbrechen vor dem Völkerrecht hatten verantworten müssen.[4]

Erstaunlicherweise bemerkte Védrine jedoch nur in knappen Worten, das Gerichtsverfahren sei damals das Werk der „Sieger über NS-Deutschland"[5] gewesen. Dass auch Frankreich zu diesen gezählt und gemeinsam mit seinen Verbündeten

---

1 Vgl. Assemblée nationale, Ratification, S. 1096.

2 Die sieben Länder waren der Senegal, Trinidad und Tobago, San Marino, Italien, Fidschi, Ghana und Norwegen. Im April 2002 wurde die Mindestanzahl von 60 Ratifizierungen erreicht, so dass das Statut in Kraft trat und der Gerichtshof einige Monate später in Den Haag seine Arbeit aufnehmen konnte; vgl. Schabas, Introduction, S. 23 f.

3 Assemblée nationale, Ratification, S. 1096. Alle fremdsprachigen Zitate in dieser Ausgabe wurden durch den Verfasser ins Deutsche übersetzt.

4 Zur Bedeutung des Nürnberger Hauptkriegsverbrecherprozesses für die weitere Entwicklung des Völkerstrafrechts vgl. Mettraux, Inheritance; Sands, Nuremberg; Lingane, Punir.

5 Assemblée nationale, Ratification, S. 1096.

den Prozess organisiert hatte, war dem Minister nicht einmal eine kurze Erwähnung wert. Dabei geizte Védrine eigentlich nicht mit historischem Pathos, wenn er wiederholt betonte, dass das Statut des IStGH maßgeblich von französischen Rechtsvorstellungen geprägt sei und dass Frankreich sich immer für die Schaffung des Weltgerichts eingesetzt habe.[6] Wer erwartete, der Minister würde den Bogen zurück zur Beteiligung seines Landes am Internationalen Militärtribunal (IMT) von Nürnberg schlagen und eine aus dieser Rolle heraus gewachsene besondere Verantwortung Frankreichs für die weltweite Durchsetzung des Völkerstrafrechts, ja vielleicht sogar eine Mission für den Kampf gegen die Straflosigkeit von Massenverbrechen und Menschenrechtsverstößen postulieren, wurde dennoch enttäuscht.

Das änderte sich auch nicht, als im Anschluss mehrere der versammelten Parlamentarier das Wort ergriffen. Neben Pierre Brana, einem weiteren Sprecher des Außenministeriums, waren dies Védrines sozialistischer Parteifreund François Loncle, aber auch namhafte Vertreter der konservativen und liberalen Fraktionen innerhalb des Parlaments.[7] Alle Redner befürworteten trotz parteipolitischer Differenzen in der Sache die Pläne der Regierung, so dass am Ende der Debatte eine überwältigende Mehrheit für die gewünschte Ratifizierung zustande kam.[8] Obwohl die meisten von ihnen in diesem Zuge zwar durchaus an den Nürnberger Prozess erinnerten, ging jedoch keiner in irgendeiner Weise auf Frankreichs Mitwirkung an diesem ein oder sah sich veranlasst, einen Zusammenhang herzustellen zwischen der historischen Rolle ihres Landes als einem der Wegbereiter des IMT und der jetzigen Unterstützung für das geplante Weltgericht. Man sollte meinen, dass ein solcher Verweis nur naheliegend gewesen wäre, ist Frankreich doch neben Großbritannien bis heute der einzige Mitgliedsstaat des IStGH, der bereits nach dem Zweiten Weltkrieg in Nürnberg über die NS-Führer zu Gericht saß.[9] Aber selbst in einem solchen Moment geschichtlicher Rückbesinnung blieb der Beitrag, den das Land einst zu dem „Jahrhundert-Prozeß“[10] erbracht hatte, gänzlich im Dunkeln.

Was das Parlament an diesem Tag unter Beweis stellte, muss man wohl als eine besondere Form der Geschichtsvergessenheit bezeichnen. Die zur Debatte stehende Gesetzesvorlage war für die Abgeordneten Grund genug, nach Bezugspunkten in der Vergangenheit zu suchen und den historischen Wendepunkt von Nürnberg in seiner völkerrechtlichen Dimension zu würdigen. Dabei blendeten sie aber vollständig die nationale Perspektive aus und übergingen die Frage nach der Rolle des eigenen Landes in ebenjenem Zusammenhang. Bei der Parlamentsdebatte handelte es sich in dieser Hinsicht keineswegs um einen Sonderfall, vielmehr kann die in

6 Vgl. ebd., S. 1097.
7 Vgl. ebd., S. 1099 f. und 1102 f.
8 Wenige Wochen nach der Nationalversammlung stimmte auch der Senat, die zweite Kammer, für das Gesetz, das die Ratifizierung vorsah. Dieses trat daraufhin am 30. März 2000 in Kraft; vgl. Loi n° 2000–282 du 30 mars 2000.
9 Weder die USA noch Russland sind Mitgliedsstaaten des IStGH; vgl. Schabas, Introduction, S. 490–494.
10 Smith, Jahrhundert-Prozeß.

ihr zutage getretene Haltung als durchweg typisch bezeichnet werden und spiegelt wider, welchen Platz der Nürnberger Hauptkriegsverbrecherprozess in der Erinnerungskultur der französischen Gesellschaft einnimmt. Ohne jeden Zweifel ist er dort eine feste Größe, jedoch wird er nicht als Teil der nationalen Historie wahrgenommen, sondern als Ereignis der Weltpolitik, das das eigene Land wenig bis gar nicht betraf. Als anschauliches Gegenbeispiel mag die Befreiung Frankreichs nach der alliierten Landung in der Normandie im Sommer 1944 und die sich daran anschließende militärische Niederwerfung NS-Deutschlands dienen. Diese wurden im französischen Bewusstsein seit jeher keineswegs allein als Leistungen der angelsächsischen Verbündeten, sondern als genuin-nationale Errungenschaften gewertet, als „Sieg des kämpfenden Frankreich."[11] Im Fall des Nürnberger Prozesses jedoch liegt das Gegenteil vor. Statt einer historischen Vereinnahmung findet hier ein merkwürdiges Ausblenden der eigenen Mitwirkung und ein Überlassen der Deutungshoheit an andere statt. Wer nach Beispielen für dieses Phänomen sucht, wird schnell fündig: Der erfolgreichste und meistgesehene französische Dokumentarfilm der letzten Jahre über das Geschehen in Nürnberg, Christian Delages „Nuremberg – Les nazis face à leurs crimes", kommt bei einer Dauer von rund 90 Minuten ohne jegliche Erläuterung der französischen Beteiligung an dem Verfahren aus.[12] Während Delage lange Auszüge aus der Eröffnungsrede des amerikanischen Chefanklägers Robert H. Jackson zeigt und mehrere von dessen ehemaligen Mitarbeitern zu Wort kommen lässt, wird von ihm keiner der französischen Prozessteilnehmer vorgestellt, geschweige denn befragt. Als im November 2010 im Nürnberger Gerichtsgebäude mit dem *Memorium Nürnberger Prozesse* eine neue Ausstellung am historischen Ort eröffnet und hierüber auch in der französischen Presse berichtet wurde, bot sich dasselbe Bild. *Le Monde* beispielsweise rief seinen Lesern in Erinnerung, durch das IMT seien seinerzeit die „Fundamente der internationalen Justiz"[13] gelegt worden. In welcher Weise Frankreich sich hieran beteiligt hatte, wurde in dem Artikel jedoch überhaupt nicht angesprochen.

Nicht anders fiel das Presseecho zum 70. Jahrestag der Nürnberger Urteilsverkündung aus: Zahlreiche französische Zeitungen erinnerten an den berühmten Prozess, den man in der Redaktion des Figaro etwa als „einmaliges gerichtliches Ereignis

---

11 Duroselle, Abîme, S. 608. Bestes Beispiel hierfür ist die berühmte Rede de Gaulles vom 25. August 1944 im Rathaus des befreiten Paris, in der er verkündete: „Paris befreit! Befreit durch sich selbst, befreit von seinem Volk mit der Unterstützung der Armeen Frankreichs, mit der Unterstützung und dem Rückhalt ganz Frankreichs, des kämpfenden, des einzigen, des wahren, des ewigen Frankreich"; De Gaulle, Discours, S. 440; vgl. auch Kißener, Vergangenheitsbewältigung, S. 413 f.

12 Vgl. Delage, Christian: Nuremberg – Les nazis face à leurs crimes (2006). Dasselbe gilt für Frédéric Rossifs „De Nuremberg à Nuremberg", einen der bekanntesten französischen Dokumentarfilme über die NS-Bewegung; vgl. Rossif, Frédéric: De Nuremberg à Nuremberg (1986).

13 Le Monde, Artikel: „Le procès de Nuremberg 65 ans après", 20. November 2010.

in der Geschichte"[14] gewürdigt wissen wollte. Wieder blieb das Zutun des eigenen Landes jedoch unerwähnt und ebenso wenig Beachtung fanden in der Berichterstattung die einst an dem Prozess beteiligten Franzosen. Überhaupt sind deren Namen heute in Frankreich allenfalls Fachleuten geläufig, jedoch keinesfalls einem breiten Publikum bekannt. So ist es wohl auch zu erklären, dass Hubert Védrine in seiner Rede vor der Nationalversammlung von „unserem Landsmann Donnedieu de Vabres, Ankläger in Nürnberg"[15] sprach. Tatsächlich war Henri Donnedieu de Vabres der französische Richter des IMT.[16] Aber dass der Außenminister des Jahres 2000 in einer vorbereiteten Ansprache nicht einmal die Stellung seines ranghöchsten Landsmannes im Nürnberger Prozess korrekt benennen konnte, zeigt deutlich, wie wenig Aufmerksamkeit den in das Verfahren involvierten Juristen in ihrer Heimat zuteil geworden ist. Der Historiker François Delpla scheute in seiner 2006 erstmals erschienenen Gesamtdarstellung zu Nürnberg nicht einmal davor zurück, sein Desinteresse an der Beteiligung Frankreichs in aller Offenheit auszusprechen. Im Vorwort seines Buches teilte er den Lesern mit: „Um Wiederholungen zu vermeiden und aus einer grundsätzlichen Erwägung heraus [...] wurde dem amerikanischen Standpunkt Vorrang eingeräumt."[17] Die grundsätzliche Erwägung, von der hier die Rede ist, besagt, dass der Prozess im Kern ein rein amerikanisches Unternehmen gewesen ist. Schließlich hatte die US-Administration im Frühjahr 1945 den Anstoß gegeben, hatte gegenüber ihren Verbündeten für das Projekt geworben, hatte dann die Vorbereitungen koordiniert, mit Abstand die größten Ressourcen investiert und nicht zuletzt durchgesetzt, dass der Prozess in der amerikanischen Besatzungszone stattfand und in seinem Ablauf einem angelsächsischen Gerichtsverfahren ähnelte. Da das Unternehmen also in jeder Hinsicht „von den Amerikanern dominiert"[18] gewesen sei, schien einem Historiker wie Delpla die Frage nach dem französischen Anteil gänzlich überflüssig.[19]

Überblickt man jedoch die Fakten und dringt tiefer in die Materie ein, dann lässt sich nicht bestreiten, dass Einwände gegen eine solche einseitige Betrachtungsweise angebracht, ja sogar geboten sind. Schließlich liegt die historische Strahlkraft des Hauptkriegsverbrecherprozesses vor allem in seinem internationalen Charakter und gerade aus diesem Grund führte die Einrichtung des IStGH in Den Haag zu einer

14 Le Figaro, Artikel: „Comment le procès de Nuremberg a façonné la justice internationale", 30. September 2016.

15 Assemblée nationale, Ratification, S. 1097.

16 Vgl. Chevailler, L: Donnedieu de Vabres (Henri), in: D'Amat/Limouzin-Lamothe, Biographie, Bd. 11, S. 533.

17 Delpla, Nuremberg, S. 8.

18 Ebd., S. 322.

19 Anzumerken ist, dass es sich hierbei um keinen Einzelfall handelt. Dieselbe Beobachtung lässt sich für die erst in der jüngsten Vergangenheit von Ann-Sophie Schöpfel erforschte französische Mitwirkung am Internationalen Militärtribunal für den Fernen Osten machen, über das gleichwohl auch insgesamt sehr viel weniger gearbeitet wurde als über das IMT von Nürnberg; vgl. Schöpel, Dynamics; Schöpfel, War Court; Jaudel, Tokyo.

zuvor ungekannten Rückbesinnung auf das IMT von Nürnberg, wird der Haager Gerichtshof doch bis heute als dessen „direkter Abkömmling“[20] angesehen. In der Tat war das IMT nicht nur dem Namen nach ein internationales Gericht, sondern es wurde von den vier Hauptsiegermächten des Zweiten Weltkrieges paritätisch besetzt. Das bedeutete, dass die französischen Mitglieder des Richterkollegiums ihren Kollegen aus den anderen Staaten gegenüber vollkommen gleichgestellt waren, dass sie also über dieselben Rechte verfügten und ihre Stimme dasselbe Gewicht hatte. Nicht anders sah es auf Seiten der Anklagevertretung aus: Die Sprecher der französischen Delegation legten zum Jahresbeginn 1946 in einem umfangreichen Vortrag vor dem IMT ihre Sicht auf die Verbrechen des Zweiten Weltkrieges und ihre Vorstellungen von deren juristischer Ahndung dar.

Teile des Anklagevortrages, beispielsweise die aufsehenerregende Zeugenaussage der KZ-Überlebenden Marie-Claude Vaillant-Couturier, haben durchaus Eingang in die kollektive Erinnerung gefunden und sind sogar jenseits der französischen Landesgrenzen stark rezipiert worden.[21] Es gibt also keinen Grund, die Beteiligung Frankreichs am Prozess gegen die Hauptkriegsverbrecher kleinzureden oder als rein symbolisches Zugeständnis der Verbündeten abzutun, das lediglich einem außenpolitischen Repräsentationsbedürfnis der Regierung in Paris entgegenkommen sollte. Wer in einer Zeit, in der sich der IStGH als feste Instanz in der internationalen Politik etabliert hat, nach dessen historischen Wurzeln sucht und sich den Weg von „Nürnberg nach Den Haag“[22] vergegenwärtigt, ist vielmehr gut beraten, über den französischen Anteil am Prozess vor dem IMT nicht einfach hinwegzusehen. Angesichts der geringen Beachtung, die dieser in Frankreich bis heute erfahren hat, lohnt es sich vielmehr, den Blick gerade hierauf zu richten.

Fragestellung und Vorgehensweise

Die vorliegende Studie bezweckt, eine umfassende Bewertung der Rolle Frankreichs im Nürnberger Prozess gegen die Hauptkriegsverbrecher vorzunehmen.[23] Es handelt sich um eine historische Arbeit, die jedoch auch die mit dem Thema verbundenen juristischen Probleme miteinbezieht und vor einer interdisziplinären Herangehensweise nicht zurückschreckt, wo dies sinnvoll erscheint. Gerade auch abseits der

20 Overy, Making, S. 29.

21 Vgl. Heydecker/Leeb, Prozeß, S. 424 ff.

22 Vgl. Nürnberger Menschenrechtszentrum, Den Haag.

23 Der Begriff „Hauptkriegsverbrecher“ (Englisch: *Major War Criminals*/Französisch: *Grands criminels de guerre*) wird in dieser Arbeit im Sinne der sich an die Moskauer Erklärung anschließenden Proklamationen der alliierten Regierungen verwendet. Danach wurden als Hauptkriegsverbrecher diejenigen bezeichnet, deren Verbrechen während des Zweiten Weltkrieges nicht geographisch eingegrenzt werden konnten; vgl. Declaration on German atrocities, November 1, 1943, in: United States Department of State, Decade, 1941–49, S. 13 f.; Weinke, Prozesse, S. 11.

Geschichtswissenschaft entstandene Forschungsrichtungen wie diejenige der *Transitional Justice*, die die juristische Aufarbeitung staatlichen Unrechts als Teil eines breiten gesellschaftlichen Umbruchs und Übergangsprozesses von der Diktatur hin zu Demokratie begreift, sollen so durchaus Berücksichtigung finden und die hier vorgenommene, spezifische Fallstudie darin eingebettet werden.[24] Das bedeutet jedoch vor allem, dass die Arbeit in Aufbau und Methodik zunächst eindeutig als geschichtswissenschaftliche Studie konzipiert ist und die heranzuziehenden Quellen hermeneutisch erschlossen werden. Die kritische, differenzierende Analyse der relevanten Quellenbestände steht somit im Mittelpunkt und zielt darauf ab, die entscheidenden Zusammenhänge und Entwicklungen aufzuzeigen, wodurch der Prozess gegen die Hauptkriegsverbrecher in erster Linie als historisches Ereignis erfasst werden soll.[25]

Unter den Interpretations- und Analysemodellen, von denen in diesem Rahmen Gebrauch gemacht wird, ist insbesondere das Konzept der *histoire croisée* zu nennen, wie es Michael Werner und Bénédicte Zimmermann formuliert haben.[26] Grundlage hierfür ist die Annahme, dass das Verfahren gegen die Hauptkriegsverbrecher mit seinen Beteiligten aus den unterschiedlichsten Ländern einen Transferprozess darstellt, der nur unter Berücksichtigung der unterschiedlichen nationalen Perspektiven zu verstehen ist. Daher soll die rege Interaktion zwischen den Gruppen, die beispielsweise die französischen Anklagevertreter und die deutschen Verteidiger vor dem IMT bildeten, untersucht und die Frage nach ihren Rückwirkungen auf die Handlungen der Akteure auf beiden Seiten gestellt werden. In einem breiteren Rahmen versteht sich die vorliegende Studie aber auch grundsätzlich als Beitrag zu einer transnationalen Geschichtsschreibung, die darauf angelegt ist, die Grenzen nationaler Perspektiven bewusst hinter sich zu lassen und hierbei neue Forschungsfelder zu erschließen.[27] Auf diesem Weg hat sich zuletzt Annette Weinke der historischen Entwicklung des humanitären Völkerrechts angenähert.[28] Nicht zuletzt wird zudem auf das methodische Repertoire weiterer Disziplinen, insbesondere der Rechtsgeschichte, zurückgegriffen, da nur auf diesem Weg Antworten auf die zahlreichen Fragen gefunden werden können, die sich rund um die französische Mitwirkung am Prozess vor dem IMT stellen.[29] Da sich diese insbesondere durch eine tief greifende Reflexion über die juristischen Grundlagen des Verfahrens auszeichnete, ist gerade die rechtshistorische Dimension mit einzubeziehen, zumal der Nürnberger Prozess in der Rechtsgeschichte eine durchaus erhebliche Rezeption erfahren hat.[30]

24 Vgl. Teitel, Justice; Krüger, Justice.
25 Zu den Methoden geschichtswissenschaftlicher Analyse und Interpretation vgl. Muhlack, Verstehen.
26 Vgl. Werner/Zimmermann, Histoire; Werner/Zimmermann, Verflechtung.
27 Vgl. Budde/Conrad/Janz: Geschichte; Pernau, Geschichte.
28 Vgl. Weinke, Gewalt, S. 7–21.
29 Vgl. Meder, Rechtsgeschichte.
30 Vgl. Hattenhauer, Rechtsgeschichte, S. 719–727; Wesel, Geschichte, S. 514 ff.

Notwendig erscheint es vor diesem Hintergrund aber auch, dem Untersuchungszeitraum keine zu engen Grenzen zu setzen: Gegenstand der vorliegenden Studie darf nicht nur der Prozess selbst sein, sondern auch dessen Vorgeschichte und auch die Folgen müssen betrachtet werden. Die inhaltliche Vielschichtigkeit der Thematik erfordert außerdem eine Annäherung von unterschiedlichen Seiten: Einen Schwerpunkt muss der politische Rahmen des Hauptkriegsverbrecherprozesses bilden, der in einer Ära der Konsolidierung eines neuen internationalen Systems und des Heraufziehens des Kalten Krieges zu verorten ist.[31] Zu berücksichtigen sind jedoch ebenso die juristische Materie, institutionelle Aspekte und die zeitgenössische Rezeption des Verfahrens. Unerlässlich erscheinen deswegen zunächst eine systematische Erschließung des Untersuchungsgegenstandes und die Entwicklung einer Vorgehensweise, die der Fragestellung gerecht wird. Aus diesem Grund ist der Untersuchung eine viergliedrige Struktur zugrunde gelegt, die sich grob an der Chronologie der Ereignisse orientiert. Vor allem dient sie aber dem Zweck, die inhaltlichen Dimensionen auszuleuchten und durch eine jeweils unterschiedliche methodische Gewichtung die Herausarbeitung der einzelnen Teilergebnisse zu garantieren. Dabei stehen die vier Abschnitte der Arbeit allerdings nicht einfach zusammenhangslos nebeneinander, sondern bauen inhaltlich aufeinander auf. Dadurch entsteht nicht nur der Raum für eine systematische Erschließung der Teilaspekte, sondern auch ein Verständnis der grundlegenden Zusammenhänge wird gewährleistet. Folglich wird die Bearbeitung der hier entwickelten Fragestellung in vier Schritten vorgenommen, um die Untersuchung als Ganzes zu ihrem Ziel zu bringen.

Der erste Abschnitt hat die Verhandlungen zwischen den alliierten Siegermächten des Zweiten Weltkrieges zum Gegenstand, die der Schaffung des IMT und der Durchführung des Prozesses gegen die Hauptkriegsverbrecher vorausgingen. In diesem Teil mit seiner Schwerpunktsetzung auf der politischen Geschichte steht die Frage im Mittelpunkt, welchen Anteil Frankreich am Zustandekommen des Nürnberger Unternehmens hatte. Zu diesem Zweck muss zunächst herausgearbeitet werden, inwieweit sich die *France libre* unter Charles de Gaulle aus dem Londoner Exil heraus bereits während des Krieges an der interalliierten Diskussion über das Vorgehen gegen deutsche Kriegsverbrecher beteiligte und welchen Standpunkt sie in diesem „Vorspiel zu Nürnberg"[32] einnahm. Darauf aufbauend ist zu zeigen, inwieweit die Regierung in Paris seit dem Frühjahr 1945 die Vorbereitung des Hauptkriegsverbrecherprozesses mitverfolgte und in welchem Maße sie von ihren Verbündeten in diese miteinbezogen wurde. Welche Überlegungen bestimmten ihre Haltung und wie brachte sie diese zum Ausdruck? Ist es richtig, dass der „Wunsch nach einer internationalen Jusitz"[33] auf französischer Seite wenig ausgeprägt war, wie Annette Wieviorka vermutet? Hat François Delpla Recht, wenn er davon ausgeht, dass de Gaulle als Regierungschef

31 Vgl. Frank, Systèmes, S. 197 ff.
32 Kochavi, Prelude.
33 A. Wieviorka, France, S. 72.

keinerlei Interesse an dem Projekt aufbrachte?[34] Oder entwickelte die französische Regierung in diesem Zusammenhang durchaus eigene Vorschläge? Das Hauptaugenmerk der Untersuchung liegt hierbei auf der Londoner Konferenz, auf der die Alliierten das Statut des IMT ausarbeiteten und die Verfahrensregeln für den geplanten Prozess in ihren Grundzügen festlegten. Mit Blick auf das Ergebnis der Londoner Verhandlungen ist auch zu fragen, ob sich die Franzosen mit eigenen Initiativen überhaupt durchsetzen konnten oder ob sie sich durchweg dem Willen ihrer amerikanischen Verbündeten fügen mussten. In einem breiteren Rahmen soll außerdem untersucht werden, wie man sich in Paris sowohl in organisatorischer als auch in inhaltlicher Hinsicht auf den Prozess vor dem IMT vorbereitete. Auf dieser Grundlage lassen sich im Einzelnen die Ausgangsbedingungen erfassen, die die französische Beteiligung an diesem kennzeichneten.

Der zweite Abschnitt ist dagegen institutionsgeschichtlich angelegt und befasst sich mit der Delegation, die Frankreich während des Hauptkriegsverbrecherprozesses in Nürnberg vertrat. Über diese Einrichtung war bislang kaum etwas bekannt. Daher gilt es zunächst, ganz grundlegende Fragen zu klären: Wie war die Delegation aufgebaut und wem unterstand sie? Wie viel Personal hielt sich während des Prozesses in Nürnberg auf? Stimmt es, dass die französische Delegation lediglich „aus einem knappen Dutzend Leuten“[35] bestand, wie Annette Weinke behauptet? Oder ist dem Anklagevertreter Jacques-Bernard Herzog Glauben zu schenken, der später zu berichten wusste, er sei zusammen mit 300 Landsleuten in Nürnberg gewesen?[36] Jedoch nicht nur die Größe, sondern auch die Zusammensetzung der französischen Vertretung ist in diesem Zusammenhang zu analysieren. Nach welchen Kriterien die Delegationsmitglieder ausgewählt wurden und welche Personalpolitik die Regierung in Paris verfolgte sind Fragen von zentraler Bedeutung, will man verstehen, wie die Delegation sich während des Prozesses in der Konfrontation mit den Angeklagten, aber auch gegenüber ihren Verbündeten positionierte. Als Schlüssel zum Verständnis von Auftreten und Argumentieren der französischen Prozessbeteiligten wird daneben deren biographischer Hintergrund betrachtet, der in diesem Zusammenhang ebenfalls untersucht werden soll. Besonders gilt dies für das juristische Personal, das direkt an dem Prozess mitwirkte. Aber auch die anderen Mitarbeiter der Delegation, beispielsweise Übersetzer und Dolmetscher, dürfen im Rahmen einer solchen Gesamtdarstellung nicht außen vor gelassen werden. Außerdem fragt die Arbeit an dieser Stelle nach den Lebens- und Arbeitsbedingungen in Nürnberg. Dadurch soll deutlich gemacht werden, wie sich der Alltag der Delegationsangehörigen während des zehnmonatigen Prozesses gestaltete.

Im Mittelpunkt des dritten Abschnittes steht sodann der konkrete juristische Beitrag zum Prozess gegen die Hauptkriegsverbrecher. Hierbei handelt es sich um den umfangreichsten Teil der Arbeit, gilt es doch im Einzelnen zu zeigen, inwieweit

34 Vgl. Delpla, Nuremberg, S. 51.
35 Weinke, Prozesse, S. 31.
36 Vgl. Herzog, Recuerdos.

die französische Delegation sich in das Verfahren einbrachte. Aufgrund von dessen Länge und Komplexität erscheint auch in diesem Fall ein Vorgehen am sinnvollsten, das sich an der Chronologie der Ereignisse orientiert. Der Prozess wird deswegen in seinen einzelnen Phasen dargestellt, wobei das Hauptaugenmerk auf der französischen Anklagebehörde, ihren Initiativen und ihren Verlautbarungen liegt. Auch hier sind zunächst Fragen von ganz grundsätzlicher Natur zu beantworten: Spielten die Franzosen während des Prozesses überhaupt eine aktive Rolle und konnten sie dessen Ablauf beeinflussen? Oder waren sie tatsächlich nicht mehr als bloße Statisten? Hatte die amerikanische Schriftstellerin Janet Flanner recht, wenn sie zu beobachten glaubte: „Der französische Einfluss innerhalb des Gerichts war so gut wie nicht existent“[37]? Ist ihrem Landsmann Telford Taylor, als junger Jurist selbst Mitglied der Anklagebehörde in Nürnberg, zuzustimmen, wenn er erklärte, die Franzosen seien von den alliierten Delegationen „am wenigsten effektiv“[38] gewesen? Um hier für Klarheit sorgen zu können, muss die Untersuchung zunächst zeigen, wie sich die Zusammenarbeit der Franzosen mit ihren Verbündeten während des Prozesses gestaltete und wie gut diese funktionierte. Vor allem aber ist in diesem Zusammenhang eine eingehende Analyse des französischen Anklagevortrages erforderlich, also der einzelnen Gerichtsreden der Ankläger, in denen diese Position bezogen. Die zentralen Aussagen der Redebeiträge, ihre Argumentationslinien, ihre innere Struktur, ihre inhaltliche Fundiertheit und die Unterschiede zu den Vorträgen der anderen Delegationen werden im Einzelnen untersucht. Vor diesem Hintergrund ist zu beurteilen, ob beispielsweise Hervé Ascensio zuzustimmen ist, wenn er den französischen Anklagevertretern in Nürnberg die „Ablehnung eines rigiden Rechtspositivismus“[39] bescheinigt. Auch nach etwaigen Reaktionen der anderen Prozessbeteiligten wird in diesem Zuge gefragt. Ein weiterer Schwerpunkt liegt in diesem Abschnitt auf den Auseinandersetzungen mit der Verteidigung. Insbesondere die Kreuzverhöre, die französische Ankläger mit einzelnen Angeklagten führten, werden in diesem Zusammenhang einer näheren Betrachtung unterzogen. Der Grund hierfür ist vor allem, dass sich am Ablauf dieser Vernehmungen zeigen lässt, inwieweit die französische Delegation zu den individuellen Urteilen gegen einzelne NS-Führer am Ende des Prozesses beitrug.

In ihrem vierten Abschnitt wendet sich die Untersuchung zuletzt der Rezeption des Nürnberger Prozesses in Frankreich zu. Ausgangpunkt hierfür ist die Verkündung des Urteils am Ende des Gerichtsverfahrens. Zu berücksichtigen ist dabei zunächst der konkrete Anteil, den die beiden französischen Richter – Henri Donnedieu de Vabres und Robert Falco – an der Urteilsfindung hatten. Hatte Hermann Göring recht, als er vermutete, dass „die Franzosen [...], die hier die Richter sind, beschlossen haben, dass wir alle schuldig sind, und [...] ihre Anweisungen aus Paris [erhalten haben],

37 Brief Flanners aus Nürnberg, 22. März 1946, in: Flanner, World, S. 119.
38 Taylor, Prozesse, S. 730.
39 Ascensio, Perspective, S. 40.

lange bevor der Prozess zu unserer Verurteilung überhaupt begonnen hatte"[40]? Vor diesem Hintergrund bezweckt der vierte Abschnitt aber auch, zu zeigen, welche Erwartungen in der französischen Öffentlichkeit bestanden und inwieweit diese durch den Urteilsspruch erfüllt wurden. Waren bereits die Zeitgenossen mehrheitlich der Meinung, dass es sich um „einen historischen Prozess, einen Prozess für die Geschichte"[41] handelte oder haben sie diesen ganz anders bewertet? Wie wurde vor allem das Nürnberger Urteil in Frankreich aufgenommen? Als Gradmesser hierfür dienen in erster Linie die Berichterstattung und Kommentierung in der Tagespresse, aber auch die Stellungnahmen gesellschaftlicher Akteure wie beispielsweise der großen Deportierten- und Opferverbände.

Die Rezeption beschränkt sich natürlich nicht nur auf den Platz Nürnbergs in der öffentlichen Wahrnehmung. Zu fragen ist auch, wie der Ausgang des Prozesses in Paris politisch bewertet wurde. Welche Konsequenzen zog die französische Regierung? Sah sie gegenüber den Verbündeten Raum für eigene Initiativen? Welchen außenpolitischen Kurs verfolgte sie in der Kriegsverbrecherfrage nach der Urteilsverkündung? Eine Bewertung muss schließlich auch die juristische Dimension miteinschließen. Hier ist vor allem der Frage nachzugehen, inwieweit sich das Verfahren gegen die Hauptkriegsverbrecher in den folgenden Jahren auf die Strafverfolgung von NS-Verbrechen durch französische Gerichte auswirkte. Kann man auch in diesem Zusammenhang von einem „juristische[n] Erbe von Nürnberg"[42] sprechen oder war der rechtliche Rahmen hier ein ganz anderer? Unabhängig von der juristischen Praxis ist aber auch zu zeigen, wie der Prozess im Nachhinein in der juristischen Fachwelt, insbesondere durch die einst Beteiligten, bewertet wurde und ob diese Bewertungen im Laufe der Jahre erkennbaren Änderungen unterworfen waren. Durch diese Einbeziehung der verschiedenen Rezeptionsebenen und deren systematische Erschließung soll die Untersuchung so in ihrem letzten Schritt zu Ende gebracht werden.

Forschungsstand

Selbstverständlich erfolgt die Bearbeitung der Fragestellung auf der Grundlage der vorliegenden Forschungsergebnisse. Traditionell ist über die Nürnberger Prozesse in erster Linie in der angelsächsischen und in der deutschen Fachwelt gearbeitet und publiziert worden. Dabei war in vielen Fällen die Grenze nur schwer zu ziehen zwischen historischen Arbeiten auf der einen und den Memoiren Beteiligter, häufig von Journalisten verfassten Darstellungen populärwissenschaftlicher Natur, aber auch juristischen Abhandlungen auf der anderen Seite. Für die hier entwickelte Fragestellung ist der Befund für den angelsächsischen wie auch den deutschem Raum allerdings im Wesentlichen der gleiche: So unterschiedlich die Ergebnisse der

---

40 Goldensohn, Interviews, S. 192.

41 Le Figaro, Artikel: „Il y a 70 ans, au procès de Nuremberg le couperet tombe pour les criminels nazis", 30. September 2016.

42 Zimmermann, Erbe, S. 266.

über die Jahre erschienenen Arbeiten sowie die Anliegen und Standpunkte der Verfasser sein mögen, so haben sie doch gemeinsam, dass der Frage nach dem Beitrag Frankreichs zum Verfahren vor dem IMT nie viel Beachtung geschenkt und noch weniger nachgegangen wurde. Bereits ältere geschichtswissenschaftliche Untersuchungen gingen zwar in einem – wenn auch begrenzten – Umfang durchaus auf die führenden französischen Juristen und deren Konflikte mit ihren Verbündeten ein. Bradley Smith, der mit seinem 1976 erschienen Buch über die Urteilsfindung im Hauptkriegsverbrecherprozess die Geschichtsschreibung zu Nürnberg entscheidend prägte, hatte durchaus die Meinungsverschiedenheiten zwischen de Vabres als dem ersten französischen Richter des IMT und seinen alliierten Kollegen im Blick.[43] Auch Telford Taylor kommt in seinem Standardwerk über den Prozess wiederholt auf die Zusammenarbeit seiner Landsleute mit der französischen Delegation und dabei aufgetretene Schwierigkeiten zu sprechen.[44]

Allerdings ging ein solches Interesse an einzelnen Personen nie so weit, dass die Verfasser nach den Hintergründen der französischen Beteiligung gefragt oder hierin gar eine zu schließende Lücke gesehen hätten.[45] Ebenso verhält es sich mit der Darstellung von Ann und John Tusa, die ebenfalls zu den grundlegenden historischen Arbeiten zu Nürnberg zählt.[46] Auch hier ist von den am Hauptkriegsverbrecherprozess beteiligten Franzosen nur dort die Rede, wo Konflikte mit den Angelsachsen auftraten, und ihre Perspektive wird komplett außen vor gelassen. Noch ausgeprägter ist ein solches Desinteresse in den angelsächsischen Werken, die vor allem juristische Aspekte behandeln.[47] Nichtsdestotrotz tendierten aber manche Historiker ebenso dazu, die Mitwirkung der Franzosen praktisch gänzlich auszublenden. Dies gilt vor allem für ältere deutsche Publikationen, die stark auf die Biographien der Angeklagten sowie auf die Debatte um den Vorwurf der „Siegerjustiz“ fixiert waren. Werner Maser vermittelte dem Leser beinahe schon den Eindruck, der Prozess hätte ohne jegliches Zutun von französischer Seite stattgefunden.[48] Anders als dieser waren Joe J. Heydecker und Johannes Leeb zwar frei von jeglichen revisionistischen Tendenzen, unterschieden sich in einer Hinsicht jedoch kaum von Maser: In ihrer beinahe 600 Seiten umfassenden Gesamtdarstellung des Prozesses werden die französischen Beteiligten an wenigen Stellen allenfalls am Rande erwähnt.[49] Auch Veröffentlichungen aus der jüngeren Vergangenheit, wie etwa die Arbeiten von Klaus Kastner, Annette Weinke und Thomas Darnstädt, bilden unter diesem Gesichtspunkt keine

43 Vgl. Smith, Jahrhundert-Prozeß.
44 Vgl. Taylor, Prozesse.
45 Vgl. auch Persico, Infamy; Ehrenfreund, Legacy; Marrus, Nuremberg; Davidson, Trial; auch Goldensohn, Interviews.
46 Vgl. Tusa, Nuremberg.
47 Vgl. Ginsburgs/Kudriavtsev, Nuremberg; Woetzel, Trials.
48 Vgl. Maser, Tribunal.
49 Vgl. Heydecker/Leeb, Prozeß.

Ausnahme.[50] Grundsätzlich gilt daher für die angelsächsische wie für die deutsche Forschung: Soweit die organisatorische Seite des Nürnberger Prozesses und die mit seiner Durchführung verbundenen Zielsetzungen der Alliierten Berücksichtigung fanden, haben die Historiker seit jeher entweder von vornherein die Perspektive der US-Administration eingenommen oder sie haben eine derartige Dominanz Washingtons vorausgesetzt, dass eine nähere Beschäftigung mit den anderen Beteiligten unnötig zu sein schien.

Der Tatsache, dass das IMT von den vier Hauptsiegermächten paritätisch besetzt wurde und dadurch die Vertreter der vier Staaten in formal gleichrangiger Position den Prozess gestalten konnten, hat man hingegen erst in den letzten Jahren etwas mehr Bedeutung beigemessen. Dadurch ist der internationale Charakter des Nürnberger Verfahrens in den jüngsten Publikationen stärker berücksichtigt worden, wie beispielsweise zuletzt von Kim Priemel.[51] Dies bildete die Ausgangbasis dafür, dass in der Tat neue Fragen um die Rollenverteilung zwischen den vier Siegernationen gestellt wurden. Die bereits erwähnte Darstellung von Ann und John Tusa jedenfalls ging erstmals umfassend auf die Beteiligung des Vereinigten Königreiches am Hauptkriegsverbrecherprozess ein und machte deutlich, wie sehr die amerikanischen Juristen um Chefankläger Robert H. Jackson von der Unterstützung ihrer britischen Kollegen profitierten.[52] Einen gänzlich neuen Blick auf die Vorgänge in Nürnberg lassen auch die Arbeiten von Lilia Antipow und Irina Schulmeister-André zu, die sich auf die Auswertung russischer Quellen stützen und die Hintergründe der sowjetischen Mitwirkung beleuchten.[53]

Vor diesem Hintergrund wurde gelegentlich auch die Frage nach dem Anteil Frankreichs als der vierten Siegermacht gestellt. Erste Gedanken über die französische Perspektive machte sich Hervé Ascensio in seinem Redebeitrag auf einer in Nürnberg abgehaltenen Konferenz anlässlich des 60. Jahrestages des Prozessbeginns.[54] Yves Beigbeder, als junger Mann einer der Assistenten de Vabres' als Richter des IMT, legte 2006 auf Englisch eine Überblicksdarstellung mit dem Titel „French Justice and International Criminal Tribunals and Commissions (1940–2005)" vor.[55] Dem Hauptkriegsverbrecherprozess ist in dem Band ein Kapitel gewidmet, in dem Beigbeder die in der Fach- und Memoirenliteratur verfügbaren Informationen über die französischen Prozessbeteiligten zusammenfasst. Unveröffentlichte Quellen wertete hingegen Claudia Moisel aus, die im selben Jahr einen Aufsatz über Kriegsverbrecherprozesse in der französischen Besatzungszone und in Frankreich publizierte.[56] Der darin enthaltene Abschnitt über „die Franzosen in Nürnberg"[57]

50 Vgl. Kastner, Rechenschaft; Kastner, Völker; Weinke, Prozesse; Darnstädt, Nürnberg.
51 Vgl. Priemel, Betrayal.
52 Vgl. Tusa, Nuremberg.
53 Vgl. Antipow, UdSSR; Antipow, Rudenko; Schulmeister-André, Strafgerichtsbarkeit.
54 Vgl. Ascensio, Perspective.
55 Vgl. Beigbeder, Judging.
56 Vgl. Moisel, Résistance.
57 Ebd., S. 258.

gab, gestützt auf Archivmaterial, erstmals einen Einblick in deren Handlungsmotive und in die französische Sicht auf den Prozess vor dem IMT. Da Moisel mit ihrem Aufsatz wie auch mit ihrer Dissertation über die französische Kriegsverbrecherpolitik aber eigentlich ein anderes Anliegen verfolgte, konnte es sich dabei jedoch nur um ein Streiflicht handeln und die hier aufgeworfenen Fragen wurden von ihr nicht weiter verfolgt.[58]

Sucht man nach Anknüpfungspunkten für die vorliegende Studie, dann muss man sich deswegen in erster Linie der französischen Literatur zu Nürnberg zuwenden und am dortigen Forschungsstand orientieren. Hier ist es zunächst notwendig, den Blick zurück zu richten und sich klarzumachen, in welchen Formen eine öffentliche Auseinandersetzung mit dem Hauptkriegsverbrecherprozess westlich des Rheins stattgefunden hat: In Frankreich erschienen die ersten Publikationen zu Nürnberg, noch während dort das IMT tagte. Ergänzend zu den Artikeln in der Tagespresse veröffentlichten Journalisten wie Sacha Simon und Jacques Rozner, die den Prozess vor Ort mitverfolgten, umfangreiche Berichte, in denen sie ihre Eindrücke schilderten.[59] Vor allem Simon war dabei der französischen Delegation gegenüber durchaus kritisch eingestellt und kommentierte mit beißendem Spott deren vermeintliche Fehler und Nachlässigkeiten. Als bloßem Prozessbeobachter fehlte ihm allerdings jegliches Hintergrundwissen und der Zweck der Publikationen bestand in erster Linie darin, die öffentliche Neugierde an dem Nürnberger Spektakel zu befriedigen, was bereits an Titeln wie „la galerie des monstres“[60] (die Galerie der Monster) deutlich wird. Eine andere Qualität hatten dagegen die Veröffentlichungen von behördlicher Seite, die kurz darauf folgten. Mit der Absicht, den Beitrag Frankreichs zu dem Prozess zu dokumentieren und die Öffentlichkeit hierüber aufzuklären, gab das Informationsministerium bereits 1946 eine fünfbändige Reihe heraus, in der der gesamte französische Anklagevortrag abgedruckt war.[61] Die wichtigsten Reden aus dem Prozess, insbesondere das Eröffnungsplädoyer, das François de Menthon am 17. Januar 1946 in Nürnberg vorgetragen hatte, wurden zudem als Broschüren verbreitet, ebenso wie nach Abschluss des Verfahrens der Wortlaut des Urteils.[62] Hinzu kam die Veröffentlichung von Beweisdokumenten, die die französische Delegation in den Prozess eingebracht hatte, in Buchform. Hieran beteiligten sich auch nichtstaatliche Stellen wie das *Centre de documentation juive contemporaine* (CDJC), das zwei Bände mit Schriftstücken über die nationalsozialistische Judenverfolgung in Europa herausgab, wie sie durch den Nürnberger Prozess bekannt geworden war.[63] Ihre Krönung erreichten diese dokumentarischen Bemühungen schließlich mit der

58 Vgl. Moisel, Kriegsverbrecher.

59 Vgl. Simon, Galerie; Rozner, Retour; auch Dupays, Temple; Dupays, Autrui; Dupays, Chefs; Dupays, Palais; Dupays, Justice.

60 Simon, Galerie.

61 Vgl. Service d'information des crimes de guerre, Accusation.

62 Vgl. De Menthon, Réquisitoire; De Menthon, Gerechtigkeit; auch La Germonière, Nuremberg; Service d'information des crimes de guerre, Verdict.

63 Vgl. Monneray, Est; Monneray, Ouest; auch Pelletier, Nuremberg.

im Sommer 1949 abgeschlossenen Publikation der „blauen Serie“, die zuvor bereits auf Englisch und Deutsch erschienen war. Mit ihren 42 Bänden, die sämtliche Sitzungsprotokolle des IMT und eine umfangreiche Auswahl von Beweisdokumenten enthalten, bildet diese eine Quelle ersten Ranges über den Ablauf des Prozesses.[64]

Gemeinsam hatten jedoch all diese Veröffentlichungen, dass sie die Originaltexte einem breiten Publikum zugänglich machten, diese aber in keiner Weise interpretierten oder irgendwie bewerteten. Damit waren für eine wissenschaftliche Auseinandersetzung zwar die Voraussetzungen geschaffen, diese wurde durch die Publikationen selbst aber nicht angestoßen. Gestritten wurde über den Nürnberger Prozess und sein Ergebnis in der Folge zunächst auf einer anderen Ebene, nämlich in der juristischen Fachwelt, insbesondere unter den Völkerrechtsspezialisten. De Vabres publizierte 1948 einen Kommentar über das Nürnberger Urteil, in dem er den politischen Drahtseilakt vollbrachte, sich über seine eigene Rolle auszuschweigen, aber dennoch zu den rechtlichen Grundfragen des Schuldspruches Stellung zu nehmen.[65] Gleiches taten Jacques Descheemaeker und Marcel Merle, die ebenfalls eine juristische Bewertung des Nürnberger Urteils vornahmen und nach den völkerrechtlichen Konsequenzen fragten.[66] Eine beachtliche publizistische Tätigkeit entwickelte in diesem Zusammenhang außerdem Jacques-Bernard Herzog, der in juristischen Fachzeitschriften wie der *Revue internationale de droit pénal* ausgehend von den Vorgängen in Nürnberg für die Zukunft eine weitere Kodifizierung des Völkerstrafrechtes forderte.[67] So sorgsam Juristen wie de Vabres und Herzog, die persönlich an dem Prozess mitgewirkt hatten, die Beschlüsse des IMT analysierten und dazu Stellung bezogen, so wenig Interesse brachten sie dabei jedoch für eine nationale Sicht auf die Ereignisse auf. In den Fachpublikationen wurden daher allenfalls die Standpunkte einzelner Akteure umrissen. Die Frage, welchen Beitrag die französische Delegation in dem Prozess als Einheit geleistet hatte, fand hier dagegen keine Berücksichtigung. Historische Darstellungen zu Nürnberg wurden unterdessen erst in einer späteren Phase und auch dann nur vereinzelt vorgelegt. Eine Ausnahme bildet hier lediglich der bereits 1947 erschienene Bericht Didier Lazards, der einen Überblick über den Ablauf des Prozesses gab.[68] Lazard war als Beobachter persönlich in Nürnberg gewesen, was als Charakteristikum für die folgenden Publikationen gelten kann: Eine historische Einordnung des Nürnberger Prozesses wurde in den nächsten Jahrzehnten in erster Linie von denen vorgenommen, die in unterschiedlicher Funktion selbst an ihm beteiligt oder zumindest als Augenzeugen vor Ort gewesen waren. Das ambitionierteste Vorhaben verfolgte Jacques-Bernard Herzog, als er in den 1960er Jahren an einer Gesamtdarstellung unter Berücksichtigung der historischen wie auch der juristischen Dimension arbeitete. Jedoch konnte Herzog sein Vorhaben nicht mehr

---

64 Vgl. Procès des grands criminels de guerre devant le Tribunal militaire international.
65 Vgl. Donnedieu de Vabres, Nuremberg.
66 Vgl. Descheemaeker, Tribunal; Merle, Châtiment.
67 Vgl. Herzog, Contribution; Herzog, Création.
68 Vgl. Lazard, Nuremberg.

zu Ende bringen und hatte bis zu seinem frühen Tod 1968 lediglich einen längeren Abschnitt über die Vorgeschichte des Prozesses und sein Resümee abgefasst. Zusammen mit einer Reihe von Würdigungen von Herzogs Lebenswerk wurden diese Texte sieben Jahren später posthum veröffentlicht.[69]

Erschienen war zu diesem Zeitpunkt bereits eine Darstellung aus der Feder des Historikers Léon Poliakov, der als Berater der französischen Delegation ebenfalls persönlich am Nürnberger Prozess teilgenommen hatte.[70] Als ehemaliges Mitglied des Anklageteams beschrieb einige Jahre später außerdem Serge Fuster unter seinem Pseudonym Casamayor die Geschehnisse in Nürnberg.[71] Auch wenn Fuster sich dabei auf veröffentlichte Quellen wie die offiziellen Sitzungsprotokolle des IMT stützte, so war seine Darstellung doch stark von persönlichen Erinnerungen und der Schilderung individueller Eindrücke geprägt. Hierbei handelte es sich jedoch keineswegs um einen Sonderfall. Vielmehr müssen die Arbeiten der ehemals Beteiligten generell im Grenzbereich zur Memoirenliteratur verortet werden. Eindeutig zuzurechnen ist dieser zudem ein umfangreiches Kapitel, das Edgar Faure im zweiten Band seiner Autobiographie dem Nürnberger Prozess widmete.[72] In all diesen Fällen deckten sich die Anliegen der Autoren im Wesentlichen: Angetrieben nicht zuletzt von der eigenen Erinnerung, wollten die Verfasser die welthistorische Bedeutung des Prozesses betonen und seine moralische wie auch juristische Rechtmäßigkeit verteidigen. Dagegen ging es ihnen nicht darum, die französische Mitwirkung an dem Verfahren in irgendeiner Weise zu würdigen oder die politischen Hintergründe der Einbindung Frankreichs zu untersuchen.

Was die Erschließung neuer Quellen betrifft, muss man für diese Zeit daher eine langanhaltende Stagnation konstatieren. Alle Darstellungen basierten auf den bereits bis 1949 veröffentlichten offiziellen Prozessdokumenten. Im Einzelfall kamen neben der bloßen Erinnerung bestenfalls noch persönliche Unterlagen des jeweiligen Verfassers hinzu, die dieser aufbewahrt hatte. Aber alles in allem blieb es bei der Arbeit mit denselben Quellen und es wurden beispielsweise keinerlei Archivbestände auf französischer Seite beteiligter Dienststellen oder Behörden für die Darstellungen herangezogen. Dass dies nicht geschah, hatte einen weit tieferen Grund als die einfache Unzugänglichkeit der relevanten Dokumente: Bei den Verfassern fehlte offenkundig das Bewusstsein, welchen Wert bislang unerschlossene Quellen für die Auseinandersetzung mit dem Nürnberger Prozess haben könnten. Bestes Beispiel hierfür sind die wenigen und an Umfang knapp gehaltenen Überblicksdarstellungen nichtbeteiligter Publizisten, die in dieser Zeit erschienen. Bernard Michal, Louis Saurel und François Ribadeau Dumas beschränkten sich darauf, den Ablauf des Prozesses grob zu skizzieren und konzentrierten sich dabei voll und ganz auf

69 Vgl. Herzog, Échec.
70 Vgl. Poliakov, Nuremberg.
71 Vgl. Casamayor, Nuremberg.
72 Vgl. Faure, Mémoires, Bd. 2, S. 11–64.

die angeklagten Hauptkriegsverbrecher.[73] Die französische Teilnahme an dem Verfahren wurde von ihnen ganz offenkundig als irrelevant betrachtet und beinahe vollständig übergangen. In denselben Bahnen bewegten sich die Darstellung Jean-Marc Varauts aus dem Jahr 1992 und der für die Reihe „Que sais-je?“ verfasste Band von François de Fontette, der wenig später erschien.[74] Vor diesem Hintergrund kann es nicht überraschen, dass für den französischen Buchmarkt verstärkt Publikationen aus dem angelsächsischen Raum übersetzt wurden, die anders als die einheimischen Arbeiten in der Tat neue Erkenntnisse brachten.[75] Hier ist vor allem die grundlegende Arbeit Telford Taylors zu nennen, die 1995 auf Französisch erschien.[76]

Neue Impulse verdankte die Forschung schließlich der Historikerin Annette Wieviorka, die sich ab Beginn der 1990er Jahre mit dem Hauptkriegsverbrecherprozess ein neues Fachgebiet erschloss und im Laufe der Jahre hierzu mehrere Publikationen vorlegte.[77] Ihre erstmals 1995 herausgegebene Darstellung „Le procès de Nuremberg“, die inzwischen mehrfach neu aufgelegt wurde, ging deutlicher als alle vorangegangenen Veröffentlichungen auf die Mitwirkung Frankreichs an dem Prozess ein.[78] Wieviorka war auch die Erste, die explizit auf die bisherige Vernachlässigung dieses Aspekts durch die französische Geschichtswissenschaft hinwies und sich über die Gründe Gedanken machte: „Woher kommt dieses Desinteresse? Spiegelt es das verhaltene Interesse der öffentlichen Stellen an dem Prozess wider? Ist es ein Ausdruck der Zurückhaltung der französischen Historiker, die zu wenig multidisziplinär arbeiten und das Feld der Prozesse den Juristen überlassen?“[79]

Ohne selbst abschließende Antworten auf diese Fragen zu liefern, betrachtete Wieviorka den Nürnberger Prozess aus einem neuen Blickwinkel und machte deutlich, welcher Klärungsbedarf bei einer Bewertung durch die französische Forschung noch bestand. François Delpla fiel zwar 2006 mit seiner Darstellung zu Nürnberg noch einmal in das alte Muster zurück.[80] Folgerichtig war es mit Antonin Tisseron aber letzten Endes einer von Wieviorkas Doktoranden, der es sich einige Jahre später zum Ziel setzte, den Anteil Frankreichs an dem Nürnberger Verfahren zu ergründen.[81] Zweifellos gebührt ihm das Verdienst, erstmals mit mehreren Archivbeständen der involvierten Ministerien gearbeitet zu haben.

73 Vgl. Michal, Nuremberg, 2 Bde.; Saurel, Nuremberg; Ribadeau Dumas, Damnés.
74 Vgl. Varaut, Nuremberg; Fontette, Nuremberg; als zusätzliches Beispiel kann hier der letzte, 1996 erschienene Band aus der von Pierre Montagnon verfassten Reihe über die Geschichte des Zweiten Weltkrieges angeführt werden, der zwar den Nürnberger Prozess, jedoch in keiner Weise die französische Mitwirkung behandelt; vgl. Montagnon, Guerre.
75 Vgl. Persico, Infamie; Goldensohn, Entretiens.
76 Vgl. Taylor, Procureur.
77 Vgl. A. Wieviorka, Procès.
78 Vgl. A. Wieviorka, Nuremberg.
79 A. Wieviorka, France, S. 69.
80 Vgl. Delpla, Nuremberg.
81 Vgl. Tisseron, Nürnberg.

Auf die hier aufgeworfenen Fragen konnte seine Darstellung „La France et le procès de Nuremberg – Inventer le droit international“ jedoch keine befriedigenden Antworten geben, wurde in ihr doch im Vergleich zu der vorliegenden Studie gerade der umgekehrte Ansatz verfolgt: Tisseron ging es darum, den Prozess in seine Vor- und Wirkungsgeschichte einzubetten. Das tat er, indem er die Haltung der französischen Seite in den Verhandlungen und völkerrechtlichen Debatten der Kriegsjahre, aber auch der Nachkriegszeit rekonstruierte.[82] Das Nürnberger Verfahren selbst erfuhr dabei jedoch nur wenig Beachtung und daher blieb auch in seiner Untersuchung unklar, wie genau sich die französische Delegation in Nürnberg zusammensetzte, wie ihr konkreter juristischer Beitrag zum Prozess gegen die Hauptkriegsverbrecher ausfiel und wie das Gerichtsverfahren im Einzelnen in Frankreich rezipiert wurde.

Zudem nahmen in den letzten Jahren auch andere Publikationen zu Nürnberg verstärkt die französische Perspektive ein und befassten sich vor allem mit einzelnen Akteuren und deren individueller Wahrnehmung des Geschehens. Dominique Tantin gab 2005 in kommentierter Form die Aufzeichnungen des Résistance-Veteranen Delphin Debenest heraus, der in Nürnberg der Anklagevertretung angehört hatte.[83] Auf die Initiative Annette Wieviorkas hin wurde 2012 der in Tagebuchform abgefasste Bericht Robert Falcos, des stellvertretenden französischen Richters in Nürnberg, veröffentlicht.[84] Für die Einleitung des Bandes stellte Guillaume Mouralis umfangreiche Nachforschungen zu Falcos Biographie an, die gänzlich neue Erkenntnisse über den Juristen zu Tage förderten.[85] Zuletzt befasste sich außerdem Ann-Sophie Schöpfel mit der Gedankenwelt Henri Donnedieu de Vabres', indem sie dessen frühe Schriften heranzog und auf dieser Grundlage seine Rolle in Nürnberg bewertete.[86] Gerade auf diese jüngsten Forschungsergebnisse nimmt die vorliegende Studie Bezug und stellt sie zur Diskussion, wo dies notwendig erscheint. Nichtsdestotrotz wird bei der Untersuchung auch der gesamte Forschungsdiskurs mit den epochenspezifischen Ausprägungen berücksichtigt.

Quellenbericht

In Anbetracht des Forschungsstandes und der geringen Zahl an vorhandenen Studien über die Mitwirkung Frankreichs am Prozess gegen die Hauptkriegsverbrecher war es unerlässlich, die vorliegende Untersuchung auf einer soliden Quellenbasis aufzubauen. Wie oben beschrieben, stehen mehrere wichtige Quellen in gedruckter Form zur Verfügung und sind öffentlich zugänglich. Die größte Bedeutung kommt dabei ohne jeden Zweifel den offiziellen Protokollbänden des IMT zu, die den Ablauf des gesamten Prozesses Wort für Wort belegen. In der 42-bändigen Reihe sind sämtliche Redebeiträge der französischen Prozessteilnehmer lückenlos festgehalten und

82 Vgl. Gemählich, Tisseron.
83 Vgl. Tantin, Debenest.
84 Vgl. Falco, Juge.
85 Vgl. Mouralis, Guillaume: Introduction, in: Falco, Juge, S. 11–23.
86 Vgl. Schöpfel, Voix.

darüber hinaus mehrere der von diesen vorgelegten Beweisdokumente abgedruckt. Diese Texte bilden die zentrale Quellengrundlage für den dritten Abschnitt der Arbeit, in dem sie systematisch analysiert werden. In die vorliegende Untersuchung wurde auch die Memoirenliteratur zu Nürnberg in ihrer gesamten Bandbreite miteinbezogen, ebenso wie die zeitgenössischen Berichte von Prozessbeobachtern und deren Publikationen. Ein weiterer Schwerpunkt lag in der Auswertung der Berichterstattung in der französischen Tagespresse.[87] Relevant sind diese Texte vor allem für den vierten Abschnitt der Arbeit, der die Rezeption des Nürnberger Prozesses zum Gegenstand hat. Nichtsdestotrotz lassen sich Antworten auf den Großteil der hier gestellten Fragen nur unter Heranziehung von unveröffentlichten Quellen finden.

Im Wesentlichen bilden deswegen die Bestände mehrerer französischer Archive die Grundlage für die vorliegende Studie. Von zentraler Bedeutung war dabei die Heranziehung der Akten und des sonstigen Schriftgutes aller offiziellen Stellen, die auf französischer Seite am Prozess gegen die Hauptkriegsverbrecher mitwirkten. Zu nennen sind hier an erster Stelle die relevanten Dokumentensammlungen der *Archives diplomatiques* (AD) in La Courneuve, also des Archivs des französischen Außenministeriums. Innerhalb des Ministeriums war für die diplomatische Vorbereitung und Begleitung des Prozesses das *Secrétariat des Conférences* zuständig.[88] Dessen Akten zu Nürnberg sind heute in der Unterserie *Nations unies – Organisations internationales (NUOI) 1944–1959/81–98* zusammengefasst. Der erste Teil der Untersuchung stützt sich in ganz erheblichen Umfang hierauf, da aus den Akten hervorgeht, von welchen Motiven sich die französische Seite in den Verhandlungen leiten ließ, die zur Bildung des IMT führten, und welche Haltung sie gegenüber ihren Verbündeten einnahm. Da die Unterserie aber auch Auskunft über die politische Bewertung des Prozesses nach dessen Beginn und die Einschätzungen der Verantwortlichen am Quai d'Orsay zu einzelnen Vorgängen gibt, erwies sich dieser Quellenbestand als von zentraler Bedeutung für die gesamte Untersuchung. Vor allem gilt dies für den Schriftverkehr zwischen dem Ministerium und dem nach Nürnberg entsandten Diplomaten Roger Lalouette, der regelmäßig über die neusten Entwicklungen Bericht nach Paris erstattete. Einen eher ergänzenden Wert hat dagegen die Unterserie *Y-Internationale 1944–1949/52-61*, die die Unterlagen der *Direction des affaires politiques* zu allen Fragen des Kriegs- und Völkerrechts enthält. Hier sind in der Regel weniger bedeutsame Vorgänge festgehalten, mit denen sich das *Secrétariat des Conférences* nicht selbst befasste. Ebenso verhält es sich mit der Unterserie *HCRFA/SL/19-20*, die ebenfalls zu den Beständen der AD gehört. In dieser befindet sich die Korrespondenz

---

87 Die *Bibliothèque nationale de France* (BNF) in Paris verfügt über vollständige Sammlungen der Ausgaben aller maßgeblichen französischen Tageszeitungen aus den Jahren 1945 und 1946 auf Mikrofilm. Dadurch war eine umfassende Auswertung der Berichterstattung zu Nürnberg in der Tagespresse möglich.

88 Vgl. Ministère des Affaires étrangères, Annuaire 1947, S. 11.

der Verbindungsstelle, die das *Haut Commissariat de la République française en Allemagne* (HCRFA) zum Zwecke der Fahndung nach gesuchten Kriegsverbrechern einrichtete.

Umfangreich sind auch die Dokumentensammlungen der *Archives nationales* (AN) in Pierrefitte-sur-Seine und Fontainebleau über den Hauptkriegsverbrecherprozess, insbesondere was die institutionellen Fragen auf französischer Seite betrifft. Da die Delegation, die Frankreich in Nürnberg repräsentierte, dem Justizministerium unterstand, basiert der zweite Abschnitt der Untersuchung in erster Linie auf dessen Beständen. Herangezogen wurden dabei zunächst einmal die Akten der Delegation selbst, die deren Struktur dokumentieren. Zum einen handelte es sich dabei um die Dokumentation *BB 30/1779,* zum anderen um die Serie *19970410/1-3.* Ihnen sind alle wesentlichen Informationen über den Aufbau und die personelle Zusammensetzung der französischen Delegation in Nürnberg zu entnehmen. Allerdings lässt sich aus diesen Dokumenten nur wenig über Lebenslauf und beruflichen Werdegang der einzelnen Delegationsangehörigen in Erfahrung bringen. Um der für den zweiten Abschnitt entwickelten Fragestellung mit ihrer biographischen Gewichtung nachgehen zu können, war es daher notwendig, auch die durch das Ministerium geführten Personalakten (*dossiers de carrière*) der nach Nürnberg entsandten Juristen einzubeziehen.[89] Diese Akten, die den gesamten beruflichen Werdegang eines jeden Beamten dokumentieren, sind aufgrund der gesetzlichen Sperrfristen bislang nicht frei zugänglich. Dankenswerterweise ermöglichte die *Direction générale des patrimoines* durch eine Sondergenehmigung jedoch trotzdem eine Auswertung.[90] Als sehr wertvoll für eine Rekonstruktion der Entscheidungsabläufe erwies sich zudem ein Teil der Bestände einer anderen Dienststelle des Justizministeriums, nämlich des *Service de recherche des crimes de guerre ennemis* (SRCGE), die in einem ständigen Kontakt zur Nürnberger Delegation stand und mit dieser zusammenarbeitete. Die Teilserie *BB 30/1793-1797* zählt daher ebenfalls zu den maßgeblichen Quellen, insbesondere für den zweiten und dritten Abschnitt der Arbeit.

Zur Erhellung einzelner Sachverhalte war außerdem eine Durchsicht der Korrespondenz des Büros des während des Prozesses amtierenden Justizministers Pierre-Henri Teitgen (*BB 30/1760-1765*) sinnvoll, auch wenn dieses sich mit dem Tagesgeschehen in Nürnberg kaum befasste und Teitgen persönlich nur bei besonderen Anlässen intervenierte. Zu den Beständen des Justizministeriums zählt schließlich

---

89 Vgl. Annuaire rétrospectif de la magistrature, durch das sich im Einzelfall die Personalakte eines Beamten ausfindig machen lässt.

90 Durch die Genehmigung konnten die Personalakten von den folgenden zwölf führenden Juristen der französischen Delegation in Nürnberg ausgewertet werden: Félix Boucly, Aline Chalufour, Delphin Debenest, Henri Delpech, Charles Dubost, Serge Fuster, Charles Gerthoffer, Jean Leyris, Jacques-Bernard Herzog, Jean Jacques Lanoire, Pierre Mounier und Constant Quatre. Dagegen waren weder Henri Donnedieu de Vabres, der erste französische Richter des IMT, noch der Chefankläger François de Menthon bzw. sein Nachfolger Auguste Champetier de Ribes Beamte im Staatsdienst (magistrats). In ihren Fällen existiert also keine vergleichbare Personalakte.

auch die an Umfang größte Serie *Tribunal militaire international de Nuremberg (BB 35/1-88)*, die die inhaltliche Arbeit der französischen Delegation in Nürnberg dokumentiert. Sie beinhaltet eine Reihe von Beweisdokumenten, die die Delegation in den Prozess einbrachte, Handakten ihrer Mitglieder, die Redemanuskripte des Anklagestabes und einen Teil der Sitzungsprotokolle. Nach dem Abschluss des Hauptkriegsverbrecherprozesses reisten Mitarbeiter der AN nach Nürnberg und organisierten die Überführung dieser Schriftstücke nach Paris.[91] Gewiss sind heute einige dieser Dokumente in ihrer endgültigen Form auch in den Protokollbänden des IMT abgedruckt, die Serie der AN beinhaltet jedoch sehr viel mehr als lediglich das veröffentliche Material. Für den dritten Abschnitt der Untersuchung, der nach dem juristischen Beitrag der Franzosen fragt, kommt ihr daher ein maßgeblicher Stellenwert als Quelle zu. Außer dem Justiz- war auch das Informationsministerium streckenweise mit dem Prozess gegen die Hauptkriegsverbrecher befasst. Aus diesem Grund gibt die zu den Beständen des Informationsministeriums zählende Sammlung *F 41/2721*, über die ebenfalls die AN verfügen, einen Einblick in die Arbeitsbedingungen der französischen Journalisten in Nürnberg und lieferte ebenfalls wichtige Erkenntnisse für die Untersuchung.

Neben dem umfangreichen behördlichen Schriftgut bilden die andere maßgebliche Quellengattung für die vorliegende Studie die Nachlässe beteiligter Juristen, da in ihnen die individuelle Sicht einzelner Akteure und deren persönliche Wahrnehmung fassbar werden. Auch die Nachlässe erwiesen sich für die Fragestellung als in ihrer Gesamtheit bedeutsam und waren daher durchgehend zu berücksichtigen. Vor allem aber fußt der vierte Abschnitt der Arbeit, der sich der Rezeption und Bewertung des Prozesses zuwendet, in weiten Teilen hierauf. Insgesamt wurden die Nachlässe von fünf ranghohen Anklagevertretern, die für die französische Seite am Prozess vor dem IMT teilnahmen, im Rahmen der hier vorgenommenen Untersuchung ausgewertet. Im Einzelnen handelt es sich dabei um die Unterlagen des französischen Chefanklägers François de Menthon, seiner beiden Stellvertreter Charles Dubost und Edgar Faure sowie zwei weiterer Mitglieder des Anklagestabes, Henri Monneray und Delphin Debenest. Von den Nachlässen ist einer, derjenige des zweimaligen französischen Ministerpräsidenten Edgar Faure, ebenfalls in den AN hinterlegt (*505 AP*). Allerdings macht das Material über den Hauptkriegsverbrecherprozess nur einen überschaubaren Teil von Faures Hinterlassenschaft aus und besteht zu einem großen Teil aus offiziellen Prozessdokumenten, sodass der Quellenwert des Nachlasses begrenzt ist.

Sehr viel aussagekräftiger und aufschlussreicher sind dagegen die persönlichen Unterlagen von Faures Mitstreitern, die in anderen Archiven aufbewahrt werden.[92]

---

91 Vgl. Mady, Archives, S. 23 f.

92 Die AN verfügen auch über den Nachlass von René Cassin (382 AP), der sich für die vorliegende Untersuchung jedoch als gänzlich irrelevant erwies. Bei den in seinem Nachlass enthaltenen Schriftstücken zu Nürnberg handelt es sich um offizielle Dokumente des IMT und öffentlich zugängliche Fachliteratur. Cassin selbst war

François de Menthon hinterließ eine große Anzahl von Dokumenten aus der Zeit seiner Mission in Nürnberg, die heute in den *Archives départementales de la Haute-Savoie* (ADHS) in Annecy eingesehen werden können (*135 J*). Teil der Sammlung sind handschriftliche Aufzeichnungen de Menthons aus späteren Jahren, die zeigen, wie er den Prozess in der Rückschau bewertete, und die im Rahmen der vorliegenden Untersuchung erstmals ausgewertet wurden. Als historische Quellen sind diese umso wertvoller, da de Menthon keine Autobiographie verfasst und seine Erinnerungen an Nürnberg auch nicht in anderer Form publiziert hat. Als ebenso hoch muss der Quellenwert des Nachlasses von Charles Dubost veranschlagt werden, der sich heute im Archiv der *Fondation nationale des sciences politiques* (FNSP) in Paris befindet und insgesamt 16 Archivkartons umfasst.[93] Die Sammlung besteht etwa zur Hälfte aus Dokumenten über den Hauptkriegsverbrecherprozess und beinhaltet neben juristischen Schriftsätzen vor allem die Korrespondenz Dubosts und den delegationsinternen Schriftverkehr. Da Dubost während der häufigen Abwesenheit seines Vorgesetzten die französische Vertretung in Nürnberg faktisch leitete und mit allen wichtigen Fragen zumindest befasst war, erwies sich der Nachlass nicht nur aufgrund seines Umfangs als wertvoll, sondern die Auswertung der Schriftstücke ermöglichte es auch, die Entscheidungsabläufe an der Spitze der Delegation nachzuvollziehen. Hinzu kommt der Nachlass von Henri Monneray, über den das *Centre de documentation juive contemporaine* (CDJC) in Paris verfügt.[94] Auch dieser enthält zu einem erheblichen Teil Dokumente, die den Nürnberger Prozess betreffen (*MDXXXV/01-34*) und die ebenfalls miteinbezogen wurden, darunter insbesondere eine Reihe von zeitgenössischen Schriften Monnerays, die seine persönliche Haltung zu dem Verfahren erkennen lassen. An fünfter Stelle konnte für die vorliegende Untersuchung zudem erstmals der Nachlass Delphin Debenests herangezogen werden, der zu einem erheblichen Teil aus dessen Briefen und Aufzeichnungen aus der Zeit des Prozesses sowie aus Redeskripten besteht, aus denen seine spätere Bewertung der Nürnberger Ereignisse hervorgeht.[95] Für die vorliegende Untersuchung kommt der Sammlung daher ebenfalls

---

jedoch weder an der Vorbereitung noch an der Durchführung des Hauptkriegsverbrecherprozesses unmittelbar beteiligt.

93 Vgl. Le Dour/Gaultier-Voituriez, Archives.

94 Das CDJC verfügt außerdem über den Bestand „Nuremberg", der aus einer großen Zahl von Beweisdokumenten besteht, die von sämtlichen Seiten in den Hauptkriegsverbrecherprozess eingebracht wurden. Darunter befinden sich jedoch nur vergleichsweise wenige Dokumente der französischen Delegation, so dass diesem Bestand lediglich eine nachgeordnete Bedeutung für die vorliegende Arbeit zukommt.

95 Ein paar dieser Dokumente (eine Schilderung Debenests von seiner Reise nach Nürnberg, eine Beschreibung des Prozessbeginns, ein Schriftsatz für den Anklagevortrag und ein Redeskript vom Juni 1946) sind in dem von Dominique Tantin herausgegebenen Band veröffentlicht; vgl. Tantin, Debenest, S. 267–324. Der Nachlass ist jedoch sehr viel umfangreicher und enthält weitaus mehr Quellenmaterial.

ein hoher Quellenwert zu. Der Nachlass ist heute im Besitz von Jane Debenest, die freundlicherweise ihr Einverständnis zu einer wissenschaftlichen Auswertung gab und dem Verfasser dieser Arbeit Zugang zu sämtlichen Dokumenten ihres Vaters gewährte. Zusammen mit den Akten von Justiz- und Außenministerium bilden die Nachlässe damit das Fundament der vorliegenden Studie.

Lediglich bei der Bearbeitung von vereinzelten Teilfragen mussten noch zusätzliche Quellen herangezogen und ausgewertet werden. Da das französische Kriegsministerium gegenüber dem Hauptkriegsverbrecherprozess eine reine Beobachterrolle einnahm, war der bislang unerschlossene Bestand *Nuremberg 60/22-32* des *Service historique de la défense* (SHD) in Vincennes nur am Rande relevant.[96] Berücksichtigung fand er lediglich dort, wo das Interesse weiterer französischer Stellen an dem Geschehen in Nürnberg untersucht wurde. Das Teilkapitel im vierten Abschnitt der Arbeit, das die Urteilsfindung am Ende des Prozesses betrifft, stützt sich notwendigerweise auf die Aufzeichnungen des amerikanischen Richters Francis Biddle. Diese sind Teil seines Nachlasses (*Francis Biddle Collection*), der in der Bibliothek der Syracuse University im US-Bundesstaat New York aufbewahrt wird und heute als einzige Quelle eine detaillierte Rekonstruktion der Debatten innerhalb des Richterkollegiums erlaubt. Nur auf diesem Weg war es möglich, die Standpunkte de Vabres' und Falcos in den Beratungen herauszuarbeiten. Da die Untersuchung im Rahmen ihres dritten Abschnittes unter anderem der Frage nachgeht, wie sich während des Prozesses die Konfrontation zwischen französischer Anklage und deutscher Verteidigung gestaltete, stellte sich hier ebenfalls die Frage nach der Quellengrundlage. Alle Recherchen haben ergeben, dass wenige direkte Kontakte zwischen beiden Seiten existierten und dass der über die rein juristische Sphäre hinausgehende Austausch begrenzt blieb. Dennoch wurde in die Untersuchung ein Verteidigernachlass miteinbezogen, dessen Auswertung auf den ersten Blick vielversprechend erschien: Im Archiv des Instituts für Zeitgeschichte der Universität Wien (IFZW) und dem ebenfalls in Wien ansässigen Archiv des Karl-von-Vogelsang-Instituts (KVVI) sind heute die Unterlagen Gustav Steinbauers zugänglich. Als Rechtsbeistand von Arthur Seyß-Inquart musste sich Steinbauer im Nürnberger Prozess in besonderem Maße mit der französischen Anklage, die die Beweisführung gegen seinen Mandanten übernahm, auseinandersetzen und war darüber hinaus selbst für seine frankophile Haltung bekannt. Die Durchsicht seines Nachlasses brachte jedoch kaum neue Erkenntnisse und bestätigte den Befund von der geringen unmittelbaren Interaktion zwischen beiden Gruppen. Bestätigt wird diese Beobachtung auch durch die kürzlich erschienene Dissertation von Hubert Seliger über die Nürnberger Verteidiger, so dass in dieser Frage die wenigen auf französischer Seite vorhandenen Quellen maßgeblich blieben.[97]

---

96 Der Bestand war bis zum Zeitpunkt der Abfassung der Arbeit nicht inventarisiert, die hier verwendeten Signaturen sind vorläufig und provisorischen Charakters.

97 Vgl. Seliger, Anwälte.

II. Frankreich und der Nürnberger Prozess gegen die Hauptkriegsverbrecher 1945/46

1. Frankreichs „Weg nach Nürnberg“

1.1 De Gaulles France libre und die Kriegsverbrecherfrage

Die Erklärung von St. James und ihre Folgen

„Wir bekunden unseren entschlossenen Willen, dafür zu sorgen, dass alle Schuldigen und alle Verantwortlichen, in welcher Stellung auch immer, ihrer verdienten Strafe nicht, wie diejenigen des anderen Krieges, entgehen können.“[98] Mit diesen eindringlichen Worten wandte Charles de Gaulle sich am 12. Januar 1942 im Londoner St. James Palace an seine Zuhörer. Das Thema seiner Rede waren deutsche Kriegsverbrechen in den besetzten Ländern, von denen die Alliierten Kenntnis erlangt hatten. Erstmals äußerte sich der General an jenem Tag näher zu seinen Vorstellungen, wie die Verbündeten hierauf reagieren sollten und wie mit den Verantwortlichen zu verfahren war. Die Einschätzung, die er in der Rede zum Ausdruck brachte, stand ganz im Zeichen eines nationalen Traumas, dessen Ursprünge in Frankreichs vergangenen Konflikten mit dem Deutschen Reich lagen. Sein Land sei innerhalb von 70 Jahren dreimal zum Opfer eines deutschen Angriffs geworden und habe jedes Mal aufs Neue unter den Verbrechen der Besatzer gelitten, insistierte de Gaulle vor seinem Publikum.[99]

Mit „dem anderen Krieg“, auf den der General verwies, war der Erste Weltkrieg gemeint. An dessen Ende hatte die französische Regierung sich darum bemüht, den deutschen Kaiser, eine Reihe führender Generäle und weitere Armeeangehörige vor Gericht zu stellen. Trotz der Aufnahme einer entsprechenden Klausel in den Versailler Friedensvertrag war sie mit diesem Vorhaben jedoch gescheitert, da sich die deutsche Reichsregierung allen Auslieferungsforderungen hartnäckig widersetzt und das verbündete Großbritannien nach langwierigen Verhandlungen seine Unterstützung für das Projekt aufgegeben hatte.[100] Diese historische Erfahrung sollte die französische Kriegsverbrecherpolitik des Zweiten Weltkrieges maßgeblich beeinflussen. Denn gewissermaßen als Schlussfolgerung aus den vergeblichen Bemühungen von damals warnte de Gaulle vor den Fehlern der Vergangenheit und forderte ein entschlossenes und koordiniertes Vorgehen der Alliierten, um deutsche Kriegsverbrecher nach dem Sieg über die Achsenmächte der Justiz zu überantworten.

---

98 De Gaulle, Discours, S. 161 f.

99 Vgl. ebd.

100 Vgl. Hankel, Prozesse, S. 46–54.

Bei dem Publikum, zu dem de Gaulle im St. James Palace sprach, handelte es sich um einen erlesenen Kreis.[101] Anwesend waren die Premierminister Belgiens, Griechenlands, Luxemburgs, der Niederlande, Polens, der Tschechoslowakei und Jugoslawiens, außerdem die Außenminister Norwegens und Großbritanniens sowie der amerikanische und der sowjetische Botschafter.[102] Allerdings befanden sich sämtliche Regierungschefs, die der Zusammenkunft beiwohnten, ähnlich wie de Gaulle in diesem Moment in einer prekären Lage: Nachdem die Wehrmacht ihre Länder überrannt hatte, waren sie in die britische Hauptstadt geflüchtet und hatten dort Exilregierungen gebildet.[103] Ohne darauf direkten Einfluss nehmen zu können, mussten sie seitdem aus der Ferne beobachten, was ihren zurückgebliebenen Landsleuten unter deutscher Besatzung widerfuhr. Die Exilanten hatten sich deswegen von Beginn an bemüht, alle Übergriffe, Ausschreitungen und Vergehen deutscher Truppen gegenüber der einheimischen Bevölkerung zu dokumentieren. Zudem hatten sie seit ihrem Eintreffen in London begonnen, sich untereinander zu vernetzen. Nur auf diesem Weg schien es möglich, dass sie wirkungsvoll auf von deutscher Seite verübtes Unrecht aufmerksam machen und sich gegenüber den Staatschefs Großbritanniens, der USA und der Sowjetunion Gehör verschaffen konnten.[104] Denn für letztere hatte zu diesem Zeitpunkt allein die weitere Kriegsführung gegen die Achsenmächte Priorität. Von den Exilanten ausgerichtet, sollte die Konferenz von St. James daher ein Zeichen setzen und den Blick der Alliierten und der Weltöffentlichkeit auf deutsche Verbrechen in den besetzten Ländern richten. Zu diesem Zweck unterzeichneten de Gaulle und die Vertreter der acht Exilregierungen am Ende der Zusammenkunft eine gemeinsame Deklaration, die nach dem Ort der Zusammenkunft unter dem Namen „Erklärung von St. James“ veröffentlicht wurde. Darin gaben sie das Kriegsziel aus, die Verantwortlichen für Kriegsverbrechen im Rahmen organisierter Gerichtsverfahren zur Rechenschaft zu ziehen.[105] Zu diesem Zweck, so die Unterzeichner, würden sie zusammenarbeiten und gemeinsam dafür Sorge tragen, dass die Schuldigen gesucht, an die zuständigen Stellen ausgeliefert und verurteilt würden.[106]

Die Erklärung von St. James, die in der Tat die alliierte Debatte um deutsche Kriegsverbrechen während des Zweiten Weltkrieges anstieß, markierte auch einen Einschnitt in der politischen Agenda de Gaulles und seiner Anhänger.[107] Der General, der sich seit der Niederlage der französischen Streitkräfte im Juni 1940 in London aufhielt, hatte von dort aus zur Fortführung

101 Vgl. Taylor, Prozesse, S. 41; Marienburg, Vorbereitung, S. 173 ff.
102 Vgl. Bureau d’informations inter-allié, Châtiment, S. 4 f.
103 Vgl. Frank, Gouvernements, S. 856 f.
104 Vgl. Kochavi, Prelude, S. 15–20.
105 Vgl. den Wortlaut der Erklärung, in: Bureau d’informations inter-allié, Châtiment, S. 3 f.
106 Vgl. ebd., Art. 4.
107 Zur Bedeutung der Erklärung von St. James vgl. Taylor, Prozesse, S. 44.

des Kampfes an der Seite Großbritanniens aufgerufen.[108] Gleichwohl war in den ersten Monaten nur eine sehr überschaubare Zahl von Soldaten seinem Ruf gefolgt und im Mutterland hatte das autoritäre Regime des Marschalls Philippe Pétain die Nachfolge der dritten französischen Republik angetreten. Als legitime Vertretung Frankreichs wurde die Regierung Pétains, die sich nach dem Abschluss eines Waffenstillstandes mit NS-Deutschland im Kurort Vichy niedergelassen hatte, zu diesem Zeitpunkt nicht nur von den Achsenmächten, sondern überhaupt von den meisten Staaten der Erde, darunter den USA und der Sowjetunion, angesehen.[109] In einer solchen Situation begann die *France libre* unter de Gaulle einen langwierigen und mühseligen Kampf um internationale Anerkennung, der sich letztendlich bis zur Befreiung des Landes hinziehen sollte. Ihre Energie verwandte sie anfangs deswegen in erster Linie darauf, dem Vichy-Regime seine Legitimität abzusprechen und Pétains Anhänger als Verräter an der französischen Nation zu brandmarken.[110]

Deutsche Gräueltaten im besetzten Frankreich rückten in ihren Blick, als die Wehrmacht im Oktober 1941 mit massiven Repressalien auf zwei Mordanschläge an deutschen Offizieren in Nantes und Bordeaux antwortete und innerhalb von wenigen Tagen zur Vergeltung für die beiden Attentate 98 Geiseln hinrichtete.[111] Über den britischen Rundfunk verurteilte de Gaulle die Exekutionen aufs Schärfste.[112] Gleichzeitig rief er seine Landsleute aber auch dazu auf, für den Augenblick von derartigen Anschlägen abzusehen, um weitere Repressalien der Besatzer zu verhindern.[113] In ihren direkten Reaktionen auf die Geiselerschießungen machte die *France libre* damit allein ihre Strategie im weiteren Kampf gegen NS-Deutschland deutlich und grenzte sich von den französischen Kommunisten ab, aus deren Reihen seit dem deutschen Überfall auf die Sowjetunion gezielte Attentate auf deutsche Militärangehörige verübt wurden.[114] Dagegen ließ sie die Frage zunächst unbeantwortet, wie die Verbrechen der Besatzungsmacht gesühnt werden und was mit den Verantwortlichen geschehen sollte. Mit der Erklärung von St. James jedoch legten sich die Gaullisten fest und wandten sich einem Themenfeld zu, auf dem sie sich in der zweiten Kriegshälfte ein klares Profil verschafften.

---

108 Vgl. Duroselle, Abîme, S. 240–245. Zu den Anfängen der France libre vgl. Crémieux-Brilhac, Libération, S. 43–61.

109 Zu Vichy vgl. Paxton, Vichy; Cointet, Vichy; Baruch, Régime; Azéma/O. Wieviorka, 1940–1944; zur Wahrnehmung des Vichy-Regimes durch andere Staaten vgl. Frank, Monde.

110 Zum Legitimitätsstreit zwischen Vichy und den Gaullisten vgl. Frank, Légitimité, S. 644 f.

111 Zu den deutschen Geiselexekutionen im besetzten Frankreich vgl. Lieb, Krieg, S. 20–31; auch Eismann, Majestic, S. 273–299.

112 Vgl. den Wortlaut von de Gaulles Rundfunkansprache vom 23. Oktober 1941 in: De Gaulle, Discours S. 122 f.

113 Vgl. ebd., S. 123.

114 Vgl. Courtois/Lazar, Parti communiste, S. 186–190.

Die treibende Kraft bei diesen Bemühungen war der renommierte Rechtsgelehrte René Cassin, der für die französische Seite auch die Vorbereitungsarbeiten für die Konferenz von St. James geleitet hatte. 1887 im baskischen Bayonne geboren und im Ersten Weltkrieg schwer verwundet, hatte Cassin sich durch sein Engagement für die Belange der Kriegsveteranen und durch seine berufliche Tätigkeit als Hochschullehrer an mehreren französischen Universitäten einen Namen gemacht.[115] Über die Landesgrenzen hinaus hatte er vor allem als Delegierter Frankreichs innerhalb des Völkerbundes Bekanntheit erlangt. Ohne de Gaulle persönlich zu kennen, war er im Sommer 1940 dessen Ruf in die britische Hauptstadt gefolgt. Der General hatte damit einen namhaften Unterstützer für seine Sache gewonnen, der ihm mit seinem Fachwissen wertvolle Dienste erwies. Denn Cassin trug entscheidend dazu bei, das Vorgehen der Gaullisten juristisch zu rechtfertigen. Nach seiner Auffassung hatten Pétains Anhänger einen Staatstreich begangen und die Übertragung der uneingeschränkten Vollmachten an den Marschall sei verfassungswidrig gewesen.[116] Dadurch sei ein Vakuum entstanden, das die Londoner Exilanten als Bewahrer der Werte der französischen Republik und als Verteidiger der eingegangenen Bündnisverpflichtungen mit Großbritannien gefüllt hätten. Sie, nicht das Vichy-Regime, seien daher die rechtmäßigen Vertreter Frankreichs, so Cassins These.[117] Diese Argumentation griff de Gaulle nur zu gerne auf, da sie der moralischen Legitimierung der *France libre*, die sich aus der Weiterführung des Kampfes gegen NS-Deutschland ableitete, zusätzlich ein juristisches Fundament verlieh. Cassin beschäftigte sich im Londoner Exil jedoch bei weitem nicht nur mit staats- und verfassungsrechtlichen Fragen. Das Hauptanliegen, das er sein Leben lang verfolgte, war die Achtung und Verteidigung der Menschenrechte.[118] Aus diesem Grund stellte er frühzeitig Überlegungen an, wie die Alliierten deutsche Kriegsverbrechen nach dem Sieg sanktionieren sollten.[119] In einer solchen Sanktionierung sah Cassin die Voraussetzung für die Schaffung einer Friedensordnung, in der sich die Staatengemeinschaft für die Zukunft den Menschenrechten verpflichten und deren weltweite Respektierung garantieren würde.[120] Ähnlich wie de Gaulle trieb den Rechtsgelehrten vor allem die Befürchtung um, die Alliierten könnten ihre Fehler von 1918 wiederholen und deutsche Kriegsverbrecher

---

115 Zu René Cassin (1887–1976) vgl. vor allem Prost/Winter, Cassin; Agi, Cassin; auch Cassins Memoiren: Cassin, Hommes.

116 Vgl. Agi, Cassin, S. 133 ff.

117 Vgl. Prost/Winter, Cassin, S. 160.

118 Nach dem Zweiten Weltkrieg wurde Cassin zum französischen Vertreter in der Menschenrechtskommission der neugegründeten UNO ernannt. In dieser Eigenschaft war er maßgeblich an der Abfassung der Allgemeinen Erklärung der Menschenrechte beteiligt, die von der Vollversammlung der UNO am 10. Dezember 1948 im Palais de Chaillot in Paris verabschiedet wurde. Für sein Lebenswerk wurde Cassin 1968 mit dem Friedensnobelpreis ausgezeichnet; vgl. Prost/Winter, Cassin, S. 313–316.

119 Vgl. Agi, Cassin, S. 158 ff.

120 Vgl. Prost/Winter, Cassin, S. 189.

in der Folge ungestraft davonkommen.[121] Er hoffte deswegen einerseits auf eine Festsetzung internationaler Standards für die Bildung von Gerichten, die Verfahren nach einheitlichen Kriterien führen würden. Andererseits wollte er auch eine effektive Zusammenarbeit der einzelnen Staaten bei der Auslieferung und Aburteilung der Kriegsverbrecher erreichen. Kein Land der Welt sollte den Gesuchten demnach Asyl gewähren. Diese Überlegungen bestimmten die Position, die die *France libre* gegenüber ihren Verbündeten einnahm und die sie ebenso vor der Öffentlichkeit kundtat. Ganz im Sinne von Cassins Vorgaben machten sich die Gaullisten jedenfalls fortan die Forderung nach einer systematischen gerichtlichen Ahndung deutscher Kriegsverbrechen zu eigen und kündigten eine Verurteilung der Schuldigen an, für die sie nach dem Sieg Sorge tragen würden.[122] Ende September 1943 gab de Gaulles Parteigänger Pierre Brossolette beispielsweise über den britischen Rundfunk bekannt:

> „Wir verkünden feierlich, dass für jeden Franzosen, der von den Invasoren massakriert wird, das siegreiche Frankreich zwei Deutsche verurteilen und hinrichten wird. Nicht zwei unschuldige Deutsche, sondern zwei Deutsche, die des Mordes an einem Franzosen oder der Komplizenschaft bei einem solchen Mord überführt sind. Nicht zwei unbekannte Deutsche, sondern zwei Deutsche, deren Namen auf einer bereits fertigen Liste stehen, die jeden Tag ergänzt wird.“[123]

In einer Ansprache, deren eigentlicher Zweck darin bestand, die deutsche Seite zu warnen und nach Möglichkeit von der Begehung weiterer Verbrechen abzuhalten, insistierte Brossolette mit auffallender Vehemenz auf den Prinzipien rechtstaatlicher Strafverfolgung, die die Gaullisten zu respektieren gedachten. Dezidiert sprachen sie sich dagegen aus, blind Rache zu nehmen oder summarisch Vergeltung für erlittenes Unrecht zu üben, sondern setzten sich zum Ziel, die Täter individuell zur Rechenschaft zu ziehen. Diesem Vorsatz folgend verbreitete das Justizkommissariat des *Comité français de la libération nationale* (CFLN), der von de Gaulle mittlerweile gebildeten Exilregierung, im Sommer 1944 eine weitere Ankündigung über den Rundfunk, in der es programmatisch hieß: „Im Zuge der Befreiung werden die Gerichte gegen die Kriegsverbrecher ihren Taten angemessene Strafen verhängen. Die Justiz Frankreichs wird sich durchsetzen.“[124]

Bis zum Tag der Befreiung waren die Möglichkeiten der Gaullisten jedoch begrenzt, ihren Worten Taten folgen zu lassen. Die Konferenz von St. James konnte zweifellos als ein erster Erfolg gewertet werden auf dem Weg hin zu einem koordinierten Vorgehen der Alliierten. Allerdings handelte es sich bei dem Dokument, das de Gaulle und die Vertreter der Exilregierungen signiert hatten, um eine bloße

121 Vgl. Cassin, Hommes, S. 281 f.
122 Vgl. Tisseron, Nuremberg, S. 31 ff.
123 AN-BB 30/1785: CFLN, Émission radiophonique (information). Avertissement, 29. September 1943.
124 AN-BB 30/1785: Avertissement du Commissariat à la Justice relatif aux crimes de guerre commis en France, radiodiffusé à Alger, 29. Juli 1944.

Absichtserklärung, die keine praktischen Konsequenzen nach sich zog. In der Folge drängten die Unterzeichner deswegen darauf, einen festen organisatorischen Rahmen für alle weiteren Schritte zu schaffen. Dabei schwebte ihnen die Einrichtung einer Kommission vor, die konkrete Vorbereitungsarbeiten übernehmen würde. Unter dem Druck der Exilregierungen schlug Churchill im Juni 1942 bei einem Treffen mit Roosevelt in Washington die Bildung eines solchen Gremiums vor.[125] Die britische Regierung präzisierte kurz darauf ihre Vorstellungen und legte einen Plan vor, nach dem eine aus Vertretern der Exilregierungen zu bildende Kommission der „Vereinten Nationen“ Vorermittlungen zu deutschen Kriegsverbrechen anstellen und die Namen der Täter zusammentragen sollte.[126] Aufgrund von Meinungsverschiedenheiten zwischen den Verantwortlichen in London, Washington und Moskau verging bis zur Verwirklichung dieses Plans jedoch noch über ein Jahr. Nach mehreren Terminverschiebungen fand schließlich am 20. Oktober 1943 die konstituierende Sitzung der *United Nations War Crimes Commission* (UNWCC) statt, an der sich die Abgesandten von insgesamt 17 Regierungen beteiligten.[127] Die Gaullisten wurden in dem neuen Gremium folgerichtig von René Cassin vertreten.[128] Als sein Stellvertreter fungierte mit dem Juristen André Gros ein weiterer Fachmann, der vor dem Krieg an den Universitäten von Nancy und Toulouse gelehrt hatte.[129] In der Arbeit der Kommission kristallisierten sich in der Folge drei Tätigkeitsfelder heraus, für die jeweils ein eigener Ausschuss gebildet wurde.[130] Von diesen führte der erste Ausschuss Untersuchungen zu deutschen Kriegsverbrechen durch, indem er Berichte und Zeugenaussagen auswertete, die die Exilregierungen in London erreicht hatten. Auch die namentliche Feststellung der Identität von Tätern, Opfern und Zeugen gehörte zu seinen Aufgaben.[131] In der Folge wurde hier eine Reihe von Listen mit den Namen deutscher Kriegsverbrecher erstellt, die die Alliierten anschließend veröffentlichten.[132]

Die Mitglieder des zweiten Ausschusses entwarfen Pläne zur Verfahrensdurchführung und Strafvollstreckung und erarbeiteten Vorgaben für einen erwarteten Waffenstillstandsvertrag, die die Fahndung nach den Tätern und deren Überstellung

---

125 Vgl. Kochavi, Prelude S. 27 f.
126 Vgl. ebd., S. 32.
127 Vgl. ebd., S. 54; auch Marienburg, Vorbereitung, S. 327 ff.
128 Vgl. Prost/Winter, Cassin, S. 190.
129 André Gros (1908–2003) stieg nach dem Zweiten Weltkrieg zum Richter am Internationalen Gerichtshof in Den Haag auf, dem er von 1964 bis 1982 angehörte; vgl. Eyffinger, Cour, S. 286.
130 Vgl. Kochavi, Prelude, S. 92 f.
131 Vgl. ebd., S. 94 f.
132 In der Zeit ihres Bestehens erstellte die Londoner Kommission 78 Kriegsverbrecherlisten, auf denen insgesamt über 36 000 Personen (mit 93,8 Prozent zum größten Teil Deutsche) entweder als identifizierte Kriegsverbrecher, als Verdächtige oder als Zeugen aufgeführt waren; vgl. Fabréguet, Commission, S. 523 f.

an Gerichte der alliierten Staaten betrafen.[133] Dem dritten Ausschuss kam eine beratende Funktion für die beteiligten Regierungen zu. Hier wurden grundsätzliche Probleme wie der juristische Rahmen einer Anklage gegen die Täter oder die Anwendbarkeit von nationalem Strafrecht für die geplanten Prozesse diskutiert. Die Franzosen zögerten nicht, sich in die Arbeit der Kommission einzubringen. Gros beispielsweise plädierte im zweiten Ausschuss vor den anderen Delegierten im Namen seines Landes vehement für eine umfassende Auslieferungsregelung, um die Überstellung gefasster Kriegsverbrecher an die Gerichte der betroffenen Staaten zu gewährleisten.[134] Ein anderer französischer Vorstoß zielte darauf ab, nach dem Krieg nicht nur Prozesse gegen einzelne Personen, sondern auch gegen ganze „Gruppen“ zu ermöglichen. Dabei dachte man insbesondere an die Mitglieder von SS und Sicherheitspolizei, die dem Vorschlag zufolge kollektiv angeklagt werden sollten.[135] Die französischen Vertreter nutzten somit durchaus den Spielraum, den ihnen die UNWCC bot, und formulierten gegenüber ihren Verbündeten eigene Vorschläge in der Kriegsverbrecherfrage.

Die Diskussion um die Hauptkriegsverbrecher

Allerdings fehlten der Kommission gänzlich die Mittel, die in ihrem Kreis gefassten Pläne auch in die Tat umzusetzen.[136] Konkrete Entscheidungsbefugnisse oder Kompetenzen hatte ihr die britische Regierung von Beginn an bewusst verweigert. Im Foreign Office war die Befürchtung allgegenwärtig, die UNWCC könnte unter dem Druck der Exilregierungen unabhängige Positionen vertreten und zu einem außenpolitischen Hindernis werden.[137] Man hatte deswegen ein Gremium ins Leben gerufen, das zwar Ratschläge und Empfehlungen erteilen, aber selbst keine Entscheidungen treffen konnte.

Dass nämlich Briten, Amerikaner und Sowjets auch in der Kriegsverbrecherfrage die maßgeblichen Beschlüsse untereinander fassten, ohne die übrigen Verbündeten miteinzubinden, demonstrierten sie eindringlich, kurz nachdem die Gründung der UNWCC erfolgt war. Im Oktober 1943 kamen die Außenminister Großbritanniens, der USA und der Sowjetunion in Moskau zu einem zwölftägigen Treffen zusammen.[138] Neben der weiteren Kooperation im Kampf gegen die Achsenmächte diskutierten sie dort auch, welcher Weg in der Kriegsverbrecherfrage einzuschlagen war.[139] Das Ergebnis der Unterredungen war eine Erklärung, die über die bisherigen Verurteilungen deutscher Verbrechen

133 Vgl. Marienburg, Vorbereitung, S. 346 ff.
134 Vgl. Moisel, Kriegsverbrecher, S. 57.
135 Vgl. ebd., S. 59 ff.
136 Vgl. Fabréguet, Commission, S. 531.
137 Vgl. Kochavi, Prelude, S. 59 f.
138 Vgl. Marienburg, Vorbereitung, S. 289 f.
139 Zum Ablauf und den Hintergründen der Moskauer Konferenz vgl. Sainsbury, Turning Point, S. 53–109.

weit hinausging. Gemeinsam wandten sich die drei führenden Mitglieder der Anti-Hitler-Koalition an die Weltöffentlichkeit und kündigten an, wie sie vorzugehen gedachten und in welcher Form die Täter zur Rechenschaft gezogen werden sollten. Eingangs wurde in der Moskauer Erklärung darauf verwiesen, dass die Alliierten Nachrichten erreicht hätten von Massakern und Massenhinrichtungen, die die deutschen Truppen in den von ihnen okkupierten Gebieten verübt hatten.[140] Die Täter sollten deswegen nach dem Sieg der Alliierten vor Gericht gestellt werden und zwar an den Orten ihrer Verbrechen. Verstanden werden sollte die Erklärung durchaus auch als Warnung an deutsche Offiziere und NSDAP-Mitglieder.[141] Sollten diese sich an Kriegsverbrechen beteiligen, würde man sie später an jene Länder ausliefern, in denen sich diese ereignet hatten. Abschließend betonten die Unterzeichner ihre feste Entschlossenheit, die Schuldigen zur Rechenschaft zu ziehen und der Gerechtigkeit genüge zu tun.[142] Unter den Exilregierungen wurde die Erklärung mit breiter Zustimmung aufgenommen, erfüllte sie doch in zweifacher Hinsicht deren Erwartungen. Die Hauptalliierten hatten sich bei der geplanten Ahndung deutscher Kriegsverbrechen nicht nur festgelegt, sondern auch den besetzten Ländern das Recht zugesprochen, die Täter selbst zu richten. Auch die Gaullisten begrüßten daher die Ankündigung und gaben unverzüglich ihre Zustimmung. Am 16. November 1943, gute zwei Wochen nach ihrer Veröffentlichung, trat das CFLN, das unter de Gaulles Führung unlängst seinen Sitz in Algier bezogen hatte, der Moskauer Erklärung bei.[143]

So einleuchtend das Prinzip der geographischen Lokalisierung der Verbrechen und der gerichtlichen Anklage der Verantwortlichen am Ort ihrer Taten, auf das die Alliierten sich geeinigt hatten, auf den ersten Blick auch erscheinen mochte, so wies es allerdings eine entscheidende Lücke auf. Ausdrücklich ausgenommen waren von der Moskauer Erklärung nämlich die deutschen Kriegsverbrecher, deren Vergehen keinen klaren geographischen Schwerpunkt aufwiesen.[144] Gemeint waren damit die Führer von Staat, Partei und Armee, die die Verantwortung für Verbrechen überall in Europa trugen und folglich nicht einfach an ein bestimmtes Land ausgeliefert werden konnten. Die Unterzeichner der Moskauer Erklärung hatten angekündigt, über das Schicksal dieser Personen, die fortan als „Hauptkriegsverbrecher“ bezeichnet wurden, zu einem späteren Zeitpunkt zu entscheiden. Was mit ihnen geschehen sollte, blieb deshalb zunächst unklar und wurde unter den Alliierten bis Kriegsende äußerst kontrovers diskutiert. Anfangs gingen allerdings die wenigsten davon aus, dass die

---

140 Vgl. Declaration on German atrocities, November 1, 1943, in: United States Department of State, Decade, 1941–49, S. 13 f.

141 Vgl. ebd.

142 Vgl. ebd.

143 De Gaulle und seine Anhänger hatten dabei jedoch in erster Linie die Bestimmungen zur Zukunft Österreichs im Blick, die die Moskauer Erklärung enthielt; vgl. Soutou, Paris S. 113 f.; auch DDF, 1/1946, S. 377 ff. Dokument Nr. 166: Bidault an die österreichische Vertretung in London, 7. März 1946.

144 Vgl. Declaration of German atrocities, S. 14.

Hauptkriegsverbrecher ebenfalls im Rahmen von gerichtlichen Verfahren belangt würden. Vielmehr wurden in Moskau, London und Washington mehrere Vorschläge erörtert, die sich in ihrer Rigorosität gegenseitig überboten und allesamt auf eine „politische“ Lösung des Problems hinausliefen. Den Anfang machte Stalin, der auf der Konferenz von Teheran Ende November 1943 vorschlug, nach dem Sieg etwa 50 000 deutsche Offiziere auf einen Schlag erschießen zu lassen.[145] In einem solchen Fall wären die führenden deutschen Parteifunktionäre und Generäle summarisch liquidiert worden. Im Zuge des Vormarsches der Roten Armee und der Befreiung zuvor besetzter Gebiete ging die sowjetische Führung in den folgenden Monaten jedoch daran, mehrere Prozesse gegen deutsche Soldaten ins Werk zu setzen. Offenkundig unter dem Eindruck der propagandistischen Erfolge, die diese mit sich brachten, aber auch aufgrund von außenpolitischen Erwägungen machte man sich in Moskau schließlich dafür stark, auch gegen die NS-Führungsriege einen großen Strafprozess durchzuführen.[146]

Nichtsdestotrotz stießen Forderungen nach summarischen Hinrichtungen bei Amerikanern und Briten durchaus auf offene Ohren und wurden von diesen in den folgenden Monaten noch deutlich expliziter vorgebracht. Anfang September 1944 legte der amerikanische Finanzminister Henry Morgenthau ein in der Folge unter seinem Namen bekannt gewordenes Memorandum mit dem Titel „Program to Prevent Germany from Starting a World War III“ vor.[147] Darin wurden Überlegungen angestellt, wie es möglich war, Deutschland nach dem Sieg der Alliierten komplett zu deindustrialisieren und in ein Agrarland zurück zu verwandeln.[148] Daneben sah das Memorandum auch äußerst drastische Repressalien gegen die Verantwortungsträger des NS-Staates vor. Zunächst sollte eine Liste mit den Namen von „Erzverbrechern“ erstellt werden, die nach ihrer Gefangennahme sofort hingerichtet würden. Danach sollten Militärkommissionen im Schnellverfahren weitere Prozesse abwickeln, in denen den Angeklagten die Hinrichtung von Geiseln und die Ermordung von Menschen aufgrund ihrer Nationalität, Rasse, Hautfarbe, Religion oder politischer Überzeugung zur Last gelegt werden konnte. Eine Verurteilung durch eine solche Militärkommission sollte in der Regel die Todesstrafe nach sich ziehen und nur in leichten Fällen ausnahmsweise zur Deportation des Angeklagten in eine Strafkolonie außerhalb Deutschlands führen. Alle Mitglieder von NS-Organisationen wie der SS wollte Morgenthau darüber hinaus bis zur Prüfung ihres Falles und der Festsetzung einer Strafe internieren lassen.[149]

---

145 Stalin machte diesen Vorschlag allerdings nicht im Rahmen der offiziellen Verhandlungen, sondern während eines Trinkgelages, das sich an diese anschloss. In der Forschung ist daher umstritten, inwieweit es sich um eine ernst gemeinte sowjetische Initiative handelte; vgl. Taylor, Prozesse, S. 46; Kochavi, Prelude, S. 63 f.

146 Vgl. Antipow, Rudenko, S. 228–231; Hirsch, Soviets, S. 706–710.

147 Vgl. Kochavi, Prelude, S. 83 f.

148 Vgl. Greiner, Morgenthau, S. 169–179.

149 Vgl. Kochavi, Prelude, S. 84 f.

Vor allem aufgrund seiner wirtschaftspolitischen Zielsetzungen lehnte jedoch der Kriegsminister Henry L. Stimson den Plan strikt ab und konnte sich mit einer Reihe von Gegenvorschlägen bei Präsident Roosevelt durchsetzen.[150] Auf Initiative Stimsons, der in seinem Ministerium eine erste Denkschrift hierzu ausarbeiten ließ, nahm die US-Regierung noch im Herbst 1944 von dem Vorhaben summarischer Hinrichtungen jedenfalls Abstand und fasste den Entschluss, einen Prozess gegen die Hauptkriegsverbrecher zu organisieren. Allerdings musste Washington gegenüber seinen Verbündeten hierfür noch einige Überzeugungsarbeit leisten. Als hartnäckigste Befürworterin von summarischen Exekutionen erwies sich nämlich die britische Regierung, die einen Prozess geschlossen ablehnte.[151] Churchill hatte einen ebenso radikalen wie simplen Plan entwickelt, an dem er bis zum Kriegsende festhielt.[152] Demnach sollten Hitler und die anderen führenden Nationalsozialisten durch einen gemeinsamen Beschluss der alliierten Regierungen zu „outlaws“, also zu Gesetzlosen, erklärt werden. Auf dieser Grundlage wollte der britische Premierminister sie nach ihrer Verhaftung und der unzweifelhaften Feststellung ihrer Identität ohne Gerichtsverfahren hinrichten lassen. Erst unter dem Druck der amerikanischen Verbündeten rückten die Briten von dieser Idee ab und willigten in das Vorhaben der US-Administration ein.[153]

Auf französischer Seite dagegen fehlte in der Kriegsverbrecherfrage eine vergleichbare Debatte, bei der sich auf Regierungsebene zwei Extrempositionen à la Morgenthau und Stimson gegenüberstanden. Die Gaullisten forderten seit der Erklärung von St. James, dass den Verantwortlichen deutscher Kriegsverbrechen nach dem Sieg der Prozess gemacht und gerichtlich über ihre Schuld befunden werden sollte. Bis zum Kriegsende, auch nachdem sich die Nachrichten über Verbrechen an der französischen Zivilbevölkerung und Berichte über die Vorgänge in den deutschen Konzentrationslagern verdichtet hatten, blieben sie bei dieser Position. Summarische Hinrichtungen wurden von den Gaullisten zu keinem Zeitpunkt als ernsthafte Alternative in Erwägung gezogen. Stattdessen ließen sie keinen Zweifel daran, dass sie die gerichtliche Ahndung auch der Verbrechen der hochrangigsten Repräsentanten des NS-Staates für den richtigen Weg hielten. Auch die Rückkehr ins französische Mutterland tat dieser Haltung keinen Abbruch. Zwar waren in der provisorischen Regierung Frankreichs, die de Gaulle im Juni 1944 ins Leben rief und die nach dem Rückzug der deutschen Truppen Schritt für Schritt die Kontrolle über das Land übernahm, durchaus unterschiedliche politische Strömungen vertreten.[154] An dem grundsätzlichen Konsens darüber, wie mit den Hauptkriegsverbrechern zu verfahren war, änderte sich dadurch jedoch nichts. In der französischen Haltung schlug sich ganz offenkundig ein traditioneller Legalismus nieder, den weder die Ausmaße der deutschen Verbrechen des Zweiten Weltkrieges noch die erwartbaren organisatorischen Probleme einer

---

150 Vgl. Weinke, Prozesse, S. 13 ff.
151 Vgl. Tusa, Nuremberg Trial, S. 61 ff.
152 Vgl. Kochavi, Prelude, S. 73 ff.
153 Vgl. Taylor, Prozesse, S. 48 f.; Tusa, Nuremberg, S. 64 ff.
154 Vgl. Rioux, République, S. 68–76.

möglichen gerichtlichen Ahnung zu erschüttern vermochten. De Gaulles Justizkommissar François de Menthon, Frankreichs späterer Chefankläger in Nürnberg, stellte jedenfalls schon im Mai 1944 unmissverständlich klar, dass er summarische Hinrichtungen von deutschen Kriegsverbrechern ablehnte.[155] Explizit drängte er darauf, dass die französische Exilregierung daran auch in ihren öffentlichen Verlautbarungen mit einer klaren Wortwahl keinen Zweifel lasse. Nicht Repressalien, sondern die Bestrafung der Schuldigen gelte es zu fordern, so de Menthon.[156] Mit dem Vorschlag, die deutschen Hauptkriegsverbrecher vor einen internationalen Gerichtshof zu stellen, befassten sich die Franzosen erstmals, nachdem in der UNWCC eine entsprechende Diskussion begonnen hatte. Cassin war dem Vorhaben gegenüber aufgeschlossen und plädierte bei seinen Landsleuten für ein entsprechendes zweigleisiges Verfahren: Der zu schaffende internationale Gerichtshof sollte sich mit den führenden Repräsentanten NS-Deutschlands befassen, alle weiteren Kriegsverbrecher dagegen würden sich vor nationalen Gerichtshöfen der einzelnen Länder zu verantworten haben.[157]

In de Menthons Umfeld dagegen war man zunächst etwas skeptischer. Die Schaffung eines solchen internationalen Gerichtshofes hätte eine bedenkliche Ungleichbehandlung von Kriegsverbrechern je nach deren Rang zur Folge, konstatierte ein interner Bericht des Justizkommissariats im Juni 1944.[158] Es sei nämlich erforderlich, eine einheitliche Prozedur festzulegen, die auf die führenden Repräsentanten innerhalb der NS-Hierarchie ebenso angewendet werden könne wie auf einfache Befehlsempfänger. Die Verfasser äußerten insbesondere die Befürchtung, dass der internationale Gerichtshof unter dem Einfluss der Angelsachsen möglicherweise milder urteilen würde als nationale Gerichte. Sie sahen aber auf der anderen Seite auch „politische Notwendigkeiten“[159], die für den Plan sprachen. Schließlich würden Angelsachsen wie Sowjets in einem solchen Fall klare Verpflichtungen bei der Ahndung deutscher Kriegsverbrechen eingehen und eine Umsetzung ihrer vorangegangenen Ankündigungen gewährleisten. Der Bericht kam deswegen zu folgendem Ergebnis: „Die außenpolitischen Erwägungen, die die Schaffung eines internationalen Strafgerichtshofes erfordern, erscheinen gewichtiger als die Einwände, die bezüglich der repressiven Ineffizienz einer solchen Institution vorgebracht wurden.“[160]

155 Vgl. AN-BB 30/1785: Le Commissaire à la Justice à M. le Commissaire aux Affaires Étrangères, 29. Mai 1944.

156 Vgl. ebd.

157 Vgl. AN-BB 30/1785: Note sur la répression des crimes de guerre (= Note sur le rapport du professeur Cassin, délégué de la France à la Commission d'enquête des Nations Unies sur les crimes de guerre), undatiert, 12 Seiten, hier S. 5 f.

158 Vgl. AN-BB 30/1785: Comité Français de la Libération Nationale, Commissariat à la Justice: Rapport sur la répression des crimes de guerre ennemis, 28. Juni 1944, 16 Seiten, hier S. 8.

159 Ebd.

160 Ebd., S. 9.

Im französischen Außenministerium hingegen hatte man insbesondere die Position der amerikanischen Verbündeten in der Kriegsverbrecherfrage im Blick und verfolgte mit Interesse die anhaltende Diskussion in der US-Administration. In der internen Korrespondenz der Diplomaten war Anfang Oktober 1944 explizit von einer möglichen Initiative Washingtons die Rede, ein internationales Militärtribunal zur Verurteilung von Kriegsverbrechern zu bilden. Damit würden die Amerikaner einen historischen Präzedenzfall schaffen, hieß es in einer Denkschrift, die für Außenminister Georges Bidault bestimmt war.[161] In diesem Stadium sahen die Diplomaten die Angelegenheit allerdings vor allem vor dem Hintergrund der nationalen Kriegsverbrecherpolitik Frankreichs. Mit einer am 30. August 1944 in Kraft getretenen Verordnung zur Ahndung von Kriegsverbrechen hatte die Regierung die gesetzliche Grundlage für das Vorgehen gegen feindliche Staatsangehörige geschaffen, die Verbrechen auf französischem Territorium oder an französischen Staatsangehörigen verübt hatten und daher der Rechtsprechung des Landes unterstanden.[162] Ausgearbeitet hatte die darin enthaltenen Direktiven ein interministerieller Ausschuss, den die gaullistische Exilregierung in Algier gebildet und mit der Vorbereitung einer gerichtlichen Ahndung feindlicher Kriegsverbrechen nach der Befreiung Frankreichs beauftragt hatte.[163] Die von diesem Gremium erstellten Richtlinien besagten im Wesentlichen, dass in den Prozessen gegen Staatsangehörige der Achsenmächte französisches Strafrecht anzuwenden war und dass Kriegsgerichte über die Schuld der Angeklagten befinden sollten.[164] Die zuständigen Kriegsgerichte waren mit Angehörigen der Armee oder der *Forces françaises de l'intérieur* (FFI), also der militärischen Formationen der Résistance, zu besetzen.

In dem Maße, in dem die provisorische Regierung in den Herbstmonaten 1944 schließlich die Kontrolle über das Land erlangte, bemühte sie sich, diese Vorgaben in die Tat umzusetzen und summarischen Racheaktionen, die insbesondere Angehörige des kommunistischen Widerstandes befürworteten, sowie jeder Form von Selbstjustiz auf lokaler Ebene Einhalt zu gebieten.[165] In einer solchen Situation trat die Diskussion über das weitere Schicksal der deutschen Hauptkriegsverbrecher vorerst in den Hintergrund, zumal der Krieg gegen NS-Deutschland andauerte und auch bei Frankreichs Verbündeten in der Frage bislang keine Klarheit herrschte. Auch wenn sie sich von der grundsätzlichen Idee, die führenden Nationalsozialisten vor einen internationalen Gerichtshof zu stellen, durchaus angetan zeigte, so entwickelte die provisorische Regierung zunächst keine eigenen Initiativen und nahm stattdessen eine abwartende Haltung ein.

---

161 Vgl. AD-NUOI 1944–1959/94: Note pour le ministre. A.s. des criminels de guerre, 6. Oktober 1944.

162 Vgl. JORF, 30. August 1944, S. 780 f.: Ordonnance du 28 août 1944 relative à la répression des crimes de guerre.

163 Vgl. AD-NUOI 1944–1959/94: Note au sujet de l'ordonnance portant création d'un service des crimes de guerre, 5. Oktober 1944.

164 Vgl. Moisel, Kriegsverbrecher, S. 68 ff.

165 Vgl. ebd., S. 83 ff.

1.2 Französische Vorstellungen für das IMT

Grundsätzliche Positionierungen im Frühjahr 1945

Das änderte sich im Februar 1945, als sich das französische Außenministerium erstmals festlegte und eine dezidierte Stellungnahme ausarbeitete. Vor einer geplanten Reise nach London zu einer Sitzung der UNWCC bat René Cassin um Anweisungen, welche Position er im Namen seiner Regierung in der Diskussion um die Hauptkriegsverbrecher einnehmen sollte. In einer internen Denkschrift, die Außenminister Georges Bidault abzeichnete, legten die Diplomaten hieraufhin ihre Vorstellungen dar.[166] Das Memorandum wandte sich in seinem ersten Teil einer Frage zu, die bereits in der Londoner Kommission für hitzige Debatten gesorgt hatte: Konnte man den NS-Führern ihre Verantwortung für die Vorbereitung und Durchführung von Angriffskriegen in einem Strafprozess zur Last legen? War das Führen eines Angriffskrieges also strafbar? Die französische Antwort auf diese Frage war eindeutig und lautete: nein. Der Verfasser der Denkschrift war der Spitzendiplomat Jacques Fouques-Duparc, der für eine solche Anklage keine rechtliche Grundlage sah und eindringlich hinwies auf „die Gefahr der Ineffizienz einer Anklage, die nicht auf einem bestimmten positiven Recht beruht.“[167] In keinem Gesetzes- oder Vertragstext sei das Führen eines Angriffskrieges als Verbrechen definiert. Zwar hätte mit dem Briand-Kellogg-Pakt von 1928 ein internationales Abkommen den Angriffskrieg geächtet und eine Verpflichtung für die unterzeichnenden Staaten festgeschrieben, Konflikte auf friedlichem Wege zu lösen. Aber das Abkommen sehe weder eine individuelle Haftung verantwortlicher Politiker oder Generäle noch eine strafrechtliche Sanktionierung vor. Zudem sollten die erfolglosen Bemühungen, Wilhelm II. nach dem Ersten Weltkrieg vor Gericht zu stellen, den Alliierten in diesem Fall eine Warnung sein, gab Fouques-Duparc weiterhin zu bedenken.[168] Die Verantwortung der NS-Führung für alle Angriffe auf andere Staaten gelte es deswegen auf politischem Wege zu sanktionieren, nicht jedoch im Rahmen eines Gerichtsverfahrens.

Das war jedoch keineswegs als grundsätzliche Absage an einen Prozess gegen die Hauptkriegsverbrecher zu verstehen. In Paris hatte man genau registriert, dass die Ablehnung eines solchen Vorhabens durch die britische Regierung anhielt. Der französische Botschafter in London René Massigli hatte kurz zuvor ein weiteres Mal von Churchills „Outlaw-Plan“ berichtet, nach dem die führenden Nationalsozialisten ohne Gerichtsverfahren zu erschießen waren. Hiergegen bezogen die Franzosen klar Position. Die Verantwortung der NS-Führer für kriminelle Methoden der Kriegsführung und für Kriegsverbrechen, zu denen sie die Befehle gegeben hätten, sei

166 Vgl. DDF, 1/1945, S. 216 ff., Dokument Nr. 110: Note du Secrétariat des Conférences. Instructions sollicitées par M. Cassin, 16. Februar 1945.

167 Ebd., S. 216.

168 Vgl. ebd., S. 216 f.

durchaus eine strafrechtliche.[169] Diese sollte in der Tat ein internationaler Gerichtshof untersuchen und mit individuellen Urteilssprüchen ahnden. Klare Vorstellungen hatte man am Quai d'Orsay auch darüber, in welcher Form dies geschehen solle. Die Diplomaten hatten beobachtet, dass in den USA zwischen Kriegs- und Außenministerium Uneinigkeit darüber bestand, ob ein ziviles Gericht oder ein Militärtribunal über die NS-Führer zu richten hatte. Fouques-Duparc hielt einen Kompromiss für die beste Lösung.[170] Danach sollte für den Prozess gegen die deutschen Hauptkriegsverbrecher ein Militärtribunal geschaffen werden, das allerdings mit zivilen, von den alliierten Regierungen zu benennenden Juristen in Uniform zu besetzen war. Die entscheidenden Vorteile dieser Lösung sah man am Quai d'Orsay darin, dass ein Militärtribunal weniger durch politische Entwicklungen beeinflusst werde, dass es kompetenter für die Aburteilung von deutschen Militärs sei und dass es schneller arbeite als ein ziviles Gericht. Zuletzt sprach sich Fouques-Duparc dafür aus, auch die Verbrechen an Bürgern der Achsenmächte strafrechtlich zu ahnden. Eine Aufarbeitung der Massaker und Pogrome an den Juden und alle anderen Verbrechen an Staatsangehörigen des Deutschen Reiches oder eines mit ihm verbündeten Landes sei nur auf internationaler Ebene möglich.[171] Das geplante Tribunal sei hierfür mit besonderen Vollmachten auszustatten. Allerdings sei fraglich, inwieweit man derartige Verbrechen, wenn sie bereits vor Kriegsbeginn begangen wurden, in das Verfahren miteinbeziehen könne. Die Denkschrift sprach damit bereits ein grundsätzliches Problem an, das später den alliierten Juristen in Nürnberg Kopfzerbrechen bereiten sollte.

Zusammengefasst besagte die Position des Quai d'Orsay also, dass die führenden Nationalsozialisten von den Alliierten in einem Strafprozess zur Rechenschaft zu ziehen waren. Dieser sollte vor einem internationalen Militärtribunal stattfinden, das die Alliierten bilden und mit zivilen Juristen besetzen würden. Anzuklagen waren die NS-Führer aufgrund ihrer Verantwortung für Kriegsverbrechen und dem, was die in Nürnberg versammelten Juristen am Ende als „Verbrechen gegen die Menschlichkeit“ bezeichnen sollten. Dass die NS-Führer Angriffskriege geplant und geführt hatten, wurde dagegen als eine politische Angelegenheit betrachtet, die den geplanten Prozess nicht betraf. Die Denkschrift, die diese Eckpunkte fixierte, kann getrost als wegweisend für die französische Haltung in den folgenden Verhandlungen bezeichnet werden. Denn mit seiner Lagebeurteilung stand der Quai d'Orsay keineswegs allein. Die nächsten Monate zeigten, dass die Einschätzungen der Diplomaten in der französischen Regierung breiten Zuspruch fanden und die anderen Minister mit Bidault konform gingen. Anders als beispielsweise auf amerikanischer Seite, wo zwischen einzelnen Ministerien ein erbitterter Streit über den einzuschlagenden Weg tobte, waren sich die Verantwortlichen in Paris im Wesentlichen einig und hatten sich vergleichsweise früh festgelegt. Denn bis die Angelegenheit in den

169 Vgl. ebd., S. 217.
170 Vgl. ebd.
171 Vgl. ebd., S. 218.

offiziellen Verhandlungen mit den Alliierten auf die Tagesordnung rückte, verging noch einige Zeit. Mitte April 1945 unterstrich Bidault gegenüber Gros nochmals den Willen der französischen Regierung, die Hauptkriegsverbrecher vor Gericht zu stellen und zu diesem Zweck einen internationalen Gerichtshof zu schaffen.[172] Bezeichnenderweise berief er sich dabei auf de Menthon, der inzwischen in der provisorischen Regierung als Justizminister amtierte, und wies Gros an, diese Position innerhalb der UNWCC zu vertreten. Tatsächlich lag die Entscheidung über das weitere Verfahren mit den NS-Führern aber längst nicht mehr in den Händen der Kommission, sondern hatte sich auf Regierungsebene verlagert und wurde in einem wesentlich kleineren Kreis getroffen.

Die Einbindung Frankreichs durch die Alliierten

Nach seiner Amtsübernahme entschied der neue amerikanische Präsident Harry S. Truman, die Sache in die Hand zu nehmen, dies allerdings unter Umgehung der Londoner Kommission zu tun.[173] Anfang Mai 1945 beauftragte er den Bundesrichter Robert H. Jackson mit der Vorbereitung einer Anklage gegen die Anführer der Achsenmächte und ernannte ihn zum offiziellen Repräsentanten der Vereinigten Staaten vor einem noch zu schaffenden internationalen Militärtribunal.[174] In einem nächsten Schritt gedachte die US-Regierung, sich direkt an die Verantwortlichen in London, Moskau und Paris zu wenden und diesen den Vorschlag zu unterbreiten, bei der Bildung eines solchen Gerichtshofes zusammenzuarbeiten und gemeinsam einen Prozess gegen die deutschen Hauptkriegsverbrecher zu organisieren. Dass eine solche Einladung auch an die französische Seite erging, war allerdings keine Selbstverständlichkeit. In einem im Januar zur Vorbereitung auf die Konferenz von Jalta verfassten Memorandum über die Durchführbarkeit des anvisierten Kriegsverbrecherprozesses, das die Haltung der US-Regierung umriss, war zwar am Rande von der Einbeziehung Frankreichs sowie von Richtern aus weiteren Staaten die Rede gewesen. Tatsächlich Gedanken gemacht hatten sich die Verfasser jedoch ausschließlich zur Haltung der Sowjetunion und Großbritanniens, deren Unterstützung sie für das Projekt zu gewinnen hofften.[175] Die letztendliche Einbindung Frankreichs als Partner in das Projekt ist daher vor dem Hintergrund der weltpolitischen Lage im Frühjahr 1945 zu sehen. Denn auch wenn de Gaulle von dem Treffen auf der Krim, bei dem die „Großen Drei“ über die Aufteilung des besiegten Deutschland

---

172 Vgl. DDF, 1/1945, S. 558–561. Dokument Nr. 299: Telegramm Nr. 36, Bidault an die französische Delegation in San Francisco, 25. April 1945.

173 Vgl. Tusa, Nuremberg, S. 69 ff.

174 Vgl. III. Executive Order by President Truman, 2. Mai 1945, in: United States Department of State, Jackson, S. 21.

175 Vgl. I. Memorandum to President Roosevelt from the Secretaries of State and War and the Attorney General, 22. Januar 1945, in: United States Department of State, Jackson, S. 3–17, hier S. 8.

entschieden, ausgeschlossen blieb, so trug seine Politik der „reconquête du rang“[176] (Rückeroberung des Ranges) in anderen Bereichen nun doch ihre Früchte.[177]

Im Ringen um ein Gleichziehen mit den USA, Großbritannien und der Sowjetunion und um eine Aufnahme in den Kreis der Hauptsiegermächte des Zweiten Weltkrieges konnte Frankreich jedenfalls in den Wochen, die auf die Konferenz von Jalta folgten, handfeste Erfolge verbuchen. Am 25. April 1945 trat in San Francisco die Gründungsversammlung der Vereinten Nationen zusammen. In zähen Verhandlungen arbeiteten in den nun folgenden Wochen die Repräsentanten von 50 Regierungen die Charta für die geplante Staatenorganisation aus und krönten am Ende ihre Bemühungen mit der Unterzeichnung des Dokuments, das die UNO ins Leben rief. Dass Frankreich in der Charta der Status eines permanenten Mitglieds des Sicherheitsrates zugesprochen wurde, wertete das außenpolitische Gewicht des Landes enorm auf und war durchaus als Demonstration zu verstehen, dass das Land „einen Platz unter den Großen“[178] gefunden hatte.[179] Gleiches galt für eine wegweisende Maßnahme in der Deutschlandpolitik der Alliierten, die in dieselbe Zeit fiel. Als vierte Macht wurde Frankreich am 1. Mai 1945 in den Alliierten Kontrollrat aufgenommen, der nach der Kapitulation der Wehrmacht offiziell die Regierungsgewalt im besetzten Deutschland übernahm.[180] Bei allen Entscheidungen, die hier getroffen wurden, verfügte Frankreich fortan über ein Vetorecht und konnte seinen Einfluss geltend machen.[181] Für den Status des Landes war die Aufnahme in den Kontrollrat umso bedeutender, da mit ihr die Schaffung einer eigenen Besatzungszone verbunden war. Auf de Gaulles Anweisung hin hatten französische Truppen in der letzten Kriegsphase ohnehin teils eigenmächtig mehrere Gebiete in Südwestdeutschland okkupiert und waren bis ins österreichische Vorarlberg vorgerückt. Die angelsächsischen Streitkräfte räumten jetzt weitere Territorien, um diese an ihre französischen Verbündeten abzutreten. Mitte Juni steckten Paris und Washington in einem Abkommen den exakten Verlauf der Zonengrenzen ab und organisierten im Anschluss die Übergabe der Befehlsgewalt in den betroffenen Gebieten. Fortan umfasste die französische Besatzungszone das Saarland, das südliche Rheinland, die Pfalz, Württemberg-Hohenzollern, Südbaden und Lindau.[182] Der Regierung in Paris gab dieses Zugeständnis mehr als jedes andere Ereignis die Möglichkeit, als gleichrangiger Partner ihrer Verbündeten aufzutreten. Im Kontext dieser außenpolitischen Erfolge

176 Rioux, République, S. 121.
177 Vgl. Schirmann, Ordre, S. 294 f.
178 Smouts, France, S. 47.
179 Vgl. Lewin, Onu; auch Kaspi, Libération, S. 382–388.
180 Vgl. Mai, Kontrollrat S. 27 f; auch Kraus, Ministerien, S. 47 f.
181 Der Alliierte Kontrollrat trat bis zum 20. März 1948 in der Regel alle zehn Tage unter monatlich wechselndem Vorsitz zusammen. Sämtliche Beschlüsse konnten er sowie die ihm untergeordneten Organe nur einstimmig fassen; vgl. Mai, Kontrollrat, S. 49 f.
182 Vgl. Defrance/Pfeil, Nachkriegsgeschichte, S. 55 ff.

ist auch die Einbindung Frankreichs in das weitere Verfahren mit den deutschen Hauptkriegsverbrechern zu sehen.

Nicht von ungefähr wurde diese ebenfalls auf der Konferenz von San Francisco besiegelt. Im Auftrag von US-Präsident Truman reiste sein Sonderberater Samuel Rosenman zu der Zusammenkunft an, um die Verbündeten offiziell über die Pläne der amerikanischen Regierung in Kenntnis zu setzen und ihnen die gemeinsame Bildung eines internationalen Militärtribunals vorzuschlagen. Zunächst sprachen Trumans Emissär und der *Secretary of State*, Edward Stettinius jr., am 3. Mai 1945 lediglich mit Eden und Molotow, den Außenministern Großbritanniens und der Sowjetunion.[183] Bei der Unterredung skizzierten die Amerikaner ihre Vorstellungen und machten im Anschluss den Vorschlag, „die Franzosen in diese Diskussionen zu holen.“[184] Da weder Eden noch Molotow Einwände hatten, wurde der ohnehin ebenfalls in San Francisco anwesende Bidault zu den Gesprächen hinzugebeten. Dieser wiederum informierte umgehend seine Regierung über die Initiative der Amerikaner.[185] Die Außenminister der vier Staaten einigten sich in San Francisco sodann darauf, einen Ausschuss zur weiteren Diskussion und zur Klärung aller offenen Fragen zu bilden. Bidault übertrug die Angelegenheit seinem Berater Jules Basdevant, den er in das neugeschaffene Gremium entsandte.

Diese Personalentscheidung zeigt, dass dem Minister die Bedeutung der Angelegenheit durchaus bewusst war. Denn Basdevant konnte wie kaum ein anderer Franzose als Kenner der Materie gelten.[186] Er hatte lange Jahre als Professor für Völkerrecht an der Sorbonne in Paris, aber auch an der Völkerrechtsakademie in Den Haag gelehrt. Gleichzeitig hatte er in der Zwischenkriegszeit durch sein Engagement für den Völkerbund in der Fachwelt internationale Bekanntheit erlangt und sich als langjähriger Rechtsberater des Quai d'Orsay das Vertrauen der Diplomaten erworben. Welche fachliche Autorität Basdevant besaß, ist unschwer daran zu erkennen, dass er nur einige Monate später zum französischen Richter am Internationalen Gerichtshof in Den Haag gewählt werden sollte.[187] In San Francisco führte er auf Bidaults Anweisung hin in der Folge jedenfalls die Gespräche mit den Vertretern der drei anderen Hauptsiegermächte. Diese drehten sich im Wesentlichen um ein von Rosenman vorgelegtes Memorandum, das die amerikanischen Pläne im Einzelnen erläuterte und als Diskussionsgrundlage diente. Der Entwurf sah vor, dass die vier Staaten paritätisch einen oder sogar mehrere internationale Militärtribunale besetzen und diese beauftragen würden, über die Schuld der Hauptkriegsverbrecher

183 Vgl. Memorandum of Conversation, Held in San Francisco, 3. Mai 1945, in: FRUS, 1945, Bd. 3, S. 1161–1164.

184 Ebd., S. 1163.

185 Vgl. AD-NUOI 1944–1959/83: Telegramm Bidault, 6. Mai 1945.

186 Zu Jules Basdevant (1877–1968) vgl. Eyffinger, Cour, S. 267; Bastid, Basdevant, S. 58 f.; Berlia, Basdevant.

187 Basdevant gehörte dem 1946 neugegründeten Internationalen Gerichtshof bis 1964 an. In dieser Zeit amtierte er von 1946 bis 1949 als Vizepräsident und danach bis 1952 als der zweite Präsident des Gerichtshofes; vgl. Berlia, Basdevant.

der Achsenmächte zu befinden.[188] Alle Pläne einer „politischen Lösung“, also etwa einer summarischen Hinrichtung der führenden Nationalsozialisten, wurden damit verworfen. Vielmehr sollte den angeklagten Hauptkriegsverbrechern ein Verfahren nach rechtsstaatlichen Maßstäben und die Möglichkeit garantiert werden, sich vor Gericht zu verteidigen. Hierfür sei unverzüglich von den vier Siegermächten ein paritätisch besetztes Komitee zu bilden, das Beweismittel zusammenstellen und eine Anklageerhebung vorbereiten würde, so der amerikanische Vorschlag.[189] Grundsätzlich stieß die Initiative auf die Zustimmung der Franzosen, da sie sich in großen Teilen mit deren Vorstellungen über das weitere Vorgehen in der Frage der Hauptkriegsverbrecher deckte. Als der designierte Chefankläger Jackson im Rahmen einer Europareise kurz darauf in Paris mit Bidault zusammentraf, sicherte der Außenminister ihm daher die Unterstützung seiner Regierung zu.[190]

Meinungsverschiedenheiten über den geplanten Prozess

Allerdings galt diese Unterstützung zwar dem Projekt als Ganzem, nicht jedoch einem elementaren Teil der Pläne der Amerikaner. Zu Konferenzbeginn in San Francisco hatte Rosenman klargestellt, dass nach dem Willen seiner Regierung die führenden Nationalsozialisten unter anderem wegen des Planens und Führens eines Angriffskrieges angeklagt werden sollten. Das eingangs vorgelegte Memorandum hielt bereits in aller Deutlichkeit fest, dass die Anklage „das Führen eines illegalen Angriffskrieges unter völliger Missachtung des Völkerrechts und der Kriegsregeln“[191] zum Gegenstand haben würde. Die Amerikaner sahen hierin sogar einen der Hauptzwecke des geplanten Prozesses, wie ihren Verhandlungspartnern bald klar wurde. Dieses Vorhaben ging auf Überlegungen im amerikanischen Kriegsministerium zurück, in dem seit dem Spätherbst 1944 ein solcher Plan gereift war.[192] Demnach sollte der Angriffskrieg als Verbrechen vor dem Völkerrecht betrachtet und die Führer der Achsenmächte mit dieser juristischen Handhabe zur Rechenschaft gezogen werden. Der Plan hatte schließlich die Zustimmung Roosevelts gefunden und wurde auch von Truman als dessen Nachfolger im Amt des Präsidenten gutgeheißen.[193] Noch in San Francisco präsentierte Rosenman seinen Verhandlungspartnern einen weiteren Entwurf. Dieser skizzierte ein Abkommen, nach dem sich die vier Staaten verpflichteten, die deutschen Hauptkriegsverbrecher vor Gericht zu stellen und zu

---

188 Vgl. V. American Memorandum Presented at San Francisco, 30. April 1945, in: United States Department of State, Jackson, S. 28–38, hier S. 29.

189 Vgl. ebd., S. 30.

190 Vgl. VI. British Memorandum, 28. Mai 1945, in: United States Department of State, Jackson, S. 39 f., hier S. 39.

191 Vgl. V. American Memorandum Presented at San Francisco, 30. April 1945, in: United States Department of State, Jackson, S. 28–38, hier S. 32.

192 Vgl. Tusa, Nuremberg, S. 58 f.

193 Vgl. Taylor, Prozesse, S. 55 ff.

diesem Zweck ein internationales Militärtribunal zu schaffen.[194] Inhaltlich umriss die Vorlage, die hier deutlich weiter ging als die bisherigen Vorschläge, auch die geplante Anklage in ihren Grundzügen. Als verbrecherische Handlungen wurden ausdrücklich die militärische Invasion anderer Länder, das Führen von Krieg unter Verletzung des Völkerrechts, das Auslösen eines Angriffskrieges und der Rückgriff auf militärische Gewalt zur Lösung internationaler Konflikte genannt.[195] Der französischen Position, wonach Krieg eine politische Angelegenheit, aber kein Verbrechen im strafrechtlichen Sinne war, stand ein solcher Plan diametral entgegen. Über den Vorschlag Rosenmans unterrichtet, ließ Justizminister de Menthon der Delegation in San Francisco deswegen in aller Deutlichkeit mitteilen:

> „Die Verantwortung der Hauptschuldigen für den Kriegsbeginn unter Verletzung von Verträgen und die Umsetzung ihrer Kriegspolitik sollte nicht verwechselt werden mit derjengen für Kriegsverbrechen im eigentlichen Sinne; hier handelt es sich um eine andere Frage und um eine politische Verantwortung.“[196]

Ähnlich lautende Instruktionen trafen kurze Zeit später auch noch von Bidault ein.[197] Basdevant, der für seine rechtspositivistische Haltung bekannt war, brauchten die beiden Minister mit ihren Einlassungen ohnehin nicht umzustimmen. Der Rechtsexperte teilte die Bedenken gegen das amerikanische Vorhaben voll und ganz und machte keinen Hehl daraus, dass er eine mögliche Anklageerhebung wegen Führen eines Angriffskrieges ebenfalls ablehnte. Nach Paris ließ er berichten, dass bereits bei der ersten Besprechung mit Rosenman in San Francisco im Zusammenhang mit der Festlegung der vor dem geplanten Gericht zu verfolgenden Straftatbestände „große Schwierigkeiten“[198] aufgetreten seien. Gegen Rosenmans erklärte Absicht seien massive Einwände erhoben worden – durch Basdevant selbst, aber auch durch den britischen Delegierten Alexander Cadogan. Basdevant jedenfalls antwortete auf die amerikanische Vorlage mit einem Gegenvorschlag, der vorsah, die NS-Führer allein wegen ihrer Verantwortung für Kriegsverbrechen vor Gericht zu stellen. Definiert wurden diese darin als „Angriffe auf die Ehre, das Leben, die Freiheit und den Besitz sowie Misshandlungen von Kriegsgefangenen und Deportierten [...], soweit diese Taten unter Verletzung der Gesetze und Gebräuche des Krieges und der Verträge

194 Vgl. IV. American Draft of Definitive Proposal, Presented to Foreign Ministers at San Francisco, April 1945, in: United States Department of State, Jackson, S. 22–27; auch die französische Übersetzung: AN-BB 30/1794: Projet d'accord, zehn Seiten, als Anhang zu: Secrétariat des Conférences, Crimes de guerre. Tribunaux militaires internationaux, 30. Mai 1945.

195 Vgl. IV. American Draft of Definitive Proposal, Presented to Foreign Ministers at San Francisco, April 1945, in: United States Department of State, Jackson, S. 24.

196 DDF, Bd. 1/1945, S. 606 f. Dokument Nr. 325: Note du Secrétariat des Conférences. Criminels de guerre, 7. Mai 1945, hier S. 607.

197 Vgl. AD-NUOI 1944–1959/83: Telegramm Nr. 235–238, 14. Mai 1945.

198 Vgl. AD-NUOI 1944–1959/83: Crimes de guerre (ohne Verfasser),14. Mai 1945, S. 2.

begangen wurden.“[199] Im französischen Außenministerium stellte man hieraufhin zufrieden fest, der Gegenvorschlag zeichne sich dadurch aus, dass er nicht an sich nicht strafbare Dinge wie etwa den Bruch internationaler Abkommen zu Verbrechen erkläre. Anders als in Rosenmans Vorlage bleibe daher in Basdevants Antwort das Prinzip des Rückwirkungsverbotes gewahrt.[200] Für die von den Amerikanern gewünschte Sanktionierung der Kriegsplanung entwickelten die Diplomaten nun einen alternativen Plan, den sie der Delegation in San Francisco übermittelten. Demnach sollte ein interalliiertes Gremium über die Schuld der Hauptkriegsverbrecher am Ausbruch des Zweiten Weltkrieges befinden und hierzu eine öffentliche Erklärung abgeben.[201] Unabhängig von einer solchen Bekanntmachung könne man die NS-Führer dann immer noch als Verantwortliche für Kriegsverbrechen vor Gericht stellen, so der neue Vorschlag.[202] Die Verantwortlichen am Quai d'Orsay hofften offenkundig, auf diesem Weg eine Vermengung von zwei aus ihrer Sicht vollkommen unterschiedlichen Sachverhalten vermeiden zu können.

Auf die Amerikaner machten solche Bemühungen allerdings keinen Eindruck. Rosenman ließ in San Francisco keinen Zweifel daran bestehen, dass seine Regierung entschlossen war, die Kriegsplanung und -führung zum Gegenstand der Anklage gegen die Hauptkriegsverbrecher zu machen. Zwar änderte er in San Francisco einige Artikel seiner Vorlage ab, um seinen Verhandlungspartnern entgegenzukommen, und nahm deren Anregungen auf, in der Frage des Angriffskrieges blieb er aber hart.[203] Auch anderen Vorschlägen der Franzosen war kein Erfolg beschieden. In der Diskussion um die Besetzung des Gerichtshofes regte Basdevant beispielsweise an, dass ein fünfter Richter aus einem weiteren Land hinzugezogen werden sollte.[204] Auf diesem Weg wollte er die Entstehung von Pattsituationen bei den Abstimmungen unter den Richtern der vier alliierten Nationen vermeiden, stieß damit jedoch ebenfalls auf den entschiedenen Widerstand Rosenmans. Angesichts der ungleichen Kräfteverhältnisse konnte die französische Delegation in solchen Fällen der amerikanischen Entschlossenheit kaum etwas entgegensetzen, wenn sie sich dem Projekt nicht gänzlich verweigern wollte. So weit, dass eine Absage an das Vorhaben ernstlich zur Debatte gestanden hätte, gingen die französischen Einwände jedoch nicht.

199 DDF, Bd. 1/1945, S. 620 f. Dokument Nr. 334: Fouques-Duparc an Bidault, 11. Mai 1945, hier S. 621.

200 Vgl. ebd.

201 Vgl. AD-NUOI 1944–1959/83: Telegramm „Nous avons déjà envoyé [...]“, ohne Datum.

202 Vgl. zu diesem Plan auch DDF, Bd. 1/1945, S. 636 f. Dokument Nr. 346: Telegramm Nr. 247–252, 15. Mai 1945.

203 Vgl. AD-NUOI 1944–1959/83: Crimes de guerre (ohne Verfasser),14. Mai 1945, S. 2 ff.

204 Vgl. ebd.

Rückzug des Außenministeriums

Dass die Gespräche in San Francisco nur sondierenden Charakter hatten und zu keinem konkreten Abschluss führten, war unterdessen nur zum Teil den inhaltlichen Differenzen zwischen den Alliierten geschuldet. Der Plan, ein internationales Militärtribunal zu bilden und dort die deutschen Hauptkriegsverbrecher anzuklagen, war zu komplex, als dass sich ein entsprechendes Abkommen am Rande der Gründungsversammlung der UNO hätte aushandeln lassen. Den Beteiligten wurde schnell klar, dass in San Francisco die Zeit fehlte, alle Detailfragen zu klären und bereits zu einer verbindlichen Abmachung zu gelangen. Die britische Delegation schlug deswegen vor, die Verhandlungen vorerst auszusetzen und auf einer eigens hierfür anberaumten Konferenz in London weiterzuführen. Der Vorschlag stieß bei den Verhandlungspartnern auf allgemeine Zustimmung, auch Basdevant willigte umgehend ein. London sei als Sitz der UNWCC der richtige Ort, um die Angelegenheit zu vertiefen, ließ er nach Paris melden.[205]

Tatsächlich hatte seine Bereitschaft, die Verhandlungen ergebnislos zu vertagen und damit die Sache aus der Hand zu geben, jedoch noch weitere Gründe sehr viel grundsätzlicherer Natur. Basdevant war verärgert, weil er sich mit seinen Vorschlägen nicht hatte durchsetzen können und die Amerikaner auf ihren Plänen bestanden. Er nahm deshalb die Aussetzung der Verhandlungen zum Anlass, aus dem gesamten Projekt auszusteigen. Für die französische Seite war das ein schmerzlicher Verlust. Fortan fehlten bei den Vorbereitungen nicht nur Basdevants Sachverstand und Erfahrung, sondern mit dem Juristen war auch der erste Anwärter auf den Frankreich zustehenden Richterposten innerhalb des zu bildenden Gerichtshofes gegangen. „Herr Basdevant allein hätte die Erfahrung aus internationalen Verhandlungen und das Fachwissen mitgebracht“[206], stellte der französische Botschafter in London René Massigli noch Wochen später mit Bedauern fest. Noch viel schwerwiegender waren jedoch die institutionellen Konsequenzen, die die Absage hatte. Basdevants Wort hatte am Quai d'Orsay Gewicht. Mit dem Juristen zog sich in der Folge das gesamte Außenministerium aus der Angelegenheit zurück und legte fortan „eine negative und desinteressierte Haltung“[207] gegenüber dem Vorhaben an den Tag. Die Diplomaten teilten ohne Einschränkung die Einschätzung ihres Rechtsexperten, wonach der geplante Prozess „schlecht konzipiert“[208] sei. Insbesondere die Anklage gegen die deutschen Hauptkriegsverbrecher, die das Planen und Führen eines Angriffskrieges betraf, wollte man am Quai d'Orsay nicht aktiv unterstützen.

205 Vgl. AD-NUOI 1944–1959/83: Telegramm Nr. 366–367, 24. Mai 1945.

206 AD-NUOI 1944–1959/83: Massigli an Bidault, 9. Juli 1945.

207 AD-NUOI 1944–1959/86: Note du Secrétariat des Conférences. Procès de Nuremberg, 28. Dezember 1945; abgedruckt als Dokument Nr. 413 in: DDF, 2/1945, S. 973 ff., hier S. 974.

208 Ebd.

Mit der bloßen Beteiligung Frankreichs an dem Unternehmen war das außenpolitische Primärziel erreicht, nämlich die Aufnahme des Landes in den Kreis der Hauptsiegermächte. Da sie sich darüber hinaus mit ihren inhaltlichen Vorstellungen nicht hatten durchsetzen können, entschieden die Diplomaten nun, keinen Einfluss auf die weitere Entwicklung zu nehmen und alles Weitere dem Justizministerium zu überlassen. Verhängnisvoll war diese plötzliche Kompetenzverlagerung, da sie in der entscheidenden Phase der Vorbereitung des Hauptkriegsverbrecherprozesses erfolgte. Schließlich galt es gerade jetzt, in einem nächsten Schritt zu verbindlichen Abmachungen über die Struktur des Gerichtshofes und die Verfahrensregeln zu kommen. Dass aber in einem solchen Moment die Instanz ausschied, die die Verhandlungen bisher geführt hatte und den Diskussionsstand kannte, warf alle Vorbereitungsarbeiten weit zurück und schwächte letzten Endes die Position der Franzosen gegenüber ihren alliierten Partnern. Das Justizministerium war bislang nämlich allenfalls am Rande mit der Frage der Hauptkriegsverbrecher betraut gewesen und verdankte sein Wissen über den Gang der Dinge den Berichten, die es aus dem Quai d'Orsay erreicht hatten.[209] Auch von der Vertagung der Verhandlungen und der Einladung nach London erfuhr man im Justizministerium erst auf diesem Weg.[210] Allerdings waren bislang die Zuständigkeiten wenig klar, weshalb die Diplomaten ihre Kollegen aus dem Justizressort in der Tat wiederholt über die neusten Entwicklungen informiert und um deren Einschätzung gebeten hatten, beispielsweise in der Diskussion um die juristische Strafbarkeit des Planens eines Angriffskrieges. Vor diesem Hintergrund wiederum war es überhaupt nur möglich, dass sich der Quai d'Orsay nun geräuschlos aus der Angelegenheit zurückziehen und die weitere Verhandlungsführung abgeben konnte. Fortan jedenfalls lag die Zuständigkeit für den geplanten Prozess gegen die NS-Führer im Haus des neuen Justizministers Pierre-Henri Teitgen, der am 30. Mai 1945 sein Amt antrat.[211]

1.3 Die Londoner Konferenz

Unzureichende Vorbereitungen

Davon, dass Teitgens Mitarbeiter die Sache nun in die Hand nahmen, konnte jedoch nicht die Rede sein. Vielmehr zeigte sich schnell, wie sehr das Justizministerium mit der Verhandlungsführung für die französische Seite überfordert war – sei es, weil man dort andere Prioritäten hatte oder weil man einfach das Tempo unterschätzte, mit dem die Verbündeten sich nun an die Schaffung des internationalen

---

209 Vgl. zum Beispiel AN-BB 30/1794: Secrétariat des Conférences. Crimes de guerre, 8. Mai 1945.

210 Vgl. AD-NUOI 1944–1959/83: Secrétariat des Conférences. Tribunaux internationaux pour les crimes de guerre, 27. Mai 1945.

211 Zu Teitgen vgl. Foulon, Teitgen.

Militärtribunals machten.[212] Offensichtlich wurde ein solches Unvermögen jedenfalls in mehrfacher Hinsicht. Als nächstes stand eine Personalentscheidung grundsätzlicher Natur an: Seit Anfang Mai war bekannt, dass mit Robert H. Jackson ein Richter des *Supreme Court* und ehemaliger *Attorney General* die USA repräsentieren würde und hierfür umfassende Vollmachten von Präsident Truman erhalten hatte.[213] Auch über Jacksons führende Mitarbeiter gelangten bald handfeste Informationen nach Paris. Die französische Botschaft in Washington wusste beispielweise zu berichten, dass mit Sidney Alderman einer von diesen mit einer Französin verheiratet und überhaupt „ein bewährter Freund unseres Landes"[214] sei. Demgegenüber blieb vollkommen unklar, wer in den anstehenden Verhandlungen für Frankreich sprechen würde. Noch aus San Francisco regte Basdevant vor seinem eigenen Ausscheiden aus dem Projekt zwar an, dass unverzüglich ein hochrangiger offizieller Repräsentant, der über juristische Erfahrung verfügte, mit denselben Aufgaben wie Jackson betraut werden sollte.[215] Auch die Amerikaner forderten die französische Regierung über ihre Vertretung in Paris bald auf, ihrerseits einen Bevollmächtigen zu ernennen, und betonten die Dringlichkeit der Angelegenheit.[216]

Das Justizministerium sah sich demgegenüber jedoch keineswegs zum Handeln veranlasst und blieb untätig. Das änderte sich auch nicht, als die britische Regierung kurz darauf nachzog und bekanntgab, dass für sie kein Geringerer als David Maxwell Fyfe, der *Attorney General* für England und Wales, die Verhandlungen führen werde. Aber weder zu deren geplanter Weiterführung in London noch zu der immer drängenderen Personalfrage war von Teigten eine Äußerung zu vernehmen. Trotz entsprechender Anfragen habe der Justizminister bislang nicht Stellung bezogen, stellte man am Quai d'Orsay Ende Mai verwundert fest.[217] Der Druck der Amerikaner nahm unterdessen zu. Bald wurde ein Vertreter der US-Botschaft persönlich am Quai d'Orsay vorstellig und insistierte auf der Dringlichkeit, die die Ernennung eines französischen Bevollmächtigten nunmehr habe.[218] Außenminister Bidault wandte sich nun persönlich an Teitgen und bat ihn um Mitteilung, wen er

---

212 Wie wenig Interesse Teitgen persönlich für den Nürnberger Prozess aufbrachte, geht auch aus seinen Memoiren hervor. Seiner Zeit als Justizminister ist dort ein umfangreiches Kapitel gewidmet, in dem seine eigene Zuständigkeit für die französische Mitwirkung an dem Prozess allerdings nicht einmal erwähnt wird; vgl. Teitgen, Témoin, S. 208–296.

213 Vgl. AD-NUOI 1944–1959/86: Telegramm Nr. 2.903–2.905, 4. Mai 1945.

214 AD-NUOI 1944–1959/86: Telegramm Nr. 3.165–3.166, 18. Mai 1945.

215 Vgl. AD-NUOI 1944–1959/86: Telegramm Nr. 404, 28. Mai 1945.

216 Vgl. AD-NUOI 1944–1959/86: Note der US-Botschaft, Nr. 496, 21. Mai 1945.

217 Vgl. AD-NUOI 1944–1959/86: Note pour le secrétaire général. A.s. Tribunal militaire international pour les criminels de guerre, 31. Mai 1945.

218 Vgl. AD-NUOI 1944–1959/86: Note pour le secrétaire général. Visite de M. Abbott, 1. Juni 1945.

als Bevollmächtigten vorschlage.[219] Auch dieser Appell verhallte jedoch ungehört. Mitte Juni erreichte den Quai d'Orsay von britischer Seite die offizielle Einladung zur Fortsetzung der Verhandlungen in London, die abermals mit der Aufforderung verbunden war, einen Repräsentanten zu benennen.[220] Der Beginn der Londoner Konferenz war in dem Schreiben für den 25. Juni angesetzt, so dass die Zeit nun drängte. Die Umstände, unter denen das Justizministerium schließlich doch einen Vertreter auswählte und nach London schickte, sind bezeichnend für dessen gesamte Haltung gegenüber dem Projekt. Per hausinterner Ausschreibung wurden am *Cour de cassation*, dem Obersten Gerichtshof Frankreichs, Freiwillige gesucht.[221] Die einzige Voraussetzung, die das Ministerium in seinem Gesuch nannte, waren Englischkenntnisse. Als – nach seiner Erinnerung – einziger Interessent meldete sich der Richter Robert Falco, der erst kurz zuvor sein Amt am *Cour de cassation* angetreten hatte. Falco erhielt auf seine Bewerbung hin von Teitgens Büro den Auftrag, unverzüglich nach London zu reisen und an der dort angesetzten Konferenz teilzunehmen.[222] Verabschiedet wurde er mit der lapidaren Erklärung, dass es sich lediglich um eine Kontaktaufnahme oberflächlicher Natur handele, die nur wenige Tage in Anspruch nehmen würde. Der Grund für ein solches massives Missverständnis war ganz offenkundig die leichtfertige Gleichgültigkeit, mit der man in Teitgens Umfeld bis dahin die Angelegenheit verfolgt hatte. Weder über den Verhandlungsstand noch über das in London anstehende Programm waren die Beamten im Justizministerium informiert.

Befremdlich musste auf die Alliierten aber zunächst einmal die bloße Entsendung Falcos wirken. Bei diesem handelte es sich, auch wenn er dem *Cour de cassation* angehörte, letztlich um einen einfachen Richter, der noch dazu bislang mit der geplanten Strafverfolgung der deutschen Hauptkriegsverbrecher in keiner Form in Berührung gekommen war. Die Angelsachsen hatten dagegen mit einem ehemaligen und einem amtierenden *Attorney General* Regierungsmitglieder mit der Angelegenheit betraut und beide mit weitreichenden Kompetenzen und erheblichen materiellen Ressourcen ausgestattet. René Massigli, der französische Botschafter in London, monierte daher gegenüber dem Quai d'Orsay, die britische Regierung habe „eine Reihe sehr hochrangiger Persönlichkeiten aus der Justizhierarchie“[223] ernannt, ebenso wie zuvor die Verantwortlichen in Washington. Er warnte deswegen vor den internationalen Auswirkungen, die demgegenüber ein unzureichendes Engagement Frankreichs haben könnte. Im Justizministerium dagegen war man sich einer solchen Gefahr offenbar nicht bewusst. Falco jedenfalls konnte unter keinen Umständen als ebenbürtiger Verhandlungspartner von Jackson und Fyfe gelten.

219 Vgl. AD-NUOI 1944–1959/86: Bidault. A.s. Tribunal militaire international pour les criminels de guerre, 1. Juni 1945.

220 Vgl. AD-NUOI 1944–1959/86: Schreiben der britischen Botschaft, Nr. 441, 13. Juni 1945.

221 Vgl. Falco, Juge, S. 28.

222 Vgl. ebd., S. 29.

223 AD-NUOI 1944–1959/86: Massigli, Telegramm Nr. 3156, 16. Juni 1945.

Noch dazu wurde er allein nach London entsandt, wohingegen die anderen Konferenzteilnehmer über größere Stäbe von Personal verfügten. Jackson beispielsweise war am 18. Juni 1945 in Begleitung von 16 Mitarbeitern in der britischen Hauptstadt eingetroffen.[224] „Sie haben gesehen, dass die amerikanischen und britischen Delegationen über reichlich Personal verfügen; von unserer Seite wird nur Herr Falco ernannt. Das ist nicht Ihr Ernst,“[225] stellte Massigli in einem Brief an Außenminister Bidault ungläubig fest. Am folgenreichsten war aber ohne jeden Zweifel, dass Falco über keinerlei Kenntnisse über den bisherigen Gang der Verhandlungen verfügte und aufgrund der unzureichenden Anweisungen durch das Justizministerium quasi unvorbereitet in London eintraf. Er selbst berichtete später, wie er nach seiner Ankunft zu seiner peinlichen Überraschung feststellen musste, dass nicht eine unverbindliche Kontaktaufnahme, sondern die Schaffung des internationalen Militärtribunals und die Abfassung von dessen Statut auf der Tagesordnung stand.[226] Dass er sich über „den Mangel an Vorbereitung auf diese Konferenz“[227] beschwerte, ist vor diesem Hintergrund nur nachvollziehbar. Eindeutig fiel auch Massiglis Bewertung aus, in der er nicht mit Kritik an der Nachlässigkeit des Justizministeriums sparte und die Situation bei Konferenzbeginn folgendermaßen beschrieb: „Es gab keinen französischen Standpunkt, weil die Stellen des Justizministeriums in Paris nicht rechtzeitig Kontakt mit unserer Abteilung aufgenommen hatten, um einen Vorschlag für das internationale Tribunal zu entwickeln und dem Delegierten der Regierung einige Anweisungen zu erteilen.“[228]

Aus diesem Grund stellte der Botschafter immerhin Falco als Berater André Gros zur Seite, den stellvertretenden Delegierten Frankreichs in der UNWCC, der sich ohnehin in London aufhielt. Unverblümt bemerkte Massigli hierzu: „Ohne die Hilfe von Professor Gros [...] wäre Herr Falco gezwungen gewesen, entweder zu schweigen oder in seinen Diskussionsbeiträgen erkennen zu lassen, dass die Stellen in Paris sich überhaupt nicht auf die Konferenz vorbereitet hatten.“[229] Für Falco war diese Unterstützung in der Tat äußerst wertvoll, da sein neuer Berater über die bisherige Debatte über das Verfahren mit den Hauptkriegsverbrechern im Bilde war. Von seinen Vorkenntnissen in der Sache und seinem Fachwissen im Allgemeinen konnte die nunmehr zweiköpfige französische Delegation nur profitieren. Die Hinzuziehung Gros' führte aber auch zu neuen Schwierigkeiten, da der neue Berater Falco wenig Wertschätzung entgegenbrachte. Gros sei nicht nur „in unangenehmer Weise von sich selbst überzeugt und eingebildet“[230] gewesen, sondern habe ihn auch immer wieder spüren lassen, dass er ihn als nicht qualifiziert genug ansah und die Entsendung eines hochrangigeren Repräsentanten aus Paris erwartet hatte,

224 Vgl. Taylor, Prozesse, S. 77.
225 AD-NUOI 1944–1959/83: Massigli an Bidault, 9. Juli 1945.
226 Vgl. Falco, Juge, S. 30.
227 Ebd.
228 AD-NUOI 1944–1959/83: Massigli an Bidault, 9. Juli 1945.
229 AD-NUOI 1944–1959/83: Massigli an Bidault, 2. Juli 1945.
230 Falco, Juge, S. 38.

erinnerte sich Falco später. Für die Position der Franzosen in den nun beginnenden Verhandlungen war eine solche Ausgangslage in jedem Fall wenig vorteilhaft.

Ungleiche Kräfteverhältnisse

Die Londoner Konferenz dauerte vom 26. Juni bis zum 8. August 1945. Neben Jackson, Fyfe und Falco mit ihren jeweiligen Mitarbeitern nahm an ihr eine sowjetische Delegation unter der Leitung von Iona Nikittschenko teil, dem späteren sowjetischen Richter in Nürnberg. In insgesamt 15 Sitzungen diskutierten die Bevollmächtigten der vier Nationen die grundlegenden Fragen, die es für den geplanten Prozess gegen die Hauptkriegsverbrecher und etwaige weitere Prozesse zu klären galt. Dazu gehörten die Kompetenzen des zu schaffenden Gerichtshofes ebenso wie der Charakter des gesamten Verfahrens, die Rechte von Anklage und Verteidigung sowie die Definition der Verbrechen, über die verhandelt werden sollte. Am Ende der Konferenz stand die Unterzeichnung von zwei Abkommen, die die politische und juristische Grundlage für den Prozess bildeten: Im Londoner Abkommen bekundeten die vier Siegermächte ihre Absicht, die deutschen Hauptkriegsverbrecher vor Gericht zu stellen und zu diesem Zweck das Internationale Militärtribunal (IMT) einzurichten.[231] Das dieser Erklärung beigefügte Statut des Gerichtshofes legte sodann dessen Zusammensetzung und Arbeitsweise fest, bestimmte also, wie sich der Prozess in seinen Grundzügen gestalten würde.[232]

Zu Beginn der Konferenz präsentierte die amerikanische Delegation den anderen Teilnehmern ein Memorandum, das ihre wesentlichen Vorschläge zusammenfasste.[233] Im Fortgang der Verhandlungen versuchte Jackson mit Nachdruck, seine Vorstellungen durchzusetzen und ließ deswegen bald einen ersten Entwurf für Abkommen und Statut des Gerichtshofes ausarbeiten, der dann als weitere Diskussionsgrundlage verwendet wurde.[234] Bei der Verhandlungsführung bemühte sich der Amerikaner durchweg, das Heft nicht aus der Hand zu geben. Zweifelsohne war Jackson in einer komfortablen Position und hatte mehrere Trümpfe in der Hand, die er im Verlauf der Konferenz immer wieder ausspielte. Er konnte nicht nur auf seine Vollmachten hinweisen und sich auf die von seinen Mitarbeitern geleistete Vorarbeit stützen, sondern hatte sich auch frühzeitig mit Fyfe über die Ziele der Konferenz verständigt. Das hatte zur Folge, dass die Angelsachsen gegenüber ihren Verhandlungspartnern in den grundsätzlichen Fragen geschlossen auftraten. Demgegenüber hatten die beiden Franzosen durch das Fehlen eines Dolmetschers zu Beginn Mühe,

---

231 Vgl. IMT, Bd. 1, Londoner Viermächte-Abkommen vom 8. August 1945, S. 7 ff.

232 Vgl. IMT, Bd. 1, Statut für den Internationalen Militärgerichtshof, S. 10–18.

233 Vgl. XI. Planning Memorandum Distributed to Delegations at Beginning of London Conference, Juni 1945, in: United States Department of State, Jackson, S. 64–68.

234 Vgl. XVIII. Revised Draft of Agreement and Memorandum Submitted by American Delegation, 30. Juni 1945, in: United States Department of State, Jackson, S. 119–125.

überhaupt den Debatten zu folgen.[235] Sobald sie die Situation überblickten, mussten sie dann zur Kenntnis nehmen, dass für Jackson keine Konsensfindung, sondern die Durchsetzung seiner Pläne Priorität hatte. Dass der Amerikaner mit Stärke und Entschlossenheit die anderen Konferenzteilnehmer auf seine Linie einzuschwören gedachte, sorgte bei den Franzosen jedenfalls bald für Unmut. In seinen Berichten nach Paris beklagte sich Gros wiederholt über die Grobheit, mit der Jackson die Verhandlungen führte.[236]

In der Tat kam es zu Szenen, die den Franzosen unangenehm sei mussten.[237] Jackson fragte seine Verhandlungspartner über ihre Vollmachten aus und pochte darauf, dass er nicht nur autorisiert war, die zur Debatte stehenden Abkommen zu unterzeichnen, sondern auch danach die Untersuchung gegen die Hauptkriegsverbrecher leiten und vor dem IMT als Chefankläger für die Vereinigten Staaten auftreten würde. Vergleichbare Vollmachten konnte nur noch Fyfe vorweisen. Falco dagegen musste kleinlaut erklären, dass er bislang nicht einmal über eine Unterzeichnungsautorisierung verfüge und nach wie vor nicht wisse, wer für die französische Seite später als Chefankläger fungieren würde.[238] Die Vollmacht erhielt Falco erst nachträglich, als die Londoner Verhandlungen bereits im Gange waren.[239] Vor allem aber drohte Jackson immer wieder mit einem Abbruch der Verhandlungen und kündigte an, in einem solchen Fall sollten die vier alliierten Siegermächte getrennt voneinander Gerichtsverfahren gegen die Hauptkriegsverbrecher durchführen.[240] Die führenden Repräsentanten NS-Deutschlands befanden sich jedoch fast ausschließlich in den Händen der Angelsachsen, deren Streitkräfte sie in den Wochen nach der deutschen Kapitulation gefangen genommen hatten. Mit Constantin von Neurath war überhaupt nur ein deutscher Regierungsvertreter, der als Hauptkriegsverbrecher in Frage kam, in französischem Gewahrsam.[241] Ein Abbruch der Verhandlungen hätte daher bedeutet, dass die Angelsachsen allein über das weitere Schicksal

235 Vgl. AD-NUOI 1944–1959/83: Gros, Rapport sur la conférence des quatre puissances sur l’institution d’un Tribunal militaire interallié pour juger les grands criminels de guerre, 2. Juli 1945, S. 1 f.

236 Vgl. AD-NUOI 1944–1959/83: Gros, Deuxième rapport sur la conférence des quatre puissances sur l’institution d’un Tribunal militaire interallié pour juger les grands criminels de guerre, 5. Juli 1945, S. 3; ebd. Gros, Troisième rapport sur la conférence des quatre puissances sur l’institution d’un Tribunal militaire interallié pour juger les grands criminels de guerre, 21. Juli 1945, S. 5.

237 Vgl. Taylor, Prozesse, S. 84.

238 Vgl. XXVII. Minutes of Conference, Session of July 13, 1945, in: United States Department of State, Jackson, S. 211–242, hier S. 212; auch AD-NUOI 1944–1959/83: Bidault an Teitgen, 4. Juli 1945.

239 Vgl. AD-NUOI 1944–1959/83: Bidault, Telegramm Nr. 3901, 7. Juli 1945; zuvor auch ebd.: Massigli, Telegramm Nr. 3417–3418, 4. Juli 1945.

240 Vgl. LI. Minutes of Conference, Session of July 25, 1945, in: United States Department of State, Jackson, S. 376–389, hier S. 383 ff.

241 Neurath wurde am 6. Mai 1945 in seinem Vorarlberger Jagdhaus von französischen Soldaten gefangen genommen; vgl. Lüdicke, Neurath, S. 558.

des Großteils der führenden Nationalsozialisten entschieden hätten. Faktisch drohte Jackson also damit, die Auslieferung der wichtigsten Angeklagten für den geplanten Prozess zu verweigern, sollten sich die anderen Delegationen seinem Willen nicht fügen. Für Gros grenzte ein solches Vorgehen an Erpressung und mit erkennbarer Frustration berichtete er über das bei den Verhandlungen herrschende Klima:

> „Der Richter Jackson, der in den Verhandlungen brutaler ist als sein britischer Kollege, hat mehrfach zu verstehen gegeben, er werde ‚die Ware nur liefern‘, wenn die Bestimmungen des Statuts des Gerichtshofes zufriedenstellend für die amerikanische Regierung sind. Es gibt eine Art ständigen Drucks von Seiten des amerikanischen Delegierten, der von diesem starken Argument ausgeht.“[242]

Inhaltliche Schnittmengen

Der Entschiedenheit, mit der die Amerikaner in London ihre Ziele verfolgten, stand auf französischer Seite zudem die mangelnde Vorbereitung gegenüber, die es Falco und Gros zusätzlich erschwerte, eigene Initiativen zu entwickeln und auf die Vorstöße der anderen Beteiligten zu reagieren. In einer solchen Situation beschlossen die beiden französischen Delegierten offensichtlich, einer offenen Konfrontation aus dem Weg zu gehen.

Ein erstes Memorandum, in dem sie zu Beginn der Konferenz Stellung zu der ersten amerikanischen Vorlage bezogen, war jedenfalls voll des Zuspruches und ließ dezidierte eigene Anregungen praktisch gänzlich vermissen.[243] Dass Jackson diesen Beitrag der Franzosen für „bewundernswert“[244] hielt, überrascht wenig. Vielfach sahen diese allerdings überhaupt keinen Anlass, Widerspruch zu erheben, deckten sich ihre grundsätzlichen Vorstellungen doch durchaus mit denen der Amerikaner. Dass es sich bei dem geplanten Prozess um ein Gerichtsverfahren nach rechtsstaatlichen Maßstäben handeln sollte, in dem die Angeklagten das Recht auf eine eigene Verteidigung haben und am Ende mit dem IMT ein unabhängiges Gericht über ihre Schuld befinden würde, war für die französischen Delegierten nicht in Zweifel zu ziehen.[245] Hier befürworteten sie voll und ganz Jacksons Pläne. Vielmehr waren es die sowjetischen Delegierten, die Einwände hatten und argumentierten, die Schuld der deutschen Hauptkriegsverbrecher sei bereits durch die Erklärungen von Moskau und Jalta festgestellt worden und das IMT hätte überhaupt nur die Höhe der

242 AD-NUOI 1944–1959/83: Gros, 5. Juli 1945.

243 XV. Observations of French Delegation on American Draft, 28. Juni 1945, in: United States Department of State, Jackson, S. 89 ff.

244 XVII. Minutes of Conference, Session of June 29, 1945, in: United States Department of State, Jackson, S. 97–118, hier S. 104.

245 Vgl. XXI. Minutes of Conference, Session of July 3, 1945, in: United States Department of State, Jackson, S. 143–154, hier S. 151.

Strafen festzusetzen.[246] Die Konflikte zwischen den aus Washington und Moskau angereisten Vertretern, die sich an diesen Grundfragen entzündeten, an Schärfe zunahmen und sich später in der Diskussion von Gesichtspunkten eher zweitrangiger Bedeutung fortsetzten, führten Ende Juli schließlich fast zum Scheitern der Konferenz. Vor allem dem diplomatischen Geschick Fyfes und in einem späteren Stadium der vermittelnden Rolle der nach dem Wahlsieg Labours neu gebildeten britischen Regierung war es zu verdanken, dass es am Ende doch zu einer Einigung kam.[247] Gros machte deswegen in seinen Berichten von Beginn an einen amerikanisch-sowjetischen Gegensatz als Grundmotiv der Londoner Beratungen aus.

Trotz der eigenen unzureichenden Vorbereitung ist jedoch die Passivität bemerkenswert, mit der er und sein Landsmann Falco das Geschehen verfolgten. Schließlich mussten sie sich vor allem bei der Diskussion um die Verfahrensregeln, nach denen der Gerichtshof arbeiten würde, um die Zuständigkeiten von Gericht und Anklagevertretung den Sowjets wesentlich näher als den Angelsachsen fühlen. In diesen Fragen rein technischer Natur prallten in London nämlich Welten aufeinander. Jackson wollte einen Prozess durchführen, der sich in seinen Abläufen an den Rechtstraditionen der angelsächsischen Länder orientieren würde. Deren adversalistisches System sah vor, dass der direkte Widerstreit zwischen den beteiligten Parteien den Prozess prägte. Demnach würde zu Beginn gegen die Hauptkriegsverbrecher nur eine summarische Anklage vorliegen, die Richter würden diese nur in ihren Grundzügen kennen und die einzelnen Beweisstücke dann während der Sitzungen von Anklage und Verteidigung präsentiert werden.[248] Elementarer Bestandteil einer solchen Verfahrensordnung war zudem das Kreuzverhör, in dem die Angeklagten als Zeugen in eigener Sache aussagen und zu ihrer Verteidigung ihren Anklägern Rede und Antwort stehen konnten. Der Anklagevertretung kam in diesem Fall eine Schlüsselrolle zu, da sie nicht nur im Vorfeld die Ermittlungen koordinierte, sondern noch während des gesamten Verfahrens in der Pflicht stand, die Schuld der Angeklagten im Detail zu beweisen und die Argumente der Verteidigung zu widerlegen. Den Franzosen war eine solche Prozedur vollkommen fremd und sie verhehlten ihre Überraschung nicht. Falco stellte verwundert fest: „Eine Person ist entweder ein Zeuge oder ein Angeklagter – sie kann nicht beides sein.“[249] Gros erklärte, er sei schockiert von dem Gedanken, dass ein Ankläger während des Prozesses nach Belieben bislang unbekanntes Beweismaterial präsentieren könnte.[250] Die französische wie überhaupt die

---

246 Vgl. AD-NUOI 1944–1959/83: Gros, 2. Juli 1945, S. 4; auch XXVII. Minutes of Conference Session of July 13, 1945, in: United States Department of State, Jackson, S. 295–309, hier S. 303.

247 Vgl. Taylor, Prozesse, S. 91–99.

248 Vgl. Taylor, Prozesse, S. 86.

249 XXIV. Report of American Member of Drafting Subcommittee, 11. Juli 1945, in: United States Department of State, Jackson, S. 185–193, hier S. 190.

250 Vgl. XXXII. Minutes of Conference, Session of July 7, 1945, in: United States Department of State, Jackson, hier S. 262–279, S. 270.

kontintentaleuropäische Rechtspraxis sah vielmehr vor, dass zunächst das gesamte Beweismaterial im Rahmen einer Voruntersuchung zusammenzustellen war, dieses anschließend den beteiligten Parteien vorgelegt wurde und das Gericht danach über eine Zulassung der Anklage befand.[251] Sie unterschied sich also ganz erheblich von dem, was Jackson als Verfahrensordnung für das IMT vorschwebte. Nichtsdestotrotz war es erneut die sowjetische Delegation, die mehrere Vorstöße mit dem Ziel unternahm, das Verfahren stärker an den eigenen Rechtstraditionen auszurichten.[252]

Nikittschenko machte in diesem Zusammenhang eine Reihe von konkreten Gegenvorschlägen.[253] Nach seinem Willen hätte zunächst eine Untersuchungskommission das gesamte Beweismaterial gegen die Angeklagten zusammengetragen, die Ankläger selbst hätten dieses nur noch dem Gericht übergeben und die Richter hätten sodann auf Grundlage der Voruntersuchung sowie der anschließenden Hauptverhandlung ihr Urteil gesprochen.[254] Die Befugnisse der Anklagevertretung wären dadurch erheblich eingeschränkt und die Position des Gerichts entsprechend gestärkt worden, was Jackson aber strikt ablehnte.[255] Gros sah den Grund für die rigorose Haltung des Amerikaners vor allem in dessen eigenen Ambitionen für den geplanten Prozess: „Ohne jeden Zweifel hat die sowjetische Delegation Jacksons Schwachstelle in seiner Absicht gefunden, seine eigenen Kompetenzen auszuweiten."[256] Das von den Sowjets vorgeschlagene Vorgehen hätte allerdings in jedem Fall auch dem französischen Rechtssystem sehr viel mehr entsprochen. Dennoch verfolgten Falco und Gros die Diskussion in erster Linie als Beobachter und unterstützten die sowjetischen Delegierten bei wenigen Gelegenheiten allenfalls halbherzig.[257] Dass der Prozess im Wesentlichen nach Jacksons Willen ablaufen und sich im Statut des Gerichtshofes vor allem angelsächsische Rechtsgrundsätze widerspiegeln würden, schien für sie von vornherein festzustehen. Bei der Ausgestaltung der verfahrensrechtlichen Grundlagen versuchten sie jedenfalls gar nicht erst ernsthaft, eigene Vorstellungen gegen den Willen von Amerikanern und Briten durchzusetzen.

Neue Erkenntnisse für die Franzosen brachte auch die Diskussion über die Prozessführung, wie die Ankläger sie vornehmen würden. In dieser Frage wurde ihnen nun offenkundig erstmals die volle Tragweite von Jacksons Absichten klar.

---

251 Vgl. XIII. Minutes of Conference, Session of June 26, 1945, in: United States Department of State, Jackson, S. 71–85, hier S. 78.

252 Vgl. AD-NUOI 1944–1959/83: Gros, 2. Juli 1945, S. 2.

253 Vgl. AD-NUOI 1944–1959/83: Gros, 5. Juli 1945, S. 4 f.

254 Vgl. XXXII. Minutes of Conference Session of July 17, 1945, in: United States Department of State, Jackson, S. 262–279, hier S. 267 ff.; auch XXIII. Draft Showing Soviet and American Proposals in Parallel Columns, in: ebd., S. 165–184, hier S. 174 ff.

255 Vgl. AD-NUOI 1944–1959/83: Gros, 21. Juli 1945, S. 5 f.

256 Vgl. AD-NUOI 1944–1959/83: Gros, 2. Juli 1945, S. 6.

257 Vgl. XXX. Minutes of Conference Session of July 16, 1945, in: United States Department of State, Jackson, S. 246–258, hier S. 257.

Mit einer Mischung aus Neugier und Verwunderung berichtete Gros jedenfalls über das Verschwörungskonzept – in seinen Worten „die amerikanische Theorie von der ‚Verschwörung‘“[258] –, das Jackson und seine Mitarbeiter anzuwenden gedachten. Demnach sollten die deutschen Hauptkriegsverbrecher als Teilnehmer einer kriminellen Verschwörung angeklagt werden und als solche allesamt gleichermaßen für die Verbrechen ebenjener Gruppe von Verschwörern haften.[259] Damit entfiel die Notwendigkeit eines individuellen Schuldnachweises bestimmter Verbrechen für jeden einzelnen Angeklagten. Auch konnten so an sich nicht strafbare Handlungen als Verbrechen gewertet werden, wenn diese nur mit der Absicht begangen worden waren, verbrecherische Pläne der besagten Verschwörergruppe zu verwirklichen.[260] Eng verwoben war ein solcher Ansatz zudem mit dem Vorhaben der Amerikaner, neben den einzelnen Hauptkriegsverbrechern vor dem IMT auch nationalsozialistische Organisationen wie die SS oder die Gestapo kollektiv anzuklagen.[261] Ohne sichtliche Überraschung registrierte Gros, dass gleich zu Beginn der Verhandlungen auch die britische Delegation sich für eine solche Herangehensweise aussprach.[262] Das von Jackson entwickelte Verschwörungskonzept hatte schließlich seine Wurzeln im angelsächsischen Strafrecht, musste dagegen auf einen französischen Juristen wie ein Konstrukt aus einer unbekannten Welt wirken. Trotzdem sahen die beiden Franzosen davon ab, Bedenken geltend zu machen. Gros berichtete nach Paris lediglich vom anhaltenden Widerstand der Sowjets gegen die amerikanischen Pläne.[263]

Ohne Widerspruch akzeptierten er und Falco zudem einen anderen Wunsch Jacksons, der den Ort des geplanten Prozesses betraf. Bis zum Zeitpunkt der Londoner Verhandlungen war man allgemein davon ausgegangen, dass das IMT in Berlin, der Hauptstadt des besiegten NS-Deutschland, tagen würde. Jackson überraschte die anderen Delegationen nun mit dem Vorschlag, den Prozess in Nürnberg durchzuführen.[264] Den Konferenzteilnehmern musste sofort auffallen, dass es sich um eine Stadt handelte, die sich – anders als das in vier Zonen geteilte Berlin – vollständig unter amerikanischer Kontrolle befand. Die Argumente, die Jackson für seinen Vorschlag ins Feld führte, waren allerdings nicht von der Hand zu weisen. Nürnberg verfügte über ein großes, durch Luftangriffe nur unwesentlich zerstörtes Gerichtsgebäude, das sich für den Prozess nutzen ließ.[265] Neben einem geeigneten Gerichtssaal beherbergte es genügend Büroräume, die den alliierten

258 AD-NUOI 1944–1959/83: Gros, 5. Juli 1945, S. 1.
259 Vgl. ebd.
260 AD-NUOI 1944–1959/83: Gros, Rapport sur la conférence de Londres sur les grands criminels, 11. Juli 1945, S. 1.
261 Vgl. ebd., S. 2.
262 Vgl. AD-NUOI 1944–1959/83, Gros, 2. Juli 1945, S. 3.
263 Vgl. AD-NUOI 1944–1959/83, Gros, 5. Juli 1945, S. 1.
264 Vgl. ebd., S. 5.
265 Vgl. XXXII. Minutes of Conference, Session of July 7, 1945, in: United States Department of State, Jackson, S. 262–279, hier S. 276 f.

Delegationen zur Verfügung stehen würden. Direkt dahinter befand sich das Gefängnis der Stadt, in dem bis zu 1 200 Personen inhaftiert werden konnten. Für den geplanten Prozess ließen sich dank der kurzen Distanz zwischen den beiden Gebäuden hohe Sicherheitsstandards garantieren. „Das ist bei weitem der geeignetste Ort, den wir finden konnten,“[266] resümierte Jackson daher. Einwände kamen jedoch erneut von der sowjetischen Delegation, die den Amerikanern misstraute und erklärtermaßen Berlin als Prozessort bevorzugte. Um ihre Zustimmung zu gewinnen, lud Jackson daher sämtliche Verhandlungspartner zu einem Ausflug nach Nürnberg ein, wo diese sich ein Bild von den Gegebenheiten vor Ort machen konnten.[267] Anders als die sowjetischen Delegierten, die auf höheren Befehl hin ihre Teilnahme an der Reise kurzfristig absagten, machten sich Gros und Falco am 21. Juli 1945 zusammen mit den Angelsachsen auf den Weg. In Nürnberg angekommen, inspizierten sie das Gerichtsgebäude und besichtigten die schwer zerstörte Altstadt sowie das Reichsparteitagsgelände, auf dem die Nationalsozialisten in den Jahren vor Kriegsbeginn ihre Massenaufmärsche abgehalten hatten.[268] Auf die Franzosen verfehlte die Reise ihren Eindruck nicht. Nach London zurückgekehrt hielten sie Nürnberg für eine vorzügliche Wahl. Die Stadt sei „sicherlich ein hervorragender Ort“[269] für den Prozess, erklärte Falco bei der nächsten Besprechung. Dass schließlich ein Kompromiss gefunden werden musste, lag abermals an der Beharrlichkeit der sowjetischen Delegierten. Man kam am Ende überein, Berlin zum ständigen Sitz des IMT zu erklären.[270] Der erste Prozess sollte jedoch in Nürnberg stattfinden und für jeden weiteren Prozess gegen deutsche Hauptkriegsverbrecher, wie man sie zu diesem Zeitpunkt noch im Blick hatte, würden die Alliierten jeweils vorab einen geeigneten Ort bestimmen.[271]

Festlegung der Anklagepunkte

Eigenes Profil zeigten die Franzosen in London allerdings, als in der zweiten Hälfte der Konferenz die Festlegung der Anklagepunkte auf der Tagesordnung stand. Bereits der erste Entwurf der Amerikaner hatte unterschiedliche Kategorien von Verbrechen vorgesehen, wegen derer vor dem IMT Anklage gegen die Hauptkriegsverbrecher erhoben werden sollte. Inhaltlich stießen diese in

266 Ebd. S. 277.

267 Vgl. AD-NUOI 1944–1959/83: Massigli, Telegramm Nr. 3638, 20. Juli 1945; auch XXXIII. Minutes of Conference, Session of July 18, 1945, in: Jackson, S. 280–290, hier S. 280.

268 Vgl. AD-NUOI 1944–1959/83: Gros, Compte rendu d’un voyage à Nuremberg les 21 et 22 Juillet 1945, 4 Seiten; auch Falco, S. 33 ff.

269 XLIV. Minutes of Conference, Session of July 23, 1945, in: United States Department of State, Jackson, S. 328–347, hier S. 345.

270 Vgl. XLIV. Minutes of Conference, Session of July 23, 1945, in: United States Department of State, Jackson, S. 328–347, hier 341 f.

271 Vgl. IMT, Bd. 1, Statut für den Internationalen Militärgerichtshof, Art. 22, S. 16.

weiten Teilen auf allgemeine Zustimmung und die Diskussion während der Verhandlungen drehte sich eher um Begrifflichkeiten, nicht aber um die Frage nach der Berechtigung der Anklagepunkte. So war in dem Entwurf vom 30. Juni 1945 noch von „Verletzungen der Gesetze, Regeln und Gebräuche des Krieges“[272] die Rede, die zur Anklage gebracht werden sollten. Für die griffigere Bezeichnung „Kriegsverbrechen“ entschieden sich die Konferenzteilnehmer erst im weiteren Verlauf der Debatte. Aber grundsätzlich bestand in London Einigkeit darüber, dass Verstöße gegen das Kriegsrecht Verbrechen vor dem Völkerrecht darstellten und demzufolge den führenden Nationalsozialisten zur Last zu legen waren. Die Einschätzung, dass sich die Anklage jedoch nicht hierauf beschränken sollte, teilten die Londoner Unterhändler ebenfalls in seltener Einmütigkeit. Demnach sollten darüber hinaus aus „Gräueltaten, Verfolgung und Deportationen aus politischen, rassischen oder religiösen Motiven“[273], die unter juristischen Gesichtspunkten nicht als Kriegsverbrechen galten – beispielsweise weil die Opfer Bürger des Deutschen Reiches oder eines mit diesem verbündeten Staates waren – vor dem IMT verhandelt werden. Gleichwohl wurde hier zunächst ebenfalls mit unterschiedlichen Begriffen gearbeitet, wenn auch die Konferenzteilnehmer untereinander Vorschläge austauschten, die sich inhaltlich in weiten Teilen überschnitten. In einem Entwurf der US-Delegation vom 31. Juli 1945 war schließlich die Bezeichnung „Crimes Against Humanity“[274], also „Verbrechen gegen die Menschlichkeit“, zu finden, die am Ende Eingang in das Statut fand. Die Amerikaner waren es allerdings auch, die Bedenken geltend machten und argumentierten, grundsätzlich sei die Frage, wie ein souveräner Staat mit seinen eigenen Bürgern verfahre, dessen innere Angelegenheit. Nur ein nachweislicher Zusammenhang mit dem Krieg selbst rechtfertige in diesem Fall eine Anklage vor einem internationalen Gerichtshof.[275] Auf Drängen Jacksons wurde deswegen entschieden, die Verbrechen gegen die Menschlichkeit sollten nur in die Zuständigkeit des IMT fallen, soweit sie in Verbindung mit einem anderen Verbrechen des Londoner Statuts begangen worden waren.[276]

Für heftige Kontroversen sorgte bei den Verhandlungen dagegen erneut die französische Position beim Thema Angriffskrieg, die sich trotz Basdevants Rückzug und der damit verbundenen personellen Neuerungen nicht geändert hatte. Jacksons erklärtes Ziel war es nach wie vor, die deutschen Hauptkriegsverbrecher wegen ihrer Verantwortung für einen illegalen Angriffskrieg anzuklagen. Aber entgegen

---

272 XVIII. Revised Draft of Agreement and Memorandum Submitted by American Delegation, June 30, 1945, in: United States Department of State, Jackson, S. 119–127, hier S. 121.

273 Ebd.

274 LVI. Revision of Definition of „Crimes“, Submitted by American Delegation, 31. Juli 1945, in: United States Department of State, Jackson, S. 396.

275 Vgl. XLIV. Minutes of Conference, Session of July 23, 1945, in: United States Department of State, Jackson, S. 328–347, hier S. 330 f.

276 Vgl. IMT, Bd. 1, Statut für den Internationalen Militärgerichtshof, Art. 6, S. 12.

ihrer sonstigen Kompromissbereitschaft waren Gros und Falco nicht willens, in dieser Frage seine Pläne abzunicken und den Angelsachsen widerspruchslos zu folgen. Um ihre Position deutlich zu machen, legten die französischen Delegierten als Vorschlag für das Statut einen eigenen Entwurf mit Definitionen der vor dem IMT zu verhandelnden Verbrechen vor.[277] Das Planen und Führen eines Angriffskrieges fehlte darin als Straftatbestand völlig. In der Sitzung vom 19. Juli 1945 befassten sich die Konferenzteilnehmer mit dem Entwurf und die Franzosen hatten Gelegenheit, ihren Standpunkt zu erläutern. Gros griff im Wesentlichen auf die Argumente zurück, die Basdevant bereits in San Francisco ins Feld geführt hatte, und erklärte:

> „Wir betrachten das Beginnen eines Angriffskrieges nicht als verbrecherische Handlung. Wenn wir Krieg zu einer verbrecherischen Handlung von Individuen erklären, gehen wir über bestehendes Recht hinaus. Wir denken, dass in den nächsten Jahren jeder Staat, der einen Angriffskrieg beginnen wird, in moralischer und politischer Hinsicht verbrecherisch handelt; aber auf Grundlage des Völkerrechts, wie es heute existiert, glauben wir nicht, dass diese Schlussfolgerungen richtig sind. Wo ein Staat einen Angriffskrieg beginnt und ihn nicht in Einklang mit den Bestimmungen des Völkerrechts führt, wäre es wünschenswert, die Verantwortichen als Kriminelle zu bestrafen, aber ihr Handeln wäre nicht verbrecherisch allein wegen des Führens eines Angriffskrieges.“[278]

Darüber hinaus warnte er vor der Ablehnung und der Kritik, die der Prozess erfahren würde, sollte vor dem IMT etwas als Verbrechen bestraft werden, das zuvor nicht als solches kodifiziert gewesen sei.[279] Fyfe fragte ihn daraufhin, ob er denn nicht glaube, dass Personen, die einen Krieg vorbereitet haben, ein Verbrechen begangen hätten. Gros antwortete rundheraus: „Wir denken, das wäre moralisch und politisch wünschenswert, aber das deckt sich nicht mit dem Völkerrecht.“[280] Mit solchen Bekundungen rief er, wie nicht anders zu erwarten, den Widerspruch der Angelsachsen hervor, den diese noch in derselben Sitzung in aller Entschiedenheit artikulierten. Jackson erwiderte, er wolle mehr als nur beweisen, „dass diese Nazi-Hitler-Leute im Krieg keine Gentlemen waren.“[281] Für ihn war ein illegaler Angriff auf die internationale Friedensordnung, ein Bruch des Briand-Kellogg-Paktes und anderer internationaler Verträge, in der Tat ein strafbarer Rechtsverstoß und es galt vielmehr den Nachweis zu erbringen, dass aus diesem alle anderen Verbrechen des NS-Regimes resultiert seien.[282] Sogar noch deutlicher wies im Anschluss Fyfe die französischen Einwände zurück. Er stellte klar, dass ein Weglassen der Anklage

277 XXXV. Draft Article on Definition of “Crimes, Submitted by French Delegation, 19 Juli 1945, in: United States Department of State, Jackson, S. 293.

278 XXXVII. Minutes of Conference, Session of July 19, 1945, in: United States Department of State, Jackson, S. 295–309, hier S. 295.

279 Vgl. ebd., S. 295 f.

280 Ebd., S. 297.

281 Ebd., S. 299.

282 Vgl. ebd., S. 299 f.

wegen des Planens und Führens eines Angriffskrieges für ihn nicht in Frage kam – „weil es das Kernstück unserer Anklage gegen die Deutschen ist.“[283] Inhaltlich zeigte sich damit schnell, dass sich zwei von Grund auf gegensätzliche Auffassungen gegenüberstanden.

Die französische Position war mit der der Angelsachsen schlechterdings unvereinbar, auch wenn Gros sich nun sichtlich bemühte, den Standpunkt der Gegenseite wenigstens zu verstehen. Für den Quai d'Orsay verfasste er nach den ersten Zusammenstößen einen Bericht, in dem er die Ursachen für die amerikanische Haltung zu ergründen versuchte. Darin bewertete er den Plan, gegen die Hauptkriegsverbrecher Anklage wegen des Planens und Führens eines Angriffskrieges zu erheben, vor allem als Versuch der Regierung in Washington, den Erwartungen der eigenen Öffentlichkeit zu entsprechen.[284] Schließlich habe Präsident Roosevelt die USA mit der Begründung in den Zweiten Weltkrieg geführt, es gelte das Recht zu verteidigen gegenüber einem Deutschland, das sich durch seine Angriffe auf andere Staaten außerhalb des Rechts gestellt hätte. Um diese Politik nachträglich zu rechtfertigen, wolle Jackson nun den illegalen Charakter des Angriffskrieges durch das IMT feststellen lassen, so Gros' Überzeugung. Überhaupt brachte er die Angelegenheit sehr stark mit den persönlichen Ambitionen des Amerikaners in Verbindung. Ein Erfolg in seiner Mission würde Jacksons eigene Position innerhalb der Demokratischen Partei stärken und auch Kriegsminister Stimson nützen, der von Beginn an die These von der Illegalität des Angriffskrieges vertreten habe.[285] In jedem Fall waren es in erster Linie eigennützige Motive, die Gros bei seinen Verhandlungspartnern ausmachte, auch wenn er deren Idealismus nicht gänzlich in Abrede stellen wollte: „Um ganz korrekt zu sein, muss man ebenfalls darauf hinweisen, dass die Beschäftigung mit einem ‚Kreuzzug für das Recht' den idealistischen Teil des amerikanischen Temperaments widerspiegelt.“[286] Aber auch wenn die Franzosen in den weiteren Debatten für ihre Haltung warben und auf Verständnis bei ihren Verhandlungspartnern hofften, mussten sie bald feststellen, dass sie in der Debatte isoliert waren. Einwände gegen die amerikanische Vorlage erhoben zwar auch die sowjetischen Delegierten, allerdings taten sie dies aus gänzlich anderen Motiven. Nikittschenko forderte, dass in dem betreffenden Artikel die Strafbarkeit des Angriffskrieges mit dem Zusatz „geführt von den europäischen Achsenmächten“[287] versehen würde. Offensichtlich fürchtete man auf sowjetischer Seite, sich andernfalls selbst angreifbar zu machen, und wollte ausschließen, dass sich der Passus auch auf das militärische Vorgehen der Sowjetunion gegen Staaten wie Polen oder Finnland anwenden ließ.[288]

283 Ebd., S. 305.
284 Vgl. AD-NUOI 1944–1959/83: Gros, Note a.s. de la conférence des grands criminels de guerre, 27. Juli 1945, S. 1.
285 Vgl. ebd., S. 1 f.
286 Ebd., S. 1.
287 XLIII. Redraft of Definition of „Crimes“, Submitted by Soviet Delegation, 23. Juli 1945, in: United States Department of State, Jackson, S. 327.
288 Vgl. Taylor, Prozesse, S. 88 f.; auch Antipow, Rudenko, S. 249 ff.

Die Vorstellung, dass ein Verbrechen nur strafbar war, wenn es von einer bestimmten Gruppe von Tätern begangen wurde, stand aber dem universellen Anspruch von Jacksons Vorhaben entgegen.[289] In der Folge jedenfalls entzündete sich an der sowjetischen Forderung ein anhaltender Konflikt, der sich über mehrere Sitzungen durch die Verhandlungen zog. Am Ende einigte man sich darauf, zu Beginn des strittigen Artikels nochmals die alleinige Zuständigkeit des IMT für die Hauptkriegsverbrecher der Achsenmächte zu betonen.[290] Spätestens nachdem diese Streitfrage beigelegt war, standen die französischen Delegierten beim Thema Angriffskrieg mit ihrer ablehnenden Haltung vollends auf verlorenem Posten. Demonstrativ führte Jackson ihnen dies vor Augen, als er sich während einer weiteren Verhandlungsrunde der sowjetischen Einschätzung versicherte, dass das Führen eines Angriffskrieges ein Verbrechen vor dem Völkerrecht sei.[291] Gros veranlasste die Meinungsverschiedenheit zu der ironischen Feststellung: „Die Amerikaner wollen den Prozess gewinnen auf der Grundlage, dass der NS-Krieg illegal gewesen ist, und das französische Volk und die anderen Völker der besetzten Länder wollen bloß zeigen, dass die Nazis Banditen waren.“[292] Indem er sich mit solchen Formulierungen auf die anderen ehemals besetzten Länder berief, deren Vertreter in London nicht mit am Verhandlungstisch saßen, hoffte Gros offenkundig, der französischen Stimme mehr Gewicht zu verleihen. Letztendlich waren solche Versuche aber zwecklos und die geschlossene Front, die die anderen drei Delegationen bildeten, ließ die Franzosen am Ende ihren Widerstand aufgeben. Zu einer neuen Vorlage, die am 28. Juli 1945 von britischer Seite eingebracht wurde, gaben sie ihre Zustimmung.[293] Als Verbrechen im Sinne des Statuts wurde darin die Initiierung eines Angriffskrieges ausdrücklich genannt und als eigener Anklagepunkt definiert.

Fünf Tage später kamen die Delegierten ein letztes Mal zu inhaltlichen Beratungen zusammen, um die noch offenen Fragen zu klären. Falco und Gros meldeten sich aber kaum noch zu Wort und hatten das Thema inzwischen abgehakt.[294] Das bedeutete, dass Frankreich eine Anklage mittragen würde, von der die führenden Juristen und Politiker des Landes einen wesentlichen Teil abgelehnt hatten. Die Verhandlungsführer der vier Staaten, darunter Falco, unterzeichneten jedenfalls am

---

289 Vgl. XLIV. Minutes of Conference, Session of July 23, 1945, in: United States Department of State, Jackson, S. 328–347, hier S. 336 f.; auch XLVII. Minutes of Conference, Session of July 24,1945, in: ebd., S. 360–372, hier S. 361.

290 Vgl. IMT, Bd. 1, Statut für den Internationalen Militärgerichtshof, Art. 6, S. 11.

291 Vgl. XLIV. Minutes of Conference Session of July 23, 1945, in: United States Department of State, Jackson, S. 328–347, hier S. 335.

292 LI. Minutes of Conference, Session of July 25, 1945, in: United States Department of State, Jackson: S. 376–389, S. 381 f.

293 Vgl. LII. Revised Definition of „Crimes“, Prepared by British Delegation and Accepted by French Delegation, 28. Juli 1945, in: United States Department of State, Jackson, S. 390 f.

294 Vgl. LIX. Minutes of Conference, Session of August 2, 1945, in: United States Department of State, Jackson, S. 399–419.

8. August 1945 die beiden Abkommen.[295] Für die französische Seite endete damit eine Konferenz, bei der sie alles in allem als vorweisbaren Erfolg nicht viel mehr als die eigene Teilnahme verbuchen konnte.

1.4 Die Bildung des IMT

Unter Zeitdruck

Im Pariser Justizministerium begann man unterdessen, der Angelegenheit mehr Aufmerksamkeit als bislang zu schenken. Durch den zügigen Fortschritt der Londoner Verhandlungen alarmiert, wies Teitgen seine Mitarbeiter an, mit den Vorbereitungen für den geplanten Prozess zu beginnen.[296] In der wichtigsten noch ausstehenden Frage nahm sich der Justizminister der Sache sogar persönlich an. Nach wie vor war schließlich unklar, wer Frankreich vor dem IMT als Chefankläger vertreten würde. Offenbar um nach der Entsendung Falcos eine weitere Fehlentscheidung zu vermeiden, holte die Regierung zunächst den Rat von Botschafter Massigli aus London ein. Dieser empfahl dringend, sich an der Nominierung des *Attorney General* durch die britische Regierung zu orientieren und einen diesem dem Rang nach gleichwertigen Vertreter zu benennen. Konkret schlug Massigli vor, der Justizminister solle persönlich die Anklagevertretung vor dem IMT leiten.[297] Teitgen schien der Vorschlag zu gefallen. Jedenfalls liebäugelte er tatsächlich mit dem Posten des französischen Chefanklägers und bekundete seine Bereitschaft.[298] Gegenüber dem Quai d’Orsay kündigte sein Büro Ende Juli bereits an, dass der Minister die Aufgabe übernehmen werde.[299]

Allerdings stieß der Vorschlag innerhalb des Kabinetts auf Kritik. Mehrere Regierungsmitglieder vertraten die Ansicht, es sei nicht die Aufgabe des französischen Justizministers, eine Anklagebehörde zu leiten.[300] Die Argumente der Gegenseite, dass es sich bei dem anstehenden internationalen Prozess um einen Sonderfall handele und man sich das Vorgehen der britischen Regierung als Beispiel nehmen sollte, vermochten die Kritiker nicht zu überzeugen. Dadurch blieb die Nominierung einen weiteren Monat in der Schwebe und abermals ging kostbare Zeit verloren, die für die Vorbereitung der eigentlichen Anklage fehlen würde. An der Botschaft in London beklagte man deswegen „unsere Unentschlossenheit, die uns gegenüber den Verbündeten in eine schwierige Lage bringt und uns daran hindert, ans

295 Vgl. AD-NUOI 1944–1959/83: Massigli an Bidault, Nr. 1946, 8. August 1945.

296 Vgl. AD-NUOI 1944–1959/86: Fouques-Duparc an Massigli, Telegramm Nr. 4075, 22. Juli 1945.

297 Vgl. AD-NUOI 1944–1959/86: Massigli, Telegramm Nr. 3673–77, 23. Juli 1945.

298 Vgl. Falco, S. 38.

299 AD-NUOI 1944–1959/86: Note a.s. Procès des grands criminels de guerre. Organisation du parquet français, 27. Juli 1945.

300 Vgl. AD-NUOI 1944–1959/86: Note pour M. Chauvel, ohne Verfasser, 17. August 1945.

Werk zu gehen.“[301] Angesichts der Vorbehalte rückte Teitgen von seinem Entschluss jedenfalls wieder ab. Als Jackson bei einem Besuch in Paris am 20. August 1945 den Justizminister aufsuchte, war nicht mehr die Rede davon, dass dieser selbst zusammen mit seinem Gast vor dem IMT als Chefankläger auftreten würde.[302] Stattdessen brachte Teitgen nun den Namen seines Amtsvorgängers François de Menthon ins Gespräch und kündigte an, dessen offizielle Ernennung durch die französische Regierung würde innerhalb von zwei Tagen beschlossen werden. In der Tat erfolgte die Bestätigung de Menthons nur kurze Zeit später. Hierbei handelte es sich um eine Personalentscheidung, die den zuvor vorgebrachten Bedenken der französischen Kritiker, aber zugleich auch den Erwartungen der Verbündeten Rechnung trug. Denn als ehemaliger Justizminister verfügte de Menthon zweifellos über die nötige Autorität, um für Frankreich vor dem IMT sprechen und die Verhandlungen mit den anderen Chefanklägern führen zu können. Zudem war er nicht durch andere dienstliche Verpflichtungen gebunden und es bestand keine Gefahr eines möglichen Interessenkonfliktes zwischen zwei Funktionen, die er gleichzeitig wahrnahm.

Natürlich war die Auswahl des Chefanklägers nur die wichtigste der nun anstehenden Personalien. De Menthon brauchte einen Stab von Mitarbeitern, wollte er als französischer Anklagevertreter vor dem IMT auftreten. Mit zunehmender Eindringlichkeit hatten die an den Verhandlungen in London beteiligten Franzosen ihre Landsleute in Paris beschworen, qualifiziertes Personal für den geplanten Prozess bereitzustellen. Gros ließ keinen Zweifel daran, „dass der Erfolg des Unternehmens von Umfang und Effektivität der Hilfsmittel abhängt, die man dem von der Regierung ausgewählten Delegierten zu Verfügung stellen wird.“[303] Falco sprach Anfang Juli 1945 ganz konkret von einer etwa zehnköpfigen Anklagebehörde, die es zu bilden gelte.[304] Massigli griff diesen Vorschlag kurz darauf auf und forderte zusätzlich zwölf Schreibkräfte und Übersetzer.[305] Außerdem bat er um die Unterstützung aller Ministerien, die etwas Substantielles zur Anklage gegen die Hauptkriegsverbrecher beitragen konnten. Auch hinter diesen Appellen stand die Befürchtung, bei der Vorbereitung des Prozesses den Anschluss an die Angelsachsen zu verlieren und am Ende durch deren Übergewicht marginalisiert zu werden. Aber die anderen Ernennungen ließen ebenfalls auf sich warten, solange die Besetzung des Postens des Chefanklägers noch ausstand. Nach seiner Ernennung war es dann de Menthon selbst, der sich der Personalfrage annahm und kurzerhand selbst Rekrutierungen vornahm, um seinen zukünftigen Anklagestab zusammenzustellen. Dabei griff er in erster Linie auf seine ehemaligen Mitarbeiter aus seiner Zeit als Justizminister zurück. Seinen früheren Bürochef Paul Coste-Floret konnte er ebenso

301 Ebd.
302 Vgl. AD-NUOI 1944–1959/86: Compte-rendu d'un entretien entre le Juge Jackson et M. Teitgen, Ministre de la Justice, tenu le 20 août 1945.
303 AD-NUOI 1944–1959/83: Gros, 11. Juli 1945.
304 Vgl. AD-NUOI 1944–1959/86: Massigli an Teitgen, 5. Juli 1945.
305 Vgl. AD-NUOI 1944–1959/86: Massigli, Telegramm Nr. 3673–77, 23. Juli 1945.

für das Unternehmen gewinnen wie den jungen Ministerialbeamten Jacques-Bernard Herzog. Außerdem holte er zwei erfahrene Strafjuristen, Charles Dubost und Pierre Mounier, in seinen Stab. Diesem Personenkreis kam in der weiteren Vorbereitungsphase in doppelter Hinsicht eine Schlüsselfunktion zu: Zum einen vertraten die Mitarbeiter de Menthon, der als aktiver Politiker seiner Aufgabe als Chefankläger nur einen Teil seiner Zeit widmete, vielfach in den Besprechungen mit den Verbündeten und stimmten mit diesen das weitere Vorgehen ab. Zum anderen bildeten sie den Kern der französischen Anklagebehörde, die später an dem Prozess in Nürnberg mitwirkte.

Neben der personellen Aufstellung drängte aber auch eine inhaltliche Vorbereitung des Prozesses, mit der die angelsächsischen Verbündeten inzwischen ebenfalls weit vorangeschritten waren. Auf der Londoner Konferenz hatte Jackson nicht nur dargelegt, wie er sich die Stoßrichtung der Anklage vorstellte, sondern auch wiederholt von erbeuteten Beweisdokumenten deutscher Herkunft berichtet, die für die Anklage gegen die Hauptkriegsverbrecher verwendet werden könnten. Auf Gros machten diese Bekundungen sichtlich Eindruck. Den Quai d'Orsay ließ er jedenfalls in der ersten Julihälfte wissen, dass Jackson bereits über „eine umfangreiche Materialsammlung"[306] verfüge, auf der die Amerikaner ihre Anklage aufbauen würden. Für die Franzosen war es auch hier höchste Zeit nachzuziehen, wollten sie bei dem Prozess überhaupt wahrgenommen werden. Gros plädierte deswegen für eine Einbindung aller infrage kommenden Stellen und hoffte auf „eine Bereitschaft zur Zusammenarbeit zwischen unseren verschiedenen Stellen,"[307] um den Vorsprung noch aufholen zu können, über den die Angelsachsen mittlerweile verfügten. Justizminister Teitgen bat am Tag nach der Unterzeichnung des Londoner Abkommens zu einer Besprechung, die sich um die Gestaltung der französischen Anklage drehte, in sein Büro.[308] Zugegen waren bei der Zusammenkunft Vertreter des Außen-, Wirtschafts- und Gefangenenministeriums sowie der *Direction générale des études et recherches* (DGER), des bei der Befreiung neu geschaffenen Geheimdienstes. Teitgen erläuterte zunächst die Ergebnisse der Londoner Konferenz, um dann auf die französische Anklage für den geplanten Prozess einzugehen, wie er sie sich in ihren Grundzügen vorstellte. Demnach sollte der Anklagevortrag sich zunächst mit der NS-Doktrin befassen und weiter argumentieren, dass die deutschen Verbrechen des Zweiten Weltkrieges aus dieser resultiert seien. Einzelne Kapitel sollten sodann die Kriegsvorbereitung, die wirtschaftliche Ausplünderung Frankreichs, Gewaltverbrechen an Zivilisten und an Kriegsgefangenen sowie die Germanisierungspolitik in Elsass-Lothringen behandeln.[309]

---

306 AD-NUOI 1944–1959/83: Gros, 11. Juli 1945.

307 AD-NUOI 1944–1959/83: Gros, 2. Juli 1945.

308 Vgl. DDF, 2/1945, S. 250 f. Dokument Nr. 97: Note a.s. Organisation du parquet français au procès des grands criminels, 9. August 1945.

309 Vgl. ebd.

Die französische Anklage vor dem IMT nahm damit in ihren Grundzügen Gestalt an. Im Fortgang der Besprechung wurde außerdem deutlich, in welchem Maße der Justizminister auf externe Unterstützung für das Nürnberger Unternehmen setzte. Zum einen erwähnte Teitgen den Namen des renommierten Germanisten und Deutschland-Kenners Edmond Vermeil, den er mit der Ausarbeitung des Abschnittes über die NS-Ideologie betrauen wollte. Zum anderen bat er um die Unterstützung der anderen Ministerien, die diese in der Tat zusagten. Man kam überein, dass der Quai d'Orsay das Kapitel über die Kriegsvorbereitung übernehmen, das Wirtschaftsministerium hingegen den Teil über die Ausplünderung beisteuern würde.[310] Die anderen Abschnitte würde das Justizministerium durch das eigene Personal ausarbeiten lassen. Teitgen, der sich zuvor über Wochen kaum für die Angelegenheit interessiert hatte und maßgeblich für die bislang unzureichende Vorbereitung verantwortlich war, gefiel sich nun zudem in der Rolle des Antreibers. Gegenüber seinen Gesprächspartnern betonte er den Zeitdruck, unter dem sein Haus nunmehr stand, und drängte auf eine schnellstmögliche Erledigung aller Arbeiten.

Die Auswahl der Angeklagten

In London gingen unterdessen die Vorbereitungen mit unvermindertem Tempo weiter. Nach dem Ende der Konferenz machten die Alliierten sich daran, die weitere Zusammenarbeit zu koordinieren, die Hauptkriegsverbrecher namentlich zu benennen und eine Anklageschrift gegen diese abzufassen. Eine personelle Änderung war auf britischer Seite erfolgt, wo infolge des Wahlsieges von Labour der neue *Attorney General* Hartley Shawcross die Leitung übernommen hatte und nun als Chefankläger fungierte. Dem zügigen Vorgehen, das Briten und Amerikaner an den Tag legten, tat die personelle Umbesetzung allerdings keinen Abbruch. Die beiden angelsächsischen Delegationen hatten bereits ihre Anklagebehörden für den Prozess konstituiert und nahmen die inhaltliche Vorbereitung der Anklage in Angriff. Für die Sowjetunion war nach wie vor Nikittschenko mit einigen Mitarbeitern vor Ort, die allerdings nur eine kleine Gruppe bildeten. Noch offensichtlicher war die Personalnot jedoch auf französischer Seite: Dort stand die Ernennung des Chefanklägers immer noch aus und darüber hinaus war Falco nach der Unterzeichnung des Londoner Abkommens nach Paris zurückgekehrt.[311] Gros blieb daher allein zurück und nahm als einziger französischer Vertreter an den nun folgenden Besprechungen teil.[312]

Um eine grobe inhaltliche Strukturierung der Anklage gegen die Hauptkriegsverbrecher vorzunehmen, wurde bei einer solchen Zusammenkunft Mitte August zunächst beschlossen, vier Ausschüsse zu bilden.[313] Von diesen würde sich der erste unter britischem Vorsitz mit dem Thema Angriffskrieg, der zweite unter

310 Vgl. ebd.
311 Vgl. Falco, Juge, S. 38.
312 Vgl. Taylor, Prozesse, S. 105.
313 Vgl. AD-NUOI 1944–1959/86: Gros, Telegramm vom 14. August 1945.

sowjetischem Vorsitz mit den Verbrechen im Osten, der dritte unter französischem Vorsitz mit den Verbrechen im Westen und der vierte unter amerikanischem Vorsitz mit dem Komplex der Verschwörung und mit den NS-Organisationen befassen. Dieser Schritt stellte die Weichen für eine inhaltliche Aufteilung der Anklage unter den Alliierten, wie sie in einem späteren Stadium der Vorbereitungen dann tatsächlich vorgenommen wurde.[314] Erst einmal erwies sich ein solches Vorgehen jedoch als wenig praktikabel für die interalliierte Zusammenarbeit. In allen vier Ausschüssen sollte fortan nämlich separat verhandelt werden, aber nur die Angelsachsen hatten hierfür im Moment ausreichend Personal zur Verfügung. Vor allem Gros konnte alleine unmöglich an den Sitzungen aller neugebildeten Gremien teilnehmen und konzentrierte sich in der Folge auf die Ausschüsse 2 und 3, die auf amerikanischen Vorschlag hin zusammengelegt wurden und bis zur Fertigstellung der Anklageschrift im Oktober regelmäßig tagten. In die Verhandlungen, die hier stattfanden, brachten die Franzosen ihre Vorstellungen ein, zumal Gros bei den Zusammenkünften den ganzen August hindurch den Vorsitz führte.[315] Die Vorbereitung der Komplexe Angriffskrieg und Verschwörung überließ er dagegen vollständig den Angelsachsen, die hierüber in den beiden anderen Ausschüssen berieten.

Immer drängender wurde inzwischen zudem die Frage, welchen Personen in Nürnberg der Prozess gemacht werden sollte. Bereits vor der Konferenz hatten Amerikaner und Briten zwar die Namen möglicher Angeklagter diskutiert, jedoch bislang ohne eine verbindliche Auswahl zu treffen.[316] Um dies zu tun, kamen Jackson, Shawcross, Nikittschenko und Gros am 23. August zusammen.[317] Bei dem Treffen zeigte sich schnell, dass in der Tat vor allem die Angelsachsen klare Vorstellungen hatten, gegen wen sich die Anklage richten sollte, und sie daher bei der Benennung der Angeklagten das Wort führten. Überraschen konnte dies nicht, waren Amerikaner und Briten doch in der komfortablen Lage, dass sich der größte Teil der noch lebenden Repräsentanten des NS-Regimes in ihrer Gewalt befand. Gros hingegen verfügte auch in diesem Fall über keinerlei Instruktionen aus Paris und konnte deswegen nur wenige eigene Akzente setzen. Zu Beginn der Sitzung legte Shawcross eine Liste mit elf Namen vor: Hermann Göring, Rudolf Heß, Joachim von Ribbentrop, Robert Ley, Wilhelm Keitel, Ernst Kaltenbrunner, Alfred Rosenberg, Hans Frank, Wilhelm Frick, Walther Funk und Julius Streicher.[318] Diese Aufzählung stieß in der Runde auf allgemeine Zustimmung, handelte es sich bei den Genannten doch

---

314 Vgl. AD-NUOI 1944–1959/86: Massigli an Teitgen, Telegramm Nr. 3994/3996, 13. August 1945.

315 Vgl. Taylor, Prozesse, S. 110.

316 Vgl. XII. Summary Record of Two Informal Gatherings of British and American Delegations June 21 and 24, 1945, in: United States Department of State, Jackson, S. 69 f.

317 Vgl. das Protokoll der Besprechung: AD-NUOI 1944–1959/86: Compte-rendu de la réunion des représentants du ministère public du Tribunal Militaire International, London, 23. August 1945, 16 Seiten.

318 Vgl. ebd., S. 2.

um Angehörige der politischen und militärischen Führungsriege NS-Deutschlands. Gros sprach sich vor allem dafür aus, Funk aufgrund seiner Verantwortung für die wirtschaftliche Ausbeutung der besetzten Länder vor Gericht zu stellen.[319] Für die weitere Diskussion war diese Positionierung wegweisend. Während die Briten nämlich die Zahl der Angeklagten möglichst niedrig halten wollten und wenig Begeisterung für eine Anklage gegen Repräsentanten der deutschen Wirtschaft zeigten, war Jackson der gegenteiligen Auffassung und konnte auf die Unterstützung Nikittschenkos, aber auch Gros' zählen. Deutlich wurde dies bei Hjalmar Schacht, um den sich die Diskussion als nächstes drehte. Shawcross machte Bedenken gegen eine Anklage gegen den ehemaligen Reichsbankpräsidenten geltend. Aber Jackson und Nikittschenko argumentierten, dass man Schacht wohl keine Verantwortung für Kriegsverbrechen, wohl aber eine Teilhabe an der Festigung der NS-Diktatur und der Kriegsvorbereitung nachweisen könne. Gros pflichtete ihnen bei: „Wir müssen zeigen, dass all die, die den Nazis geholfen haben, an die Macht zu kommen, einen Teil der Verantwortung tragen.“[320] Schachts Name wurde daraufhin mit auf die Liste gesetzt. Gleiches geschah, als im Anschluss der Name Krupp genannt wurde. Eine Nachfrage Gros' enthüllte allerdings, dass in den beiden angelsächsischen Delegationen unterschiedliche Auffassungen darüber existierten, ob der Vater Gustav oder der Sohn Alfried gemeint war.[321] Auf Drängen Shawcross' legte man sich schließlich auf den Vater fest. Diese Entscheidung sollte ein Nachspiel haben, das mit einer Niederlage für die Anklagevertretung endete: Nachdem das Gericht einige Wochen später den schwerkranken und bettlägerigen Gustav Krupp von Bohlen und Halbach für verhandlungsunfähig erklärte, versuchten die Ankläger vergebens, anstelle des Vaters nun doch dessen Sohn anzuklagen.[322]

Drei weitere Anwärter für die Nürnberger Anklagebank waren Karl Dönitz, Erich Raeder und Baldur von Schirach. Gros hielt sich hier bei den Londoner Beratungen allerdings gänzlich zurück und überließ die Entscheidung, diese ebenfalls als Hauptkriegsverbrecher zu betrachten, seinen Verhandlungspartnern. Im Falle Raeder musste diese jedoch zunächst vertagt werden, da von sowjetischer Seite keine Auskunft über dessen Verbleib zu erhalten war. Dem französischen Bevollmächtigten unterdessen war es im Fortgang der Besprechung ein wichtiges Anliegen, auch Fritz Sauckel auf der Liste der Angeklagten zu sehen. Als dessen Name in die Diskussion eingeworfen wurde, wies Gros auf die Deportationen von Zivilisten zur Zwangsarbeit hin, die Hitlers Generalbevollmächtigter für den Arbeitseinsatz

319 Vgl. ebd., S. 3.
320 Ebd., S. 5.
321 Vgl. ebd., S. 7.
322 Der entsprechende Antrag wurde gemeinsam von der amerikanischen, sowjetischen und französischen Anklagevertretung gestellt; vgl. IMT, Bd. 1, Antrag des Kollegiums der Hauptanklagevertreter auf Abänderung der Anklageschrift durch Einbeziehung der Person Alfried Krupp v. Bohlen als Angeklagten, S. 158; auch Taylor, Prozesse, S. 188–195.

zu verantworten hatte.[323] Nach der Annahme dieses Vorschlages wandten die Delegierten sich Alfred Jodl und Martin Bormann zu, den sie noch am Leben und auf der Flucht wähnten. Ohne Gegenrede wurden die beiden ebenfalls zur Gruppe der Angeklagten hinzugefügt, ebenso wie Franz von Papen. Dass mit diesem schließlich auch ein ehemaliges Mitglied der Reichsregierung auf der Liste stand, das noch dazu selbst kein Anhänger der NS-Bewegung gewesen war, nahm Gros zum Anlass, die Initiative zu ergreifen und die Namen weiterer Minister in die Diskussion einzubringen. Nach seinem Willen sollten auch Constantin von Neurath, Albert Speer und Walther Darré angeklagt werden.[324] Er plädierte nun in aller Deutlichkeit dafür, den Kreis der Angeklagten erheblich zu erweitern, und wollte namentlich auch noch Erhard Milch mit auf die Liste setzen.[325] Unterstützt wurde er von Jackson, der sich seinerseits noch zusätzlich für eine Anklage gegen Arthur Seyß-Inquart und Gerd von Rundstedt aussprach. Einwände kamen nun allerdings von britischer Seite. Shawcross gab zu bedenken, dass eine zu hohe Zahl von Angeklagten die Durchführung des Prozesses erschweren und diesen in die Länge ziehen würde. Auch Nikittschenko teilte diese Ansicht, weswegen die Delegierten sich am Ende darauf verständigten, von den zuletzt vorgeschlagenen Personen lediglich noch Neurath, Speer und Seyß-Inquart mitanzuklagen.[326]

Der Kreis derer, denen der Prozess galt, schien damit komplett und Botschafter Massigli telegrafierte bereits die vorerst noch geheime Liste aus London nach Paris.[327] Wenige Tage später erreichte die Delegierten jedoch aus Moskau die Nachricht, dass auch Erich Raeder an das IMT überstellt werden würde. Auf Drängen der Sowjets wurde die Liste außerdem noch um den Namen Hans Fritzsches ergänzt, so dass es sich am Ende um insgesamt 24 Angeklagte handelte.[328] Bei einem weiteren Treffen der Delegierten im August standen eher technische Fragen rund um den Prozess auf der Tagesordnung.[329] Jackson kündigte bei dieser Gelegenheit die Installation und Anwendung einer Simultanübersetzungsanlage im Schwurgerichtssaal des Nürnberger Justizgebäudes an. Zudem erläuterte er, wie man die Angeklagten und später mögliche Zeugen für den Prozess nach Nürnberg überstellen und im dortigen Gefängnis inhaftieren würde.[330] Auch über die Besetzung der bislang vakanten Richterposten des IMT machten die Delegierten sich nun Gedanken. Zur Debatte stand die Frage, ob Militärs oder Zivilisten über die Schuld der Hauptkriegsverbrecher befinden sollten. Der französischen Präferenz für ein

---

323 Vgl. AD-NUOI 1944–1959/86: Compte-rendu, 23. August 1945, S. 8.

324 Vgl. ebd., S. 11.

325 Vgl. ebd., S. 12.

326 Vgl. ebd., S. 14.

327 Vgl. AD-NUOI 1944–1959/86: Massigli, Telegramm Nr. 4172–4174, 24. August 1945; abgedruckt als Dokument Nr. 131, in: DDF, 2/1945, S. 338 f.

328 Vgl. AD-NUOI 1944–1959/86: Massiglis, Telegramm Nr. 4260, 29. August 1945.

329 Vgl. Taylor, Prozesse, S. 122 f.

330 Vgl. das Protokoll der Besprechung: AD-NUOI 1944–1959/86: Ministère public pour la poursuite des grands criminels de guerre, 31. August 1945, 5 Seiten.

ziviles Gericht stand hier Shawcross' Vorschlag entgegen, das IMT mit Militärrichtern in Uniform zu besetzen.[331] Allerdings lag die Entscheidung hierüber ohnehin nicht bei den Londoner Delegierten, sondern bei deren Regierungen, so dass die Gespräche zunächst ausgesetzt wurden. Jackson und Nikittschenko kündigten an, für einige Tage in die Hauptstädte ihrer Länder zurückzukehren. Die nun folgende Verhandlungspause verschaffte den Franzosen damit immerhin etwas Zeit, ihre eigenen Vorbereitungen zu forcieren.

Die Ausarbeitung der Anklageschrift

Nichtsdestotrotz waren die Arbeiten in London weit fortgeschritten, als François de Menthon in Begleitung einer Handvoll Mitarbeiter schließlich anreiste und am 13. September erstmals an einem Treffen mit seinen alliierten Amtskollegen teilnahm. In welchem Maße konnten die Franzosen jetzt noch Einfluss auf die Ausgestaltung der Anklage und die weitere Vorbereitung des Prozesses insgesamt nehmen?

Nach de Menthons Eintreffen in London stellte sich schnell heraus, dass er kaum über den bisherigen Verhandlungsstand informiert war. Gegenüber Jackson, Shawcross und dem mittlerweile ebenfalls nominierten sowjetischen Chefankläger Roman Rudenko sprach er sich erst einmal vehement gegen den Anklagepunkt Verbrechen gegen den Frieden aus und wiederholte dabei die Argumente, die seine Landsleute bereits auf der Londoner Konferenz vorgebracht hatten.[332] Dieses Wiederaufgreifen einer inzwischen beigelegten Streitfrage sorgte bei den Angelsachsen für sichtliche Verärgerung. Pikiert wiesen sie ihren französischen Verhandlungspartner darauf hin, dass das Londoner Statut das Führen eines Angriffskrieges klar als Straftatbestand definiere und die Vorbereitungsarbeiten sich inzwischen in einem ganz anderen Stadium befänden. Das hielt de Menthon nicht davon ab, gegenüber seiner Regierung die Pläne der angelsächsischen Ankläger scharf zu kritisieren. Nach Paris berichtete er, die Amerikaner beabsichtigten offensichtlich, einen Prozess über die deutsche Verschwörung zum Angriffskrieg und zur Weltherrschaft durchzuführen. Ein solcher Ansatz aber sei in doppelter Hinsicht verkehrt.[333] Zum einen würde die Anklage so den Stellenwert der eigentlichen Kriegsverbrechen vernachlässigen und diese nicht ausreichend behandeln. Zum anderen hätte sie zwingend eine Diskussion über die politischen Ursachen für den Beginn des Zweiten Weltkrieges zur Folge. Beides wollte de Menthon vermeiden. Die Alternative, die er anbot, war jedoch wenig konkret: „Ich habe vorgeschlagen, dass der Gegenstand des Prozesses Deutschland von 1933 bis 1945 ist, das nationalsozialistische Deutschland, verurteilt in der Gestalt seiner wichtigsten Anführer.“[334] Nichtsdestotrotz kündigte sich an

331 Vgl. ebd., S. 3.
332 Vgl. Taylor, Prozesse, S. 130.
333 Vgl. AD-NUOI 1944–1959/86: De Menthon, Bericht Nr. 1, 14. September 1945.
334 Ebd.

dieser Stelle bereits an, wie die Franzosen ihre Anklage vor dem IMT im Unterschied zu ihren Verbündeten verstehen würden.

Während de Menthon selbst in den folgenden Wochen jeweils nur für wenige Tage zu den Besprechungen mit seinen alliierten Amtskollegen nach London reiste, blieben seine Mitarbeiter dauerhaft vor Ort und arbeiteten in dem Ausschuss der Anklagevertretungen mit, in dem bisher Gros Frankreich vertreten hatte. In diesem Gremium wurde der Teil der Anklageschrift abgefasst, der sich auf die im Londoner Statut genannten Anklagepunkte Kriegsverbrechen und Verbrechen gegen die Menschlichkeit bezog. Die ersten Entwürfe für die Anklageschrift, die beide angelsächsischen Delegationen seit der zweiten Augusthälfte erstellt hatten, standen voll und ganz im Zeichen von Jacksons Verschwörungskonzept und konzentrierten sich auf die von NS-Deutschland geführten Angriffskriege.[335] Dass es aber am Ende zu keiner einseitigen Fixierung hierauf kam, war nicht zuletzt den Franzosen zu verdanken, die sich in den Ausschusssitzungen einbrachten. De Menthons Mitarbeiter Charles Dubost, Paul Coste-Floret und Jacques Bernard-Herzog verfassten mehrere Vorlagen, die Eingang in die endgültige Version der Anklageschrift fanden.[336] Die französischen Beiträge hatten allesamt Kriegsverbrechen zum Gegenstand, die die deutschen Besatzer in Westeuropa verübt hatten. Thematisiert wurden darin im Einzelnen Gewaltverbrechen an der Zivilbevölkerung, die Misshandlung von Kriegsgefangenen, die Erschießung von Geiseln, die Deportation von Zivilisten, die Plünderung öffentlichen und privaten Eigentums, die Aushebung von Zwangsarbeitern und die deutsche Politik der „Germanisierung“ in den besetzten Gebieten.[337] In allen Fällen listeten die Schriftsätze der französischen Delegierten konkrete Beispiele auf. Insbesondere die Namen von Konzentrationslagern wie Buchenwald, Flossenbürg oder Auschwitz, in denen zahlreiche Franzosen ums Leben gekommen waren, oder von Schauplätzen von Massakern und Massenhinrichtungen in Frankreich wurden genannt. Entsprechende Abschnitte über die Vorkommnisse in Osteuropa steuerten die sowjetischen Delegierten bei, so dass am Ende die Anklageschrift insgesamt nicht nur auch die „juristische Methodik der Europäer“[338] widerspiegelte, sondern darüber hinaus auch zu einem erheblichen Teil von diesen mitverfasst war.

Für de Menthon war die Mitarbeit seiner Landsleute bei der Formulierung der Anklageschrift Grund genug für eine Erfolgsmeldung nach Paris, die sich nicht gerade durch Bescheidenheit auszeichnete: Man habe durchgesetzt, dass die Kriegsverbrechen in der Anklage einen gleichwertigen Platz neben dem Verbrechen der Kriegsvorbereitung und des Angriffskrieges einnehmen werden.[339] In einer

335 Vgl. AD-NUOI 1944–1959/86: Entwurf (Indictment), 22. August 1945.
336 Vgl. Herzog, Échec, S. 97.
337 Vgl. IMT, Bd. 1, Anklageschrift, S. 46–70.
338 Taylor, Prozesse, S. 147.
339 Vgl. AD-NUOI 1944–1959/86: De Menthon, Bericht Nr. 2, 19. September 1945.

offenkundigen Mischung aus Übertreibung und Schönfärberei ließ er sich zudem zu der Feststellung hinreißen:

> „Der französischen Delegation ist es im Wesentlichen gelungen, ihren Standpunkt gegenüber der amerikanischen Position durchzusetzen. Es wurde anerkannt, dass die Doktrin und das Regime der Nationalsozialisten die Verbindung zwischen den drei Anklagepunkten darstellen.“[340]

Tatsächlich konnte hiervon nicht die Rede sein, wie der Anklageschrift unschwer zu entnehmen ist. Nicht die NS-Ideologie, sondern eine kriminelle Verschwörung der Angeklagten bildet dort das Grundmotiv, das sich wie ein roter Faden durch das gesamte Dokument zieht. Mehr noch: Während im Londoner Statut lediglich drei Anklagepunkte, nämlich Verbrechen gegen den Frieden, Kriegsverbrechen und Verbrechen gegen die Menschlichkeit, genannt waren, ließ Jackson mit dem Vorwurf der Verschwörung zu diesen nun einen weiteren hinzufügen und als solchen in die Anklageschrift aufnehmen. Inhaltlich bezog sich der neue Anklagepunkt auf die anderen drei, besagte also, dass auch die Teilnahme an einer Verschwörung zur Begehung von Verbrechen gegen den Frieden, Kriegsverbrechen oder Verbrechen gegen die Menschlichkeit von den alliierten Anklägern als Verbrechen vor dem Völkerrecht angesehen wurde.[341] Noch deutlicher konnten die Amerikaner kaum unter Beweis stellen, dass sie ihr Konzept für den Prozess den Bedenken ihrer Verbündeten zum Trotz weiterverfolgten. Der Tenor von de Menthons Berichterstattung hat seine Ursachen daher offenkundig weniger in tatsächlich nachweisbaren Erfolgen als vielmehr in der persönlichen Situation des Chefanklägers. De Menthons Hauptaugenmerk lag auf dem Geschehen in Frankreich und den im Oktober anstehenden Wahlen zur Nationalversammlung, bei denen er als aktiver Politiker der christdemokratischen *Mouvement républicain populaire* (MRP) anzutreten gedachte. In einer solchen Situation waren Erfolgsmeldungen über seine Mission als Chefankläger zweifellos ein probates Mittel gegen etwaige Kritik an seinem mangelnden Engagement und brachten ihn in die angenehme Lage, vergleichsweise wenig Zeit auf die Prozessvorbereitung verwenden zu müssen. Jedenfalls verkündete der Chefankläger nach den Besprechungen mit seinen Amtskollegen auch ohne nähere Präzisierungen gerne pauschal: „Die diversen Anmerkungen und Ergänzungen, die von der französischen Delegation vorgeschlagen wurden, wurden akzeptiert.“[342] Tatsächlich leisteten die Franzosen in dieser Schlussphase der Prozessvorbereitung zwar einen dem Inhalt und Umfang nach durchaus erheblichen Beitrag zur Ausformulierung der Anklageschrift, sie waren jedoch weit davon entfernt, deren Aufbau selbst zu gestalten oder gar die Stoßrichtung der Anklage neu zu definieren.

340 Ebd.
341 Vgl. IMT, Bd. 1, Anklageschrift, S. 45.
342 De Menthon, Bericht Nr. 5, 6. Oktober 1945, in: NUOI 1944–1959/86.

Weitere Herausforderungen, die es zu bewältigen galt, waren eher organisatorischer Natur. Jackson drängte die Vertreter der anderen Länder zusehends, nach Nürnberg umzuziehen und er selbst machte unter den Chefanklägern den Anfang. Auf britischer Seite versuchte man dagegen, die Arbeiten so lange wie möglich in der eigenen Hauptstadt fortzuführen. Dass sich an dieser Frage „ein Konflikt um Einfluss“[343] zwischen den beiden angelsächsischen Delegationen entzündete, entging auch den Franzosen nicht. Früher oder später mussten sich aber alle Beteiligten an den Ort des Geschehens begeben. Begleitet von seiner Entourage reiste de Menthon erstmals am 20. September nach Nürnberg, wo er mit Jackson zusammentraf.[344] Bei dieser Gelegenheit bezogen die Franzosen sogleich die Quartiere für ihre Delegation und verfügten damit fortan über eine feste Vertretung in der Stadt, in der der Prozess stattfinden würde. Geleitet wurde diese in der Anfangsphase von Pierre Mounier, der in Nürnberg zurückblieb und die Ankunft weiterer Mitarbeiter für den anstehenden Prozess vorbereitete.[345] Die Ausschüsse der Anklagevertretungen tagten parallel dazu nach wie vor in London, wo sie die redaktionellen Arbeiten sukzessiv zu Ende brachten und ihre Ergebnisse vorlegten. Nach einem weiteren Treffen der Chefankläger in der britischen Hauptstadt berichtete de Menthon, dass alle inhaltlichen Fragen geklärt seien und nur noch die Endredaktion der Anklageschrift erledigt werden müsse.[346] Vorübergehend rückte unterdessen ein weiterer Schauplatz in den Mittelpunkt des Geschehens: Den Londoner Vereinbarungen zufolge musste das IMT zum ersten Mal in Berlin zusammentreten, wo es formal seinen Sitz hatte. Bevor dies geschehen konnte, mussten aber die Richterposten besetzt werden. Angefangen mit den Amerikanern, hatten die Verbündeten die Namen ihrer Kandidaten für das Richterkollegium seit der Londoner Verhandlungspause in der ersten Septemberhälfte bekannt gegeben.

Von der französischen Regierung dagegen war auch in dieser Personalfrage erst einmal nichts zu vernehmen gewesen. Tatsächlich war die Entscheidung längst gefallen und beide Personalien standen spätestens fest, seitdem sich Justizminister Teitgen nach der Londoner Konferenz der Sache angenommen hatte: Für den Frankreich zustehenden Richterposten hatte man den Juraprofessor und Völkerrechtsspezialisten Henri Donnedieu de Vabres ausgewählt. Zu dessen Stellvertreter war Robert Falco, der bereits an der Londoner Konferenz teilgenommen hatte, bestimmt worden. Beide Ernennungen konnte de Menthon schließlich in den letzten Septembertagen den Vertretern der anderen Delegationen mitteilen.[347] In Berlin fand sodann am 6. Oktober ein erneutes Treffen der Chefankläger statt, bei dem die Unterzeichnung der Anklageschrift auf der Tagesordnung stand.[348] Kurz darauf

343 AD-NUOI 1944–1959/86: De Menthon, Bericht Nr. 2, 19. September 1945.
344 Vgl. FNSP-CD/05, De Menthon, Bericht Nr. 3, 22. September 1945.
345 Vgl. ebd.
346 Vgl. ADHS-135 J 187: De Menthon, Bericht Nr. 4, 28. September 1945.
347 Vgl. ebd.
348 Vgl. AD-NUOI 1944–1959/86: De Menthon, Bericht Nr. 5, 6. Oktober 1945.

trafen auch die beiden französischen Richter ein und kamen mit den anderen Mitgliedern des Richterkollegiums zusammen. Im Rahmen von mehreren informellen Treffen klärten die Richter zunächst verfahrenstechnische Fragen und wählten ihren britischen Kollegen Geoffrey Lawrence zum Vorsitzenden für die Dauer des Prozesses in Nürnberg.[349] Am 18. Oktober fand im Plenarsaal des Berliner Kammergerichts, in dem der Alliierte Kontrollrat residierte, die Eröffnungssitzung des IMT statt. Bei dieser ersten offiziellen Zusammenkunft ging es um formale Aspekte, die den anstehenden Prozess betrafen. Die Anklageschrift wurde eingereicht, die Vertreter der Anklagebehörde stellten sich dem Gericht vor – für die französische Seite tat dies de Menthons Stellvertreter Charles Dubost – und Rechte und Pflichten der Verteidigung wurden erläutert.[350] Danach siedelten alle Beteiligten, Richter wie Ankläger, nach Nürnberg über.

1.5 Die Vorbereitung der Anklage

Kriegsverbrechen und Verbrechen gegen die Menschlichkeit

Nach der Abfassung der Anklageschrift gingen die alliierten Ankläger daran, die Prozessführung vorzubereiten und sich hierfür untereinander abzustimmen. Eine inhaltliche Aufteilung schien angesichts der großen Zahl von Beteiligten und der inhaltlichen Komplexität dessen, was es vor dem IMT darzulegen galt, dringend geboten. Jackson hatte bereits in seinem Gespräch mit Teitgen im August angekündigt, jede der vier Anklagevertretungen solle im Laufe des Prozesses die Gelegenheit haben, eine Grundsatzrede aus ihrer nationalen Perspektive zu halten und anschließend ihre Beweismittel zu einem anderen Teil der Anklage vorlegen.[351] Im Fortgang der Verhandlungen hatten sich mit der Bildung der vier Ausschüsse in London und schließlich mit der Formulierung der vier Anklagepunkte konkrete inhaltliche Schwerpunkte herausgebildet. Anfang Oktober teilten die vier alliierten Chefankläger diese schließlich untereinander auf, wodurch der Delegation jedes Landes ein eigenes Themengebiet zugewiesen wurde.[352]

Die Abmachungen spiegelten die Standpunkte der einzelnen Delegationen auf der Londoner Konferenz und während der Vorbereitung des Prozesses im Allgemeinen wider. Zudem orientierten sie sich an den vier Anklagepunkten: Die Anklage wegen Verschwörung (Anklagepunkt 1) wurde von den Amerikanern übernommen. Dagegen sollten sich die Briten auf die Verbrechen gegen den Frieden (Anklagepunkt 2) konzentrieren. Franzosen und Sowjets wiederum würden sich mit den Kriegsverbrechen (Anklagepunkt 3) und den Verbrechen gegen die

349 Vgl. Falco, Juge, S. 45.
350 Vgl. IMT, Bd. 1, Bericht über die am 18. Oktober 1945 um 10.30 Uhr in Berlin abgehaltene Eröffnungssitzung des Internationalen Militärgerichtshofes, S. 26 ff.
351 Vgl. AD-NUOI 1944–1959/86: Compte-rendu d'un entretien entre le Juge Jackson et M. Teitgen, Ministre de la Justice, tenue le 20 août 1945.
352 Vgl. AD-NUOI 1944–1959/86: De Menthon, Bericht Nr. 5, 6. Oktober 1945.

Menschlichkeit (Anklagepunkt 4) befassen. Zuständig waren die Franzosen, soweit sich diese Verbrechen in Westeuropa ereignet hatten, die Sowjets soweit dies in Osteuropa geschehen war.[353] Die beiden Zuständigkeitsbereiche trennte eine Nord-Süd-Linie, die die Delegierten auf der Höhe Berlins durch Europa zogen.[354] Dieser Vereinbarung zufolge war es also die Aufgabe der französischen Anklage, vor dem IMT deutsche Kriegsverbrechen und Verbrechen gegen die Menschlichkeit zu thematisieren, die in Frankreich, den Benelux-Staaten, Dänemark, Norwegen oder dem Westen Deutschlands stattgefunden hatten. Gleiches galt grundsätzlich für Verbrechen, deren Opfer Bürger eines westeuropäischen Staates waren. In einem solchen Fall spielte die geographische Abgrenzung keine Rolle. Diese Regelung ließ den Franzosen freie Hand, in ihrer Anklage beispielsweise auf das Schicksal ihrer Landsleute einzugehen, die in Auschwitz oder anderen Konzentrationslagern ermordet worden waren. Eine weitere Sonderabsprache mussten die Chefankläger aufgrund einer französischen Initiative im Zusammenhang mit den Verbrechen gegen die Menschlichkeit treffen. De Menthon lehnte es ab, deren Anklage in jenen Fällen zu übernehmen, in denen die Opfer Deutsche waren. Eine solche Weigerung stand selbstverständlich dem eigentlichen Zweck dieses Anklagepunktes entgegen, sollten damit doch gerade auch die nationalsozialistischen Verbrechen an Deutschen geahndet werden. Gegenüber der Regierung in Paris rechtfertigte de Menthon seine Haltung aber, indem er erklärte, „dass es politisch nicht opportun wäre, uns mit diesem Teil der Anklage zu beauftragen.“[355] Zu seiner Erleichterung war Jackson bereit auszuhelfen und kündigte an, die amerikanische Delegation werde die Sache übernehmen.

Was nun im Einzelnen unter den beiden Anklagepunkten zu verstehen war, die die Franzosen übernahmen, gab das Londoner Statut vor. Dort hieß es:

> „(b) KRIEGSVERBRECHEN: Nämlich: Verletzungen der Kriegsgesetze oder -gebräuche. Solche Verletzungen umfassen, ohne jedoch darauf beschränkt zu sein, Mord, Mißhandlungen, oder Deportation zur Sklavenarbeit oder für irgendeinen anderen Zweck, von Angehörigen der Zivilbevölkerung von oder in besetzten Gebieten, Mord oder Mißhandlungen von Kriegsgefangenen oder Personen auf hoher See, Töten von Geiseln, Plünderung öffentlichen oder privaten Eigentums, die mutwillige Zerstörung von Städten, Märkten oder Dörfern oder jede durch militärische Notwendigkeit nicht gerechtfertigte Verwüstung;
> (c) VERBRECHEN GEGEN DIE MENSCHLICHKEIT: Nämlich: Mord, Ausrottung, Versklavung, Deportation oder andere unmenschliche Handlungen, begangen an irgendeiner Zivilbevölkerung vor oder während des Krieges, Verfolgung aus politischen, rassischen oder religiösen Gründen, begangen in Ausführung eines Verbrechens oder in Verbindung mit einem Verbrechen, für das der Gerichtshof zuständig ist, und zwar

353 Vgl. ebd.
354 Vgl. IMT, Bd. 1, Anklageschrift, S. 48.
355 AD-NUOI 1944–1959/86: De Menthon, Bericht Nr. 5, 6. Oktober 1945.

> unabhängig davon, ob die Handlung gegen das Recht des Landes verstieß, in dem sie begangen wurde, oder nicht.“[356]

Wenn auch die Erläuterungen zu den beiden Anklagepunkten inhaltlich große Schnittmengen aufwiesen und sich mitunter auf Vergehen desselben Typs wie Morde und andere Gewaltverbrechen bezogen, so waren doch die ihnen zugrunde liegenden Überlegungen höchst unterschiedlicher Natur. Die Definition, die das Londoner Statut von den Kriegsverbrechen vornahm, stand in einer langen Tradition des humanitären Völkerrechts, das sich seit dem 19. Jahrhundert in einem langsamen Kodifizierungsprozess in den zwischenstaatlichen Beziehungen herausgebildet hatte. Als „Verletzungen der Kriegsgesetze oder -gebräuche“ wurden demnach Verstöße gegen internationale Vereinbarungen angesehen, die die Staaten untereinander abgeschlossen hatten. Bei diesen Vereinbarungen handelte es sich in erster Linie um die Haager Landkriegsordnung von 1907, die die zulässigen Methoden in der Art und Weise der Kriegsführung regelte.[357] Morde an Kriegsgefangenen beispielsweise waren nach dem Wortlaut des Haager Abkommens ebenso Verstöße gegen das Kriegsrecht wie die Deportation von Zivilisten zur Zwangsarbeit oder die Ausplünderung besetzter Gebiete. Hinzu kamen die beiden Genfer Konventionen von 1929, die Regelungen zur Versorgung von Verwundeten und zur Behandlung von Kriegsgefangenen zum Gegenstand hatten.[358] Auf „diese beiden internationalen Regelwerke“[359] konnten de Menthon und seine Mitarbeiter nun in jedem Fall Bezug nehmen und ihre Anklage wegen Kriegsverbrechen auf dem positiven Fundament der Vertragswerke entwickeln.

Grundverschieden war die Ausgangslage im Fall des anderen Anklagepunktes, für den die Franzosen zuständig waren. Bei diesem handelte es sich um eine juristische Neuschöpfung, zu der es auf der Londoner Konferenz gekommen war. Inhaltliche Vorarbeit hatte hierzu zwar die UNWCC in London geleistet und unter anderem die Bezeichnung des neuen Straftatbestandes als „Verbrechen gegen die

---

356 IMT, Bd. 1, Statut für den Internationalen Militärgerichtshof, Art. 6, S. 11 f.

357 Auf der ersten Friedenskonferenz in Den Haag wurde die Haager Landkriegsordnung 1899 in ihrer ursprünglichen Fassung unterzeichnet. Eine erneute Unterzeichnung einer leicht abgeänderten Fassung erfolgte 1907 im Rahmen einer Nachfolgekonferenz; vgl. Abkommen betreffend die Gesetze und Gebräuche des Landkriegs vom 18. Oktober 1907, in: Reichsministerium des Innern, Reichs-Gesetzblatt 1910, S. 107–151.

358 Bei der 1929 unterzeichneten Genfer Konvention zur Verbesserung des Loses der Verwundeten und Kranken der bewaffneten Kräfte im Felde handelte es sich um eine überarbeitete Fassung der Konvention von 1906, die ihrerseits die erste Fassung des Abkommens von 1864 ersetzte hatte. Hinzu kam das 1929 neu ausgehandelte Genfer Abkommen über die Behandlung der Kriegsgefangenen, das die Bestimmungen der Haager Landkriegsordnung ergänzte, vgl. Kolb, Law, S. 11 f.; Gasser/Melzer, Völkerrecht, S. 51 f.

359 Herzog, Échec, S. 37.

Menschlichkeit“ geprägt.[360] Nichtsdestotrotz kam dieser als Anklagepunkt in einem Prozess erstmals in Nürnberg zur Anwendung. „Endlich findet hier ein bis heute völlig unbekanntes Verbrechen seine Aburteilung, nämlich das Verbrechen gegen die Menschlichkeit,“[361] jubelte daher der rumänische Jurist Eugène Aroneanu, einer der Vordenker der Konzeption. Anders als bei den Kriegsverbrechen war es in diesem Fall also unmöglich, auf geschriebenes internationales Recht zu verweisen oder sich an historischen Präzedenzfällen zu orientieren. Der Ausformulierung des Anklagepunktes lagen vielmehr universalrechtliche Vorstellungen zugrunde, nach denen Zivilisation und Fortschritt für die Menschheit allgemein gültige Rechtsprinzipien hervorbrachten.[362] Dinge wie Mord, die Ausrottung ganzer Bevölkerungsgruppen oder deren Versklavung, die nach dem Gesetz jedes modernen Staates der Erde als Verbrechen galten, waren dadurch als solche auch vor dem Völkerrecht anzusehen. In der Anklageschrift war daher die Rede von Verletzungen der „allgemeinen Grundsätze des Strafrechts [...], wie sie sich aus dem Strafrecht sämtlicher zivilisierter Nationen herleiten.“[363] Gleichwohl war bei allen Beteiligten die Unsicherheit groß, wie mit dieser neuen Kategorie umzugehen war, und in den vier alliierten Delegationen setzten bald Diskussionen über deren praktische Anwendung ein. Das galt insbesondere für die französische Seite, wo diese Frage im Zuge der Prozessvorbereitung schnell in den Mittelpunkt des Interesses rückte.

De Menthons Mitarbeiter versuchten zunächst, eine klare inhaltliche Abgrenzung zwischen den beiden Anklagepunkten vorzunehmen. Waren das Massaker von Oradour-sur-Glane, die Sprengung des Hafenviertels von Marseille oder die Ermordung deportierter Juden in Auschwitz als Kriegsverbrechen oder als Verbrechen gegen die Menschlichkeit zu werten? Von den Antworten auf solche Fragen hing der juristische Aufbau der französischen Anklage ab, aber bei den beteiligten Juristen herrschte hier erst einmal Ratlosigkeit. In einer Denkschrift, die für seine Landsleute bestimmt war, nahm sich de Menthons Stellvertreter Charles Dubost des Problems an.[364] Als dessen Kern machte er in seiner Argumentation den besonderen Charakter der NS-Verbrechen aus. Es ginge nicht um einen gewöhnlichen Krieg, in dem Verstöße gegen internationale Verträge und Abkommen über die Art der Kriegsführung begangen wurden, sondern: „Das ist ein Krieg mit etwas Zusätzlichem und dieses

---

360 Vgl. Fabréguet, Commission, S. 525 ff.; auch Schwelb, Humanity, S. 125 ff. Zur Evolution des Konzepts der Verbrechen gegen die Menschlichkeit vgl. Bassiouni, Crimes, S. 86–111.

361 Aroneanu, Verbrechen, S. 5.

362 Vgl. Geras, Humanity, S. 1 ff.

363 IMT, Bd. 1, Anklageschrift, S. 71; allerdings wird in der Anklageschrift dieselbe Formulierung auch für die Definition von Kriegsverbrechen verwendet. Auch hieran ist ersichtlich, wie unklar die Abgrenzung beider Anklagepunkte zum damaligen Zeitpunkt selbst für die Verfasser der Anklageschrift war.

364 Vgl. FNSP-CD/03: Crimes de guerre, crimes contre l’humanité. Distinction de ces deux crimes, 3 Seiten, undatiert.

Zusätzliche, das sind genau die Verbrechen gegen die Menschlichkeit.“[365] Die Deutschen hätten die unmenschlichsten Verbrechen begangen, nicht um ein militärisches Ziel zu erreichen, sondern um einen politischen, wirtschaftlichen und weltanschaulichen Plan zu verwirklichen. Ganz unabhängig von allen militärischen Operationen hätten sie daher massive Verbrechen verübt, so seine Argumentation.[366] Unter Dubosts Kollegen tendierten einige allem Anschein nach dazu, der Einfachheit halber eine rein zeitliche Abgrenzung vorzunehmen: Nach dieser Lesart waren Deportationen, Massenmord, Verfolgung und Ausplünderung, soweit sie sich vor Kriegsbeginn im September 1939 ereigneten, als Verbrechen gegen die Menschlichkeit anzusehen und danach als Kriegsverbrechen. Dubost wandte sich in seiner Denkschrift gegen eine solch simple Unterscheidung, da sie seiner Meinung nach der Absicht und den Motiven hinter den Verbrechen nicht gerecht wurde.[367] Stattdessen machte er folgenden Vorschlag:

> „Nennen wir Kriegsverbrechen all die Taten, die sich im Wesentlichen aus dem Krieg ableiten, in welcher Form auch immer, und Verbrechen gegen die Menschlichkeit all die Taten, die begangen wurden, um die Ausführung eines politischen, philosophischen oder religiösen Plans oder Komplotts zu gewährleisten.“[368]

Allerdings hatte Dubost auch einige grundsätzliche Bedenken gegen die Konzeption des Anklagepunktes Verbrechen gegen die Menschlichkeit an sich.[369] Dessen zwei Hauptcharakteristika sah er darin, dass hinter den Taten die verbrecherische Politik eines Staates stand und dass die Opferzahlen maßlos waren. Beides änderte für ihn jedoch nichts daran, dass es sich bei Vergehen wie Mord, Misshandlung, Deportierung und Plünderung um gewöhnliche Rechtsverstöße handelte. Diese könne man nun in den vorliegenden Fällen wahlweise als „crimes contre l'humanité“, „crimes contre la condition humaine“, „crimes contre la personne humaine“ oder Genozid bezeichnen, für ihre strafrechtliche Bedeutung seien solche Kategorisierungen jedoch nicht weiter von Belang, so Dubost.[370] Zudem wies er auf eine Gefahr der Konzeption hin, die er in der rückwirkenden Anwendung sah. Nach seiner Auffassung war es juristisch angreifbar, den erst durch das Londoner Statut verbindlich definierten Straftatbestand Verbrechen gegen die Menschlichkeit auf Taten anzuwenden, die sich in den Jahren vor der Unterzeichnung des Statuts ereignet hatten.[371]

Aus diesem Grund stellte Dubost die Frage, ob es nicht sinnvoller sei, für eine Weiterentwicklung des Völkerstrafrechts erst die Grundlagen zu schaffen: „Es wird die Aufgabe der Generationen sein, die unseren Kampf für den Frieden fortführen

365 Ebd. S. 1.
366 Vgl. ebd.
367 Vgl. ebd., S. 2.
368 Ebd., S. 3.
369 Vgl. FNSP-CD/03: „Je ne crois pas que la notion de crime contre l'humanité [...]“ (ohne Titel), 3 Seiten, undatiert.
370 Vgl. ebd., S. 2.
371 Vgl. ebd., S. 2 f.

werden, sich dieser Sache anzunehmen.“[372] Andere Mitglieder des französischen Anklagestabes teilten derartige Bedenken nicht und zeigten sich sehr viel aufgeschlossener. Unter den Redakteuren der Anklageschrift war vor allem Jacques-Bernard Herzog ein Verfechter einer konsequenten Anwendung des Anklagepunktes. Er bedauerte ausdrücklich, dass die Londoner Delegierten diesen an die übrigen Anklagepunkte gekoppelt hatten. Das bedeutete, dass nach dem Wortlaut des Londoner Statuts Verbrechen gegen die Menschlichkeit nur dort in die Zuständigkeit des IMT fielen, wo sie in Verbindung mit Verbrechen gegen den Frieden oder mit Kriegsverbrechen begangen worden waren.[373] Aus diesem Grund klagte Herzog später: „Die Mitarbeit der französischen Delegation bei der Abfassung der Anklageschrift [...] wurde allerdings beeinträchtigt durch die Unmöglichkeit, Konzeptionen durchzusetzen, die das Statut vom 8. August 1945 nicht zuließ.“[374]

Tatsächlich existierte bei den französischen Juristen eine bemerkenswerte Bereitschaft, eine solche neue Konzeption zu entwickeln und dem Anklagepunkt eine eigene Deutung zu geben. Bereits an den Begrifflichkeiten wird dies deutlich: Die bereits in Dubosts Denkschrift erwähnte Bezeichnung „crime contre la condition humaine“ sollte sich in der französischen Delegation bald durchsetzen und als solche Eingang in den Anklagevortrag finden. Verantwortlich hierfür war in erster Linie der spätere französische Ministerpräsident Edgar Faure, der als junger Politiker einige Wochen nach Prozessbeginn zum französischen Anklageteam hinzustieß und den entsprechenden Teil der Anklage ausarbeitete. Für Faure bestand ein solches Verbrechen in der Negierung der Menschenrechte durch die Besatzer in Westeuropa in ihren unterschiedlichsten Formen.[375] Gleiches besagte dem Inhalt nach die von den Franzosen ebenfalls verwendete Formel „Germanisierung besetzter Gebiete“, die die dahinter stehenden Überlegungen zweifellos deutlicher erkennen lässt. In ihrer

---

372 Ebd., S. 3. Im Laufe des Prozesses nahm Dubost offenkundig Abstand von seinen anfänglichen Bedenken. Jedenfalls kritisierte er am Ende den zurückhaltenden Umgang des Gerichts mit dem Anklagepunkt Verbrechen gegen die Menschlichkeit; vgl. Kapitel 4.6.

373 Dies besagte der Passus „begangen in Ausführung eines Verbrechens oder in Verbindung mit einem Verbrechen, für das der Gerichtshof zuständig ist“, den die Delegierten an der entsprechenden Stelle in das Londoner Statut mitaufgenommen hatten; vgl. IMT, Bd. 1, Statut für den internationalen Militärgerichtshof, Art. 6, S. 12. Wie wichtig diese Einschränkung den Beteiligten war, zeigt der „Komma-Streit“, der sich nach der Unterzeichnung des Statuts an der Formulierung entzündete: Die sowjetische Delegation setzte nachträglich durch, dass in der englischen und französischen Fassung des Statuts ein Semikolon in der vorangegangenen Aufzählung durch ein Komma ersetzt wurde und sich der Zusatz so unmissverständlich auf den gesamten Absatz bezog; vgl. Bassiouni, Crimes, S. 121–124; Huhle, Umgang, S. 3.

374 Herzog, Échec, S. 97.

375 Vgl. Faure, Mémoires, Bd. 2, S. 30 f.

Argumentation knüpften sie hier an die Thesen des polnischen Juristen Raphael Lemkin an, ohne sich allerdings ausdrücklich auf ihn zu beziehen.

Lemkin, der heute als Schöpfer des Begriffs Völkermord bzw. Genozid gilt, hatte 1944 in den USA seine Schrift „Axis Rule in Occupied Europe“ veröffentlicht.[376] Darin argumentierte er, während des Zweiten Weltkrieges hätten die deutschen Besatzer es sich zum Ziel gesetzt, die kulturelle und nationale Identität der einheimischen Bevölkerungen zu vernichten und ihnen stattdessen die eigenen Normen aufzuzwingen. Hierfür verwendete Lemkin die Bezeichnung Völkermord, die er als „neuen Begriff und neue Konzeption für die Vernichtung von Nationen“[377] verstanden wissen wollte. Lemkin bezog sich also keineswegs ausschließlich auf die physische Vernichtung der Juden und anderer verfolgter Gruppen, sondern auf das Vorgehen der Besatzer auf sämtlichen Ebenen, das von Land zu Land freilich große Unterschiede aufwies. Als eines von zahlreichen Beispielen für „die deutsche Genozidsphilosophie“[378] führte er in seiner Schrift die Besatzungspolitik in Elsass-Lothringen an, die von diskriminierenden Bestimmungen wie dem Verbot der französischen Sprache bis hin zur Deportation eines Teils der französischen Bevölkerung reichte, der durch Deutsche ersetzt werden sollte.[379] Eben dieses Deutungsmodell griffen de Menthons Mitarbeiter auf und übernahmen es in den Anklagevortrag, den sie nun vorbereiteten und in dem der Fall Elsass-Lothringen breiten Raum einnehmen sollte. Überhaupt war der Einfluss Lemkins, der zeitweise als Berater der amerikanischen Anklagebehörde fungierte und mehrfach persönlich nach Nürnberg reiste, auch auf die Arbeit der französischen Juristen erheblich.[380] Lemkin hatte nicht nur bereits im Sommer 1945 ein Exemplar seines Buches an seinen alten Freund Henri Donnedieu de Vabres, der kurz darauf als Vertreter Frankreichs innerhalb des Richterkollegiums des IMT nominiert wurde, geschickt und von diesem postwendend Glückwünsche „für die Stichhaltigkeit seines neu geschaffenen Begriffes Genozid“[381] erhalten. Auch die französischen Ankläger sollten in ihren Darlegungen vor dem IMT von seiner neuen Wortschöpfung Gebrauch machen und den deutschen Genozid anprangern.[382]

Nichtsdestotrotz stieß die Diskussion um die inhaltliche Fassung der Anklage im Zuge der weiteren Vorbereitungen auch an ihre Grenzen. Als juristische Kategorie waren die Verbrechen gegen die Menschlichkeit in Nürnberg noch keine feste Größe. Juristen aller beteiligten Länder hatten Bedenken im Umgang mit dem neuen Straftatbestand, die sie mehr oder weniger deutlich artikulierten. Bei einem

376 Vgl. Lemkin, Rule.
377 Ebd., S. 79.
378 Ebd., S. 173.
379 Vgl. Huhle, Shawcross, S. 348–351.
380 Zu Lemkins Rolle vor und während des Hauptkriegsverbrecherprozesses vgl. Cooper, Lemkin, S. 62–75; auch Barrett, Lemkin.
381 Cooper, Lemkin, S. 70.
382 Unter den französischen Anklägern verwendeten Charles Dubost und Auguste Champetier de Ribes in ihren Plädoyers vor dem IMT den Terminus „Genozid“; vgl. IMT, 29. Juli 1946, Bd. 19, S. 596, S. 617, 619, 630 und 632.

Treffen mit den Anklagevertretern der anderen Delegationen stellten Dubost und Herzog beispielsweise die Frage, was denn nun genau unter den Verbrechen gegen die Menschlichkeit zu verstehen sei, erhielten jedoch nur reichlich schwammige Antworten.[383] Fyfe etwa erwiderte, man könne als Kriterium wahlweise entweder den besonders abscheulichen Charakter der Verbrechen heranziehen oder auch die Zugehörigkeit der Opfer zu einer bestimmten Gruppe. Manch einem erschienen weitere Erörterungen deswegen bald unzweckmäßig und vor allem de Menthon machte deutlich, dass er wenig Verständnis für die Diskussionen hatte. Seine Mitarbeiter wies der Chefankläger ausdrücklich an, in ihrer knapp bemessenen Zeit keine nutzlosen Überlegungen akademischer Natur anzustellen.[384] Vielmehr sollten sie sich auf die Fakten konzentrieren und sich darauf beschränken, diese für den Anklagevortrag zusammenzutragen und Belege in Form von Beweismitteln zu suchen. Wie die thematisierten Verbrechen dann einzuordnen seien, könne man zu einem späteren Zeitpunkt erörtern, so de Menthon. Von der Debatte um die Verbrechen gegen die Menschlichkeit sichtlich genervt, fand er dabei deutliche Worte: „Ich will nichts mehr darüber hören [...]. Jeder soll die anstehenden Arbeiten erledigen und unsere zu knapp bemessene Zeit nicht mit Fragen verschwenden, die sich im Moment nicht stellen.“[385]

Die Suche nach Beweismitteln

Unabhängig vom juristischen Aufbau mussten die Franzosen ihrer Anklage in der Tat erst einmal ein solides inhaltliches Fundament verleihen, wollten sie im Prozess gegen die deutschen Hauptkriegsverbrecher überzeugen. De Menthon gab offen zu, dass man aufgrund der Nachlässigkeiten des Justizministeriums im Vergleich zu den anderen Delegationen eine etwa zweimonatige Verspätung aufzuholen habe.[386]

In den ersten Ergebnissen, die seine Mitarbeiter präsentierten, waren die Schwierigkeiten nicht zu übersehen, die Zeitdruck und Improvisation mit sich brachten. Der französische Teil der Anklageschrift bestand zu einem erheblichen Teil aus allgemein gehaltenen Formulierungen wie: „Zahlreiche mit Knochen gefüllte Gruben legen Zeugnis ab von ungezählten Morden.“[387] Oder: „In Frankreich wurden Geiseln einzeln oder zusammen hingerichtet; solche Hinrichtungen fanden in allen größeren Städten Frankreichs statt.“[388] Dass eine Verurteilung der führenden Nationalsozialisten mit solchen Allgemeinplätzen nicht zu erreichen

---

383 Vgl. FNSP-CD/05: Dubost u. Herzog an de Menthon, 7. November 1945.
384 Vgl. FNSP-CD/06: De Menthon, Crimes de guerre, crimes contre l'humanité, undatiert (noch vor Prozessbeginn verfasst).
385 Ebd.
386 Vgl. AD-NUOI 1944–1959/86: De Menthon, Bericht Nr. 5, 6. Oktober 1945.
387 IMT, Bd. 1, Anklageschrift, S. 50.
388 Ebd., S. 59.

war, lag auf der Hand.[389] Was die Ankläger benötigten, waren vielmehr konkrete Fakten, also Beweismittel, die ihre Vorwürfe belegten. Diese aber waren rar gesät und in de Menthons Stab setzte nun eine händeringende Suche nach geeignetem Material ein. Die französische Vertretung in der UNWCC unter André Gros verfügte kaum über brauchbare Dokumente, die sie zur Verfügung stellen konnte, und beschränkte sich überhaupt in der Folge darauf, den Prozess von London aus zu beobachten.[390] Die Ankläger konnten darüber hinaus auf keinerlei Ressourcen einer bereits etablierten Behörde zurückgreifen. Da sich in Paris in der entscheidenden Phase der Verhandlungen niemand zuständig gefühlt hatte, hatte auch niemand im Vorfeld eine Sammlung von verwertbaren Dokumenten anlegen lassen. Auch hatten die Appelle des Justizministeriums an die anderen Ressorts, bei der Vorbereitung des Prozesses behilflich zu sein, nur geringe Resonanz gefunden. De Menthons Mitarbeiter stellten diese Versäumnisse daher vor enorme Schwierigkeiten, als sie seit der zweiten Septemberhälfte nach und nach in Nürnberg eintrafen und mit der Ausarbeitung des französischen Anklagevortrages begannen.

Drei Wochen nach seiner Ankunft zog Charles Dubost eine vorläufige Bilanz, die verheerend ausfiel. In einem Schreiben an de Menthon erklärte er, er fühle sich wie ein Staatsanwalt, der eine von einem schlechten Untersuchungsrichter schlecht bearbeitete Akte vor sich habe, in der im Prinzip alles fehle.[391] Man hätte die Zeugen nicht angehört, die Beweismittel seien lückenhaft zusammengestellt und nichts ernsthaft untersucht worden, fuhr Dubost mit seinem Vergleich fort. Die Berichte der anderen Ministerien seien „das Werk von oberflächlich arbeitenden Amateuren, die nichts von dem verstanden haben, was von ihnen verlangt wird, und die ihre Arbeit mit schuldhaftem Leichtsinn erledigt haben.“[392] Dokumente des Wirtschafts- oder des Gefangenen- und Deportiertenministeriums beispielsweise hätten sich als gänzlich unbrauchbar erwiesen. Wenn er dann einmal ein verwertbares Beweisstück vorliegen habe, stelle sich häufig heraus, dass es sich lediglich um eine nicht beglaubigte Kopie handele, die für die Arbeit in Nürnberg wertlos sei. Angesichts dieser unhaltbaren Situation schien Dubost der Verzweiflung nahe und wies eindringlich darauf hin, dass der Beginn des Prozesses immer näher rückte. Den einzigen Ausweg sah er in einer engen Zusammenarbeit mit einer anderen Dienststelle, die auch unter dem Dach des Justizministeriums angesiedelt war und unter Umständen aushelfen konnte.[393] Gemeint war der *Service de recherche des crimes de guerre ennemis* (SRCGE). Seit seiner Einrichtung im Oktober 1944 hatte sich dieser zu einer rund 300 Mitarbeiter umfassenden Behörde entwickelt, die Zweigstellen in allen Teilen Frankreichs unterhielt und

---

389 Die Anklageschrift enthielt allerdings bereits eine Reihe konkreter Zahlen zur wirtschaftlichen Ausplünderung Frankreichs; vgl. ebd., S. 61 f.

390 Zur Beobachtung des Prozesses durch die französische Delegation innerhalb der UNWCC vgl. AD-NUOI 1944–1959/88: Gros an das Secrétariat des Conférences, 8. April 1946.

391 Vgl. FNSP-CD/05: Dubost an de Menthon, 12. November 1945.

392 Ebd.

393 Vgl. ebd.

Informationen über deutsche Gewaltverbrechen während des Kriegs sammelte.[394] Die Erkenntnisse, die so zustande kamen, waren eigentlich für Verfahren gegen deutsche Kriegsverbrecher vor französischen Gerichten gedacht, konnten aber selbstverständlich auch für den Prozess vor dem IMT verwendet werden. Auf die Initiative Dubosts hin entwickelte sich im Herbst 1945 ein enger Kontakt zu den Nürnberger Anklägern, die erleichtert auf die Unterlagen des SRCGE zurückgriffen.[395]

Unter den zahlreichen Dokumenten, die so ihren Weg in deren Beweismittelsammlung fanden, war das wohl wichtigste eine Aufstellung über die Geiselerschießungen unter deutscher Besatzung.[396] Für den französischen Anklagevortrag in Nürnberg wurde sie zu einem der zentralen Beweisdokumente. Aber auch die übrigen Erkenntnisse des SRCGE erwiesen sich als eine wertvolle Quelle bei der Dokumentation aller Gewaltverbrechen und nicht zuletzt ermöglichten personelle Kontinuitäten eine reibungslose Zusammenarbeit. Als Mitarbeiterin des SRCGE hatte beispielsweise die Juristin Aline Chalufour im August 1945 eine Aussage des spanischen KZ-Überlebenden Francisco Boix aufgenommen.[397] Das Protokoll der Anhörung wurde nun in die Beweismittelsammlung der Nürnberger Delegation übernommen, zu der Chalufour inzwischen zählte, und Boix selbst sagte während des Prozesses gegen die Hauptkriegsverbrecher als Zeuge aus.

Die Bemühungen der Ankläger bei der Suche nach Beweismaterial beschränkten sich unterdessen nicht nur auf den SRCGE. In den folgenden Wochen traten die Juristen an weitere Dienststellen und Behörden heran, von denen sie im Anschluss wiederholt Unterstützung erfuhren.[398] Insbesondere erneute Kontaktaufnahmen zu anderen Ministerien sollten sich dabei auszahlen: Der Informationsdienst für Kriegsverbrechen, den das Informationsministerium eingerichtete hatte, stellte seine Bestände zur Verfügung. Darunter befand sich die Dokumentation „Camps de concentration“, für die man 100 KZ-Überlebende über ihre Erlebnisse befragt hatte.[399] Die Schilderungen wurden nach thematischen Gesichtspunkten geordnet und in einer Übersicht zusammengestellt. So entstand eine erschütternde Gesamtschau der Funktionsweise des deutschen KZ-Systems. Die Dokumentation wurde daher nicht nur von der IMT-Delegation als Beweismittel verwendet, sondern auch bald

---

394 Vgl. Eintrag von Mady, Archives, S. 116–129; auch Moisel, Kriegsverbrecher, S. 71–82.

395 Vgl. AN-BB 30/1796; dieser Teilbestand der Serie BB 30 beinhaltet fast ausschließlich die Korrespondenz zwischen dem SRCGE und der französischen Delegation beim IMT.

396 Vgl. AN-BB 30/1796: Le Directeur du service de recherche des crimes de guerre à M. le Procureur général près le Tribunal Militaire International, 21. Dezember 1945.

397 Vgl. FNSP-CD/08: Protokoll der Anhörung, 1. August 1945.

398 Vgl. Redeskript Delphin Debenests, gehalten am 3. Juni 1946 in Poitiers, in: Tantin, Debenest, S. 290 f.

399 Die Dokumentation wurde kurz darauf auch veröffentlicht; vgl. Service d'information des crimes de guerre, Camps.

darauf in deutscher Übersetzung in der französischen Besatzungszone verbreitet.[400] Auch am Quai d'Orsay zeigte man sich kooperativ und beantwortete immer wieder Anfragen der Nürnberger Delegation zu bestimmten Sachverhalten und übersandte einzelne Dokumente aus den Beständen des Außenministeriums.[401] Daneben assistierten den Anklägern auch mehrere nicht staatliche Stellen: Zu diesen gehörten vor allem die großen Deportiertenverbände des Landes, allen voran die *Fédération nationale des déportés et internés résistants et patriotes* (FNDIRP).[402] Diese Vereinigungen, die sich nach der Rückkehr der Verschleppten gebildet hatten, unterstützten das Nürnberger Anklageteam allerdings nicht nur aus uneigennützigen Motiven, sondern auch, weil sie den Prozess als öffentliche Plattform im Interesse ihrer Mitglieder zu nutzen gedachten. Eine ganze Reihe von Zeugen, die die Anklagebehörde während des Prozesses in Nürnberg aufrief und zu ihren Erlebnissen in deutscher KZ-Haft befragte, wurden ihr jedenfalls von dieser Seite vermittelt. Um die wirtschaftliche Ausplünderung Frankreichs dokumentieren zu können, wandten sich die Juristen zudem an betroffene Unternehmen. Im Oktober 1945 erhielten sie beispielsweise von der *Société des forges et des aciéries du Nord et de l'Est* eine Sammlung der Anweisungen, die von der deutschen Militärverwaltung an das Unternehmen ergangen waren.[403] Die Schriftstücke und Berichte, die so zusammenkamen, hatten jedoch alle eine Gemeinsamkeit: Es handelte sich um Beweismittel, die sich auf die Opferseite konzentrierten. Für die Beweisführung der französischen Anklage war das eine unübersehbare Schwachstelle. Denn man konnte so zwar belegen, wie viele Zivilisten in dieser Stadt massakriert und wie viele Zwangsarbeiter aus jenem Ort verschleppt worden waren. Das Material sagte aber nichts über die Befehlsstruktur und die Entscheidungsabläufe auf deutscher Seite aus. Aber gerade hierfür brauchte man Belege, wenn man das Maß an individueller Schuld eines Hermann Göring oder eines Albert Speer an einem bestimmten Verbrechen nachweisen wollte.

Für de Menthon und seine Mitarbeiter rächte sich nun, dass die Regierung in Paris nicht gezielt nach deutschen Archiven hatte fahnden lassen. Eine systematische Suche, wie sie Amerikaner und Briten hinter den vorrückenden Truppen durchführten, um auswertbares Schriftgut aus dem Inneren des NS-Staates in ihre Gewalt zu bringen, war auf französischer Seite in der letzten Kriegsphase praktisch gänzlich ausgeblieben.[404] Hierzu hatten der provisorischen Regierung einfach die Ressourcen gefehlt. Es war nicht einmal gelungen, die Archive der deutschen Dienststellen in Frankreich von staatlicher Seite beschlagnahmen und auswerten zu lassen. Ein koordiniertes

---

400 Vgl. auch die später durch den Verlag Zweitausendeins veröffentlichte deutsche Ausgabe: Vgl. Büro des Informationsdienstes über Kriegsverbrechen, Dokument F321.

401 Vgl. zum Beispiel AD-NUOI 1944–1959/86: Telegramm: Documents demandés par le Tribunal international pour les grands criminels de guerre, 12. Oktober 1945.

402 Zur Geschichte der FNDIRP vgl. Wolikow, FNDIRP.

403 Vgl. AN-BB 35/01: Übergabeprotokoll: Tribunal Militaire International, République Française. Au nom du peuple français, 12. Oktober 1945.

404 Vgl. Taylor, Prozesse, S. 69 f.

Zusammentragen der von den Deutschen zurückgelassenen Akten war im Anschluss an die Befreiung durch das Fehlen einer Zentralgewalt im Chaos der *épuration sauvage* ausgeblieben. Die Nürnberger Ankläger waren hier deswegen auf die Hilfe ihrer angelsächsischen Verbündeten angewiesen, die mittlerweile über unzählige Schriftstücke der Täterseite verfügten. Der Oberleutnant Elie Doubinsky begab sich im Oktober 1945 im Auftrag des Anklagestabes nach Wiesbaden, um dort die Archive der *War Crimes Branch* der US-Streitkräfte zu durchforsten.[405] Hier hatten die Amerikaner ihre wichtigsten Funde zusammengeführt, weshalb auch Jacksons Behörde auf die Wiesbadener Sammlung zurückgriff. Im Abstand von wenigen Tagen erstattete Doubinsky seinen Landsleuten in Nürnberg in der Folge regelmäßig Bericht und stockte deren Beweismittelsammlung um eine Reihe von Dokumenten auf. Beispielsweise stieß er in Wiesbaden auf einen Erlass vom Dezember 1941, der die Unterschrift Wilhelm Keitels trug.[406] Danach waren Personen, die man verdächtigte, an Widerstandshandlungen beteiligt gewesen zu sein, nach Deutschland zu verschleppen und ihren Angehörigen jede Auskunft über das Schicksal der Verhafteten zu verweigern. Während des Prozesses sollte dieses Dokument als „Nacht-und-Nebel-Erlass“ bekannt werden.[407] Andere Mitglieder des Anklagestabes reisten mehrfach nach Berlin, wo man ihnen im *Ministerial Collecting Center* der amerikanischen Besatzungsbehörde ebenfalls Dokumente als Beweismittel für den Hauptkriegsverbrecherprozess aushändigte.[408] Auch in Nürnberg gab es schließlich einen ständigen Austausch zwischen den Alliierten. Im Justizgebäude hatten die amerikanischen Behörden einen „Dokumentenraum“ eingerichtet, in dem auch die Franzosen ein- und ausgingen.[409] Vor diesem Hintergrund blieb die Suche nach Beweismaterial nicht nur auf die Vorbereitungsphase beschränkt, sondern setzte sich auch über den Beginn des Prozesses hinaus fort und eine erhebliche Zahl an Beweisdokumenten gelangte in die Hände der französischen Ankläger erst, als ihre angelsächsischen Kollegen bereits vor dem IMT das Wort führten.

In der Weihnachtspause 1945/46 tat sich für die Franzosen außerdem eine Quelle auf, die sie im großen Stil mit „Täterdokumenten“ versorgte. Bei den beteiligten Juristen herrschte zu diesem Zeitpunkt allgemeine Nervosität, da man ihrer Delegation bald das Wort vor dem IMT erteilen würde. Henri Monneray, ein weiteres Mitglied des Anklageteams um de Menthon und Dubost, nutzte einen kurzen Aufenthalt in Paris, um Kontakt zu einem ihm bis dahin unbekannten Herrn Schneersohn aufzunehmen, der dem Hinweis eines Bekannten zufolge interessante Dokumente für die Delegation besaß.[410] Es stellte sich heraus, dass Isaac Schneersohn der Direktor

405 Vgl. AN-BB 30/1796: Berichte Doubinskys vom 1., 3., 5., 8., 13., 17. u. 22. Oktober 1945; zu Doubinsky vgl. AN-19970410/1: Dossier: Doubinsky, Elie.
406 Vgl. AN-BB 30/1796: Doubinsky, Bericht Nr. 3, 5. Oktober 1945.
407 Zum Nacht-und-Nebel-Erlass vgl. Gruchmann, Justiz.
408 Vgl. zum Beispiel AN-BB 35/01: Procès-Verbal, 28. Juni 1946.
409 Vgl. Taylor, Prozesse, S. 175.
410 Vgl. CDJC-MDXXXV/23: Monneray, undatiertes Redeskript (Discours sur la persécution des Juifs telle qu’elle a été révélée par les Procès de Nuremberg), S. 8 f.

des *Centre de documentation juive contemporaine* (CDJC) war – einer jüdischen Einrichtung, die bereits im Krieg in der Illegalität Beweise für die von den Deutschen verübten Verbrechen an Juden gesammelt hatte.[411] Vor allem aber hatte die weitverzweigte Organisation nach der Befreiung in allen Teilen Frankreichs gezielt nach von den Deutschen zurückgelassenen Schriftstücken gesucht und diese sichergestellt. Als Monneray zusammen mit seinem Kollegen Edgar Faure den Direktor in seinem Büro aufsuchte, zeigte dieser ihnen Dokumente aus den Archiven des SD, der Deutschen Botschaft, der Propagandastaffel in Frankreich sowie etlicher Dienststellen des Vichy-Regimes. Dankend nahmen die beiden Ankläger Schneersohns Einladung an, sich in der Sammlung seines Hauses zu bedienen und von den Schriftstücken in Nürnberg Gebrauch zu machen. Aus dieser ersten Begegnung entwickelte sich schnell eine enge Zusammenarbeit. Bei der Vorbereitung seines Falles wertete Faure in den folgenden Wochen über ganze Nachmittage hinweg die Mikrofilme aus, die das CDJC von seinen Beständen angefertigt hatte.[412] Im Gegenzug reisten zwei Mitarbeiter des CDJC – Léon Poliakov und Joseph Billig – als Berater der Delegation mit nach Nürnberg und hatten dort die Gelegenheit, eigene Kontakte zu den anderen alliierten Anklagebehörden zu knüpfen.[413]

Am Ende stammte eine ganze Reihe von den französischen Beweisdokumenten aus den Archiven des CDJC und nach Monnerays späterer Einschätzung fußte hierauf ein bedeutender Teil der Anklage.[414] Trotz der anfänglichen Schwierigkeiten gelang es der französischen Delegation in Nürnberg somit letzten Endes, über die unterschiedlichsten Kanäle eine ansehnliche Sammlung zusammenzutragen: Die Anklagebehörde registrierte insgesamt 1 545 Dokumente, von denen sie im Laufe des Prozesses 647 tatsächlich verwendete und als Beweismittel vorlegte.[415] Für eine Anklage gegen die deutschen Hauptkriegsverbrecher war das zweifellos eine solide Basis.

411 Vgl. Poznanski, Création.
412 Vgl. Faure, Mémoires, Bd. 2, S. 33.
413 Vgl. Poliakov, Mémoires, S. 188–191.
414 Vgl. CDJC-MDXXXV/23: Monneray, Redeskript, S. 12.
415 Vgl. IMT, Dokumentenindex, Bd. 13/14, S. 517–532.

2. Die französische Delegation

2.1 Aufbau und Struktur

Für den Prozess geschaffen

Je weiter die Vorbereitungsarbeiten voranschritten und je näher der Beginn des Prozesses rückte, desto notwendiger wurde es, den organisatorischen Rahmen für die französische Vertretung in Nürnberg zu schaffen. Zwar hatten die Verantwortlichen in Paris die Posten des Chefanklägers und der Mitglieder des Richterkollegiums inzwischen besetzt und die Ernennungen schließlich auch der Öffentlichkeit bekannt gegeben.[416] Aber es lag auf der Hand, dass man wesentlich mehr Personal benötigen würde, um den Verpflichtungen nachkommen zu können, die die Regierung mit der Unterzeichnung des Londoner Abkommens eingegangen war. Für die anstehenden Aufgaben wurde eine Vielzahl von Juristen, Sekretärinnen, Dolmetschern, Übersetzern und Schreibkräften benötigt.

All dem musste darüber hinaus eine organisatorische Struktur verliehen werden und es galt, die Kompetenzen und Zuständigkeiten ebenso wie die Hierarchien und Entscheidungsabläufe festzulegen. Dass das relativ spät und erst unter dem Drängen der Verbündeten geschah, zeigt ein weiteres Mal, wie sehr das Justizministerium die Vorbereitung des Prozesses vernachlässigt hatte und nun den Ereignissen hinterherlief.[417] Am 18. Oktober 1945, zu einem Zeitpunkt, als ein Teil von de Menthons Leuten bereits seit Wochen in Nürnberg war, rief Charles de Gaulle mit einer Verordnung formal eine französische Delegation beim IMT ins Leben und beauftragte sie, die Anklage im Namen des Landes zu vertreten.[418] In einem Dekret, das noch am selben Tag erlassen wurde, legte die provisorische Regierung zudem fest, wie sich die Delegation zusammensetzen und wie sie arbeiten sollte.[419] Diese

---

416 Vgl. JORF, 7. September 1945, S. 5589: Décret du 29 août 1945 portant nomination du délégué du Gouvernement provisoire de la République française au ministère public du tribunal militaire international; JORF, 10. Oktober 1945, S. 6395: Décret du 9 octobre 1945 portant nomination des juges français au tribunal militaire international.

417 In einer internen Note vom 31. August 1945 vermerkte beispielsweise das Außenministerium, die französische Anklagevertretung beim IMT sei als einzige noch nicht gebildet; vgl. AD-NUOI 1944–1959/86: Secrétariat des Conférences, note pour M. Chauvel. Procès de Grands Criminels de guerre, 31. August 1945. Bei seiner Ankunft in Berlin musste auch Robert Falco im Oktober 1945 feststellten, dass die französische Delegation bislang kaum über Personal verfügte und dagegen die Amerikaner bereits eine Vielzahl von Personen für Tätigkeiten beim IMT engagiert hatten; vgl. Falco, Juge, S. 43.

418 Vgl. JORF, 19. Oktober 1945, S. 6652: Ordonnance n° 45–2397 du 18 octobre 1945 instituant une délégation du Gouvernement provisoire de la République française au ministère public du tribunal militaire international.

419 Vgl. JORF, 19. Oktober 1945, S. 6666: Décret n° 45–2415 du 18 octobre 1945 fixant la composition et le fonctionnement de la délégation du Gouvernement provisoire de la République française au ministère public du tribunal militaire international.

Bestimmungen galten jedoch nur für die Anklagevertretung. Die französische Beteiligung am Gerichtshof wurde erst zwei Wochen später durch dasselbe Prozedere geregelt.[420] Auf dem Papier hatte man damit letztendlich Klarheit geschaffen. Anklage und Gericht waren in einer Delegation als offizieller Vertretung des Landes zusammengefasst. Allerdings mussten alle Bestimmungen noch umgesetzt und die Delegation in Nürnberg überhaupt erst einmal eingerichtet werden. Diese Arbeiten zogen sich noch über mehrere Wochen hin. Der größte Unsicherheitsfaktor war außerdem die Zeit: Niemand konnte sagen, wie lange der Prozess in Nürnberg dauern würde. Daher war es ganz ungewiss, wie lange die Bestimmungen in Kraft bleiben würden. Geschaffen wurde die Delegation jedenfalls für die Dauer des Verfahrens vor dem IMT.

Die Struktur, die sich auf Grundlage der in Paris getroffenen Beschlüsse herausbildete, war folgende: An der Spitze der Delegation stand der Delegierte der provisorischen Regierung der französischen Republik (*Délégué du gouvernement provisoire de la République française*), der auch gleichzeitig als Chefankläger fungierte. Dem Chef der Delegation waren zwei gleichrangige Stellvertreter zur Seite gestellt, die an der Leitung beteiligt waren und ebenfalls zu den Sprechern der Anklagevertretung zählten. Zudem führten der Chefankläger und seine Stellvertreter einen Stab von Juristen an, die vor dem IMT den Teil der Anklage vorbrachten, der auf Frankreich entfiel. Für sie arbeitete wiederum eine ganze Reihe von Assistenten, Übersetzern, Dolmetschern, Sekretärinnen und Schreibkräften. Demgegenüber stand die französische Vertretung innerhalb des Gerichtshofes, der zwei Richter, der Gerichtssekretär und deren Mitarbeiter angehörten. Beide Institutionen, Anklagebehörde und Gericht, waren zwar in der Delegation zusammengefasst, arbeiteten aber vollkommen getrennt voneinander. Hinzu kamen zwei Sekretariate, die für die Verwaltungsangelegenheiten zuständig waren und den täglichen administrativen Betrieb führten.[421] Zum einen hatte man hierfür das Generalsekretariat eingerichtet, das Ansprechpartner für alle übrigen französischen Dienststellen und Behörden war. Außerdem unterstand ihm die Dokumentationsabteilung, die die Prozessprotokolle auf Französisch redigierte und vervielfältigte. Zum anderen gab es ein Verwaltungssekretariat, in dessen Zuständigkeit alle Personal- und Ausstattungsfragen fielen. Die Registrierung der Delegationsmitglieder vor Ort, deren Bezahlung und Unterbringung, die Bereitstellung von Arbeitsmaterial, die Beschaffung von Transportmitteln – all das wurde hier erledigt.[422] An der Place Vendôme in Paris bezog die Delegation ein Büro, das als offizielle

420 Vgl. JORF, 5. November 1945, S. 7287 f.: Ordonnance n° 45–2706 du 2 novembre 1945 relative à la délégation française au tribunal militaire international; JORF, 6. November 1945, S. 7319: Décret n° 45–2744 du 2 novembre 1945 fixant la composition et la rémunération de la délégation du Gouvernement provisoire de la République française au tribunal militaire international.

421 Vgl. AN-19970410/1: undatiertes Organigramm (Délégue de la France).

422 Vgl. Nachlass Debenest: Délégation Française au Tribunal Militaire International des Grands Criminels de Guerre, Note de service n° 29, 3. Dezember 1945.

Anschrift und als Anlaufstelle bei der Anwerbung von neuen Mitarbeitern diente.[423] Die überwältigende Mehrheit des Personals von Anklagebehörde, Gerichtssektion und Verwaltung arbeitete aber am Ort des Geschehens, also in Nürnberg.

Personelle Kapazitäten

Um wie viele Personen handelte es sich? Im Laufe der Zeit variierte die Größe der Delegation beträchtlich, da laufend neue Mitarbeiter rekrutiert und alte entlassen wurden. Das macht es schwer, eine einzige, verbindliche Zahl zu nennen.[424] Die Dekrete vom Oktober und November 1945 sahen zusammengerechnet die Schaffung von insgesamt 111 Posten vor – von der einfachen Schreibkraft bis hinauf zum Chefankläger.[425] Allerdings ließen die tatsächlichen Ernennungen in vielen Fällen dann auf sich warten und die vorgesehenen Posten wurden nur schleppend besetzt. De Menthon sandte deswegen mehrfach SOS-Rufe nach Paris und betonte, dass die Delegation in ihrer anfänglichen Besetzung die anfallende Arbeit nicht bewältigen konnte und dringend personelle Verstärkung brauchte.[426]

Zu Beginn des Prozesses gehörten der Delegation 62 Personen an.[427] Bis zum Jahresende 1945 kam es dann tatsächlich zu zahlreichen weiteren Ernennungen, die für einen merklichen Zuwachs sorgten.[428] Zu diesem Zeitpunkt blickten alle Beteiligten bereits auf die zweite Januarhälfte 1946, in der die französische Anklage das Wort vor dem IMT haben würde und personell entsprechend aufgestellt sein musste. Hier würde die Delegation die volle Aufmerksamkeit der Weltöffentlichkeit auf sich ziehen und durfte sich keine Blöße geben. In der Tat erreichte die Mitarbeiterzahl zum Jahresbeginn 1946 ihren Höchststand, um nach Beendigung des französischen Anklagevortrages im Februar 1946 langsam abzunehmen und dann zum Prozessende hin nochmals anzuwachsen. Konkret bedeutet das, dass

---

423 Vgl. AD-NUOI 1944–1959/86: Secrétariat des Conférences. Organisation du Parquet français au procès des grands criminels de guerre, 9. August 1945; veröffentlicht als Dokument Nr. 97 in: DDF, 2/1945, S. 250 f. Das Büro in Paris wurde im Sommer 1945 eingerichtet. Die genaue Anschrift war 20 Place Vendôme.

424 Zur Diskussion um die Größe der Delegation vgl. Tisseron, Nuremberg, S. 104–107.

425 Nach dem Dekret vom 18. Oktober 1945 sollten 66 Posten innerhalb der Delegation geschaffen werden, nach dem Dekret vom 2. November 1945 insgesamt 45 Posten; vgl. in JORF, 19. Oktober 1945, S. 6666: Décret n° 45–2415 du 18 octobre 1945; und JORF, 6. November 1945, S. 7319: Décret n° 45–2744 du 2 novembre 1945.

426 Vgl. AD-NUOI 1944–1959/86: De Menthon, Bericht Nr. 2, 19. September 1945; und De Menthon, Bericht Nr. 5, 6. Oktober 1945; auch AN-F 41/2721: De Menthon an de Gaulle, 19. Januar 1946, S. 7 f.

427 Vgl. AN-19970410/1: Liste des membres et employés auxiliaires, 27. November 1945. Nach den Erinnerungen Delphin Debenests hatte die französische Delegation bei Beginn des Prozesses etwa 60 bis 70 Mitarbeiter; vgl. Tantin, Debenest, S. 290.

428 Vgl. zum Beispiel JORF, 18. November 1945, S. 7663 f.: Délégation du Gouvernement provisoire de la République française au tribunal militaire international; auch JORF, 19. Dezember 1945, S. 8390.

die Delegation im Januar 1946 in Nürnberg 100 Personen beschäftigte.[429] Bis Mai 1946 ging die Zahl der Mitarbeiter auf 89 zurück, erreichte allerdings im September 1946, als die letzten Sitzungen des IMT abgehalten wurden, erneut das Niveau vom Januar.[430] Die ursprünglich vorgesehenen Posten wurden damit nicht alle vergeben. Sicherlich kann man hierin den Grund dafür sehen, dass ein mehr oder weniger akuter Personalmangel ein dauerhaftes Problem für die französische Delegation blieb. Vor allem in der Zeit, in der der Anklagevortrag vorbereitet wurde, klagten zahlreiche Delegationsmitglieder, dass sie mit Arbeit überlastet seien. Laut einer Petition vom April 1946 etwa arbeiteten Übersetzer und Stenotypistinnen in dieser Zeit sieben Tage in der Woche durchgehend von früh bis spät und forderten deswegen Entlastung.[431] Zu bedenken ist jedoch auch, dass man bei den genannten Zahlen allenfalls von der französischen Delegation im engeren Sinne sprechen kann. Es handelt sich hier um die Personen, die unmittelbar am Prozess vor dem IMT beteiligt waren und die das Justizministerium hierfür bezahlte: Richter, Ankläger, Assistenten, Übersetzer, Dolmetscher, Sekretärinnen und Stenotypistinnen. Nicht inbegriffen sind die Personen, die von anderen Ministerien nach Nürnberg entsandt wurden und im weiteren Sinne auch Teil der Delegation waren. Das war zum einen eine Militäreinheit, die zur Sicherheit der Prozessteilnehmer aus der französischen Besatzungszone abkommandiert wurde und Wachmannschaften für die Delegation stellte.[432] Im Januar 1946 bestand sie allein aus 85 Soldaten.[433] Zum anderen schickten die Telekommunikationsdienste PTT eine größere Abordnung, die in Nürnberg eine Telefon- und Telegrafenverbindung nach Paris einrichtete und für die Dauer des Prozesses unterhielt.[434] Darüber hinaus hatten auch das Außen- und Informationsministerium Mitarbeiter vor Ort, die sich an der Arbeit der Delegation beteiligten. All das zusammengerechnet ergab eine Gesamtzahl von 262 Personen, die de Menthon nach seinen eigenen Angaben im Januar 1946 in Nürnberg unterstellt waren.[435]

Damit war die französische die zweitgrößte unter den alliierten Delegationen in Nürnberg. Über sehr viel mehr Personal verfügten die Amerikaner, die als

429 Vgl. AN-19970410/1: État de présence des membres de la délégation française au siège du Tribunal Militaire International. Nuremberg, Janvier 1946.

430 Vgl. AN-19970410/1: État des membres de la délégation française présents à Nuremberg du 1er mai au 31 mai 46; auch: Nuremberg, le 13 Septembre 1946. Personnel de la Délégation Française; demnach hatte die Delegation im September 1946 wieder 100 Mitarbeiter.

431 Vgl. AN-BB 30/1763: Les traducteurs, interprètes et secrétaires du Tribunal Militaire International à M. le Ministre de la Justice, 5. April 1946.

432 Vgl. AD-HCRFA/SL/19: Le Général de Corps d'Armée Koenig, Commandant en chef français en Allemagne. Détachement français de Garde auprès du Tribunal Militaire International de Nuremberg, 16. Oktober 1946.

433 Vgl. AN-F 41/2721: De Menthon an de Gaulle, 19. Januar 1946, S. 4.

434 Vgl. Le Parisien libéré, Artikel: „Le procès de Nuremberg ne sera plus remis", 6. November 1945.

435 Vgl. AN-F 41/2721: De Menthon an de Gaulle, 19. Januar 1946, S. 4.

Besatzungsmacht für die gesamte Logistik verantwortlich waren. Allein Jacksons Behörde zählte über 600 Mitarbeiter.[436] Großbritannien war dagegen mit etwa 170 Staatsangehörigen beim IMT vertreten und die Delegation der Sowjetunion umfasste 100 Personen.[437] Wenn man einen Vergleich der einzelnen alliierten Vertretungen vornimmt, ist allerdings zu berücksichtigen, dass die Zahlenangaben, die sich in der Literatur finden, teilweise widersprüchlich sind und Belege häufig fehlen.[438] Behauptungen jedoch, die französische Delegation in Nürnberg habe lediglich „aus einem knappen Dutzend Leuten“[439] bestanden, entbehren jeglicher Quellengrundlage.[440]

Die Finanzen der Delegation

Die Bezahlung der Delegationsmitglieder erfolgte durch das Justizministerium. Zu diesem Zweck wurden mehrere Gehaltsklassen geschaffen, die ein anschauliches Bild von der inneren Rangordnung bieten.[441] Spitzenverdiener war, wie zu erwarten, der Chef der Delegation, der monatlich mit 37 500 Francs entlohnt wurde. In der Höhe entsprach das dem Gehalt des ersten Generalstaatsanwaltes am *Cour de cassation*, also des ranghöchsten Anklägers des Landes.[442] Ähnlich bemessen wurde das Salär des ersten französischen Richters in Nürnberg, der denselben Betrag erhielt, entsprechend dem Gehalt des Präsidenten des *Cour de cassation*.[443] Während man den beiden stellvertretenden Delegationsleitern ein Monatsgehalt von 29 000 Francs zusprach, verdiente ein einfacher Ankläger vor dem IMT zwischen 15 000 und 20 000 Francs. Übersetzer und Dolmetscher wurden hingegen mit 8 000 Francs monatlich entlohnt. Die niedrigste Bezahlung erhielten mit 5 500 Francs die Sekretärinnen.

---

436 Vgl. Tusa, Nuremberg, S. 136.

437 Zur Größe der britischen Delegation vgl. ebd.; auch Taylor, Prozesse, S. 256; Fyfe, Adventure, S. 103; zur Größe der sowjetischen Delegation vgl. Antipow, UdSSR, S. 199 ff.

438 Taylor behauptet beispielsweise, die britische Delegation sei mit 170 Personen größer als die französische und die sowjetische gewesen; vgl. Taylor, Prozesse, S. 256. Ganz andere Zahlen nannte 1949 Jacques-Bernard Herzog ohne Quellenangabe: Demnach habe die amerikanische Delegation 1 200, die sowjetische 350, die französische 300 und die britische 250 Personen umfasst; vgl. Herzog, Recuerdos.

439 Weinke, Prozesse, S. 31.

440 Vgl. auch Overy, Verhöre, S. 28: „Das französische Kontingent war von allen das kleinste.“.

441 Vgl. AN-BB 30/1779: Le délégué du Gouvernement provisoire de la République française au Tribunal Militaire International des grands criminels de guerre à M. le Garde des Sceaux, 4. Oktober 1945.

442 Vgl. AN-BB 30/1762: Le Ministre des Finances à M. le Garde des Sceaux, Ministre de la Justice. Cabinet, 3. September 1945.

443 Vgl. AN-BB 30/1762: Le délégué du Gouvernement provisoire de la République française au Tribunal Militaire International des grands criminels de guerre à M. le Garde des Sceaux, 17. Oktober 1945.

Zusätzlich konnten alle Angehörigen der Delegation, die dazu in vier Gruppen eingeteilt wurden, während eines Aufenthaltes in Nürnberg Pauschalbeträge als Auslandskosten beim Generalsekretariat der französischen Vertretung geltend machen.[444] Diese Beträge, deren Höhe variierte, bezweckten, den Lebensstandard der Empfänger an den einer Person in einer gleichrangigen Position in Frankreich anzugleichen.

Um ihr Salär zu erhalten, eröffneten die Delegationsmitglieder ein Konto in Paris.[445] Auf dieses überwies die Finanzabteilung des Justizministeriums die entsprechenden Beträge, sobald sie darüber verfügte. Beim Verwaltungssekretariat der Delegation in Nürnberg konnten die Empfänger Schecks einlösen, mit denen sie ihr Pariser Konto belasteten. Die ihnen dann ausgezahlten Francs mussten sie im Nürnberger Gerichtsgebäude schließlich noch in die von den amerikanischen Militärbehörden eingeführte Besatzungsmark umtauschen. Zu Beginn funktionierte dieses System jedoch kaum und vor allem in der Anfangsphase kam es zu massiven Zahlungsverzögerungen.[446] Die Delegationsmitglieder in Nürnberg mussten mitunter wochenlang auf ihre Gehaltsüberweisungen warten und die Erstattung von Zusatzkosten wurde ihnen in zahlreichen Fällen verweigert. Solche Vorfälle waren Teil des finanziellen Grundproblems, mit dem die Delegation durchweg zu kämpfen hatte. Sie verfügte über keinen eigenen, festen Etat, sondern war bei der Zuteilung aller Mittel zuerst auf die Unterstützung des Justiz- und dann auf das Wohlwollen des Finanzministeriums angewiesen. Vor allem das Finanzministerium stellte sich dabei jedoch oft quer und verweigerte die Bewilligung der gewünschten Beträge. Das betraf nicht nur die Personalkosten, sondern sämtliche Ausgaben. Für die Delegation fielen zum Teil erhebliche Kosten für Strom, Heizung, Papier, die eigenen Fahrzeuge, die Vervielfältigung von Beweisdokumenten der Anklagevertretung, die Büroausstattungen der Mitarbeiter und die Honorare von Experten an, die man mit Gutachten und Stellungnahmen beauftragt hatte.

Da jedoch unklar war, wie lange der Prozess dauern würde, bewilligte das Finanzministerium Pauschalbeträge für diese Posten grundsätzlich nur für wenige Monate. Noch schwerer wog dabei, dass die Höhe der Beträge oft weit hinter dem zurückblieb, was man sich in Nürnberg erwartet hatte. Im Dezember 1945 beantragte de Menthon beispielsweise die Zuteilung eines Pauschalbetrages von zwei Millionen Francs für Materialkosten und erläuterte dazu, dass allein für die Übersetzung und Vervielfältigung der Beweisdokumente der französischen Anklage eine Million

444 Vgl. Nachlass Debenest: Secrétariat général administratif. Note de service n° 4: Frais de mission, 17. Oktober 1945.

445 Vgl. Nachlass Debenest: Secrétariat général administratif, note n° 1. Renseignements sur le séjour à Nuremberg, 12. Oktober 1945, S. 8 f.

446 Vgl. AN-BB 30/1762: Le chef de cabinet du Garde des Sceaux, Ministre de la Justice, à M. le Chef de cabinet du Ministre des Finances, 31. Oktober 1945; auch AN-BB 30/1779: Telegramm: Pour Ministère Justice, Paris, 12. November 1945.

Francs benötigt würden.[447] Man braucht nicht viel Fantasie, sich seine Reaktion vorzustellen, als das Finanzministerium mit 330 000 Francs lediglich einen Bruchteil der gewünschten Summe bewilligte.[448] Die Anträge der Delegation würden auf lächerliche Summen heruntergekürzt, beschwerte sich de Menthon daraufhin bei de Gaulle und sah den Grund darin, dass das Finanzministerium die Wichtigkeit des Verfahrens vor dem IMT einfach nicht verstanden habe.[449] Zu einer tragfähigen Lösung kam es nicht. Während des gesamten Prozesses sollten massive finanzielle Probleme die Arbeit der Delegation begleiten und die Konflikte mit dem Finanzministerium nahmen im Laufe des Jahres 1946 an Schärfe sogar noch zu. Bestes Beispiel hierfür ist die Auseinandersetzung um die Repräsentationspauschale, die der Chef der Delegation für sein Amt forderte. Da es zu seinen Pflichten in Nürnberg gehöre, Einladungen und Empfänge für die Vertreter der anderen Delegationen und für Gäste auszurichten, verlangte er für solche repräsentativen Zwecke einen monatlichen Zusatzbetrag von 20 000 Francs.[450] Nichtsdestotrotz lehnte das Finanzministerium mehrere Anträge mit diesem Anliegen ab und lenkte erst Monate später ein, nachdem de Menthons Nachfolger Auguste Champetier de Ribes bereits mit seinem Rücktritt gedroht hatte.[451] Am 23. August 1946, als der Prozess schon fast vorbei war, wurde dem Chef der Delegation die gewünschte Pauschale dann zugesprochen.[452]

Für die Delegation in Nürnberg bedeutete dies, dass sie mit beschränkten Mitteln auskommen musste und es an vielem fehlte. Finanzielle Engpässe waren nicht die Ausnahme, sondern ein Dauerzustand. Bei den Delegationsmitgliedern führte das immer wieder zu Unmut und Frustration. Den eingeschränkten Möglichkeiten der Franzosen stand in Nürnberg zudem die reichliche Ausstattung der amerikanischen Militärverwaltung gegenüber, die an scheinbar nichts sparen musste und ihrem Personal deutlich bessere Arbeitsbedingungen sowie einen ungleich höheren

447 Vgl. AN-BB 30/1779: Le délégué du Gouvernement provisoire de la République française au Tribunal Militaire International des grands criminels de guerre à M. le Garde des Sceaux, 10. Dezember 1945. Jedes einzelne Beweisdokument der Anklage musste in die drei anderen Prozesssprachen übersetzt und dem Gerichtshof in insgesamt 50 Exemplaren vorgelegt werden.

448 Vgl. AN-BB 30/1779: Le délégué du Gouvernement provisoire de la République française au Tribunal Militaire International des grands criminels de guerre à M. le Garde des Sceaux, 3. Januar 1946.

449 Vgl. AN-F 41/2721: De Menthon an de Gaulle, 19. Januar 1946, S. 4 f. De Menthons Kritik galt dabei allerdings auch dem Justizministerium, von dem er sich mehr Rückhalt erwartet hatte.

450 Vgl. AN-BB 30/1779: Le délégué du Gouvernement provisoire de la République française au Tribunal Militaire International des grands criminels de guerre à M. le Garde des Sceaux, 10. Dezember 1945.

451 Vgl. AN-BB 30/1762: Champetier de Ribes an Teitgen, 18. Februar 1946.

452 Vgl. AN-BB 30/1779: Le Ministre des Finances à M. le Garde des Sceaux, Ministre de la Justice. Cabinet du Ministre, 5. März 1947.

Lebensstandard bieten konnte. Als die Amerikaner im Frühjahr 1946 beispielsweise 18 französische Übersetzerinnen engagierten, war deren Gehalt mehr als dreimal so hoch wie das ihrer Kolleginnen in der französischen Delegation.[453] Dennoch hat es wenig Sinn, hieraus zu schlussfolgern, die französische Regierung hätte die Bedeutung des Prozesses vor dem IMT nicht erkannt und deswegen ihre eigene Delegation unzureichend ausgestattet.[454] Im Gegensatz zu den USA war Frankreich 1945 ein von Besatzung und Krieg verwüstetes Land, das es neu aufzubauen galt. Wie dramatisch die Lage war, zeigt ein Blick in die französische Besatzungszone: Dort waren im Herbst 1945 nicht einmal die Mittel vorhanden, die eigenen Soldaten mit ausreichend Kleidung und Schuhen zu versorgen und in internen Berichten wurde über das „an Verwahrlosung grenzende Erscheinungsbild"[455] mancher Besatzungsoffiziere geklagt. In einer solchen Situation musste das Finanzministerium sorgsam abwägen und alle Ausgaben genau auf ihre Notwendigkeit hin prüfen. Die knappen Ressourcen sagen daher wenig über das Interesse der Verantwortlichen in Paris aus, sondern spiegeln vor allem die Möglichkeiten des Landes wider.

Eine Domäne des Justizministeriums

Aufbau und Struktur der Delegation zeigen deutlich, dass die gesamte französische Beteiligung am Nürnberger Prozess durch das Justizministerium dirigiert wurde. In der Verordnung vom 18. Oktober 1945 war zwar noch erwähnt, dass sich Justiz- und Außenministerium auf einen Kandidaten für den Chefposten in der Delegation verständigen würden.[456] Zu diesem Zeitpunkt war allerdings längst klar, dass der frühere Justizminister de Menthon dieses Amt bekleidete, und das Dekret vom gleichen Tag legte dann unmissverständlich fest, bei wem die Entscheidungsgewalt lag: Alle weiteren Posten innerhalb der Delegation wurden durch den Justizminister vergeben.[457]

Unter den vier Hauptsiegermächten ging Frankreich mit dieser Entscheidung einen eigenen Weg. Auf amerikanischer Seite waren nämlich Chefankläger Robert H. Jackson und sein Stab direkt dem Präsidenten unterstellt.[458] Für die Regierung in London koordinierte mit dem *British War Crimes Executive* (BWCE) ein interministerielles Sondergremium die Kriegsverbrecherpolitik und die Beteiligung

---

453 Vgl. AN-BB 30/1763: Champetier de Ribes an Teitgen, 7. April 1946. Eine französische Übersetzerin im Dienst der amerikanischen Delegation verdiente 27 000 Francs im Monat.

454 Der Journalist Jacques Rozner beispielsweise kritisierte noch während des Prozesses die unzureichende finanzielle Ausstattung der französischen Delegation heftig; vgl. Rozner, Retour, S. 12.

455 Steinbrecher, Aufbau, S. 238.

456 Vgl. JORF, 19. Oktober 1945, S. 6652: Ordonnance n° 45–2397 du 18 octobre 1945.

457 Vgl. JORF, 19. Oktober 1945, S. 6666: Décret n° 45–2415 du 18 octobre 1945.

458 Vgl. Taylor, Prozesse, S. 62–68.

am IMT.[459] In Moskau richtete das Politbüro eine eigene „Nürnberg-Kommission“ ein, von der die sowjetische Vertretung abhängig war.[460] Dagegen waren die Franzosen die einzigen, die die Verantwortung für ihre Delegation dem Justizministerium übertrugen. Die Ursache hierfür ist ohne jeden Zweifel in der Vorgeschichte zu sehen. Denn die ablehnende Haltung, die das Außenministerium seit der Konferenz von San Francisco bei der Vorbereitung des Prozesses eingenommen hatte, setzte sich nun fort. Zum Quai d'Orsay hatte die Delegation de Menthons Berichten zufolge in den ersten Wochen des Prozesses praktisch keinerlei Kontakt und das Außenministerium ignorierte ihre Arbeit fast schon demonstrativ.[461] Die Antwort auf ein Angebot des Chefanklägers beispielsweise, bei Prozessbeginn im Gerichtssaal Plätze für einige hochrangige Delegierte des Außenministeriums zu reservieren, fiel äußerst verhalten aus.[462] Von sieben in Frage kommenden Mitarbeitern des Hauses war nur einer bereit, die Einladung anzunehmen und nach Nürnberg zu fahren, das allerdings unter der Bedingung, dass die gesamte Reise nicht länger als drei Tage dauern würde.[463] Nur langsam kam es bei den Diplomaten zu einem Umdenken. In einer internen Denkschrift vom 28. Dezember 1945, die Außenminister Georges Bidault abzeichnete, wurde die juristische Konzeption des Nürnberger Prozesses zwar immer noch scharf kritisiert.[464] Dennoch begann man, die außenpolitische Dimension des Gerichtsverfahrens zu erkennen und sah vor allem die ersten Manöver der deutschen Verteidiger mit Sorge. Konkret fürchteten die Diplomaten, dass die Verteidiger in Nürnberg außenpolitische Vorgänge, etwa das Münchener Abkommen oder den deutsch-sowjetischen Nichtangriffspakt vom August 1939, thematisieren und für Angriffe auf die Position der Alliierten nutzen könnten.[465]

Auf der anderen Seite klagte die Delegation darüber, dass sie vollkommen von Informationen über die außenpolitische Entwicklung abgeschnitten war und wies eindringlich darauf hin, welche wertvollen Informationen sich für das Außenministerium aus den Beweisdokumenten der alliierten Anklagevertretungen und den Kontakten zu hochrangigen Vertretern anderer Länder in Nürnberg schöpfen ließen.[466] Die Situation spitzte sich zu, als der Januar 1946 näher rückte und klar war, dass zu diesem

---

459 Vgl. ebd., S. 73.

460 Der offizielle Name des Gremiums lautete „Kommission zur Leitung der Vorbereitung des Anklagematerials und der Tätigkeit der sowjetischen Vertreter im Internationalen Tribunal und im Komitee der Ankläger“; vgl. Antipow, UdSSR, S. 177 f. und 239 f.

461 Vgl. AN-F 41/2721: De Menthon an de Gaulle, 19. Januar 1946, S. 5.

462 Vgl. AD-NUOI 1944–1959/86: De Menthon an Bidault, 20. November 1945.

463 Vgl. AD-NUOI 1944–1959/86: Secrétariat des Conférences. Note: Procès de Nuremberg, 24. November 1945.

464 Vgl. AD-NUOI 1944–1959/86: Note du Secrétariat des Conférences: Procès de Nuremberg, 28. Dezember 1945; veröffentlicht als Dokument Nr. 413 in: DDF, 2/1945, S. 973 ff.

465 Vgl. ebd.

466 Vgl. AN-F 41/2721: De Menthon an de Gaulle, 19. Januar 1946, S. 5.

Zeitpunkt alle Augen auf die französische Delegation in Nürnberg gerichtet sein würden. Hier stand erst recht zu befürchten, dass es zu Vorfällen von politischer Tragweite kommen könnte. Gleiches galt für die Erwiderungen der deutschen Verteidiger auf die alliierten Anklagevorträge, die im Frühjahr 1946 folgen würden.[467] Vor diesem Hintergrund entschloss sich das Außenministerium, eigenes Personal nach Nürnberg zu entsenden.[468] Als Berater für außenpolitische Fragen traf am 11. Januar 1946 der Diplomat Roger Lalouette bei der Delegation ein.[469] Lalouette, Jahrgang 1904, hatte sich zu diesem Zeitpunkt bereits auf einer ganzen Reihe von Posten bewährt und galt im Ministerium als Deutschlandkenner.[470] Er hatte unter anderem von 1936 bis 1939 in der französischen Botschaft in Berlin gearbeitet und war vor seiner Versetzung zum IMT Botschaftsrat in Dublin gewesen.[471] Nach seiner Ankunft verfolgte er, unterstützt von einer Handvoll Mitarbeiter des eigenen Hauses, den gesamten Prozess vor Ort mit.[472] Seine Aufgaben bestanden darin, als Ansprechpartner in heiklen politischen Fragen für die eigene Delegation zur Verfügung zu stehen, in solchen Fällen mit dem Quai d'Orsay Rücksprache zu halten und die Kontakte zu den Vertretern der anderen Länder zu pflegen.[473] Vor allem aber sollte er regelmäßig über die Vorgänge in Nürnberg nach Paris berichten und die Lage beurteilen – eine Aufgabe, die er gewissenhaft erledigte. Seine Berichte geben einen einmaligen Einblick in den Ablauf des Prozesses aus französischer Perspektive.

Interesse an dem, was in Nürnberg vor sich ging, zeigten außerdem die Militärbehörden der französischen Besatzungszone und entsandten mit dem Hauptmann Cartier einen eigenen Beobachter, der sich ab dem Beginn des Prozesses am 20. November 1945 erstmals für einige Tage in der Stadt aufhielt.[474] Auch in diesem

---

467 Vgl. AD-NUOI 1944–1959/86: Service d'information et de presse. Note pour le Ministre: A.s. Délégation française au procès de Nuremberg, 8. Dezember 1945.

468 Vgl. AD-NUOI 1944–1959/87: Bidault an de Menthon, 7. Januar 1946.

469 Vgl. AD-Dossier de carrière: Lalouette, Roger: Lalouette an das Außenministerium, 15. Januar 1946.

470 Vgl. AD-NUOI 1944–1959/86: Le Ministre des Affaires étrangères. Procès de Nuremberg, 29. Dezember 1945.

471 Vgl. Ministère des Affaires étrangères, Annuaire 1954, S. 561; auch AD-Dossier de carrière: Lalouette, Roger. 1950 wurde Lalouette zum stellvertretenden Hochkommissar für das besetzte Österreich ernannt. Später war er unter anderem französischer Botschafter in Marokko, Vietnam und der Tschechoslowakei. Seine diplomatische Laufbahn endete 1969, als er in den Ruhestand versetzt wurde. Er starb 1980 in Versailles.

472 Vgl. AD-NUOI 1944–1959/86: Service d'information et de presse. Note pour M. Fouques-Duparc, 30. Dezember 1945; wichtigster Mitarbeiter Lalouettes war Paul Alpert, der in Nürnberg als Pressesprecher für den Kontakt zu den nichtfranzösischen Journalisten zuständig war.

473 Vgl. AD-NUOI 1944–1959/86: Note pour M. Fouques-Duparc, 20. Dezember 1945.

474 Vgl. SHD-Nuremberg 60/32: Cartier, Bericht Nr. 1 (Commandement supérieur des troupes d'occupation. Rapport sur le procès de Nuremberg), 27. November 1945, 7 Seiten.

Fall konnte jedoch von einer funktionierenden Zusammenarbeit nicht die Rede sein. Cartier setzte seine Vorgesetzten hinterher mit sichtlichem Unmut darüber in Kenntnis, dass er Chefankläger de Menthon nicht getroffen habe, da dieser zum Zeitpunkt seines Besuches in Paris gewesen sei.[475] Überhaupt erfuhr der Hauptmann von der Delegation wenig Unterstützung in seiner Mission und konnte daher lediglich über seine generellen Eindrücke, nicht jedoch über die Hintergründe des Prozessgeschehens, berichten. Es ist daher durchaus als Seitenhieb gegenüber seinen Landsleuten zu verstehen, wenn Cartier feststellte: „Der Prozess ist im Wesentlichen eine amerikanische Angelegenheit. [...] Die Briten haben in merklichem Umfang mitgearbeitet. Der Beitrag von Russen und Franzosen erscheint unwichtig."[476] Ganz im Einklang mit dieser Beobachtung beschränkte Cartier sich bei seinen folgenden Aufenthalten in Nürnberg jedenfalls darauf, eine Reihe amerikanischer Vernehmungsprotokolle und Beweisdokumente aus dem Prozess auszuwerten.[477] An der Gesamtkonstellation änderten derartige Aktivitäten anderer Stellen daher nichts. Die Delegation als solche blieb dem Justizministerium unterstellt und war damit eine institutionelle Ausnahmeerscheinung, wie sie nur Zeitdruck und Improvisation in der Umbruchsituation der unmittelbaren Nachkriegszeit hatten hervorbringen konnten: Eine Dependance des Justizministeriums, die im Ausland, über 600 Kilometer von Paris entfernt, tätig war; die ein merkwürdiges Eigenleben führte, da sie sich keiner anderen Behörde zurechnen ließ; bei der ungewiss war, wie lange sie überhaupt existieren würde; die aus Mitarbeitern bestand, die man zum größten Teil neu hatte anwerben müssen; die in einem ständigen Kontakt mit Vertretern anderer Staaten stehen und die, zumindest zeitweise, die Aufmerksamkeit der Weltöffentlichkeit auf sich ziehen würde.

2.2 Die Anklagebehörde

2.2.1 Der Chefankläger und seine Stellvertreter

In ihrem Aufbau war die gesamte Delegation auf die Anklagebehörde zugeschnitten.[478] Es war klar, dass die Vertreter der Anklage, die vor dem IMT zu Wort kommen würden, vor der Weltöffentlichkeit sprechen und das Bild von Frankreich in dem Prozess bestimmen würden. An Auftreten, Argumentation und Beweisführung des französischen Anklagestabes würde der Beitrag des Landes gemessen werden und natürlich war die Ausarbeitung des Anklagevortrages eine gewaltige Aufgabe, die es zu erledigen galt. Folglich wurden die meisten Ressourcen der Delegation hier eingesetzt, was bereits ein Blick auf die Personalverteilung zeigt. Gegenüber der Gerichtssektion hatte die Anklagebehörde personell ein ganz klares Übergewicht. Im Juli 1946 arbeiteten zum Beispiel 63 Personen in den unterschiedlichsten Funktionen

---

475 Vgl. ebd., S. 1.

476 Ebd., S. 1 f.

477 Vgl. SHD-Nuremberg 60/32: Cartier, Berichte Nr. 2 (22. Dezember 1945), Nr. 3 (27. Januar 1946) und Nr. 4 (16. April 1946).

478 Vgl. JORF, 19. Oktober 1945, S. 6666: Décret n° 45–2415 du 18 octobre 1945.

(Ankläger, Assistenten, Übersetzer, Schreibkräfte etc.) für die Anklagebehörde, während die französische Gerichtssektion über lediglich 27 Mitarbeiter verfügte.[479] Verglichen mit der Vertretung innerhalb des Gerichtes war sie damit also mehr als doppelt so stark besetzt. Dass der Leiter der Delegation auch gleichzeitig der Chefankläger war und seine beiden Stellvertreter ebenfalls zu den Sprechern der Anklage zählten, macht zusätzlich die zentrale Bedeutung der Behörde deutlich. Das Amt des Chefanklägers vor dem IMT hatten, aufeinander folgend, zwei Personen inne.[480]

François de Menthon

Der erste Chefankläger war François de Menthon, der für die französische Seite ab Mitte September 1945 bereits die Verhandlungen im Vorfeld geleitet hatte. Mit ihm stand ein Vertreter der politischen Führungsriege Frankreichs an der Spitze der Delegation, der zudem zu den Vertrauten de Gaulles zählte.[481]

De Menthon, der aus einem savoyischen Adelsgeschlecht stammte, wurde 1900 in der Gemeinde Montmirey-la-Ville im Département Jura geboren. Er studierte in Dijon Rechtswissenschaften und begann bereits in frühen Jahren, sich als Mitglied der *Action catholique de la jeunesse française* für die Belange der katholischen Kirche zu engagieren, was seine spätere politische Grundhaltung prägte. Nach seinem Militärdienst fand er eine Anstellung an der juristischen Fakultät der Universität Nancy, wo er bis zu Beginn des Zweiten Weltkrieges als Professor am Lehrstuhl für politische Ökonomie lehrte. Auf eigenen Wunsch hin in die Armee eingezogen, wurde er als Infanterieoffizier am 18. Juni 1940 bei den Kämpfen in den Vogesen schwer verwundet und geriet in deutsche Kriegsgefangenschaft. Allerdings gelang ihm noch aus dem Lazarett im September 1940 die Flucht und er konnte sich bis in seine Heimatregion Savoyen durchschlagen, die in dem von der Wehrmacht unbesetzten Südteil Frankreichs lag. An der Universität Lyon lehrte er in der Folge erneut politische Ökonomie, vor allem aber schloss er sich der Résistance an. Zusammen mit mehreren Gesinnungsgenossen, unter denen sich sein späterer Nachfolger im Amt des Justizministers, Pierre-Henri Teitgen, befand, gründete er im November 1940 die katholisch-konservativ ausgerichtete Widerstandsgruppe *Liberté*, deren klandestine Zeitung er herausgab.[482] Zwei Jahre später ging aus einer Fusion der *Liberté* mit anderen Gruppen die Untergrundorganisation *Combat* hervor, die dann zu den maßgeblichen Akteuren der Résistance gehörte.[483] Aufgrund seiner oppositionellen Haltung

---

479 Vgl. AN-19970410/1: Personnel de la délégation française à Nuremberg, 8. Juli 1946.
480 Vgl. AN-19970410/1: Note sur la composition de la délégation française près le TMI, 3. Juli 1947.
481 Zu de Menthons Biographie vgl. Ducerf, De Menthon; auch Prévotat, De Menthon.
482 Zur Widerstandsgruppe Liberté vgl. Douzou/Veillon, Liberté; auch Teitgen, Témoin, S. 319–347.
483 Die Organisation Combat entstand aus dem Zusammenschluss der Liberté mit der von Henri Frenay gegründeten Mouvement de libération nationale (MLN); vgl. Douzou/Veillon, Combat; auch Muracciole, Mouvements.

gegenüber dem Vichy-Regime verlor de Menthon 1942 seine Professur. Nach der Besetzung der Südzone durch die Wehrmacht lebte er zunächst in der Illegalität, bis ihn im Juli 1943 ein Flugzeug der Gaullisten nach London brachte. Von dort aus folgte er de Gaulle nach Algier, wo er als Sprecher der Résistance Anfang September 1943 dem CFLN, der gaullistischen Exilregierung, beitrat und zum Justizkommissar ernannt wurde. Im befreiten Frankreich behielt er sein Amt in de Gaulles erster provisorischer Regierung. Das bedeutete, dass er seit Herbst 1944 als Justizminister die schwierige Aufgabe hatte, die Abrechnung mit Kollaborateuren und Unterstützern der deutschen Besatzer in geordnete Bahnen zu lenken. Was zunächst als *épuration sauvage* in allen Teilen des Landes begonnen hatte, wurde in de Menthons Amtszeit nach und nach durch die Arbeit einer neu aufgebauten, zentralisierten Justizmaschinerie ersetzt.[484] Hierfür schuf de Menthon Sondergerichte (*cours spéciales*), vor denen die Prozesse gegen Kollaborateure abgehalten wurden. Auch die Vorbereitung der prominenten Fälle, allen voran der Anklage gegen Philippe Pétain, fiel in seine Zuständigkeit.[485] Alles in allem setzte de Menthon in der *épuration* auf ein maßvolles Vorgehen und die strikte Einhaltung einer sorgfältigen, gesetzmäßigen Prüfung aller Fälle. Vor allem von Kommunisten und Sozialisten, aber auch von anderen Befürwortern schärferer Maßnahmen, wurde er daher als zu milde angesehen und heftig attackiert. Der Konflikt spitzte sich so weit zu, dass de Gaulle sich Ende Mai 1945 unter dem Druck der Öffentlichkeit gezwungen sah, ihn zu entlassen.

Unabhängig von seinem Regierungsamt hatte de Menthon nach der Befreiung Frankreichs auch begonnen, sich parteipolitisch zu betätigen. Er beteiligte sich an der Gründung der christdemokratischen MRP, zu deren wichtigsten Köpfen er in der Folge zählte und für die er bei den Wahlen zur Nationalversammlung kandidierte.[486] Für de Menthon selbst überraschend übertrug de Gaulle ihm im August 1945 eine neue Mission, indem er ihn zum Chefankläger für den geplanten Prozess vor dem IMT machte.[487] Warum fiel die Wahl gerade auf ihn? Mehrere Faktoren kamen in seinem Fall offensichtlich zusammen: De Menthon war mit seinem beruflichen Hintergrund als Juraprofessor ein Kenner der Materie, aber er war auch ein führender Politiker, der Regierungserfahrung vorweisen und vor dem Ausland als Sprecher seines Landes auftreten konnte. Als Justizminister hatte er bereits die Ahndung von Kriegsverbrechen in Frankreich geleitet und als Christdemokrat stand er in seinen politischen Überzeugungen de Gaulle nahe. Er selbst empfand die Ernennung wohl eher als eine Art Trostpflaster de Gaulles für den Verlust des Ministeramtes

484 Zur épuration in Frankreich vgl. Novick, Épuration; Baruch, Misérables.

485 Zum Prozess gegen Pétain vgl. Varaut, Petain.

486 Nach seiner Gründung im November 1944 entwickelte sich die MRP schnell zu einer der führenden politischen Kräfte Frankreichs und gehörte zu den maßgeblichen Regierungsparteien der Vierten Republik; vgl. Delbreil, MRP.

487 Vgl. JORF, 7. September 1945, S. 5589: Décret du 29 août 1945; auch AD-NUOI 1944–1959/86: Telegramm: Secrétariat des Conférences à Londres/Washington, 4. September 1945.

wenige Monate zuvor.[488] Andere Beobachter der Szenerie sahen sie dagegen als ein Zeichen der Wertschätzung und Anerkennung des Generals gegenüber seinem alten Justizminister.[489]

Formal war es nun jedenfalls de Menthons Aufgabe, die französische Anklage in Abstimmung mit den Alliierten vorzubereiten und während des Prozesses in Nürnberg dann vorzutragen. Es zeigte sich jedoch schnell, dass für de Menthon seine innenpolitischen Ambitionen Vorrang hatten und er weit weniger Energie auf sein Amt als Chefankläger beim IMT verwendete.[490] Bei den Treffen der Anklagevertretungen in London und Berlin glänzte er häufig durch Abwesenheit und ließ sich durch seine Mitarbeiter vertreten. Da im Oktober 1945 die Wahlen zur Nationalversammlung stattfanden und de Menthon ein Mandat anstrebte, widmete er sich vor allem dem Wahlkampf seiner Heimatregion Obersavoyen.[491] Ende November 1945 für seine Partei in die Verfassungskommission des Parlaments berufen, fand er dort ein neues Betätigungsfeld und übernahm zusätzlich den Vorsitz der MRP-Fraktion in der neu gewählten Nationalversammlung. Für seine Aktivitäten beim IMT bedeutete dies, dass man eher von gelegentlichen Besuchen de Menthons in Nürnberg sprechen muss.[492] Er war nicht einmal bei Beginn des Prozesses anwesend und hielt sich in den folgenden Wochen jeweils nur für wenige Tage, jedenfalls nie über einen längeren Zeitraum, am Ort des Geschehens auf. Diese häufige Abwesenheit bemerkten auch die Spitzen der anderen alliierten Delegationen.[493] Während die anderen Chefankläger im Laufe des Prozesses immer wieder das Wort ergriffen, persönlich die Angeklagten ins Kreuzverhör nahmen und Erläuterungen über das Beweismaterial der eigenen Delegation vortrugen, sprach de Menthon vor dem IMT nur ein einziges Mal. Das geschah, als er am 17. Januar 1946 das Eröffnungsplädoyer der französischen Anklage vortrug.[494] Ihm ist immer wieder das Verdienst zugeschrieben worden, darin den deutschen Nationalsozialismus ideengeschichtlich als einen Rückfall in die Barbarei interpretiert zu haben.[495] Allerdings hatte das Justizministerium zu diesem Zweck einen externen Fachmann engagiert: Den

488 Vgl. Ducerf, De Menthon, S. 317 f. Ducerf geht davon aus, dass de Menthon die Gründe für seine Ernennung falsch einschätzte und deswegen die Wichtigkeit seiner Mission in Nürnberg nicht erkannte.

489 Vgl. Faure, Mémoires, Bd. 1, S. 156 f.

490 De Menthon räumte später selbst ein: „Ich konnte dieser neuen Aufgabe nur einen Teil meiner Zeit widmen, da ich zahlreiche Verpflichtungen hatte"; ADHS-135 J 191: Handschriftliches Redemanuskript François de Menthons, ca. 1976 verfasst, ohne Titel, 19 lose Seiten, hier S. 5.

491 Vgl. AD-NUOI 1944–1959/86: Secrétariat des Conférences. Note pour M. Chauvel: Procès de grands criminels de guerre, 31. August 1945.

492 Zu de Menthons Aufenthalten in Nürnberg vgl. AN-19970410/2: Dossier: Menthon, François de.

493 Vgl. Taylor, Prozesse, S. 255.

494 Vgl. IMT, 17. Januar 1946, Bd. 5, S. 415–480.

495 Vgl. Ducerf, De Menthon, S. 327–333.

entsprechenden Abschnitt des Plädoyers, den der Chefankläger lediglich verlas, hatte der Germanistikprofessor Edmond Vermeil ausgearbeitet.[496] Insgesamt ist de Menthons persönlicher Anteil an der Konzeption der gesamten Anklage und der Arbeit der französischen Delegation trotz seiner formalen Führungsposition gering.

Dass er schließlich sein Amt vorzeitig niederlegte, war abermals innenpolitischen Entwicklungen geschuldet: Im Januar 1946 spitzte sich in Paris der Streit um die neue Verfassung zu und mündete in einer Regierungskrise, an deren Ende de Gaulle als Regierungschef zurücktrat. Vor diesem Hintergrund demissionierte auch de Menthon als Chefankläger in Nürnberg, um sich voll und ganz auf die Vorgänge in Frankreich konzentrieren zu können.[497] „Es war für mich unmöglich, zusätzlich zu meinen parlamentarischen Ämtern französischer Chefankläger in Nürnberg zu bleiben"[498], rechtfertigte er diesen Schritt später. In dem Moment, in dem er vor dem IMT ans Rednerpult trat, war sein Abschied jedenfalls bereits beschlossene Sache und nur wenige Tage später reiste er ab. Die französische Anklagevertretung war zu diesem Zeitpunkt noch damit beschäftigt, ihr Beweismaterial vorzustellen. Zurück in Paris, schaltete de Menthon sich in die anhaltende Verfassungsdebatte ein und errang bei den Wahlen zur Nationalversammlung vom Juni 1946 erneut ein Mandat. In der zweiten Jahreshälfte 1946 war er als Wirtschaftsminister abermals Kabinettsmitglied. Auch in den Jahren der Vierten Republik gehörte er dem Parlament an, als Anhänger der MRP entfremdete er sich dabei jedoch zusehends von de Gaulle. Dessen Rückkehr in die Politik 1958 und die Errichtung der Fünften Republik besiegelten schließlich das Ende von de Menthons politischer Karriere. Er wechselte nun zurück in seinen alten Beruf und lehrte bis zu seiner Versetzung in den Ruhestand wieder an der juristischen Fakultät der Universität Nancy. De Menthon starb 1984 im obersavoyischen Annecy.

Auguste Champetier de Ribes

De Menthons Nachfolger im Amt des Chefanklägers wurde Auguste Champetier de Ribes. Durch diese Personalentscheidung leitete wiederum ein hochrangiger

496 Vgl. AD-NUOI 1944–1959/86: Note du Secrétariat des Conférences. Procès de Nuremberg, 28. Dezember 1945.

497 De Menthon hatte bereits Anfang November 1945, also noch vor Prozessbeginn, den Wunsch geäußert, von seinem Posten beim IMT enthoben zu werden; vgl. AN-3 AG 4/49: De Menthon an de Gaulle, 2. November 1945; auch ADHS-135 J 190: De Menthon an Teitgen, 7. November 1945. De Gaulle hatte das Rücktrittsgesuch aber abgelehnt, weshalb de Menthon zunächst widerwillig auf seinem Posten verblieb; vgl. Schreiben de Gaulles an de Menthon, 12. November 1945, in: De Gaulle, Lettres, S. 112 f. Jetzt, im Januar 1946, erhob de Gaulle dagegen keine Einwände mehr, offenbar da sein eigener Rücktritt unmittelbar bevorstand; vgl. auch Ducerf, De Menthon, S. 323.

498 ADHS-135 J 191: Redemanuskript de Menthons, ca. 1976, S. 7.

Vertreter der MRP die Delegation in Nürnberg, der noch dazu auf eine langjährige und bewegte Karriere in der französischen Politik zurückblicken konnte.[499]

Champetier de Ribes wurde 1882 im südlich von Paris gelegenen Anthony geboren. Nach einem Jurastudium in der französischen Hauptstadt, das er 1906 abschloss, war er zunächst als Rechtsanwalt tätig. Bei Ausbruch des Ersten Weltkrieges in die Armee einberufen, diente er in der Folge in einem Infanterieregiment an der Front in Lothringen. Dort wurde er mehrfach verwundet, zuletzt verlor er durch die Explosion einer Granate zwei Finger der rechten Hand. Aus dem Krieg zurückgekehrt, begann er schließlich, sich in der Politik zu engagieren. Schon in frühen Jahren hatte Champetier de Ribes Kontakte zum christlich-sozialen Milieu der Hauptstadt geknüpft, dem er sich verbunden fühlte und dessen Ideen seine Grundüberzeugungen bestimmten. 1924 wurde er als Parteiloser im Département Basses-Pyrénées in die Nationalversammlung gewählt. Noch im selben Jahr gründete er mit einer Gruppe Gleichgesinnter die *Parti démocrate populaire* (PDP), eine christlich-sozial ausgerichtete Partei der Mitte.[500] In der Folge profilierte er sich als einer der führenden Vertreter der neu geschaffenen Formation und bekleidete unterschiedliche politische Ämter. Nach einem Intermezzo als Unterstaatssekretär im Finanzministerium 1929/1930 amtierte er zweimal für kürzere Zeit als Pensionsminister und wechselte 1934 als Abgeordneter in den Senat. Als im Frühjahr 1938, nach der Besetzung Österreichs durch die Wehrmacht, Édouard Daladier eine neue Regierung bildete, trat Champetier de Ribes für die PDP dem Kabinett bei. Gegenüber dem Deutschen Reich befürwortete er eine Politik der Unnachgiebigkeit und sprach sich vehement gegen das Münchener Abkommen aus.[501] Kurz nach Beginn des Zweiten Weltkrieges wurde er zum Unterstaatssekretär im Außenministerium ernannt. Nachdem die französische Armee durch die Wehrmacht geschlagen und der Waffenstillstand unterzeichnet war, gehörte Champetier de Ribes zu den Abgeordneten, die der Regierung nach Vichy folgten, um dort über die Zukunft des Landes zu beraten. In der Sitzung der Nationalversammlung vom 10. Juli 1940 war er einer der 80 Parlamentarier, die dagegen stimmten, Pétain uneingeschränkte Vollmachten zur Ausarbeitung einer neuen Verfassung zu übertragen.[502]

---

499 Zur Biografie Champetier de Ribes' vgl. Dazet-Brun, Champetier de Ribes.

500 Die PDP wird heute als erste christdemokratische Partei Frankreichs angesehen. Nach dem Zweiten Weltkrieg schlossen sich die meisten aktiven Mitglieder der MRP an; vgl. Delbreil, Centrisme.

501 Vgl. Dazet-Brun, Champetier de Ribes, S. 321–337.

502 Die Abstimmung gilt als Geburtsstunde des Vichy-Regimes: Die Nationalversammlung, bestehend aus den beiden Kammern der Dritten Republik – Abgeordnetenkammer und Senat –, entmachtete sich an diesem Tag selbst. Sie übertrug Pétains Regierung alle legislativen Vollmachten und beauftragte den Marschall, eine neue Verfassung für Frankreich auszuarbeiten. Die Vorlage wurde dabei mit einer breiten Mehrheit angenommen. Von den anwesenden Abgeordneten stimmen 569 mit Ja, 20 enthielten sich und 80 stimmten mit Nein. Letztere wurden

Als sich daraufhin das Vichy-Regime etablierte, kehrte er in das Département Basses-Pyrénées zurück und schloss sich dort der Résistance-Formation *Combat* an. Von Polizeikräften des Vichy-Regimes wurde er deshalb im Dezember 1942 verhaftet und in ein Internierungslager in Evaux-les-Bains im Limousin gebracht, wo man ihn eineinhalb Jahre lang festhielt. Im Juni 1944 befreiten ihn Partisanen aus der Haft, wenig später trat die Wehrmacht den Rückzug aus Frankreich an. Champetier de Ribes siedelte nun wieder nach Paris über, um den politischen Neuanfang des Landes mitzugestalten. Er schloss sich nach einigem Zögern der neugegründeten MRP an, mit der er die größten Schnittmengen mit seinen eigenen politischen Positionen sah.

Dass de Gaulle ihn im Januar 1946 zum Nachfolger de Menthons an der Spitze der französischen Delegation in Nürnberg ernannte, hat man dort vor allem als Auszeichnung für seine Verdienste und als Maßnahme zur Wiedereingliederung in den Politikbetrieb angesehen.[503] Wie sein Vorgänger war Champetier de Ribes studierter Jurist, hatte sich in langjähriger parlamentarischer Arbeit um das Land verdient gemacht und stand mit seiner Biografie für das „andere" Frankreich, das sich der Diktatur Pétains und der Kollaboration mit NS-Deutschland widersetzt hatte. Champetier de Ribes traf am 14. Januar 1946 in Nürnberg ein, wo er noch das von de Menthon verlesene Eröffnungsplädoyer mit anhörte und nach der Abreise seines Vorgängers die Leitung der Delegation übernahm. Zweifellos nahm er seine Aufgabe ernster als de Menthon, aber ihm fehlte das Vorwissen der anderen Mitglieder des Anklagestabes, die seit Monaten in die Materie eingearbeitet waren. Denn der Prozess dauerte zu diesem Zeitpunkt bereits seit beträchtlicher Zeit an und der Vortrag der französischen Anklage, der nun begann und sich über drei Wochen hinzog, war längst ausgearbeitet. Vor dem IMT meldete sich Champetier de Ribes daher nur selten zu Wort und gab, wenn es dazu kam, lediglich kurze Erklärungen ab.[504] Ohnehin „öfter Zuschauer als Akteur"[505] schränkte ihn seine schlechte gesundheitliche Verfassung bei der Ausübung seines neuen Amtes erheblich ein.[506] Auf die anderen Prozessbeteiligten wirkte er durch sein Auftreten zwar besonnen und

nach dem Krieg vielfach als Verteidiger der republikanischen Prinzipien geehrt; vgl. Miquel, Quatre-vingts.

503 Vgl. Faure, Mémoires, Bd. 2, S. 35; zu Champetier de Ribes' Ernennung vgl. JORF, 22. Januar 1946, S. 563: Décret du 20 janvier 1946 portant nomination du délégué du Gouvernement provisoire de la République au ministère public du Tribunal Militaire International.

504 Vgl. IMT, 22. Februar 1946, Bd. 8, S. 254 ff.; ebd., 22. März 1946, Bd. 9, S. 720 f. und ebd., 2. April 1946, Bd. 10, S. 513 ff.

505 Dazet-Brun, Champetier de Ribes, S. 527.

506 Nach Erinnerung Edgar Faures litt Champetier de Ribes an Anorexie und musste sich einer Bluttransfusion unterziehen, um wieder zu Kräften zu kommen; vgl. Faure, Mémoires, Bd. 2, S. 36.

würdevoll. Die Fotos von ihm aus Nürnberg zeigen aber auch einen abgemagerten und gebrechlichen alten Mann.[507]

Sein Gesundheitszustand war auch der Grund dafür, dass er den Prozess über weite Strecken gar nicht mitverfolgen konnte. Beispielweise hielt Champetier de Ribes sich von Anfang April bis Mitte Juli 1946 zu ärztlichen Untersuchungen und zur Erholung in Paris auf.[508] Am Quai d'Orsay machte man sich daher bereits Gedanken über einen möglichen Nachfolger.[509] Nach seiner Rückkehr nach Nürnberg war Champetier de Ribes immer noch zu schwach, um das Schlussplädoyer gegen die einzelnen Angeklagten selbst halten zu können. Deshalb gab er lediglich eine kurze Einführung, das Plädoyer selbst präsentierte danach sein Stellvertreter Charles Dubost.[510] Einen Monat später, am 30. August 1946, trug er dann allerdings das französische Schlussplädoyer gegen die angeklagten NS-Organisationen vor.[511] Am Tag darauf endeten die Sitzungen des IMT. Champetier de Ribes blieb noch bis zur Urteilsverkündung in der Stadt. Wenn die Gründe auch andere als im Fall de Menthons waren, so war sein persönlicher Anteil an der Arbeit der französischen Delegation in Nürnberg insgesamt jedoch ebenfalls gering.

Champetier de Ribes trat am 6. Oktober 1946 die Heimreise nach Paris an. Zunächst sah es danach aus, als könnte er noch einmal die französische Innenpolitik mitgestalten.[512] Wenige Wochen nach seiner Rückkehr wurde er in den *Conseil de la République*, die zweite Kammer der Vierten Republik, die den Senat ersetzte, und im Januar 1947 von den Abgeordneten sogar zu dessen Präsidenten gewählt. Aber aufgrund seines schlechten Gesundheitszustandes konnte er dieses Amt nicht mehr ausüben. Champetier de Ribes starb am 6. März 1947 in Paris.

In der unbeständigen Situation an der Spitze der Delegation kam den beiden Stellvertretern eine Schlüsselrolle zu. Da zuerst de Menthon das Geschehen in Nürnberg nur halbherzig mitverfolgte und später Champetier de Ribes aufgrund seines Gesundheitszustandes sein Amt nur unter großen Einschränkungen ausüben konnte, lag die eigentliche Verantwortung bei ihnen. Formal gleichberechtigt standen die beiden Stellvertreter in der Hierarchie direkt unter dem Chefankläger, leiteten in Abwesenheit ihres Vorgesetzten die Delegation und traten vor dem IMT als die ranghöchsten Sprecher der Anklagevertretung auf.[513] Gegenüber den anderen Mitgliedern des Anklagestabes sowie dem übrigen Personal waren sie weisungsbefugt und legten den Aufbau von Beweisführung und Argumentation der französischen Anklage im Einzelnen fest.

507 Vgl. Taylor, Prozesse, S. 575.
508 Vgl. Dazet-Brun, Champetier de Ribes, S. 528.
509 Vgl. NUOI 1944–1959/89: Secrétariat des Conférences, Schreiben an Jules Basdevant, 22. Mai 1946.
510 Vgl. IMT, 29. Juli 1946, Bd. 19, S. 595–638.
511 Vgl. IMT, 30. August 1946, Bd. 22, S. 340–352.
512 Vgl. Dazet-Brun, Champetier de Ribes, S. 541–556.
513 Vgl. JORF, 19. Oktober 1945, S. 6666: Décret n° 45–2415 du 18 octobre 1945.

Charles Dubost

Der erste der beiden Stellvertreter des Chefanklägers war Charles Dubost, ein erfahrener Staatsanwalt, der sich in der Résistance ausgezeichnet hatte. Als „der starke Mann“[514] der Franzosen sollte er zum wichtigsten Sprecher seines Landes vor dem IMT werden und das Bild der französischen Delegation in Nürnberg maßgeblich bestimmen.

Dubost wurde 1905 in Moulins in der Auvergne geboren.[515] In Paris absolvierte er ein Jurastudium und arbeitete danach als Rechtsreferendar bei der Staatsanwaltschaft in Rouen in der Normandie. 1933 wurde er nach Ableisten seines Militärdienstes wiederum in Rouen zum Richter ernannt, setzte seine juristische Karriere in den folgenden Jahren aber als Staatsanwalt fort, zuletzt am Schwurgericht in Chalon-sur-Saône im südlichen Burgund. Dort wurde er zu Beginn des Zweiten Weltkrieges in die Armee einberufen. Im Zuge der Westoffensive der Wehrmacht, die die französischen Verteidigungslinien durchbrach, geriet Dubost im Juni 1940 in Kriegsgefangenschaft. Aus einem Lager im nordfranzösischen Laon konnte er aber im Mai 1941 fliehen und sich bis in die unbesetzte Zone im Süden des Landes durchschlagen.[516] Dort angekommen schickten ihn die Justizbehörden für die Dauer des Krieges an die Mittelmeerküste und wiesen ihm einen Posten bei der Staatsanwaltschaft in Toulon zu.[517] Schon nach seiner Flucht aus der Kriegsgefangenschaft hatte Dubost Kontakte zur Résistance geknüpft, in Toulon engagierte er sich nun in zunehmendem Maße im Widerstand gegen die deutschen Besatzer – vor allem nachdem diese im November 1942 in der Südzone einmarschiert waren. Dabei fungierte Dubost als Mittelsmann bei der Weitergabe von Ausweispapieren an Angehörige des Widerstandes, beteiligte sich am Transport von Waffen, die für die Résistance-Gruppe *Libération* über das Mittelmeer aus Nordafrika nach Toulon gebracht wurden, und versteckte 1943 mehrere Wochen lang einen alliierten Funker bei sich zu Hause.[518] Mehrfach fanden bei ihm außerdem Treffen alliierter und französischer Offiziere statt, die in Frankreich in der Illegalität operierten. An den Kämpfen vom Sommer 1944, die der Befreiung vorausgingen, war Dubost als Mitglied einer Formation der FFI in Signes beteiligt. Nach dem Rückzug der Wehrmacht wurde er für die nun einsetzende *épuration* zum Regierungskommissar (*commissaire du gouvernement*)

---

514 Taylor, Prozesse, S. 730.

515 Zu allen biographischen Angaben über Dubost vgl. AN-19890322/43: Dossier de carrière: Dubost, Charles Joseph Marie; auch Le Dour/Gaultier-Voituriez, Archives.

516 Vgl. AN-19890322/43: Dossier Dubost: Le président du tribunal, et le procureur de la République de Laon à M. le premier président de la cour d’appel d’Amiens, 30. April 1941.

517 Vgl. AN-19890322/43 Dossier Dubost: Notice du premier président et du procureur général. Cour d’appel de Besançon, 20. April 1942.

518 Vgl. AN-19890322/43: Dossier Dubost: Note sur M. Dubost, 26. September 1944; zu Dubosts Aktivitäten in der Résistance vgl. auch: FNSP-CD/01: Service régional de la sécurité publique, district de police de Var. Circonscription de Draguignan: Attestation, 23. April 1945.

in Marseille ernannt. In dieser Eigenschaft vertrat er im Namen der Regierung die Anklage in Verfahren gegen mutmaßliche Kollaborateure in der Hafenstadt.[519]

Dieses Amt führte er ein knappes Jahr lang aus, bis ihn das Justizministerium Anfang September 1945 in die französische Delegation für das IMT berief.[520] Dubost war zu diesem Zeitpunkt nicht nur ein erprobter Ankläger. Er hatte auch mit seiner Flucht aus der Kriegsgefangenschaft persönlichen Mut unter Beweis gestellt, sich durch seine Aktivitäten in der Résistance ausgezeichnet und sich als Vertreter der Zentralgewalt bei der Durchführung von Strafverfahren gegen Kollaborateure bewährt. Für das Ministerium war er damit ein idealer Kandidat für eine führende Position innerhalb der Delegation, an deren Spitze durch seine Ernennung neben dem Politiker de Menthon ein Berufsjurist und Vertreter des französischen Justizapparates stand. Von diesem Moment an widmete sich Dubost voll und ganz der Vorbereitung des Prozesses. Bei den Vorbesprechungen der vier alliierten Anklagevertretungen im Herbst 1945 in London führte er die Verhandlungen für die französische Seite, denn dass de Menthon hier erschien, war die Ausnahme.[521] Im Anschluss daran begab er sich nach Nürnberg, wo er in der Folge für die Einrichtung und Unterbringung der Delegation verantwortlich war. Während des Prozesses hielt er sich dauerhaft in der Stadt auf und dirigierte die Arbeit der französischen Vertretung.[522] Bei der Aufteilung des Anklagevortrages übernahm er den nicht nur an Umfang, sondern auch an Bedeutung gewichtigsten Part: Gräueltaten an Zivilisten und Kriegsgefangenen. Im Januar 1946 trug er dem Gerichtshof eineinhalb Wochen lang durchgehend das hierzu zusammengetragene Beweismaterial vor.[523] Teil seines Anklagevortrages waren die Aussagen von acht ehemaligen Häftlingen deutscher Konzentrations- und Gefangenenlager, die er im Gerichtssaal als Zeugen befragte. In einer späteren Prozessphase nahm er den Niederländer Hans Max Hirschfeld ins Kreuzverhör, der als Zeuge der Verteidigung von Arthur Seyß-Inquart erschienen

---

519 Vgl. Korrespondenz und Notizen Dubosts aus seiner Zeit als Regierungskommissar in: FNSP-CD/01-02.

520 Vgl. JORF, 10. Oktober 1945, S. 6395: Décret du 9 octobre 1945 portant nomination des délégués adjoints du Gouvernement provisoire de la République française au ministère public du tribunal militaire international; das Dekret setzte die Ernennung rückwirkend mit Gültigkeit ab dem 1. September 1945 fest.

521 Vgl. Taylor, Prozesse, S. 132 f. Bei der ersten alliierten Verhandlungsrunde, an der Dubost teilnahm, handelt es sich um die Besprechungen der Anklagevertretungen am 29. September 1945 in London.

522 Vgl. AN-19890322/43: Dossier Dubost: Beurteilung durch de Menthon, 31. Januar 1946.

523 Vgl. IMT, 24. Januar bis 1. Februar 1946, Bd. 6, S. 135–470; Dubost sprach damit an sieben Verhandlungstagen in Folge.

war.[524] Am 29. Juli 1946 hielt er für die französische Anklage außerdem das Schlussplädoyer gegen die einzelnen Angeklagten.[525]

Charakterlich wird Dubost von Weggefährten, Kollegen und Beobachtern des Prozesses einhellig als energisch, selbstbewusst und direkt im Umgang mit anderen Menschen beschrieben. Er war in jedem Fall jemand, der die Dinge beim Namen nannte und ohne große Umschweife schnell zum Kern der Sache kam. Dabei fehlten ihm jedoch die Eleganz und sprachliche Geschmeidigkeit, die vor allem seine angloamerikanischen Kollegen von einem Juristen in seiner Position erwarteten.[526] „Ein interessanter Mann, wenn auch kein großer Plauderer"[527], urteilte Telford Taylor im Nachhinein. Im Kontakt mit den Verbündeten schreckte Dubost nicht davor zurück, Meinungsverschiedenheiten offen anzusprechen und ging während des Prozesses auch Auseinandersetzungen mit Geoffrey Lawrence, dem Vorsitzenden des Richterkollegiums, nicht aus dem Weg. Nachhaltigen Eindruck bei den andern Prozessteilnehmern hinterließen die Erzählungen über seine Aktivitäten in der Résistance, die im Nürnberger Gerichtsgebäude bald die Runde machten. Diese hätten jeden Schock-Schriftsteller vor Neid erblassen lassen, erinnerte sich der britische Delegationsvize David Maxwell Fyfe später.[528] Alles, was der amerikanische Richter Francis Biddle in seinen Memoiren über Dubost zu berichten wusste, war, dass dieser, „wie man hörte, besonders erfahren im Sprengen von Zügen und Brücken"[529] gewesen sei. Dubosts Ansehen bei den Angelsachsen litt allerdings darunter, dass Robert H. Jackson und seine Entourage ihn für einen Kommunisten hielten.[530] Gerüchte, Dubost sei ein Agent der *Parti communiste français* (PCF), drangen bis in die eigene Delegation vor.[531] Die politischen Überzeugungen des Anklägers schätzten seine Kollegen damit zwar offenkundig richtig ein. Dennoch waren solche Behauptungen maßlos übertrieben, da sich Dubost im Gegensatz zu den anderen Spitzen der Delegation nicht parteipolitisch

524 Vgl. IMT, 14. Juni 1946, Bd. 16, S. 241–251. Fälschlicherweise wird als Hirschfelds erster Vorname im Sitzungsprotokoll „Heinz" angegeben; vgl. ebd., S. 232.

525 Vgl. IMT, 29. Juli 1946, Bd. 19, S. 601–638.

526 Ins Karikaturhafte verzerrt ist die Charakterisierung Dubosts in den Memoiren Edgar Faures, seines Kollegen im Rang des stellvertretenden Delegationschefs. Mit dem herablassenden Spott des weltläufigen Staatsmannes porträtierte Faure Dubost als einen Ankläger aus der französischen Provinz, für den die internationale Bühne eine fremde Welt war, der Ausländern mit Misstrauen begegnete und der sich in der Gesellschaft von Politikern unwohl fühlte; vgl. Faure, Mémoires, Bd. 2, S. 29.

527 Taylor, Prozesse, S. 255.

528 Vgl. Fyfe, Adventure, S. 102.

529 Biddle, Authority, S. 431.

530 Vgl. Taylor, Prozesse, S. 132.

531 Vgl. Faure, Mémoires, Bd. 2, S. 29.

betätigte.[532] Jenseits von derartigen Spekulationen waren Dubosts fachliche Kompetenz und sein Arbeitseifer innerhalb der Delegation über jeden Zweifel erhaben.[533] Gleiches galt für seine Autorität bei den Hilfsanklägern und dem übrigen Personal, bei denen er in hohem Ansehen stand.[534] Bei aller differenzierten Bewertung im Einzelnen müssen daher die Leistungen der französischen Anklage in Nürnberg insgesamt zu einem beträchtlichen Teil als sein Werk angesehen werden. Keine andere Person hatte einen ähnlich großen Einfluss auf die tägliche Arbeit der Delegation.

Dubost blieb bis zum Abschluss des Verfahrens gegen die Hauptkriegsverbrecher in Nürnberg und leitete in dieser Zeit für die französische Seite zudem die Verhandlungen zur Durchführung eines zweiten Prozesses vor dem IMT, die dann aber scheiterten. Nach der Urteilsverkündung übernahm er noch die Reorganisation der Delegation.[535] Von dieser musste der größte Teil abgewickelt werden, während nur wenige Mitarbeiter in Nürnberg verblieben, um abschließend noch die Prozessprotokolle für ihre Veröffentlichung auf Französisch zu redigieren. Bis Ende März 1947 hatte Dubost auch diesen Auftrag erfüllt, seine Tätigkeit beim IMT war damit beendet. Er kehrte nun nach Paris zurück und fungierte dort noch für einige Zeit als Ankläger in Fällen von Wirtschaftskollaboration, bis der zuständige Gerichtshof 1951 aufgelöst wurde. Danach wurde Dubost zum Staatsanwalt am erstinstanzlichen *Tribunal de la Seine* in Paris ernannt. Er setzte seine Karriere in den folgenden Jahren fort und stieg schließlich 1962 zum Generalstaatsanwalt am Pariser *Cour d'appel* auf. 1972 wurde er in den Ruhestand versetzt. Als Politiker ist er auch später nie aktiv gewesen. Dubost starb 1991 im westlich von Paris gelegenen Saint-Cloud.

Edgar Faure

Die Kontinuität und Beständigkeit, für die Charles Dubost stand, fehlte im Amt des zweiten Stellvertreters. Denn auch hier kam es zu einem Personalwechsel und zeitweise war der Posten überhaupt nicht besetzt. Der Grund dafür war, dass sich das Ministerium entschied, den Posten – wie bereits den des Chefanklägers – mit einem Politiker zu besetzen. Zunächst fiel die Wahl auf Paul Coste-Floret.[536] 1911

532 Dubost war zwar kein aktiver Politiker, stand aber offensichtlich der PCF nahe; vgl. Moracchini, Témoignages, S. 153. In einem Artikel, den er 1948 verfasste, bezeichnete Dubost beispielsweise die damaligen westeuropäischen Regierungen als „Unternehmen des angelsächsischen Großkapitals" (S. 4), die Kommunisten als „die aufgeklärteste Fraktion des französischen Volkes" (S. 6) und de Gaulle als einen „Diktator-Lehrling" (S. 11) und hoffte auf die Einheit aller Proletarier angesichts der Bedrohung durch Krieg und Faschismus (vgl. S. 13); FNSP-CD/16: Artikel: La diplomatie des Anglo-saxons et le fascisme en Europe occidentale, Oktober 1948.

533 Vgl. Faure, Mémoires, Bd. 2, S. 40.

534 Vgl. AN-19890322/43: Dossier Dubost: Schreiben Champetier de Ribes', undatiert.

535 Vgl. AN-19970410/1: Note sur la composition de la Délégation française près de TMI, 3. Juli 1947.

536 Vgl. AN-19970410/1: Dossier: Coste-Floret, Paul.

in Montpellier geboren, hatte der studierte Jurist sich während des Zweiten Weltkrieges in Nordafrika in den Reihen der Gaullisten bewährt und ab 1943 in der Exilregierung das Büro des damaligen Justizministers de Menthon geleitet.[537] Seine Tätigkeit beim IMT war jedoch nur ein kurzes Zwischenspiel. Coste-Floret wurde im Oktober 1945, kurz nach seiner Nominierung, in die französische Nationalversammlung gewählt und dort – wie auch de Menthon – in die Kommission berufen, die eine neue Verfassung ausarbeitete. Daher entschloss er sich, schon nach wenigen Wochen, Anfang Dezember 1945, von seinem Posten in Nürnberg wieder zurückzutreten.[538]

Zu seinem Nachfolger wurde Edgar Faure ernannt.[539] Vielen Franzosen gilt er aufgrund seiner späteren politischen Karriere, die ihn in die höchsten Staatsämter führte, als der prominenteste Prozessbeteiligte ihres Landes.[540] Faure kam 1908 in Béziers, im südfranzösischen Département Hérault, zur Welt. In Paris besuchte er die Schule und studierte danach Jura und Slawistik. Sein Interesse an der russischen Sprache und Kultur sollte sein Leben lang anhalten. Nach dem Studium arbeitete Faure als Rechtsanwalt und fand schließlich eine Anstellung in einer Kanzlei in der französischen Hauptstadt, in der er sich auf Wirtschafts- und Steuerrecht spezialisierte. Bei Kriegsbeginn einberufen, erlebte er den Zusammenbruch der französischen Armee im Juni 1940 als Verwaltungsoffizier in einem Militärhospital in Rennes. Kurz darauf wurde er demobilisiert und siedelte mit seiner Familie nach Lyon über, in die unbesetzte Zone, um dort seinen Beruf als Rechtsanwalt wieder aufzunehmen. Aus Angst um seine Frau Lucie, die Jüdin war, entschied er sich jedoch bald zur Flucht nach Nordafrika. Im Herbst 1942, kurz bevor die Wehrmacht in der „freien Zone" einmarschierte, bestieg das Ehepaar zusammen mit der gemeinsamen Tochter ein Schiff, das sie nach Tunis brachte. Wenig später siedelte die Familie nach Algier über, wo mittlerweile de Gaulles Exilregierung ihren Sitz hatte und Faure als Leiter der Redaktionsabteilung für Gesetzestexte engagiert wurde. Im Oktober 1944 mit der Exilregierung in das befreite Frankreich zurückgekehrt, wechselte er in das Büro von Wirtschaftsminister Pierre Mendès France und verstärkte gleichzeitig seine Aktivitäten in der französischen Politik. Als Kandidat der liberalen *Parti radical* strebte Faure ein Mandat in der Nationalversammlung an, verfehlte bei den Wahlen vom Oktober 1945 sein Ziel allerdings. In dieser Situation machte Faures Freund Paul Coste-Floret ihm das Angebot, sein Amt als stellvertretender Chefankläger beim IMT zu übernehmen.[541]

537 Zur Biographie Coste-Florets vgl. Assemblée nationale, Dictionnaire, S. 195 ff.

538 Vgl. AN-19970410/1: Note sur la composition de la Délégation française près de TMI, 3. Juli 1947.

539 Vgl. JORF, 6. Dezember 1945, S. 8062: Décret du 1er décembre 1945 portant nomination d'un délégué adjoint du Gouvernement provisoire de la République française au ministère public du Tribunal Militaire International.

540 Über Faure liegt eine Vielzahl von Biographien vor; vgl. Jeambrun, Visages; Krakovitch, Faure; Lestrohan, Edgar; Marek, Faure.

541 Vgl. Faure, Mémoires, Bd. 1, S. 157.

Als Faure Anfang Dezember 1945 in Nürnberg eintraf, hatte der Prozess bereits begonnen und die französische Delegation ihre Arbeit aufgenommen. Mit seinem Kollegen Dubost steckte er eine grundsätzliche Aufgabenteilung ab, die sich an den von Frankreich übernommenen Anklagepunkten 3 und 4 orientierte: Danach war Dubost für die Kriegsverbrechen zuständig, wohingegen sich Faure mit den Verbrechen gegen die Menschlichkeit befasste.[542] Im Gerichtssaal ergriff Faure erstmals direkt nach de Menthons Eröffnungsplädoyer das Wort, um eine Einführung in die nun folgenden Themenkomplexe zu geben und die ihm nachfolgenden Sprecher anzukündigen.[543] Später stellte er an vier Verhandlungstagen Anfang Februar 1946 dem Gericht die Beweismittel vor, die sich auf die Germanisierung besetzter Gebiete bezogen.[544] Im April führte er außerdem für die französische Anklage das Kreuzverhör von Joachim von Ribbentrop.[545] Der Position nach war Faure mit Dubost gleichrangig, aber im Gegensatz zu seinem Kollegen hielt er sich – wie auch de Menthon – nur zeitweise in Nürnberg auf und arbeitete trotz seines Amtes als Ankläger weiter an seiner politischen Karriere.[546] Die Leitung der Delegation lag daher häufig allein bei Dubost, Faure dagegen war in den laufenden Betrieb in Nürnberg sehr viel weniger eingebunden. Sein verspätetes Hinzustoßen war sicherlich ein weiterer Grund hierfür. Mit dem Fortgang des Prozesses beteiligte sich der aufstrebende Politiker Faure aber auch ganz bewusst immer weniger an der Arbeit der Delegation. Stattdessen galt seine Aufmerksamkeit der turbulenten politischen Entwicklung in Frankreich und er setzte nun alles daran, ein Mandat im Parlament zu erringen. Um im Département Jura Wahlkampf machen zu können, ließ Faure sich deswegen kurz nach dem Kreuzverhör Ribbentrops im April 1946 von seinem Amt beim IMT beurlauben. Bei den Neuwahlen zur Nationalversammlung im Juni 1946 scheiterte er allerdings ein zweites Mal. Schließlich errang Faure jedoch einen Sitz für die *Parti radical* bei den ersten Parlamentswahlen der Vierten Republik im November desselben Jahres. Daraufhin trat er offiziell von seinem Posten als stellvertretender Chefankläger in Nürnberg zurück.[547]

Mit voller Energie widmete er sich in der Folge dem politischen Geschehen in Frankreich. Faure stieg bald zu einem der Köpfe der *Parti radical* auf und führte dessen konservativen Flügel an. In der instabilen Vierten Republik bekleidete er Ministerämter in mehreren Kabinetten und amtierte zweimal, 1952 und 1955/56, als Regierungschef. Auch in der 1958 errichteten Fünften Republik unter ihrem ersten Präsidenten Charles de Gaulle konnte Faure sich politisch behaupten und eine führende Rolle spielen. Unter anderem war er hier Landwirtschafts- und später

---

542 Vgl. Faure, Mémoires, Bd. 2, S. 29 ff.

543 Vgl. IMT, 17./18. Januar 1946, Bd. 5, S. 480–492.

544 Faures Teil des französischen Anklagevortrages erstreckte sich über die Sitzungen vom 1., 2., 4. und 5. Februar 1946; vgl. IMT, 1.–5. Feb. 1946, Bd. 6, S. 470-Bd. 7, S. 63.

545 Vgl. IMT, 2. April 1946, Bd. 10, S. 446–467.

546 Vgl. Taylor, Prozesse, S. 255.

547 Vgl. AN-19970410/1: Dossier: Faure, Edgar: Faure an Champetier de Ribes, 19. November 1946.

Erziehungsminister, zuletzt hatte er von 1973 bis 1978 das Amt des Präsidenten der Nationalversammlung inne. In seinen letzten Lebensjahren verfasste Edgar Faure seine Memoiren, in denen er auf sein Leben und seine politische Laufbahn zurückblickte. Seine Tätigkeit als Ankläger in Nürnberg nimmt darin breiten Raum ein und für sich persönlich stellte er abschließend fest: „Die Kraft meiner europäischen Überzeugung ist wahrscheinlich die wichtigste Lektion, die ich in Nürnberg gelernt habe."[548] Faure starb 1988 in Paris.

2.2.2 Abteilungsleiter

Zur Anklagevertretung zählte eine Reihe weiterer Personen, die dem Chef der französischen Delegation und seinen beiden Stellvertretern unterstellt waren. Auf der nächst unteren Ebene gehörten ihr vier Ankläger im Rang eines Abteilungsleiters (*chef de section*) an.[549] Sie hatten in der Regel einen bestimmten thematischen Schwerpunkt, auf den sie sich bei der Ausarbeitung des Anklagevortrages konzentrierten, und trugen den entsprechenden Teil dann während des Prozesses vor.

Delphin Debenest

Einer der Abteilungsleiter war Delphin Debenest. Er wurde 1907 in Blanzay im Süden des Départements Vienne geboren.[550] Im nahegelegenen Poitiers besuchte er die Schule und nahm danach ein Jurastudium auf, das er 1929 abschloss. Drei Jahre später promovierte er an der juristischen Fakultät in Poitiers in Zivilrecht und erwarb zusätzlich ein Diplom in Anglistik. Im Anschluss trat er in den Justizdienst ein und arbeitete in den folgenden Jahren als Richter in Rennes und später erneut in Poitiers. Seit 1935 war er Staatsanwalt am Gericht von Niort, im westfranzösischen

---

548 Faure, Mémoires, Bd. 2, S. 64.

549 Der Titel „chef de section" definierte die Gehaltsklasse der betreffenden Personen; vgl. AN-BB 30/1779: Le délégué du Gouvernement provisoire de la République française au Tribunal Militaire International des grands criminels de guerre à M. le Garde des Sceaux, 4. Oktober 1945. Die übrigen Mitglieder des Anklagestabes wurden als „chargés de mission" erster oder zweiter Klasse vergütet und hatten dadurch ein niedrigeres Gehalt. Allerdings beschränkte sich der Titel „chef de section" nicht auf die Anklagevertretung. Auch andere Personen, etwa der Leiter des Generalsekretariats Félix Boucly, gehörten der Delegation in diesem Rang an. Außerdem nahm das Justizministerium später mehrere Beförderungen vor, was eine grundsätzliche Unterscheidung zusätzlich erschwert. Maßgeblich für die hier vorgenommene Unterteilung ist die Situation zum Zeitpunkt des französischen Anklagevortrages (Januar 1946) sowie das offizielle Prozessprotokoll, in dem zwischen Abteilungsleitern und einfachen Hilfsanklägern unterschieden wird; vgl. IMT, Bd. 1, S. 3.

550 Zu allen biographischen Angaben über Debenest vgl. AN-19820583/146: Dossier de carrière: Debenest, Delphin Jean Aristide; außerdem Tantin, Debenest.

Département Deux-Sèvres. Nach dem deutschen Überfall auf Polen wurde Debenest in die Armee einberufen.

In den Ardennen erlebte er im Mai 1940 an der Front den Durchbruch der Wehrmacht durch die französischen Verteidigungslinien mit. Er entging der Gefangennahme und wurde wenige Wochen später, nach Unterzeichnung des Waffenstillstandsvertrages, demobilisiert.[551] Nach Hause zurückgekehrt, konnte er in den Kriegsjahren seine juristische Karriere als Staatsanwalt zunächst fortsetzen. Zum Jahresbeginn 1941 wurde er von Niort erneut nach Poitiers versetzt. Dort begann er, sich in der Résistance zu engagieren. Als Beamter sabotierte er in seinem Zuständigkeitsbereich Maßnahmen, die das Vichy-Regime bei der Verfolgung politischer Gegner anordnete, und schützte Landsleute vor der Verhaftung durch die Deutschen. Außerdem betätigte er sich als Agent für das klandestine Netzwerk *Delbo-Phénix*, das Informationen für de Gaulles *France libre* sammelte. Ende Juli 1944, als nach der alliierten Landung in der Normandie bereits die Schlacht um Frankreich tobte, enttarnte die Sicherheitspolizei Debenest und verhaftete ihn unter dem Vorwurf der Spionagetätigkeit an seinem Arbeitsplatz im Gerichtsgebäude von Poitiers.[552] Man brachte ihn anfangs in das Transitlager in Compiègne-Royallieu. Von dort wurde er am 16. August 1944, mit einem der letzten Konvois, die Frankreich vor der Befreiung durch die Alliierten verließen, nach Deutschland ins KZ Buchenwald deportiert. Das Martyrium, das für ihn nun begann, dauerte fast neun Monate. Debenest gehörte zu einer größeren Gruppe Franzosen, die in einem Außenlager des KZ bei Holzen Zwangsarbeit verrichten musste.[553] Von der KZ-Haft gezeichnet, kehrte er Ende April 1945 nach Poitiers zurück. Es dauerte noch Wochen, bis Debenest wieder bei Kräften war und sich um seine Wiedereingliederung in den Justizdienst bemühen konnte.[554] Ihm wurde nun eine Stelle als Oberstaatsanwalt in Bourges angeboten, die er aus Mangel an Alternativen zunächst annahm.[555] Ein adäquater Posten in seiner Heimatregion war dagegen im Moment nicht frei, sollte ihm jedoch schnellstmöglich zugewiesen werden. In dieser Situation offerierte ihm das Ministerium einen Platz in der französischen Delegation beim IMT. Debenest ging auf das Angebot ein und brach daher nur wenige Monate nach seiner Rückkehr erneut nach Deutschland auf. Er traf im 18. Oktober 1945 in Nürnberg ein.[556]

Innerhalb der französischen Delegation war er zum einen für die Anklage gegen die NS-Organisationen zuständig, die vor dem IMT neben dem Verfahren gegen die

551 Vgl. Debenests Tagebuchaufzeichnungen in: Tantin, Debenest, S. 19–128.

552 Vgl. Debenests Schilderung seiner Verhaftung, der Deportation nach Buchenwald und der KZ-Haft in: Tantin, Debenest, S. 141–232.

553 Zu Holzen und den französischen Häftlingen vgl. Wagner, Wiederentdeckt.

554 Vgl. AN-19820583/146: Dossier Debenest: Le premier président de la Cour d'appel de Poitiers à M. le Garde des Sceaux, 1. Mai 1946.

555 Vgl. AN-19820583/146: Dossier Debenest: Cour d'appel de Bourges. Le procureur général à M. le Garde des Sceaux, 21. September 1945.

556 Vgl. Debenests Bericht über seine Reise nach Nürnberg in: Tantin, Debenest, S. 261–266.

einzelnen Hauptkriegsverbrecher verhandelt wurde.[557] Zum anderen unterstützte er seinen Vorgesetzten Charles Dubost in dessen Domäne und wirkte an der Zusammenstellung des Beweismaterials zu Verbrechen in den deutschen Konzentrationslagern mit.[558] Dabei arbeitete er den Teil der Anklage aus, der die von der SS durchgeführten Menschenversuche behandelte. In der zweiten Prozesshälfte bereitete Debenest in enger Zusammenarbeit mit der britischen und amerikanischen Anklagevertretung das Kreuzverhör von Ernst Kaltenbrunner vor.[559] Er selbst hatte vor dem IMT im Juni 1946 das Wort, als er Arthur Seyß-Inquart ins Kreuzverhör nahm und zu dessen Aktivitäten als Reichskommissar für die besetzten Niederlande befragte.[560] Aufgrund der Erwartungen der niederländischen Öffentlichkeit und der Regierung in Den Haag, deren Delegation in Nürnberg nicht berechtigt war, sich selbst in den Prozess einzubringen, handelte es sich hierbei um eine besonders delikate Aufgabe für einen französischen Ankläger.

Schließlich verließ Debenest Nürnberg aber vorzeitig. Im Sommer 1946, als er bereits seit Monaten auf die Zuteilung eines Postens in seiner Heimatregion wartete, ernannte das Ministerium ihn zum Oberstaatsanwalt in Niort.[561] Nach einer erneuten, nunmehr fast einjährigen Trennung von Frau und Kindern wollte Debenest zurück zu seiner Familie und entschloss sich daher, den neuen Posten unverzüglich anzutreten.[562] Auf seinen Wunsch hin schied er im August 1946 zu Monatsende aus der Delegation aus.[563] Mehrere Jahre war Debenest im Anschluss bei der Staatsanwaltschaft in Niort tätig, bis er 1953 als Richter nach Paris ans *Tribunal de la Seine* wechselte. Die letzte Station seiner Karriere war der Pariser *Cour d'appel*, wo er 1970 zum Präsidenten einer Kammer befördert wurde. Sieben Jahre später erfolgte seine Versetzung in den Ruhestand. Vor allem in seinen letzten Lebensjahren kam Debenest immer wieder auf seine Tätigkeit in Nürnberg zurück, indem er bei verschiedenen offiziellen Anlässen von seinen Erlebnissen als Ankläger vor dem

---

557 Vgl. AN-19820583/146: Dossier Debenest: Beurteilung durch de Menthon, 31. Januar 1946.

558 Vgl. AN-19820583/146: Dossier Debenest: Champetier de Ribes. Notice de présentation au tableau d'avancement, undatiert.

559 Das Kreuzverhör Kaltenbrunners führte am 12. und 13. April 1946 der amerikanische Hilfsankläger John Harlan Amen durch; vgl. IMT, 12./13. April, Bd. 11, S. 350–419.

560 Vgl. IMT, 11./12. Juni 1946, Bd. 16, S. 31–88. Außerdem nahm Debenest kurz darauf Seyß-Inquarts Entlastungszeugen Friedrich Wimmer, den vormaligen Generalkommissar für die innere Verwaltung und Justiz in den Niederlanden, und Ernst Schwebel, Seyß-Inquarts Beauftragten in Südholland, ins Kreuzverhör; vgl. IMT, 13./14. Juni 1946, Bd. 16, S. 217–232 und ebd., 14. Juni 1946, Bd. 16, S. 256 ff.

561 Vgl. AN-19820583/146: Dossier Debenest: Le procureur général près la Cour d'appel de Poitiers à M. le Garde des Sceaux, 4. September 1946.

562 Vgl. AN-BB 30/1779: Handschriftliches Demissionsgesuch Debenests, 9. August 1946, mit Stellungnahme Champetier de Ribes'.

563 Vgl. AN-19820583/146: Dossier Debenest: Anweisung Teitgens, 30. August 1946.

IMT berichtete und sich als Mitglied der AIDP für die Schaffung eines ständigen internationalen Strafgerichtshofes einsetzte.[564] Diese sollte er jedoch nicht mehr miterleben. Debenest starb 1997.

Charles Gerthoffer

Zu den Abteilungsleitern wie überhaupt zu den maßgeblichen Vertretern der französischen Anklagebehörde zählte außerdem Charles Gerthoffer. 1898 geboren, wuchs er in Nancy auf.[565] Im Ersten Weltkrieg fielen Gertfhoffers Vater und seine beiden Brüder. Er selbst wurde im April 1917 in die Armee einberufen und kämpfte in der letzten Kriegsphase als Infanterist an der Front. Drei Jahre später, im Mai 1920, kehrte er aus der Armee zurück. Fortan lebte er allein mit seiner Mutter und studierte in seiner Heimatstadt Jura.[566]

Nachdem er einige Jahre als Rechtsanwalt gearbeitete hatte, entschied er sich letztendlich für die Beamtenlaufbahn. 1928 bestand er die Prüfung zur Aufnahme in den staatlichen Justizdienst und wurde im folgenden Jahr zum Richter in Pontoise ernannt. Vier Jahre später wechselte er zur Staatsanwaltschaft im östlich von Paris gelegenen Coulommiers und 1938 beförderte man ihn zum Ankläger am erstinstanzlichen *Tribunal de la Seine* in Paris. Hier spezialisierte er sich auf Wirtschafts- und Finanzrecht. Zu Beginn des Zweiten Weltkrieges wurde Gerthoffer in die Armee einberufen und in den folgenden Monaten als Militärstaatsanwalt eingesetzt. Diese Tätigkeit endete für ihn jedoch, als im Juni 1940 der deutsch-französische Waffenstillstandsvertrag unterzeichnet wurde. Aus der Armee entlassen, konnte Gerthoffer in seinen alten Beruf am *Tribunal de la Seine* zurückkehren. Der Finanzabteilung der dortigen Staatsanwaltschaft zugeteilt, führte er nun mehrere Großverfahren gegen Versicherungsgesellschaften, die noch aus der Vorkriegszeit anhängig waren. Auf diesem Weg profilierte er sich weiter als Experte bei der Verfolgung von Finanz- und Wirtschaftsdelikten. Das Justizministerium griff daher nach der Befreiung von Paris im Sommer 1944 auf seine fachliche Kompetenz zurück und ernannte ihn zum stellvertretenden Regierungskommissar. In dieser Funktion leitete er in der unmittelbaren Nachkriegszeit die Untersuchung in Fällen von wirtschaftlicher Kollaboration und vertrat die Anklage am zuständigen Gerichtshof in Paris.[567] Nur wenig später war es wieder sein Fachwissen, das nun an anderer Stelle gebraucht wurde: Als Experte für Wirtschaftsfragen wurde Gerthoffer Mitte Oktober 1945 im Rang eines Abteilungsleiters in die IMT-Delegation aufgenommen. In Nürnberg

564 Vgl. Nachlass Debenest: mehrere Redemanuskripte Debenests aus späteren Jahren.

565 Zu allen biographischen Angaben über Gerthoffer vgl. AN-19890074/115: Dossier de carrière: Gerthoffer, Charles Alexandre; auch das Interview mit Gerthoffer in Daniel Costelles Dokumentarfilm „Le procès de Nuremberg" (1974).

566 Vgl. AN-19890074/115: Dossier Gerthoffer: Bureau de recrutement de Colmar. État signalétique des services, 21. August 1928.

567 Vgl. AN-19890074/115: Dossier Gerthoffer: Parquet de la Cour d'appel de Paris. Notice, 21. Juli 1947; zur „épuration" im Wirtschaftssektor vgl. Bergère, Épuration.

angekommen, leitete er innerhalb der Anklagevertretung die Wirtschaftsabteilung (*section économique*), die sich mit der Ausplünderung der westeuropäischen Länder unter deutscher Besatzung befasste.[568] Gerthoffer übernahm die Ausarbeitung des Anklagevortrages zu diesem Themenkomplex und verlas bei Prozessbeginn den zugehörigen Abschnitt der Anklageschrift.[569] Im Januar 1946 stellte er das gesammelte Beweismaterial zur Ausplünderung Norwegens, Dänemarks, der Niederlande und Frankreichs dem Gericht vor.[570] Einige Tage später hatte er erneut das Wort vor dem IMT und sprach über den Raub von Kunstschätzen.[571] Der amerikanische Hilfsankläger Drexel Sprecher, der in Nürnberg eng mit Gerthoffer zusammenarbeitete, urteilte über seinen französischen Kollegen: „Er war ein unermüdlicher Arbeiter und er hielt einen der besten Vorträge des Prozesses über die Plünderung von Besitz durch die NS-Invasoren."[572]

In der zweiten Prozesshälfte nahm vor allem ein neues Projekt Gerthoffers Kräfte in Anspruch: Er koordinierte die Vorbereitungsarbeiten für ein weiteres geplantes Verfahren gegen hochrangige NS-Industrielle, das die französische Regierung zusammen mit ihren Verbündeten durchführen wollte.[573] In einem solchen, zweiten Prozess wäre auf Gerthoffer für die französische Seite wohl die Rolle des Chefanklägers zugekommen. Als dieses Vorhaben aber dann am Widerstand der Amerikaner und Briten scheiterte, organisierte Gerthoffer ein solches Verfahren allein unter französischer Regie: Der Prozess gegen den saarländischen Industriellen Hermann Röchling und weitere Manager aus dessen Konzern, der von Februar bis Juni 1948 in Rastatt abgehalten wurde, war im Wesentlichen sein Werk.[574] Er selbst vertrat die Anklage gegen Röchling und die anderen Beschuldigten. Währenddessen hielt er aber auch Kontakt nach Nürnberg. Nachdem dort im Hauptkriegsverbrecherprozess das Urteil gesprochen und der Großteil der französischen Delegation abgereist war, fungierte Gerthoffer als Ansprechpartner seiner Regierung bei den folgenden Kriegsverbrecherprozessen, die die Amerikaner in der Stadt durchführten. Zwischen ihm und Telford Taylor, dem Chef der Anklagebehörde der Vereinigten Staaten, entwickelte sich eine enge Zusammenarbeit. Beide tauschten Informationen aus, stimmten sich ab und gaben Beweismaterial aneinander weiter.[575] Die Kooperation ging so weit, dass Gerthoffer im Fall 11, dem Nürnberger Wilhelmstraßenprozess, auf Einladung der Amerikaner hin selbst als Ankläger auftrat und

568 Vgl. AN-19890074/115: Dossier Gerthoffer: Beurteilung durch de Menthon, 31. Januar 1946.

569 Vgl. IMT, 20. November 1945, Bd. 2, S. 65–70.

570 Vgl. IMT, 19./21. Januar 1946, Bd. 5, S. 576–633 und 22. Januar 1946, Bd. 6, S. 28–63.

571 Vgl. IMT, 6. Februar 1946, Bd. 7, S. 64–86.

572 Sprecher, Nuremberg, Bd. 1, S. 562.

573 Vgl. AN-19890074/115: Dossier Gerthoffer: Champetier de Ribes. Notice de présentation au tableau d'avancement, undatiert.

574 Vgl. Berger/Joly: Röchling; auch Pendaries, Rastatt, S. 51–55.

575 Vgl. AN-19890074/115: Dossier Gerthoffer: Taylor an das französische Justizministerium, 24. August 1948.

in einer Rede Frankreichs Unterstützung für die Arbeit des Gerichts zum Ausdruck brachte.[576]

Mit dem Abschluss des Rastatter Verfahrens endete Gerthoffers Tätigkeit bei der Ahndung von Kriegsverbrechen schließlich. Er kehrte zum Jahresende 1948 nach Paris zurück und trat dort am *Tribunal de la Seine* das Amt eines Generalstaatsanwaltes an, wiederum in der Abteilung für Finanzdelikte. In den folgenden Jahren gelang es ihm, in die höchsten juristischen Sphären aufzusteigen. Seit 1954 Ankläger am *Cour d'appel* in Paris, wurde er im Algerienkrieg 1962 kurzzeitig als Militärstaatsanwalt nach Algier entsandt. Nach seiner Rückkehr krönte 1965 die Ernennung zum ersten Generalstaatsanwalt (*premier avocat général*) am *Cour de cassation* seine Karriere. 1969 wurde Gerthoffer in den Ruhestand versetzt.

Jean Leyris

Ein weiterer Abteilungsleiter war der 34-jährige Jean Leyris, der aus der Provence stammte.[577] 1911 in Nîmes geboren, schrieb er sich nach dem Abitur an der juristischen Fakultät der Universität in Montpellier ein. Auf sein Jurastudium folgte eine Promotion in Zivilrecht, die er 1934 abschloss. Nach Ableisten seines Militärdienstes trat er 1936 in den Justizdienst ein und arbeitete zunächst als Rechtsreferendar in seiner Geburtsstadt. Zwei Jahre später ernannte man ihn zum Richter in Avignon.

Zu Beginn des Zweiten Weltkrieges einberufen, wurde er nach rund elf Monaten wieder aus der Armee entlassen.[578] Nach dem militärischen Zusammenbruch Frankreichs im Sommer 1940 kehrte er nach Avignon zurück und übte in den folgenden Kriegsjahren weiterhin sein Richteramt aus. Anfang 1944 wurde er zum Präsidenten des Zivilgerichts in dem provenzalischen Städtchen Carpentras ernannt. Zu diesem Zeitpunkt hatte er bereits enge Kontakte zur Résistance geknüpft. Vor allem seitdem die Wehrmacht in die Südzone und damit auch in die Provence einmarschiert war, beteiligte er sich an Aktivitäten gegen die Besatzer.[579] Er war dabei in ein klandestines Netzwerk eingebunden, das die deutsche Infrastruktur sabotierte. Der Höhepunkt der Aktivitäten der Gruppe war ein Bombenanschlag auf das Eisenbahndepot von Avignon, bei dem 20 Lokomotiven zerstört wurden.[580] Nach einer Denunziation

576 Vgl. AN-BB 30/1796: Gerthoffer an das Justizministerium, 4. März 1947 [sic; tatsächlich wohl 4. März 1948].

577 Zu allen biographischen Angaben über Leyris vgl. AN-19840317/7: Dossier de carrière: Leyris, Jean Marius Joseph.

578 Vgl. AN-19840317/7: Dossier Leyris: Mentions relatives au service militaire, 1. Dezember 1941.

579 Vgl. AN-19840317/7: Dossier Leyris: Cour d'appel de Nîmes. Notice de présentation: Leyris, Jean Marius Joseph, 30. Juni 1948.

580 Der Anschlag fand in der Nacht vom 19. auf den 20. Februar 1944 statt. Die Gruppe befestigte Sprengsätze an den Lokomotiven, die nacheinander explodierten. Auch zwei Angehörige des französischen Bahnpersonals kamen ums Leben; vgl. AN-19840317/7: Dossier Leyris: Le premier président de la Cour d'appel de Nîmes à M. le Garde des Sceaux, 22. April 1944.

wurde Leyris deswegen im April 1944 verhaftet. Kurz darauf berichtete die Tageszeitung *Le petit Provençal*, dass der Präsident des Zivilgerichts von Carpentras an dem spektakulären Anschlag beteiligt war und dass man in seiner Wohnung eine größere Menge Sprengstoff gefunden hatte.[581] Leyris verblieb zunächst in deutscher Untersuchungshaft in Avignon. Als nach der alliierten Landung im Sommer 1944 jedoch der Rückzug der Wehrmacht aus Frankreich einsetzte, wurde er einem Häftlingstransport nach Deutschland zugeteilt. Aufgrund von alliierten Luftangriffen musste der Zug immer wieder anhalten und kam schließlich am 18. August 1944 in Roquemaure zum Stehen, von wo aus die Häftlinge zu Fuß weitergetrieben wurden. Noch am selben Tag konnte Leyris fliehen. Dadurch entging er dem Schicksal seiner Leidensgenossen: Der Konvoi erreichte Ende des Monats das KZ Dachau.[582]

Nach der Befreiung Frankreichs wurde Leyris sofort wieder in den Justizdienst übernommen. Zunächst amtierte er im nördlich von Nîmes gelegenen Mende als Vorsitzender des dortigen *Cour de justice*, eines der landesweit geschaffenen Sondergerichte, vor denen Kollaborateure angeklagt wurden.[583] Ab Februar 1945 übte er am *Cour d'appel* in seiner Geburtsstadt wieder ein reguläres Richteramt aus. Mit seinen Aktivitäten in der Résistance und seiner Mitwirkung bei der Ahndung von Kollaborationsvergehen erschien er dem Justizministerium offensichtlich als geeigneter Kandidat für die IMT-Delegation. Als Leyris in eine entsprechende Offerte einwilligte, ging jedenfalls alles sehr schnell. Anfang Oktober 1945 ersuchte das Ministerium die Justizbehörden in Nîmes, Leyris unverzüglich freizustellen und in die Hauptstadt reisen zu lassen.[584] Bereits wenige Tage später traf er in Nürnberg ein. Dort war er dem Rang nach zwar eines der führenden Mitglieder des Anklagestabes. Insgesamt hat er mit seiner Tätigkeit in der Delegation aber deutlich weniger Spuren hinterlassen als beispielsweise seine Kollegen Gerthoffer und Debenest. Das liegt offenkundig daran, dass Leyris während des Prozesses zu keinem Zeitpunkt das Wort führte und selbst keinen Teil der Anklage vortrug. Zuständig war er für die Verbrechen von SS und Sicherheitspolizei. Unter der Leitung Dubosts arbeitete er den zugehörigen Teil für den Anklagevortrag aus.[585] Dass er selbst nie vor dem IMT für die französische Delegation gesprochen hat, mag auch daran liegen, dass er seiner Mission ein vorzeitiges Ende setzte. Über Ostern 1946 kehrte Leyris nach Nîmes zurück, wo ihm seine früheren Vorgesetzten anboten, auf seinen alten Posten

581 Vgl. Le Petit Provençal, Artikel: „Le président du Tribunal civil de Carpentras se livrait au sabotage des locomotives", 3. Mai 1944.

582 Mit dem Konvoi wurden insgesamt 612 Personen deportiert. Unter diesen war Leyris einer von 62, denen auf dem Weg nach Deutschland die Flucht gelang; vgl. Hamel/Fontaine, Transport.

583 Vgl. Cordesse, Lozère, S. 87 f.

584 Vgl. AN-19840317/7: Dossier Leyris: Telegramm: Garde des Sceaux à Procureur Général Nîmes, 5. Oktober 1945.

585 Vgl. AN-19840317/7: Dossier Leyris: Beurteilung durch de Menthon, 31. Januar 1946.

zurückzukehren.[586] Von einer erneuten Reise nach Nürnberg sah er deswegen ab und schied Ende April 1946 auf eigenen Wunsch aus der Delegation aus.[587]

Danach amtierte er mehrere Jahre lang als Richter und zuletzt als Kammerpräsident am *Cour d'appel* seiner Geburtsstadt Nîmes, bis er 1958 nach Paris wechselte. Die nächste Station seiner Karriere war der *Cour d'appel* in Montpellier, zu dessen Präsidenten er 1963 befördert wurde. Seine juristische Laufbahn erreichte schließlich 1972 mit der Ernennung zum Richter am *Cour de cassation* ihren Höhepunkt. Sechs Jahre später wurde er in den Ruhestand versetzt.

Pierre Mounier

Im Rang eines Abteilungsleiters gehörte dem Anklagestab außerdem Pierre Mounier an.[588] Geboren 1891 in St. Pierre auf der Karibik-Insel Martinique, hatte er nach dem Abitur 1908 ein Jurastudium im südfranzösischen Aix-en-Provence aufgenommen und vier Jahre später in Paris abgeschlossen.[589] Das Ende seines Militärdienstes fiel mit dem Ausbruch des Ersten Weltkrieges zusammen. Als Soldat wurde er mehrfach verwundet und stieg innerhalb der Armee bis zum Hauptmann auf.

Nach Kriegsende schlug er erneut die juristische Laufbahn ein, wobei sich ihm neue Perspektiven in der französischen Kolonialverwaltung in Marokko eröffneten.[590] Im Laufe der folgenden Jahre bekleidete er mehrere Posten als Richter in Rabat, Oujda und Casablanca, bevor er schließlich 1938 zum Präsidenten des erstinstanzlichen Gerichts in Marrakesch berufen wurde. Im März 1939 erfolgte seine Versetzung an den *Cour d'appel* in Rabat. Dort wurde er zu Beginn des Zweiten Weltkrieges kurzzeitig erneut mobilisiert, jedoch nach dem militärischen Zusammenbruch Frankreichs im Sommer 1940 aus der Armee entlassen. Zunächst übernahm man ihn danach wieder in den Justizdienst in Marokko, aber das Programm der „nationalen Revolution" Vichys und die damit verbundenen politischen Säuberungen des Staatsapparates machten auch vor dem französischen Kolonialreich nicht halt. Erste Beschuldigungen gegen Mounier wegen politischer „Unzuverlässigkeit", erhoben durch das Justizministerium, wurden in Rabat im Juni 1941 bekannt.[591] Obwohl Mounier nach Einschätzung seines Vorgesetzten zwar der gemäßigten Linken nahestand, sich aber nie in irgendeiner Form in der Politik betätigt hatte, entließ

---

586 Vgl. AN-19840317/7: Dossier Leyris: Handschriftliches Demissionsgesuch Leyris', 30. April 1946.

587 Vgl. AN-19970410/1: Personnel de la délégation française à Nuremberg, 10. April 1946.

588 Zu allen biographischen Angaben über Mounier vgl. AN-19770067/338: Dossier de carrière: Mounier, Pierre.

589 Als Student verbrachte Mounier 1910 seine Ferien in Bayern und besuchte dabei unter anderem Nürnberg; vgl. IMT, 7. Februar 1946, Bd. 7, S. 93.

590 Vgl. AN-19770067/338: Dossier Mounier: Curriculum vitae, 1922.

591 Vgl. AN-19770067/338: Dossier Mounier: Le premier président de la Cour d'appel de Rabat à M. le Garde des Sceaux, 29. Juli 1941.

ihn das Ministerium in Vichy wenige Wochen später aus dem Staatsdienst. Zuvor war im *Journal officiel* eine Liste mit den Namen von Angehörigen von Freimaurerlogen erschienen. Auch Mouniers Name wurde dort genannt.[592] Die Repression, die Pétains Regime gegenüber Freimaurern ausübte, erreichte zu diesem Zeitpunkt ihren Höhepunkt.[593]

Nachdem sich die politischen Vorzeichen in Nordafrika mit der alliierten Landung im November 1942 grundlegend geändert hatten, schloss Mounier sich den gaullistischen Streitkräften an. In Algier war er nun anfangs für die von der gaullistischen Exilregierung eingesetzte *commission d'épuration* tätig. Mit den alliierten Truppen kehrte er 1944 schließlich ins französische Mutterland zurück, wo er als Inspektor des Kriegsministeriums die Tätigkeit der Militärjustiz in den befreiten Gebieten beaufsichtigte. Im Februar 1945 verließ er die Streitkräfte und ersuchte das Justizministerium, ihm einen Posten am *Tribunal de la Seine* zuzuteilen.[594] Das Ministerium, das nach Kriegsende eine ganze Reihe von Fachleuten wieder in den Justizdienst eingliedern musste, vertröstete ihn jedoch auf einen späteren Zeitpunkt, so dass die Angelegenheit über Monate in der Schwebe blieb.[595] Vor diesem Hintergrund erfolgte offensichtlich Mouniers Aufnahme in die Delegation beim IMT. In Nürnberg traf er im September 1945 ein und war maßgeblich an der Vorbereitung des französischen Anklagevortrages beteiligt.[596] Seine Aufgabe war es, die individuelle Verantwortung der angeklagten Hauptkriegsverbrecher herauszuarbeiten. Zu diesem Zweck führte Mounier, der fließend Deutsch und Englisch sprach, in Zusammenarbeit mit Kollegen der amerikanischen und britischen Delegation Vernehmungen der einzelnen Beschuldigten durch.[597] Bei Prozessbeginn verlas er als Sprecher seiner Delegation den französischen Hauptteil der Anklageschrift.[598] Anfang Februar 1946 hatte er ein weiteres Mal das Wort vor dem IMT, als er am

592 Mouniers Entlassung erfolgte am 19. September 1941 – einen Tag nachdem die Liste veröffentlicht wurde; vgl. AN-19770067/338: Dossier Mounier: Le premier président de la Cour d'appel de Rabat à M. le Garde des Sceaux, 26. September 1941.

593 Das Vichy-Regime ließ mehrfach derartige Listen veröffentlichen und entließ insgesamt rund 3 000 Beamte als Angehörige von Freimaurerlogen aus dem Staatsdienst; vgl. Cointet, Franc-maçonnerie; auch Baruch, Servir, S. 299–305; Rossignol, Francs-maçons.

594 Vgl. AN-19770067/338: Dossier Mounier: Handschriftlicher Brief Mouniers, 13. Januar 1945.

595 Vgl. AN-19770067/338: Dossier Mounier: Direction du personnel. Notice, 19. Oktober 1945.

596 Vgl. AN-19770067/338: Dossier Mounier: Mouniers IMT-Ausweis.

597 Vgl. AN-19770067/338: Dossier Mounier: Beurteilung durch de Menthon, 31. Januar 1946.

598 Vgl. IMT, Bd. 2, 20. November 1945, S. 57–65 und S. 71 ff.

Ende des französischen Anklagevortrages die individuellen Vorwürfe gegen die Angeklagten zusammenfasste.[599]

Zu diesem Zeitpunkt war bereits die Stelle am *Tribunal de la Seine* frei geworden, um die sich Mounier ursprünglich beworben hatte. Da aus Paris die Nachricht eintraf, dass man nicht länger auf ihn warten könne, sah er sich gezwungen, seine Mission vorzeitig zu beenden. Mounier reiste am 23. Februar 1946 aus Nürnberg ab, um seinen neuen Posten in der Hauptstadt anzutreten.[600] Mehrere Jahre amtierte er im Anschluss als Präsident einer Strafkammer am *Tribunal de la Seine*. Seine juristische Laufbahn beendete er am Pariser *Cour d'appel*. Mounier starb 1960, ein Jahr nach seiner Versetzung in den Ruhestand.[601]

2.2.3 Hilfsankläger

Teil der Anklagevertretung war darüber hinaus eine Gruppe von Hilfsanklägern.[602] Sie arbeiteten einem der beiden stellvertretenden Delegationschefs oder einem der Abteilungsleiter zu und traten in den meisten Fällen ebenfalls vor dem IMT auf. Hinzu kamen für einzelne Hilfsankläger weitere Aufgaben, mit denen sie delegationsintern betraut wurden. In der formalen Hierarchie bildeten sie damit die vierte Ebene – unter dem Chefankläger, dessen Stellvertretern und den Abteilungsleitern.

Aline Chalufour

Eine Sonderstellung innerhalb des Anklageteams hatte als einzige Frau Aline Chalufour inne. 1899 in Dieppe in der Normandie geboren, war sie in Paris aufgewachsen und hatte dort zunächst Anglistik studiert.[603] Danach schrieb sie sich an der *École libre des sciences politiques* ein und schloss dort drei Jahre später eine rechtswissenschaftliche Promotion ab.[604] Im Frankreich der Zwischenkriegszeit war

---

599 Vgl. IMT, 6./7. Februar 1946, Bd. 7, S. 86–120.

600 Vgl. AN-19770067/338: Dossier Mounier: Le premier président de la Cour d'appel de Paris à M. le Garde des Sceaux, 30. Januar 1946.

601 Vgl. Herzog, Échec, S. 145.

602 Vgl. IMT, Bd. 1, S. 3; auch in diesem Fall liegt der hier vorgenommenen Einteilung das offizielle Prozessprotokoll zugrunde, dem die Bezeichnung „Hilfsankläger" entnommen ist. Für einen bestimmten Rang innerhalb der Delegation wurde er nicht verwendet. Die betreffenden Personen führten dort (wie auch zahlreiche weitere Delegationsangehörige) den Titel „chargé de mission", entweder erster oder zweiter Klasse, und wurden als solche bezahlt. Bei den hier vorgestellten Personen handelt es sich um die Personen, die vor dem IMT als Vertreter der französischen Anklage das Wort hatten oder nachweislich in anderer Form in maßgeblichen Umfang zur Arbeit der Anklagebehörde beigetragen haben.

603 Zu allen biographischen Angaben über Chalufour vgl. AN-19890074/91: Dossier de carrière: Chalufour, Aline Marie Radégonde.

604 Vgl. AN-19890074/91: Dossier Chalufour: Studien- und Leistungsbescheinigung, 12. Dezember 1946.

ihr als Frau der Zugang zu einem Amt als Richterin oder Staatsanwältin verwehrt. Sie hielt sich daher in den folgenden Jahren die meiste Zeit in den USA und in Kanada auf, wo sie Kontakte zu angelsächsischen Kollegen knüpfte und an diversen Fachpublikationen mitwirkte. Nach der Besetzung Frankreichs durch die Wehrmacht schloss sie sich de Gaulles *France libre* an.[605] Im kanadischen Ottawa arbeitete sie von 1942 bis 1944 im dortigen Informationsdienst der Gaullisten, bevor sie François de Menthon, zu diesem Zeitpunkt Justizminister, im Juni 1944 in sein Büro holte. Im November desselben Jahres wechselte sie zum SRCGE.[606]

Offensichtlich war es wiederum de Menthon, der ihr eine Stelle in der französischen Delegation beim IMT anbot. Jedenfalls traf sie noch in der Vorbereitungsphase im Herbst 1945 in Nürnberg ein. Aufgrund ihrer Sprachkenntnisse – Chalufour sprach perfekt Englisch und passabel Deutsch – war sie für die Delegation bald unentbehrlich und fungierte als Verbindungsperson zur amerikanischen und britischen Anklagebehörde.[607] Telford Taylor schwärmte noch Jahrzehnte später von ihrem tadellosen Englisch und erinnerte sich, dass Chalufour bei wichtigen Anlässen als Dolmetscherin eingesetzt wurde.[608] Für den Prozess selbst arbeitete sie den Teil der französischen Anklage aus, der sich mit den Geiselerschießungen und dem Konzentrationslagersystem befasste.[609] Dieser wurde dann von Charles Dubost vor dem IMT vorgetragen.[610] Mit Dubost teilte sie sich auch ein Büro im Nürnberger Justizgebäude.[611] Die Briefe, die sie ihm später schrieb, zeigen, dass sich aus der Zusammenarbeit ein enges kollegiales und auch freundschaftliches Verhältnis zwischen den beiden entwickelte.[612] Es überrascht daher kaum, dass Dubost sich für seine Mitarbeiterin einsetzte, als diese sich noch von Nürnberg aus für eine Aufnahme in den Justizdienst in Frankreich bewarb.[613] Diesen hatte die Regierung in Paris erst im April 1946 für Frauen geöffnet.[614] Chalufour gehörte daher zu den ersten Anwärterinnen

605 Vgl. Fite, Letter.

606 Vgl. AN-19950468/2: Dossier: Chalufour, Aline.

607 Nach dem Prozess übersetzte sie Robert W. Coopers Buch „The Nuremberg Trial" aus dem Englischen ins Französische; vgl. Cooper, Nuremberg.

608 Vgl. Taylor, Prozesse, S. 255.

609 Vgl. FNSP-CD/05: En exécution de la note de M. de Menthon, undatiert. Die Ausarbeitung dieses Teils der Anklage übernahm Chalufour zusammen mit Serge Fuster.

610 Vgl. IMT, 24. Januar 1946, Bd. 6, S. 138–177.

611 Vgl. Justice Telephone Directory, S. 36. Das Büro hatte die Nummer 355.

612 Vgl. FNSP-CD/05: Mehrere handschriftliche Briefe Chalufours an Dubost vom Frühjahr 1947.

613 Vgl. AN-19890074/91: Dossier Chalufour: Empfehlungsschreiben Dubosts, 1. Oktober 1946.

614 Ähnlich wie das Wahlrecht wurde Frauen in Frankreich der Zugang zum staatlichen Justizdienst erst nach dem Ende des Zweiten Weltkrieges gewährt; vgl. Loi n° 46-643 du 11 avril 1946.

überhaupt. Ihre Tätigkeit in Nürnberg erscheint vor diesem Hintergrund umso bemerkenswerter.[615] Zunächst aber hielten andere Aufgaben sie in Deutschland. Nach der Urteilsverkündung in Nürnberg war sie an einem weiteren Gerichtsverfahren beteiligt, das im Dezember 1946 in Hamburg begann: Im ersten Ravensbrück-Prozess, den die britischen Militärbehörden in ihrer Besatzungszone durchführten, vertrat Chalufour für Frankreich die Anklage.[616] Danach wurde sie mit einer neuen Mission betraut, die über zwei Jahre dauern sollte. Angesichts der Tatsache, dass sie bereits den Hauptkriegsverbrecherprozess vor Ort mitverfolgt hatte und über exzellente Kontakte zu den Amerikanern in Nürnberg verfügte, übertrug das Justizministerium ihr zum Jahresbeginn 1947 die Leitung der Editionsabteilung, die die französische Ausgabe der IMT-Protokollbände redigierte. Als der Großteil der Abteilung im März 1947 nach Biberach an der Riß umzog, verblieb sie mit einer Handvoll Mitarbeitern in Nürnberg und hielt dort den Kontakt zu den amerikanischen Behörden und zur Druckerei.

Im Frühjahr 1948 wurde sie nach Paris versetzt und arbeitete dort unter der Leitung ihres Kollegen Constant Quatre bis zum Schluss an der Edition der Prozessprotokolle mit. Nachdem der letzte Band erschienen war, gelang ihr schließlich der Sprung in den Justizdienst: Ab Oktober 1949 arbeitete sie als Jugendrichterin in Saint-Pol-sur-Ternoise im nordfranzösischen Département Pas-de-Calais und später in Arras. Als Neueinsteigerin, der die jahrelange Erfahrung ihrer – noch dazu fast durchweg männlichen – Kollegen im Richterberuf fehlte, hatte sie Mühe, sich in der neuen Rolle zurechtzufinden.[617] Schwierigkeiten mit ihren Vorgesetzten führten 1954 zu einer Versetzung an die Kanalküste nach Dünkirchen. Letzte Station ihrer Karriere war ihre Geburtsstadt Dieppe, wo sie 1966 in den Ruhestand versetzt wurde.

Henri Delpech

Ein weiterer Hilfsankläger in Nürnberg war Henri Delpech. Als Sohn eines Professors der Rechtswissenschaften wurde er 1905 in Pau, am Nordrand der Pyrenäen, geboren.[618] Die Schule besuchte er in Straßburg, wo er im Anschluss Jura studierte. Nachdem er seinen Militärdienst abgeleistet hatte, begann er eine Ausbildung zum

---

615 Zur Rolle von Frauen bei den Nürnberger Prozessen vgl. Amann, Women.

616 In dem Prozess, der am 5. Dezember 1946 begann und zwei Monate dauerte, mussten sich 16 Angehörige des Lagerpersonals des KZ Ravensbrück vor Gericht verantworten. Die Anklagevertretung bestand aus zwei britischen Offizieren und Chalufour; vgl. Schmidt, Ravensbrück, S. 143 ff.; auch Kretzer, NS-Täterschaft, S. 168 f.

617 Vgl. AN-19890074/91: Dossier Chalufour: Le premier président et le procureur général près la Cour d'appel de Douai. Situation du Tribunal d'Arras, 17. November 1953.

618 Zu allen biographischen Angaben über Delpech vgl. AN-19890322/39: Dossier de carrière: Delpech, Henri Joseph Jules Léon.

Bankkaufmann bei der *Société générale alsacienne*. Mehrere Jahre lang arbeitete er in der Folge als Jurist in der Filiale der Bank in Köln und spezialisierte sich hier auf deutsches Wirtschafts- und Steuerrecht. Zudem nutzte er die Zeit in Köln, um sich perfekte Deutschkenntnisse anzueignen. 1932 verließ er die *Société générale*, um an der Universität Straßburg zu promovieren. Mit mehreren Auszeichnungen für seine Dissertation bedacht, trat er 1935 eine Stelle an der juristischen Fakultät der Universität Toulouse an. Dort lehrte er in den folgenden Jahren Finanzrecht und politische Ökonomie. Letztendlich entschied er sich aber, einen anderen Weg einzuschlagen, und zog die juristische Laufbahn einer akademischen Karriere vor. 1938 bewarb er sich um Aufnahme in den staatlichen Justizdienst.[619] Der Beginn des Zweiten Weltkrieges ließ seine weiteren Karrierepläne jedoch in den Hintergrund treten. Delpech wurde im September 1939 in die Armee einberufen. Als die Wehrmacht die französischen Verteidigungslinien durchbrach, geriet er bei den Kämpfen in den Ardennen im Juni 1940 in deutsche Kriegsgefangenschaft und wurde in das Offizierslager Weidenau im nördlichen Sudetenland gebracht. In Abwesenheit ernannte das Justizministerium Delpech im Juni 1943 zum Oberstaatsanwalt in dem Städtchen Aubusson im Limousin. Bei Kriegsende wurde er aus deutscher Gefangenschaft befreit. Danach blieb er zwei weitere Monate in Schlesien und half bei der Rückführung französischer Staatsbürger mit, die nach Auschwitz und in andere Konzentrationslager deportiert worden waren. Er selbst kehrte erst Anfang Juli 1945 nach Frankreich zurück.

Nur kurze Zeit später, im September 1945, brach er, nun unter ganz anderen Umständen, erneut nach Deutschland auf.[620] Seine Berufung als Hilfsankläger in die französische Delegation erklärt sich vor allem durch seine profunden Kenntnisse von Sprache und Kultur des Nachbarlandes und durch seinen fachlichen Hintergrund als Experte für Wirtschafts- und Finanzrecht. Innerhalb der Delegation wurde er in Nürnberg in der *section économique* der Anklagebehörde eingesetzt, die sein Kollege Charles Gerthoffer leitete.[621] Dort wirkte er bei der Ausarbeitung des Anklagevortrages zur wirtschaftlichen Ausplünderung Frankreichs und der anderen westeuropäischen Länder während des Krieges mit. Das in diesem Kontext zusammengestellte Beweismaterial zum Fall Belgien trug er dem Gerichtshof am 21. Januar 1946 selbst vor.[622]

Aber schon am Folgetag kam es zu einem abrupten Ende seiner Tätigkeit in Nürnberg. In der Vormittagssitzung des Gerichts hatte Delpech noch seine Ausführungen vom Vortag beendet.[623] Nachmittags sollte er über den Raub von Kunstschätzen

619 AN-19890322/39: Dossier Delpech: Le premier président de la Cour d'appel de Toulouse à M. Garde des Sceaux, 14. Dezember 1938.

620 Vgl. AN-19890322/39: Dossier Delpech: Delpech an die Personalabteilung des Justizministeriums, 15. Februar 1946.

621 Vgl. AN-19890322/39: Dossier Delpech: Beurteilung durch de Menthon, 31. Januar 1946.

622 Vgl. IMT, 21. Januar 1946, Bd. 5, S. 633–644.

623 Vgl. IMT, 22. Januar 1946, Bd. 6, S. 7–28.

aus Westeuropa sprechen. Jedoch wurde er in der Mittagspause zu Champetier de Ribes gerufen, der gerade einen Telefonanruf von Justizminister Teitgen aus Paris erhalten hatte: Delpech dürfe unter keinen Umständen nochmals das Wort vor dem IMT erteilt werden.[624] Kriegskameraden Delpechs hatten dem Ministerium mitgeteilt, dass er in deutscher Gefangenschaft einem Kreis von Pétain-Unterstützern angehört hatte. Teitgen fürchtete nun einen Skandal, wenn diese Nachricht an die Öffentlichkeit dringen sollte. In der Nachmittagssitzung gab Gerthoffer dann bekannt, dass die Delegation auf den angekündigten Vortrag über den deutschen Kunstraub verzichte, um Zeit zu sparen.[625] Delpech, der sofort eine Stellungnahme zu den Vorwürfen verfasste, musste das nächste Flugzeug nach Paris nehmen und wenige Tage später im Ministerium vorsprechen.[626] Dort wurde ihm mitgeteilt, dass er aufgrund der Anschuldigungen nunmehr für die Delegation untragbar sei. Auf Anweisung Teitgens reichte Delpech sein Demissionsgesuch ein, in dem er offiziell gesundheitliche Gründe für diesen Schritt geltend machte.[627] Der Vorfall zeigt, wie sehr sich das Justizministerium der politischen Brisanz seiner Personalpolitik bewusst und in welchem Maße es bereit war, rein zweckmäßig zu handeln, wo dies für den Augenblick notwendig erschien. Denn es stellte sich schnell heraus, dass die Vorwürfe gegen Delpech weit weniger gewichtig waren, als man am Anfang vermutet hatte.[628]

---

624 Vgl. AN-19890322/39: Dossier Delpech: Undatierte Darstellung des Vorgangs; auch: Ministère de la Justice, Personnel. Note concernant la situation de M. Delpech, undatiert.

625 Mit unverkennbarer Süffisanz fügte Gerthoffer hinzu, dass die amerikanischen Kollegen das Thema in ihrem Vortrag schließlich schon behandelt hätten. Sollte das Gericht aber nähere Erläuterungen zu diesem Komplex wünschen, sei die französische Delegation hierzu gerne bereit; vgl. IMT, 22. Januar 1946, Bd. 6, S. 63 f. Diese offizielle Begründung ist vor allem bemerkenswert, weil das Gericht und die amerikanische Anklagebehörde die französische Delegation wiederholt dazu drängten, ihre Ausführungen abzukürzen, um den Prozess zu beschleunigen. Nur scheinbar kamen die Franzosen in diesem Fall also dem Wunsch nach. Tatsächlich ließ Gerthoffer es sich dann auch nicht nehmen, den geplanten Vortrag zwei Wochen später doch noch selbst zu halten; vgl. IMT, 6. Februar 1946, Bd. 7, S. 64–86.

626 Vgl. AN-19890322/39: Dossier Delpech: Stellungnahme Delpechs, 23. Januar 1946.

627 Vgl. AN-19890322/39: Dossier Delpech: Handschriftliches Rücktrittsgesuch Delpechs, 27. Januar 1946.

628 Delpech räumte in seiner Stellungnahme zwar ein, einem solchen Kreis, wie sie 1940 in fast allen Lagern mit französischen Kriegsgefangenen entstanden waren, angehört zu haben. Seine Tätigkeiten in diesem Zusammenhang hätten aber keinen politischen Charakter gehabt – Delpech hielt vor den anderen Gefangenen Vorträge fachlicher Natur. In den folgenden Wochen nahmen zahlreiche Kriegskameraden Delpech zudem in Schutz. In seiner Personalakte findet sich ein Vielzahl von Erklärungen Mitgefangener aus dem Zeitraum Februar/März 1946, in denen versichert wird, dass sich Delpech in deutscher Gefangenschaft mit politischen Äußerungen stetes zurückgehalten und niemals für die Kollaborationspolitik

Seiner Reintegration in den Justizdienst tat die Angelegenheit daher keinen Abbruch. Schon wenige Wochen später schickte das Ministerium Delpech zunächst nochmals nach Deutschland, allerdings auf einen öffentlich sehr viel weniger beachteten Posten. Von März bis November 1946 arbeitete er in der *Commission consultative des dommages et des réparations* in Berlin, die für die Regierung die Höhe des wirtschaftlichen Gesamtschadens bezifferte, den Frankreich im Krieg durch Ausplünderung, Zwangsarbeit und Besatzungskosten erlitten hatte.[629] Zurück in Frankreich trat Delpech schließlich seinen Posten als Oberstaatsanwalt in Aubusson an, den man ihm schon 1943 zugewiesen hatte. Stationen seiner weiteren Karriere waren jeweils der *Cour d'appel* in Angers, in Bourges und zuletzt in Paris, wo er ab 1968 als Kammerpräsident amtierte. Vier Jahre später erfolgte seine Versetzung in den Ruhestand.

Serge Fuster

Zum Stab der französischen Hilfsankläger gehörte außerdem Serge Fuster. Als Kind wohlhabender Eltern kam er 1911 in Algier zur Welt.[630] Sein Vater, zu diesem Zeitpunkt Professor an der medizinischen Fakultät der Stadt, hatte lange in Moskau gearbeitet und eine russische Ärztin geheiratet. Fuster wuchs in Algier auf und studierte später Jura in Montpellier und in Paris. 1934 nach Algier zurückgekehrt, erwarb er an der dortigen Universität ein weiteres Diplom in Rechtsgeschichte. Nach seinem Militärdienst, den er bei der französischen Luftwaffe in Marokko ableistete, schrieb er sich 1935 bei der Anwaltskammer in Algier ein und promovierte in seiner Geburtsstadt zwei Jahre später in Zivilrecht. Vor Kriegsbeginn absolvierte er noch erfolgreich die Prüfung zur Aufnahme in den Staatsdienst, wurde dann aber in die Armee einberufen.

Als Offizier der französischen Luftwaffe flog er im Mai 1940 mehrere Kampfeinsätze, nachdem die Wehrmacht ihren Westfeldzug begonnen hatte.[631] Fuster entging der Gefangennahme und wurde im August 1940, wenige Wochen nach der Unterzeichnung des deutsch-französischen Waffenstillstandsvertrages, aus der Armee entlassen. Er siedelte nun mit seiner Ehefrau zunächst nach Lyon, dann aber nach Vichy über, in das neue Machtzentrum Frankreichs. Dort bewarb er sich um eine Stelle als Beamter im Justizministerium, die er nach mehreren Anläufen und

---

Vichys ausgesprochen habe. Auch sei sein Verhältnis zu den deutschen Bewachern im Lager immer distanziert gewesen; vgl. AN-19890322/39: Dossier Delpech.

629 Die Berichte der Kommission sollten nach Vorstellung der Regierung als Grundlage für die Forderung von späteren Reparationszahlungen dienen, zu denen es dann nicht kam. Delpech arbeitete an einem der Berichte mit; vgl. Commission consultative des dommages et des réparations, Main-d'œuvre.

630 Zu allen biographischen Angaben über Fuster vgl. AN-19840320/41: Dossier de carrière: Fuster, Serge.

631 Vgl. AN-19840320/41: Dossier Fuster: Extrait du feuillet de campagne du lieutenant Serge Fuster, undatiert.

beharrlichem Insistieren im Dezember 1940 auch erhielt. Im Mai 1942 versetzte das Ministerium ihn von Vichy nach Paris in die dortige Abteilung für zivile Angelegenheiten. Im Rang eines Ministerialbeamten in der französischen Hauptstadt erlebte Fuster somit das Ende von Besatzung und Krieg. Dass er als Hilfsankläger in die IMT-Delegation aufgenommen wurde, lag an den Sprachkenntnissen, die er seinem Elternhaus verdankte. Im September 1945 beantragte de Menthon beim Ministerium Fusters Versetzung in die Delegation.[632] Als Grund gab der Chefankläger an, dass Fuster Deutsch und Russisch sprach, was ihn für die Delegation vielseitig einsetzbar machte. Vor allem Fusters Russischkenntnisse waren unter den Anklägern ein Alleinstellungsmerkmal und so überrascht es nicht, dass er nach seiner Ankunft in Nürnberg als Kontaktperson zur sowjetischen Vertretung fungierte.[633] Außerdem war Fuster an der Vorbereitung der Kreuzverhöre der Delegation und an der Ausarbeitung von Schriftsätzen für die Anklage beteiligt, darunter vor allem an dem Teil, der sich mit den deutschen Geiselerschießungen befasste.[634] Präsentiert wurde dieser Part von Charles Dubost.[635] Fuster selbst kommentierte vor dem IMT eine kurze Film- und Lichtbildpräsentation, die sich mit der deutschen Propaganda beschäftigte und Teil von Edgar Faures Anklagevortrag war.[636] In der letzten Prozessphase leitete er schließlich kommissarisch das französische Gerichtssekretariat, das die offiziellen Prozessprotokolle anfertigte.[637] Diese sollten nach der Urteilsverkündung veröffentlicht werden und Fuster war daher zunächst für die Edition der französischen Protokollbände zuständig. Allerdings führten massive Spannungen zwischen ihm und den amerikanischen Stellen nach kurzer Zeit zu seiner Abberufung aus Nürnberg.[638]

Danach kehrte er nicht in seine alte Position als Ministerialbeamter zurück. Stattdessen wurde er im Januar 1947 auf eigenen Wunsch hin zum Untersuchungsrichter im nordwestlich von Paris gelegenen Pontoise ernannt. In gleicher Funktion wechselte er zwei Jahre später nach Versailles und von dort 1950 ans *Tribunal de la Seine* in Paris, wo man ihn 1955 an den *Cour d'appel* versetzte. Seine Karriere stagnierte in der Folge, da Fuster, eigensinnig und launenhaft, sich in der Ausübung seines

632 Vgl. AN-BB 30/1779: Fradin an Teitgen, 25. September 1945.

633 Vgl. AN-19840320/41: Dossier Fuster: Schreiben Champetier de Ribes', undatiert. Neben Fuster verfügte unter den Anklägern noch Edgar Faure über Russischkenntnisse.

634 Diesen Teil arbeitete er zusammen mit Aline Chalufour aus; vgl. AN-19840320/41: Dossier Fuster: Beurteilung durch de Menthon, 31. Januar 1946; auch FNSP-CD/05: En exécution de la note de M. de Menthon, undatiert.

635 Vgl. IMT, 24. Januar 1946, Bd. 6, S. 138–177.

636 Vgl. IMT, 5. Februar 1946, Bd. 7, S. 21–31.

637 Fuster übernahm diese Aufgabe nach dem Rücktritt von Armand-Paul Martin-Havard, der bis dahin dieses Amt innehatte, im August 1946; vgl. AN-19970410/2: Dossier: Martin, Armand-Paul: Champetier de Ribes an Martin-Havard, 27. August 1946.

638 Vgl. AN-BB 30/1779: Bericht Lanoires für das Justizministerium, 9. Juli 1949, S. 4.

Berufes immer wieder zu verbalen Entgleisungen und Taktlosigkeiten hinreißen ließ.[639] Nach einer letzten Beförderung zum Kammerpräsidenten am *Cour d'appel* in Versailles 1978 wurde er schließlich noch im selben Jahr in den Ruhestand versetzt. In seinem zweiten Lebensabschnitt entfaltete Fuster eine beachtliche schriftstellerische Tätigkeit. Von den 1950er Jahren an verwendete er das Pseudonym Casamayor, unter dem er zahlreiche Bücher und Essays, meist zu juristischen Themen, veröffentlichte. Dadurch brachte er es in Frankreich zu allgemeiner Bekanntheit, die ihren Höhepunkt erreichte, als Fuster 1966 vorübergehend vom Dienst suspendiert wurde. Er hatte zuvor in einem Artikel, der in der Tageszeitung *Le Monde* im Zusammenhang mit der Affäre um die Ermordung des marokkanischen Oppositionspolitikers Mehdi Ben Barka erschienen war, heftige Kritik an den Justizbehörden geübt.[640] Casamayor setzte sich unterdessen auch mit der historischen Bedeutung des IMT auseinander: Bei einem seiner letzten Bücher, 1985 veröffentlicht, handelt es sich um eine Darstellung des Nürnberger Prozesses gegen die Hauptkriegsverbrecher.[641] Als er drei Jahre später in Paris starb, würdigten François Mitterrand und weitere hochrangige Repräsentanten aus Politik und Kultur sein Lebenswerk.[642]

Jacques-Bernard Herzog

Das jüngste Mitglied der französischen Anklagevertretung war Jacques-Bernard Herzog. Er wurde 1914 in Paris geboren und absolvierte in der französischen Hauptstadt ein Jurastudium, das er 1936 abschloss.[643] Nach seiner Promotion im folgenden Jahr wurde er zum Militärdienst einberufen, dessen Ende mit der Mobilmachung bei Beginn des Zweiten Weltkrieges zusammenfiel. Herzog verblieb daher in der Armee und besuchte die Offiziersschule in Vincennes. Nach Abschluss des deutsch-französischen Waffenstillstandes im August 1940 demobilisiert, versuchte er zunächst, in Paris seine juristische Karriere fortzusetzen, flüchtete dann aber nach Südfrankreich, in das bis dahin von deutschen Truppen unbesetzte Gebiet.

In Toulouse wurde er im Juli 1942 als Dozent an der juristischen Fakultät eingestellt. Nach dem Einmarsch der Wehrmacht in der Südzone im November 1942 begann Herzog, sich in der Résistance zu engagieren, und fungierte als Verbindungsmann zwischen mehreren Widerstandsgruppen. Als die Sicherheitspolizei

---

639 Vgl. AN-19840320/41: Dossier Fuster: Beurteilungen (Notice annuelle) aus den Jahren 1955–1960, auch 1968–1977.

640 Vgl. Le Monde, Artikel: „La leçon des morts“, 9. Februar 1966; Dokumentation des Disziplinarverfahrens gegen Fuster, in: AN-19840320/41: Dossier Fuster.

641 Vgl. Casamayor, Nuremberg.

642 Vgl. Le Monde, Artikel: „Trois réactions après la disparition de Casamayor“, 3. November 1988.

643 Zu allen biographischen Angaben über Herzog vgl. AN-19890074/124: Dossier de carrière: Herzog, Jacques Bernard; und AN-19800035/9: Dossier de Légion d'Honneur: Herzog, Jacques Bernard; auch Hommage de M. le procureur général Adolphe Touffait. Discours prononcé à l'audience solennelle de rentrée de la Cour de Cassation le 2 octobre 1969, in: Herzog, Échec, S. 185–193; Ancel, Herzog.

ihn enttarnte und seine Verhaftung unmittelbar bevorstand, entschloss er sich im Oktober 1943, nach Nordafrika zu fliehen, wo er sich den Gaullisten anschließen wollte. Ihm gelang die Flucht, aber er zahlte einen hohen Preis: Beim Überqueren der Pyrenäen zog er sich mehrere Erfrierungen zu. In einem Krankenhaus im nordspanischen Saragossa musste ihm daher der linke Fuß amputiert werden.[644] Von Saragossa aus schlug er sich bis nach Casablanca durch, wo er Mitte Dezember 1943 eintraf. Nach einem mehrmonatigen Krankenhausaufenthalt rekrutierte das Justizkommissariat der gaullistischen Exilregierung in Algier den jungen Juristen. Diese Anstellung brachte Herzog erstmals mit dem Thema Kriegsverbrechen in Berührung: Er bereitete in der Folge die Gründung eines interministeriellen Kriegsverbrecherausschusses vor, die im Juni 1944 erfolgte, und fungierte daraufhin als Sekretär des neuen Gremiums.[645] An der Abfassung der Verordnung vom 28. August 1944 zur Ahndung von Kriegsverbrechen war er federführend beteiligt und auch an der Schaffung des SRCGE wirkte er mit.[646] Bei Kriegsende arbeitete er im befreiten Paris im Büro von François de Menthon, der zu diesem Zeitpunkt noch als Justizminister amtierte.

Vor diesem Hintergrund war Herzog zum Hilfsankläger vor dem IMT geradezu prädestiniert und so willigte er in de Menthons Vorschlag ein, ihn nach Nürnberg zu begleiten.[647] Schon im Vorfeld des Hauptkriegsverbrecherprozesses kam ihm für die französische Seite eine wichtige Rolle zu. Er nahm an den vorbereitenden Besprechungen der alliierten Anklagevertretungen in London und Berlin teil und gehörte zu den Verfassern des französischen Teils der Anklageschrift.[648] Beteiligt war er auch an der Redaktion des Eröffnungsplädoyers seines Landes, das de Menthon dann vortrug, und an der Ausarbeitung der Anklage im Allgemeinen.[649] Seit Prozessbeginn hielt er sich in Nürnberg auf. Innerhalb der Delegation entfiel auf ihn das Spezialgebiet Zwangsarbeit in Frankreich und den anderen westeuropäischen Ländern, in das er sich neu einarbeitete. Die französische Anklage hierzu trug er im Januar 1946 als dritter Sprecher seiner Delegation dem Gerichtshof vor.[650] Herzog galt als der Jüngste unter allen alliierten Juristen, die das Wort vor dem IMT hatten.[651] Die

---

644 Vgl. AN-19890074/124: Dossier Herzog: Cour d'appel de Besançon. Notice de présentation pour le grade de commandeur dans l'ordre national du mérite, 15. Juli 1967.

645 Vgl. AN-BB 30/1785: Le Commissaire à la Justice. Commission intercommissariale [des] crimes de guerre, 23. Juni 1944; zu dem Kriegsverbrecherausschuss vgl. auch Moisel, Kriegsverbrecher, S. 67 f.

646 Vgl. JORF, 30. August 1944, S. 780 f.: Ordonnance du 28 août 1944.

647 Vgl. Herzog, Échec, S. 189.

648 Vgl. ebd.

649 Vgl. AN-19890074/124: Dossier Herzog: Beurteilung durch de Menthon, 31. Januar 1946.

650 Vgl. IMT, 18./19. Januar 1946, Bd. 5, S. 492–576.

651 Vgl. AN-19890074/124: Dossier Herzog: Schreiben Herzogs, 19. Juli 1947.

französische Presse nannte ihn deswegen den „Benjamin der Ankläger."[652] Als ausgewiesener Kenner des deutschen Zwangsarbeitsprogramms führte er in einem späteren Stadium des Prozesses das Kreuzverhör von Fritz Sauckel, Hitlers Generalbevollmächtigtem für den Arbeitseinsatz.[653] Der Ausgang dieses Kreuzverhörs kann als einer der größten Erfolge der französischen Anklagevertretung vor dem IMT gelten. Gegenüber der Direktion der Personalabteilung des Justizministeriums lobten de Menthon und Champetier de Ribes den Hilfsankläger für seine Leitungen in den höchsten Tönen.[654]

Herzog verließ Nürnberg noch vor Ende des Prozesses: Als im Juni 1946 in Paris eine neue Regierung gebildet wurde, gehörte de Menthon ihr als Wirtschaftsminister an.[655] Unverzüglich holte dieser nun seinen alten Mitarbeiter in die Hauptstadt und machte ihn zu seinem stellvertretenden Büroleiter. Ähnliche Posten bekleidete Herzog in den folgenden Jahren im Kriegs- und im Überseeministerium.[656] 1949 wechselte er schließlich aus der Ministerialbürokratie in den Justizdienst. Seine Karriere führte ihn von der Staatsanwaltschaft in Loudun über das *Tribunal de la Seine* zum *Cour d'appel* von Besançon, wo er 1965 zum Generalstaatsanwalt ernannt wurde. In diesen Jahren entfaltete Herzog eine enorme publizistische Tätigkeit, engagierte sich in einer ganzen Reihe von Vereinigungen von Fachjuristen und brachte sich in internationale Debatten über rechtswissenschaftliche Fragen ein.[657] Eine Bewertung des Prozesses vor dem IMT, in der er vor allem dessen völkerstrafrechtliche Bedeutung herausstellen wollte, blieb unvollendet.[658] Herzog starb im August 1968 an einem Herzinfarkt, noch bevor er die Arbeiten an dem geplanten Buch abgeschlossen hatte.

---

652 L'Aube, Artikel: „M. Jacques Herzog présente l'accusation contre le service du travail obligatoire", 19. Januar 1946.

653 Vgl. IMT, 29./30. Mai 1946, Bd. 15, S. 71–143. Kurz darauf nahm Herzog außerdem Sauckels Entlastungszeugen Max Timm ins Kreuzverhör; vgl. IMT, 1. Juni 1946, Bd. 15, S. 249–254.

654 Vgl. AN-19890074/124: Dossier Herzog: Beurteilung durch Champetier de Ribes, undatiert; Beurteilung durch de Menthon, 31. Januar 1946; auch Direction du personnel et de l'administration générale. Note concernant M. Herzog, undatiert (wohl 1953).

655 Es handelt sich hier um das erste Kabinett Georges Bidault, das vom 26. Juni 1946 bis zum 28. November 1946 als provisorische Regierung der französischen Republik fungierte; vgl. Rioux, République, S. 151 f.

656 Vgl. AN-19890074/124: Dossier Herzog: Parquet de la Cour d'appel de Paris. Notice annuelle, undatiert.

657 Vgl. die Literaturliste mit den Veröffentlichungen Herzogs in Herzog, Échec, S. 195–204.

658 Vgl. Herzog, Échec.

Jean Jacques Lanoire

Mehr Zeit als jedes andere Mitglied des französischen Anklagestabes verbrachte Jean Jacques Lanoire in Nürnberg. 1912 in Hazebrouck, im französischen Teil Flanderns, geboren, besuchte er die Schule in Bordeaux.[659] Gesundheitliche Beschwerden, vor allem ein Hüftgelenkleiden und die Folgen einer Tuberkuloseerkrankung, führten zu seiner Freistellung vom Militärdienst und sollten ihn sein Leben lang begleiten.[660] In Paris, wo sein Vater einen Posten als Richter am *Cour d'appel* bekleidete, nahm Lanoire ein Jurastudium auf, das er 1937 abschloss. Im Jahr darauf wurde er in der Hauptstadt als Rechtsreferendar zugelassen. Zu Beginn des Zweiten Weltkrieges wurde er erneut ausgemustert, weshalb er seine juristische Karriere trotz Krieg und Besatzung in den folgenden Jahren fortsetzen konnte. Nachdem er die Prüfung zur Aufnahme in den Justizdienst bestanden hatte, fand er im Oktober 1941 eine Anstellung als Beamter im Justizministerium in Paris. Im August 1943 wurde er zwar formal zum Richter im südfranzösischen Albi ernannt, blieb aber in Paris und setzte seine Tätigkeit als Ministerialbeamter fort. Bei Kriegsende arbeitete er in der zentralen Verwaltungsabteilung.

Als man im Herbst 1945 im Justizministerium die Delegation für das IMT bildete, befand sich Lanoire damit an dem Ort, an dem die Entscheidungen getroffen wurden, und die Entsendung eines Beamten aus dem eigenen Haus nach Nürnberg dürfte für das Ministerium nur naheliegend gewesen sein. Ausschlaggebend für die Berufung Lanoires war offensichtlich zudem, dass er fließend Englisch sprach.[661] Jedenfalls gehörte er zur ersten Gruppe von Franzosen, die im Herbst 1945 in Nürnberg eintraf. Innerhalb der Anklagevertretung spielte er eine eher untergeordnete Rolle und war vor allem an der Ausarbeitung von Schriftsätzen der Anklage beteiligt, die die Sprecher der Delegation dann präsentierten. In der ersten Phase des Prozesses war dies der Abschnitt über Verbrechen an Kriegsgefangenen aus Charles Dubosts Vortrag.[662] Später beteiligte er sich an der Vorbereitung der Kreuzverhöre, die die französische Delegation führte, und war zuletzt einer der Schreiber von Champetier de Ribes' Schlussplädoyer gegen die angeklagten NS-Organisationen.[663] Selbst brachte Lanoire vor dem IMT lediglich einen Einspruch während des Schlussplädoyers von Albert Speers Verteidiger Hans Flächsner vor.[664] Außerdem war er für

---

659 Zu allen biographischen Angaben über Lanoire vgl. AN-19890074/132: Dossier de carrière: Lanoire, Jean Jacques Joseph.

660 Vgl. AN-19890074/132: Dossier Lanoire: Attest, Dr. Francis Bordet, 24. Juli 1941.

661 Vgl. AN-19890074/132: Dossier Lanoire: Le préfet de Seine-et-Oise à M. le Garde des Sceaux, 2. Mai 1941.

662 Vgl. AN-19890074/132: Dossier Lanoire: Beurteilung durch de Menthon, 31. Januar 1946.

663 Vgl. AN-19890074/132: Dossier Lanoire: SRCGE. Notice individuelle, 14. Juni 1947.

664 Vgl. IMT, 23. Juli 1946, Bd. 19, S. 226; der Einspruch wurde jedoch sofort zurückgewiesen und Lawrence entzog Lanoire das Wort.

die Kontakte zur britischen Delegation zuständig.[665] Im Anschluss an seine Tätigkeit beim IMT wechselte er für kurze Zeit zum SRCGE.

Allerdings kehrte er im April 1948 nach Nürnberg zurück: Nach der Versetzung Aline Chalufours nach Paris, die bis dahin die Kontaktperson für die Edition der französischen Protokollbände in Nürnberg gewesen war, fand das Justizministerium in Lanoire einen Nachfolger, der ebenfalls bereits am Hauptkriegsverbrecherprozess teilgenommen hatte. Zusätzlich ernannte das Ministerium ihn nun zum offiziellen Repräsentanten Frankreichs bei den amerikanischen Militärtribunalen, vor denen zu diesem Zeitpunkt die letzten der zwölf Nürnberger Nachfolgeprozesse durchgeführt wurden.[666] In Nürnberg angekommen, sandte er daher regelmäßig Berichte über den Stand der Verfahren nach Paris und bearbeitete die Anfragen der amerikanischen Anklagebehörde. Mit dem Druck des letzten Protokollbandes und der Urteilsverkündung im Wilhelmstraßenprozess waren beide Missionen Lanoires erfüllt.

Als letzter Angehöriger der französischen Delegation verließ er Nürnberg Ende Juni 1949. Schon vorher war er zum Staatsanwalt am erstinstanzlichen *Tribunal de la Seine* in Paris ernannt worden. Diesen Posten trat er nach seiner Rückkehr an. In den folgenden Jahren wurde er zu den Staatsanwaltschaften nach Corbeil und Versailles versetzt und schließlich 1959 wieder in Paris zum Richter am *Tribunal de la Seine* ernannt. Aufgrund seiner schlechten gesundheitlichen Verfassung war er jedoch nur noch eingeschränkt arbeitsfähig. Noch vor seiner Pensionierung starb Lanoire im Mai 1968.

Henri Monneray

Ein weiterer französischer Hilfsankläger vor dem IMT war Henri Monneray. Er wurde 1914 unter dem Namen Heinz Meierhof in Erfurt geboren.[667] Da er aus einer jüdischen Familie stammte, emigrierte er als junger Mann nach der Machtübernahme durch die Nationalsozialisten nach Frankreich. In Dijon absolvierte er ein Jurastudium, dem 1936 die Promotion folgte. Im selben Jahr erhielt er die französische Staatsbürgerschaft.[668] Nach seinem Studienabschluss arbeitete Monneray für die Versicherungsgesellschaft *La Protectrice*, wurde jedoch kurz darauf zum Militärdienst einberufen. Ab Kriegsbeginn im September 1939 diente er in einem Infanterieregiment, bis er im Sommer 1940 nach Abschluss des deutsch-französischen Waffenstillstandsvertrages aus der Armee entlassen wurde. Zu seinem ehemaligen Arbeitgeber zurückgekehrt, arbeitete Monneray fortan in der Marseiller

---

665 Vgl. AN-19890074/132: Dossier Lanoire: Empfehlungsschreiben Champetier de Ribes', undatiert.

666 Vgl. AN-19890074/132: Dossier Lanoire: SRCGE. Notes et appréciations, 26. Juni 1948.

667 Zu allen biographischen Angaben über Monneray vgl. AN-19950468/4: Dossier: Monneray, Henri; auch Moisel, Résistance, S. 259.

668 Vgl. AN-19950468/4: Dossier Monneray: Le préfet de police à M. le Garde des Sceaux. Objet: Au sujet du nommé Meierhof, Henri, dit Monneray, 5. März 1946.

Filiale der Versicherungsgesellschaft und damit im vorerst noch unbesetzten Teil Frankreichs. Nach dem im November 1942 erfolgten Einmarsch der Wehrmacht in die Südzone floh er in das in den Pyrenäen gelegene Tarbes. Als Jude ohnehin in die Illegalität gedrängt, schloss er sich dort der Résistance an. In der Folge war er in ein klandestines Netzwerk eingebunden, das abgeschossene Piloten über die nahe spanische Grenze nach Nordafrika schleuste, wo mittlerweile die Alliierten gelandet waren.[669] Auf derselben Route gelangte er schließlich selbst zu den Gaullisten und schloss sich deren Streitkräften an.[670] Im November 1944 ins befreite Frankreich zurückgekehrt, war er anfangs für einige Zeit im Rang eines Büroleiters für das Ministerium für Kriegsgefangene, Deportierte und Flüchtlinge tätig. Im März 1945 wechselte er auf Wunsch des Justizministeriums zum SRCGE.

Von dort wurde er ein halbes Jahr später in die französische Delegation beim IMT übernommen.[671] Monneray brachte die besten Voraussetzungen mit: Er sprach perfekt Deutsch, war ein Kenner des Landes, promovierter Jurist, hatte im SRCGE bereits einschlägige Erfahrungen gesammelt und sich in der Résistance ausgezeichnet. Für den Anklagestab musste er vor diesem Hintergrund zu einem äußerst wertvollen Mitarbeiter werden. Im Vorfeld gehörte Monneray zu den französischen Vertretern, die an den Besprechungen in London und Berlin teilnahmen. Ab der zweiten Oktoberhälfte 1945 hielt auch er sich in Nürnberg auf und arbeitete an der Vorbereitung des französischen Anklagevortrages mit. Seine Aufgabe war es vor allem, nach relevantem Beweismaterial zu suchen und die hierfür gegebenenfalls notwendigen Kontakte zu knüpfen. Für die Arbeit der Delegation war dabei vor allem der Kontakt von großer Bedeutung, den er zum CDJC in Paris herstellte. Als Mittelsmann zwischen den beiden Institutionen koordinierte er in der Folge eine ergiebige Zusammenarbeit, bei der das CDJC die Delegation mit Beweismaterial versorgte. Anfang Januar 1946 reiste er für einige Tage nach Oslo, um sich im Namen der Delegation mit der norwegischen Regierung abzustimmen und weiteres Beweismaterial zu sammeln.[672] Als enger Mitarbeiter Edgar Faures arbeitete er Teile des Vortrages über die deutsche Germanisierungspolitik aus, den dieser vor dem IMT hielt.[673] Monneray selbst führte für die französische Anklage das Kreuzverhör von Alfred Rosenberg, das sich mit der Plünderung jüdischen Eigentums durch dessen Einsatzstab befasste.[674] In der letzten Prozessphase, in der die Anklage gegen

---

669 Vgl. Nachruf auf Monneray in: Le Monde Juif 69 (Januar–März 1973), S. 30.

670 Vgl. AN-19950468/4: Dossier Monneray: Police régionale d'Etat de Marseille. Commissariat du 3e Arrondissement, 27. August 1945.

671 Vgl. AN-19970410/3: Dossier: Monneray, Henry [sic!].

672 Vgl. AD-Y-Internationale 1944–1949/54: Blondel an Bidault, 9. Januar 1946; auch ADHS-135 J 187: Rapport sur la mission de M. Monneray à Oslo, undatiert.

673 Vgl. IMT, 4. Februar 1946, Bd. 6, S. 618.

674 Vgl. IMT, 17. April 1946, Bd. 11, S. 640–644.

die NS-Organisationen verhandelt wurde, nahm er außerdem den Gestapobeamten Karl Heinz Hoffmann und den SD-Mitarbeiter Hans Rößner ins Kreuzverhör.[675]

Nach dem Prozess kehrte er nach Frankreich zurück und arbeitete in den folgenden Jahren in Paris als Rechtsanwalt. Dem CDJC blieb er bis an sein Lebensende verbunden. Unter anderem koordinierte er die Veröffentlichung zweier Bände, die die Erkenntnisse dokumentierten, die der Nürnberger Hauptkriegsverbrecherprozess über die nationalsozialistische Judenverfolgung in Ost- und Westeuropa erbracht hatte.[676] Monneray starb 1973.

Constant Quatre

Zu den Hilfsanklägern vor dem IMT zählte darüber hinaus Constant Quatre. Geboren im Jahr 1913, hatte er in seiner Geburtsstadt Lyon die Schule besucht und sich anschließend an der juristischen Fakultät der dortigen Universität eingeschrieben.[677] Sein Studium schloss er 1935 ab. Nachdem er seinen Militärdienst abgeleistet hatte, begann er seine berufliche Laufbahn als Rechtsreferendar bei der Staatsanwaltschaft in Lyon. Anfang Februar 1939 wurde er zum Richter am *Cour d'appel* seiner Heimatstadt ernannt. Als aber nur wenige Monate später der Zweite Weltkrieg begann, wurde Quatre in die Armee einberufen. Während des Westfeldzuges der Wehrmacht geriet er im Juni 1940 in deutsche Gefangenschaft, aus der er erst bei Kriegsende nach Frankreich zurückkehrte. Im Juni 1945 wurde er aus der Armee entlassen.

Quatre war nun einer von unzähligen Beamten, die nach ihrer Rückkehr wieder in den Staatsdienst integriert werden mussten. Das geschah in seinem Fall relativ zügig, da das Ministerium entschied, ihn nach Besançon zu schicken. Am dortigen Gericht sollte er bei der Untersuchung von Kollaborationsangelegenheiten eingesetzt werden. Allerdings bewarb er sich noch während seines Urlaubs, der ihm zunächst zustand, beim Justizministerium in Paris um eine Mission in den besetzten Gebieten.[678] Gegen den Willen seiner Vorgesetzten in Besançon, die über Mangel an qualifiziertem Personal klagten, ging man in Paris auf das Gesuch ein: Quatre wurde im September 1945 in die französische Delegation beim IMT aufgenommen. Er wirkte in der Folge an der Vorbereitung der Anklage mit und nahm vor Prozessbeginn an den Besprechungen der alliierten Anklagevertretungen in London teil. In Nürnberg angekommen, wurde er innerhalb der Delegation dem Abteilungsleiter Pierre Mounier zugeteilt und war in den folgenden Monaten dessen engster Mitarbeiter. In einem ersten Stadium assistierte er Mounier bei der Vorbereitung der Vernehmungen, die dieser mit den Angeklagten durchführte. Während des

675 Vgl. IMT, 1. August 1946, Bd. 20, S. 188–199 (Hoffmann) und 2. August 1946, Bd. 20, S. 274–289 (Rößner).

676 Vgl. Monneray, Ouest; Monneray, Est.

677 Zu allen biographischen Angaben über Quatre vgl. AN-19840317/91: Dossier de carrière: Quatre, Constant Marius.

678 Vgl. AN-19840317/91: Dossier Quatre: Handschriftlicher Brief Quatres, 31. Juli 1945.

Prozesses arbeitete er einen Teil der individuellen Vorwürfe gegen die Angeklagten aus, die Mounier dann im Gerichtssaal vortrug.[679] Zwei Fälle, die Beschuldigungen der französischen Delegation gegen Keitel und Jodl, präsentierte Quatre dem Gericht im Februar 1946 in einem kurzen Beitrag selbst.[680] Später vertrat er seine Delegation in der Kommission, die das IMT zur Aufnahme der Zeugenaussagen bilden ließ, die sich auf die Anklage gegen die NS-Organisationen bezogen.[681] Auf die Empfehlung Champetier de Ribes' hin, der sich für seinen Mitarbeiter verwendete,[682] beförderte das Ministerium Quatre im April 1946 in Abwesenheit zum Richter am erstinstanzlichen Gericht in seiner Heimatstadt Lyon. Nach der Urteilsverkündung in Nürnberg wollte Quatre, der nun sechseinhalb Jahre mit nur kurzen Unterbrechungen in Deutschland verbracht hatte, zu seiner Familie nach Lyon zurückkehren und seinen neuen Posten antreten.[683] Auf Bitten Champetier de Ribes' willigte er aber schließlich in eine weitere Mission ein: Quatre übernahm zum Jahresbeginn 1947 die Leitung der Editionsabteilung, die die französische Ausgabe der Protokollbände des IMT redigierte. Anfangs noch in Nürnberg ansässig, zog der Großteil der Abteilung unter Quatre bald in die französische Besatzungszone nach Biberach an der Riß um und wurde ein halbes Jahr später, im Herbst 1947, nach Paris verlegt. Mit seiner Erfahrung als Ankläger vor dem IMT führte Quatre seine neue Mission gewissenhaft zu Ende und sorgte dafür, dass bis zum Sommer 1949 sämtliche Texte ins Französische übersetzt und alle Bände gedruckt waren.

Letzten Endes stand für ihn einer Rückkehr nach Lyon nichts mehr im Wege. Dort hatte man ihm seinen Richterposten bis zu diesem Moment freigehalten. Noch im selben Jahr wechselte er zur Staatsanwaltschaft, anfangs in seiner Geburtsstadt, später im nur unweit entfernten Roanne. Während des Algerienkrieges führte ihn eine erneute Mission als Militärstaatsanwalt nach Algier. 1965 kehrte er nach Lyon zurück und übernahm fünf Jahre später den Posten eines Generalstaatsanwaltes am *Cour d'appel* in Bordeaux. Quatre wurde 1979 in den Ruhestand versetzt.

2.2.4 Profil der Anklagebehörde

Bei einem näheren Blick auf die innere Struktur der Anklagebehörde stößt man auf ein Auseinanderdriften von Anspruch und Wirklichkeit. Formal gab es eine klar definierte Hierarchie mit vier Ebenen: der Chef der Delegation an der Spitze, darunter seine beiden Stellvertreter, dann die Abteilungsleiter und zuletzt die

---

679 Vgl. AN-19840317/91: Dossier Quatre: Beurteilung durch de Menthon, 31. Januar 1946.

680 Vgl. IMT, 7. Februar 1946, Bd. 7, S. 121–138.

681 Vgl. AN-19840317/91: Dossier Quatre: Champetier de Ribes. Notice de présentation au tableau d'avancement, undatiert.

682 Vgl. AN-19840317/91: Dossier Quatre: Champetier de Ribes an Teitgen, 15. Mai 1946.

683 Vgl. AN-19840317/91: Dossier Quatre: Handschriftlicher Brief Quatres, 14. August 1947, Biberach.

übrigen Hilfsankläger. Aber schon die Stellung Dubosts zeigt, dass die Wirklichkeit anders aussah. De facto war er es, der die meiste Zeit über die Delegation leitete. Die Abteilungsleiter dagegen arbeiteten mit den anderen Anklägern zusammen, waren dabei aber nicht deren Vorgesetzte in dem Sinne, dass ihnen ein bestimmter Teil des Personals unterstand und sie allein diesen Arbeitsaufträge zuwiesen. Denn der Titel *chef de section* stand in erster Linie für eine bessere Bezahlung.[684] Darüber hinaus haftete ihm sicherlich ein zusätzliches Prestige an und er stärkte fraglos das Ansehen des jeweiligen Anklägers innerhalb der Delegation. Es ist daher nicht verwunderlich, dass die beiden Abteilungsleiter Gerthoffer und Mounier vor dem IMT das Kernstück des von ihnen behandelten Teils der Anklage vortrugen und die ihnen zugeteilten Mitarbeiter Delpech und Quatre lediglich an Umfang und Inhalt weniger bedeutende Erläuterungen machen ließen. Dennoch wäre es falsch, die Anklagevertretung als eine eingespielte Behörde mit einer vielschichtigen und fest etablierten inneren Rangordnung zu sehen. Eine solche konnte sich allein aufgrund der häufigen Abwesenheit der Spitzen der Delegation gar nicht erst herausbilden. Formal hatten beispielsweise die beiden stellvertretenden Delegationsleiter die Anklagebehörde in zwei Gruppen aufgeteilt, von denen eine unter Dubost, die andere unter Coste-Floret und später Faure arbeiten sollte.[685] In der Praxis war ein solcher Betrieb aber kaum möglich, da Faure nur selten in Nürnberg und überhaupt der Posten des zweiten Stellvertreters über längere Zeiträume vakant war.

Hinzu kam, dass die tägliche Arbeit der Anklagevertretung ein hohes Maß an Flexibilität erforderte. Während des Prozesses konnten Manöver der Verteidigung, Entscheidungen des Gerichts oder Absprachen mit den anderen Delegationen jederzeit neue Aufgabenfelder eröffnen und neue Arbeitsschwerpunkte für das eigene Personal setzen. Unabhängig von ihrem Rang wurden die Mitglieder der Anklagebehörde daher dort eingesetzt, wo sie gebraucht wurden.[686] Aus diesem Grund machte es auch wenig Sinn, die Anklagevertretung nochmals nach Zuständigkeitsbereichen zu untergliedern. Vor allem zu Beginn wurden diverse Organigramme angefertigt, die einzelne Abteilungen und die jeweiligen Mitarbeiter zeigen.[687] Es ist bezeichnend, dass hierfür mehrere Entwürfe existieren, die zwar dieselben Namen enthalten, aber sonst nur wenige Gemeinsamkeiten aufweisen. Denn derartige Versuche mussten sich schnell als nicht praktikabel erweisen. Die Anforderungen an

684 Vgl. AN-BB 30/1779: Le délégué du Gouvernement provisoire de la République française au Tribunal Militaire International des grands criminels de guerre à M. le Garde des Sceaux, 4. Oktober 1945.

685 Vgl. FNSP-CD/05: En exécution de la note de M. de Menthon, undatiert; demnach waren innerhalb der Anklagebehörde Fuster, Leyris, Mounier, Quatre, Chalufour u.a. Dubost zugeteilt, dagegen arbeiteten Herzog, Lanoire, Debenest, Monneray u.a. unter Coste-Florets Leitung. Vgl. auch Faure, Mémoires, Bd. 2, S. 29 ff.

686 Vgl. FNSP-CD/06: Plan de travail, 31. Oktober 1945; auch FNSP-CD/05: Secrétariat général administratif. Note de service n° 8: Organisation du cabinet de M. Coste-Floret.

687 Vgl. FNSP-CD/03: Préparation du dossier, undatiert.

den Anklagestab ließen eine solche feste Untergliederung nicht zu und für die Schaffung eines bürokratischen Apparates fehlte es der Delegation an Personal und an Mitteln. Als feste Größe innerhalb der Anklagevertretung kann man einzig die von Charles Gerthoffer geleitete *section économique* ausmachen, die ein solches Spezialgebiet behandelte, dass man einen Teil des Personals ausschließlich hierfür zur Verfügung stellen musste.[688] In den anderen Fällen hatten die Ankläger gewiss Fachgebiete, wurden aber in erster Linie nach Bedarf eingesetzt. So erklärt es sich, dass beispielsweise Delphin Debenest anfangs die Anklage gegen die NS-Organisationen vorbereitete, dann Beweismittel über Verbrechen in den deutschen Konzentrationslagern auswertete und zuletzt das Kreuzverhör von Seyß-Inquart zu dessen Tätigkeit in den Niederlanden führte, im Laufe des Prozesses also drei grundverschiedene Aufgaben übernahm.

Die Arbeit der Anklagebehörde war daher nicht nur zu Beginn von Improvisation geprägt, sondern noch während ihrer gesamten Tätigkeit ständigen Veränderungen unterworfen. Den nach Nürnberg entsandten Juristen verlangte dies zweifellos ein hohes Maß an Flexibilität und Einsatzbereitschaft ab, die sie im Laufe des Prozesses unter Beweis stellten. Gegenüber dem Justizministerium schwärmte Dubost im Juni 1946, seine Mitarbeiter seien „eine Mannschaft, auf die man zählen kann“[689], und lobte ihre Leistungen in den höchsten Tönen. Tatsächlich ist es keine Übertreibung, den Anklagestab als das Rückgrat der Delegation zu bezeichnen, wurde hier doch die Arbeit erledigt, die für den Prozess selbst zählte und den französischen Beitrag in der öffentlichen Wahrnehmung ausmachte. Den aus allen Ländern angereisten Pressevertretern blieb der Zugang zu den geheimen Beratungen des Richterkollegiums schließlich verwehrt. Sie konnten im Gerichtssaal aber genau mitverfolgen, wie die französischen Ankläger vor dem IMT auftraten, welche juristischen Argumente sie vorbrachten, welche Beweismittel sie vorlegten und wie sie sich in den Kreuzverhören mit den Angeklagten schlugen.

Überblickt man die personelle Zusammensetzung des Anklagestabes fällt zunächst eine Gemeinsamkeit auf: Bei allen Anklagevertretern handelte es sich um Berufsjuristen, die als Beamte (*magistrats*) zum größten Teil auf eine langjährige Tätigkeit im Dienst der französischen Justiz zurückblicken konnten und sich auf unterschiedlichen Posten als Staatsanwälte oder Richter bewährt hatten. Das Ministerium besetzte die Posten also ganz bewusst mit erfahrenen Fachleuten, die sich darauf verstanden, der Anklage Substanz zu verleihen und die Vorwürfe gegen die Beschuldigten im Einzelnen auszuarbeiten. Eine Ausnahme stellten die beiden Leiter der Delegation dar, die beide unter politischen Gesichtspunkten ausgewählt wurden. De Menthon und Champetier de Ribes waren hochrangige, angesehene Politiker, die in Nürnberg im Namen der französischen Regierung sprechen und auf Augenhöhe mit ihren alliierten Kollegen verhandeln konnten. Beide legten ihre Mission dann auch so aus, dass repräsentative Aufgaben im Vordergrund standen. Aber mit

688 Vgl. AN-19970410/1: Liste du personnel de la section économique, undatiert.
689 FNSP-CD/05: Dubost an Teitgen, 27. Juni 1946.

der eigentlichen juristischen Arbeit vor Ort befassten sie sich wenig – de Menthon, weil er daran kein Interesse hatte, Champetier de Ribes, weil es ihm aufgrund seines Gesundheitszustandes nicht möglich war. Geleistet wurde die juristische Arbeit stattdessen von ihren beiden Stellvertretern und den übrigen Mitgliedern des Anklagestabes, die durch ihren fachlichen Hintergrund die besten Voraussetzungen mitbrachten. Auf den ersten Blick schwer einzuordnen ist bei einer solchen Unterscheidung Edgar Faure, der auch während seiner Tätigkeit in Nürnberg weiter an seiner politischen Karriere arbeitete und ihr letztendlich seine Mission vor dem IMT opferte. Das sollte jedoch nicht darüber hinwegtäuschen, dass Faure in Nürnberg in das juristische Tagesgeschäft der Delegation voll eingebunden war und einen selbst ausgearbeiteten Beitrag zur französischen Anklage leistete. Nichtsdestotrotz ist in der Personalie Faure eine Ambivalenz offensichtlich, die für die Führungspositionen der Delegation charakteristisch ist. An der Spitze der Delegation brauchte man einerseits politisch routinierte Repräsentanten des Landes, andererseits aber auch Experten, die über das nötige Fachwissen auf juristischem Gebiet verfügten.

In noch stärkerem Maße bestimmte allerdings eine andere Überlegung die Personalauswahl, die das Justizministerium vornahm: Bei einem Blick auf die Biographien der Anklagevertreter ist nicht zu übersehen, dass sich fast alle von ihnen in den Kriegsjahren im Kampf gegen NS-Deutschland ausgezeichnet hatten. Dass die meisten als Soldaten gedient hatten und einige von ihnen in Kriegsgefangenschaft geraten waren, mag dabei noch wenig überraschen. Der eine Teil hatte sich aber auch in Frankreich in der Résistance engagiert, der andere sich außerhalb des Mutterlandes in den Reihen der Gaullisten am Kampf beteiligt.[690] Man wird zwar nicht so weit gehen, mit Blick auf die Anklagebehörde in Nürnberg vom „Who is who des christdemokratischen Widerstandes“[691] zu sprechen, aber die Zugehörigkeit zur Résistance beziehungsweise zu den gaullistischen Streitkräften ist für den Anklagestab insgesamt doch charakteristisch. „Die generelle Regel, nach der wir rekrutiert wurden, war im engeren oder weiteren Sinne die Zugehörigkeit zu den Gruppen der Résistance, zu der eventuell noch eine bestimmte berufliche Kompetenz hinzukam“[692], erinnerte sich Serge Fuster später. So kurz nach Kriegsende war man im französischen Justizministerium natürlich sensibilisiert und bemühte sich, die Posten in der Delegation an keine durch ihre Haltung im Krieg irgendwie vorbelasteten Personen zu vergeben. Die gaullistische Lesart der Kriegsjahre besagte schließlich, dass sich die französische Bevölkerung geschlossen im Widerstand gegen NS-Deutschland befunden hatte und von dieser Haltung zu keinem Moment abgerückt war.[693] Vormalige Kollaborateure, Komplizen der Besatzungsmacht und

690 Zur Geschichte der Résistance vgl. O. Wieviorka, Résistance.
691 Moisel, Résistance, S. 258.
692 Casamayor, Nuremberg, S. 54.
693 Vgl. Kohser-Spon, France, S. 371 ff.

ausgewiesene Unterstützer des Vichy-Regimes galt es deswegen von dem Nürnberger Unternehmen konsequent fernzuhalten.[694]

Denn noch stärker als innenpolitische Proteste, die im Zeichen der anhaltenden *épuration* zu erwarten gewesen wären, fürchteten die Verantwortlichen in Paris um die Glaubwürdigkeit und das Ansehen Frankreichs vor der internationalen Öffentlichkeit. Exemplarisch wird dies an der Abberufung Delpechs deutlich: Wo die Gefahr eines Skandals drohte, reagierte das Ministerium mit Entschlossenheit und setzte alles daran, negativen Schlagzeilen über seine Personalpolitik durch präventive Maßnahmen vorzubeugen. Dass die Anschuldigungen gegen Delpech tatsächlich nur wenig Substanz hatten, spielte in einer solchen Situation keine Rolle. Wie sehr die politische Zweckmäßigkeit die Entscheidungen des Justizministeriums bestimmte, wird zudem deutlich, wenn man sich die komplexe Lebensrealität der französischen Beamtenschaft in den Kriegsjahren vergegenwärtigt. Unter Vichy existierten die hierarchischen Strukturen des staatlichen Justizdienstes der französischen Republik fort, die den *magistrats* nicht nur Gehorsam gegenüber ihren Vorgesetzten, sondern auch die Einhaltung und Anwendung der Gesetze der neuen Machthaber abverlangten.[695] Das bedeutete, dass Richter und Staatsanwälte bei der Ausübung ihres Berufes verpflichtet waren, dem Regime des Marschalls Pétain zu dienen, das mit den deutschen Besatzern kollaborierte.[696] Den Widerstand konnten sie, soweit sie auf ihren Posten verblieben, in einer solchen Situation allenfalls im Verborgenen unterstützen. Der Forschung hat das Phänomen der Résistance innerhalb der Beamtenschaft deswegen seit jeher Schwierigkeiten bereitet.[697] Denn in welchem Maße einzelne Beamte im Laufe der Zeit die Freiräume nutzten, die ihnen ihre berufliche Position bot, um die Gesetze Vichys zu unterlaufen, und ihr Tun dabei bewusst als Widerstand gegenüber einem von ihnen innerlich abgelehnten Regime begriffen, ist statistisch kaum zu erfassen. Voraussetzung für diese Résistance „im Schatten des Rechts“[698] war in jedem Fall die vordergründige Loyalität zu den Machthabern in Vichy, die eine mehr oder weniger offenkundige Widersprüchlichkeit in den Handlungen der Betroffenen zur Folge haben musste.[699] Eben

694 Zum Umgang mit Vichy und der Kollaboration im Frankreich der Nachkriegszeit vgl. Rousso, Événement, S. 489–710; auch Rousso, Syndrome; Rousso/Conan, Passé.

695 Zu den magistrats unter Vichy vgl. Bancaud, Exception.

696 Paul Didier gilt als der einzige *magistrat*, der den Treueschwur auf den Marschall Pétain ausdrücklich verweigerte. Er wurde daraufhin unverzüglich von seinem Posten als Richter am *Tribunal de la Seine* entbunden und aus dem Justizdienst entlassen; vgl. Israël, Robes, S. 208. Zu den Hintergründen des von Vichy eingeforderten Treueschwurs vgl. Baruch, Servir, S. 309–315.

697 Vgl. Israël, Résister, S. 149–175.

698 Ebd., S. 159.

699 Unübersehbar sind hier Parallelen zum deutschen Widerstand gegen das NS-Regime, dessen Vertreter sich vielfach in einer ähnlichen Lage befanden; vgl. Hürten, Widerstand.

diese Beobachtungen lassen sich auch in den Biographien der Nürnberger Ankläger machen. Der Großteil der Juristen hatte durchaus eine Treueerklärung auf den Marschall Pétain abgegeben, wie sie in den Vichy-Jahren üblich war.[700]

Manche waren in ihren Loyalitätsbekundungen noch weiter gegangen. Fuster verdankte seine Aufnahme in den Justizdienst dem Eifer, mit dem er im Sommer 1940 persönlich in Vichy bei dem nunmehr dort ansässigen Ministerium vorstellig geworden war. Um politische Anschuldigungen gegen seine Person auszuräumen, war Mounier in den Monaten vor seiner Entlassung der von Vichy geschaffenen *Légion française des combattants* (LFC) beigetreten und hatte im Juli 1941 in einem Schreiben „die Bewunderung, den Respekt und die Anerkennung"[701] betont, die er für Staatschef Pétain empfand. Sogar über den zu diesem Zeitpunkt tief in die Aktivitäten der Résistance verstrickten Leyris hatten seine Vorgesetzten im November 1943 noch notiert: „Er ist den Prinzipien der neuen Ordnung ehrlich ergeben und treu gegenüber der Person des Staatschefs."[702] In der ein oder anderen Form hatten praktisch alle Beamten Kompromisse mit den Machthabern in Vichy eingehen und sich mit dem Regime arrangieren müssen. Grundsätzlich stellte dieser Umstand daher kein Hindernis bei der individuellen Auswahl für den Dienst in Nürnberg dar, solange das Justizministerium etwaige Risiken abwägen konnte und über die Vertreter des Landes keine Informationen an die Öffentlichkeit drangen, die als politisch inopportun betrachtet wurden.

Feststellungen über die politische Haltung der Anklagevertreter, die über die Zugehörigkeit zur Résistance hinausgehen, lassen sich dagegen nur in eingeschränktem Umfang machen. Sicherlich waren de Menthon und Champetier de Ribes führende Vertreter der MRP, der zu diesem Zeitpunkt de Gaulle nahestand. Das verleiht aber der Anklagevertretung keineswegs insgesamt ein christdemokratisches, konservatives oder gar gaullistisches Profil. Denn schon ihre beiden Stellvertreter waren ganz anderen politischen Lagern zuzurechnen: Charles Dubost der Linken, Edgar Faure als aufstrebender Politiker der liberalen *Parti radical*. Darüber hinaus aber lässt sich bei kaum einem anderen Ankläger die Mitgliedschaft in einer bestimmten Partei oder eine irgendwie geartete politische Betätigung nachweisen.[703] Grund hierfür ist ohne jeden Zweifel das Berufsethos der französischen

700 Vgl. zum Beispiel AN-19890074/132: Dossier Lanoire: Prestation de serment, 4. November 1942.

701 AN-19770067/338: Dossier Mounier: Handschriftlicher Brief Mouniers, 22. Juni 1941.

702 AN-19840317/7: Dossier Leyris: Cour d'appel de Nîmes. Notice du président et du procureur, 19. November 1943.

703 Der radikalen Linken lässt sich neben Dubost innerhalb der französischen Anklagebehörde allenfalls noch Albert-Paul Lentin zurechnen, der damals allerdings erst 22 Jahre alt war. Lentin arbeitete in Nürnberg als Assistent von Edgar Faure. Später machte er sich in Frankreich als Journalist bei der Tageszeitung *Libération* einen Namen und entfaltete ein weitreichendes politisches Engagement mit antikolonialistischem Schwerpunkt; vgl. AN-9970410/2: Dossier:

Beamtenschaft. Mit dem Eintritt in den staatlichen Justizdienst war jeder *magistrat* aufgefordert, keine politischen Aktivitäten zu entfalten, sondern sich vielmehr als Vertreter des Staates auf diesem Feld gänzlich zurückzuhalten. Über das Befolgen dieser Richtlinie wachten die Vorgesetzten und bei jeder anstehenden Beförderung wurde geprüft, ob sich der Betreffende entsprechend verhielt.[704] Eine bestimmte politische Ausrichtung war für das Anklageteam in Nürnberg daher gerade nicht charakteristisch.

Hinzu kamen bei der Auswahl des juristischen Personals weitere Kriterien, die sich in den einzelnen Fällen unterscheiden, aber auch zusammenfallen konnten. Die Spezialisierung auf ein bestimmtes Fachgebiet war offenkundig ausschlaggebend für einige Ernennungen. Hier ist vor allem an die Experten für wirtschafts- und finanzrechtliche Fragen innerhalb der Anklagebehörde zu denken. Gleiches gilt aber auch für jene, die bereits an der Ahndung von Kriegsverbrechen mitgewirkt hatten und aus den hierfür geschaffenen Institutionen in die Delegation kamen. Die Tatsache, dass es eine erhebliche personelle Überschneidung zwischen dem SRCGE und der Delegation gab, zeigt deutlich, wie sehr das Justizministerium auf Kontinuität setzte und Personal bevorzugte, das sich in ähnlichen Aufgaben bereits bewährt hatte. Darüber hinaus spielten Sprachkenntnisse ohne jede Frage eine zentrale Rolle. Man berief in die Delegation vor allem Ankläger, die Deutsch sprachen, mitunter sogar ausgewiesene Kenner von Sprache und Kultur des Nachbarlandes waren. Da aber selbstverständlich auch der Kontakt zu den Verbündeten in Nürnberg gewährleistet werden musste, stellte man bei der Auswahl auch sicher, dass einige Delegationsmitglieder über fundierte Sprachkenntnisse in Englisch und Russisch verfügten. Mehrere Ernennungen kamen schließlich durch persönliche Beziehungen zustande. Als de Menthon daran ging, im Spätsommer 1945 die Delegation zu bilden, nahm er alte Kontakte wieder auf und griff bewusst auf frühere Mitarbeiter aus seiner Zeit als Justizminister zurück.[705] Faure verdankte seinen Posten der Vermittlung seines Freundes Coste-Floret, als dieser selbst die Delegation verließ.[706] Ebenso wurden einige Beamte des Ministeriums berücksichtigt. Dass man dort auch bewusst Mitarbeiter des eigenen Hauses, die das Vertrauen ihrer Vorgesetzten genossen, für eine Mission in Nürnberg auswählte, ist anzunehmen. Zählt man all diese Faktoren zusammen, so entsteht ein klares und stimmiges Bild: Auch wenn sich die einzelnen Mitglieder in Herkunft, Alter, beruflicher Laufbahn und ihren Biographien insgesamt erheblich voneinander unterschieden, handelte es sich bei der französischen Anklagebehörde keineswegs um eine willkürlich zusammengewürfelte Truppe. Im Gegenteil war sie ein sorgsam ausgewählter Stab von erfahrenen Fachjuristen, die

---

Lantin [sic!], Albert. Zu seinen Erinnerungen an den Nürnberger Prozess vgl. Lentin, Nuremberg.

704 Vgl. zum Beispiel AN-19770067/338: Dossier Mounier: Le Garde des Sceaux, Ministre de la Justice, à M. le Résident général de France à Rabat, 18. Oktober 1928.

705 Vgl. ADHS-135 J 191: Redemanuskript de Menthons, ca. 1976, S. 5 f.

706 Vgl. Faure, Mémoires, Bd. 2, S. 157.

langjährige Karrieren im Staatsdienst vorweisen konnten, sich in der Résistance ausgezeichnet hatten, bereits in einzelne Spezialgebiete eingearbeitet waren und über die nötigen Sprachkenntnisse verfügten.

Darüber hinaus stellt sich die Frage, was diese Personen bewog, der Delegation beizutreten und sich so kurz nach Kriegsende auf eine Mission nach Nürnberg zu begeben, von der niemanden sagen konnte, wie lange sie dauern würde. Wieder lassen sich unterschiedliche Motive ausmachen, die sich im Einzelfall aber auch miteinander vermischen konnten. Manche sahen in ihrer Tätigkeit in Nürnberg eine neue fachliche Herausforderung und die Chance, an einem Ereignis von historischer Bedeutung mitzuwirken. Für Herzog war der Prozess „ein spannendes intellektuelles Abenteuer“[707], dem er sich nicht verweigern wollte. Eine solche Abenteuerlust konnte mit nationalem Pflichtgefühl ineinandergreifen.[708] Nicht anders lässt sich erklären, dass ein ausgebildeter Jurist wie Quatre kurz nach seiner Rückkehr aus fünfjähriger Kriegsgefangenschaft dem Ministerium gegenüber den Wunsch vorbrachte, in die besetzten Gebiete entsendet zu werden.[709] Auch der Wille, der Idee des Völkerstrafrechts zu dienen, spielte offenkundig eine Rolle. Dubost erklärte im Oktober 1945 in einem Zeitungsinterview: „Der Nürnberger Prozess wird keine Justizkomödie sein, sondern wir hoffen, dass er dazu beitragen wird, den Frieden in der Welt aufrecht zu erhalten.“[710] In anderen Fällen wiederum hing der Eintritt in die Delegation auch mit der beruflichen Situation der Betroffenen zusammen, die, bei Kriegsende nach Frankreich zurückgekehrt, auf ihre Wiedereingliederung in den Justizdienst warteten. Für Debenest und Mounier etwa stellte ihre Mission in Nürnberg eine Möglichkeit dar, diese Wartezeit zu überbrücken.[711]

Es war also eine Vielzahl von Beweggründen, die in unterschiedlicher Gewichtung für die Betroffenen ausschlaggebend sein konnte, einen Posten in der Delegation beim IMT anzunehmen. Dass sich Einzelne davon auch Vorteile für ihre berufliche Laufbahn versprachen, lässt sich nicht belegen. Allerdings fällt natürlich auf, dass sämtliche Anklagevertreter später ihre Karrieren fortsetzten und einige in führende Positionen innerhalb des französischen Justizapparates aufstiegen. Charles Gerthoffer war als erster Generalstaatsanwalt (*premier avocat général*) am *Cour de cassation* bei seiner Pensionierung sogar einer der ranghöchsten Ankläger des Landes. In sämtlichen Personalakten wurde die Tätigkeit des jeweiligen Beamten als Ankläger in Nürnberg später regelmäßig erwähnt und bei der Prüfung einer etwaigen Beförderung als besonderes Verdienst herausgestellt.[712] Sicher handelte

707 Herzog, Échec, S. XVI.
708 Vgl. ADHS-135 J 191: Redemanuskript de Menthons, ca. 1976, hier S. 10 f.
709 Vgl. AN-19840317/91: Dossier Quatre: Handschriftlicher Brief Quatres, 31. Juli 1945.
710 L'Aube, Artikel: „Rétablir une morale internationale“, 19. Oktober 1945.
711 Vgl. AN-19770067/338: Dossier Mounier: Direction du personnel. Notice, 19. Oktober 1945.
712 Vgl. zum Beispiel AN-19770067/338: Dossier Mounier: Rapport sur la demande d'inscription au tableau d'avancement au 1er janvier 1948 formulé par M. Mounier, 29. Juli 1947.

es sich hierbei nur um einen von vielen Sachverhalten, der sich von Fall zu Fall zudem unterschiedlich ausgewirkt haben mag, aber die Mission in Nürnberg war für alle Anklagevertreter doch ein bedeutender Abschnitt in ihren Karrieren. Aus Jacques-Bernard Herzogs persönlicher Sicht beispielsweise war das Mitwirken am ersten internationalen Strafprozess der Geschichte der Höhepunkt seines beruflichen Werdeganges und so erklärte er kurz vor seinem Tod zurückblickend, seine Karriere habe mit ihrem Ende begonnen.[713]

2.3 Die Gerichtssektion

Organisatorisch von der Anklagebehörde getrennt und eher an die Delegation angegliedert als tatsächlich in sie integriert, arbeiteten die Personen, mit denen das Justizministerium die Positionen innerhalb des Gerichtshofes besetzte. Sie bildeten mit ihren Mitarbeitern die französische Gerichtssektion. Gemäß dem Londoner Abkommen wurde das IMT von den vier Hauptsiegermächten auf der Grundlage strikter Gleichberechtigung gebildet.[714] Das Richterkollegium setzte sich aus acht Personen zusammen: Jede der vier Hauptsiegermächte nominierte einen Richter und einen Stellvertreter, der während des Prozesses anwesend, jedoch nicht stimmberechtigt war.[715] Die Urteile sollten am Ende des Prozesses per Mehrheitsentscheidung unter den Richtern gefällt werden. Dieser paritätischen Besetzung zufolge standen Frankreich also zwei Posten zu.

Henri Donnedieu de Vabres

Zum französischen Richter des IMT bestimmte die Regierung in Paris den Universitätsprofessor Henri Donnedieu de Vabres. Bei ihm handelte es sich um einen ausgewiesenen Experten im Bereich des Völkerstrafrechts, der auf eine langjährige akademische Tätigkeit zurückblicken konnte.

De Vabres kam 1880 im südfranzösischen Nîmes zur Welt.[716] In einem protestantischen Elternhaus aufgewachsen, absolvierte er in Paris ein Jurastudium, dem 1905 die Promotion folgte. Zu Beginn seiner akademischen Laufbahn fand er eine erste Anstellung an der juristischen Fakultät der Universität in Aix-en-Provence, wo er ab 1909 öffentliches Recht und Strafrecht lehrte. Im Ersten Weltkrieg wurde er in die Arme eingezogen und diente vier Jahre lang als Soldat. Danach konnte er seine Lehrtätigkeit wieder aufnehmen. 1922 wechselte er als Dozent nach Paris an die

713 Vgl. Herzog, Échec, S. XVI.
714 Vgl. IMT, Bd. 1, Statut für den internationalen Militärgerichtshof, Art. 2, S. 10.
715 Vgl. ebd.; auch Smith, Jahrhundert-Prozeß, S. 13 ff.; die Stellvertreter wurden für den Fall ernannt, dass der Richter des jeweiligen Landes wegen Krankheit oder aus anderen Gründen ausfallen sollte. Dann wären sie nachgerückt und der Prozess hätte nahtlos fortgesetzt werden können.
716 Zu allen biographischen Angaben über Donnedieu de Vabres vgl. AN-19800035/67/8237: Dossier Légion d'honneur: Donnedieu de Vabres, Félix August Henri; auch Nécrologie, Revue internationale de droit comparé.

dortige juristische Fakultät, wo er zwei Jahre später zum Professor ernannt wurde und die Leitung des Lehrstuhls für Strafrecht und vergleichende Rechtswissenschaft übernahm. Als neues Fachgebiet entdeckte er bald das Völkerstrafrecht für sich. De Vabres beschäftigte sich frühzeitig mit Möglichkeiten der staatenübergreifenden Ahndung von Verbrechen und publizierte seine Gedanken hierzu.[717] In einer Zeit, in der das Völkerstrafrecht noch in seinen Anfängen steckte und vielen lediglich als Utopie weltfremder Idealisten galt, wurde er in Frankreich zu dessen Vordenker und machte sich durch seine Veröffentlichungen auch über die Landesgrenzen hinaus einen Namen. Außerdem engagierte er sich in Vereinigungen von Fachjuristen wie der *Association internationale de droit pénal* (AIDP).[718] In diesem Rahmen knüpfte er Kontakte zu Völkerrechtsexperten in anderen Ländern und sprach in der Zwischenkriegszeit auf zahlreichen internationalen Konferenzen. Im Februar 1935 reiste er zu einer solchen Zusammenkunft nach Berlin, wo die Akademie für Deutsches Recht ihre sechste Vollsitzung abhielt.[719] De Vabres' Gastgeber war dort mit dem Akademiepräsidenten Hans Frank einer der späteren Angeklagten im Prozess vor dem IMT. Auf dessen Einladung hin nahm der Professor außerdem an einem Dinner teil, bei dem neben Frank selbst auch Julius Streicher zugegen war. Als es zehn Jahre später im Nürnberger Schwurgerichtssaal ein Wiedersehen mit den beiden gab, sollte ihm die Situation äußerst peinlich sein.[720] Während des Zweiten Weltkrieges setzte de Vabres seine Lehrtätigkeit in Paris fort. Da er sich politisch in keiner Weise hervorgetan hatte, blieb er als Professor auch unter deutscher Besatzung und dem Vichy-Regime unangetastet.

Als es im Sommer 1945 darum ging, die französische Beteiligung am IMT zu organisieren und die Delegation des Landes zu bilden, betraf eine der wichtigsten anstehenden Personalentscheidungen die Besetzung des Richterpostens. Neben dem Chefankläger würde kein anderer Vertreter des Landes so sehr unter der Beobachtung der internationalen Öffentlichkeit stehen und die Urteilsfindung würde auch von seiner Stimme abhängen. Vor diesem Hintergrund stellt sich umso mehr die Frage, warum man in Paris gerade de Vabres auswählte. Die grundsätzliche Entscheidung fiel verglichen mit den übrigen Besetzungen sehr früh: Konfrontiert mit den ersten Plänen zur Bildung des IMT, schlug François de Menthon noch als amtierender Justizminister im Mai 1945 gegenüber dem Außenministerium de Vabres für den Richterposten vor.[721] Die Diplomaten, die sich in dieser Phase noch aktiv an der Prozessvorbereitung beteiligten, hatten keine Einwände und gaben kurz darauf

---

717 Vgl. Donnedieu de Vabres, Introduction; Donnedieu de Vabres, Principes.

718 Zur AIDP vgl. Bassiouni, Justice pénale.

719 Vgl. Pichinot, Akademie, S. 48 ff.; de Vabres referierte auf der Konferenz über das Thema „Die internationale Bekämpfung der Delikte des Völkerrechts.".

720 Vgl. Falco, Juge, S. 41 f.

721 Vgl. AD-Y-Internationale 1944–1949/53: De Menthon an Bidault, 23. Mai 1945. De Vabres selbst hatte zu diesem Zeitpunkt bereits eingewilligt.

ihr Einverständnis.[722] In der ersten Junihälfte, also vor der Londoner Konferenz, ernannte die Regierung den Professor daher zum Richter für das IMT, auch wenn die Entscheidung zunächst noch nicht öffentlich gemacht wurde.[723] Ausschlaggebend für die Wahl de Vabres' war ganz offensichtlich sein fachlicher Hintergrund.[724] Mit seinen Kenntnissen auf dem Gebiet des Völkerstrafrechts, seinem bisherigen Engagement in diesem Bereich und seiner langjährigen akademischen Tätigkeit im Allgemeinen schien er für eine Beteiligung am ersten internationalen Strafprozess der Geschichte prädestiniert. Dem entgegen stand die Tatsache, dass er über keinerlei berufliche Erfahrung als Richter verfügte. Dieser Umstand spielte für die Verantwortlichen in Paris aber allem Anschein nach keine entscheidende Rolle, auch wenn die Richter der anderen drei Hauptsiegermächte allesamt Vertreter der juristischen Praxis in ihren Ländern waren.[725] Drei Monate später wurde die Personalentscheidung allerdings noch einmal in Frage gestellt. De Menthon, nunmehr Chefankläger vor dem IMT, wollte Mitte September 1945 die Ernennung de Vabres' verhindern, weil diesem seiner Meinung nach „die diversen erforderlichen Eigenschaften und die notwendige Bekanntheit"[726] fehlten. Stattdessen schlug de Menthon als seinen Wunschkandidaten nun Jules Basdevant vor und brachte außerdem Léon Juillot de la Morandière und René Cassin für den Richterposten

722 Vgl. AD-NUOI 1944–1959/86: St. Hardouin an Teitgen, 5. Juni 1945; auch: Note pour le Secrétaire général. Juge français au Tribunal Militaire Interallié pour le jugement des grands criminels, 9. Juni 1945.

723 Vgl. AD-NUOI 1944–1959/86: Le Garde des Sceaux à M. le Ministre des Affaires étrangères, 13. Juni 1945; auch Telegramm: Le Ministre des Affaires étrangères à Amba[ssade de] France [à] Londres, 18. Juni 1945; außerdem Falco, Juge, S. 38; Falco zufolge stand die Nominierung de Vabres' bei Falcos Rückkehr aus London bereits fest.

724 Zu den Gründen für de Vabres' Ernennung vgl. auch Schöpfel, Voix, S. 104 f. und Beigbeder, Judging, S. 246; Beigbeder stellt die These auf, dass de Vabres als Universitätsprofessor in den Vichy-Jahren keine Treueerklärung auf den Marschall Pétain hatte ablegen müssen, wohl aber jeder in Frankreich verbliebene Richter. Ein Richter, der diesen Treueschwur geleistet hätte, wäre dadurch in Nürnberg vor seinen alliierten Kollegen kompromittiert gewesen und deshalb habe man sich gerade für de Vabres entschieden, so Beigbeder weiter. Diese Erklärung ist allerdings wenig überzeugend. Bei der Besetzung der Anklagevertretung fand das Justizministerium eine ganze Reihe von erfahrenen Richtern und Staatsanwälten, die sich in der Résistance ausgezeichnet hatten. Ob diese nun die fragliche Treueerklärung auf Pétain abgelegt hatten oder nicht, spielte bei ihrer Ernennung keine Rolle.

725 Die amerikanischen, britischen und sowjetischen Mitglieder des Richterkollegiums des IMT verfügten alle über – mitunter langjährige – berufliche Erfahrungen als Richter in ihren Ländern; vgl. Taylor, Prozesse, S. 150 ff.; Smith, Jahrhundert-Prozess, S. 13 f.

726 AD-NUOI 1944–1959/86: De Menthon, Bericht Nr. 1, 14. September 1945.

ins Gespräch.[727] Auf die bereits gefällte Entscheidung hatte die Initiative des Chefanklägers jedoch keinen Einfluss mehr, zumal Basdevant eine Mitwirkung in aller Form ausgeschlossen hatte und auch die anderen beiden für eine Teilnahme an dem Prozess nicht zur Verfügung standen.[728] De Menthon verhehlte seinen Ärger hierüber nicht und kommentierte die letztendliche Ernennung de Vabres' mit den Worten: „Die Entscheidung ist unbefriedigend. [...] Einmal mehr sind wir nicht davor zurückgeschreckt, dem Ansehen Frankreichs durch kleingeistige Personalentscheidungen zu schaden."[729] Für den Professor selbst war die Berufung in das IMT dagegen eine enorme Genugtuung, die lange Jahre eines unermüdlichen Einsatzes für seine Vorstellungen krönten.[730]

Offiziell bekannt gegeben wurde die Ernennung Anfang Oktober 1945.[731] Unmittelbar darauf reiste de Vabres nach Berlin, wo er an den ersten Besprechungen des alliierten Richterkollegiums und an der formellen Eröffnungssitzung des Gerichtshofes teilnahm.[732] Im Anschluss führte seine Mission ihn nach Nürnberg. Dort mussten noch die letzten Vorbereitungen abgeschlossen werden, bevor der Prozess am 20. November 1945 begann. Da die acht alliierten Richter den Briten Geoffrey Lawrence zu ihrem Vorsitzenden gewählt hatten, leitete dieser während des Prozesses die Sitzungen des Gerichtshofes.[733] Gleichwohl hatten seine Kollegen das Recht, zu intervenieren, wo es ihnen geboten schien. De Vabres allerdings machte hiervon nur wenig Gebrauch und meldete sich in den folgenden Monaten kaum zu Wort, so dass man ihn als den „stillste[n] Richter"[734] des IMT ansah. „Es war schwierig, ihn zum Reden zu bringen, außer in akademischen Begriffen"[735], berichtet etwa Airey Neave, damals Mitglied der britischen Delegation, in seinen Memoiren. Ähnlich nahmen ihn die Angeklagten war. Franz von Papen erinnerte sich später: „Über den Vertreter Frankreichs, Professor Donnedieu de Vabres, war ein Urteil nicht zu gewinnen. Niemals in diesem langen Prozess richtete er eine Frage an irgendwen. Er schrieb nur – Tage, Wochen, Monate – immer schrieb er."[736]

---

727 Vgl. AD-NUOI 1944–1959/86: De Menthon, Bericht Nr. 2, 19. September 1945.

728 Vgl. FNSP-CD/05: De Menthon, Bericht Nr. 3, 22. September 1945.

729 ADHS-135 J 187: De Menthon, Bericht Nr. 4, 28. September 1945.

730 Vgl. Nécrologie, Revue internationale de droit comparé, S. 354.

731 Vgl. JORF, 10. Oktober 1945, S. 6395: Décret du 9 octobre 1945 portant nomination des juges français au tribunal militaire international.

732 Vgl. Bericht über die am 18. Oktober 1945 um 10.30 Uhr in Berlin abgehaltene Eröffnungssitzung des Internationalen Militärgerichtshofes, in: IMT, Bd. 1, S. 26 ff.

733 Das Londoner Statut hatte festgelegt, dass die Richter für den Prozess aus ihrem Kreis einen Vorsitzenden wählen sollten; vgl. IMT, Bd. 1, Statut für den internationalen Militärgerichtshof, Art. 4, S. 10 f.

734 Taylor, Prozesse, S. 633; vgl. auch Cooper, Nuremberg, S. 29.

735 Neave, Record, S. 235.

736 Papen, Gasse, S. 641. Während der Sitzungen des IMT war de Vabres in der Tat sehr schweigsam. Dass er das Wort ergriff und Fragen an Ankläger oder Verteidiger richtete, kam während des gesamten Prozesses nur dreimal vor; vgl. IMT,

Bei den anderen Mitgliedern der französischen Delegation mischte sich Achtung vor de Vabres' Fachwissen mit einem gewissen Spott gegenüber seiner äußeren Erscheinung, die ein buschiger Schnurrbart, eine aus der Mode gekommene Nickelbrille und ein so ernster wie meistens unbewegter Gesichtsausdruck bestimmten.[737] Sein Stellvertreter Robert Falco bescheinigte ihm eine akademische Zerstreutheit, die dazu führte, dass de Vabres zuweilen der Blick für das Wesentliche fehlte.[738]

Außerhalb des Gerichtssaals führte er ein zurückgezogenes Leben und nahm kaum an Einladungen und Empfängen der anderen Delegationen teil.[739] Seine Möglichkeiten, sich mit den anderen Richtern auszutauschen, waren dadurch eingeschränkt, dass er zwar passabel Deutsch aber kein Englisch, geschweige denn Russisch sprach.[740] Nichtsdestotrotz brachte de Vabres sich nachdrücklich bei den Beratungen über das Urteil ein, die die Richter nach Abschluss der Beweisaufnahme in geschlossener Sitzung abhielten.[741] Die eigenwilligen Ansichten und die unerwartete Hartnäckigkeit des Professors führten dort zu heftigen Kontroversen. Denn während der Besprechungen tat de Vabres sich vor allem durch vehemente Kritik an dem Anklagepunkt Verschwörung hervor und versuchte erfolglos, diesen zu Fall zu bringen. Bei den Abstimmungen über das Strafmaß gab er in den meisten Fällen von allen Richtern das mildeste Votum ab. Den Erwartungen der französischen Öffentlichkeit stand dieses Abstimmungsverhalten diametral entgegen. Am 30. September 1946 verlas de Vabres im Gerichtssaal den Abschnitt des Urteils, der sich mit der deutschen Besetzung Österreichs und der Tschechoslowakei sowie dem Angriff auf Polen befasste.[742] Wenige Tage später trat er per Zug die Heimreise nach Paris an.[743]

Trotz seiner Kritik an einigen Aspekten des Prozesses gegen die Hauptkriegsverbrecher und seiner Meinungsverschiedenheiten mit den anderen alliierten Richtern blieb de Vabres der grundsätzlichen Idee der internationalen Strafgerichtsbarkeit treu.[744] Zurück in Paris veröffentliche er einen Kommentar zum Nürnberger Urteil, in dem er den Prozess in der historischen Entwicklung des Völkerstrafrechts verortete.[745] Allen Abstrichen zum Trotz sah er im IMT einen Vorläufer für einen

---

Bd. 2, S. 24 (14. November 1945), S. 542 (30. November 1945) und Bd. 8., S. 500–503 (1. März 1946). Hierin ist offenkundig auch der Grund zu sehen, dass er in den übrigen Memoiren von Angeklagten aus dem Hauptkriegsverbrecherprozess gar nicht oder höchstens am Rande erwähnt wird; vgl. Dönitz, Leben; Raeder, Leben; Schacht, Jahre, S. 582; Schirach, Hitler; Speer, Erinnerungen.

737 Vgl. Faure, Mémoires, Bd. 2, S. 19.

738 Vgl. Falco, Juge, S. 41.

739 Vgl. Taylor, Prozesse, S. 255.

740 Vgl. Beigbeder, France; auch Biddle, Authority, S. 380; Lawrence, Nuremberg, S. 298.

741 Zu de Vabres' Rolle bei der Urteilsfindung vgl. Kapitel 4.1.

742 Vgl. IMT, 30. September 1946, Bd. 22, S. 490–506.

743 Vgl. Falco, Juge, S. 163.

744 Vgl. Herzog, De Vabres, S. 1–19.

745 Vgl. Donnedieu de Vabres, Nuremberg.

internationalen Strafgerichtshof als dauerhafter Institution. Für dessen Schaffung setzte er sich in der Folge unter anderem als Vertreter Frankreichs in der Völkerrechtskommission der Vereinten Nationen ein.[746] Er musste jedoch auch die Rückschläge miterleben, die das Projekt mit dem Beginn des Kalten Krieges erfuhr. Nichtsdestotrotz forderte er noch kurz vor seinem Tod: „Entscheidend ist es, eine dauerhafte Jurisdiktion zu schaffen, aus der Bewegungslosigkeit herauszukommen, sogar zum Preis der Unvollkommenheit. Denn die Unvollkommenheit der menschlichen Justiz ist unvermeidbar und ist besser als das Fehlen von Justiz."[747] De Vabres starb 1952 in Paris an einem Herzinfarkt.

Robert Falco

Der stellvertretende französische Richter des IMT war Robert Falco, der bereits an der Londoner Konferenz teilgenommen hatte. Im Gegensatz zu de Vabres war er ein Vertreter der juristischen Praxis und hatte viele Jahre als Staatsanwalt gearbeitet.

Falco wurde 1882 in Paris geboren.[748] Dort studierte er nach seinem Schulabschluss Jura und promovierte im Anschluss. Ab 1903 war er als Rechtsanwalt tätig, bis er vier Jahre später in den Justizdienst eintrat. Seine Beamtenlaufbahn begann bei der Staatsanwaltschaft in dem Städtchen Vesoul im ostfranzösischen Département Haute-Saône. Es schien sich jedoch nur um ein kurzes Intermezzo zu handeln, da Falco nach nur wenigen Monaten wieder zurück in den Beruf des Rechtsanwaltes wechselte. Bei Ausbruch des Ersten Weltkrieges wurde er in die Armee eingezogen, in der er in den folgenden fünf Jahren diente. Nach Kriegsende war er für einige Zeit als Büroleiter im Handelsministerium tätig, bevor er 1922 erneut einen Posten als Staatsanwalt antrat. Anfangs in Rambouillet eingesetzt, wechselte er bald nach Versailles und schließlich 1926 ans *Tribunal de la Seine* in Paris, wo er bis 1937 zum Generalstaatsanwalt aufstieg. Edgar Faure, der ihn in diesen Jahren kennenlernte, erinnerte sich später, dass Falco damals in der Hauptstadt als einer der besten Gerichtsredner galt.[749]

Zu Beginn des Zweiten Weltkrieges wurde Falco kurzzeitig erneut mobilisiert, allerdings bereits im Februar 1940 wieder aus der Armee entlassen. Als sich nach der militärischen Niederlage im Sommer 1940 das Vichy-Regime Pétains etablierte, waren die Folgen für einen Teil der Beamtenschaft verhängnisvoll: Ohne von deutscher Seite dazu gedrängt worden zu sein, verfügten die neuen Machthaber den

---

746 Zur Völkerrechtskommission (Französisch: Commission du droit international) vgl. Nations Unies, Commission.

747 Zitiert nach Herzog, Henri Donnedieu de Vabres, S. 18.

748 Zu allen biographischen Angaben über Falco vgl. AN-19800035/326/43981 Dossier Légion d'honneur: Falco, Pacifique Alfred Robert; auch Tribunal et Cour de cassation, Notices, S. 169 f.

749 Vgl. Faure, Mémoires, Bd. 2, S. 19 f.

Ausschluss von Juden aus dem Staatsdienst.[750] Falco verlor nun als Jude im Dezember 1940 seinen Posten als Staatsanwalt und floh daraufhin nach Südfrankreich, in den zunächst noch unbesetzten Teil des Landes.[751] Dort erlebte er 1944 die Landung der Alliierten und die Befreiung. Vom südfranzösischen Béziers aus bemühte er sich danach um seine Wiedereingliederung in den Justizdienst und die Zuteilung eines neuen Postens.[752] Das gelang ihm, als er im Oktober 1944 zum Richter am *Cour de cassation* ernannt wurde. In seinem neuen Amt wurde er auf eine Anzeige des Justizministeriums aufmerksam, das Freiwillige für die Mitarbeit an dem noch zu schaffenden IMT suchte, und bewarb sich Anfang Juni 1945 auf die Ausschreibung. Er hatte keinerlei berufliche Erfahrungen im Bereich des Völkerstrafrechts oder bei der Ahndung von Kriegsverbrechen, gehörte aber dem höchsten Gerichtshof des Landes an und sprach Englisch. Seinen Erinnerungen zufolge waren allein diese Umstände ausschlaggebend dafür, dass man sich für ihn entschied.[753] Das Justizministerium entsandte ihn noch im selben Monat zur Londoner Konferenz, wo er Frankreich zusammen mit André Gros vertrat und am Ende das dort ausgehandelte Abkommen unterzeichnete.[754] Seine Ernennung zum stellvertretenden Richter ergab sich aus dieser ersten Mission.[755] Noch während die Londoner Verhandlungen im Gange waren, bekundete er sein Interesse an einem der Frankreich zustehenden Richterposten.[756] Dass daraufhin tatsächlich seine Nominierung erfolgte, ist angesichts der Umstände wenig überraschend. Schließlich hatte Falco an den Verhandlungen zur Bildung des IMT teilgenommen, kannte also wie kaum ein anderer auf französischer Seite die Hintergründe und war in die Thematik eingearbeitet. Als erfahrener Staatsanwalt war er zudem sicher eine sinnvolle Ergänzung zu dem Akademiker de Vabres, dem dieser Hintergrund fehlte. Hinzu kommt wohl auch, dass Falco als Opfer der antisemitischen Gesetzgebung Vichys über jeden Verdacht der Sympathie für Pétain oder die Kollaboration mit NS-Deutschland erhaben war.

---

750 Grundlage für den Ausschluss von Juden aus dem Staatsdienst war das auch als erstes „Judenstatut" bezeichnete Gesetz vom 3. Oktober 1940, unter das auch Falcos Entlassung fiel. Der Ministerrat in Vichy verhängte mit diesem Gesetz eine ganze Reihe von Berufsverboten gegen Juden, auf die in den nächsten Monaten noch weitere diskriminierende Bestimmungen folgten; vgl. JORF, 18. Oktober 1940, S. 5323: Loi du 3 octobre 1940 portant statut des juifs; auch Baruch, Servir, S. 127–169; Poznanski, Juifs.

751 Vgl. Falco, Juge S. 126 f; zu Falcos Ausschluss aus dem Staatsdienst ausführlich Jean, Magistrats, S. 4–7.

752 Vgl. die Einleitung von Guillaume Mouralis, in: ebd., S. 11–23, hier S. 13.

753 Vgl. ebd., S. 28; Falco berichtet außerdem, dass es am *Cour de cassation* keine anderen Bewerber gab, das allgemeine Interesse an einer Mission am IMT bei den Richtern dort also gering war.

754 Vgl. Londoner Viermächte-Abkommen vom 8. August 1945, in: IMT, Bd. 1, S. 7 ff.

755 Vgl. AD-NUOI 1944–1959/86: Le Garde des Sceaux à M. le Ministre des Affaires étrangères, 13. Juni 1945.

756 Vgl. AD-NUOI 1944–1959/86: Massigli, Telegramm Nr. 3673–77, 23. Juli 1945.

Zusammen mit de Vabres reiste Falco im Oktober 1945 zuerst nach Berlin zur formellen Eröffnungssitzung des Gerichtshofes.[757] Unmittelbar darauf ging es weiter nach Nürnberg. Den Prozess gegen die Hauptkriegsverbrecher verfolgte er dort von der ersten bis zur letzten Sitzung von der Richterbank aus mit. Das macht ihn zum einzigen Vertreter seines Landes, der von der Genese des IMT in London bis hin zur Urteilsverkündung quasi durchgehend persönlich vor Ort war. Wie sein Landsmann de Vabres hielt er sich allerdings in den Sitzungen des IMT sehr zurück, in den Ablauf des Prozesses griff er nie ein. Aufgrund seiner Bescheidenheit und seines kultivierten Auftretens genoss er innerhalb der französischen Delegation großen Respekt.[758] Auch die anderen alliierten Richter schätzten ihn. Sein amerikanischer Kollege Francis Biddle schrieb später über Falco: „Skeptisch, ironisch, hart arbeitend, meine Vorliebe zur Untertreibung teilend, wurde er zu einem sehr angenehmen und findigen Kollegen."[759] Allerdings lebte auch Falco in Nürnberg zurückgezogen und hatte kaum Kontakt zu den Vertretern der anderen Länder.[760] Bei den Beratungen über das Urteil war er in einer deutlich schwächeren Position als sein Landsmann, da er als stellvertretender Richter kein Stimmrecht besaß. In den Diskussionen unterstützte er den Professor in den meisten Fällen, zeigte sich den Standpunkten der anderen alliierten Richter gegenüber jedoch sehr viel konzilianter und versuchte immer wieder, zwischen den Kontrahenten zu vermitteln.[761] In den Diskussionen um die Zurückweisung des ersten Anklagepunktes, die de Vabres forderte, schlug er den Kompromiss vor, den Vorwurf der Verschwörung lediglich an den zweiten Anklagepunkt, Verbrechen gegen den Frieden, zu koppeln. Sein Verhältnis zu den anderen Mitgliedern des Richterkollegiums war merklich besser als das seines Landsmannes, was auch daran gelegen haben mag, dass Falco im Gegensatz zu diesem mit seinen angelsächsischen Kollegen ohne Dolmetscher kommunizieren konnte. Bei der Urteilsverkündung verlas Falco den Abschnitt, der sich mit den deutschen Angriffen auf andere Staaten im Verlauf des Zweiten Weltkrieges befasste.[762]

Wie der größte Teil der französischen Delegation verließ er Nürnberg kurz darauf. Nach Paris zurückgekehrt, übte er noch mehrere Jahre lang sein Richteramt am *Cour de cassation* aus, bevor er 1952 aus Altersgründen in den Ruhestand versetzt wurde. Falco starb 1960. Über seine Teilnahme am IMT hat er einen tagebuchartig gegliederten Bericht angefertigt, in dem er seine persönlichen Eindrücke von dem Gerichtsverfahren und von den unterschiedlichen Beteiligten schildert.[763]

---

757 Vgl. IMT, Bd. 1, Bericht über die am 18. Oktober 1945 um 10.30 Uhr in Berlin abgehaltene Eröffnungssitzung des Internationalen Militärgerichtshofes, S. 26 ff.
758 Vgl. Faure, Mémoires, Bd. 2, S. 20.
759 Biddle, Authority, S. 381.
760 Vgl. Taylor, Prozesse, S. 255.
761 Zu Falcos Rolle bei der Urteilsfindung vgl. Kapitel 4.1.
762 Vgl. IMT, 30. September 1946, Bd. 22, S. 506–520.
763 Vgl. Falco, Juge.

Das französische Gerichtssekretariat

Auf der Grundlage strikter Gleichberechtigung bildeten die Hauptsiegermächte außerdem das Sekretariat des Gerichtshofes. Jede der vier Nationen konnte hierfür einen Generalsekretär bestimmten, der dort die Vertretung seines Landes leitete. Für die französische Seite bekleidete dieses Amt Armand-Paul Martin-Havard, den de Vabres hierfür vorgeschlagen hatte.[764]

Das Generalsekretariat des Gerichtshofes registrierte die vorgelegten Beweismittel, lieferte die offiziellen Protokolle der einzelnen Sitzungen und organisierte die Anreise beziehungsweise Vorführung von Zeugen, deren Ladung das Gericht angeordnet hatte. Diese Arbeit wurde intern länderspezifisch aufgeteilt, was bedeutete, dass Martin-Havard für die Ausfertigung der Protokolle der Sitzungen in der Zeit des französischen Anklagevortrages und der weiteren Beiträge seiner Landsleute, vor allem der Kreuzverhöre, verantwortlich war.[765] Ebenso war er für die französischen Zeugen zuständig. Die Richter und der Generalsekretär wurden außerdem von einer Reihe weiterer Mitarbeiter unterstützt: Ein Teil der Stenotypistinnen, Schreibkräfte, Übersetzer und Dolmetscher der französischen Delegation war der Gerichtssektion zugewiesen und beide Richter hatten mehrere persönliche Assistenten. Unter den 24 Mitarbeitern, über die de Vabres, Falco und Martin-Havard beispielsweise im Juli 1946 verfügten, waren vier Assistenten, zehn Übersetzter, sechs Stenotypistinnen und vier Schreibkräfte.[766]

Die ohnehin knappen Ressourcen der Delegation waren damit allerdings klar zu Gunsten der Anklagebehörde verteilt, die über den Großteil des Personals und der materiellen Ausstattung verfügte. Während die beiden Richter, eingegliedert in ein achtköpfiges alliiertes Kollegium, unter diesen Bedingungen ihren Aufgaben noch ohne größere Schwierigkeiten nachkommen konnten, litt die Arbeit des französischen Gerichtssekretariats erheblich unter den spärlichen Mitteln. Das führte vor allem zu massiven Verzögerungen. Die offizielle Version der Protokolle über die Sitzungen aus der Zeit des französischen Anklagevortrags, der am 7. Februar 1946 geendet hatte, wurde zum Beispiel erst Ende August fertiggestellt.[767] Die Amerikaner dagegen lieferten ihre Protokolle normalerweise innerhalb von wenigen Tagen. Martin-Havard forderte vom Generalsekretariat der Delegation daher mehrfach personelle Verstärkung und erklärte, in dieser Situation mache er sich vor den Verbündeten lächerlich.[768] Als man auf seine Wünsche nicht einging, trat er schließlich entnervt von seinem Posten zurück.[769] Das Grundproblem,

764 Zu Martin-Havard vgl. AN-19970410/2: Dossier: Martin-Havard, Armand-Paul.

765 Vgl. AN-19970410/2: Martin-Havard an Boucly, 18. Dezember 1945.

766 Vgl. AN-19970410/1: Personnel de la Délégation française à Nuremberg, 8. Juli 1946.

767 Vgl. AN-19970410/2: Martin-Havard an Champetier de Ribes, 27. August 1946.

768 Vgl. AN-19970410/2: Martin-Havard an Boucly, 19. Juni 1946.

769 Vgl. AN-19970410/2: Champetier de Ribes an Martin-Havard, 27. August 1946. Für die letzten Wochen des Prozesses wurde der Posten nicht mehr neu vergeben. Kommissarisch führte Serge Fuster das Amt bis zum Ende des Prozesses aus.

das der Anklagevertretung zu schaffen machte, war daher für die Gerichtssektion dasselbe: Den Aufgaben und Verpflichtungen, die aus der gleichrangigen Position unter den vier Hauptsiegermächten erwuchsen, standen in materieller Hinsicht nur eingeschränkte Möglichkeiten gegenüber.

2.4 Übersetzer, Schreibkräfte und Assistenten

Der Personalbedarf der Delegation

Die große Masse der Delegationsmitglieder waren weder Richter noch Ankläger, sondern das subalterne Personal, das in den unterschiedlichsten Bereichen eingesetzt wurde.[770] Mit der Einrichtung der Delegation in Nürnberg entstand eine Vielzahl von Tätigkeitsfeldern, für die man entsprechend qualifizierte Mitarbeiter benötigte. Im Büro der Delegation an der Place Vendôme in Paris fanden deswegen regelmäßig Vorstellungsgespräche statt, nach denen es zu einer Auswahl kam und Einstellungen vorgenommen wurden.[771]

Die Delegation, die in relativ kurzer Zeit eine ganze Reihe von Posten zu besetzen hatte, schaltete in den großen Tageszeitungen Anzeigen. Interessierte bewarben sich aber auch aus Eigeninitiative. In der unmittelbaren Nachkriegszeit, in der viele Menschen vor dem Nichts standen und sich eine neue Existenz aufbauen mussten, waren eine feste Bezahlung verbunden mit Unterbringung und Verpflegung, wie die Delegation sie anbot, ein verlockendes Angebot. Natürlich stellte eine Anstellung nur eine vorübergehende Beschäftigung dar, da die Delegation nur für die Dauer des Prozesses existieren würde. Für viele Mitarbeiter war ihre Tätigkeit in Nürnberg daher auch nur ein Zwischenspiel von einigen Wochen oder Monaten, bis sich neue berufliche Perspektiven auftaten. Vor allem in den unteren Rängen der Delegation war die Folge ein Kommen und Gehen im Laufe des Prozesses. Jedenfalls warb das Büro in Paris durchgehend neue Mitarbeiter an, während andere die Delegation verließen. Zum einen handelt es sich hierbei um das Personal von General- und Verwaltungssekretariat, bei denen die Verantwortung für alle organisatorischen Fragen lag. An der Spitze dieses Apparates stand mit Félix Boucly ein Jurist, der voll und ganz ins Profil des Anklagestabes passte: Bei Kriegsende aus fast fünfjähriger Gefangenschaft zurückgekehrt, wollte er anfangs seinen alten Posten als Staatsanwalt wieder antreten, ließ sich dann aber im Sommer 1945 für eine Mission in Nürnberg gewinnen.[772] Als Leiter des Generalsekretariates war er der

770 Vgl. AN-19970410/1: Janvier 1946. État de présence des membres de la délégation française au siège du Tribunal Militaire Internationale, Nuremberg.

771 Vgl. AN-BB 30/1763: Formschreiben: Le Secrétariat général administratif du Tribunal Militaire International à Mademoiselle X, 2. November 1945.

772 Zu allen biographischen Angaben über Boucly vgl. AN-19840317/8: Dossier de carrière: Boucly, Félix Marie Pierre. Wie mehrere seiner Kollegen aus dem Anklagestab auch machte Boucly nach dem Nürnberger Prozess in Frankreich eine beachtliche Karriere. Er war erst an verschiedenen Orten wieder als Staatsanwalt tätig, wurde dann 1969 zum Büroleiter des Justizministers ernannt und krönte

ranghöchste Verwaltungsbeamte innerhalb der Delegation. Keineswegs aber beschäftigte man in den beiden Sekretariaten nur Juristen. Im Verwaltungssekretariat beispielsweise waren im Dezember 1945 fünf Personen angestellt, auf die folgende Aufgaben entfielen: Während ein Mitarbeiter die Auszahlung von Gehältern und Überweisung von Rechnungen übernahm, organsierte der nächste Ankunft und Abreise der Delegationsmitglieder, ein anderer kümmerte sich um Unterbringung und Instandhaltung der Unterkünfte, ein weiterer war für die Fahrzeuge zuständig und eine Sekretärin wickelte den Postverkehr der Delegation ab.[773] Allein innerhalb des Verwaltungssekretariats benötigte man also – von der Buchhalterin bis zum KFZ-Mechaniker – Fachkräfte mit einem ganz unterschiedlichen Hintergrund.

Zum anderen waren auch Gericht und Anklagebehörde auf personelle Verstärkung angewiesen, um die anfallende Arbeit erledigen zu können. Beide beschäftigten eine Reihe von Assistenten, die einem Richter oder Ankläger zugeteilt waren und für diesen Hilfstätigkeiten erledigten. De Vabres beispielsweise holte im März 1946 seinen Neffen Yves Beigbeder, der gerade sein Jurastudium an der Sorbonne zu Ende gebracht hatte, nach Nürnberg.[774] In den folgenden Monaten unterstützte Beigbeder seinen Onkel, indem er für diesen Akten sichtete und Resümees von Aussageprotokollen und anderen Prozessdokumenten verfasste.[775] Auf Seiten der Anklagebehörde fand in ähnlicher Funktion der damals 23-jährige Michel Habib-Deloncle eine Anstellung.[776] Er hatte ebenfalls kurz nach Kriegsende in Paris ein Jurastudium abgeschlossen und sich danach bei der Delegation beworben. Nürnberg, wo er bis zum Ende des Prozesses blieb, war für ihn damit die erste Station seiner beruflichen Laufbahn. Später machte er in Frankreich als Rechtsanwalt und gaullistischer Politiker Karriere.[777] Beide, Beigbeder und Habib-Deloncle, entsprachen dem Anforderungsprofil, nach dem die Assistentenposten bei Gericht und Anklage vergeben wurden. Man beschäftigte dort junge Männer, die flexibel waren, vor dem Einstieg ins Berufsleben standen, über juristische Vorkenntnisse verfügten und ihren Vorgesetzten bei deren inhaltlicher Arbeit behilflich sein konnten.

Sekretärinnen und Schreibkräfte

Eine der beiden großen Gruppen innerhalb der Delegation waren zudem die Stenotypistinnen und Sekretärinnen. Von den 94 Personen, die die Delegation im März

---

seine Laufbahn schließlich 1973 mit der Berufung zum Generalstaatsanwalt am *Cour de cassation*.

773 Vgl. Nachlass Debenest: Délégation française au Tribunal Militaire International des grands criminels de guerre. Note de service N° 20, 3. Dezember 1945.

774 Vgl. AN-19970410/1: Dossier: Beigbeder, Yves.

775 Vgl. das Interview mit Beigbeder in Peter Hartls Dokumentarfilm „Le procès du siècle – Les chroniqueurs célèbres de Nuremberg" (2016).

776 Vgl. AN-19970410/2: Dossier: Habib, Michel.

777 Vgl. Herzog, Échec, S. 145.

1946 in Nürnberg beschäftigte, gehörten ihr allein 26 an.[778] Das lag offenkundig daran, dass der Schriftverkehr in der täglichen Arbeit enorme Ausmaße annahm. Die Ursache hierfür waren nicht so sehr die umfangreiche Briefkorrespondenz von Richtern und Anklagevertretern, sondern vielmehr die Verpflichtungen, die sich aus den Abmachungen mit den Verbündeten ergaben: Unentwegt mussten offizielle Beweisdokumente vervielfältigt und die Sitzungen des IMT protokolliert werden. Um diesen Verpflichtungen nachkommen zu können, rekrutierte die Delegation vor allem junge Frauen, die einschlägige berufliche Erfahrungen vorweisen konnten.

Über die Presse auf die Stellengesuche der Delegation aufmerksam geworden, bewarb sich beispielsweise die 27-jährige Marcelle Coutaud als Schreibkraft und wurde nach einem Vorstellungsgespräch Anfang November 1945 prompt engagiert.[779] Einige Stenotypistinnen stellte außerdem die Armee aus den Reihen der *Auxiliaires féminines de l'armée de terre* (AFAT) der Delegation zur Verfügung.[780] Es mischten sich daher Zivilistinnen mit Armeeangehörigen und äußerlich war eine Unterscheidung zwischen den beiden Seiten in vielen Fällen schon bald schwierig. „Die Kleidung der Französinnen war zivil, aber mit einigen Uniformteilen und auch mit einigen hybriden halb-zivilen, halb-militärischen Kostümierungen"[781], berichtete Serge Fuster später spöttisch. Nach ihrer Ankunft in Nürnberg wurden die neuen Mitarbeiterinnen entweder der Gerichtssektion oder der Anklagebehörde zugewiesen.

Dort erwarteten sie unterschiedliche Aufgaben: Während einige im Schwurgerichtssaal die Sitzungen des IMT stenografierten, tippten andere in ihren Büros Beweisdokumente, Schriftsätze der Anklage und offizielle Schreiben ab. Auch das Anfertigen der Sitzungsprotokolle in der endgültigen Form fiel in ihren Aufgabenbereich, was sich für die hier eingesetzten Mitarbeiterinnen als ebenso zeit- wie arbeitsintensiv erwies. Sämtliche Texte wurden zunächst auf inhaltliche und sprachliche Fehler korrekturgelesen.[782] Danach erfolgte ein Abgleich mit den Tonaufnahmen, die die Amerikaner von allen Sitzungen anfertigten. Schließlich tippten die Schreibkräfte die so zustande gekommene Version in mehreren Exemplaren ab. Diese wurden nochmals gegengelesen, ehe man sie gegenüber den Alliierten offiziell vorlegen konnte. Bei all dem machte sich die spärliche Ausstattung der französischen Delegation auch für die Sekretärinnen und Stenotypistinnen bemerkbar: Da die Franzosen nur über wenige Schreibmaschinen verfügten, mussten sie hier ebenfalls auf materielle Unterstützung von amerikanischer Seite zurückgreifen.

---

778 Vgl. AN-19970410/1: Etat de présence des membres de la délégation française au siège du Tribunal Militaire International à Nuremberg, mars 1946.

779 Vgl. AN-19970401/1: Dossier: Coutaud, Marcelle.

780 Vgl. AN-BB 30/1779: Le Commissaire général aux affaires allemandes et autrichiennes à M. le Garde des Sceaux, 20. November 1946.

781 Casamayor, Nuremberg, S. 60.

782 Vgl. FNSP-CD/05: Note de service. La section de correction des sténotypies d'audience, 12. Juli 1946.

Dolmetscher und Übersetzer

Die zweite große Gruppe von Delegationsmitgliedern waren Übersetzer und Dolmetscher. Von den 94 Personen, die die Delegation im März 1946 in ihren Diensten hatte, stellten sie allein 34.[783] In diesem Bereich hatte die Delegation ebenfalls Verpflichtungen übernommen, die mit einem enormen Arbeitsaufwand verbunden waren. Französisch war eine der vier offiziellen Prozesssprachen.[784] Das bedeutete, dass jedes Wort, das im Gerichtssaal gesprochen, und jedes Dokument, das während des Prozesses vorgelegt wurde, ins Französische übersetzt werden musste.[785]

Die Gleichberechtigung des Französischen mit den anderen Prozesssprachen hatte dabei nicht nur prinzipiellen Charakter. Denn neben den Franzosen griffen gewöhnlich auch Journalisten und Prozessbeobachter, die aus Lateinamerika, Polen, der Tschechoslowakei und Jugoslawien anreisten, auf die französische Übersetzung zurück, so dass diese durchaus zur internationalen Strahlkraft des Prozesses beitrug.[786] Es gehört zu den Innovationen, die die Welt dem Prozess gegen die Hauptkriegsverbrecher verdankt, dass zum ersten Mal in einem groß angelegten Gerichtsverfahren das Simultandolmetschen praktiziert wurde.[787] Die Amerikaner hatten im Nürnberger Schwurgerichtssaal eigens eine Anlage mit Mikrofonen und Kopfhörern für alle Teilnehmer installiert.[788] In der nordöstlichen Ecke des Saales befanden sich Kabinen mit je drei Plätzen, in denen die Dolmetscher in Schichten ihre Arbeit verrichteten. Auf französischer Seite war man von diesem neuen System und der technischen Ausstattung sichtlich beeindruckt.[789]

Zu den Aufgaben für die Dolmetscher zählte ferner die tägliche Übersetzung der unzähligen Schriftsätze und Beweisdokumente. Gleiches galt außerdem für den Wortlaut der offiziellen Sitzungsprotokolle, die abwechselnd in einer der drei Sprachen der Hauptsiegermächte vorgelegt wurden und hinterher ebenfalls in die anderen Prozesssprachen übertragen werden mussten. Für die Delegation war es eine erhebliche Herausforderung, all das zu leisten. Sie musste vor allem erst einmal innerhalb der kurzen Zeit, die ihr zur Verfügung stand, hierfür geeignetes Personal finden. Zu bedenken bleibt dabei, dass der Prozess in einer Zeit stattfand, in der Auslandsreisen für die meisten Menschen ein unerschwinglicher Luxus waren und sich der Fremdsprachenunterricht an den Schulen auf ein praxisfernes Grammatikstudium beschränkte. Fähige Dolmetscher und Übersetzer waren 1945

---

783 Vgl. AN-19970410/1: Etat de présence des membres de la délégation française au siège du Tribunal Militaire International à Nuremberg, mars 1946.

784 Vgl. IMT, Bd. 1, Statut für den Internationalen Militärgerichtshof, Art. 25, S. 25.

785 Vgl. Papadopoulos-Killius, Akt, S. 46 f.

786 Vgl. AN-F 41/2721: Note pour M. le directeur de cabinet, 8. Dezember 1945, Anhang Nr. 2.

787 Vgl. Gaiba, Interpretation; Herz, Sprachen; Rumprecht, Bedeutung.

788 Vgl. Behrschmidt, Saal 600, S. 121.

789 Vgl. AD-NUOI 1944–1959/88: Compte rendu de la mission effectuée au Tribunal International de Nuremberg, par le Commandant Cunin, les 1, 2 et 3 avril 1946, 8. April 1946.

rar.[790] Einige Anwerbungen konnte die Delegation verbuchen, als sie sich an die *École d'interprètes* in Genf wandte. Die damals 21-jährige Marie-France Skuncke beispielsweise hatte dort gerade ihr Studium abgeschlossen und ließ sich kurzfristig für einen Einsatz in Nürnberg engagieren.[791] In erster Linie aber hielt die Delegation sich an zwei Personengruppen, die die erforderlichen Sprachkenntnisse mitbrachten: Sie rekrutierte ihr Personal zu einem großen Teil unter Deutschlehrern und unter Emigranten.

Zur ersten Gruppe zählte der 53-jährige Emmanuel Handrich, der eine eineinhalbjährige Haft im KZ Buchenwald überlebt hatte.[792] Als Deutschlehrer am *Lycée Henry IV* in Paris wurde er im Oktober 1945 von der Delegation angeworben.[793] Nach seiner einjährigen Tätigkeit als Dolmetscher in Nürnberg kehrte er schließlich in den Lehrerberuf zurück. Einer der Emigranten war hingegen der Ungar Elmer Bohm, der neben seiner Muttersprache fließend Deutsch, Französisch und Englisch sprach.[794] Der studierte Jurist hatte während der deutschen Besatzung in Frankreich in der Illegalität gelebt. Ab Juli 1945 beschäftigten ihn die Militärbehörden in der französischen Besatzungszone in Deutschland als Dolmetscher und Übersetzer. Wenige Wochen später übernahm ihn die Delegation beim IMT in ihre Dienste. Überhaupt profitierte die Delegation in mehreren Fällen von der Unterstützung der Armee, die eigenes Personal zur Verfügung stellte.[795] Der Deutsche Helmut Dufeldt etwa, der 1931 nach Frankreich emigriert war, arbeitete ebenfalls in der Besatzungszone als Übersetzer für die Armee, bevor er nach Nürnberg wechselte.[796] Aber auch andere Institutionen zeigten sich kooperativ: Die AFP stellte im Mai 1946 auf Bitten der Delegation ihre in Leningrad geborene Mitarbeitern Elisabeth Heyward frei, die mit Französisch, Englisch, Deutsch und Russisch alle vier Sprachen des IMT beherrschte. Ein halbes Jahr lang dolmetschte sie daraufhin in Nürnberg.[797]

---

790 Nur kurze Zeit später, im Januar 1947, gründete die französische Besatzungsmacht daher in ihrer Zone mit der Dolmetscherschule Germersheim eine neue Ausbildungsstätte für Dolmetscher und Übersetzer; vgl. Schunk, Dolmetscherhochschule, S. 12 f.

791 Vgl. Kurz, Skuncke, S. 2; auch Gaiba, Interpretation, S. 146 und AN-19970410/3: Dossier: Rosé, Marie-France (= die unter Skunckes Mädchennamen angelegte Personalakte).

792 Vgl. Libé-Soir, Artikel: „La commission française des grands crimes de guerre s'installe à Nuremberg", 24. September 1945.

793 Vgl. AN-19970410/2: Dossier: Handrich, Emmanuel.

794 Vgl. AN-19970410/1: Dossier: Bohm, Elmer.

795 Vgl. z. B. AD-HCRFA-SL/19: Le général de corps d'armée Koenig à Office of the Chief of Council, 18. Oktober 1945. Demzufolge entsandte die Verwaltungsbehörde der französischen Besatzungszone im Oktober 1945 sechs Dolmetscher nach Nürnberg.

796 Vgl. AN-19970410/1: Dossier: Dufeldt, Helmuth.

797 Vgl. AN-19970410/2: Dossier: Kieffer, Elisabeth (= die unter Heywards Mädchennamen angelegte Personalakte). Später siedelte Heyward nach New York über und

Dort hatte die Delegation eine Dolmetscher- und eine Übersetzerabteilung gebildet, die jeweils ein Chefdolmetscher bzw. -übersetzer leitete.[798] Eine Unterscheidung zwischen beiden Bereichen wurde jedoch nur grob vorgenommen. Neuankömmlinge setzte man zunächst als Übersetzer ein, um sie dann schrittweise an das besonders anspruchsvolle Simultandolmetschen heranzuführen, das dazu für die meisten Beteiligten vollkommen neu war.[799] Das Dolmetschen im Gerichtssaal galt daher delegationsintern als Königsdisziplin und stellte ohne jede Frage die größte Herausforderung für die Mitarbeiter dar. Bei aller Kritik, die vor allem in der Anfangsphase an der Qualität der französischen Simultanübersetzung geübt wurde, ist dieser Umstand sicherlich zu berücksichtigen.[800] Ein unzufriedener Journalist bemerkte bei Prozessbeginn bissig, dass es ihm schleierhaft sei, warum man zum größten Prozess der Geschichte nicht auch die besten Dolmetscher Frankreichs geschickt habe.[801] Edgar Faure erklärte später, damit ihm die Dolmetscher folgen konnten, habe er vor Gericht um das Zwei- bis Dreifache langsamer sprechen müssen.[802] Auch Henri Monneray bedauerte: „Das langsame Sprechtempo, das den Rednern vorgegeben wird, lässt die Leidenschaft verschwinden."[803] Aber trotz solcher Unmutsbekundungen erfüllte die französische Simultanübersetzung alles in allem ihren Zweck und erlaubte es der Delegation, den gesamten Prozess in ihrer Landessprache zu verfolgen.

2.5 Am Ort des Geschehens

Justizgebäude und Grand Hotel

Als Vorhut war Mitte September 1945 ein erster Teil der französischen Delegation in Nürnberg eingetroffen und bereitete seitdem die Ankunft der übrigen Mitglieder

arbeitete als Dolmetscherin für die Vereinten Nationen; vgl. Gaiba, Interpretation, S. 139 f.

798 Der Leiter der Dolmetscherabteilung war der Hauptmann Jean Meyer, der ebenfalls von der Armee nach Nürnberg geschickt wurde; vgl. AN-19970410/2: Dossier: Meyer, Jean; auch Gaiba, Interpretation, S. 143. Die Übersetzerabteilung dagegen leitete mit dem Deutschlehrer Max Punch ein Zivilist. Er arbeitete einige Wochen für den SRCGE, bevor ihn im Dezember 1945 die Delegation beim IMT übernahm; vgl. AN-19970410/3: Dossier: Punch, Max.

799 Vgl. Kurz, Skuncke, S. 2 f.

800 Champetier de Ribes' Unzufriedenheit mit der Übersetzung beispielsweise wird durch mehrere Einträge in seinem Kalender deutlich; vgl. Dazet-Brun, Champetier de Ribes, S. 522.

801 Vgl. AN-F 41/2721: Note pour M. le directeur de cabinet, 8. Dezember 1945, Anhang Nr. 2.

802 Vgl. Faure, Mémoires, Bd. 2, S. 32.

803 Vgl. CDJC-MDXXXV/32: Monneray, Henri. De la preuve documentaire et testimoniale au procès de Nuremberg, ohne Datum, S. 3.

vor, die in den folgenden Wochen nach und nach anreisten.[804] Die Ankömmlinge fanden eine Trümmerlandschaft vor: Nürnberg war vor allem in den letzten Kriegsmonaten das Ziel mehrerer Luftangriffe geworden, die schwere Zerstörungen verursacht hatten. Die größten Verheerungen hatte am 2. Januar 1945 die britische Luftwaffe mit einem massiven Bombardement des historischen Stadtzentrums angerichtet.[805] Bei Kriegsende lagen über 90 Prozent der Altstadt in Trümmern. Noch rund 178 000 Menschen lebten in der Stadt – weniger als die Hälfte im Vergleich zur Vorkriegszeit.[806] Die Eindrücke der Franzosen bei ihrer Ankunft zeugen eher von Bestürzung denn von Genugtuung über das Ausmaß der Zerstörung, auch wenn die Erinnerung an die Stadt der Reichsparteitage und der nationalsozialistischen Rassegesetze in der Delegation allgegenwärtig waren. „Man zählt die Häuser, die noch stehen und die ein Dach haben"[807], notierte Delphin Debenest, nachdem er sich auf einer Erkundungstour zur Kaiserburg in den Trümmern der Altstadt hoffnungslos verlaufen hatte. Ähnlich erging es dem Journalisten Jacques Rozner. Bei einem Streifzug durch das historische Stadtzentrum beobachtete er die Einheimischen, die in den Kellern der zerstörten Gebäude hausten: „Sie sehen Berge von Ruinen, an denen Sie vorbeigehen. Es wirkt vollkommen verlassen und doch erkennen Sie einen leichten blauen Rauch über diesen Ruinen. Sie sagen sich: ‚Es gibt Leute, die da unten leben müssen!' und in der Tat leben Deutsche dort, ein unterirdisches Leben."[808] Aus demselben Grund hielt Edgar Faure die Stadt bei seiner Ankunft schlicht für eine „tote Stadt"[809] und Serge Fuster zog es vor, den „Trümmerhaufen"[810], den er vorfand, lediglich das zu nennen, was einmal Nürnberg gewesen war.

Für die Delegation galt es nun, sich in dieser Trümmerlandschaft einzurichten. Konkret bedeutete das, dass man dem eigenen Personal Unterkünfte, Büroräume und Arbeitsmaterial zur Verfügung stellen, für Transportmöglichkeiten sorgen und die Voraussetzungen für einen möglichst reibungslosen Ablauf der anstehenden Arbeit schaffen musste. Das Sagen hatte vor Ort die amerikanische Militärverwaltung. Im April 1945 war Nürnberg von der US-Armee eingenommen worden, die in der Folge zahlreiche Gebäude requirierte, die den Krieg unbeschadet überstanden hatten.[811] Mit den technischen Vorbereitungsarbeiten zum Prozess gegen die Hauptkriegsverbrecher hatte man in den Sommermonaten begonnen.[812] Zwei

---

804 Vgl. AD-NUOI 1944–1959/86: De Menthon, Bericht Nr. 1, 14. September 1945.
805 Vgl. Diefenbacher/Fischer-Pache, Luftkrieg; Mossack, Tage; Schramm, Bomben; Schramm, Fadenkreuz.
806 Vgl. Bevölkerungsentwicklung, in: Diefenbacher/Endres, Stadtlexikon, S. 142. Zum Vergleich: Am 17. Mai 1939 zählte Nürnberg 423 383 Einwohner, vgl. Stadt Nürnberg, Jahrbuch, S. 28.
807 Tantin, Debenest, S. 263.
808 Rozner, Retour, S. 6.
809 Faure, Mémoires, Bd. 2, S. 15.
810 Casamayor, Nuremberg S. 54.
811 Vgl. Fritzsch, Krieg, S. 78–108; Prölß, Kampf; auch Pfeiffer, Zusammenbruch.
812 Vgl. Taylor, Prozesse, S. 83; auch Rozner, Retour, S. 7 ff.

Orte – das Gerichtsgebäude und das Grand Hotel – standen dabei im Mittelpunkt. Das Gerichtsgebäude an der Fürther Straße im Westen der Stadt war der Ort des Geschehens.[813] Zustand und Lage dieses Baus waren die entscheidenden Gründe, warum der Prozess überhaupt in Nürnberg abgehalten wurde: Im Krieg hatte das Gebäude keine allzu schweren Schäden durch Luftangriffe erlitten und konnte deswegen zügig wieder instandgesetzt werden.[814] Dadurch war eine Nutzung des Baus für den spektakulären Prozess mit seinen zahlreichen Beteiligten möglich. Außerdem lag das alte Zellengefängnis auf der Nordseite direkt dahinter.[815] Die kurze Distanz gewährleistete hohe Sicherheitsstandards, da die Angeklagten nicht jeden Tag quer durch die Stadt gefahren werden mussten, sondern von ihren Zellen durch einen eigens dafür errichteten Holzgang direkt in das Gerichtsgebäude geführt werden konnten.

Für den Prozess selbst hatte man den Schwurgerichtssaal hergerichtet, der sich bis heute im Ostflügel des Gebäudekomplexes befindet.[816] Die Änderungen, die die US-Militärverwaltung hier vorgenommen hatte, waren allerdings erheblich: Man hatte das Mobiliar komplett ausgetauscht, eine ganz neue Anordnung der Einrichtung entworfen und die Wand auf der Westseite eingerissen, um den Saal zu vergrößern und eine Zuschauerempore einzubauen.[817] Nach dieser Umgestaltung befand sich die Richterbank auf der Südseite, direkt vor der Fensterfront. Unter den acht Plätzen für die Richter waren zwei für die Vertreter Frankreichs vorgesehen: Während des Prozesses saß Robert Falco ganz außen auf der Westseite der Richterbank, neben ihm in der Reihe Henri Donnedieu de Vabres. Es folgten die beiden amerikanischen, dann die britischen und zuletzt die sowjetischen Richter. In einer zweiten Reihe saßen vor der Richterbank, jeweils ihren Landsleuten zugeordnet, die Gerichtssekretäre. Armand-Paul Martin-Havard hatte daher seinen Platz direkt vor den beiden französischen Richtern. Die Anklagevertretungen hingegen wurden um Tische gruppiert, die vor dem Zuschauerbereich quer durch den Saal aufgestellt waren und jeweils etwa zehn Personen Platz boten. Den äußersten Tisch auf der Nordseite nahm das französische Anklageteam in Beschlag, dessen führende Vertreter den Prozess von hier aus mitverfolgten.[818] In der nordöstlichen Ecke des Saales

---

813 Zum Justizgebäude vgl. Grimm, Oberlandesgericht; Sonnenberger, Justizpalast.

814 Vgl. Grimm, Wunden.

815 Vgl. Eichacker, Nutzung.

816 Vgl. Museen der Stadt Nürnberg/Henkel/Täubrich, Memorium, S. 32–35.

817 Vgl. Behrschmidt, Saal 600, S. 118–121.

818 Vgl. Nachlass Debenest: Undatierter Plan des Gerichtssaals; danach waren an dem Tisch Plätze für Champetier de Ribes, Dubost, Faure, Lalouette, Boucly, Gerthoffer, Herzog, Leyris und Debenest reserviert. Diese hatten also die Möglichkeit, ständig an dem Prozess teilzunehmen. Welche Anklagevertreter bei einer Sitzung des Gerichtshofes tatsächlich anwesend waren, hing aber davon ab, ob sich die Spitzen der Delegation im Moment überhaupt in Nürnberg aufhielten und welche Aufgaben zeitgleich für die Delegation anfielen. Edgar Faure berichtete etwa, dass er in der Zeit, in der er seinen Teil des Anklagevortrages ausarbeitete, nicht

befanden sich die Dolmetscherkabinen. Von den insgesamt zwölf Plätzen, die paritätisch vergeben wurden, standen den Franzosen folglich drei zu.[819] Darüber hinaus verfügte die Delegation im Zuschauerbereich des Saales über ein eigenes Kontingent an Plätzen für geladene Gäste und Journalisten.[820] Außer dem Gerichtssaal beherbergte der Sandsteinbau an der Fürther Straße die Arbeitsräume für all die Personen, die an dem Prozess mitwirkten. Entlang zweier Korridore auf der Westseite des zweiten Obergeschosses des Hauptgebäudes bezog die französische Delegation ihre Büros. In den meisten Fällen teilten sich mehrere Personen einen Raum, lediglich die führenden Repräsentanten verfügten über eigene Arbeitszimmer.[821]

Die Wachmannschaften innerhalb des Justizgebäudes stellten die Hauptsiegermächte abwechselnd. Anfangs waren die Franzosen von diesem Prozedere ausgeschlossen, konnten sich durch vehementes Insistieren aber letztendlich einen gleichberechtigten Platz unter den drei anderen Nationen sichern. Seitdem sah man in regelmäßigen Abständen auch französische Soldaten patrouillieren.[822] Selbstredend handelte es sich dabei um eine symbolische Geste, die den internationalen Charakter des gesamten Unternehmens herausstellen sollte, nicht um eine notwendige Maßnahme zur Sicherung des Prozessablaufes. Denn tatsächlich blieb das gesamte Gebäude durchweg unter der Kontrolle des amerikanischen Militärs. Aber gerade die französische Delegation legte auf eine solche Symbolik großen Wert, da sie den Anteil ihres Landes an dem Verfahren nach außen hin demonstrieren wollte. Aus diesem Grund organisierte sie auch eigene Feierlichkeiten, etwa am 18. Juni 1946, dem Jahrestag von de Gaulles Aufruf zur Fortsetzung des Kampfes gegen NS-Deutschland: Im Innenhof des Justizgebäudes wurde zu diesem Anlass in einer feierlichen Zeremonie vor den angetretenen Wachmannschaften der Text von de Gaulles historischem Appell verlesen, danach stimmten die Teilnehmer die Hymnen der vier Siegernationen an.[823]

Für die Angehörigen der Delegation war das Gerichtsgebäude zudem nicht nur ihr Arbeitsplatz, sondern auch ein Ort, an dem sich alle möglichen Angelegenheiten

---

an den Sitzungen des IMT teilnahm und sich in seinem Büro mit der Lektüre der Sitzungsprotokolle begnügte; vgl. Faure, Mémoires, Bd. 2, S. 37.

819 Von den vier Dolmetscherkabinen mit jeweils drei Plätzen wurde den Franzosen die Kabine in der zweiten Reihe auf der Innenseite des Saales zugeteilt; vgl. Radisoglou, Dokumentation, S. 44.

820 Vgl. FNSP-CD/05: Dubost an de Menthon, 27. Oktober 1945.

821 Vgl. FNSP-CD/05: undatierte Übersicht; auch Justice Telephone Directory; die Büronummern der wichtigsten Delegationsmitglieder, in Klammern die heutige Raumnummer: de Menthon/Champetier de Ribes 353 (291), de Vabres 340 (282), Debenest 342 (283), Dubost 355 (293), Falco 343 (284), Faure 356 (294), Gerthoffer 348 (287), Herzog 351 (289), Lalouette 345 (284a); zum Abgleich mit den heutigen Nummern vgl. Übersichtsplan, Oberlandesgericht.

822 Vgl. Faure, Mémoires, Bd. 2, S. 28; auch Tantin, Debenest, S. 268.

823 Vgl. AD-NUOI 1944–1959/89: Lalouette, Schreiben Nr. 106, 21. Juni 1946; auch Falco, Juge, S. 115 f.

des täglichen Bedarfs erledigen ließen. Die Amerikaner hatten in dem Bau an der Fürther Straße unter anderem einen Friseursalon, eine Zahnarztpraxis und eine Änderungsschneiderei für Kleidungsstücke eingerichtet. Deren Dienstleitungen konnten die Franzosen, denen eine vergleichbare eigene Infrastruktur fehlte, ebenfalls in Anspruch nehmen.[824] Während das Gerichtsgebäude der eigentliche Prozessort war, hatte die US-Militärverwaltung das im Stadtzentrum direkt gegenüber dem Hauptbahnhof gelegene Grand Hotel für repräsentative Zwecke ausgewählt. Das Gebäude hatte im Krieg schwere Schäden erlitten, konnte in der verbleibenden Zeit jedoch ausreichend instandgesetzt werden und avancierte so zum gesellschaftlichen Mittelpunkt.[825] Vor allem offiziellen Besuchern, die nur für kürzere Zeit in der Stadt blieben, diente es als Quartier.[826] Auf Einladung von US-Chefankläger Jackson trafen hier darüber hinaus die Spitzen der alliierten Delegationen und prominente Gäste aufeinander. Es wurden daher immer wieder spektakuläre Empfänge veranstaltet, man kam aber auch regelmäßig zum Dinner zusammen, tanzte zur Musik eines von den Amerikanern eigens zusammengestellten Orchesters oder schloss bei einem Getränk an der Bar neue Bekanntschaften.[827] Für das Gros der Mitglieder der französischen Delegation wurde das Hotel dadurch zum allabendlichen Anziehungspunkt.[828] Vor allem die jüngeren Delegationsangehörigen waren dafür bekannt, dass sie rege am gesellschaftlichen Leben der alliierten Prozessgemeinde teilnahmen.[829]

Die Quartiere der französischen Delegation

Gerichtsgebäude und Grand Hotel waren unterdessen nur die beiden Orte, auf die sich die öffentliche Aufmerksamkeit konzentrierte. Die von den Amerikanern für den Prozess entwickelte Infrastruktur war dagegen sehr viel weitreichender. Für die US-Militärverwaltung bestand die größte logistische Herausforderung zweifellos darin, genügend Unterkünfte zur Verfügung zu stellen. Denn dabei musste sie nicht nur ihr eigenes Personal einquartieren, sondern auch für die Unterbringung der anderen Delegationen Sorge tragen.

Im Falle der französischen Vertretung waren es allein mehr als 200 Personen, die ein Dach über dem Kopf benötigten. Die amerikanische Militärverwaltung wurde dieser Herausforderung Herr, indem sie auf intakte Unterkünfte zurückgriff, wo sie diese vorfand – im gesamten Stadtgebiet, darüber hinaus aber auch in der Umgebung.[830] Während sie die eigenen Staatsangehörigen schon aufgrund von deren

824 Vgl. Nachlass Debenest: Secrétariat général administratif, note n° 1. Renseignements sur le séjour à Nuremberg, 12. Oktober 1945, S. 5–7.
825 Vgl. Grand Hotel, in: Diefenbacher/Endres, Stadtlexikon, S. 375 f.
826 Vgl. Taylor, Prozesse, S. 161.
827 Vgl. Rozner, Retour, S. 25 f.
828 Vgl. Simon, Galerie, S. 29.
829 Vgl. Taylor, Prozesse, S. 255.
830 Im Nürnberger Stadtgebiet beschlagnahmte die amerikanische Armee zur Unterbringung des Personals für das IMT und die eigenen Militärtribunale allein 1 286 von

großer Zahl im Stadtgebiet flächendeckend verteilte, konzentrierte sie die Vertreter anderer Länder meistens an bestimmten Punkten. Für die französische Delegation waren das zwei Orte. Ein kleiner Teil wohnte für die Dauer des Prozesses in Erlenstegen, im Ostteil der Stadt, wo es noch zahlreiche intakte Villen gab. Eigentlich residierten dort vor allem die Angehörigen der sowjetischen Delegation.[831] Auf dem Anwesen in der Erlenstegenstraße 10 wehte allerdings an einem hoch aufragenden Mast die Trikolore.[832] In einer requirierten Villa hatten hier die beiden französischen Richter ihr Quartier. Mit ihnen unter einem Dach lebten ihre Ehefrauen, ihre Assistenten, ein Dolmetscher und ein Koch, den Falco engagiert hatte.[833] Außerdem wurde das Anwesen durchgehend von Soldaten des französischen Militärkontingents bewacht. Damit war die kleine Gruppe aber vom Großteil ihrer Landsleute räumlich getrennt, was offenkundig die Unabhängigkeit der Richter von der Anklagevertretung unterstreichen sollte.

Die meisten Franzosen wurden nämlich in Zirndorf einquartiert, einem im Südwesten an die Stadt angrenzenden Vorort. Um zum Nürnberger Gerichtsgebäude zu kommen, musste man von hier aus etwa 15 Kilometer zurücklegen, die Entfernung war also beträchtlich.[834] Aber in Zirndorf, wo der Krieg nur wenige Zerstörungen angerichtet hatte, gab es zahlreiche intakte Gebäude, die genutzt werden konnten.[835] Vor allem im Norden des Ortes, in dem eine ganze Reihe von in den 1930er Jahren errichteten Neubauten existierte, fanden die Neuankömmlinge aus Paris ihre Unterkünfte. Insgesamt nahm die Delegation 15 Wohnhäuser für die Zivilisten, die den deutlich größeren Teil ausmachten, und zwei Baracken für die Soldaten in Beschlag.[836] Je nach Größe konnten in einem requirierten Privathaus zehn Personen und mehr untergebracht werden. Die Art der Unterbringung war relativ schlicht, was auch für die hochrangigen Delegationsmitglieder galt. Dubost beispielsweise teilte sich eine Unterkunft mit mehreren Landsleuten in der Beethovenstraße 6. Von dort waren es nur wenige Minuten Fußweg zu Faures Quartier in der Homburger Staße 21 oder zu Champetier de Ribes' Bleibe in der Bahnhofstraße 61.[837] Aufgrund dieser räumlichen Nähe der Unterkünfte entstand so für einige Monate ein regelrechtes französisches Dorf innerhalb des Ortes. „Es gibt die Villa der Juristen, die

---

14 517 unbeschädigten Wohnungen (= 9,5 Prozent); vgl. Pfeiffer, Zusammenbruch, S. 475.

831 Vgl. Antipow, UdSSR, S. 331 f.

832 Vgl. Falco, Juge, S. 52.

833 Vgl. Justice Telephone Directory, S. 36 ff. Die Adressen der einzelnen Mitglieder der französischen Delegation lassen sich durch einen Abgleich der Telefonnummern mit den Adresslisten erschließen.

834 Vgl. AN-BB 30/1779: Demande de crédits supplementaires, 18. Februar 1946, S. 3.

835 Vgl. Kühn, Zirndorf, S. 104.

836 Vgl. AN-BB 30/1796: État comparatif du service administratif (personnel et matériel) de la délégation française et de la délégation britannique à Nuremberg, undatiert.

837 Vgl. Justice Telephone Directory, S. 36 ff.

der Übersetzer, die der Dolmetscher und die der Sekretärinnen“[838], ließ die Zeitung *L'Aurore* ihre Leser wissen. Zum Lebensmittelpunkt der Dorfgemeinde entwickelte sich schnell der französische Club, der im Januar 1946 im Gasthof „Zum Goldenen Löwen“ am Zirndorfer Marktplatz eingerichtet wurde.[839] In der zweiten Hälfte des 18. Jahrhunderts errichtet und 1932 um einen Anbau erweitert, bot der Gasthof genug Platz, um das gesamte Personal zu verpflegen und Veranstaltungen für alle Mitglieder zu organisieren.[840] Zu diesem Zweck beschäftigte die Delegation den Hotelmanager Jacques Cadoret, der für den Betrieb im „Goldenen Löwen“ verantwortlich war.[841]

Im benachbarten Vorort Stein bezog schließlich noch eine weitere Gruppe Franzosen ihre Quartiere. Um über den Beginn des Hauptkriegsverbrecherprozesses zu berichten, reisten im November 1945 rund 40 Pressevertreter aus Frankreich nach Nürnberg.[842] „Die ganze französische Presse war da“[843], erinnerte sich später Madeleine Jacob, die als Korrespondentin des *Franc-Tireur* gekommen war. In der Tat war von der christdemokratischen *Aube* über den konservativen *Figaro* bis hin zur kommunistischen *Humanité*, der aus der Résistance hervorgegangenen *Libération* und Regionalzeitungen wie dem *Est républicain* jedes namhafte Blatt vertreten.[844] Auch prominente Vertreter ihres Berufsstandes wie Joseph Kessel oder Sacha Simon gaben sich die Ehre.[845] Untergebracht wurden die Journalisten zusammen mit ihren Kollegen aus aller Welt im Pressecamp, das die amerikanische Militärverwaltung in Stein im Schloss des Grafen Faber-Castell eingerichtet hatte.[846] Zwar reisten einige

838 L'Aurore, Artikel: „Parce que tous ont souffert des crimes allemands“, 6. November 1945.

839 Der Gasthof (Goldener Löwe, Marktplatz 5, Zirndorf) existiert bis heute; vgl. Geschichtswerkstatt Zirndorf/Übler, S. 118–126. Der Club der französischen Delegation wurde nach deren Auflösung Ende März 1947 geschlossen. Allerdings wurden Jacques Cadoret und der Koch Victor Hoch daraufhin von der amerikanischen Militärverwaltung engagiert und führten das Etablissement in deren Auftrag unter dem Namen „French Club“ bis 1949 weiter. Dort verkehrten vor allem amerikanische Offiziere. Seit der Übergabe an einen deutschen Pächter 1949 ist der „Goldene Löwe“ wieder eine reguläre Gaststätte.

840 Die Delegation verfügte dort über eine Bar, einen Tanzsaal und einen Leseraum; vgl. AN-BB 30/1796: Délégation française à Nuremberg. Le cercle français, 13. August 1946.

841 Vgl. AN-19970410/1: Dossier: Cadoret, Jacques; 1909 geboren, hatte Cadoret vor dem Zweiten Weltkrieg Erfahrungen im Hotelgewerbe unter anderem in Berlin und London gesammelt. Er sprach daher fließend Deutsch und Englisch.

842 Vgl. AN-F 41/2721: Note pour M. le directeur de cabinet, 8. Dezember 1945, Anhang Nr. 2.

843 Jacob, Journalisme, S. 201.

844 Vgl. Simon, Galerie, S. 8 f.

845 Vgl. Kessel, Jugements, S. 91–114.

846 Vgl. Radlmaier, Lernprozess, S. 13 ff. Eine anschauliche Beschreibung des Lebens im Pressecamp fertigte Sacha Simon an; vgl. Simon, Galerie, S. 9–12.

Journalisten nach Prozessbeginn schnell wieder ab, ein harter Kern blieb jedoch vor Ort und erstattete kontinuierlich Bericht über das Geschehen in Nürnberg, das die französischen Printmedien durchaus im Blick behielten.[847]

Arbeitsalltag und Lebensbedingungen

Mit der Einrichtung des französischen Clubs in Zirndorf nahm auch der Arbeitsalltag der Delegation geregelte Formen an, die das Leben der Mitarbeiter fast ein Jahr lang bestimmten. Unter der Woche versammelte man sich gewöhnlich morgens zum Frühstück im „Goldenen Löwen".[848] Zwischen 8.30 und 9 Uhr wurden die Delegationsmitglieder von Pendelbussen, die am Zirndorfer Marktplatz warteten, ins Gerichtsgebäude nach Nürnberg gefahren. Dort arbeiteten sie den Tag über entweder in ihren Büros oder verfolgten im Schwurgerichtssaal den Prozess. Die normalen Sitzungszeiten des IMT an einem Wochentag waren 10 bis 13 und 14 bis 17 Uhr.[849]

In der Mittagspause wurde das gesamte Prozesspersonal in der Kantine des Justizgebäudes verköstigt, die von den Amerikanern betrieben wurde.[850] Nach Dienstschluss fuhren erneut Pendelbusse zurück nach Zirndorf. Das Abendessen wurde wiederum im „Goldenen Löwen" serviert.[851] Danach konnte man noch im Club zusammensitzen, wo Cadoret einen Barbetrieb mit Getränkeausschank und Livemusik in den Abendstunden organisierte. Außerdem fanden hier ab und zu Unterhaltungsveranstaltungen statt. Am 20. Juni 1946 trat beispielsweise die Pianistin Jeanne-Marie Darré auf und einen knappen Monat später, am 14. Juli, beging die Delegation den französischen Nationalfeiertag mit einem Tanzabend mit Freigetränken für alle Teilnehmer.[852] Auch Empfänge für Vertreter anderer Delegationen wurden hier ausgerichtet. Telford Taylor war in dieser Zeit gelegentlich im „Goldenen Löwen" zu Gast und berichtete später: „Die Franzosen hatten [...] einen Club gegründet, in dem es Musik, Tanz und passable Getränke gab. Er war zwar nicht so groß und prachtvoll wie das Grand Hotel, aber angenehm intim, und ich verbrachte hier eine Reihe von wunderbaren Abenden."[853] Auf die Mitglieder der britischen Delegation, die ebenfalls in Zirndorf untergebracht waren und gerne im „Goldenen Löwen"

847 In der zweiten Dezemberwoche 1945 waren beispielsweise noch rund 20 französische Journalisten vor Ort; vgl. AN-F 41/2721: Delile, Jacques. Compte rendu de ma mission à Nuremberg, 10. Dezember 1945.

848 Vgl. Nachlass Debenest: Secrétariat général administratif, note n° 1. Renseignements sur le séjour à Nuremberg, 12. Oktober 1945, S. 3.

849 Vgl. Faure, Mémoires, Bd. 2, S. 18; Taylor, Prozesse, S. 269.

850 Vgl. Faure, Mémoires, Bd. 2, S. 20.

851 Vgl. Nachlass Debenest: Secrétariat général administratif, note n° 1. Renseignements sur le séjour à Nuremberg, 12. Oktober 1945, S. 3.

852 Vgl. AN-BB 30/1796: Délégation française à Nuremberg. Le cercle français, 13. August 1946.

853 Taylor, Prozesse, S. 255.

einkehrten, wirkte die französische Gastfreundschaft sogar wie ein „nostalgisches Echo aus Paris."[854]

Als schlicht, aber ausreichend lassen sich die Lebensbedingungen der Franzosen insgesamt wohl am treffendsten beschreiben. Dass man hier ein Dach über dem Kopf, Arbeit und genug zu essen hatte, war nach den Kriegsjahren für viele ein seit langem ungekannter Luxus. „Man konnte sich satt essen. Das war eine Befriedigung, deren Intensität sich heute in Europa wenige Leute vorstellen können"[855], erinnerte Serge Fuster sich später. Diese Möglichkeit verdankte man der amerikanischen Militärverwaltung, die die Versorgung aller Prozessteilnehmer gewährleistete. Dank deren Hilfsbereitschaft seien die Lebensbedingungen in Nürnberg „sehr zufriedenstellend"[856], meldete Roger Lalouette nach seiner Ankunft nach Paris. Aus französischer Sicht waren Ausstattung und Vorräte der Amerikaner praktisch unbegrenzt und standen in krassem Gegensatz zu den Möglichkeiten der Delegation, der es an Personal und Ausstattung in sämtlichen Bereichen fehlte. Beispielsweise bestand der Fuhrpark der Delegation lediglich aus zwölf eigenen Autos und drei Lastkraftwagen.[857] Der Zustand der meisten Fahrzeuge, die gebraucht waren und die die Armee der Delegation ausgeliehen hatte, ließ dabei zu wünschen übrig.[858] Robert Falco hielt die Leihgaben für „erbärmlich."[859] Aufgrund häufiger Pannen und notweniger Reparaturen war jedenfalls immer nur ein Teil des französischen Fuhrparks einsatzbereit. Für eine über 200 Personen umfassende Delegation waren das bescheidene Mittel, die in keinem Verhältnis zu den Transportmöglichkeiten der Amerikaner standen. Dieses Gefälle sollte für das Verhältnis der Franzosen zu ihren Gastgebern in Nürnberg charakteristisch werden: Neidisch blickten sie auf die vollen Depots der US-Militärverwaltung.[860] De Menthon sprach daher frustriert von „der Bettelei gegenüber den Amerikanern."[861] Die materiellen Nöte der Delegation waren natürlich auch für Außenstehende nicht zu übersehen. Unter anderem bedurfte es großer Anstrengungen, bis die Delegation eine halbwegs professionelle Öffentlichkeitsarbeit betrieb. Aus dem Kreis der aus Frankreich angereisten Journalisten wurden nach deren Ankunft bald massive Beschwerden laut: Den Pressevertretern, von denen nur wenige Englisch sprachen, wurden keinerlei Unterlagen auf Französisch ausgehändigt. Mit der Begründung, dass sie selbst nicht über genügend Geräte verfügten, verweigerten die Delegationsmitglieder

---

854 Cooper, Nuremberg, S. 33.

855 Casamayor, Nuremberg, S. 60.

856 Vgl. AD-NUOI 1944–1959/87: Lalouette an die Direction du personnel et de la comptabilité, 15. Januar 1946.

857 Vgl. AN-BB 30/1779: Demande de crédits supplémentaires, 18. Februar 1946, S. 3; mehrere Delegationsmitglieder brachten allerdings zusätzlich ihre eigenen Autos mit nach Nürnberg.

858 Vgl. z.B. AN-BB 30/1761: Cession de véhicules au Ministère de la Justice. Tribunal Militaire des grands criminels de guerre, 13. Oktober 1945.

859 Falco, Juge, S. 53.

860 Vgl. Casamayor, Nuremberg, S. 60 f.; auch Kurz, Skuncke, S. 3.

861 ADHS-135 J 187: De Menthon, Bericht Nr. 4, 28. September 1945.

ihren Landsleuten die Nutzung ihrer Schreibmaschinen und da ihnen anfangs kein Arbeitsraum zur Verfügung gestellt wurde, mussten zahlreiche Journalisten ihre Artikel in den Gängen des Nürnberger Justizgebäudes im Stehen schreiben.[862] Erst auf den Druck der geplagten Journalisten hin wurde das Informationsministerium tätig und richtete in Nürnberg einen Pressedienst ein, der sich von da an der Belange der Pressevertreter annahm.[863]

Wirklich existentielle Probleme brachten für einige Mitglieder der Delegation zudem zeitweise die Zahlungsverzögerungen mit sich, die das Finanzministerium in Paris zu verantworten hatte. Denn dass sie in Nürnberg mitunter wochenlang auf die Überweisung ihrer Gehälter warten mussten, beeinträchtigte nicht nur die Stimmung in der Delegation, sondern bedeutete für die Betroffenen, dass ihnen über längere Zeiträume die finanziellen Mittel für den täglichen Bedarf fehlten. Als einer Gruppe Stenotypistinnen Ende Februar 1946 nur zwei von vier fälligen Monatsgehältern ausgezahlt wurden, brachte dieser Vorfall das Fass zum Überlaufen.[864] Um die ausstehenden Summen und eine höhere Bezahlung einzufordern, begannen die betroffenen Stenotypistinnen zu streiken und erschienen nicht mehr zu den Sitzungen des IMT. Delegationschef Champetier de Ribes, dem dieser Vorgang vor den anderen Delegationen äußerst peinlich sein musste, zeigte zunächst Härte und versuchte, den Streik zu brechen, indem er den Arbeitsverweigerinnen die Reiseerlaubnis zur Rückkehr nach Paris entzog. Letztendlich lenkten die Streikenden aber erst ein, als er einen Teil der ausstehenden Gehälter aus eigener Tasche vorstreckte.[865] Noch weitere Kreise zog innerhalb der Delegation einige Wochen später ein Konflikt um die Auszahlung der bei der Einstellung zugesagten Auslandszuschläge, auf die eine ganze Reihe von Mitarbeitern bis dahin vergebens wartete.[866] Eine Gruppe von 38 Übersetzern und Sekretärinnen drohte dem Justizministerium im April 1946 ultimativ, die Missstände über die Presse öffentlich zu machen, und erreichte dadurch die Überweisung der geforderten Beträge.[867]

Das Leben in Zirndorf drehte sich vor allem um den Prozess, die meisten Mitglieder der Delegation verbrachten die Wochentage im Nürnberger Gerichtsgebäude. Nach Faures Erinnerungen widmeten die Mitarbeiter des Anklagestabes alle Kräfte ihrer Mission: „Nichts, was nicht mit dem Prozess zusammenhing, interessierte

862 Vgl. AN-F 41/2721: Rapport de M. Jacques Picquot, Délégué du Ministère de l'Information à Nuremberg, 2. Dezember 1945.

863 Vgl. AN-F 41/2721: Note pour M. le directeur du cabinet, undatiert (wohl Mitte Dezember 1945); auch Champetier de Ribes an Gaston Defferre, 13. Mai 1946.

864 Vgl. AN BB-30/1762: Schreiben der betroffenen Stenotypistinnen, 1. März 1946.

865 Vgl. Dazet-Brun, Champeter de Ribes, S. 523.

866 Vgl. AN-BB 30/1763: Les traducteurs, interprètes et secrétaires du TMI à Nuremberg à M. le Ministre de la Justice, 5. April 1946; auch Champetier de Ribes an Teitgen, 7. April 1946.

867 Vgl. AN-BB 30/1763: Note pour M. le chef du cabinet de M. le Garde des Sceaux. Personnel, 17. April 1946.

uns."[868] Deutlich geringer war dagegen die Motivation einzelner Mitarbeiter in untergeordneten Positionen, die ihre Tätigkeit in Nürnberg eher als leidige Pflicht ansahen, um ihren Lebensunterhalt zu verdienen.[869] Die unabsehbare Dauer des Prozesses und die eintönige Verfahrensordnung, über die sich zahlreiche Journalisten in ihren Artikeln mokierten, beförderten zudem solche Tendenzen innerhalb der Delegation. In jedem Fall ließen die Wochenenden und die sitzungsfreien Phasen, beispielsweise in der Weihnachtspause oder an Ostern 1946, den Delegationsmitgliedern aber auch ihre Freizeit. Diese wusste die Exilgemeinde durchaus zu nutzen. Französische, britische und amerikanische Tageszeitungen waren im Justizgebäude zugänglich. Das Verwaltungssekretariat gab zudem täglich eine Presseschau über die Berichterstattung in Frankreich heraus und richtete eine kleine Bibliothek ein.[870] Im Stadtteil Gostenhof, in unmittelbarer Nähe des Gerichtsgebäudes, konnten die überwiegend katholischen Delegationsangehörigen sonntags in der Gemeinde St. Anton den Gottesdienst besuchen.[871] Einen Ort des Gedenkens fanden sie auf dem Nürnberger Südfriedhof vor.[872] An den Gräbern der dort bestatteten französischen Kriegsgefangenen und Zwangsarbeiter hielt die Delegation im Mai 1946 eine Gedenkfeier ab.[873]

Ein vergnüglicherer Zeitvertreib waren dagegen Theater- und Kinobesuche – zu speziellen Anlässen wurde die Vorführung französischer Filme arrangiert, etwa im Fürther Stadttheater.[874] Außerdem nutzten zahlreiche Franzosen ihre Freizeit für Fahrten in die Umgebung, aber auch zu weiter entfernten Zielen. Das Verwaltungssekretariat organisierte für die Mitarbeiter regelmäßig Ausflüge, beispielsweise nach Bayreuth, Pottenstein, Heidelberg oder ins ehemalige Konzentrationslager Dachau.[875] Dank ihrer privilegierten Position hatten die Richter die Möglichkeit zu noch größeren Unternehmungen. Im Rahmen einer Reise zur Zugspitze arrangierte Falco beispielsweise an Ostern 1946 für einen Teil des alliierten Richterkollegiums einen Abstecher nach Innsbruck, wo sie Antoine Béthouart, der Oberkommandierende der französischen Besatzungstruppen in Österreich, empfing und bewirtete.[876]

868 Faure, Mémoires, Bd. 2, S. 19.
869 Vgl. z.B. AN-19970410/3: Dossier: Pradeau, Janine: Beschwerde von Charles Gerthoffer über die Stenotypistin Janine Pradeau, 25. Juli 1946.
870 Vgl. Nachlass Debenest: Secrétariat général administratif, note n° 1. Renseignements sur le séjour à Nuremberg, 12. Oktober 1945, S. 5.
871 Vgl. ebd., S. 4.
872 Vgl. FNSP-CD/05: Handschriftlicher Brief Delphin Debenests, 16. April 1945.
873 Vgl. AN-BB 30/1796: Délégation française à Nuremberg. Le cercle français, 13. August 1946.
874 So am 18. Juni 1946, als dort der Film „Jéricho" von Henri Calef gezeigt wurde; vgl. AD-NUOI 1944–1959/89: Lalouette, Schreiben Nr. 106, 21. Juni 1946.
875 Vgl. Nachlass Debenest: Secrétariat général administratif, note n° 1. Renseignements sur le séjour à Nuremberg, 12. Oktober 1945, S. 8.
876 Vgl. Falco, Juge, S. 94 ff.

Einfache Delegationsmitglieder, denen sich solche Gelegenheiten nicht boten, reisten auf eigene Faust durch das Land, etwa bis nach Berlin, Wien und Prag.[877]

Verbindungen nach Frankreich

Bei aller Mobilität, die die Delegation trotz ihrer eingeschränkten Ausstattung mit Transportmitteln unter Beweis stellte, war Frankreich fern und der Weg nach Hause so umständlich wie zeitraubend. „Wir hatten damals die ganze Zeit über Schwierigkeiten mit den Verbindungen zu unseren Stellen in Paris"[878], erinnerte sich de Menthon später. Dabei hatten er und die anderen hochrangigen Vertreter noch das Glück, per Flugzeug nach Nürnberg reisen zu können. Auch hier ließen sich jedoch Komplikationen in Form von wetterbedingten Zwischenstopps und anschließenden Wartezeiten manchmal nicht vermeiden, so dass die Anreise selbst mit dem Flugzeug länger als einen Tag dauern konnte. So erging es beispielsweise Debenest, als er sich im Oktober 1945 zum ersten Mal auf den Weg zum IMT machte.[879] Im Wesentlichen wurde der Personenverkehr zwischen Paris und Nürnberg aber mit der Eisenbahn abgewickelt. Allerdings gab es keine direkte Zugverbindung. „Der Nürnberger Prozess ist lang, die Reise auch"[880], bemerkte Faure daher sarkastisch. Die Delegationsmitglieder nahmen im Normalfall den Nachtzug nach Frankfurt, wo sie auf einen Anschlusszug nach Nürnberg warten mussten. Bis dieser eintraf konnten jedoch Stunden, mitunter sogar ein ganzer Tag vergehen.[881] Insgesamt betrug die durchschnittliche Reisezeit mit dem Zug deswegen 26 bis 30 Stunden.[882]

Über eine Telefon- und Telegraphenverbindung nach Frankreich verfügte die Delegation lediglich vom Nürnberger Gerichtsgebäude aus. Diese erfüllte zwei Zwecke: Zum einen stand den hochrangigen Vertretern der Delegation hier ein schneller Kommunikationskanal in die Hauptstadt zur Verfügung. Roger Lalouette beispielsweise telegraphierte regelmäßig alle Neuigkeiten aus Nürnberg an den Quai d'Orsay. Champetier de Ribes hielt sich während seiner langen Aufenthalte in Frankreich durch Telefongespräche mit Dubost über das Geschehen auf dem Laufenden und gab auf diesem Weg seine Anweisungen.[883] Zum anderen machten die französischen Pressevertreter von beiden Möglichkeiten reichlich Gebrauch. Nach den Sitzungen des IMT setzten die Mitarbeiter der AFP ihre Berichte über

877 Vgl. Casamayor, Nuremberg, S. 61.

878 ADHS-135 J 191: Handschriftlicher Bericht François de Menthons, ca. 1966 verfasst, ohne Titel, 9 lose Seiten, hier S. 2.

879 Vgl. Tantin, Debenest, S. 261 ff.

880 AN-505 AP II/02: Edgar Faure. Long Way to Nuremberg, undatiert (wohl Februar 1946).

881 Vgl. ebd.

882 Vgl. AN-BB 30/1796: État comparatif du service administratif (personnel et matériel) de la délégation française et de la délégation britannique à Nuremberg, undatiert; auch IMT, 29. Januar 1946, Bd. 6, S. 298.

883 Vgl. z.B. FNSP-CD/05: Dubost an Champtier de Ribes, 8. Juli 1946.

die Geschehnisse des Tages per Telegramm ab, die Journalisten gaben telefonisch ihre Artikel an die Redaktionen durch.[884] Einfache Mitarbeiter der Delegation, für die beide Dienste ohnehin gebührenpflichtig waren, wurden dagegen angehalten, die Telefonverbindung nur in dringenden Fällen zu nutzen.[885] Der Postverkehr, für den das Verwaltungssekretariat der Delegation zuständig war, wurde ebenfalls über das Gerichtsgebäude abgewickelt.[886] Hier konnten die Mitarbeiter Briefe aufgeben und die Sendungen entgegennehmen, die das Büro in Paris nach Nürnberg weiterleitete.[887] Aber auch auf diesem Kanal musste man Geduld haben: Normale Postsendungen waren acht bis 15 Tage unterwegs, bis sie ihren Empfänger erreichten.[888] Alles in allem war es für die meisten Franzosen daher unmöglich, einen ständigen Kontakt nach Hause zu halten. Wenn sie sich auch dank der in Nürnberg zugänglichen Zeitungen über die allgemeine Lage informieren konnten, waren die einzelnen Delegationsmitglieder doch weitgehend abgeschnitten von dem, was in Frankreich vor sich ging.

Ein Leben neben den Einheimischen

Sicher war man in das Leben der alliierten Prozessgesellschaft eingebunden, ansonsten blieben die Franzosen jedoch unter sich. Kontakte zur einheimischen Bevölkerung beschränkten sich auf das Unvermeidbare, was unter dem Eindruck des damals nur wenige Monate zurückliegenden Kriegsendes nicht überrascht. De Menthon meinte sogar: „Wir hatten praktisch keinerlei Beziehungen zur deutschen Bevölkerung und Presse."[889] In der Tat gab es nur wenige Berührungspunkte. Faure erinnerte sich später vage an die deutsche Haushälterin in seiner Zirndorfer Unterkunft, mit der er gelegentlich ein paar Worte wechselte.[890] Nach Falcos Eindruck begegnete die Nürnberger Bevölkerung der Anwesenheit der alliierten Prozessbeteiligten in ihrer Stadt generell mit Gleichgültigkeit.[891] Nicht anders war die Situation bei den einfachen Delegationsmitgliedern. „Wir hatten sehr wenig

884 Vgl. Simon, Galerie, S. 14 f. Die AFP hatte Simon zufolge drei Mitarbeiter in Nürnberg.
885 Vgl. FNSP-CD/05: Secrétariat général administratif. Note de service n° 15, 1. November 1945.
886 Vgl. Nachlass Debenest: Délégation française au Tribunal Militaire International des grands criminels de guerre. Note de service n° 29, 3. Dezember 1945.
887 Vgl. Nachlass Debenest: Secrétariat général administratif, note n° 1. Renseignements sur le séjour à Nuremberg, 12. Oktober 1945, S. 6.
888 Vgl. AN-BB 30/1796: État comparatif du service administratif (personnel et matériel) de la délégation française et de la délégation britannique à Nuremberg, undatiert.
889 ADHS-135 J 191: Redemanuskript de Menthons, ca. 1976, S. 10.
890 Vgl. Faure, Mémoires, Bd. 2, S. 17 f.; Faure war sich selbst nicht darüber im Klaren, ob die Dame, deren Namen er nicht erwähnt, die eigentliche Besitzerin des requirierten Hauses oder eine Angestellte war.
891 Vgl. Falco, Juge, S. 34.

Kontakt mit den Deutschen"[892], berichtete auch die Dolmetscherin Marie-France Skuncke später über ihre Zeit in Nürnberg. Der Journalist Sacha Simon versuchte, auf der Straße eine Umfrage zu machen, bei der er Einheimische auf den Prozess Ansprach. Die Antworten, die er erhielt, beliefen sich jedoch auf knappe Beteuerungen, dass man von den NS-Führern getäuscht worden sei und nichts von den Konzentrationslagern gewusst habe. Von seinem Vorhaben nahm Simon deswegen bald wieder Abstand.[893]

Demgegenüber kam es aber auch praktisch zu keinerlei Zusammenstößen oder Konflikten. Um ihre Sicherheit mussten die Angehörigen der Delegation jedenfalls zu keinem Zeitpunkt ernsthaft besorgt sein. Genervt von Gerüchten über ein angebliches Untergrundnetzwerk von flüchtigen SS-Leuten, die in Nürnberg Anschläge auf Ausländer planten, meinte Simon ironisch: „Ich bin mehr als zwanzigmal abends von der Fürther Straße nach Stein gelaufen (fünf Kilometer), habe mich in dunklen, kleinen Gassen in der Nürnberger Vorstadt verirrt, ich habe hundertmal dunkle Gestalten an einer Mauer nach dem Weg gefragt und bin gesund und wohlbehalten von diesen gefährlichen, nächtlichen Expeditionen zurückgekommen."[894] Als sich am 7. Juli 1946 jedoch tatsächlich ein Vorfall ereignete, schlug dieser allerdings hohe Wellen: An diesem Tag unternahm eine siebenköpfige Gruppe von Delegationsmitgliedern einen Ausflug in die fränkische Schweiz. Dort machten die Franzosen, die mit zwei Autos unterwegs waren, in der Ortschaft Hochstahl halt.[895] Aus einem Gespräch mit einem Bauern, der nicht bereit war, ihnen Eier zu verkaufen, entwickelte sich ein handfester Streit. Im Laufe der Auseinandersetzung stellte sich heraus, dass der Bauer der Bürgermeister des Ortes war. Zu seiner Unterstützung rief dieser einen Teil der Einwohnerschaft zusammen, der die Franzosen umzingelte und sie am Wegfahren hinderte, bis die Polizei eintraf. Als das geschah, konnten die Ausflügler letztendlich die Heimreise antreten – ohne dass jemand ernsthafte Verletzungen erlitten hatte oder schwere Sachschäden entstanden waren. Ein paar blaue Flecken bei zwei Delegationsmitgliedern und einige zertrümmerte Scheiben an den beiden Wägen blieben die einzigen Spuren des Zwischenfalls. Nichtsdestotrotz war am nächsten Tag im französischen Radio die Rede von einem terroristischen Angriff, bei dem ein enthemmter Mob über die arglosen Delegationsangehörigen hergefallen sei. Aufgrund des öffentlichen Drucks, der so entstand, musste Dubost eine offizielle Untersuchung des Vorfalls einleiten, bei der alle Einzelheiten sorgsam dokumentiert und die Polizeibehörden der amerikanischen Militärverwaltung eingeschaltet wurden.[896] Am Ende wurde der Bürgermeister für das Aufwiegeln

892 Kurz, Skuncke, S. 5.
893 Vgl. Simon, Galerie, S. 23.
894 Ebd., S. 18. Im Faber-Castell-Schloss in Stein befand sich das Pressecamp, in der Fürther Straße das Gerichtsgebäude.
895 Vgl. AN-BB 30/1796: Dubost an Teitgen, 8. Juli 1946.
896 Vgl. FNSP-CD/05: Dubost an Champetier de Ribes, 13. Juli 1946.

der Einwohnerschaft zu einer einjährigen Haftstrafe verurteilt.[897] Der Aufwand, den man für diesen an sich belanglosen Zwischenfall betrieb, zeigt deutlich, dass solche Vorkommnisse die absolute Ausnahme waren, obwohl die Delegation über ein Jahr lang vor Ort war. Aber in dieser Zeit lebten Franzosen und Deutsche grundsätzlich nicht mit-, sondern nebeneinander.

897 Vgl. AD-NUOI 1944–1959/90: Lalouette, Schreiben Nr. 178, 10. September 1946.

3. Der französische Beitrag zum Prozess gegen die Hauptkriegsverbrecher

3.1 Die Zusammenarbeit mit den westlichen Verbündeten

Amerikaner und Briten

Am 20. November 1945 nahm der Prozess gegen die Hauptkriegsverbrecher im Schwurgerichtssaal des Nürnberger Justizgebäudes seinen Anfang.[898] Allgemeine Neugier, Spannung und große Erwartungen bestimmten die Stimmung, die unter den Anwesenden herrschte. Zu Beginn der Sitzung wurden die NS-Führer nacheinander in den Saal gebracht und nahmen auf der Anklagebank Platz. Es war das erste Mal seit ihrer Gefangennahme, dass sie in der Öffentlichkeit erschienen. Auch die meisten Anklagevertreter und Richter des IMT bekamen nun erstmals die Männer zu Gesicht, um die sich der Prozess drehte. Sacha Simon hielt über seine Eindrücke von den Hauptkriegsverbrechern folgendes fest:

> „Ich mustere sie mit großer Neugier: Worin unterscheiden sie sich von den anderen Menschen, die sie sich untertan gemacht haben? Auf den ersten Blick durch nichts, ich kann sie nicht von durchschnittlichen Deutschen unterscheiden. Da sind sie, mit ihren Ticks, ihren kleinen Manien, ihren Grimassen, mit der erstaunten Art von Leuten, die nicht verstehen, was mit ihnen passiert. […] Papen, Rosenberg, Streicher, Funk, mir sind sie zu Hunderten in den Straßen von Hamburg begegnet, mir begegnen sie noch hier, in Nürnberg."[899]

Der Ablauf der Sitzung selbst war allerdings recht monoton und bot dem Publikum wenig Neues, wie die Zuschauer schnell feststellen mussten. Aufgeteilt in die entsprechenden Abschnitte, verlasen Sprecher der vier Siegernationen lediglich die Anklageschrift, deren Wortlaut bereits vorher bekannt war. Den französischen Teil trugen Pierre Mounier und Charles Gerthoffer vor.[900] Diese Prozedur dauerte den ganzen Tag. In der Sitzung am nächsten Morgen hatten die Angeklagten nacheinander die Möglichkeit, auf schuldig oder nicht schuldig zu plädieren – angefangen mit Hermann Göring erklärten sich alle für nicht schuldig.[901]

Im Anschluss ergriff Robert H. Jackson das Wort und hielt das Eröffnungsplädoyer für die US-amerikanische Anklage, die als erste unter den vier alliierten Vertretungen zum Zuge kam. Die Rede war der Auftakt zum Anklagevortrag der beiden angelsächsischen Delegationen, die eng miteinander zusammenarbeiteten und die in der ersten Prozessphase das Wort hatten. Den anwesenden Franzosen hingegen kam währenddessen lediglich eine Zuschauerrolle zu. Nach Jackson untermauerten in den folgenden Sitzungen des Gerichtshofes dessen Hilfsankläger die Beschuldi-

---

898 Vgl. IMT, 20. November 1945, Bd. 2, S. 39–138.
899 Simon, Galerie, S. 15 f.
900 Vgl. IMT, 20. November 1945, Bd. 2, S. 57–73.
901 Vgl. IMT, 21. November 1945, Bd. 2, S. 111–183.

gungen, die die Vereinigten Staaten gegen die Hauptkriegsverbrecher erhoben und die unter den ersten Anklagepunkt fielen, also den Vorwurf der Verschwörung.[902] Am 4. Dezember 1945 hielt dann der britische Chefankläger Hartley Shawcross das Eröffnungsplädoyer für das Vereinigte Königreich.[903] „Etwas trocken und heruntergeleiert, aber präzise“[904], vermerkte Falco über die Rede des Briten. Auf Shawcross folgten mehrere Sprecher seiner Behörde, die sich mit dem zweiten Anklagepunkt, also den Verbrechen gegen den Frieden, befassten.[905] Unterstützt wurden sie dabei von ihren amerikanischen Kollegen, die ab der zweiten Dezemberwoche nochmals das Wort ergriffen und ergänzendes Beweismaterial zu ihren Ausführungen vorlegten.[906] Nach der dreiwöchigen Weihnachtspause schlossen sich in der ersten Januarhälfte 1946 daran noch die individuellen Vorwürfe gegen die einzelnen Angeklagten an, die die Angelsachsen untereinander aufgeteilt hatten und abwechselnd vortrugen.[907] Zu Beginn des Prozesses demonstrierten die Angelsachsen somit Geschlossenheit und schufen die Grundkonstellation, die in Nürnberg die Beziehungen zwischen den vier alliierten Anklagevertretungen bestimmen sollte.

Denn die Grundlage für das herzliche Einvernehmen von Amerikanern und Briten war neben der traditionellen Verbundenheit beider Länder vor allem ein tiefsitzendes Misstrauen gegenüber der sowjetischen Delegation, deren Aktivitäten sie mit größtem Argwohn verfolgten. Die Franzosen mussten nun versuchen, ihren Platz in diesem Beziehungsgefüge zu finden, und stellten schnell fest, dass die Vorbehalte gegen sie in Jacksons Umfeld ebenfalls massiv waren. Die Kommentare führender amerikanischer Delegationsangehöriger lassen kaum einen Zweifel, dass dort die Haltung gegenüber den französischen Partnern von einer allgemeinen Geringschätzung bis hin zur offenen Frankophobie reichen konnte. Jacksons Stellvertreter Thomas Dodd hielt die Franzosen grundsätzlich für „schrecklich dünnhäutig, empfindlich und ziemlich dumm.“[908] Während des Vortrages der französischen Anklagevertretung nahm er dieser übel, dass ihre Zeugen fast alle Kommunisten waren, die doch – nach seiner Ansicht – gar nicht so sehr gelitten hätten wie andere.[909] Vor einem Dinner, zu dem Jackson Anfang Februar 1946 einlud, bestand Dodds größte Befürchtung schließlich darin, zwischen zwei Franzosen sitzen zu müssen.[910]

---

902 Vgl. IMT, 22. November–3. Dezember 1945, Bd. 2, S. 184-Bd. 3, S. 105.

903 Vgl. IMT, 4. Dezember 1945, Bd. 3, S. 106–168. Auf Wunsch de Menthons fertigte André Gros in London eine Analyse der juristischen Argumentationslinien von Shawcross’ Eröffnungsplädoyer an; vgl. AD-NUOI 1944–1959/86: Note sur le réquisitoire de Sir Hartley Shawcross, ohne Datum.

904 Falco, Juge, S. 67.

905 Vgl. IMT, 5.–7. Dezember 1945, Bd. 3, S. 196–365.

906 Vgl. IMT, 11.–20. Dezember 1945, Bd. 3, S. 448-Bd. 4, S. 553.

907 Vgl. IMT, 7.–16. Januar 1946, Bd. 4, S. 585-Bd. 5, S. 414.

908 Dodd/Bloom, Letters, S. 223.

909 Vgl. ebd.

910 Vgl. ebd., S. 225.

Befangen in antifranzösischen Ressentiments sahen manche Amerikaner ihre französischen Verbündeten in Nürnberg als Nutznießer, die fachlich unfähig waren und undankbarer Weise fremde Lorbeeren einheimsten. Deren Personalknappheit,[911] ihre materielle Abhängigkeit von den amerikanischen Gastgebern und ihre bescheidenen Mittel leisteten einer solchen Sichtweise sicherlich Vorschub. Schließlich griff die französische Delegation dankend auf die vorhandene Infrastruktur zurück und nahm amerikanische Hilfsleistungen in Anspruch. Vor allem für das einfache Personal, das Jahre von Not und Entbehrung hinter sich hatte, war in der Tat die Versuchung groß, sich zu bedienen und die Angebote der amerikanischen Militärverwaltung über ein gebührendes Maß hinaus in Anspruch zu nehmen. Der Hauptmann Maurice Augustin beispielsweise verbrachte seine Zeit in Nürnberg vor allem mit ausgedehnten Reisen, die er zusammen mit seiner Freundin, einer englischen Übersetzerin, mit dem PKW unternahm. Den kostenlosen Tankservice im Justizgebäude nutzte er hierfür so häufig, dass dieses Privileg von der amerikanischen Militärverwaltung schließlich gestrichen wurde.[912] Mehrfach wurden bei der *US Military Police* zudem Fälle aktenkundig, in denen Franzosen illegal Alkohol nach Nürnberg schmuggelten oder dort verkauften.[913] Der Amerikaner Alfred Steer, Chef der Sprachabteilung des IMT, erinnerte sich später, unter den Franzosen in Nürnberg habe es „mehrere berüchtigte Schwarzmarkt-Typen“[914] gegeben. Auch das Chaos, das in der Anfangsphase in der französischen Delegation herrschte, trug sicher nicht zu einem vorteilhaften Gesamtbild bei. In einem internen Bericht stellte Jean-Jacques Lanoire deswegen schonungslos fest:

> „Sie [= die Amerikaner] konnten jedoch auf unwiderrufliche Art nur ein von Chaos, Amateurismus und Gleichgültigkeit gezeichnetes Bild von einem großen Teil der [französischen] Delegation bekommen. Entsetzt von unserer maßlosen Eitelkeit, wobei unsere materielle Rolle sehr begrenzt war, und von einem Byzantinismus, der ihnen kaum verständlich ist, haben sie darüber hinaus die offene Ausnutzung der Vorteile, die die amerikanische Organisation bot, durch die schlechtesten Teile unserer Delegation beobachten müssen.“[915]

Für die tägliche Zusammenarbeit der Anklagevertretungen war jedoch in erster Linie das schwierige gegenseitige Verhältnis ihrer Spitzen eine Belastung. Dubost, der faktische Chef der französischen Delegation, war bei Jackson und seinen Mitarbeitern, die bereits den Kontakt zu den Sowjets als Zumutung betrachteten, als Kommunist verschrien.[916] „Ich mochte Dubost, aber damit stand ich unter den Amerikanern ziemlich allein da“[917], räumte Telford Taylor später freimütig ein.

911 Vgl. Sprecher, Nuremberg, Bd. 1, S. 557.
912 Vgl. AN-BB 30/1796: Gerthoffer an das Justizministerium, 11. Januar 1948.
913 Vgl. AN-BB 30/1779: Bericht Lanoires für das Justizministerium, 9. Juli 1949, S. 5.
914 Gaskin, Hilary: Eyewitnesses at Nuremberg, London 1990, S. 69.
915 AN-BB 30/1779: Bericht Lanoires für das Justizministerium, 9. Juli 1949, S. 3.
916 Vgl. Taylor, Prozesse, S. 132.
917 Ebd., S. 730.

Umgekehrt wurde eine solche Abneigung von den Franzosen durchaus erwidert. De Menthon meinte im Nachhinein über Jackson: „Er versuchte nicht, seine Unkenntnis des französischen Rechts und seinen absoluten Glauben an die Überlegenheit des amerikanischen Rechts zu verbergen."[918] Noch mehr störte ihn aber ein anderer Charakterzug des Amerikaners: „Seine Selbstherrlichkeit ergänzte er mit etwas Diplomatie nur gegenüber der sowjetischen Delegation."[919] Damit meinte de Menthon, dass Jackson ihm und seinen Landsleuten gegenüber jegliche Diplomatie vermissen ließ. Faures Antipathien galten in erster Linie Francis Biddle, dem amerikanischen Richter des IMT: „Sein Gesicht zeugte von Selbstvertrauen und im äußersten Fall von einem Überlegenheitskomplex, der an Arroganz grenzte."[920] Wenig respektvoll beschrieb auch Fuster die Angehörigen der US-Delegation, mit denen er in Nürnberg zu tun hatte: „Politiker, halb Juristen, halb Geschäftsleute, und einige hundertfünfzigprozentige Militärs."[921] Unbeschwerter dagegen war für die Franzosen der Umgang mit ihren britischen Partnern, die bei ihnen in hohem Ansehen standen.[922] Vor allem David Maxwell Fyfe, der stellvertretende Chefankläger des Vereinigten Königreiches, wurde aufgrund seines Sachverstandes, seines juristischen Scharfsinns und seiner kultivierten Umgangsformen in der französischen Delegation sehr geschätzt. Die Sympathien für Geoffrey Lawrence, den vorsitzenden Richter des IMT, hielten sich dagegen ebenfalls in Grenzen. Da er Dubost bei seinem Anklagevortrag wiederholt unterbrach und zurechtwies, war man in der Delegation bald von der Frankophobie des Briten überzeugt.[923] Chefankläger Champetier de Ribes war „traurig und ratlos"[924] angesichts ein solchen Verhaltens gegenüber seinem Stellvertreter.

Zwischen der französischen und den beiden angelsächsischen Anklagevertretungen konnte sich vor diesem Hintergrund jedenfalls nur eine verhaltene Kooperation entwickeln. Beispielsweise hatten die Franzosen vor Prozessbeginn zwar die Möglichkeit, die Angeklagten zu vernehmen, die sich im Nürnberger Gefängnis in amerikanischer Haft befanden. Bei solchen Terminen war jedoch immer Personal der US-Delegation zugegen und registrierte genau, welche Themen angesprochen und welche Fragen gestellt wurden. Gleiches galt für die Befragung von Zeugen, die sich in amerikanischem Gewahrsam befanden.[925] Noch offensichtlicher wurde das amerikanische Misstrauen im Umgang mit den Beweisdokumenten: Die Amerikaner gewährten den französischen Anklagevertretern zwar durchaus Zugang zu Dokumenten, die sie als Beweismaterial sichergestellt hatten. Gleichzeitig hatte Jackson

918 ADHS-135 J 191: Redemanuskript de Menthons, ca. 1976, S. 8.
919 Ebd.
920 Faure, Mémoires, Bd. 2, S. 20.
921 Casamayor, Nuremberg, S. 58.
922 Vgl. Faure, Mémoires, Bd. 2, S. 21 f.; Falco S. 36 f; ADHS-135 J 191: Bericht de Menthons, ca. 1966, S. 5 f.
923 Vgl. Faure, Mémoires, Bd. 2, S. 37.
924 Ebd.
925 Vgl. AN-BB 30/1796: Dubost an Champetier de Ribes, 18. Mai 1946.

aber beschlossen, die Schriftstücke von wirklich entscheidender Bedeutung nicht aus der Hand zu geben, sondern für den eigenen Anklagevortrag zu verwenden. In einem internen Memorandum hatte er noch vor Prozessbeginn formuliert, das Kernstück der Anklage müsse „in amerikanischen Händen“[926] bleiben. Juristisch ließ sich ein solches Manöver begründen, da sich der Vorwurf der Verschwörung nach der Auffassung der Anklage auf alle drei anderen Anklagepunkte bezog.[927] Sehr zum Ärger der Franzosen legten die Amerikaner ihre wichtigsten Dokumente alle selbst vor, auch wenn diese die Anklagepunkte 3 (Kriegsverbrechen) und 4 (Verbrechen gegen die Menschlichkeit) betrafen, und deklarierten sie dann zu Beweismitteln, die die Verschwörung zur Begehung von Kriegsverbrechen und Verbrechen gegen die Menschlichkeit belegten. Dazu gehörten beispielsweise die Protokolle der Sitzungen des Ausschusses für zentrale Planung der Kriegswirtschaft, die die US-Armee erbeutet hatte.[928] Bei einer Besprechung dort hatte im März 1944 Fritz Sauckel, Hitlers Generalbevollmächtigter für den Arbeitseinsatz, gegenüber den übrigen Teilnehmern erklärt, dass von fünf Millionen ausländischen Arbeitern im Deutschen Reich keine 200 000 freiwillig gekommen seien.[929] Für den Teil der französischen Anklage, der das deutsche Zwangsarbeitsprogramm betraf, stellten die Protokolle daher außerordentlich wertvolle Beweisdokumente dar. Allerdings machte davon zunächst einmal Jacksons Stellvertreter Dodd ausgiebig Gebrauch und als zuständiger Ankläger für die französische Seite konnte Jacques-Bernard Herzog, als er an die Reihe kam, dem Gericht nur noch die Passagen verlesen, die sein amerikanischer Kollege nicht bereits verwendet hatte.[930]

Die Franzosen reagierten ihrerseits vor allem dann empfindlich, wenn sie sich von amerikanischer Seite in irgendeiner Form bevormundet fühlten. Ende Oktober 1945 war die französische Übersetzungsabteilung bei der Vorbereitung der Anklage mit ihrer Arbeit in Verzug geraten. Zur Strafe beschlossen Jacksons Mitarbeiter, der französischen Delegation vorerst keine weiteren Dokumente mehr auszuhändigen. Die Amerikaner bekamen es daraufhin mit dem „äußerst wütenden“[931] Dubost zu tun, der scharf protestierte und eine Rücknahme dieser Sanktionen erreichte. Aufgrund der schwachen politischen Position Frankreichs unter den Alliierten war die Delegation ständig darauf bedacht, sich nicht in ihren Rechten beschränken und gegenüber den anderen Vertretungen benachteiligen zu lassen, sondern als gleichberechtigter Partner aufzutreten. Das bedeutete, dass man in inhaltlichen Fragen Wert auf ein eigenes Profil legte und nicht bereit war, sich kritiklos den angelsächsischen Positionen anzuschließen. Nach Jacksons Eröffnungsplädoyer kündigte de Menthon gegenüber

---

926 Zitiert nach Tusa, Nuremberg, S. 103.
927 Vgl. ebd., S. 135 und S. 175 f.
928 Vgl. Beweisdokument R-114, abgedruckt in: IMT, Beweisurkunden, Bd. 38, S. 330–401.
929 Vgl. ebd., S. 355.
930 Vgl. IMT, 18. Januar 1946, Bd. 5, S. 518, S. 521 f., S. 540 und S. 546 f.; auch ebd., 19. Januar 1946, Bd. 5, S. 553 f. und S. 565 f.
931 Taylor, Prozesse, S. 175; vgl. auch Fyfe, Adventure, S. 104.

dem Außenministerium an, seine eigene Rede werde auch dem Zweck dienen, einige Punkte in den Ausführungen des Amerikaners zu berichtigen.[932] Für die französische Delegation war es außerdem eine prinzipielle Frage, sich ausreichend Zeit für den eigenen Anklagevortrag zu nehmen. Nachdem ihre Landsleute ausführlich das eigene Beweismaterial vorgestellt hatten, wollten die angelsächsischen Mitglieder des Richterkollegiums ab Januar 1946 plötzlich den Prozess beschleunigen und drängten die französische Anklage, ihre Darlegungen abzukürzen.[933] Diesem Druck widersetzte sich die Delegation, so gut sie konnte. Bezeichnend sind in diesem Zusammenhang die Vorgänge um die Abberufung Henri Delpechs aus Nürnberg: Scheinbar kam die Delegation hier dem Wunsch des Gerichts nach, indem sie auf einen geplanten Vortrag über den Raub von Kunstschätzen verzichtete.[934] Tatsächlich aber waren die Hintergründe für das Absagen des Vortrages ganz andere, nämlich Delpechs Kompromittierung durch die Anschuldigungen wegen seines Verhaltens in deutscher Kriegsgefangenschaft.

In Anbetracht all dessen wird man kaum von einer reibungslosen und harmonischen Zusammenarbeit sprechen können. Allerdings sollten solche latenten Spannungen ebenso wie einzelne Zwischenfälle auch nicht überbewertet werden. Die Anklagevertretungen wahrten während des gesamten Prozesses trotz aller Differenzen die Form und verloren das gemeinsame Ziel nicht aus den Augen, das schließlich darin bestand, die Verurteilung der Hauptkriegsverbrecher zu erreichen. Symbolische Gesten, die Einheit demonstrierten, waren daher unter den Delegationen an der Tagesordnung. So zeichneten die Amerikaner trotz aller Abneigungen gegen Dubost ihn und fünf weitere Angehörige der französischen Delegation im Juni 1946 mit der *Legion of Merit* aus.[935] Bei der Verleihung der Orden in Jacksons Büro beschworen alle Beteiligten feierlich die amerikanisch-französische Freundschaft. Kurz darauf revanchierten sich die Franzosen, indem sie vier Landsleute Jacksons mit der *Légion d'honneur* bedachten.

Weitere Partner: Die Benelux-Staaten, Dänemark und Norwegen

Die beiden angelsächsischen Vertretungen waren keineswegs die einzigen Partner der französischen Delegation in Nürnberg. Das Londoner Statut legte zwar fest, dass der Gerichtshof ausschließlich von den vier Hauptsiegermächten des Zweiten Weltkrieges gebildet wurde. „Es handelt sich also weniger um ein internationales

932 Vgl. AD-NUOI 1944–1959/86: De Menthon an Bidault, 27. November 1945.
933 Vgl. AD-NUOI 1944–1959/87: Lalouette, Telegramm Nr. 9, 21. Januar 1946; auch Telegramm Nr. 10, 22. Januar 1946.
934 Vgl. Kapitel 2.2.3, Delpech.
935 Vgl. AD-NUOI 1944–1949/86: Lalouettes. Echange de décorations, 11. Juni 1946. Die anderen fünf Personen, die neben Dubost die Auszeichnung erhielten, waren Félix Boucly, André Gros, Emmanuel Handrich, Serge Meyer und Pierre Mounier.

als um ein zwischenstaatliches Tribunal"[936], konstatierte de Vabres daher. Dem Namen nach war das IMT aber ein internationaler Gerichtshof und in ihren Bekanntmachungen hatten die Alliierten diesen Anspruch durchaus untermauert. Seit seiner Unterzeichnung waren dem Londoner Abkommen daher mehr und mehr Staaten beigetreten – bis zum Jahresende 1945 insgesamt 14.[937] Nach den Abmachungen der vier Hauptsiegermächte sollten zwei von ihnen auch als Sprachrohre weiterer Staaten dienen, die im Laufe des Krieges zu Opfern deutscher Aggression geworden waren: Während die Sowjetunion die Interessen Polens, der Tschechoslowakei und Jugoslawiens vertrat, erhob Frankreich Anklage auch im Namen der Benelux-Staaten, Dänemarks und Norwegens. Wie eine solche Vertretung bei der Anklageerhebung funktionieren sollte, war jedoch erst einmal ganz unklar. Einige der nachträglich Beigetretenen hofften anfangs, zumindest in eingeschränktem Maße selbst aktiv an dem Prozess mitwirken zu können.

Als Erstes ergriff die polnische Regierung die Initiative. Da mit Hans Frank der vormalige Generalgouverneur Polens unter den angeklagten Hauptkriegsverbrechern war, wollten die Verantwortlichen in Warschau die Vorwürfe gegen Frank durch einen polnischen Ankläger vorbringen lassen und wandten sich deswegen an die vier Hauptsiegermächte. Ein entsprechender Antrag ging Anfang September 1945 im französischen Außenministerium ein.[938] Allen Beteiligten war klar, dass die Angelegenheit Präzedenzcharakter hatte. Auf französischer Seite fürchtete man, dass bei einer positiven Antwort an Polen Belgien, die Niederlande oder Norwegen ähnliche Anträge stellen würden.[939] In der Tat zogen wenig später die Tschechoslowakei und Jugoslawien nach und brachten denselben Wunsch vor. Vor allem auf Drängen Jacksons, der nicht bereit war, die Zusammenarbeit auf noch weitere Staaten auszuweiten, lehnten die Spitzen der vier Anklagevertretungen daher in einer Grundsatzentscheidung alle drei Gesuche ab. Stattdessen wurden die interessierten Regierungen eingeladen, eigene Delegationen mit Beobachterstatus nach Nürnberg zu schicken. Das bedeutete, dass diese Delegationen vor Ort als Ansprechpartner ihrer Regierungen zur Verfügung standen, aber nicht aktiv an dem Prozess mitwirken konnten. Wollten sie eine Angelegenheit in das Verfahren einbringen, mussten sie sich – je nach Zuständigkeit – entweder an die sowjetische oder die französische Vertretung wenden.

---

936 FNSP-CD/03: Skript Henri Donnedieu de Vabres', ohne Titel („I°) Internationalisation du juge [...]"), S. 1.

937 Vgl. AN-NUOI 1944–1959/86: Bidault an de Menthon und Teitgen, 28. Dezember 1945. Anhang: Liste des pays qui ont adhéré à l'accord pour la poursuite et le châtiment des grands criminels de guerre de l'Axe européen, signé à Londres le 8 Août 1945. Die 14 Staaten waren Äthiopien, Australien, Belgien, Dänemark, Griechenland, Haiti, Honduras, Jugoslawien, Luxemburg, die Niederlande, Norwegen, Panama, Polen und die Tschechoslowakei.

938 Vgl. AD-NUOI 1944–1959/86: Garreau an Bidault, 1. September 1945.

939 Vgl. AD-NUOI 1944–1959/86: Massigli, Telegramm Nr. 5959–5961, 31. Dezember 1945.

Die Behörden der betroffenen west- und nordeuropäischen Staaten leisteten bereits vor Prozessbeginn einige Vorarbeit. Im Oktober 1945 veröffentlichte die norwegische Regierung einen vorläufigen Bericht, der den deutschen Überfall ebenso wie die Gewaltverbrechen der Besatzer und die Ausplünderung des Landes thematisierte, und ließ ihn der französischen Delegation zukommen.[940] Ein ähnliches Memorandum, ebenfalls erstellt zur Verwendung vor dem IMT, erreichte die Delegation aus Brüssel.[941] Der Kontakt erfolgte in dieser frühen Phase über die regulären diplomatischen Kanäle. Informationen wurden dank der Vermittlung des Außenministeriums über die jeweiligen Botschaften ausgetauscht – beispielsweise als die französische Delegation im Dezember 1945 die norwegische Regierung um einige Ergänzungen zu dem offiziellen Bericht bat, um sie für die Anklage verwenden zu können.[942] Da der Beginn der französischen Anklage inzwischen unmittelbar bevorstand und die Zeit drängte, schickte die Delegation aber auch eigenes Personal los, das die gewünschten Informationen zusammentrug. Anfang Januar 1946 hielt sich Henri Monneray zu diesem Zweck eine Woche lang in Oslo auf, wo ihn der Justizminister und der Generalstaatsanwalt des obersten Gerichtshofes des Landes empfingen.[943] Monneray schlug der norwegischen Regierung bei dieser Gelegenheit vor, eigene Vertreter als Beobachter zum Prozess vor dem IMT zu entsenden und mit dem KZ-Überlebenden Hans Cappelen einen Landsmann als Zeugen für die französische Anklage zu benennen.[944] Wenig später machten sich zwei hochrangige Beamte des Justizministeriums zusammen mit Cappelen auf den Weg nach Nürnberg.[945]

Aber nicht nur in Oslo griff man die Einladung auf. Aus Kopenhagen reiste der Generalstaatsanwalt Jørgen Trolle an.[946] Die niederländische Regierung entsandte eine kleine Delegation, an deren Spitze der Baron Arnaud van Tuyll van Serooskerken stand. Auf belgischer Seite wurde der Staatsanwalt René Goldstein, der zuvor sein Land in der UNWCC vertreten hatte, mit einer ähnlichen Mission betraut und auch das Großherzogtum Luxemburg ließ es sich nicht nehmen, mit dem Juristen Charles Léon

940 Vgl. AN-BB 35/88: Preliminary report on Germany's crimes against Norway, prepared by the Royal Norwegian Government for use at the International Military Tribunal in trials against the major war criminals of the European Axis, Oslo 1945; auch AD-NUOI 1944–1959/86: Blondel an Bidault. Rapport officiel sur les crimes de l'Allemagne contre la Norvège, 30. Oktober 1945.

941 Vgl. AN-BB 35/87: Mémorandum du gouvernement belge relatif aux pertes et aux dommages subis par la Belgique par suite de l'agression allemande, 1. Oktober 1945.

942 Vgl. AN-BB 35/88: Schreiben der Delegation („Le Ministère public français, chargé de présenter le pillage économique [...]"), 13. Dezember 1945.

943 Vgl. ADHS-135 J 187: Rapport sur la mission de M. Monneray à Oslo, undatiert,.

944 Vgl. AD-Y-Internationale 1944–1949/54: Blondel an Bidault, 9. Januar 1946.

945 Vgl. AD-NUOI 1944–1959/87: Blondel an Bidault, 22. Januar 1946.

946 Vgl. AD-NUOI 1944–1959/86: Secrétariat des Conférences. Désignation de M. Jorgen Trolle, 8. Januar 1946.

Hammes einen eigenen Bevollmächtigten nach Nürnberg zu schicken.[947] Damit hatten alle fünf Staaten, für die die französische Anklage zuständig war, zumindest zeitweise eigene Repräsentanten in Nürnberg. Hinzu kamen wiederholte Besuche hochrangiger Persönlichkeiten aus den fünf Ländern, die sich ein Bild von den Vorgängen in Nürnberg machen wollten. Im Mai 1946 gab Dubost beispielsweise im französischen Club in Zirndorf ein Dinner, zu dem eine Abordnung der belgischen Regierung erschien.[948] Bei einer ähnlichen Abendveranstaltung war zwei Monate später eine Gruppe skandinavischer Juristen, darunter der norwegische Justizminister, am selben Ort zu Gast.[949] Für die französische Delegation erwuchsen aus diesen Kontakten jedenfalls neue Aufgaben und Verpflichtungen. Ihre Hauptaufgabe sahen all die Berater und Besucher nämlich darin, die Ansprüche ihrer Regierungen anzumelden und nach Möglichkeit durchzusetzen. In den Grundzügen deckten sich deren Wünsche: Man wollte die Welt wissen lassen, was dem eigenen Land während des Krieges unter deutscher Besatzung widerfahren war. Für Norwegen, Dänemark und die Benelux-Staaten war der Prozess also vor allem ein Forum, in dem die internationale Öffentlichkeit über die eigenen Opfer an Menschenleben und materiellen Schäden informiert werden sollte. Die Vertreter aller fünf Regierungen legten daher Wert darauf, dass entsprechende Passagen in den französischen Anklagevortrag mitaufgenommen wurden. Diesen Anliegen kamen Dubost und die anderen Mitglieder des Anklagestabes nach, so gut es ging. Geiselerschießungen in Norwegen machten sie ebenso zum Gegenstand ihrer Ausführungen vor dem IMT wie die wirtschaftliche Ausplünderung Belgiens oder die Judendeportationen aus den Niederlanden. Sicherlich mussten sie sich dabei auch um eine ausgeglichene Gewichtung bemühen, die den Ansprüchen aller Partner gerecht wurde.

Außerdem waren in Einzelfragen Sonderwünsche zu berücksichtigen. Auf Bitten der belgischen Vertreter entfernte beispielsweise Herzog aus seinem Teil des Anklagevortrages zum Thema Zwangsarbeit einen Brief des belgischen Königs an das Rote Kreuz und ersetzte den Passus durch eine allgemeine Formulierung.[950] Die Belgier hatten eingewendet, der Brief sei „nicht entschlossen und nicht überzeugend genug“[951] formuliert, und wünschten daher nicht, ihn öffentlich bekannt zu machen. Über eine allgemeine Würdigung hinausgehend hatte eines der fünf Länder schließlich ein ganz konkretes Interesse an dem Prozess, das sich an der Person eines Angeklagten festmachte: In den Niederlanden erwarteten Regierung und Öffentlichkeit gleichermaßen eine durchschlagende Beweisführung gegen Arthur Seyß-Inquart, der während der Besatzungszeit als Reichskommissar die Zivilverwaltung des Landes dirigiert hatte. Zwar befanden sich unter den Angeklagten mehrere von

947 Vgl. Justice Telephone Directory, S. 39 f.; auch Herzog, Échec, S. 150 f. Zu Goldstein vgl. Crouquet, Nuremberg, S. 288.
948 Vgl. FNSP-CD/05: Dubost an Champetier de Ribes, 9. Mai 1946.
949 Vgl. FNSP-CD/05: Dubost an Champetier de Ribes, 5. Juli 1946.
950 Vgl. AD-NUOI 1944–1959/87: Lalouette, Schreiben Nr. 8, 19. Januar 1946.
951 Ebd.

Hitlers Statthaltern in eroberten Territorien, Seyß-Inquart war jedoch der einzige, der sein Amt in Westeuropa ausgeübt hatte.[952] Für die französische Anklage lag hierdurch ein Sonderfall vor. Sie musste nicht nur die im Krieg erbrachten Opfer der Niederlande im Allgemeinen berücksichtigen, sondern sah sich auch großen Erwartungen ausgesetzt, die individuelle Schuld eines bestimmten Angeklagten überzeugend nachzuweisen.

3.2 Die französische Anklage

Das Eröffnungsplädoyer

Nach wochenlangem Warten war es am 17. Januar 1946 endlich so weit: Der französischen Anklagevertretung wurde das Wort vor dem IMT erteilt.[953] Die Pressetribüne und die Zuschauerränge des Schwurgerichtssaals waren voll besetzt. Mit mehreren Parlamentsabgeordneten, hochrangigen Vertretern des Justizministeriums und Pierre Kœnig, dem Militärgouverneur der französischen Besatzungszone, war aus Frankreich hoher Besuch angereist.[954] Selbstverständlich waren auch alle namhaften Mitglieder der Delegation anwesend – Dubost, Faure, aber auch der neue Delegationschef Champetier de Ribes.

Sie alle sahen, wie François de Menthon zu Beginn der Sitzung ans Rednerpult trat, um das Eröffnungsplädoyer im Namen der Delegation seines Landes zu halten. Im Gerichtssaal herrschte in diesem Moment allgemeine Neugier, was von den Franzosen kommen würde, nachdem diese in dem Prozess bislang praktisch keine Rolle gespielt hatten.[955] Angesichts eines solchen allgemeinen Erwartungsdrucks wollten jedes Argument und jede Formulierung wohldurchdacht sein. Das Eröffnungsplädoyer bezweckte zudem nicht nur, eine erste Zusammenfassung der Anklage zu geben, sondern auch, die französische Haltung in der Kriegsverbrecherfrage grundsätzlich zu erläutern. Bei der Vorbereitung hatte man daher auf diese Rede mehr Mühe verwendet als auf jeden anderen Beitrag: Mehrere Experten hatten im Auftrag des Justizministeriums die einzelnen Abschnitte ausgearbeitet. Das waren zum einen der Germanistik-Professor Edmond Vermeil, der wenige Monate zuvor die Leitung der *Commission de rééducation du peuple allemand* übernommen hatte,

---

952 Dass Seyß-Inquart der einzige Angeklagte war, auf den dies zutraf, erklärt sich durch die verschiedenartigen Besatzungsregime, die die Nationalsozialisten im Krieg in Europa etablierten: In Frankreich und Belgien führten sie eine Militärverwaltung ein. Luxemburg wurde durch das Reich de facto annektiert. In Dänemark blieben Regierung und König formal im Amt. Unter den besetzten Ländern in West- und Nordeuropa wurde eine Zivilverwaltung außer in den Niederlanden nur noch in Norwegen geschaffen, allerdings hatte dort der Reichkommissar Josef Terboven bei Kriegsende Selbstmord begangen; vgl. Mazower, Empire.

953 Vgl. AD-NUOI 1944–1959/87: Lalouette, Telegramm Nr. 1, 16. Januar 1946.

954 Vgl. L'Aurore, Artikel: „Tortures, meurtres, pillages. M. de Menthon prononce à Nuremberg le réquisitoire de la France contre les crimes nazis“, 18. Januar 1946.

955 Vgl. Taylor, Prozesse, S. 346.

zum anderen der Historiker Pierre Renouvin und die Völkerrechtsexpertin Suzanne Bastid.[956] Auch mehrere Mitglieder des Anklagestabes – Dubost, Faure, Gerthoffer, Herzog und Mounier – wirkten an der Abfassung mit, indem sie die Zusammenfassungen der Beschuldigungen aus den unterschiedlichen Bereichen beisteuerten.[957] Den geringsten Anteil am Zustandekommen der Rede hatte dagegen der, der sie vortrug: François de Menthon. Der Chefankläger, der sein Amt von Anfang an nur mit wenig Interesse ausgeübt hatte und dessen Ablösung bereits feststand, beschränkte sich darauf, die Textbausteine zusammenzufügen und sie allenfalls mit einigen persönlichen Anmerkungen zu versehen. Bei einer Interpretation ist somit zu berücksichtigen, dass der Text nur in sehr eingeschränktem Maße mit der Person de Menthons in Verbindung gebracht werden kann.[958]

Zu Beginn der Rede forderte der Chefankläger einen Urteilsspruch gegen die angeklagten Hauptkriegsverbrecher im Namen „jener Völker, die gestern noch physisch und seelisch geknechtet und gequält waren."[959] Bereits an dieser Stelle zeigte sich, wie sehr sich der Blickwinkel der französischen Anklage von dem der Angelsachsen unterschied. Während des Krieges besetzt und ausgeplündert, verlangte Frankreich Gerechtigkeit für sich, aber auch für die anderen Staaten West- und Nordeuropas, denen dasselbe widerfahren war. Die Legimitierung für Frankreich, diese Forderung stellvertretend für die besetzten Länder zu erheben, leitete de Menthon in seiner Rede aus dem Kampf der Résistance ab und kam, von hier ausgehend, auf die Gründe für die Beteiligung seines Landes am IMT zu sprechen.[960] Das erklärte Ziel Frankreichs sei es, dem Bedürfnis der unterdrückten Völker Europas nach Gerechtigkeit genüge zu tun. Manch einen Zuhörer, der sich von der französischen Anklage nichts anderes als den Ruf nach Revanche versprach, mag das zunächst in seinen Erwartungen bestätigt haben. Umso überraschender musste es auf das Publikum wirken, dass de Menthon den Blick aber auch nach

956 Vgl. AD-NUOI 1944–1959/87: Lalouette, Schreiben Nr. 5, 16. Januar 1946; auch AD-NUOI 1944–1959/86: Note du Secrétariat des Conférences. Procès de Nuremberg, 28. Dezember 1945. Zu Vermeil und der Kommission vgl. Defrance, Vermeil. Für das französische Außenministerium verfasste Vermeil in diesem Zusammenhang außerdem eine Denkschrift über die Neuerziehung der Deutschen; vgl. AD-NUOI-1944–1959/81: Memorandum sur la rééducation du peuple allemand.

957 Vgl. die Auflistung der an der Abfassung des Plädoyers beteiligten Personen in: De Menthon, Réquisitoire, S. 2. Bezeichnend für die Autorenschaft der Rede ist auch die für die Broschüre gewählte Formulierung „vorgetragen von François de Menthon".

958 Vgl. die Analysen des Eröffnungsplädoyers in: Ducerf, De Menthon, S. 324–333 und Tisseron, Nuremberg, S. 164–178. Beide setzen fälschlicherweise voraus, dass de Menthon der Autor des gesamten Plädoyers ist und versuchen vor diesem Hintergrund mehrfach, einzelne Abschnitte und Argumentationslinien der Rede mit de Menthos Biographie und seinem politischen Standpunkt zu erklären; dagegen Gemählich, De Menthon, S. 127–162.

959 IMT, 17. Januar 1946, Bd. 5, S. 415.

960 Vgl. ebd., S. 416 f.

vorne richtete. Man wolle an der Durchsetzung grundlegender Moralvorstellungen innerhalb der internationalen Gemeinschaft und an der Weiterentwicklung des Völkerstrafrechts mitwirken. Außerdem seien der Prozess und ein gerechtes Urteil für die Zukunft des deutschen Volkes nötig, da sie den Ausgangspunkt für dessen „Neuerziehung" bilden würden, betonte der Chefankläger.

Nach diesen einleitenden Bemerkungen kam de Menthon zum eigentlichen Anliegen, das das Grundmotiv des gesamten Plädoyers darstellte:

> Die französische Anklage wolle „zeigen, daß dieses gesamte organisierte und massive Verbrechertum einem, wie ich es nennen will, Verbrechen wider den Geist entsprungen ist, ich möchte sagen, einer Lehre, die alle geistigen, vernunftmäßigen und moralischen Werte verneint, auf denen die Völker seit Jahrtausenden den Fortschritt der Zivilisation aufzubauen versuchten."[961]

Hierbei handelte es sich um den inhaltlich zentralen Abschnitt, für den Edmond Vermeil verantwortlich zeichnete.[962] Nach der Auffassung des Germanisten war der Nationalsozialismus nichts anderes als ein Rückfall in die Barbarei, ein Bruch mit den Werten der menschlichen Zivilisation, und die NS-Ideologie der Schlüssel zum Verständnis der deutschen Verbrechen. Im Fortgang der Rede wurde dieses Erklärungsmodell Schritt für Schritt entwickelt: Die menschenverachtende Ideologie der Nationalsozialisten habe die Bedeutung des Individuums verneint, stattdessen habe den Wert des Einzelnen einzig seine Abstammung und seine damit verbundene Volkszugehörigkeit bestimmt.[963] Hitler und seine Anhänger hätten dadurch alle Moral- und Rechtsvorstellungen zugunsten des Primats der Rasse verworfen und seien auf „die ältesten Begriffe barbarischer Volksstämme zurückgekommen."[964] Daher stelle sich die Frage, warum das zivilisierte Deutschland in ein so primitives Barbarentum abgedriftet sei.[965] Die Ursache sah Vermeil in der geistesgeschichtlichen Entwicklung Deutschlands seit dem vorangegangenen Jahrhundert.[966] Er argumentierte, die rasche Industrialisierung und der wirtschaftliche Aufbruch des 19. Jahrhunderts hätten in Deutschland eine geistige Krise ausgelöst, der technische Fortschritt die Nation moralisch aus der Bahn geworfen. In dieser Situation seien ein undifferenzierter Darwinismus und die Philosophie Nietzsches, vor allem das Konzept vom „Übermenschen" und die Vision von der unumschränkten Herrschaft einer Elite über die Massen, auf fruchtbaren Boden gefallen. Aber auch andere deutsche Philosophen wie Fichte und Hegel hätten den Krieg gutgeheißen und sowohl die Theorie vom Lebensraum als auch die Konzeption eines totalitären Staatsystems

961 Ebd., S. 421.
962 Vgl. AD-NUOI 1944–1959/87: Lalouette, Schreiben Nr. 8, 19. Januar 1946. Zu Vermeils Sicht auf die Entwicklung Deutschlands und die nach dem Zweiten Weltkrieg für Frankreich zu verfolgende Politik vgl. Vermeil, Problème.
963 Vgl. AD-NUOI 1944–1959/87: Lalouette, Schreiben Nr. 8, 19. Januar 1946.
964 IMT, 17. Januar 1946, Bd. 5, S. 422.
965 Vgl. ebd., S. 423.
966 Vgl. ebd., S. 423–427.

seien nicht erst von Hitlers Anhängern erfunden worden, sondern ließen sich in Deutschland geistesgeschichtlich weit zurückverfolgen. Zusammengenommen habe dieses ganze Gedankengut vielmehr die ideengeschichtliche Basis des Nationalsozialismus gebildet. Hitler und den anderen NS-Führern sei es vor diesem Hintergrund gelungen, das im deutschen Volk bereits latent vorhandene Barbarentum zu entfesseln und sich nutzbar zu machen. Seine letztendliche Form habe dieses dann durch die Militarisierung der deutschen Gesellschaft und die Indoktrinierung der Bevölkerung mit der NS-Ideologie angenommen.

Ein Teil der Zuhörer mag sich an dieser Stelle gefragt haben, was ein solcher Exkurs in die deutsche Geistes- und Ideengeschichte mit der juristischen Materie der Anklage gegen die Hauptkriegsverbrecher zu tun hatte. Vergegenwärtigt man sich aber die Argumentation und vergleicht sie mit den Standpunkten der anderen Delegationen, wird schnell klar, dass die Franzosen hier ihre Antwort auf eine der Kernfragen des Prozesses gaben. Denn wenn es so war, dass die NS-Führer lediglich einer in der deutschen Gesellschaft verwurzelten, mörderischen Ideologie zum Durchbruch verholfen hatten, dann waren nicht allein sie für die Verbrechen verantwortlich, sondern dann waren die Deutschen ein Volk von Tätern. Es war dann unmöglich, nur eine kleine Gruppe von Personen in Haftung zu nehmen, sondern die Schuld lag bei der gesamten Bevölkerung. Die Franzosen zögerten nicht, diese Sicht auf die Dinge offen auszusprechen und bauten ihre Anklage um die These von der deutschen Kollektivschuld herum auf.[967] Sie stellten sich damit insbesondere der Argumentation ihrer amerikanischen Verbündeten entgegen, die in den Wochen zuvor das genaue Gegenteil behauptet hatten. Für Jackson und seine Landsleute waren die NS-Führer eine Bande von Verschwörern, die sich gemeinschaftlich der Kontrolle über die staatlichen Institutionen in Deutschland bemächtigt, dann einen Krieg vom Zaun gebrochen und aus ihren führenden Stellungen heraus furchtbare Verbrechen verübt hatten.[968] Das deutsche Volk war in dieser Interpretation selbst Opfer, wurde es doch getäuscht und von der eigenen Regierung gegen seinen Willen in den Krieg getrieben. In der französischen Anklage fehlt der Gedanke einer Verschwörung der NS-Führer hingegen völlig.

Das lag sicherlich auch daran, dass de Menthon und seinen Mitarbeitern das angelsächsische Konzept der *conspiracy* fremd war, von dem Jacksons Stab Gebrauch machte. Mehr noch war ein solcher Ansatz aber unvereinbar mit der grundsätzlichen Bewertung der NS-Verbrechen, wie sie die französische Anklage vornahm, und wurde von ihr schon aus diesem Grund verworfen. Es musste wie eine Replik auf seinen amerikanischen Vorredner wirken, wenn de Menthon erklärte, der Nationalsozialismus sei keinesfalls „die einfache Erfindung einer Gruppe von Männern, die entschlossen wären, die Macht an sich zu reißen."[969] Wo Jackson noch versichert hatte: „Wir möchten ebenfalls klarstellen, daß wir nicht beabsichtigen,

967 Vgl. Gemählich, De Menthon, S. 138 f.
968 Vgl. IMT, 21. November 1945, Bd. 2, S. 123–128.
969 IMT, 17. Januar 1946, Bd. 5, S. 426.

das ganze deutsche Volk zu beschuldigen“[970], hielt de Menthon schonungslos dagegen. Über das deutsche Volk meinte er: „Seine Gesamtverantwortung ist nicht nur auf Grund der tatsächlichen Teilnahme einer sehr großen Zahl an den begangenen Verbrechen gegeben.“[971] Eine solche Positionierung machte die These der französischen Anklage nicht nur zu einer theoretischen Auseinandersetzung, sondern ließ ihre politische Dimension klar erkennen.[972] Denn hier deckte sich der im Eröffnungsplädoyer entwickelte Standpunkt ganz mit dem politischen Kurs der Verantwortlichen in Paris. Für die harte und kompromisslose Haltung, die die französische Regierung zum damaligen Zeitpunkt gegenüber den Alliierten in den Verhandlungen über die Zukunft Deutschlands einnahm, war das Argumentieren mit der deutschen Schuld ohne jeden Zweifel charakteristisch.[973] Darüber hinaus war eine solche Sichtweise aber auch tief im Weltbild der französischen Anklagevertreter um de Menthon verwurzelt, die die Erfahrung von Krieg, Besatzung und Résistance geprägt hatte, und spiegelt daher ebenso die persönlichen Überzeugungen der Juristen wider.

Nachdem er diese grundsätzliche Einschätzung zum Ausdruck gebracht hatte, wandte de Menthon sich im weiteren Verlauf des Plädoyers den deutschen Verbrechen selbst zu. Es ging jetzt also um die konkrete, juristische Anklage. Nacheinander behandelte de Menthon die einzelnen Anklagepunkte, wie sie das Londoner Statut vorsah. An erster Stelle standen dort die Verbrechen gegen den Frieden, also der Vorwurf des Planens und Führens eines Angriffskrieges.[974] Der Abschnitt in de Menthons Rede, der sich hierauf bezog, stammte aus der Feder des Historikers Pierre Renouvin.[975] Dieser entwickelte seine These auf der Grundlage von mehreren Belegstellen aus Hitlers „Mein Kampf“, von denen ausgehend er einen Überblick über die politische Kriegsvorbereitung gab, wie die NS-Führung sie seit 1933 betrieben hatte.[976] Renouvin beharrte darauf, dass das Führen eines Angriffskrieges eine Verletzung des Völkerrechts darstellte. Dabei bezog er sich vor allem auf den

970 IMT, 21. November 1945, Bd. 2, S. 120.
971 IMT, 17. Januar 1946, Bd. 5, S. 417.
972 Vgl. AD-NUOI-1944–1959/87: Lalouette, Schreiben Nr. 5, 16. Januar 1946.
973 Zur französischen Deutschlandpolitik in der unmittelbaren Nachkriegszeit vgl. Defrance/Pfeil, Nachkriegsgeschichte, S. 43–51; Hüser, Deutschlandpolitik. In jedem Fall war die Regierung in Paris im Januar 1946, als de Menthon die Rede hielt, noch weit entfernt von einer Politik der Zusammenarbeit mit dem besiegten (West-) Deutschland, die schließlich ab Ende der 1940er Jahre schrittweise zur europäischen Integration führte; vgl. Schirmann, Occupations; Wilkens, Integration.
974 Vgl. IMT, 17. Januar 1946, Bd. 5, S. 427 f.
975 Vgl. AD-NUOI 1944–1959/87: Lalouette, Schreiben Nr. 5, 16. Januar 1946; auch FNSP-CD/05: Habib an de Menthon, 10. November 1945. Renouvins Mitarbeit an dem Eröffnungsplädoyer ging auf einen Vorschlag des Außenministeriums zurück, als dessen Berater er tätig war; vgl. AD-NUOI 1944–1959/86: Note a.s. Procès des grands criminels de guerre. Organisation du Parquet français, 27. Juli 1945.
976 Vgl. IMT, 17. Januar 1946, Bd. 5, S. 429 ff.

Briand-Kellogg-Pakt von 1928, aus dem er den ersten Artikel zitierte.[977] Seitdem sei das Führen eines Angriffskrieges rechtswidrig und es sei daher rechtens, gegen die Verantwortlichen für einen Angriffskrieg individuelle Anklage zu erheben, wie es nun in Nürnberg geschehe.[978] Denn ein Krieg setze Vorbereitung und Entschluss voraus. Es wäre also zwecklos, ihn zu verbieten, wenn man nicht bereit wäre, die zur Rechenschaft zu ziehen, die den Angriffskrieg beginnen, so Renouvin weiter. Daher habe das Londoner Statut ein Gericht geschaffen zur Aburteilung von Taten, die jedoch bereits zuvor als internationale Verbrechen anerkannt waren. Diese Argumentation des Historikers deckte sich in ihrer Stoßrichtung mit der der angelsächsischen Anklage und ist angesichts des französischen Standpunkts bei der Vorbereitung des Prozesses bemerkenswert.[979] Noch auf der Londoner Konferenz hatten die Franzosen schließlich eine ganz andere Auffassung vertreten. Derselbe de Menthon, der jetzt wortgewaltig den Angriffskrieg als Verbrechen vor dem Völkerrecht geißelte, hatte bekanntlich im Vorfeld betont, dass es sich bei der Kriegsplanung um eine politische Angelegenheit handele, die in einem Strafprozess nichts zu suchen hätte.[980] Die Aufnahme von Renouvins Text in das Eröffnungsplädoyer ist daher offenkundig als Zugeständnis an die amerikanischen Verbündeten zu werten, mit der Einigkeit unter den vier Anklagevertretungen demonstriert werden sollte. Prozessbeobachter Roger Lalouette sprach deswegen trocken von „dem politischen Teil“[981] der Anklage seiner Landsleute. Für die französische Seite sollte es folgerichtig bei dieser einen Positionierung bleiben: In der gesamten weiteren Anklage spielte der Vorwurf des Führens eines Angriffskrieges keine Rolle mehr.

Bei den Darlegungen zu den übrigen Anklagepunkten griff de Menthon auf die Zusammenfassungen zurück, die seine Mitarbeiter in Nürnberg erstellt hatten. Was er hierzu präsentierte, war ein Vorgriff auf die Ausführungen der anderen Sprecher der französischen Delegation, die sich an das Eröffnungsplädoyer anschließen würden. Zum einen betrafen diese die deutschen Kriegsverbrechen.[982] Zum Ziel ihres Krieges hätten die Nationalsozialisten Plünderung, Zerstörung und Ausrottung erklärt und alle internationalen Abmachungen zur Regulierung der Kriegsführung missachtet, insistierte der Chefankläger.[983] An erster Stelle nannte de Menthon in diesem Zusammenhang die Zwangsarbeit für die deutsche Kriegsmaschinerie, deren unterschiedliche Formen er kurz skizzierte: Diese reichten von der Verpflichtung von Kriegsgefangenen bis hin zur Zwangsrekrutierung von Zivilarbeitern.[984] Eng

977 Vgl. ebd., S. 435.
978 Vgl. ebd., S. 436 f.
979 Vgl. Gemählich, De Menthon, S. 141 f.
980 Öffentlich demonstrierte de Menthon in dieser Frage später auch bei anderen Gelegenheiten den Schulterschluss mit den Angelsachsen und verteidigte die Anklage wegen Führen eines Angriffskrieges; vgl. De Menthon, Importance, S. 15 ff.
981 AD-NUOI 1944–1959/87: Lalouette, Schreiben Nr. 8, 19. Januar 1946.
982 Vgl. IMT, 17. Januar 1946, Bd. 5, S. 439.
983 Vgl. ebd., S. 440.
984 Vgl. ebd., S. 441–445.

damit verbunden war die Ausplünderung der besetzten Gebiete, etwa durch die Einforderung unverhältnismäßig hoher Summen als Besatzungskosten oder durch die entschädigungslose Requirierung von Gütern.[985] Als Kriegsverbrechen wertete die französische Anklage aber vor allem Gräueltaten an der Zivilbevölkerung, die de Menthon in ihrer ganzen Bandbreite skizzierte. Unter diesem Punkt subsumierte er die Erschießung von Geiseln ebenso wie Verbrechen der NS-Polizeiorganisationen, also willkürliche Verhaftungen, Folter und Morde unter der Ägide des Höheren SS- und Polizeiführers in Frankreich.[986] Aber auch die Deportationen verhafteter Personen in deutsche Konzentrationslager, Verbrechen an Kriegsgefangenen und Terroraktionen gegen die Zivilbevölkerung machte er in seiner Rede zum Gegenstand der französischen Anklage.[987] Ein großer Teil der Zuhörer hörte in diesem Moment vermutlich zum ersten Mal die Namen Oradour-sur-Glane und Maillé, die bis heute symbolisch für den deutschen Besatzungsterror in Frankreich stehen.[988]

Im Anschluss daran kam de Menthon auf das zu sprechen, was in der Sprache der französischen Anklage das „crime contre la condition humaine"[989] war. Im deutschen Prozessprotokoll wurde dieser Ausdruck mit „Verbrechen gegen die Menschenwürde" übersetzt.[990] Es handelte sich hierbei um die französische Auslegung des Anklagepunktes Verbrechen gegen die Menschlichkeit, die sich als sehr viel weiter gefasst erwies als die Konzeptionen der anderen alliierten Delegationen.[991] Denn der französischen Interpretation zufolge war die „condition humaine" die „Gesamtheit der Fähigkeiten, deren Ausbildung und Entwicklung den Sinn des menschlichen Lebens bilden."[992] Sie betreffe das Familienrecht, die Staatangehörigkeit, Pflichten und Rechte gegenüber der Obrigkeit im Allgemeinen, aber auch materielle Dinge, die Entfaltung der geistigen Fähigkeiten und die Ausübung der Religion. Gegen die

985 Vgl. ebd., S. 445 ff.
986 Vgl. ebd., S. 450 ff.
987 Vgl. ebd., S. 452 ff.
988 Vgl. ebd., S. 457.
989 Ebd., S. 457.
990 In einer 1946 in der französischen Besatzungszone herausgegebenen Broschüre, für die eine eigene Übersetzung der Rede ins Deutsche angefertigt wurde, wird der Begriff dagegen durchaus mit „Verbrechen gegen die Menschlichkeit" übersetzt; vgl. De Menthon, Gerechtigkeit, S. 36.
991 Zur Auslegung der Verbrechen gegen die Menschlichkeit durch die französische Anklage vgl. FNSP-CD/03: Dubost, ohne Titel („Je ne crois pas que la notion de crime contre l'humanité [...]"), 3 Seiten, undatiert; auch Descheemaeker, Tribunal, S. 35. Damit entfernten sich die Anklagevertreter allerdings so weit von den Bestimmungen des Londoner Statuts, dass ihre Interpretation sogar bei den anderen Prozessbeteiligten Missverständnisse hervorrief. De Vabres beispielsweise konnte die Argumentation seiner Landsleute nicht nachvollziehen und erklärte nach dem Prozess: „Die Verbrechen gegen die Menschenwürde [...] sind keineswegs mit den Verbrechen gegen die Menschlichkeit gleichzusetzen"; Donnedieu de Vabres, Nuremberg, S. 527.
992 IMT, 17. Januar 1946, Bd. 5, S. 457.

so zustande gekommenen Lebensbedingungen der Bevölkerung seien die deutschen Besatzer systematisch vorgegangen und hätten eine rücksichtslose Politik der Germanisierung verfolgt, so der Vorwurf.[993] Die Juristen unter den Zuhörern mussten schnell feststellen, dass diese Deutung weit über die Definition der Verbrechen gegen die Menschlichkeit aus dem Londoner Statut hinausging.[994] Dort war von „Mord, Ausrottung, Versklavung, Deportation oder andere[n] unmenschliche[n] Handlungen"[995] an der Zivilbevölkerung die Rede. De Menthon aber eröffnete seinem Publikum, dass seine Delegation auch Dinge wie das Verbot der französischen Sprache in Elsass-Lothringen, die Verbreitung von nationalsozialistischer Propaganda, die Einschränkung von Presse- und Versammlungsfreiheit sowie die Eingriffe in die Arbeit der Verwaltungsbehörden unter deutscher Besatzung zum Gegenstand ihrer Anklage machte.[996]

Im weiteren Verlauf seiner Rede setzte der Chefankläger sich vorbeugend mit möglichen Argumenten der Angeklagten zu ihrer Verteidigung auseinander und erfasste in der Tat die wichtigsten Grundmuster, auf denen die Repliken der Verteidiger in der zweiten Prozesshälfte aufbauen sollten. Im Mittelpunkt seiner Überlegungen stand dabei die Frage nach dem Rückwirkungsverbot, nach dem eine Anklage von Vergehen, die zum Zeitpunkt ihrer Begehung nicht unter Strafe standen, unzulässig war. Die Angeklagten könnten sich nicht auf dieses Prinzip berufen, da ihnen zum Tatzeitpunkt vollkommen klar gewesen sei, dass sie Verbrechen begingen, argumentierte der Chefankläger gegen eine solche Sichtweise. Ausdrücklich verwies er auf die frühen Ankündigungen der Alliierten zur Bestrafung der Kriegsverbrecher und zitierte aus der Erklärung von St. James.[997] Ebenso wenig könnten die Angeklagten behaupten, die Verbrechen nicht selbst ausgeführt zu haben, fuhr er zudem fort. Da es bei Kriegsverbrechen Täter und Anstifter gebe, würden auch diejenigen die Verantwortung tragen, auf deren Weisung hin und unter deren Kontrolle die Verbrechen begangen wurden. Schließlich verwarf er auch das Argument vom Handeln auf Befehl und betonte, dass die Hauptkriegsverbrecher eine gemeinsame Verantwortung für eine verbrecherische Politik trügen.

In einem letzten Schritt wandte de Menthon sich noch den einzelnen Angeklagten zu. Ohne auf jeden von ihnen einzugehen, nannte er einige namentlich und brachte sie mit einer bestimmten Verbrechenskategorie in Verbindung.[998] Demnach war Sauckel „der große Schuldige für die Zwangsarbeit in allen ihren Formen."[999] Keitel und Jodl seien vor allem für die Geiselerschießungen, Kaltenbrunner dagegen für die Verbrechen der Polizeiformationen und die Deportationen in die deutschen Konzentrationslager verantwortlich. Seyß-Inquart müsse für seine Taten

993 Vgl. ebd., S. 458 f.
994 Vgl. Gemählich, De Menthon, S. 151 ff.
995 IMT, Bd. 1, Statut für den Internationalen Militärgerichtshof, Art. 6, S. 12.
996 Vgl. IMT, 17. Januar 1946, Bd. 5, S. 461 ff.
997 Vgl. ebd., S. 464 f.
998 Vgl. ebd., S. 471 ff.
999 Ebd., S. 472.

als Reichskommissar für die besetzten Niederlande zur Rechenschaft gezogen werden. Göring seien die wirtschaftliche Ausplünderung und Rosenberg der Raub von Kunstwerken aus den besetzten Gebieten anzulasten. Durch diese Benennungen kündigte sich an, auf welche Personen sich die französische Anklage im weiteren Prozessverlauf konzentrieren würde.[1000] Zum Ende kam der Chefankläger mit einigen Schlussbemerkungen, in denen sich der Tonfall des Plädoyers merklich änderte.[1001] Statt von Recht und Unrecht war in dieser letzten Passage von Gut und Böse die Rede und de Menthon beschwort seine Zuhörer: „Das dämonische Werk Hitlers und seiner Genossen war es auch, alle Kräfte des Bösen anzurufen."[1002] Folgerichtig sei der Kampf der Alliierten der Kampf gegen das Böse gewesen und nach ihrem Sieg verlange die Zivilisation Gerechtigkeit, damit aus der Katastrophe des Zweiten Weltkrieges eine bessere Menschheit hervorgehe. Eine solche Terminologie, die offenkundig dem religiösen Bereich entstammte, hob sich deutlich von der juristischen Argumentationskette ab, die das Plädoyer zuvor entwickelt hatte. In einem Strafprozess musste sie zumindest fragwürdig erscheinen. Es deutet daher alles darauf hin, dass de Menthon den Schlussteil des Plädoyers selbst verfasst und an dieser Stelle tatsächlich seine eigenen Gedanken dargelegt hat. Auch der Verweis auf die Bibel lässt kaum eine andere Schlussfolgerung zu. Den Auftakt zu dem letzten Abschnitt der Rede bildete ein Zitat aus dem Buch der Sprüche: „Wer kann sagen: ich habe ein reines Gewissen und bin ohne Fehler. Mit zweierlei Gewicht und zweierlei Maß zu messen ist beides dem Herrn ein Greuel."[1003] Hier handelt es sich allem Anschein nach tatsächlich um die Worte des überzeugten Katholiken de Menthon, dessen Glaube seine politische Haltung maßgeblich bestimmte. Abschließend verlieh der Chefankläger der Hoffnung Ausdruck, dass das Urteil des IMT als entscheidender Schritt in die Geschichte des Völkerrechts eingehen und den Grundpfeiler einer neuen Friedensordnung bilden werde.[1004]

Zwangsarbeit und Ausplünderung

Nach de Menthon ergriff sein Stellvertreter Edgar Faure das Wort und gab dem Gericht eine Einführung in die beiden ersten Themenkomplexe, zu denen die französische Anklage Beweismittel vorlegen würde.[1005] Dabei handelte es sich um Zwangsarbeit und Ausplünderung unter deutscher Besatzung. Faure erklärte zunächst, auf welcher Grundlage man die Vorwürfe erhebe, und verwies auf die Artikel 46, 47, 49, 52 und 53 der Haager Landkriegsordnung von 1907. Darunter kam dem Artikel 52 die größte Relevanz zu, da dieser die Situation in während des Krieges besetzten Gebieten betraf und besagte:

1000 Vgl. Gemählich, De Menthon, S. 156 f.
1001 Vgl. IMT, 17. Januar 1946, Bd. 5, S. 476–480.
1002 Ebd., S. 477.
1003 Zitiert nach ebd., S. 476 (= Buch der Sprüche, XX 9–10).
1004 Vgl. IMT, 17. Januar 1946, Bd. 5, S. 480.
1005 Vgl. ebd., S. 480 ff.

> „Naturalleistungen und Dienstleistungen können von Gemeinden oder Einwohnern nur für die Bedürfnisse des Besatzungsheeres gefordert werden. Sie müssen im Verhältnis zu den Hilfsquellen des Landes stehen und solcher Art sein, daß sie nicht für die Bevölkerung die Verpflichtung enthalten, an Kriegsunternehmen gegen ihr Vaterland teilzunehmen."[1006]

Eine völlige Ausnutzung der Hilfsquellen besetzter Gebiete verstieß demnach gegen die Bestimmungen des Völkerrechts, so die Schlussfolgerung der französischen Anklage. Um den Vorwürfen in diesem Bereich eine Struktur zu geben, stellte Faure drei Behauptungen auf: Erstens hätte die deutsche Führung von Beginn an geplant, sich für die Kriegführung sämtliche Sachwerte und die Arbeitskraft der Menschen nutzbar zu machen. Zweitens hätte sie sich aber auch bemüht, diese Absicht nach außen hin zu verschleiern. Drittens hätte sie deswegen ein kompliziertes System entwickelt, in dem der Schein der Legalität für Außenstehende gewahrt blieb.[1007] Die folgenden Darlegungen von Faures Kollegen sollten dem Zweck dienen, diese Behauptungen zu belegen. In einigen allgemeinen Bemerkungen skizzierte der Ankläger noch das einheitliche Vorgehen, mit dem die deutschen Besatzer systematisch das Wirtschaftsleben und die Geldmittel der jeweiligen Länder unter ihre Kontrolle gebracht hatten.[1008] Dann überließ er seinem Kollegen Jacques-Bernard Herzog für die nächsten zwei Sitzungstage das Wort.[1009]

Herzog stand vor der komplexen Aufgabe, dem Gericht das NS-Zwangsarbeitssystem zu erläutern, wie es in West- und Nordeuropa zur Anwendung gekommen war. Für den jungen Hilfsankläger galt es dabei nicht nur, die Unterschiede in den einzelnen Ländern zu berücksichtigen, sondern auch die verschiedenen Formen von Zwangsarbeit unter deutscher Besatzung zu erfassen. Die Lage war in vielen Fällen zum einen verworren, da sich die Besatzungsmacht bei der Rekrutierung von Zwangsarbeitern durch massiven Druck der Unterstützung nationaler Behörden – insbesondere in Frankreich und Norwegen – bedient hatte. Zum anderen hatte sie sich durchweg bemüht, ihren Maßnahmen auf diesem Gebiet den Anschein der Rechtmäßigkeit zu geben.[1010] „Strukturiert und anschaulich"[1011] legte Herzog deswegen bei jeder Anschuldigung dar, gegen welche völkerrechtlichen Bestimmungen die Besatzer verstoßen hatten. Die zentralen Beweisdokumente, die Herzog im Zuge seines Vortrages dem Gericht präsentierte, waren eine statistische Erhebung des französischen Instituts für Konjunkturforschung über Zwangsarbeit und Deportation sowie ein amtlicher Bericht des Ministeriums für Kriegsgefangene, Deportierte

---

1006 Zitiert nach ebd., S. 482; vgl. auch Abkommen betreffend die Gesetze und Gebräuche des Landkriegs vom 18. Oktober 1907, Anlage, Art. 50.

1007 Vgl. IMT, 17. Januar 1946, Bd. 5, S. 483.

1008 Vgl. IMT, 17./18. Januar 1946, Bd. 5, S. 487–490.

1009 Vgl. IMT, 18. Januar 1946, Bd. 5, S. 492.

1010 Vgl. ebd., S. 497 f.

1011 Falco, Juge, S. 73.

und Flüchtlinge über die Deportation von Arbeitern.[1012] Bei den unterschiedlichen Formen von Zwangsarbeit, auf die der Hilfsankläger einging, standen an erster Stelle Zwangsrekrutierungen durch die Besatzungstruppen. In ganz Westeuropa hatte die Wehrmacht Arbeitskräfte aus der Bevölkerung zu Befestigungsarbeiten, etwa den Ausbau des Atlantikwalls, und zu Wachdiensten verpflichtet. Herzog argumentierte, diese Maßnahmen seien Verstöße gegen den Artikel 52 der Haager Landkriegsordnung, nach dem die Bevölkerung in besetzten Gebieten nicht gezwungen werden durfte, an Kriegsunternehmungen gegen ihr eigenes Land teilzunehmen.[1013] Als Zweites sprach er die Rekrutierung von angeblich freiwilligen Arbeitern an, die die Besatzer ebenfalls seit 1940 durch die Schaffung eines flächendeckenden Netzes von Werbestellen praktiziert hatten.[1014] Hier führte Herzog aus, dass die Anwerbungen tatsächlich jedoch mit Zwangsmaßnahmen auf verschiedenen Ebenen einhergegangen waren. Beispielsweise sei durch die Schließung von Betrieben in Frankreich eine künstliche Arbeitslosigkeit geschaffen worden, um Druck auf die Betroffenen auszuüben. Auch hätten viele Arbeiter nur infolge von falschen Versprechungen und Drohungen über die Streichung der Arbeitslosenunterstützung in die Kontrakte eingewilligt.

An dritter Stelle prangerte Herzog den Arbeitseinsatz von Kriegsgefangenen, wie ihn die deutsche Seite praktiziert hatte, als völkerrechtswidrig an.[1015] Er listete eine Reihe von Verstößen gegen die Genfer Konvention auf, die insbesondere darin bestanden, dass französische Kriegsgefangene für die deutsche Kriegsproduktion hatten arbeiten müssen.[1016] In einem vierten Schritt ging Herzog schließlich auf die massenhafte Zwangsrekrutierung von Zivilarbeitern in der zweiten Kriegshälfte ein.[1017] Hier waren die Verstöße gegen internationales Recht in jedem Fall am flagrantesten, da das deutsche Vorgehen dem Geist der Haager Landkriegsordnung diametral entgegenstand. Den Beginn einer neuen Etappe in der deutschen Politik hatte die Ernennung Fritz Sauckels zum Generalbevollmächtigten für den Arbeitseinsatz im März 1942 markiert. Herzog beschrieb detailliert, wie Sauckel in der Folge in vier Phasen, den sogenannten „Sauckel-Aktionen“, von der französischen Kollaborationsregierung in Vichy die Bereitstellung von immer größeren Zahlen von Arbeitskräften erzwungen

1012 Vgl. Institut de Conjoncture. Rapport au gouvernement: Travail forcé en France et déportations de main d'œuvre en Allemagne, Dokument F-515 (Beweisstück RF-22), abgedruckt in: IMT, Beweisurkunden, Bd. 37, S. 223–257. Herzog bezog sich während seines Vortrages mehrfach auf die dort zusammengestellten Statistiken. Vgl. auch den Bericht des Ministeriums für Kriegsgefangene, Deportierte und Flüchtlinge, Dokument UK-78 (3) (Beweisstück RF-87), abgedruckt in: IMT, Beweisurkunden, Bd. 39, S. 186–205.

1013 Vgl. IMT, 18. Januar 1946, Bd. 5, S. 505–509.

1014 Vgl. ebd., S. 511–527.

1015 Vgl. ebd., S. 527 ff.

1016 Vgl. ebd., S. 529–534.

1017 Vgl. ebd., S. 538 f.

hatte.[1018] Daran anknüpfend zeigte der Hilfsankläger, dass die Besatzer ein ähnliches System in Norwegen angewendet, dass dagegen in Belgien die Militärverwaltung und in den Niederlanden die Zivilbehörden die Zwangsrekrutierungen selbst vorgenommen hatten.[1019] Was das Zwangsarbeitsprogramm für die Betroffenen bedeutete, von denen ein großer Teil nach Deutschland deportiert worden war, während andere in Betrieben in ihren Ländern für die deutsche Kriegsproduktion hatten arbeiten müssen, wurde in dem Vortrag ebenso deutlich.[1020] Zuletzt ließ Herzog keinen Zweifel daran, bei wem er die Hauptschuld für alle Verbrechen im Zusammenhang mit der Zwangsarbeit sah. Wie ein roter Faden zog sich der Satz: „Ich bitte den Gerichtshof, die Tatsache, die ich vorbringe, dem Angeklagten Sauckel zur Last zu legen"[1021] in Variationen durch seinen gesamten Vortrag. Sichtlich zufrieden meldete Lalouette deswegen nach Paris, nach seiner Einschätzung habe die fundierte Beweisführung Herzogs einen Beitrag von entscheidender Bedeutung zur Anklage gegen Sauckel geleistet.[1022]

Als nächster Sprecher der französischen Anklage befasste sich Charles Gerthoffer mit der wirtschaftlichen Ausplünderung. Ähnlich wie sein Vorredner stand er vor der Aufgabe, dem Gericht ein komplexes und facettenreiches System an Rechtsverstößen erläutern zu müssen, bei denen die Täter sich um den Anschein der Rechtmäßigkeit bemüht hatten. Zu Beginn räumte der Hilfsankläger freimütig ein: „Der Gerichtshof wird den trockensten Teil des Vortrags der französischen Anklagevertretung zu hören bekommen, aber wir werden uns bemühen, diesen Teil so kurz wie möglich vorzutragen."[1023] Bei diesem Vorhaben assistierte ihm sein Mitarbeiter Henri Delpech. Trocken waren an den nun folgenden Darlegungen vor allem die detaillierten Statistiken und Beschreibungen der einzelnen Plünderungsmechanismen. Nur so ließ sich jedoch der Nachweis erbringen, dass es sich hier um Kriegsverbrechen im Sinne des Londoner Statuts handelte. Überhaupt musste die Anklage in diesem Fall den Tatbestand der Ausplünderung der besetzten Länder in West- und Nordeuropa erst einmal verbindlich eingrenzen. Gerthoffer definierte ihn als systematische Wegnahme von Reichtümern aller Art und Ausnutzung der Produktionskraft der besetzten Länder, soweit sie die NS-Führer zu verantworten hatten.[1024] Hier griff in der Tat das Londoner Statut, das die Plünderung öffentlichen oder privaten Eigentums, die mutwillige Zerstörung von Städten und jede durch militärische Notwendigkeit nicht gerechtfertigte Verwüstung als Kriegsverbrechen wertete.[1025] Unberücksichtigt ließ die französische Delegation dagegen Fälle von individuellen Plünderungen ebenso wie Kriegsschäden, die durch tatsächliche

1018 Vgl. IMT, 18./19. Januar 1946, Bd. 5, S. 543–555.
1019 Vgl. IMT, 19. Januar 1946, Bd. 5, S. 557–561.
1020 Vgl. ebd., S. 566 f.
1021 Ebd., S. 570.
1022 Vgl. AD-NUOI 1944–1959/87: Lalouette, Telegramm Nr. 6, 18. Januar 1946.
1023 IMT, 19. Januar 1946, Bd. 5, S. 576.
1024 Vgl. ebd., S. 579.
1025 Vgl. IMT, Bd. 1, Statut für den internationalen Militärgerichtshof, Art. 6, S. 11 f.

Kampfhandlungen zustande gekommen waren. Unter den Beweismitteln, die Gerthoffer und Delpech vorlegten, befand sich eine Reihe von offiziellen Berichten der betroffenen Regierungen und einzelner Behörden, die die Ausplünderung in Zahlen belegten.[1026] Außerdem machten sie reichlich Gebrauch von Dokumenten, auf die Gerthoffer bei seinen Recherchen in den von den amerikanischen Streitkräften erbeuteten Archiven gestoßen war.[1027]

Bei ihren Erläuterungen zur Ausplünderung der einzelnen Länder – Gerthoffer sprach über Dänemark, Norwegen, die Niederlande und Frankreich, Delpech behandelte die Fälle Belgien und Luxemburg – erinnerten beide Hilfsankläger wiederholt daran, unter welchen Umständen die Haager Landkriegsordnung die Forderung von Kontributionen durch die Besatzungsmacht gestattete. Nach Artikel 49 war es zulässig, Beträge zum Unterhalt des Besatzungsheeres einzufordern, dies jedoch lediglich zur Deckung der Kosten für Unterkunft, Verpflegung und normale Besoldung.[1028] Keinesfalls durften diese Mittel also für Bewaffnung und Ausrüstung verwendet werden oder gar den Kampftruppen zugute kommen, so die Schlussfolgerung der französischen Anklage.[1029] Der bereits zitierte Artikel 52 ermächtigte die Besatzungsmacht außerdem, Requisitionen vorzunehmen, allerdings mit der Einschränkung, dass diese möglichst in bar bezahlt werden und mit den Hilfsquellen des jeweiligen Landes in Einklang stehen mussten.[1030] Ausdrücklich wiesen Gerthoffer und Delpech daher auf die Unzulässigkeit von Scheinzahlungen aus erpressten Mitteln des betroffenen Landes und die Verpflichtung der Besatzungsmacht

---

1026 Vgl. zum Beispiel den von Gerthoffer in Auszügen vorlegten Bericht der niederländischen Regierung: Beweisdokument RF-123, abgedruckt in: IMT, Beweisurkunden, Bd. 38, S. 523–536. Als wichtiges Beweismittel für seinen Vortrag nannte Gerthoffer selbst explizit einen Bericht der französischen Wirtschaftskontrolle; vgl. IMT, 21. Januar 1946, Bd. 5, S. 587; auch AN-BB-35/69: Rapport de la direction générale du contrôle économique sur le marché noir allemand en France, 26. Oktober 1945, vorgelegt als RF-107.

1027 Vgl. Dokument EC-201 (vorgelegt als RF-221): Schnellbrief des Reichsfinanzministeriums vom 9. September 1940 an Göring u.a. über die Auslegung des Begriffes „Besatzungskosten" im Falle Frankreichs, abgedruckt in: IMT, Beweisurkunden, Bd. 36, S. 230 ff.; auch Dokument EC-409 (vorgelegt als RF-205): Aktenvermerk vom 21. September 1940 nach einer Besprechung bei Keitel über die Ausnutzung der besetzten französischen Territorien, abgedruckt in ebd., S. 480 f.

1028 Vgl. Abkommen betreffend die Gesetze und Gebräuche des Landkriegs vom 18. Oktober 1907, Anlage, Art. 49: „Erhebt der Besetzende in dem besetzten Gebiet außer den im vorstehenden Artikel bezeichneten Abgaben andere Auflagen in Geld, so darf dies nur zur Deckung der Bedürfnisse des Heeres oder der Verwaltung dieses Gebiets geschehen.".

1029 Vgl. zum Beispiel die Argumentation Delpechs im Fall Belgien: IMT, 21. Januar 1946, Bd. 5, S. 637.

1030 Vgl. Abkommen betreffend die Gesetze und Gebräuche des Landkriegs vom 18. Oktober 1907, Anlage, Art. 52.

zu tatsächlichen Gegenleistungen hin.[1031] Vor diesem Hintergrund legten die beiden Anklagevertreter im Einzelnen dar, wie die deutschen Besatzer vorgegangen waren.

Breiten Raum nahm dabei der Fall Frankreich ein. Gerthoffer erläuterte, wie die deutsche Seite über die im Sommer 1940 geschaffene Waffenstillstandskommission der französischen Regierung ihre Forderungen mitgeteilt hatte, nach denen sie fortan für die Besatzungskosten tägliche Abschlagszahlungen von 400 Millionen Francs zu leisten hatte.[1032] Da der Betrag nach der Totalbesetzung Frankreichs zum Jahresende 1942 auf 500 Millionen Francs täglich erhöht wurde, hätte die französische Regierung insgesamt fast 632 Milliarden Francs als Besatzungskosten entrichtet.[1033] Eine Berechnung des französischen Instituts für Konjunkturforschung, die die interalliierte Rheinlandbesetzung von 1919 zum Maßstab nahm, ergab dagegen, dass im Rahmen rechtmäßiger Forderungen allenfalls eine Gesamtsumme von 74,5 Milliarden Francs in Frage gekommen wäre.[1034] Gerthoffer fuhr fort, dass die Summen, die die Regierungen der anderen Länder hatten aufbringen müssen, ähnlich überzogen gewesen seien und die astronomischen Beträge, die man so als Besatzungskosten erpresste, folgerichtig zweckentfremdet worden seien, weil sie direkt in die deutsche Kriegsführung flossen.[1035]

Im Anschluss befasste Gerthoffer sich mit einem anderen Modell wirtschaftlicher Ausplünderung, das die deutsche Seite angewendet hatte. Dabei handelte es sich um Clearingabkommen, die den besetzten Ländern aufgezwungen wurden und die fast ausschließlich zum Nutzen der Besatzer funktionierten.[1036] Über diese Vereinbarungen hatte man sämtliche Forderungen zwischen dem Deutschen Reich und dem jeweiligen Land miteinander verrechnet. Gerthoffer stellte jedoch klar, dass in der Praxis die deutsche Seite für alle erhaltenen Lieferungen kaum Gegenleistungen erbracht hatte, sodass sich auf den Gläubigerkonten der besetzten Länder im Laufe des Krieges immense Beträge angehäuft hatten. Als Beispiel nannte er das Clearingkonto der niederländischen Zentralbank, auf dem sich bis Mai 1945 ein ausstehender Saldo von knapp 4,5 Milliarden Gulden angesammelt hatte, der durch deutsche Wareneinkäufe aller Art, Dienstleistungen und Lohnzahlungen für die deportierten Arbeiter zustande gekommen war.[1037] Damit nicht genug wurden

1031 Vgl. zum Beispiel die Argumentation Gerthoffers im Fall Dänemark: IMT, 21. Januar 1946, Bd. 5, S. 604.

1032 Vgl. IMT, 22. Januar 1946, Bd. 6, S. 32 ff.; gefordert wurden tägliche Abschlagzahlungen in Höhe von 20 Millionen Reichsmark. Den Umrechnungskurs zwischen Reichsmark und Franc setzte die deutsche Seite zu ihren Gunsten mit 1:20 fest. Dem tatsächlichen Wert des Francs hätte allerdings ein Kurs von etwa 1:10 entsprochen, so dass Frankreich durch die Währungsumrechnung ein zusätzlicher Nachteil entstand.

1033 Vgl. ebd., S. 37.

1034 Vgl. ebd., S. 38 f.

1035 Vgl. ebd., S. 35.

1036 Vgl. IMT, 19. Januar 1946, Bd. 5, S. 581.

1037 Vgl. IMT, 21. Januar 1946, Bd. 5, S. 622.

noch weitere Methoden, auf die die Besatzer bei ihren Plünderungszügen zurückgegriffen hatten, in Gerthoffers Vortrag beschrieben.[1038] Anschaulich erläuterte der Anklagevertreter vor allem, wie die deutsche Seite durch die Blockade der Zahlungsmittel im Inneren und durch die Ausgabe von eigenem Papiergeld das Finanzsystem der besetzten Gebiete unter ihre Kontrolle gebracht hatte. Dadurch sei es möglich gewesen, einen Strom von Gütern in das Reich zu steuern, da die deutschen Soldaten in den besetzten Gebieten massenhaft Produkte aller Art eingekauft und nach Hause geschickt hatten.[1039] Zuletzt sparte Gerthoffer auch die Aktivitäten der Besatzer auf dem Schwarzmarkt nicht aus, wo diese durch die Vermittlung von Agenten Großeinkäufe getätigt und so weitere Waren und Produkte dem einheimischen Konsum entzogen hatten.[1040] In ihrer Gesamtheit hätten alle diese Maßnahmen zu einer drastischen Verarmung in der Bevölkerung geführt, schlussfolgerte Gerthoffer. Weniger als sein Vorredner stellte er zwar die individuelle Verantwortung einzelner Angeklagter heraus, allerdings brachte er immer wieder Göring in dessen Eigenschaft als Beauftragter für den Vierjahresplan mit den Plünderungen in Verbindung.[1041] Das tat er auch am Ende seines Vortrages, als er seine Zuhörer beschwor: „Erinnern Sie sich, meine Herren, der Worte des Angeklagten Göring, als er ausrief: Wenn gehungert wird, dann nicht in Deutschland.“[1042]

Als letzter Teil des Abschnittes, der die wirtschaftliche Ausplünderung behandelte, war ursprünglich ein Vortrag über den Raub von Kunstschätzen vorgesehen, den Delpech am 22. Januar 1946 halten sollte.[1043] Aufgrund der plötzlich aufgekommenen Verdächtigungen gegen den Hilfsankläger sah die Delegation auf Anweisung des Justizministeriums jedoch kurzfristig von diesem Vorhaben ab. Gerthoffer gab bekannt, dass die französische Anklage auf den geplanten Vortrag verzichte, um Zeit zu sparen.[1044] In Wirklichkeit war die französische Anklage jedoch keineswegs gewillt, das Thema Kunstraub einfach zu übergehen, hatte sie in diesem Fall doch Zugriff auf umfangreiches Beweismaterial.[1045] Sie konnte nämlich auf die Unterstützung der Kunstexpertin Rose Valland zählen, die zu diesem Zeitpunkt

1038 Vgl. ebd., S. 584 f.
1039 Vgl. ebd., S. 587 f.
1040 Vgl. ebd., S. 588 f.
1041 Vgl. zum Beispiel ebd., S. 596 und S. 599.
1042 IMT, 22. Januar 1946, Bd. 6, S. 61; Göring hatte im Oktober 1942 in einer Rede erklärt: „Wenn aber durch Maßnahmen des Gegners Schwierigkeiten in der Ernährung auftreten, dann sollen es alle wissen: wenn gehungert wird, in Deutschland auf keinen Fall“; zitiert nach Beweisdokument RF-111, abgedruckt in: IMT, Beweisurkunden, Bd. 38, S. 521–523, hier S. 522.
1043 Vgl. IMT, 19. Januar 1946, Bd. 5, S. S. 577.
1044 Vgl. IMT, 22. Januar 1946, Bd. 6, S. 63.
1045 Vgl. IMT, 6. Februar 1946, Bd. 7, S. 65 f.; als Beweismaterial stellte die Direction générale des études et recherches (Section des études culturelles) der Delegation eine Dokumentensammlung zur Verfügung; vgl. AN-BB 35/88: Œuvres d’art; auch AN-BB 35/74: Dokumentenserie FA. Einen Teil des Beweismaterials, das

für die französische Regierung die Auffindung und die Rückerstattung geraubter Kunstobjekte organisierte.[1046] Valland berichtete später, sie selbst habe bei einer Reise nach Nürnberg überhaupt erst die Aufmerksamkeit ihrer Landsleute auf das Thema gelenkt und sie von dessen Wichtigkeit überzeugt.[1047] Zwei Wochen nach der Abreise Delpechs holte die französische Anklage das Versäumte jedenfalls nach und Gerthoffer hielt den Vortrag nun selbst.[1048] Dabei beschrieb er detailliert, wie die Besatzer Juden systematisch ihr Eigentum genommen hatten, wie sie in Paris beschlagnahmte Kunstgegenstände in Massen in das Museum Jeu de Paume und in den Louvre gebracht und wie sie diese von dort aus zu verschiedenen Empfängern nach Deutschland transportiert hatten.[1049] Mit Hermann Göring saß einer der Hauptabnehmer des Raubgutes vor Gerthoffer auf der Anklagebank. Vor allem richteten sich die Ausführungen des Hilfsanklägers aber gegen Alfred Rosenberg, dessen Einsatzstab die Raubzüge orchestriert und dabei ab 1941 gewissermaßen eine Monopolstellung in den besetzten Gebieten Westeuropas innegehabt hatte.[1050] Außerdem ordnete Gerthoffer den Kunstraub in seinem zweistündigen Vortrag in das von den Besatzern entwickelte Plünderungssystem ein, das ganz offenkundig im Widerspruch zu den Bestimmungen der Haager Landkriegsordnung stand.[1051]

Gräueltaten an Zivilisten und Kriegsgefangenen

Am Donnerstag, den 24. Januar 1946, trat Charles Dubost ans Rednerpult, um dem Gerichtshof „den wichtigsten Teil der französischen Anklage“[1052] vorzutragen. Der nun folgende Abschnitt betraf Gräueltaten, also Gewaltverbrechen jeder Art, die die deutschen Besatzer begangen hatten. Nach den eher trockenen Darlegungen zu Zwangsarbeit und Ausplünderung bekam das Gericht jetzt sehr viel leichter fassbare Dinge zu hören. Der grundsätzliche Standpunkt, den Dubost vertrat, besagte, dass die Gräueltaten in den besetzten Gebieten Ausdruck einer Politik der Beherrschung und der Expansion gewesen seien, die über den eigentlichen Krieg hinausging.[1053] Für ihn waren die Gewaltverbrechen zusammengenommen Teil eines großen Programms der Vernichtung besiegter Völker, das die Nationalsozialisten

---

die französische Delegation verwendete, veröffentlichte das CDJC 1947 in einer Dokumentensammlung; vgl. Cassou, Pillage.

1046 Valland gehörte in dieser Eigenschaft der Commission de récupération artistique an; vgl. Bouchoux, Valland; Valland, Front.

1047 Vgl. AMN-O30-438: Rose Valland, Bericht: „Pendant que s’instruisait le procès de Nuremberg […]“, 2 Seiten, verfasst um 1955.

1048 Vgl. IMT, 6. Februar 1946, Bd. 7, S. 64.

1049 Vgl. ebd., S. 73.

1050 Vgl. ebd., S. 68.

1051 Vgl. ebd., S. 84 f.; auch Abkommen betreffend die Gesetze und Gebräuche des Landkriegs vom 18. Oktober 1907, Anlage, Art. 47.

1052 AD-NUOI 1944–1959/87: Lalouette, Schreiben Nr. 21, 7. Februar 1946.

1053 Vgl. IMT, 24. Januar 1946, Bd. 6, S. 136.

betrieben hatten, „um in Europa Raum zu schaffen für 250 Millionen Deutsche, die sie dort in zukünftigen Generationen anzusiedeln hofften.“[1054]

Um die juristische Basis seiner Anschuldigungen aufzuzeigen, wies Dubost summarisch gleichermaßen auf Völkerrecht und nationales Recht hin.[1055] Demnach waren die von ihm behandelten Gräueltaten also klare Verstöße gegen bestehende internationale Abkommen, aber auch gegen die Gesetzgebung der betroffenen Staaten. Gewiss konnte die französische Anklage voraussetzen, dass Mord ein Verbrechen war, und musste hierfür keine explizite Bestimmung der Haager Landkriegsordnung bemühen. Allerdings war die rechtliche Lage in einigen Fragen, die Dubost behandelte, doch komplizierter, als es auf den ersten Blick erscheinen mochte. Dies wurde gleich bei dem ersten Themenkomplex deutlich, auf den der Ankläger zu sprechen kam: Zu Beginn seines Vortrages ging es um die Geiselerschießungen, mit denen die Wehrmacht in allen besetzten Gebieten West- und Nordeuropas auf Angriffe gegen deutsche Soldaten oder Militäreinrichtungen geantwortet hatte.[1056] Als Beweismittel legte Dubost das im September 1941 für Frankreich erlassene „Geiselgesetzbuch“ vor, das genaue Bestimmungen der Vergeltungspraxis festlegte.[1057] Dubost argumentierte, dass diese im Widerspruch zu Artikel 50 der Haager Landkriegsordnung gestanden habe, nach dem die Verhängung von Kollektivstrafen gegen die Bevölkerung in besetzten Gebieten rechtswidrig war.[1058] Er wertete daher die Hinrichtung von Geiseln grundsätzlich als Kriegsverbrechen. Angesichts eines gewissen Interpretationsspielraums, den der Artikel zuließ, und der militärischen Praxis der vorangegangenen Jahrzehnte war dieser Standpunkt juristisch jedoch zumindest angreifbar.[1059] Zum Gegenstand seiner Anklage machte Dubost allerdings nicht nur das Prinzip der Geiselexekutionen, sondern vor allem auch das Ausmaß, das diese im Laufe des Krieges angenommen hatten. Minutiös beschrieb er, wie die Besatzungstruppen in Frankreich die von Wilhelm Keitel festgelegte Quote angewendet hatten, nach der für jeden getöteten deutschen Soldaten 50 bis 100 Kommunisten zu erschießen waren.[1060] Vor allem die Geschehnisse in der Festungsanlage auf dem Mont Valérien, der Hinrichtungsstätte der Wehrmacht, nahmen in seinen Darlegungen breiten Raum ein.[1061]

1054 Ebd.

1055 Vgl. IMT, 1. Februar 1946, Bd. 6, S. 461.

1056 Vgl. IMT, 24. Januar 1946, Bd. 6, S. 138 f.

1057 Vgl. Beweisdokument 1588-PS (von der französischen Anklage vorgelegt als RF-274), abgedruckt in: IMT, Beweisurkunden, Bd. 27, S. 364–373.

1058 Vgl. Abkommen betreffend die Gesetze und Gebräuche des Landkriegs vom 18. Oktober 1907, Anlage, Art. 50.

1059 Vgl. Kapitel 3.2, Bewertung.

1060 Vgl. IMT, 24. Januar 1946, Bd. 6, S. 142; auch Richtlinien vom 16. September 1941 über Vergeltungsmaßnahmen bei Widerstand gegen die deutsche Besatzungsmacht, Beweisdokument PS-389 (vorgelegt als RF-271), abgedruckt in: IMT, Beweisurkunden, Bd. 25, S. 530–533.

1061 Vgl. ebd., S. 161 f.

Im Anschluss behandelte Dubost fünf weitete Themenkomplexe, die sich inhaltlich jedoch zum Teil überschnitten. Charakteristisch war hier vor allem die Art und Weise der Beweisführung. Dubosts Strategie bezweckte, anhand von Opferberichten zu zeigen, dass es überall unter deutscher Besatzung zu ähnlichen Gräueltaten gekommen war.[1062] Daraus zog er die Schlussfolgerung, dass es sich nicht um vereinzelte Vorfälle oder um Ausschreitungen handeln konnte, die subalterne Befehlshaber vor Ort zu verantworten hatten. Vielmehr zeigten das Ausmaß und der systematische Charakter, dass die Gewaltexzesse zentral gesteuert wurden und Ausdruck einer wohldurchdachten Besatzungspolitik mit klaren Richtlinien waren, so die Argumentation.[1063] Auf diesem Weg brachte Dubost die angeklagten Hauptkriegsverbrecher direkt mit den einzelnen Gewaltverbrechen in Verbindung, auch wenn ihm von diesen persönlich unterzeichnete Befehle, Anweisungen oder Protokolle als Belege fehlten. Für das Gericht bedeute das, dass es eine Vielzahl von Auszügen aus Berichten über einzelne Gräueltaten wie den folgenden zu hören bekam:

> „Ich lege Dokument P-913 als RF-422 vor, Seite 96:
> Am 8. April 1944 nahmen uniformierte deutsche Gestapobeamte den jungen Bezillon (André), 18 Jahre alt, wohnhaft zu Oyonnax (Ain) fest, dessen Bruder dem Maquis angehörte. Die Leiche dieses jungen Mannes wurde am 11. April in Sièges (Jura) schrecklich verstümmelt aufgefunden. Nase und Zunge waren abgeschnitten, der ganze Körper trug Striemen und die Beine Schnittwunden. Vier andere junge Leute wurden gleichzeitig mit Bezillon in Sièges aufgefunden. Alle waren derartig verstümmelt, daß man sie nicht identifizieren konnte. Da sie keine Schußwunden hatten, sind sie offensichtlich infolge der Mißhandlungen gestorben."[1064]

Die entsetzlichen Einzelheiten, die hier beschrieben wurden, sollten sich am Ende zu einem Gesamtbild zusammenfügen. Ein solches Verfahren war jedoch zeitraubend, da sich zahlreiche Wiederholungen nicht vermeiden ließen, und so zog sich Dubosts gesamter Vortrag über sieben Sitzungstage hin. Die Beweismittel, die der stellvertretende Delegationschef verwendete, waren zum größten Teil Berichte offizieller Stellen, die Gewaltverbrechen in Frankreich und den anderen westeuropäischen Staaten dokumentierten. So führte er beispielsweise die Dokumentation „Camps de concentration", die das französische Informationsministerium hatte erstellen lassen, in den Prozess ein.[1065] Gleiches galt für einen umfangreichen Bericht des Ministeriums für Kriegsgefangene und Deportierte, der sich mit Verbrechen an Personen beschäftigte, die durch die Besatzungsmacht in Frankreich verhaftet oder deportiert

1062 Vgl. IMT, 25. Januar 1946, Bd. 6, S. 179 f.
1063 Vgl. ebd., S. 186.
1064 IMT, 31. Januar 1946, Bd. 6, S. 446 f.
1065 Sie wurde vorgelegt als Dokument F-321 (Beweisstück RF-331); vgl. Konzentrationslager Dokument F321. Zur Verwendung durch Dubost vgl. IMT, 25. Januar 1946, Bd. 6, S. 226, ebd., 29. Januar 1946, Bd. 6, S. 361 f. und ebd., 30. Januar 1946, Bd. 6, S. 375.

worden waren.[1066] Auch von Aussagen von Zeugen deutscher Repressalien oder aus der KZ-Haft Zurückgekehrter, die die Delegation in ihrem Pariser Büro eigens für diesen Zweck aufgenommen hatte, machte er Gebrauch.[1067] Rar gesät waren in seinem Vortrag dagegen „Täterdokumente" wie das Kriegstagebuch des deutschen Hauptverbindungsstabes in Clermont-Ferrand. Dieses Schriftstück, das die Auseinandersetzungen zwischen Wehrmacht und Maquis im Jahr 1944 dokumentierte, war in die Hände französischer Truppen gefallen und konnte so in Nürnberg verwendet werden.[1068]

Die Darstellung der einzelnen Gewaltverbrechen konzipierte Dubost in seinem Vortrag grob der Chronologie der Besatzungszeit entsprechend. Er wandte sich zunächst den Verhaftungen mutmaßlicher Mitglieder der Widerstandsbewegung zu. Dem Gericht verlas er hier eine Reihe von Aussagen Verhafteter, die grausamste Folterungen beschrieben, wie sie in den Gefängnissen von Sicherheitspolizei und SD in Frankreich zur Erpressung von Geständnissen gang und gäbe gewesen waren.[1069] Als Teil der Verhaftungen sah Dubost auch die groß angelegten Razzien an, die die Besatzer seit 1942 organisiert hatten, um in Frankreich lebende Juden in ihren Gewahrsam zu bringen und in die Vernichtungslager zu deportieren.[1070] Unter anderem erwähnte er die größte Massenverhaftung, bei der man im Juli 1942 in Paris rund 13 000 Menschen festgenommen und ein Teil von ihnen im Anschluss für einige Tage in der abgeriegelten Radsporthalle *Vélodrome d'hiver* inhaftiert hatte. Geflissentlich verschwieg Dubost in seinem Vortrag allerdings, dass die besagte Razzia auf Verlangen der Besatzer von der Polizei des Vichy-Regimes, also von französischen Beamten, durchgeführt worden war.[1071] Nichtsdestotrotz ist die Erwähnung der *Vélodrome d'hiver*-Razzia in diesem Zusammenhang charakteristisch für den Blick der französischen Anklage auf das deutsche Vorgehen. Dubost unterschied lediglich, dass die Besatzer manche Verhaftungen aus politischen, andere dagegen aus „rassischen" Gründen vorgenommen hatten.[1072] Einen qualitativen Unterschied sah er jedoch nicht. Vielmehr war für ihn beides Ausdruck derselben Terrorpolitik, mit der die Deutschen die unterworfenen Gebiete überzogen hatten. Dieses Schema, das Widerstandsbekämpfung und Judenverfolgung undifferenziert miteinander

---

1066 Vgl. Rapport du ministère des Prisonniers & Déportés sur la déportation et les mauvais traitements, vorgelegt als Dokument F-274 (Beweisstück RF-301), abgebdruckt in: IMT, Beweisurkunden, Bd. 37, S. 116–187.

1067 Vgl. zum Beispiel die von Aline Chalufour am 7. November 1945 aufgenommene Aussage von Octave Rabat über dessen Zeit in deutscher Haft, vorgelegt in Auszügen als Dokument F-402 (Beweisstück RF-287), abgedruckt in: IMT, Beweisurkunden, Bd. 37, S. 190–194.

1068 Vgl. Dokument F-257 (Beweisstück RF-405), abgedruckt in IMT, Beweisurkunden, Bd. 37, S. 1–116.

1069 Vgl. IMT, 25. Januar 1946, Bd. 6, S. 186–201.

1070 Vgl. IMT, 24. Januar 1946, Bd. 6, S. 176 f.

1071 Vgl. Berlière, Policiers, S. 268–272 ; Lévy, Rafle; Rajsfus, Rafle.

1072 Vgl. IMT, 24. Januar 1946, Bd. 6, S. 175.

vermengte, setzte sich in seinen weiteren Darlegungen fort. Sein nächster Punkt beispielsweise, die Deportationen von Verhafteten in deutsche Konzentrationslager, schloss die Verschleppung von Résistance-Angehörigen ebenso ein wie die nationalsozialistische Judenvernichtung.[1073] Um die grauenhaften Zustände in den deutschen Konzentrationslagern in ihrem vollen Ausmaß deutlich zu machen, rief Dubost hier mehrere ehemalige Häftlinge in den Zeugenstand, die er im Gerichtssaal über ihre Erlebnisse befragte. Seine „dramatischste Zeugin"[1074] war die 33-jährige Kommunistin Marie-Claude Vaillant-Couturier, die zu diesem Zeitpunkt als Abgeordnete der Konstituierenden Nationalversammlung in Frankreich angehörte.[1075] Vor dem IMT berichtete sie, wie man sie nach ihrer Verhaftung im Januar 1943 in einer Gruppe von 230 Französinnen nach Auschwitz-Birkenau deportiert hatte.[1076] Die unmenschlichen Lebensbedingungen, die in dem Lager herrschten, wurden in ihrer Aussage ebenso deutlich wie das systematische Mordprogramm, das die SS dort betrieb. „Durch ihren ergreifenden und maßvollen Tonfall dringen zum ersten Mal menschliche Emotionen in diesen Saal ein und in diesen Prozess, dessen Atmosphäre sehr technisch und dokumentarisch ist"[1077], notierte Robert Falco über ihre Aussage.

Vaillant-Couturier schilderte allerdings nicht nur das Leid der Gruppe französischer Frauen, der sie angehört hatte, sondern kam auch auf die Vernichtung von Juden sowie Sinti und Roma mehrfach zu sprechen. Zudem stellte Dubost hierzu sehr präzise Fragen, wenn er sich beispielsweise nach einzelnen Transportzügen in Frankreich verhafteter Jüdinnen erkundigte, die in Auschwitz eingetroffen und dort ermordet worden waren.[1078] Neben Vaillant-Couturier rief Dubost drei ehemalige Häftlinge des KZ Mauthausen als Zeugen auf. Der erste von diesen war Maurice Lampe, ein Aktivist der PCF, der im März 1944 in das oberösterreichische Lager gebracht worden war und im dortigen Steinbruch hatte arbeiten müssen.[1079] Auch seine Aussage hinterließ „einen tiefen Eindruck"[1080] im Gerichtssaal. Lampes Leidensgenosse Jean Frédéric Veith berichtete im Anschluss von Misshandlungen und Morden an Kriegsgefangenen, deren Zeuge er in Mauthausen geworden war.[1081] Für reichlich Aufsehen sorgte schließlich auch die Aussage des 25-jährigen Katalanen

---

1073 Vgl. IMT, 25. Januar 1946, Bd. 6, S. 221 f.

1074 Taylor, Prozesse, S. 355.

1075 Zu Vaillant-Couturier vgl. vor allem Durand, Vaillant-Couturier; zu ihrer Aussage vor dem IMT vgl. Kohl, Zeugenhaus, S. 108–110; auch Vaillant-Couturier, Communication, S. 19.

1076 IMT, 28. Januar 1946, Bd. 6, S. 229.

1077 Falco, Juge, S. 75.

1078 Vgl. IMT, 28. Januar 1946, Bd. 6, S. 241 f.

1079 Vgl. IMT, 25. Januar 1946, Bd. 6, S. 207 ff. Lampe war zu diesem Zeitpunkt der Generalsekretär der FNDIRP; vgl. Wolikow, Combats, S. 289f; auch Fédération nationale des déportés et internés, résistants et patriotes, Déposition.

1080 AD-NUOI 1944–1959/87: Lalouette, Telegramm Nr. 13, 25. Januar 1946.

1081 Vgl. IMT, 25. Januar 1946, Bd. 6, S. 260 ff.

Francisco Boix, des dritten Mauthausen-Überlebenden.[1082] Ihn hatte die Lagerleitung im Fotodienst der Identifizierungsabteilung eingesetzt. Boix konnte so mehrere Fotos entwenden, die Dubost nun als Beweismittel dem IMT vorlegte.[1083] Darunter befand sich ein Foto, das Ernst Kaltenbrunner zusammen mit Heinrich Himmler bei einer Besichtigung des Lagers zeigte.[1084] Auf Dubosts Nachfrage hin, ob er unter den Angeklagten noch weitere Besucher des Lagers Mauthausen erkenne, nannte Boix den Namen von Albert Speer, erhob sich und deutete mit dem Finger auf den Angeklagten.[1085] Er konnte damit im Gegensatz zu den anderen KZ-Überlebenden, die in Nürnberg aussagten, zwei Angeklagte – Kaltenbrunner und Speer – individuell belasten.[1086] Das musste seine Aussage für Dubost, dem solche direkten Belege gerade fehlten, umso wertvoller machen.

Zwei weitere Zeugen sagten, von Dubost aufgerufen, über ihre Haftzeit im KZ Buchenwald aus.[1087] Der Arzt Victor Dupont, den man im Januar 1944 in das Lager verschleppt hatte, berichtete von den Schicksalen mehrerer Mithäftlinge, die den dort alltäglichen Gewaltverbrechen zum Opfer gefallen waren.[1088] Der zweite Buchenwald-Überlebende war Alfred Balachowsky, dessen Aussage sich in erster Linie auf medizinische Experimente innerhalb des Lagers bezog.[1089] Balachowsky hatte vor seiner Verhaftung ein Laboratrium am *Institut Pasteur* in Paris geleitet. In Buchenwald wies man ihn deswegen einem Block zu, in dem Impfstoffe gegen Typhus und Fleckfieber hergestellt wurden.[1090] Von dort aus konnte Balachowsky mitverfolgen, wie die SS verschiedene Impfstoffe an Häftlingen testete.[1091] Erschütternd war schließlich auch die Zeugenaussage des Norwegers Hans Cappelen, der als Angehöriger des Widerstands gegen die Besatzungsmacht mit einigen Landsleuten mehrere deutsche Konzentrationslager, darunter Natzweiler und Groß-Rosen, durchlaufen und schwerste Misshandlungen erlitten hatte.[1092] Als einziger Zeuge,

1082 Vgl. IMT, 28. Januar 1946, Bd. 6, S. 296 f. Zu Boix' Biografie vgl. Bermejo, Boix. Eine äußerst negative Charakterisierung Boix', die auf der Darstellung eines Mithäftlings basiert, findet sich bei Pike, Spaniards, S. 138–141.

1083 Vgl. die Abdrucke der Fotoaufnahmen und den Wortlaut von Boix' Zeugenaussage in: Bermejo, Boix, S. 185–214; auch Brink, Vernichtung, S. 113 ff.

1084 Vgl. IMT, 28. Januar 1946, Bd. 6, S. 293.

1085 IMT, 29. Januar 1946, Bd. 6, S. 299.

1086 Zu einer Bewertung von Boix' Zeugenaussage vgl. Pike, Spaniards, S. 282 ff.; Pike geht mit Boix hart ins Gericht und wirft ihm vor, seine eigene Rolle in der Gruppe der spanischen Häftlinge in Mauthausen falsch dargestellt zu haben.

1087 Vgl. AD-NUOI 1944–1959/87: Lalouette, Telegramm Nr. 14, 28. Januar 1946.

1088 Vgl. IMT, 28. Januar 1946, Bd. 6, S. 268 f. Zu Dupont vgl. L'Étoile du Soir, Artikel: „Cinq Français partent pour Nuremberg – Vic Dupont, fondateur du groupe ‚vengeance' et rescapé de Buchenwald, accuse", 26. Januar 1946.

1089 Vgl. AD-NUOI 1944–1959/87: Lalouette, Telegramm Nr. 15, 29. Januar 1946. Zu Balachowsky vgl. Chevassus-au-Louis, Balachowsky.

1090 Vgl. IMT, 29. Januar 1946, Bd. 6, S. 339 f.

1091 Vgl. IMT, ebd., S. 343 f.

1092 Vgl. IMT, ebd., S. 311 ff. und S. 314 ff.

der nicht in einem KZ inhaftiert gewesen war, sagte außerdem Paul Roser über die unzureichenden Haftbedingungen von französischen Kriegsgefangenen in dem Straflager Rawa-Ruska im besetzten Ostpolen aus. Dorthin hatte man Roser 1942 überführt, nachdem er als kriegsgefangener Offiziersanwärter mehrere erfolglose Fluchtversuche unternommen hatte.[1093]

Rosers Aussage bildete zugleich den Auftakt zu einem weiteren thematischen Block, dem Dubost sich zuwandte, nämlich den Verbrechen an Kriegsgefangenen. Seine Ausführungen drehten sich in diesem Fall vor allem um Morde an Angehörigen alliierter Kommandos, an abgeschossenen Piloten und an Gefangenen, die einen Fluchtversuch unternommen hatten.[1094] Zuletzt kam Dubost auf die letzten Monate der deutschen Besatzung in Frankreich zu sprechen und damit auf Verbrechen, die deutsche Truppen im Kampf gegen die Widerstandsbewegung verübt hatten. Eine juristische Bewertung des Partisanenkrieges in Frankreich barg jedoch ebenfalls einige Schwierigkeiten in sich und Dubost machte klar, dass ihm diese durchaus bewusst waren.[1095] Der Ankläger gestand nämlich rundheraus zu, dass es sich bei den Mitgliedern der Résistance vielfach um keine regulären Kombattanten, sondern um Freischärler gehandelt habe, deren Verurteilung zum Tode völkerrechtlich zulässig gewesen sei.[1096] Allerdings seien die Betroffenen oftmals ohne jegliches Gerichtsverfahren umgebracht und zuvor bestialisch gefoltert worden. Daher handelte es sich auch in diesen Fällen um Morde, die durch keinerlei internationale Abkommen zu rechtfertigen seien, argumentierte Dubost. Unter den Beweismitteln, auf die er in diesem Fall zurückgreifen konnte, war das erbeutete Kriegstagebuch, in dem der General von Brodowski 1944 sorgsam die Operationen deutscher Truppen in Südfrankreich und die Anzahl dabei erschossener „Terroristen" hatte festhalten lassen.[1097] Eng verbunden mit dem Partisanenkampf waren zudem Gräueltaten, die die Besatzer zeitgleich an vollkommen unbeteiligten Zivilisten verübt hatten und an deren Unrechtmäßigkeit keinerlei Zweifel bestehen konnten. Als Beispiel hierfür rückte Dubost das schwerste Kriegsverbrechen, zu dem es auf französischem Boden überhaupt gekommen war, in den Mittelpunkt seiner Darlegungen: das Massaker von Oradour-sur-Glane.[1098] Am 10. Juni 1944 hatte eine Kompanie der SS-Panzerdivision „Das Reich" dort fast die gesamte Einwohnerschaft – 642 Menschen – ermordet und danach das Dorf vollständig niedergebrannt. Unmittelbar danach hatte das Vichy-Regime einen ersten Untersuchungsbericht anfertigen lassen, den Dubost nun als Beweismittel dem Gerichtshof vorlegte und aus dem er weite Teile verlas.[1099]

1093 Vgl. IMT, ebd., S. 321 ff.

1094 Vgl. IMT, 30. Januar 1946, Bd. 6, S. 388.

1095 Zur rechtlichen Problematik des Partisanenkrieges in Frankreich vgl. Lieb, Krieg, S. 233–258.

1096 Vgl. IMT, 31. Januar 1946, Bd. 6, S. 427.

1097 Vgl. ebd., S. 430 und S. 439.

1098 Zu Oradour vgl. Farmer, Village; Fouché, Oradour.

1099 Vgl. IMT, 31. Januar 1946, Bd. 6, S. 453 ff.

Zuletzt thematisierte er noch weitere Gewaltverbrechen, die deutsche Truppen in der letzten Phase der Besatzungszeit, etwa im Sommer 1944 im Vercors, begangen hatten.[1100] Für Dubost zeigten die beschriebenen Gräueltaten in ihrer Gesamtheit den verbrecherischen Charakter der deutschen Besatzungspolitik. In seinen Schlussbemerkungen führte er aus, die Angeklagten müssten als Urheber einer solchen Politik für die einzelnen Gewaltexzesse verantwortlich gemacht werden, auch wenn sie selbst diesen physisch ferngeblieben seien.[1101] Das bedeutete, dass Dubost zwar die konkreten Befehlsstrukturen nicht außer Acht ließ, um individuelle Schuld nachzuweisen. Beispielsweise machte er für die Geiselexekutionen vor allem Keitel, für die Verbrechen von Sicherheitspolizei und SD Kaltenbrunner verantwortlich.[1102] Darüber hinaus vertrat er aber auch die Ansicht, dass die Gräueltaten in den besetzten Gebieten aus einem gemeinsamen Plan der Angeklagten resultiert seien. Die Schuld lag für ihn deswegen ausnahmslos bei der gesamten politischen und militärischen Führung des Deutschen Reiches sowie bei den Organisationen, deren Angehörige die Verbrechen angeordnet oder ausgeführt hatten.[1103] „Außer Atem und verschwitzt, aber erhobenen Hauptes“[1104] begab sich Dubost nach seinem siebentägigen Redemarathon schließlich zurück an den Tisch der französischen Anklagevertretung und machte Platz für seinen Kollegen Edgar Faure.

Germanisierung besetzter Gebiete

Der Vortrag Faures, der nun folgte und dreieinhalb Sitzungstage in Anspruch nahm, hatte die Germanisierung besetzter Gebiete zum Thema. Hierbei handelte es sich um die französische Auslegung des Anklagepunktes Verbrechen gegen die Menschlichkeit, deren theoretischen Überbau bereits de Menthon in seinem Eröffnungsplädoyer erläutert hatte.[1105] Faure knüpfte hieran an: Die Nationalsozialisten hätten es sich aus ideologischen Gründen zum Ziel gesetzt, unterworfene Territorien zu germanisieren. Das Verbrechen der Germanisierung bestand demnach darin, der Bevölkerung besetzter Gebiete durch die NS-Ideologie bestimmte Normen des sozialen und politischen Lebens aufzuzwingen. Alle Maßnahmen, die zu einem solchen Zweck ergriffen wurden, seien jedoch rechtswidrig und als Verbrechen gegen die Menschlichkeit zu werten.[1106] Was für Maßnahmen damit konkret gemeint waren,

---

1100 Vgl. ebd., S. 445 f.
1101 Vgl. IMT, 1. Februar 1946, Bd. 6, S. 461 f.
1102 Zu Keitel vgl. IMT, 24. Januar 1946, Bd. 6, S. 141 f. und S. 149; zu Kaltenbrunner ebd., 25. Januar 1946, Bd. 6, S. 204.
1103 Vgl. IMT, 1. Februar 1946, Bd. 6, S. 464–467.
1104 Faure, Mémoires, Bd. 2, S. 39.
1105 Dass es sich bei dem von Faure vorgetragenen Teil in der Tat um die französische Auslegung der Verbrechen gegen die Menschlichkeit handelte, stellte auch Dubost am Ende seines eigenen Vortrages unmissverständlich fest; vgl. IMT, 31. Januar 1946, Bd. 6, S. 459.
1106 Vgl. IMT, 1. Februar 1946, Bd. 6, S. 470.

stellte Faure anschließend in vier Abschnitten dar. Dabei zeigte sich schnell, dass unter dem Vorwurf der Germanisierung die Rede auf ganz unterschiedliche Dinge kam, bei denen ein direkter Zusammenhang mitunter fraglich war. Überhaupt sollte das Publikum einige Schwierigkeiten haben, in Faures Vortrag eine klare Struktur zu erkennen. Die Zeitung *Le Pays* resümierte beispielsweise über einen der Sitzungstage, an denen der Ankläger das Wort hatte: „In dieser Sitzung wurde ein wenig über alles gesprochen."[1107]

In einem ersten Schritt befasste Faure sich mit der Annexion besetzter Gebiete durch NS-Deutschland. Anders als seine Kollegen, die sich auf bestimmte Vertragsklauseln und Gesetzestexte berufen hatten, argumentierte er auf der Grundlage von universalrechtlichen Vorstellungen, wenn er erklärte:

> „Durch die Annexion der besetzten Gebiete, ohne auch nur den Schein einer Rechtsgrundlage zu bieten, haben die Deutschen etwas Schlimmeres begangen als die Übertretung von Rechtsvorschriften. Es ist die Verneinung der eigentlichen Idee des Völkerrechts."[1108]

Im Einzelnen bezog Faure sich auf drei Fälle: In knappen Worten stellte er dar, wie die Bezirke Eupen, Malmedy und Moresnet unmittelbar nach der Besetzung Belgiens per Gesetz in aller Form dem Deutschen Reich einverleibt wurden.[1109] Sehr viel ausführlicher behandelte er daraufhin die Gebietsabtretungen, die Frankreich hatte hinnehmen müssen. Faure erläuterte, wie das vormalige Reichsland Elsass-Lothringen im Sommer 1940 unter anderem durch die Einsetzung einer Zivilverwaltung von deutscher Seite faktisch annektiert worden war.[1110] Der Umfang von Faures Erläuterungen zu diesem Punkt zeigt die hohe Bedeutung, die die französische Anklage dem Thema Elsass-Lothringen beimaß. So legte der Ankläger detailliert dar, welche diskriminierenden Maßnahmen die Besatzer gegenüber der französischen Bevölkerung im Einzelnen ergriffen hatten. Die Geduld des Gerichts, vor dem man bislang über die Entfesselung von Angriffskriegen und die Auslöschung ganzer Bevölkerungsgruppen gesprochen hatte, wurde dadurch merklich strapaziert.[1111] Denn Faure sah sich bemüßigt, Beweise dafür vorzulegen, dass die Besatzer im Elsass das Tragen von Baskenmützen verboten oder diverse Turn- und Sportvereine aufgelöst

---

1107 Le Pays, Artikel : „Le Werwolf, veut-il délivrer Goering?", 5. Februar 1946.
1108 IMT, 1. Februar 1946, Bd. 6, S. 478.
1109 Vgl. ebd. S. 478 f.
1110 Vgl. ebd., S. 480 ff.
1111 Der amerikanische Richter Francis Biddle schrieb am selben Tag in einem Brief an seine Frau sarkastisch: „Die Franzosen sind heute Morgen immer noch dran und legen so überaus wichtiges Beweismaterial vor wie Erlasse aus dem Elsass, dass die Bevölkerung unter der Androhung von der Einweisung in ein KZ keine Baskenmützen tragen durfte und keine Kopfbedeckungen, die wie Baskenmützen aussehen! Ich versuche, ihrem unermüdlichen Eifer Einhalt zu gebieten"; zitiert nach Tusa, Nuremberg, S. 191.

hatten.[1112] Freilich waren demgegenüber auch sehr viel schwerwiegendere Dinge Teil seines Vortrages, etwa die Zwangsverpflichtung von Elsässern und Lothringern zum Dienst in der Wehrmacht oder die nach Zentralfrankreich erfolgte massenhafte Abschiebung von Menschen, die die Nationalsozialisten für „nicht assimilierbar" hielten.[1113] Bei dem dritten Gebiet, das sich das Deutsche Reich einverleibt hatte, handelt es sich um das Großherzogtum Luxemburg.[1114] Die genauen Umstände der Annexion und ihre Folgen beschrieb dem Gericht ein Zeuge, den Faure aufrief. Émile Reuter, der Präsident der luxemburgischen Abgeordnetenkammer, hatte auf diesem Weg die Gelegenheit, vor dem IMT für sein Land zu sprechen.[1115] Ähnlich wie Dubost setzte Faure in seiner Beweisführung auf die Anhörung von Zeugen, die bei ihm jedoch nicht ihre persönlichen Schicksale schilderten, sondern die als Sprecher ihrer Länder auftraten. Die Zahl von Faures Zeugen war zudem deutlich geringer: Neben Reuter rief er lediglich noch einen niederländischen und einen belgischen Vertreter in den Zeugenstand.

Das geschah im Rahmen des zweiten Themenkomplexes, mit dem er sich befasste. Nach den Annexionen ging es hier um die deutsche Besatzungspolitik in West- und Nordeuropa im Allgemeinen.[1116] Faure argumentierte, die Deutschen hätten in zahlreichen Fällen ihre Rechte als Besatzungsmacht überschritten und die Souveränität der betroffenen Staaten verletzt, indem sie dort die gesetzgeberische Gewalt – auf direktem oder indirektem Wege – ausgeübt hätten. Das sei völkerrechtlich illegal gewesen. Zur Veranschaulichung nahm er einen Vergleich zwischen den deutschen Besatzungsregimen in Frankreich, Belgien, den Niederlanden, Dänemark und Norwegen vor, der die Unterschiede im Vorgehen der Okkupanten deutlich machte.[1117] Als weiterer Zeuge sagte an dieser Stelle Jacobus Vorrink aus, der Vorsitzende der Sozialistischen Partei der Niederlande.[1118] Er berichtete, wie die Deutschen in den Niederlanden ihren einheimischen Parteigängern Schlüsselstellungen im Staatsapparat verschafft und versucht hatten, der Bevölkerung ihre Weltanschauung aufzuoktroyieren.[1119] Auf Vorrinks Zeugenaussage folgte die des Generalsekretärs der Universität Löwen und Geschichtsprofessors Léon van der Essen.[1120] Als Mitglied der offiziellen Kommission zur Untersuchung von Kriegsverbrechen, die die belgische Regierung geschaffen hatte, machte er Angaben zur Zerstörung der

1112 Vgl. IMT, 1. Februar 1946, Bd. 6, S. 484 (Baskenmützen) und ebd. S. 495 (Turn- und Sportvereine).
1113 Vgl. ebd. S. 499 (Wehrpflicht) und S. 513 ff. (Massenausweisungen).
1114 Vgl. ebd., S. 523 f.
1115 Vgl. ebd., S. 507–512.
1116 Vgl. IMT, 2. Februar 1946, Bd. 6, S. 532 f.
1117 Vgl. ebd., S. 533 ff.
1118 Zu Vorrink vgl. Wiedijk/Harmsen, Vorrink.
1119 Vgl. IMT, 2. Februar 1946, Bd. 6, S. 537–550.
1120 Zu van der Essen vgl. Terlinden, Van der Essen; auch das von van der Essen kurz nach seiner Zeugenaussage in Nürnberg verfasste Vorwort in: Crouquet, Nuremberg, S. 7–10.

Universitätsbibliothek der Stadt Löwen und berichtete von Kriegsverbrechen, die deutsche Truppen unter anderem im Zuge der Ardennenoffensive im Dezember 1944 in Belgien begangen hatten.[1121]

An dritter Stelle innerhalb seines Anklagevortrages kam Faure auf die NS-Propaganda zu sprechen, die er – neben den Annexionen und den Eingriffen in die Souveränität der besetzten Länder – ebenfalls als Teil der Germanisierung verstand.[1122] Auch wenn er argumentierte, in diesem Fall habe es sich um eine „geistige Germanisierung"[1123] gehandelt, so musste die inhaltliche Verortung des Themas in diesem Zusammenhang doch recht beliebig erscheinen und eine Überschneidung mit einem bereits gehaltenen Vortrag der amerikanischen Anklage war offenkundig.[1124] Faure hielt das aber nicht davon ab, seinerseits nochmals über einzelne Propagandamittel wie Presse, Kino oder Rundfunk zu sprechen.[1125] Daran schloss sich eine Präsentation mit Medieneinsatz an: Als Beispiele für NS-Propaganda im besetzten Westeuropa führte Serge Fuster als Faures Assistent dem Gerichtshof zwei kurze Ausschnitte aus dem freimaurerfeindlichen Hetzfilm „Forces occultes" vor.[1126] Außerdem zeigte er mehrere NS-Propagandaplakate, die in Frankreich und den anderen Ländern zum Einsatz gekommen waren, in einer Lichtbildpräsentation.[1127]

Faure kam danach zum vierten Abschnitt seines Vortrages über die Germanisierung, in dem die Beschuldigungen sehr viel konkreter wurden. Zum Gegenstand der Anklage machte er nun nochmals explizit die nationalsozialistische Judenverfolgung und erklärte, er wolle den Nachweis erbringen, „daß hier ein verbrecherisches Unternehmen durchgeführt worden ist: die Vernichtung der Juden in Frankreich und den Ländern Westeuropas."[1128] Faure, der hierfür auf die Dokumentensammlung des CDJC zurückgreifen konnte, unterschied für die westeuropäischen Länder grundsätzlich zwischen zwei Phasen der Verfolgung. Auf die Entrechtung der jüdischen Bevölkerung, die die Besatzer durch Erlasse und Gesetze vornahmen, seien ab 1942 Deportation und Ermordung in den deutschen Vernichtungslagern

1121 Vgl. IMT, 4. Februar 1946, Bd. 6, S. 588–609.
1122 Vgl. IMT, 5. Februar 1946, Bd. 6, S. 619 ff.
1123 Vgl. ebd., S. 621.
1124 Vgl. IMT, 23. November 1945, Bd. 2, S. 239 ff.
1125 Vgl. IMT, 5. Februar 1946, Bd. 7, S. 14 ff.
1126 Vgl. ebd., S. 23; auch Michalczyk, Filming, S. 117–120. In Zusammenarbeit mit der deutschen Propagandastaffel hatte der französische Regisseur Jean Mamy unter dem Pseudonym Paul Riche den Film gedreht. Aufgeführt wurde das Machwerk erstmals im März 1943 in Paris. Es erzählt die Geschichte eines jungen französischen Politikers, der sich einem Freimaurerorden anschließt und dort von den Machenschaften der Freimaurer erfährt. Diese werden in dem Film als Kriegstreiber gegen das Deutsche Reich dargestellt; vgl. Le Saul, Forces. Mamy wurde nach dem Krieg als Kollaborateur zum Tode verurteilt und 1949 hingerichtet; vgl. Roux, Mamy.
1127 Vgl. IMT, 5. Februar 1946, Bd. 7, S. 25–31.
1128 Vgl. ebd., S. 35.

gefolgt.[1129] Bei den Beweisstücken, die er nun vorlegte, handelte es sich vor allem um Berichte und Korrespondenz der Dienststellen von SS und SD in Frankreich. Sie zeigten das rein technische Funktionieren, die alltäglichen Abläufe innerhalb des Verfolgungsapparates, den die Besatzer geschaffen hatten, und vor allem die Mitwirkung verschiedenster deutscher Stellen. Dazu gehörte beispielsweise ein Bericht des SS-Obersturmführers Theodor Dannecker vom Februar 1942, in dem dieser unter anderem die Erstellung einer „Judenkartei" durch die Polizeibehörden des Vichy-Regimes vermeldete und einen Überblick über die bis dahin erfolgten Massenverhaftungen von Juden in Paris gab.[1130] Den Ablauf der Deportationen belegte eine Anweisung eines anderen hochrangigen SS-Funktionärs im besetzten Frankreich: Der SS-Standartenführer Helmut Knochen hatte im Juni 1942 Richtlinien über die „technische Durchführung weiterer Judentransporte" ausarbeiten lassen.[1131] Dannecker wiederum hatte kurz darauf an einer Besprechung mit Vertretern des Reichssicherheitshauptamtes teilgenommen. Einen Vermerk über die Unterredung, der den Titel „Abschub von Juden aus dem besetzten Gebiet nach Auschwitz" trug und eine Liste mit vorgesehenen Zügen und Sammelbahnhöfen beinhaltete, verwendete Faure ebenfalls für seine Beweisführung.[1132]

Die mit Abstand größte Tragweite, die weit über den Prozess gegen die Hauptkriegsverbrecher hinausging, sollte unter den Dokumenten aber ein anderes Schriftstück entfalten, das ebenfalls aus der Sammlung des CDJC stammte. Um zu belegen, dass auch jüdische Kinder von den Deutschen deportiert wurden, präsentierte Faure dem Gerichtshof ein Telegramm, das am 7. April 1944 in der Pariser Zentrale des SD eingegangen war.[1133] In dem Fernschreiben meldete der SS-Obersturmführer Klaus Barbie, dass tags zuvor eine Razzia in einem jüdischen Kinderheim in der Gemeinde Izieu stattgefunden hatte. Man habe 41 Kinder sowie das gesamte Personal verhaftet und werde diese in das Sammellager Drancy bringen, teilte Barbie seinen Vorgesetzten mit.[1134] Mehr als 40 Jahre später sollte das Telegramm als Beweisstück

---

1129 Vgl. ebd., S. 36.

1130 Vgl. CDJC-Nuremberg-XXVI/80: Bericht Danneckers, 22. Februar 1942, vorgelegt als Dokument RF-1210, abgedruckt in: IMT, Beweisurkunden, Bd. 38, S. 740–745. Zur Verwendung durch Faure vgl. IMT, 5. Februar 1946, Bd. 7, S. 45 f.

1131 Vgl. CDJC-Nuremberg-XXVb/34: Technische Durchführung weiterer Judentransporte aus Frankreich, 15. Juni 1942, vorgelegt als RF-1219; auch IMT, 5. Februar 1946, Bd. 7, S. 49.

1132 Vgl. CDJC-Nuremberg-XXVb/45: Besprechung mit den Sachbearbeitern für Judenfragen der Sicherheitspolizei(SD)-Kommandos bei Ref. IV J, 1. Juli 1942, vorgelegt als Dokument RF-1222, abgedruckt in: IMT, Beweisurkunden, Bd. 39, S. 4 ff.; auch IMT, 5. Februar 1946, Bd. 7, S. 50.

1133 Vgl. CDJC-Nuremberg-VII/10: Telegramm Barbies, 6. April 1944, vorgelegt als RF-1235; auch IMT, 5. Februar 1946, Bd. 7, S. 53 f.

1134 Von den in Izieu verhafteten Kindern und den Betreuern wurden die meisten in Auschwitz-Birkenau ermordet. Nur eine Betreuerin überlebte die Deportation; vgl. Biscarat, Tourmente.

im Prozess gegen Klaus Barbie vor dem *Cour d'appel* von Lyon eine zentrale Rolle spielen.[1135] Faure freilich ging es nicht um die Verantwortung eines bestimmten Entscheidungsträgers für die Razzia, mit der Vorlage dieses Dokuments wollte er vielmehr grundsätzlich deutlich machen, mit welcher administrativen Routine die SS selbst Kinder in die Vernichtungslager verschleppt hatte.[1136]

Am Ende seines Vortrages befasste sich Faure auch mit der Frage nach der individuellen Schuld der einzelnen Angeklagten. Wo Dubost noch versucht hatte, die Befehlsstruktur auf deutscher Seite nachzuverfolgen und die Angeklagten mit dem von ihm behandelten Verbrechen direkt in Verbindung zu bringen, argumentierte Faure ganz grundsätzlich: In einem modernen Staat gebe es eine allgemeine Verantwortung der führenden Persönlichkeiten für die Handlungen von Behörden und Dienststellen, die ihnen unterstehen.[1137] Damit entfiel für ihn die Notwendigkeit, individuelle Anweisungen oder Befehle der Angeklagten in seine Beweisführung mit einzubeziehen und er beschränkte sich darauf, die Verbrechen selbst und den Anteil der beteiligten Institutionen nachzuweisen. Nichtsdestotrotz hielt die Delegation es für geboten, die wichtigsten Beschuldigungen gegen die Angeklagten aus ihrem Vortrag abschließend noch einmal zusammenzufassen und auf den Punkt zu bringen. Nach Faure ergriff zu diesem Zweck am 7. Februar 1946 noch Pierre Mounier, unterstützt von seinem Mitarbeiter Constant Quatre, das Wort. Um den Wünschen des Gerichts entgegenzukommen, kürzten die beiden Juristen ihre Ausführungen merklich ab und befassten sich überhaupt nur mit sieben von den 21 Angeklagten. Die Auswahl, die sie so notgedrungen vornahmen, lässt ein weiteres Mal die Prioritäten der französischen Anklage erkennen, wie sie bereits das Eröffnungsplädoyer aufgezeigt hatte. Mounier gab einen abschließenden Überblick über die Vorwürfe, die seine Delegation gegen Rosenberg, Sauckel, Speer, Göring und Seyß-Inquart erhob.[1138] Nach ihm sprach Quatre über Keitel und Jodl.[1139] Seinen Vortrag beendete der Hilfsankläger mit einem letzten Verweis auf den Kampf der Résistance: „Zu dieser Stunde können wir nicht umhin, unsere Gedanken den Unzähligen zuzuwenden, die nicht hier sein können, weil sie ihr Leben zum Opfer gebracht haben."[1140]

Bewertung der französischen Anklage

Es ist nicht übertrieben, den dreiwöchigen Anklagevortrag als den zentralen Beitrag Frankreichs zum Prozess gegen die Hauptkriegsverbrecher zu bezeichnen. Er gab

1135 Als Verantwortlicher für die Deportation der Kinder aus dem Heim in Izieu wurde Klaus Barbie 1987 in Lyon wegen Verbrechen gegen die Menschlichkeit zu einer lebenslangen Haftstrafe verurteilt; vgl. Kapitel 4.5.

1136 Vgl. A. Wieviorka, Humanité, S. 118 f.

1137 Vgl. IMT, 2. Februar 1946, Bd. 6, S. 536.

1138 Vgl. IMT, 7. Februar 1946, Bd. 7, S. 94–119.

1139 Vgl. ebd., S. 124.

1140 Ebd., S. 138.

der Delegation Gelegenheit, umfassend Stellung zu beziehen und ihre Sicht auf die Dinge darzulegen. In aller Deutlichkeit konnte sie so eigene Akzente setzen und zum Ausdruck bringen, in welchen Fragen sie vom Standpunkt ihrer Verbündeten abwich.

Als Alleinstellungsmerkmal der Franzosen in Nürnberg muss das Insistieren auf der deutschen Kollektivschuld gelten, das das zentrale Motiv des Eröffnungsplädoyers bildete und sich von da an wie ein roter Faden durch den gesamten Anklagevortrag zog.[1141] Während aus Sicht von Angelsachsen und Sowjets die Schuld bei einer kleinen Gruppe von Verschwörern bzw. einer „faschistische[n] Clique“[1142] um Hitler lag, richtete die französische Delegation ihre Anklage ausdrücklich gegen die deutsche Nation und beharrte darauf, dass sich die Deutschen in ihrer Gesamtheit schuldig gemacht hätten. Der Vorwurf des Planens und Führens eines Angriffskrieges, dem die drei anderen Anklagevertretungen so viel Bedeutung beimaßen, spielte in ihren Ausführungen infolge von grundsätzlichen Bedenken dagegen praktisch keine Rolle.[1143] Bei den großen Themen, die Frankreich vor dem IMT zur Sprache brachte, handelte es sich vielmehr um Zwangsarbeit, Ausplünderung, Gewaltverbrechen in den unterschiedlichsten Formen und die nationalsozialistische Germanisierungspolitik in den besetzten Gebieten. Charakteristisch für die französische Beweisführung ist vor allem ihre rechtspositivistische Argumentation. Die Anklagebehörde berief sich in der Regel auf die Bestimmungen von internationalen Abkommen wie der Haager Landkriegsordnung, aber auch auf nationales Strafrecht, um ihren Vorwürfen eine juristische Substanz zu verleihen. Mit diesem Vorgehen hatte sie in den meisten Fällen Erfolg, wie sich am Ende des Prozesses zeigte. In seinem Urteil bestätigte das Gericht die französische Anklage wegen Kriegsverbrechen nahezu vollständig und ließ keinen Zweifel an der Unrechtmäßigkeit des deutschen Zwangsarbeitsprogramms und der Plünderungsmethoden der Besatzer.

Vor allem aber nahmen die in West- und Nordeuropa verübten Gräueltaten sowie die Morde in den Konzentrationslagern breiten Raum im Urteilsspruch der

---

1141 Die Diskussion um eine deutsche Kollektivschuld blieb nicht auf den Nürnberger Hauptkriegsverbrecherprozess begrenzt; vgl. Eitz/Strötzel, Vergangenheitsbewältigung, S. 371–395; zur Haltung der Siegermächte auch Frei, 1945, S. 145–155. Frei spricht vom „eingebildeten Kollektivschuldvorwurf“ (S. 154) und vertritt die Ansicht, dass die alliierten Regierungen zu keinem Zeitpunkt eine kollektive Schuld der deutschen Nation postuliert hätten. Er lässt jedoch die französische Position unberücksichtigt. Der hier beschriebene Gegensatz zwischen den Franzosen auf der einen und den anderen drei Hauptsiegermächten auf der anderen Seite wird bei ihm daher nicht deutlich; vgl. auch Frei, Prozeß, S. 491.

1142 IMT, 8. Februar 1946, Bd. 7, S. 179.

1143 In der französischen Delegation gab es lediglich Überlegungen, für die Anklage gegen Ribbentrop und Neurath deren Rolle bei der Kriegsvorbereitung zu thematisieren. Letztendlich sah man hiervon aber ab und überließ diese Aufgabe den britischen Kollegen; vgl. AD-NUOI 1944–1959/87: Lalouette, Schreiben Nr. 14, 28. Januar 1946.

Nürnberger Richter ein.[1144] Eine explizite Erwähnung fand dort beispielsweise das Massaker von Oradour, über das Dubost so ausführlich gesprochen hatte.[1145] Lediglich mit ihrer Argumentation in der Frage der Geiselexekutionen, nach der diese grundsätzlich als Kriegsverbrechen zu werten waren, konnte die französische Anklage nicht durchdringen.[1146] In dieser Frage vermied das Gericht eine klare Positionierung und begnügte sich mit der bloßen Feststellung, dass von deutscher Seite eine große Zahl von Geiseln hingerichtet worden sei.[1147] Außerdem konnten die Franzosen mit ihrer Auslegung des Anklagepunktes Verbrechen gegen die Menschlichkeit kaum überzeugen. Das Sammelsurium von Vorwürfen ganz unterschiedlicher Natur, das Faure im Namen seiner Delegation hierzu vorbrachte und als Ausdruck einer verbrecherischen Politik der Germanisierung wertete, wurde von den Richtern des IMT weitgehend übergangen. Die Zwangsverpflichtung von Elsässern und Lothringern zum Dienst in der Wehrmacht beispielsweise erwähnte das Richterkollegium in seiner Entscheidung an keiner Stelle. Folglich handelt es sich hierbei – anders als von manchen Historikern behauptet – keineswegs um einen Straftatbestand, der erstmals in Nürnberg als Verbrechen vor dem Völkerrecht anerkannt wurde.[1148] Vielmehr fand aus Faures Teil des Anklagevortrages überhaupt nur die nationalsozialistische Judenverfolgung, zu der der Ankläger umfangreiches Beweismaterial vorgelegt hatte, Beachtung in der Urteilsbegründung.[1149] Allerdings ist der Grund für die Zurückhaltung der Richter in diesem Fall vor allem darin zu sehen, dass die Deutung, die die französische Anklage den Verbrechen gegen die Menschlichkeit gab, weit über die Bestimmungen des Londoner Statuts hinausging, das diese an die übrigen Anklagepunkte koppelte. Da das Richterkollegium des IMT die besagte Koppelung aber sehr restriktiv auslegte und den Stellenwert der

---

1144 Vgl. IMT, Bd. 1, Urteil, S. 253–286.

1145 Vgl. ebd., S. 262.

1146 Vgl. Diese Argumentation war typisch für die „französische Rechtsschule", die die Hinrichtung von Geiseln als mögliche Kriegsrepressalie kategorisch ablehnte und damit im direkten Gegensatz zu der auf deutscher Seite herrschenden Auffassung stand; vgl. Lieb, Krieg, S. 254 ff.

1147 Eine grundsätzliche Entscheidung zum Thema Geiselexekutionen fiel erst in einem späteren Gerichtsverfahren in Nürnberg, dem „Fall 7" (auch: „Prozess gegen die Südost-Generäle"). Angeklagt waren dort mehrere hochrangige Generäle, die Geiselerschießungen in Jugoslawien, Griechenland und Albanien zu verantworten hatten. In seinem Urteil stellte das Gericht zwar einerseits die grundsätzliche Zulässigkeit der Geiselpraxis fest, wertete aber andererseits die vollkommen unverhältnismäßigen Massenexekutionen, die die Wehrmacht vorgenommen hatte, als eindeutige Kriegsverbrechen; vgl. NMT, Bd. 11 („The Hostage Case"), S. 1230–1319.

1148 Vgl. Vonau, Incorporation, S. 90; auch Vonau, Rôle, S. 24; Vonau unterscheidet nicht zwischen Anklageschrift und Urteil und leitet aus der Tatsache, dass die Zwangsverpflichtung zum Dienst in der Wehrmacht von der französischen Anklage in Nürnberg thematisiert wurde, die unzutreffende Schlussfolgerung ab, sie sei auch durch das Gericht als Verbrechen eingestuft worden; vgl. Stroh, Introduction, S. 8.

1149 Vgl. IMT, Bd. 1, Urteil, S. 280 ff.

Verbrechen gegen die Menschlichkeit in seinem Urteil erheblich herabstufte, blieb am Ende des Prozesses kein Raum für die französische Konzeption.[1150] Unabhängig hiervon war diese in ihrer inneren Struktur aber auch wenig kohärent und insgesamt so weit gefasst, dass sie sich als juristische Kategorie kaum anwenden ließ. Man wird hier daher kaum von einer „sehr überzeugenden Neuschöpfung“[1151] der französischen Anklagebehörde sprechen können.

Charakteristisch ist darüber hinaus die Perspektive, die die Franzosen bei ihrer Beweisführung einnahmen. Es war das Frankreich der Résistance, das in Nürnberg Anklage erhob und seine Opfer gewürdigt wissen wollte. Das Eröffnungsplädoyer zeichnete das Bild eines Landes, das bis zu seiner Befreiung ein vierjähriges Martyrium durchlebt, aber doch den Kampf nie aufgegeben hatte. Noch deutlicher wurde diese Sicht in den Darlegungen Dubosts über die deutschen Gräueltaten. Der stellvertretende Delegationschef interpretierte sämtliche Gewaltverbrechen, die er vor dem IMT zur Sprache brachte, als Ausdruck eines einzigen Vernichtungsfeldzuges, den die Besatzungsmacht gegen Frankreich und seine Bevölkerung geführt hätte.[1152] Auf dieser Annahme baute er seine gesamte Darstellung auf und fasste die Gräueltaten dann lediglich in thematischen Blöcken zusammen. Eine nähere Differenzierung der Motive der Besatzer blieb dadurch aus. Deswegen setzte Dubost Deportationen aus politischen und aus „rassischen“ Gründen miteinander gleich und verkannte dadurch die dahinter stehenden Absichten auf deutscher Seite. Während die Verschleppung politischer Häftlinge in die Konzentrationslager des Reiches Teil der Bekämpfung des französischen Widerstandes war, bezweckten die Judendeportationen die systematische Ermordung einer ganzen Bevölkerungsgruppe und waren Teil eines europaweiten Vernichtungsprogrammes.[1153]

Dass die französische Anklage diesen Unterschied in ihrem Vortrag nicht herausstellte, hat ihr im Nachhinein den Vorwurf eingebracht, sie habe den Holocaust in ihrer Beweisführung nicht gebührend berücksichtigt oder gar bewusst

---

1150 Vgl. ebd., S. 285 f.; auch Huhle, Umgang, S. 4 ff.; Delmas-Marty/Fouchard/Fronza/Neyret, Crime, S. 14 f.

1151 Grynfogel, Spécificité, S. 55.

1152 Einige Historiker sind dieser von Dubost vertretenen These durchaus gefolgt. Bei der Bewertung der Repressalien der deutschen Besatzungsmacht in Frankreich sind die Positionen in der Forschung allerdings so gegensätzlich, dass bis heute kein Konsens gefunden werden konnte. Während die einen (z.B. Peter Lieb) davon ausgehen, dass sich das Vorgehen der Besatzer – von einzelnen Ausschreitungen abgesehen – im Rahmen der Vorgaben der Haager Landkriegsordnung bewegte, sind die anderen (z.B. Ahlrich Meyer) der Überzeugung, dass die Besatzer auch in Frankreich einen Weltanschauungskrieg führten, in dem sie – wie in Osteuropa – systematisch Kriegsverbrechen begingen; vgl. Eismann, Majestic; Lieb, Krieg; Meyer, Besatzung; Herbert, Vergeltung.

1153 Zu den nationalsozialistischen Judendeportationen aus Frankreich und den Hintergründen vgl. Klarsfeld, Vichy.

übergangen.[1154] Den Grund hierfür glauben manche Historiker in der angeblichen Absicht der französischen Anklagevertretung zu erkennen, die Mithilfe des Vichy-Regimes und seiner Behörden bei den Judendeportationen zu vertuschen.[1155] Da ein Thematisieren des Holocausts in Frankreich zwangsläufig auch die Frage nach der Rolle Vichys aufgeworfen hätte, hätte die französische Anklage in Nürnberg es vorgezogen, die ganze Angelegenheit stillschweigend zu übergehen.[1156] Auch wenn diese These auf den ersten Blick einleuchtend erscheinen mag, erweist sie sich bei näherer Betrachtung als unzutreffend. Überblickt man den gesamten Anklagevortrag, dann ist nicht zu übersehen, dass die Verbrechen an Juden dort breiten Raum einnahmen. Dubost kam auf die Deportationen von Juden mehrfach zu sprechen, in den Zeugenaussagen über die Konzentrationslager war hiervon ebenfalls immer wieder die Rede und Faure widmete einen Teil seines Vortrages ausschließlich der nationalsozialistischen Judenverfolgung.[1157] Léon Poliakov, als einer der Vertreter des CDJC vor Ort, stellte deswegen später zufrieden fest: „Die Frage der [...] antisemitischen Verfolgungen hat eine zentrale Rolle im Nürnberger Prozess gespielt."[1158] Die Zusammenarbeit mit dem CDJC zeigt zudem, dass die Delegation keinerlei Berührungsängste gegenüber jüdischen Interessensgruppen hatte, sondern im Gegenteil dankbar war, dass sie auf diesem Weg Zugang zu zusätzlichem Beweismaterial erhielt.[1159]

Ebenso wenig kann ernsthaft behauptet werden, dass die französische Anklage sich über Vichy und die Kollaboration ausgeschwiegen hätte. Gegenüber den alliierten Partnern war dies sicherlich ein heikles Thema, das man nicht unnötig breittreten wollte. Beispielsweise entschied de Menthon in seiner Eigenschaft als Chefankläger, das Protokoll einer Vernehmung von Otto Abetz, Hitlers Botschafter im besetzten Frankreich, nicht als Beweismittel in den Prozess einzubringen, weil dessen Aussage „unpassende Ausführungen"[1160] über die Politik Vichys enthielt. Auf der anderen Seite erklärte Dubost aber vor dem IMT auch ohne Umschweife: „Wir wissen leider alle, daß einige französische Verräter an den Verhaftungen und Erpressungen der Gestapo in Frankreich unter dem Befehl von deutschen Offizieren teilgenommen haben."[1161] Auch die Äußerungen der anderen Ankläger zeugen von einer relativ unverkrampften

1154 Vgl. Bloxham, Genocide, S. 101 f.; Marrus, Holocaust, S. 16.
1155 Vgl. Weinke, Prozesse, S. 49; auch Darnstädt, Nürnberg, S. 154 f.
1156 Vgl. Rousso, Juger, S. 270.
1157 Henri Monneray gab 1947 außerdem die Dokumentation „La persécution des Juifs en France et dans les autres pays de l'Ouest" über die französische Beweisführung in Nürnberg heraus, die ein ganzes Kapitel zum Thema „La collaboration des services de Vichy" enthält; vgl. Monneray, Ouest, S. 133–164.
1158 Poliakov, Nuremberg, S. 209.
1159 Unter anderem bedankte sich die Delegation mit einem offiziellen Schreiben an das CDJC für die Unterstützung; vgl. CDJC-Billig-Poliakov: De Menthon an Schneersohn, 2. Januar 1946.
1160 AD-NUOI 1944–1959/87: Lalouette, Schreiben Nr. 34, 8. März 1946, S. 4 f.
1161 IMT, 25. Januar 1946, Bd. 6, S. 200.

Haltung in dieser Frage.[1162] Ihre Wortwahl hingegen lässt unschwer den Geist der Résistance erkennen, der in der Nürnberger Delegation allgegenwärtig war: Man bezeichnete das Vichy-Regime als die damalige „De facto-Regierung", um dieser ihre Legitimität abzusprechen, und legte Wert auf die Feststellung, dass es sich bei den Kollaborateuren nur um eine kleine Zahl von Personen gehandelt habe.[1163] Von einer versuchten Vertuschung kann hier jedoch nicht ernstlich die Rede sein, zumal sich die Delegationsmitglieder in keiner Weise an der Legendenbildung beteiligten, die in der französischen Öffentlichkeit mit den Prozessen gegen Pétain und andere führende Kollaborateure eingesetzt hatte.[1164] Vielmehr ist an dieser Stelle einmal mehr der biographische Hintergrund der nach Nürnberg entsandten Juristen zu berücksichtigen: Als Mitglieder der Widerstandsbewegung waren diese darauf bedacht, sich von Vichy in aller Deutlichkeit abzugrenzen und gerade nicht die Politik des Regimes schönzureden.

In seiner Methodik weist der Anklagevortrag der französischen Delegation ebenfalls erhebliche Unterschiede zu den Darlegungen ihrer Verbündeten, insbesondere der Angelsachsen, auf. Während Amerikaner und Briten ihre Beweisführung auf erbeuteten deutschen Schriftstücken aufbauten und sich folglich bei der Darstellung der von ihnen behandelten Verbrechen ganz auf die Täter und deren Umfeld konzentrierten, nahm die französische Anklage die Opferperspektive ein.[1165] Am konsequentesten tat dies Dubost, indem er fast ausschließlich Opferberichte verwendete und anhand dieser Dokumente eine Vielzahl einzelner Gewaltverbrechen dokumentierte. Um auf diesem Weg den Nachweis über die Schuld der Angeklagten zu führen, argumentierte er, die Ausmaße der Verbrechen ließen sich nur durch eine zentral gesteuerte Politik und Anweisungen von höchster Ebene erklären. Dieses Vorgehen mag aus der Not geboren gewesen sein. Denn zweifellos war die

---

1162 Vgl. zum Beispiel Herzog: „In Frankreich wurde der Zwangsarbeitsdienst durch die Gesetzgebung der Pseudo-Regierung von Vichy eingeführt"; IMT, 18. Januar 1946, Bd. 5, S. 543; auch Gerthoffer: „So wie in allen überfallenen Ländern die Patrioten mit mehr oder weniger Mut den Eindringlingen Widerstand geleistet haben, so ist es auch gewiß, daß einige aus Weichheit, Furcht oder Gewinnsucht ihr Vaterland verraten haben. Sie sind verurteilt worden oder werden verurteilt werden. Dieses Verbrechen jedoch, das von einigen verübt wurde, kann keinen strafbefreienden oder strafmildernden Umstand zugunsten der Angeklagten bilden, und dies umso weniger, als gerade die Letzten diese Verräter in die leitenden Stellungen in den besetzten Gebieten eingesetzt hatten"; IMT, 21. Januar 1946, Bd. 5, S. 602.

1163 Eine solche, für die Résistance charakteristische Sichtweise stand in der Tradition der Argumentation von de Gaulles France libre, die sich nach Abschluss des deutsch-französischen Waffenstillstandes im Sommer 1940 zur rechtmäßigen Vertretung der französischen Nation proklamiert hatte; vgl. Crémieux-Brilhac, France.

1164 Pétain-Verteidiger behaupteten nach Kriegsende, dass die Kollaborationspolitik des Marschalls das Land vor noch größerem Unheil bewahrt habe und zum Schutz der französischen Bevölkerung unerlässlich gewesen sei; vgl. Azéma, Collaborations, S. 207 ff.; auch Azéma, Vichy; Martens, Frankreich.

1165 Zum Vorgehen der angelsächsischen Ankläger vgl. Tusa, Nuremberg, S. 101.

größte Schwachstelle der französischen Anklage, dass sie im Gegensatz zu ihren angelsächsischen Verbündeten kaum über hochkarätige „Täterdokumente“ verfügte, die sie in den Prozess einführen konnte. In jedem Fall aber verfolgten die Franzosen so eine Strategie, in der die Opferseite eine sehr viel stärkere Berücksichtigung erfuhr. Teil dieses Vorgehens war die Anhörung der insgesamt elf Zeugen, die persönlich vor dem IMT aussagten.[1166] Dubost sah hierin einen der „Hauptpunkte“[1167] der französischen Anklage und verwendete zwei komplette Sitzungstage fast ausschließlich auf die Zeugenaussagen. Der Kontrast zum Vorgehen der Angelsachsen konnte kaum größer sein: Bei den wenigen Zeugen, die diese anhörten, handelte es sich fast ausschließlich um hochrangige Nationalsozialisten wie Otto Ohlendorf und Erich von dem Bach-Zelewski, die vor dem IMT Angaben zu internen Entscheidungsabläufen machten und ihr Hintergrundwissen preisgaben.[1168] Dagegen waren sämtliche Zeugen der französischen Anklage der Opferseite zuzurechnen, was seine Gründe hatte.[1169] Dubost und seine Mitarbeiter setzten auf den Eindruck, den die erschütternden Schilderungen KZ-Überlebender bei Gericht und Öffentlichkeit hinterlassen würden. Sorgsam wählten sie mit Unterstützung der FNDIRP die anzuhörenden Personen aus.[1170] Marie-Claude Vaillant-Couturier beispielsweise verdankte ihre Anhörung dem Umstand, dass die Delegation in Nürnberg auch eine Frau in den Zeugenstand rufen wollte.[1171] Die Strategie Dubosts ging in jedem Fall auf. In der amerikanischen Anklagebehörde musste man bald feststellen,

---

1166 Zum Vergleich: Noch mehr Zeugen (13) lud die sowjetische Anklage vor, die amerikanische (8) und die britische (4) Anklage riefen dagegen deutlich weniger Zeugen auf; vgl. IMT, Bde. 2–22.

1167 IMT, 29. Januar 1936, Bd. 6, S. 359.

1168 Vgl. IMT, 3. Januar 1946, Bd. 4, S. 344–393 (Ohlendorf) und ebd., 7. Januar 1946, Bd. 4, S. 528–551 (Bach-Zelewski); Amerikaner und Briten riefen jeweils nur einen Vertreter der Opferseite in den Zeugenstand: die Amerikaner Franz Blaha, der im KZ Dachau inhaftiert gewesen war (vgl. IMT, 11./14. Januar 1946, Bd. 5, S. 191–228), die Briten Israel Eisenberg, den man in das KZ Majdanek deportiert hatte (vgl. IMT, 7. August 1946, Bd. 20, S. 528 ff.).

1169 Ähnlich verfuhr mit einigen Abstrichen lediglich die sowjetische Anklage, die ebenfalls mehrere Überlebende deutscher Gewaltverbrechen in den Zeugenstand rief, darunter Avrom Sutzkever; vgl. IMT, 27. Februar 1946, Bd. 8, S. 333–362; auch Sutzkever, Témoignage.

1170 Durch die Zusammenarbeit mit Deportiertenverbänden wie FNDIRP, die der Delegation die Zeugen vermittelte, erklärt sich auch, warum vor allem Überlebende der Konzentrationslager Buchenwald und Mauthausen in Nürnberg aussagten. Die Deportiertenverbände hatten ihre Wurzeln in den Organisationsformen, die französische Häftlinge bereits in deutscher KZ-Haft, vornehmlich in Buchenwald und Mauthausen, geschaffen hatten. Die dann nach dem Krieg gegründeten Vereinigungen wurden daher von Heimkehrern aus diesen beiden Lagern dominiert; vgl. Wolikow, FNDIRP, S. 27–61; auch Fabréguet, Mauthausen, S. 573–585; Lalieu, Buchenwald.

1171 Vgl. Kohl, Zeugenhaus, S. 110.

dass die Aussagen der französischen Zeugen für „beträchtlichen Gesprächsstoff außerhalb des Gerichtssaals“[1172] sorgten. Vor allem die Aussage Vaillant-Couturiers hinterließ deutliche Spuren und wurde von zahlreichen Beobachtern als einer der bewegendsten Momente des gesamten Prozesses betrachtet.[1173] Außerdem gaben die Zeugenvernehmungen den Ländern die Möglichkeit, vor dem IMT zu sprechen, die an dem Prozess selbst nicht mitwirken konnten. Im Rahmen des französischen Anklagevortrages kamen so auch ein norwegischer, ein luxemburgischer, ein niederländischer und ein belgischer Repräsentant zu Wort. In einem Prozess, in dem die Täter im Mittelpunkt des Interesses standen, muss es daher als Verdienst der französischen Anklage angesehen werden, dass sie auch der Opferseite Gehör verschaffte.[1174]

Allerdings wäre eine strikte Abgrenzung zur Art der Beweisführung der Angloamerikaner hin schwierig, da sich die französischen Anklagevertreter dem Einfluss und den Wünschen ihrer Verbündeten nicht gänzlich entziehen konnten und ihre Darlegungen auch methodische Unterschiede aufweisen. Differenzen in dieser Frage gingen hinauf bis in die Spitze der Delegation: Dubost hielt während des Prozesses unbeirrt an seinem zeitaufwendigen Konzept fest und nahm eine Reihe von Zusammenstößen mit dem vorsitzenden Richter Geoffrey Lawrence in Kauf, der ihn ungeduldig drängte, seine Ausführungen abzukürzen und nicht zu sehr ins Detail zu gehen. Die im Gerichtssaal Anwesenden wurden in der Folge zu Zeugen einer Reihe von verbalen Scharmützeln, bei denen Lawrence erkennbar Zweifel an der Kompetenz des Anklägers zu säen versuchte. Jedenfalls verging keiner der sieben Sitzungstage, an denen Dubost sprach, ohne dass er mehrfach durch den Vorsitzenden unterbrochen und zurechtgewiesen wurde.[1175] Sein Kollege Faure dagegen war sehr viel eher bereit, seine anfänglichen Pläne abzuändern und mit seinem Vortrag den Erwartungen der Verbündeten zu entsprechen.[1176] Er selbst näherte sich in seiner Beweisführung über die deutsche Germanisierungspolitik der Methode der Angelsachsen an, freilich ohne jedoch über die exklusiven Beweisdokumente zu verfügen, die Jacksons Stab zur Hand hatte. Beobachter stellten deswegen schnell

---

1172 Sprecher, Nuremberg, Bd. 1, S. 584.

1173 Die französische Tageszeitung *Ce Soir* beispielsweise ließ ihrer Leser wissen: „Marie-Claude Vaillant-Couturier hat gesprochen und die Verbrecher haben den Kopf gesenkt“; Ce Soir, 2. Februar 1946.

1174 Als Gegenbeispiel zu Nürnberg gilt in dieser der Eichmann-Prozess in Jerusalem 1961. Dort rief die Anklage eine Vielzahl von KZ-Überlebenden in den Zeugenstand und rückte deren Aussagen ganz bewusst ins Zentrum ihrer Beweisführung; vgl. A. Wieviorka, Eichmann; A. Wieviorka, Témoin; auch Cesarani, Eichmann, S. 335–343.

1175 Vgl. IMT, 24. Januar 1946, Bd. 6, S. 153, S. 172 f. und ebd., 30. Januar 1946, Bd. 6, S. 368, S. 376 f. und S. 391.

1176 Die Haltung, die sein Kollege Dubost nach ihren Gesprächen über die einzuschlagende Vorgehensweise einnahm, nannte Faure in seinen Memoiren spöttisch „den Hauch einer Revolte“ gegenüber den Angelsachsen; Faure, Mémoires, Bd. 2, S. 32.

fest, dass der Ankläger Faure „viel mehr nach dem Geschmack des Gerichts“[1177] war als sein Kollege.

In anderen methodischen Fragen dagegen versuchte die französische Anklagebehörde, die anderen Delegationen geradezu zu imitieren. Zu den technischen Neuerungen, die im Prozess vor dem IMT zum Tragen kamen, gehörte die Verwendung von Filmen als Beweismitteln.[1178] Von dieser Möglichkeit machte zuerst der amerikanische Anklagestab Gebrauch und führte im Gerichtssaal auf einer eigens dafür installierten Leinwand mehrere Filme vor. Darunter war die Dokumentation „Nazi Concentration Camps“, die die Zustände in Bergen-Belsen und anderen Konzentrationslagern zeigte, wie die westalliierten Streitkräfte sie bei deren Befreiung vorgefunden hatten.[1179] Der Film sorgte für allgemeines Entsetzen und Fassungslosigkeit, selbst bei den Angeklagten.[1180] Auf französischer Seite wollte man nicht hinter den Verbündeten zurückstehen, so dass man seinerseits eine Filmvorführung in den eigenen Anklagevortrag mit einbaute.[1181] Allerdings verfügte der Anklagestab im Gegensatz zu den Amerikanern über keinerlei Filmmaterial, das die Schrecken in den deutschen Konzentrationslagern oder andere schwere Gewaltverbrechen dokumentierte. Er musste sich daher mit der freimaurerfeindlichen Propagandaproduktion „Forces occultes“ begnügen. Ähnlich verhielt es sich mit der anschließenden Lichtbildpräsentation, bei der Fuster eine Reihe von deutschen Propagandaplakaten erläuterte. Die gesamte Vorführung hatte einen sichtlich geringen Beweiswert und war offenkundig eher der Absicht geschuldet, ebenfalls von den neusten technischen Mitteln Gebrauch zu machen. Falco ging deswegen davon aus, dass seine Landsleute die Lichtbildpräsentation lediglich vornahmen, „um nicht hinter den Amerikanern zurückzustehen“[1182], und hielt Fusters Erläuterungen für „unnütz.“[1183]

Bewertet wurde der Anklagevortrag von den Zeitgenossen überwiegend positiv. Selbstverständlich war die französische Presse von Anfang an zur Stelle und berichtete umfassend über das Eröffnungsplädoyer, das de Menthon im Nürnberger Schwurgerichtssaal hielt. *Le Monde* titelte am nächsten Tag: „Frankreich klagt an und verlangt Gerechtigkeit“[1184] und druckte mehrere Auszüge aus der Rede ab.

1177 Taylor, Prozesse, S. 357.

1178 Vgl. Delage, Vérité; erstaunlicherweise analysiert Delage sorgsam die als Beweismittel verwendeten Filme der amerikanischen und der sowjetischen Delegation, lässt aber die Filmvorführung der französischen Anklage vollkommen unberücksichtigt.

1179 Vgl. IMT, 29. November 1945, Bd. 8, S. 476–479.

1180 Vgl. Gilbert, Tagebuch, S. 50 ff.

1181 Gleiches tat später auch die sowjetische Delegation, die in der Sitzung vom 19. Februar 1946 zur Dokumentierung von Verbrechen an der sowjetischen Zivilbevölkerung den Film „Die Grausamkeiten der deutsch-faschistischen Eindringlinge“ vorführte; vgl. IMT, Bd. 7, 19. Februar, S. 661.

1182 Falco, Juge, S. 74.

1183 Ebd.

1184 Le Monde, 18. Januar 1946.

Die meisten Zeitungen lobten das Plädoyer in den höchsten Tönen. „Klar, präzise, logisch“[1185], bilanzierte *Le Parisien libéré* und *Le Figaro* ließ seine Leser wissen, die Beunruhigung der Angeklagten über die Rede sei im Gerichtssaal deutlich erkennbar gewesen.[1186] Auch nach der Eröffnungsrede hielt das Medienecho an und die französische Presse begleitete die Darlegungen ihrer Landsleute vor dem IMT durchweg mit einer wohlwollenden Berichterstattung. Diese konzentrierte sich allerdings vor allem auf die neuen Erkenntnisse für die Öffentlichkeit, die der Anklagevortrag vor dem IMT enthielt. Denn die breite Masse der Franzosen erfuhr jetzt zum ersten Mal aus einer verlässlichen Quelle Details über die deutsche Besatzungspolitik und die Ausmaße der Verbrechen. Dabei bestimmten vor allem die Zahlen, die die Anklage in Nürnberg vorbrachte, die Schlagzeilen. Nach Gerthoffers Ausführungen über die Besatzungskosten titelte *Le Monde* beispielsweise: „557 Milliarden, das ist die Summe, die die Deutschen zu Unrecht als ihre Besatzungskosten in Frankreich eingefordert haben.“[1187] Erwartungsvoll sah die Berichterstattung jeweils den nächsten Enthüllungen entgegen. Während Dubost in Nürnberg das Wort hatte, meldete der *Franc-Tireur*: „29.660 hingerichtete Geiseln, davon 11.000 in Paris. [...] Erst in einigen Tagen werden wir die genaue Zahl der Deportierten kennen, die auf die große Reise ohne Rückkehr gegangen sind.“[1188] Aber auch sonst ließen sich aus den umfangreichen Darlegungen der Nürnberger Ankläger sensationelle Meldungen machen. „Nach Hitlers Plänen sollte die Reichsgrenze an der Seinemündung beginnen“[1189], berichtete *Combat* über die deutschen Annexionsabsichten. Die Leistung der französischen Anklagevertretung war dagegen eher ein Nebenaspekt, auf den die Presse gleichwohl auch regelmäßig zu sprechen kam. Wenn das der Fall war, geizten die Zeitungen in der Regel nicht mit Lob für ihre Landsleute. Die Zeitung *Résistance* zum Beispiel sah in Dubosts Erläuterungen eine „meisterliche Anklagerede“[1190], für *Ce Soir* argumentierte Faure vor dem IMT „auf eine intelligente und geordnete Art und Weise“[1191] und nach Meinung der Redaktion von *L'Aube* war Herzogs Vortrag gar „ein gerechter und schöner Erfolg“[1192] für Frankreich. Bei den Gesamtbewertungen war die Tonlage die gleiche. „In Nürnberg hat Frankreich

---

1185 Le Parisien libéré, Artikel: „Le besoin de justice des peuples martyrs sera satisfait“, 18. Januar 1946.

1186 Vgl. Le Figaro, Artikel: „M. de Menthon a prononcé le réquisitoire pathétique de la France martyrisée“, 18. Januar 1946.

1187 Le Monde, 24. Januar 1946.

1188 Franc-Tireur, Artikel: „Au procès de Nuremberg – Le massacre des otages“, 25. Januar 1946.

1189 Combat, 2. Februar 1946.

1190 Résistance, Artikel: „Nuremberg“, 25. Januar 1946.

1191 Ce Soir, Artikel: „De criminelles complicités ont aidé partout les nazis“, 5. Februar 1946.

1192 L'Aube, Artikel: „M. Jacques Herzog présente l'accusation contre le service du travail obligatoire“, 19. Januar 1946.

das Spiel gewonnen"[1193], ließ *France Soir* seine Leser bereits am 2. Februar 1946 wissen, also noch während des Anklagevortrages. Aus Sicht des Blattes nahmen die Ankläger eine niederschmetternde Beweisführung vor, an der vor allem die Zeugenaussagen der KZ-Überlebenden einen entscheidenden Anteil hatten.[1194] Auch die Medien in anderen Ländern thematisierten die französische Anklage. Zufrieden stellte die Delegation beispielsweise fest, dass im angloamerikanischen Raum namhafte Blätter wie die *New York Times* oder der *Daily Telegraph* ausführlich über das Eröffnungsplädoyer berichteten.[1195] Die BBC strahlte zudem Aufnahmen von der Zeugenaussage Vaillant-Couturiers und von Teilen von Dubosts Vortrag in einer ihrer Sendungen in französischer Sprache aus.[1196]

Innerhalb der Nürnberger Prozessgemeinde lagen die Dinge vordergründig ähnlich. Nachdem de Menthon vor dem IMT gesprochen hatte, berichtete Lalouette noch am selben Tag nach Paris, wie man die Eröffnungsrede im Gerichtssaal aufgenommen hatte: Demnach verfolgten die Angeklagten sie aufmerksam mit, mehrere von ihnen machten sich zahlreiche Notizen und wurden vor allem an den Stellen hellhörig, an denen sie namentlich erwähnt wurden.[1197] Die anwesenden internationalen Pressevertreter zeigten sich von der inhaltlichen Geradlinigkeit und Klarheit des Plädoyers beeindruckt.[1198] Ein Korrespondent der BBC erklärte Lalouette gegenüber, dass in Nürnberg zum ersten Mal „die Stimme der geschmähten Zivilisation"[1199] gesprochen habe. Im Anschluss an die Rede erreichten die Delegation Glückwünsche von allen Seiten und die Sprecher der anderen Anklagebehörden gratulierten de Menthon zu seinem Auftritt.[1200] Jackson, dessen Wertschätzung für den französischen Chefankläger sich in Grenzen hielt, räumte sogar vor seinen Mitarbeitern ein, dass die Rede sehr gut gewesen sei.[1201] Er scheute sich dann auch nicht, diese in einem persönlichen Schreiben an de Menthon als „glänzende Rede" und „wert der großen Tradition französischer Redegewandtheit"[1202] zu bezeichnen. Schmeichelnde Worte fand auch Fyfe, als er bei einem Dinner kurze Zeit später den philosophischen Gehalt des Plädoyers mit seiner Definition des Zivilisationsbegriffs und der Gegenüberstellung zur NS-Barbarei lobte.[1203] Biddle war sogar der Meinung, verglichen mit den anderen Plädoyers sei de

1193 France Soir, 2. Februar 1946.
1194 Vgl. ebd.
1195 Vgl. ADHS-135 J 195: La presse étrangère au sujet de l'exposé de M. de Menthon, undatiert.
1196 Vgl. AD-NUOI 1944–1959/87: Lalouette, Schreiben Nr. 21, 7. Februar 1946.
1197 Vgl. AD-NUOI 1944–1959/87: Lalouette, Telegramm Nr. 3, 17. Januar 1946.
1198 Vgl. AD-NUOI 1944–1959/87: Lalouette, Telegramm Nr. 5, 17. Januar 1946.
1199 Zitiert nach AD-NUOI 1944–1959/87: Lalouette, Telegramm Nr. 6, 18. Januar 1946.
1200 Vgl. AD-NUOI 1944–1959/87: Lalouette, Telegramm Nr. 23, 7. Februar 1946.
1201 Vgl. Taylor, Prozesse, S. 351.
1202 Beide: ADHS-135 J 190: Jackson an de Menthon, 18. Januar 1946.
1203 Vgl. AD-NUOI-1944–1959/87: Lalouette, Telegramm Nr. 6, 18. Januar 1946.

Menthons Rede „interessanter und in vielerlei Hinsicht bewegender als jede andere“[1204] gewesen.

Die Überschwänglichkeit, mit der die alliierten Partner de Menthon ihre Glückwünsche aussprachen, zeigt zweifellos, dass gerade die Eröffnungsrede mit ihrem geistesgeschichtlichen Ansatz tatsächlich einen nachhaltigen Eindruck auf die übrigen Prozessteilnehmer machte. Auch am Ende des gesamten Anklagevortrages zog Lalouette eine durchweg positive Bilanz und war voll des Lobes für den Anklagestab. In Nürnberg eruierte der Diplomat Anfang Februar 1946 die Stimmung unter den ausländischen Journalisten und meldete schließlich nach Paris, auch die Frankreich gegenüber sonst kritischsten Pressevertreter hätten die Darlegungen durch ihre klare Argumentation und schlüssige Beweisführung sichtlich beeindruckt.[1205] Er selbst ging in seiner Einschätzung sogar noch weiter: „Durch die Benennung der Art der Verbrechen ist es der französischen Anklage gelungen, die bisher präzisesten Beschuldigungen gegen die Angeklagten vorzubringen.“[1206]

Tatsächlich brachten jedoch nicht alle Prozessbeteiligten der Arbeit der Franzosen so viel Wertschätzung entgegen, wie Lalouettes Worte vermuten lassen. Für die führenden Repräsentanten der USA und Großbritanniens war nach den wochenlangen Darlegungen der eigenen Anklagestäbe das Wesentliche gesagt und die französische Anklage zog den Prozess nur unnötig in die Länge. Überhaupt war die Meinung, dass der Prozess als internationales Forum auch der Dokumentation der deutschen Verbrechen durch die betroffenen Länder diente und diese gebührend zu Wort kommen müssten, bei den Angelsachsen nicht sonderlich weit verbreitet. Biddle notierte jedenfalls schon am zweiten Tag der französischen Anklage ungeduldig: „Die Franzosen sind furchtbar langsam, Schritt für Schritt, mit wenig Neuem.“[1207] Noch deutlicher wurde sein britischer Richterkollege Birkett in seinen Tagebuchaufzeichnungen. Nach Gerthoffers Vortrag über den Raub von Kunstschätzen vermerkte er: „6. Februar. Heute, am 100. Tag des Prozesses, stellt der französische Ankläger mit einer ebenso klang- wie bedeutungslosen Stimme ein völlig nutzloses Exposé über die Plünderung von Kunstschätzen in Frankreich vor.“[1208] Gleiches dachte Birkett über die Darlegungen Mouniers und Quatres zur individuellen Schuld der Angeklagten einen Tag später: „7. Februar. Leider muss ich sagen, dass alle Themen, die heute behandelt wurden, eine Wiederholung von Dingen darstellten, die bereits von den anderen Delegationen erörtert wurden. Es ist schwer, nicht die Geduld zu verlieren, aber irgendwie geht es hier um das Ansehen Frankreichs.“[1209] In der Tat hatten die Amerikaner zahlreiche Fragen – neben dem Kunstraub auch die Zwangsarbeit oder das System der Konzentrationslager –

1204 Biddle, Authority, S. 407.

1205 Vgl. AD-NUOI 1944–1959/87: Lalouette. Le réquisitoire français et la presse étrangère, 6. Februar 1946.

1206 Ebd.

1207 Zitiert nach Tusa, Nuremberg, S. 191.

1208 Zitiert nach Hyde, Birkett, S. 505 f.

1209 Ebd., S. 506.

bereits behandelt, obwohl sie nach den Absprachen unter den Alliierten hierfür gar nicht zuständig waren. Die französische Anklage, die erst als dritte zum Zug kam, schien dadurch an mehreren Punkten schon Gesagtes lediglich zu wiederholen und keine neuen Impulse zu setzen.[1210] Der so entstandene Eindruck verband sich häufig mit der Annahme, sie hätte ohnehin fast nur Beweisdokumente aus der Sammlung der amerikanischen Delegation verwendet und kaum eigenes Material beigesteuert.[1211] Mit der Wirklichkeit haben derartige Behauptungen nichts zu tun: Von den 647 Dokumenten, die die Franzosen als Beweismittel vorlegten, stammten lediglich 191, also weniger als 30 Prozent, aus amerikanischen und britischen Beutearchiven.[1212] Den größten Teil ihres Beweismaterials bezog die Delegation also aus eigenen Quellen. Dubost beispielsweise verwendete für seine Darlegungen kaum ein angelsächsisches Beutedokument.

Trotzdem waren derartige Gerüchte dem Gesamteindruck, den der französische Anklagevortrag hinterließ, alles andere als zuträglich. Die angelsächsische Kritik muss außerdem vor dem Hintergrund der unterschiedlichen Vorstellungen, Erwartungen und Herangehensweisen an das Verfahren, aber auch der kulturellen Differenzen gesehen werden. Nicht frei von antifranzösischen Ressentiments neigten einige der amerikanischen und britischen Delegationsangehörigen ohne Zweifel zu einer von offener Geringschätzung geprägten Haltung gegenüber ihren Verbündeten. Diese konnte bis ins Klischeehafte reichen, wenn es beispielsweise hieß, die Franzosen hätten die Fertigstellung der Anklageschrift verzögert, weil sie die genaue Zahl der von den Deutschen geplünderten Champagnerflaschen in den Schriftsatz mit aufnehmen wollten.[1213] Für manch einen der angelsächsischen Juristen stand in der Folge von vornherein fest, dass der französische Anklagevortrag keine wichtigen Erkenntnisse bringen würde. Die Schwierigkeiten, die die Franzosen mitunter hatten, einer für sie ungewohnten Verfahrensordnung zu folgen, wurden in einer solchen Situation zudem schnell als Ausdruck von Unvermögen gewertet. Auch in den ständigen Unterbrechungen von Dubosts Vortrag durch den Gerichtspräsidenten sah man dann die Folge einer angeblichen Unfähigkeit des Anklägers. Tatsächlich stellte sich wiederholt heraus, dass Lawrence' Zurechtweisungen in der Sache unbegründet waren. Nachdem der vorsitzende Richter fälschlicherweise behauptet hatte, die französische Delegation hätte eine handschriftliche Randbemerkung aus einem deutschen Beweisdokument in der Übersetzung unterschlagen, sah er sich sogar zu einer förmlichen Entschuldigung bei Dubost veranlasst.[1214] Die Mitglieder des französischen Anklagestabes, die die ständigen Vorhaltungen des Gerichtspräsidenten ohnehin für willkürlich hielten,

1210 Vgl. Sprecher, Nuremberg, Bd. 1, S. 549.
1211 Vgl. Dodd/Bloom, Letters, S. 214.
1212 Vgl. IMT, Dokumentenindex, Bd. 13/14, S. 517–532.
1213 Vgl. Elwyn-Jones, Time, S. 104.
1214 Vgl. IMT, 30. Januar 1946, Bd. 6, S. 400.

registrierten das mit Genugtuung.[1215] Aber die Wahrnehmung auf angelsächsischer Seite blieb eine andere, wie beispielsweise die Briefe von Jacksons Stellvertreter Dodd zeigen, der sich gerne über Dubosts angebliche Dummheit echauffierte.[1216] Auf einer solchen Sichtweise fußen Behauptungen in amerikanischen und britischen Darstellungen, nach denen sich der Vortrag Dubosts durch „ein beispielloses Maß an Inkompetenz“[1217] ausgezeichnet habe. Zu einer objektiven Bewertung können derartige Einschätzungen jedoch wenig beitragen. Denn dass die französische Anklage ihrer Beweisführung eine eigene Strategie zugrunde legte und sich bewusst für ein anderes methodisches Vorgehen entschied, wird hier vollkommen übersehen.

Eine Bewertung der Leistung der französischen Ankläger angesichts des heutigen Forschungsstandes bringt schließlich einige Schwierigkeiten mit sich. Vom Standpunkt des Historikers mag man beispielsweise Herzog vorhalten, dass er in seinen Ausführungen dazu tendierte, bei sämtlichen Rekrutierungen von Arbeitskräften durch die deutschen Besatzer grundsätzlich Zwangsmaßnahmen zu unterstellen und eine vielschichtige Realität auszublenden, in der das Prinzip formaler Freiwilligkeit die erste Anwerbungsphase bestimmt hatte. Man mag Dubost anlasten, dass er der Komplexität des Partisanenkrieges in Frankreich nicht gebührend Rechnung trug und trotz einer prinzipiellen Unterscheidung doch immer wieder die Ermordung von unbeteiligten Zivilisten mit der kriegsrechtlich zulässigen Hinrichtung von Freischärlern vermengte. Eine solche Kritik jedoch würde den eigentlichen Zweck der Darlegungen verkennen. Das Ziel der französischen Anklagevertretung war schließlich einzig und allein, mit einer unzweifelhaften und durchschlagenden Beweisführung vor dem Richterkollegium des IMT und der Weltöffentlichkeit zu überzeugen. Zu bedenken ist ferner, dass man sich 1945 überhaupt erst daran machte, erste Nachforschungen zu den deutschen Verbrechen in Frankreich anzustellen und das Wissen über die Hintergründe begrenzt war. Ein Abgleich zwischen den Darlegungen der französischen Delegation in Nürnberg und heutigem Wissen darf also die zeitgenössische Informationslage nicht außer Acht lassen. Es kann deswegen nicht überraschen, dass insbesondere einige Zahlen aus dem Anklagevortrag deutlich nach unten korrigiert werden müssen. Dubost sprach in Nürnberg von 250 000 Personen, die aus Frankreich in deutsche Konzentrationslager und Gefängnisse deportiert wurden.[1218] Dagegen geht man in der Forschung heute von

1215 Vgl. AD-NUOI 1944–1959/87: Lalouette, Schreiben Nr. 21, 7. Februar 1946.

1216 Vgl. Dodd/Bloom, Letters, S. 222.

1217 Tusa, Nuremberg, S. 191.

1218 Vgl. IMT, 29. Januar 1946, Bd. 6, S. 363; von den 250 000 hätten 35 000 überlebt, so Dubost weiter. Er bezog sich an dieser Stelle auf eine Auskunft des Ministeriums für Kriegsgefangene, Deportierte und Flüchtlinge, die er als Beweisdokument F-497/RF-339 vorlegte; vgl. CDJC-Nuremberg-CCCXCIV/14. Andere Zahlen nannte das von Dubost ebenfalls verwendete Beweisdokument F-274/RF-301. Diesem Bericht zufolge kehrten von insgesamt 100 000 Personen, die aus politischen Gründen deportiert wurden, 12 Prozent und von 100 000 Personen, die aus „rassischen“ Gründen deportiert wurden, 1,5 Prozent aus Deutschland zurück; vgl. Rapport du Ministère des prisonniers & déportés sur la déportation et les mauvais traitements, vorgelegt

rund 135 000 Deportierten aus.[1219] Im Falle der Geiselexekutionen ist nicht nur die von Dubost genannte Gesamtzahl von knapp 29 660 Opfern übertrieben, sondern auch die Begriffsbestimmung unscharf: Die Erhebung des SRCGE, aus der diese Zahl stammte, deklarierte nämlich sämtliche Personen, die von deutschen Truppen im Rahmen der Widerstandsbekämpfung umgebracht wurden, zu erschossenen Geiseln, also unbeteiligte Zivilisten ebenso wie Résistance-Angehörige und bewaffnete Partisanen.[1220] Spätere Veröffentlichungen nannten niedrigere Zahlen, ließen eine klare Unterscheidung aber ebenfalls vermissen.[1221] Heutige Schätzungen gehen davon aus, dass im Rahmen der Widerstandsbekämpfung in Frankreich von den Besatzern insgesamt etwa 20 000 Menschen getötet wurden, darunter 5 000 Zivilisten.[1222] Geiselexekutionen im eigentlichen Sinne des Wortes fielen nachweislich etwa 1 000 Menschen zum Opfer.

Andere Zahlen des französischen Anklagestabes haben dagegen späteren Überprüfungen durchaus standgehalten. Dazu gehören vor allem die Angaben des französischen Instituts für Konjunkturforschung, auf die sich Herzog vor dem IMT berief: Demnach wurden insgesamt 2 600 000 Franzosen – Zivilisten und Kriegsgefangene – während des Zweiten Weltkrieges gezwungen, für die Kriegsanstrengungen NS-Deutschlands zu arbeiten. Von diesen deportierte man 876 000 ins Reichsgebiet.[1223] Die Zahl der Arbeiter, die in Deutschland aufgrund unzureichender Versorgung und infolge von Repressalien wie der Einweisung in ein Konzentrationslager ums Leben kamen, wird in der Forschung heute auf etwa 20 000 beziffert.[1224] Auch Gerthoffers Zahlenangaben über die wirtschaftliche Ausplünderung Frankreichs, insbesondere über die zu

als Dokument F-274 (Beweisstück RF-301), abgedruckt in: IMT, Beweisurkunden, Bd. 37, S. 116–187. In beiden Dokumenten sind die Opferzahlen offenkundig zu hoch angesetzt.

1219 Die Zahl umfasst zum einen 75 000 deportierte Juden, zum anderen 60 000 Personen, die wegen ihrer politischen Aktivitäten aus Frankreich verschleppt wurden. Von den deportierten Juden wurden die allermeisten ermordet (2 560 Überlebende), von den nichtjüdischen Deportierten kamen etwa 20 000 in deutscher Haft ums Leben; vgl. Lagrou, Guerres, S. 319 f.; Defrance/Pfeil, Nachkriegsgeschichte, S. 22; Klarsfeld, Vichy, S. 368–372.

1220 Vgl. IMT, 24. Januar 1946, Bd. 6, S. 154. Die Liste wurde von Dubost als Beweisdokument F-420/RF-266 vorgelegt; vgl. AN-BB 30/1796: Statistique des otages fusillés, fournie par les délégués régionaux du Service de recherche des crimes de guerre, undatiert.

1221 Vgl. Amouroux, Histoire, S. 75.

1222 Vgl. Lieb, Krieg, S. 412–415.

1223 Vgl. IMT, 19. Januar 1946, Bd. 5, S. 567; Durand, Reichseinsatz, S. 184; auch Herbert, Fremdarbeiter, S. 292–296.

1224 Vgl. Defrance/Pfeil, Nachkriegsgeschichte, S. 22; Herzog sprach vor dem IMT in diesem Zusammenhang von etwa 25 000 Toten; vgl. IMT, 19. Januar 1946, Bd. 5, S. 574.

„Besatzungskosten" deklarierten Tribute des Vichy-Regimes, sind durch spätere Untersuchungen bestätigt worden.[1225]

Alles in allem wird man der französischen Delegation deshalb zugestehen, dass sie trotz erheblichen Zeitdrucks, trotz äußerst eingeschränkter Ressourcen, trotz eines ständigen Mangels an jeglicher materieller Ausstattung und trotz einer ungewohnten Verfahrensordnung die an sie gestellten Anforderungen erfüllte. Das umfangreiche Beweismaterial, das die französischen Ankläger in Nürnberg vorlegten, war stichhaltig, ihre Argumentation inhaltlich fundiert und ihre Schlussfolgerungen überzeugend, wie nicht zuletzt die Bestätigung des Großteils der französischen Vorwürfe durch das Richterkollegium zeigt. Telford Taylor konstatierte im Nachhinein: „Wenn die Franzosen den Prozeß eröffnet hätten, wäre ihre Beweisführung sensationell gewesen."[1226] Da dies nicht der Fall war, wird man sie immerhin als solide bezeichnen können und festhalten, dass sie sich mit dem, was die anderen Delegationen vorbrachten, durchaus messen konnte. Zu Recht sprach de Menthon deshalb später von einem „sehr nützlichen Beitrag zur Anklage."[1227]

3.3 Das Verhältnis zur sowjetischen Delegation

Nach den Franzosen erhielt an vierter Stelle die sowjetische Anklage das Wort vor dem IMT. Am 8. Februar 1946 hielt der Chefankläger Roman Rudenko das Eröffnungsplädoyer im Namen der Delegation seines Landes.[1228] Die Tonlage der Anklage änderte sich jetzt nochmals grundlegend: Rudenko, ein energischer Mann, der in Nürnberg die Uniform eines sowjetischen Justizbeamten trug, geißelte die Verbrechen der „hitlerischen Henker"[1229] und der „deutschfaschistischen Räuber"[1230] in einer vierstündigen Rede.[1231] „Seine Ausdrucksweise ist direkt"[1232], konstatierte Roger Lalouette. Dem Diplomaten fiel insbesondere auf, dass Rudenko kaum eine irgendwie geartete juristische Konzeption entwickelte und damit die rechtlichen Grundlagen der Anklage deutlich machte, sondern eher eine bloße Aufzählung der einzelnen deutschen Verbrechen vornahm.[1233]

Diese war nur der Auftakt zu wesentlich detaillierteren Anschuldigungen, die Rudenkos Mitarbeiter im Anschluss vortrugen: In den folgenden drei Wochen, bis

1225 Vgl. Azéma, Munich, S. 107 f.
1226 Taylor, Prozesse, S. 360.
1227 ADHS-135 J 191: Bericht de Menthons, ca. 1966, S. 2.
1228 Vgl. IMT, 8. Februar 1946, Bd. 7, S. 166–219.
1229 Ebd., S. 167.
1230 Ebd., S. 180.
1231 Nichtsdestotrotz war Rudenko kein Militärstaatsanwalt: Vor seiner Berufung nach Nürnberg hatte er als Generalstaatsanwalt in der Ukraine amtiert; vgl. AD-NUOI 1944–1959/87: Lalouette, Schreiben Nr. 26, 6. Februar 1946; auch Antipow, Rudenko, S. 236 ff.
1232 AD-NUOI 1944–1959/87: Lalouette, Schreiben Nr. 26, 6. Februar 1946, S. 2.
1233 Vgl. ebd.

Ende Februar, konkretisierte die sowjetische Anklagebehörde ihre Vorwürfe gegen die NS-Führer und stellte ihr Beweismaterial vor. Ungeachtet dessen, was Briten und Amerikaner bereits zum zweiten Anklagepunkt dargelegt hatten, behandelten sie ausführlich die Verbrechen gegen den Frieden.[1234] Nach Lalouettes Einschätzung ging es der sowjetischen Anklagebehörde in erster Linie darum, den unumstößlichen Nachweis zu erbringen, dass es sich bei dem deutschen Angriff auf die Sowjetunion keineswegs – wie von der NS-Propaganda behauptet – um einen Präventivkrieg, sondern um einen von langer Hand geplanten Eroberungsfeldzug handelte.[1235] Zu diesem Zweck legten die Sowjets zahlreiche Beweisdokumente vor, die in die Hände ihrer Streitkräfte gefallen waren. Zum Spektakel geriet sodann „der sensationelle Auftritt“[1236] des in russische Gefangenschaft geratenen Generalfeldmarschalls Friedrich Paulus, der im Zeugenstand umfassend über Hitlers Kriegspläne aussagte und die angeklagten Militärs schwer belastete.[1237] Der Schwerpunkt der sowjetischen Anklage lag allerdings gemäß den Abmachungen der Alliierten auf Kriegsverbrechen und Verbrechen gegen die Menschlichkeit, die die deutschen Besatzer in Osteuropa begangen hatten. Ähnlich wie dies zuvor die französischen Anklagevertreter getan hatten, präsentierten ihre sowjetischen Kollegen dem Gericht in thematische Blöcke unterteilte Vorträge zu den beiden Anklagepunkten. Diese behandelten Gewaltverbrechen an der Zivilbevölkerung ebenso wie Morde an sowjetischen Kriegsgefangenen, die Judenverfolgung in den besetzten osteuropäischen Gebieten, Plünderungen und die Rekrutierung von Zwangsarbeitern.[1238] Die inhaltliche Stoßrichtung der sowjetischen Anklage deckte sich folglich weitgehend mit der französischen. Mehr noch ergänzten sie sich aufgrund der geografischen Aufteilung jeweils um die Geschehnisse in Ost- bzw. Westeuropa. Auf juristischer Ebene standen sich beide Delegationen demzufolge sehr nahe und bildeten ein gemeinsames Gegengewicht zu den Angelsachsen, die in ihrer Anklage das Führen eines Angriffskrieges in den Mittelpunkt rückten.

Die Zusammenarbeit mit der sowjetischen Vertretung erleichterte eine solche inhaltliche Übereinstimmung zweifellos. Nichtsdestotrotz wurde das gegenseitige Verhältnis in sehr viel höherem Maße von anderen Faktoren bestimmt: Der heraufziehende Kalte Krieg war auch in Nürnberg spürbar und zeigte sich in einem tiefsitzenden Misstrauen, das Sowjets und Angelsachen voneinander trennte.[1239] Ihren Platz in dieser Konstellation zu finden, gehörte für die französische Delegation zu

---

1234 Vgl. AD-NUOI 1944–1959/87: Lalouette, Schreiben Nr. 27, 11. Februar 1946. Anhang: Plan de travail de l'accusation soviétique au procès des principaux criminels de guerre allemands.

1235 Vgl. AD-NUOI 1944–1959/87: Lalouette, Schreiben Nr. 29, 14. Februar 1946; zur Kontroverse um die „Präventivkriegsthese“ in der Geschichtswissenschaft vgl. Kißener, Reich, S. 80 ff.

1236 AD-NUOI 1944–1959/87: Lalouette, Schreiben Nr. 29, 14. Februar 1946.

1237 Vgl. IMT, 11. Februar 1946, Bd. 7, S. 283–291.

1238 Vgl. IMT,13.–27. Februar, Bd. 7, S. 381-Bd. 8, S. 386.

1239 Vgl. ADHS-135 J 191: Bericht de Menthons, ca. 1966, S. 6.

den großen diplomatischen Herausforderungen, die der Prozess mit sich brachte. In Anbetracht der eigenen Differenzen mit den Amerikanern bemühte sie sich von Beginn an um einvernehmliche Beziehungen zu ihren sowjetischen Verbündeten. Um Konflikten vorzubeugen und eine mögliche Verstimmung der Sowjets zu vermeiden, veranlasste Lalouette beispielsweise die Abänderung einer Formulierung im Eröffnungsplädoyer der französischen Anklage. In der ursprünglichen Version hieß es:

> „Aber kann man von einer Einkreisung sprechen, wo doch Deutschland im Mai 1939 das Bündnis mit Italien hatte und am 23. August 1939 den deutsch-russischen Pakt bekommen hat?“[1240]

Ersetzt wurde dieser Satz auf Lalouettes Initiative hin durch:

> „Aber Deutschland hatte im Mai 1939 ein Bündnis mit Italien geschlossen, und kann man von einer Einkreisung durch die Alliierten sprechen angesichts des Abschlusses des deutsch-russischen Paktes vom 23. August 1939?“[1241]

Während die ursprüngliche Formulierung das Bestehen einer deutsch-sowjetischen Allianz nach Abschluss des Hitler-Stalin-Paktes suggerierte, war die Neufassung, die de Menthon dann in dem Plädoyer verwendete, in dieser Frage sehr viel zurückhaltender.[1242] Dass Rudenko und seine Mitarbeiter im Zweifel tatsächlich jedes Wort, das im Gerichtssaal gesprochen wurde, genau registrierten, zeigte sich nach der Rede de Menthons: Da der französische Chefankläger in einem Satz erwähnt hatte, dass „Millionen von Männern“[1243] der Sowjetunion im Kampf gegen NS-Deutschland gefallen seien, bedankte sich Rudenko hinterher überschwänglich für diese Würdigung der Opfer seines Landes.[1244] Derartige freundliche Gesten von französischer Seite mochten in den ersten Prozesswochen das gewünschte Einvernehmen gewährleisten. Jetzt, da die sowjetische Anklage das Wort hatte, wurden vor dem IMT jedoch Fragen aufgeworfen, die die zur Schau gestellte Harmonie unter den Verbündeten auf eine harte Bewährungsprobe stellten. Bei allen drei westlichen Delegationen sorgten manche Behauptungen der Sowjets für erhebliche Irritationen. Rudenko und seine Mitarbeiter machten unter anderem das Massaker von Katyn zum Teil ihrer Beschuldigungen gegen die NS-Führer. Im Frühjahr 1940 hatten Agenten des sowjetischen Geheimdienstes in einem Wald in der Nähe des Dorfes Katyn bei Smolensk mehrere tausend polnische Offiziere ermordet.[1245] Öffentlich bekannt wurde dieses Verbrechen, als deutsche Truppen nach ihrem Eintreffen in der Region Massengräber mit den Leichen der Opfer vorfanden. Im weiteren Verlauf

---

1240 AD-NUOI 1944–1959/87: Lalouette, Schreiben Nr. 8, 19. Januar 1946, S. 3.
1241 Ebd.
1242 Vgl. IMT, 17. Januar 1946, Bd. 5, S. 434.
1243 Ebd., S. 477.
1244 Vgl. AD-NUOI 1944–1959/87: Lalouette, Telegramm Nr. 6, 18. Januar 1946.
1245 Zu den Hintergründen des Massakers von Katyn und der über lange Jahre diskutierten Schuldfrage vgl. Borejsza, Katyn.

des Krieges lieferten sich die NS-Führung und die Sowjetregierung eine Propagandaschlacht, in der sie sich gegenseitig der Verantwortung für die Morde bezichtigten. Diesen Kampf um die Deutungshoheit gedachte die sowjetische Anklage in Nürnberg endgültig für sich zu entscheiden. Als angeblichen Beweis präsentierte sie dem Gericht den Bericht einer von Moskau gebildeten Untersuchungskommission, der die deutsche Schuld an der Mordaktion belegen sollte.[1246]

Noch unverfrorener verfuhren die Sowjets in der Frage des geheimen Zusatzprotokolls zum Hitler-Stalin-Pakt, mit dessen Abschluss das Deutsche Reich und die Sowjetunion im August 1939 ganz Osteuropa unter sich aufgeteilt hatten.[1247] Rudenko bezeichnete das Dokument, das die Verteidigung in den Prozess einbrachte, schlicht und ergreifend als Fälschung.[1248] Briten und Amerikaner hatten in beiden Fällen massive Zweifel an der sowjetischen Darstellung und fürchteten zu Recht, dass sie die Position der Anklage insgesamt schwächen würde. In der Tat nutzten die deutschen Verteidiger im weiteren Verlauf des Prozesses die so entstanden Angriffsflächen, indem sie zu Katyn eine Reihe von Gegenbeweisen vorlegten und versuchten, die Echtheit des Zusatzprotokolls zu beweisen.[1249] Angesichts dessen verfolgte man zwar auch auf französischer Seite das sowjetische Vorgehen mit unverkennbarer Skepsis. Lalouette berichtete dem Quai d'Orsay detailliert, wie beide Seiten argumentierten und auf welche Quellen sie sich beriefen.[1250] Der Diplomat selbst enthielt sich allerdings wohlweislich eines jeden Kommentars über die Glaubwürdigkeit der sowjetischen Angaben. Grundsätzlich war in der Delegation das Vertrauen in die sowjetischen Bündnispartner aber ungleich größer als bei den Angelsachsen. Von der deutschen Täterschaft überzeugt, verfasste Delphin Debenest einen Artikel über die Hintergründe des Massakers von Katyn.[1251] Darin verteidigte er leidenschaftlich die sowjetische Darstellung und bezeichnete die Zeugen der deutschen Verteidigung als unglaubwürdig. Für Debenest stand am Ende des Prozesses fest: „Katyn, daran kann es keinen Zweifel mehr geben, ist ein Verbrechen der Nazis."[1252] Eine solche Fehleinschätzung resultierte offenkundig aus dem in der französischen Delegation noch stark verankerten Lagerdenken des Zweiten

1246 Vgl. IMT, 14. Februar 1946, Bd. 7, S. 469–472.

1247 Vgl. Azéma, Pacte.

1248 Vgl. AD-NUOI 1944–1959/89: Lalouette, Brief Nr. 84, 31. Mai 1946.

1249 Das Gericht vermied eine Positionierung in beiden Fragen: Das geheime Zusatzprotokoll wurde als Beweismittel nicht zugelassen. Im Fall Katyn standen sich bei Prozessende die Darstellungen der sowjetischen Anklage und der Verteidigung gegenüber. Im Urteil des IMT findet das Massaker aber keine Erwähnung; vgl. IMT, Bd. 1, Urteil, S. 189–386.

1250 Vgl. AD-NUOI 1944–1959/87: Lalouette, Schreiben Nr. 31, 1. März 1946; AD-NUOI 1944–1959/88: Lalouette, Schreiben Nr. 45, 3. April 1946; AD-NUOI 1944–1959/89: Lalouette, Schreiben Nr. 75, 22. Mai 1946, und Schreiben Nr. 82, 30. Mai 1946.

1251 Vgl. Nachlass Debenest: L'affaire de Katyn (mit handschriftlichem Vermerk Debenests: „Article publié dans un journal régional, rédigé par moi"), 7 Seiten, undatiert.

1252 Ebd., S. 7.

Weltkrieges. Debenest und die anderen Ankläger, die selbst in der Résistance gegen die deutschen Besatzer gekämpft hatten, tendierten zweifellos eher dazu, ihren sowjetischen Verbündeten Glauben zu schenken als den NS-Führern und deren Verteidigern.

Trotz dieser aufgeschlossenen Grundhaltung erschwerte im direkten Kontakt eine sprachliche und auch kulturelle Barriere den Umgang. Gewiss waren auch hier offizielle Freundschaftsbekundungen an der Tagesordnung, die zwischen den führenden Delegationsvertretern regelmäßig ausgetauscht wurden. Anlässlich des Jahrestages der Oktoberrevolution lud die sowjetische Delegation im November 1945 in eine ihrer Villen in Erlenstegen ein. Von allen Seiten wurden Toasts ausgebracht und Dubost amüsierte seine Gastgeber mit dem doppeldeutigen Ausspruch: „Frankreich ist bekannt als das Land der Revolution. Das können wir zugeben, ohne rot zu werden."[1253] Um den Jahrestag der Gründung der Roten Armee zu feiern, ließ Rudenko im Februar 1946 einen Empfang ausrichten, bei dem ebenfalls zahlreiche Franzosen zugegen waren.[1254] Im Gegenzug lud die französische Delegation den sowjetischen Chefankläger und seine Mitarbeiter zu einem Dinner nach Zirndorf ein.[1255] Aber jenseits des offiziellen Protokolls kamen kaum Kontakte zustande und das Innenleben der sowjetischen Gemeinde in Nürnberg blieb für die Franzosen ebenso wie für die Angelsachsen eine fremde Welt. „Die Delegation entsprach dem Bild, das man sich (auch ganz oberflächlich) von der sowjetischen Gesellschaft macht: ernst, steif, hierarchisch und voller herausragender und eminenter Repräsentanten"[1256], erinnerte sich Serge Fuster später. Eine Liebesbeziehung, wie sie die Übersetzerin Simone Herbulot Simonov mit einem Offizier der Roten Armee unterhielt, war vor diesem Hintergrund die absolute Ausnahme.[1257] Denn nur eine kleine Zahl von Franzosen war überhaupt in der Lage, sich mit den sowjetischen Verbündeten in deren Sprache zu verständigen. Die Zurückhaltung und Verschlossenheit, die diese im täglichen Umgang mit sämtlichen Ausländern an den Tag legten, taten ihr Übriges dazu.[1258] Über die Hintergründe einzelner Schritte oder bestimmter Vorkommnisse konnte man daher auch in der französischen Delegation nur spekulieren. Als beispielsweise im Mai 1946 N. D. Zorya, ein Mitglied von Rudenkos Anklagestab, in seiner Erlenstegener Villa ums Leben kam, brodelte die Gerüchteküche über.[1259] Die sowjetische Delegation gab offiziell bekannt, Zorya habe sich selbst tödlich verletzt, als er seinen Revolver reinigte und sich dabei ein Schuss löste. Nichtsdestotrotz wurden in der Nürnberger Prozessgemeinde von Selbstmord bin hin zu einer internen Abrechnung alle möglichen anderen Szenarien erwogen. Auch Lalouette

---

1253 Zitiert nach Taylor, Prozesse, S. 253.
1254 Vgl. AD-NUOI 1944–1959/87: Lalouette, Schreiben Nr. 32, 1. März 1946; auch Falco, Juge S. 78.
1255 Vgl. Faure, Mémoires, Bd. 2, S. 22 ff.
1256 Casamayor, Nuremberg, S. 59.
1257 Vgl. Herbulot, Fleurs.
1258 Vgl. Taylor, Prozesse, S. 251 f.
1259 Vgl. AD-NUOI 1944–1959/89: Lalouette, Schreiben Nr. 80, 28. Mai 1946.

beteiligte sich an den Mutmaßungen und wusste zu berichten, dass Zorya sich bei Mitgliedern der französischen Delegation mehrfach darüber beklagt hatte, nicht zu sich nach Hause zurückkehren zu dürfen. Der Diplomat schlussfolgerte daher: „Die Hypothese eines Selbstmordes ist plausibel."[1260]

Eine solche Atmosphäre des allgemeinen Argwohns schlug sich auch in der Zusammenarbeit der Anklagevertretungen nieder, wo gegenseitige Verdächtigungen an der Tagesordnung waren und schnell in Vertrauenskrisen münden konnten. Bestes Beispiel hierfür ist die sogenannte „Rechberg-Affäre", die die Prozessbeteiligten über mehrere Wochen beschäftigte: Im April 1946 teilte der Industrielle Arnold Rechberg, ein Bekannter von Ribbentrops Anwalt Fritz Sauter, dem Gerichtshof in einem Schreiben mit, was er von Sauters Ehefrau erfahren haben wollte. Rechberg zufolge waren in der Weihnachtspause 1945/1946 sowjetische Offiziere in Ribbentrops Zelle erschienen und hatten diesem angeboten, sein Leben am Ende des Prozesses zu schonen, wenn er in seiner Verteidigung keine Angaben über den Hitler-Stalin-Pakt und das geheime Zusatzprotokoll mache.[1261] Die Nachricht verbreitete sich an den Spitzen der vier alliierten Delegationen wie ein Lauffeuer und rief die absehbaren Reaktionen hervor. Rudenko war außer sich vor Wut – der sowjetische Chefankläger dementierte umgehend und sah in dem Brief ein weiteres Störmanöver der deutschen Verteidigung, das die Einheit der Anklagevertretungen untergraben sollte.[1262] Auf französischer Seite blieb man trotz aller Beteuerungen Rudenkos jedoch skeptisch. Dubost hielt es durchaus für möglich, dass die Sowjets Ribbentrop ein solches Angebot unterbreitet hatten. Noch skandalöser war aus seiner Sicht aber die Vorstellung, dass das US-Militär Mitglieder der sowjetischen Delegation unbeaufsichtigt mit einem Angeklagten hatte sprechen lassen – während bei den Vernehmungen, die seine Mitarbeiter führten, immer amerikanische Beobachter zugegen waren.[1263] Ruhe kehrte deswegen erst ein, als das Gericht in geschlossener Sitzung den Vorgang prüfte und feststellte, dass die Behauptungen Rechbergs offenkundig diffamatorischen Charakters und daher unglaubwürdig seien.[1264]

3.4 Die Konfrontation mit der Verteidigung

Mit den Darlegungen der sowjetischen Delegation endeten die Vorträge der vier Anklagevertretungen. Damit ging der Prozess in seine zweite Phase über. Der angelsächsischen Verfahrensordnung entsprechend hatte nun die Verteidigung das Wort. Sie konnte ihrerseits Beweismittel vorlegen, Zeugen laden und auch die

1260 Ebd.

1261 Vgl. AD-NUOI 1944–1959/89: Eidesstattliche Erklärung Rechbergs (in französischer Übersetzung), 10. April 1946.

1262 Vgl. AD-NUOI 1944–1959/89: Lalouette, Brief Nr. 84, 31. Mai 1946.

1263 Vgl. AN-BB 30/1796: Dubost an Champetier de Ribes, 18. Mai 1946.

1264 Vgl. AD-NUOI 1944–1959/89: Lalouette, Schreiben Nr. 98, 14. Juni 1946. Anhang: Incident Rechberg, session privée du tribunal.

Angeklagten selbst zu Wort kommen lassen, wenn diese als Zeugen in eigener Sache aussagten.

Verhandelt wurde nun nacheinander der Fall jedes einzelnen Angeklagten, was rund fünf Monate dauern und den Großteil der übrigen Sitzungstage des IMT in Anspruch nehmen sollte. Im Schwurgerichtssaal des Nürnberger Justizgebäudes sahen Zuschauer und Beteiligte gleichermaßen gespannt dieser zweiten Prozessphase entgegen, da man sich fragte, was die Verteidiger auf die Flut von Beweisen der Anklage und die massiven Beschuldigungen gegen ihre Mandanten erwidern würden. Vor allem aber wurde gerätselt, wie sich die angeklagten Hauptkriegsverbrecher selbst einlassen und welche Argumente sie zu ihrer Verteidigung vorbringen würden. Hier stand die direkte Konfrontation zwischen Anklage und Verteidigung bevor, da die NS-Führer, wenn sie selbst vor dem IMT aussagten, in einem Kreuzverhör auch den Vertretern der Anklage Rede und Antwort stehen mussten. Insbesondere diese Auseinandersetzungen waren dazu angetan, in dem häufig eintönigen Prozessprozedere für aufsehenerregende Spektakel zu sorgen. In der französischen Delegation war manch einer daher der Meinung, dass das bisher Vorgetragene eher den Charakter einer Voruntersuchung hatte und jetzt überhaupt erst der eigentliche Prozess anfangen würde.[1265]

„Mehr Interesse, wenn nicht sogar Sensationen“[1266] erwartete sich beispielsweise Edgar Faure von der nun beginnenden Prozessphase. Jedenfalls galt die Aufmerksamkeit der französischen Delegation spätestens jetzt den deutschen Verteidigern. Alle angeklagten NS-Führer, aber auch die Organisationen, verfügten über Anwälte, die wiederum Assistenten und andere Mitarbeiter beschäftigten. Als Sprecher der Verteidigung erhielten im Laufe des Prozesses insgesamt 34 Personen das Wort.[1267] Allein aufgrund der bloßen Anzahl der Verteidiger war es für die Franzosen daher schwierig, den Überblick zu behalten. Zudem handelte es sich um eine äußerst heterogene Gruppe. Die Biographien und die politischen Standpunkte der einzelnen Verteidiger wiesen mitunter große Unterschiede auf.[1268] Das Wissen hierüber war in der französischen Delegation jedoch ausgesprochen begrenzt. Die Angeklagten hatten ihre Verteidiger selbst benannt oder von einer Liste gewählt, die man ihnen nach der Zustellung der Anklageschrift vorgelegt hatte.[1269] Das war jedoch in der Vorbereitungsphase ohne französisches Zutun geschehen. Keiner der Verteidiger war in der französischen Besatzungszone ansässig oder hatte vor seinem Eintreffen in Nürnberg engere Kontakte zu französischen Stellen. Die meisten Angehörigen der Delegation sahen die Rechtsbeistände erstmals bei der Prozesseröffnung im Gerichtssaal.

1265 Vgl. AD-NUOI 1944–1959/87: Lalouette, Schreiben Nr. 30, 15. Februar 1946.
1266 Faure, Mémoires, Bd. 2, S. 27.
1267 Vgl. IMT, Bd. 1, Angeklagte und Verteidiger, S. 5 f.
1268 Zu den Nürnberger Verteidigern vgl. Seliger, Anwälte.
1269 Vgl. Taylor, Prozesse, S. 165 f.

Näheres über die einzelnen Verteidiger konnten sie allerdings auf den Fluren des Justizgebäudes, in Gesprächen mit den Mitgliedern anderer Delegationen oder von angereisten Journalisten erfahren. Von Zeit zu Zeit trafen außerdem Hinweise aus Paris ein. Im Dezember 1945 erreichte den Quai d'Orsay beispielsweise eine Mitteilung der französischen Botschaft in Basel, nach der Jodls Verteidiger in Nürnberg, der Münchener Juraprofessor Franz Exner, NSDAP-Mitglied und ein fanatischer Hitler-Unterstützer gewesen sei.[1270] Das Ministerium leitete die Information umgehend an die Delegation weiter. Diese hatte unterdessen in erster Linie Alfred Seidl im Blick, den Verteidiger von Frank und Heß. In der gesamten Nürnberger Prozessgemeinde war der Jurist, der später zum bayerischen Innenminister aufsteigen sollte, als Nazi verschrien.[1271] Den Ruf, er sei „der radikalste aller Nürnberger Anwälte"[1272], erarbeitete Seidl sich durch seine politischen Manöver: Vor dem IMT fiel er weniger durch eine effiziente Verteidigung seiner Mandanten, sondern vielmehr durch Provokationen auf, wie etwa den Versuch, das geheime Zusatzprotokoll zum Hitler-Stalin-Pakt als Beweismittel in das Verfahren einzubringen.[1273] „Seidl nutzt seine Redezeit vor allem, um Anspielungen auf einen deutsch-russischen Pakt zu machen und offensichtlich zu versuchen, einen Vorfall herbeizuführen, der die Repräsentanten der Sowjetunion in Verlegenheit bringt"[1274], beobachtete Falco.[1275] In anderen Fällen, beispielsweise bei Kurt Kauffmann und Hanns Marx, den Rechtsbeiständen von Kaltenbrunner und Streicher, glaubte der Richter dagegen eine offenkundige Distanz zwischen Anwalt und Mandant erkennen zu können.[1276]

Hierauf lag zweifellos das Hauptaugenmerk der Franzosen, deren größte Sorge eine mögliche ideologische Nähe zwischen den Verteidigern und den Angeklagten darstellte. Dubost und seine Mitarbeiter fürchteten, dass überzeugte Nationalsozialisten unter den Anwälten versuchen könnten, den Prozess für ihre politischen Zwecke zu instrumentalisieren. Anlass zu dieser Befürchtung gab es genug: Seidl und Exner waren bei weitem nicht die Einzigen, die NS-Organisationen angehört hatten. Das Misstrauen war daher groß und die Franzosen beäugten die deutschen Juristen in den Sitzungen des IMT argwöhnisch. Roger Lalouette registrierte sorgsam jedes Argument und jede Initiative der Gegenseite. Für den Quai d'Orsay verfasste er ausführliche Einschätzungen über das Auftreten jedes einzelnen Verteidigers. Vor allem

---

1270 Vgl. AD-Y-Internationale 1944–1949/53: Hoppenot. A. s. du professeur Exner, 7. Dezember 1945. Tatsächlich gehörte Exner nicht der NSDAP, wohl aber dem Nationalsozialistischen Rechtswahrerbund (NSRB) an; vgl. Seliger, Anwälte, S. 245 ff.

1271 Vgl. Falco, Juge, S. 86.

1272 Seliger, Anwälte, S. 358.

1273 Vgl. AN-BB 30/1796: Dubost an Champetier de Ribes, 5. Juni 1946.

1274 Falco, Juge, S. 86 f.

1275 Vgl. hierzu auch Taylor, Prozesse, S. 410.

1276 Vgl. Falco, Juge, S. 91 und 98.

die Schlussplädoyers, die die Anwälte nach der Vorstellung ihres Beweismaterials für ihre Mandanten hielten, unterzog der Diplomat einer eingehenden Analyse.[1277]

Jenseits von solchen bloßen Beobachtungen war das tatsächliche Wissen über die Verteidiger auf französischer Seite jedoch begrenzt, zumal es nur wenige Berührungspunkte zwischen beiden Gruppen gab. Man sah sich in den Sitzungen des IMT und ließ sich, wo dies nötig war, gegenseitig Kopien der eigenen Beweisdokumente für den nächsten Prozesstag zukommen.[1278] Diese rein technischen Abläufe waren jedoch kaum dazu angetan, einer tatsächlichen Annäherung den Weg zu ebnen und so blieb das Gros der Verteidiger der Delegation während des gesamten Prozesses fremd. Gleiches galt für die Wahrnehmung der Anwälte: Aus deren Sicht war die französische Delegation nur einer der zahlreichen Akteure, mit denen man sich in Nürnberg konfrontiert sah, und das Hauptaugenmerk eines jeden Verteidigers lag auf dem Fall des eigenen Mandanten. Dort war eine Auseinandersetzung mit den Argumenten der französischen Anklage freilich unter Umständen geboten, jedoch betraf dies keineswegs alle Verteidiger. Symptomatisch sind in diesem Zusammenhang die Tagebuchaufzeichnungen Viktor von der Lippes, eines Mitarbeiters von Raeders Verteidiger Walter Siemers.[1279] Die Anklage gegen Raeder überließ die französische Delegation voll und ganz ihren Verbündeten. Sie selbst leistete hierzu keinen eigenen Beitrag und befand sich dadurch außerhalb des Blickfelds der Verteidigung des Großadmirals. Lippe, der den gesamten Prozess aufmerksam mitverfolgte, hielt von den französischen Teilnehmern in der Folge nur ein paar allgemeine Eindrücke fest. „Die französischen Ankläger verwenden immer wieder allgemeine Formulierungen mit dem deutlichen Bestreben, das ganze deutsche Volk für ‚schuldig' zu erklären. In dieser Hinsicht gehen sie [...] viel weiter als die Angelsachsen"[1280], beobachtete der Verteidiger zum Beispiel oder erwähnte in seinen Notizen an anderer Stelle beiläufig „die üblichen Dokumentenkonflikte zwischen Vorsitzendem und französischem Anklagevertreter."[1281] Namentlich bekannt aus dem französischen Anklagestab waren von der Lippe überhaupt nur de Menthon, Champtier de Ribes und Dubost.[1282]

Das begrenzte Wissen über die jeweils andere Seite hielt beide Gruppen jedoch nicht davon ab, sich in der zweiten Prozesshälfte zahlreiche verbale Scharmützel zu liefern. Bei den Anwälten stieß vor allem die Kollektivschuldthese der Franzosen auf

---

1277 Vgl. zum Beispiel Lalouettes Analysen der Plädoyers der Verteidiger von Rosenberg und Sauckel: AD-NUOI 1944–1959/90: Lalouette, Schreiben Nr. 126, 15. Juli 1946 (Rosenberg), und Schreiben Nr. 138, 23. Juli 1946, (Sauckel).

1278 Vgl. Lippe, Tagebuchnotizen, S. 103: „Die Franzosen geben uns laufend Kopien der von ihnen herangezogenen Dokumente in deutscher Übersetzung." (Tagebucheintrag von 19. Januar 1946).

1279 Vgl. Lippe, Tagebuchnotizen.

1280 Ebd., S. 112.

1281 Ebd., S. 118. Mit dem französischen Anklagevertreter ist an dieser Stelle Charles Gerthoffer gemeint (Eintrag vom 6. Februar 1946).

1282 Vgl. ebd., S. 99, 112 f. und 412.

wenig Gegenliebe. Keitels Verteidiger Otto Nelte bezeichnete sie im Schlussplädoyer für seinen Mandanten als „ungeheuer“[1283] und polemisierte: „Wenn das Gericht [...] zu dem Ergebnis kommen sollte, daß das ganze deutsche Volk schuldig ist, dann würde jeder Deutsche für unabsehbare Zeit mit einem Makel behaftet sein, mit dem Kainszeichen, das schließlich zur Vernichtung dieses Volkes und zu seiner Auflösung führen müßte.“[1284] Umgekehrt sorgten auch auf französischer Seite Behauptungen einzelner Anwälte oder von diesen vorgebrachte Beweisanträge für Unmut und führten mitunter zu einem offenen Schlagabtausch. Mit juristischen Fragen, die es zu klären galt, hatten diese Auseinandersetzungen im Normalfall recht wenig zu tun. Hier trat vielmehr die ganze politische Dimension des Nürnberger Prozesses zu Tage. Es ging um die Deutungshoheit über die Ereignisse der vergangenen Jahre und das Bild, das in den Sitzungen des IMT vor der Weltöffentlichkeit entstand, also darum, was die Menschen, die den Prozess mitverfolgten, von der französischen Kriegsführung im Kampf gegen NS-Deutschland, der Kollaboration, der Résistance, dem Vichy-Regime und von Frankreichs Beitrag zum Sieg der Alliierten denken würden. So konnte die französische Anklage durch einen Einspruch gegen die Ladung von Georges Scapini als Zeugen das Erscheinen eines hochrangigen Kollaborateurs vor dem IMT verhindern.[1285] Scapini hatte als Sonderbotschafter für die französischen Kriegsgefangenen in Deutschland dem Vichy-Regime gedient, weshalb die Verteidigung seine Anhörung beantragte.

Bei einer anderen Gelegenheit protestierte Dubost gegen ein Beweisdokument der Verteidigung, in dem ein Zeuge behauptete, er habe im April 1940, also vor dem Angriff der Wehrmacht, französische Truppen in Belgien gesehen.[1286] Dubost nahm das zum Anlass, vor dem IMT in aller Form eine solche Verletzung der belgischen Neutralität durch sein Land zu bestreiten und klarzustellen, dass erst nach dem deutschen Überfall auf Belgien französische Truppen in das Nachbarland entsendet worden seien. Für erhebliches Missfallen bei den Franzosen sorgte außerdem Speers Verteidiger Hans Flächsner, der das Schlussplädoyer für seinen Mandanten mit einer Reihe von Angriffen auf die französische Anklagebehörde anreicherte. Unter anderem bezeichnete er die Vichy-Regierung als die „rechtmäßige Nachfolgerin der vor der Besetzung im Amt befindlichen Regierung“[1287] und wies auf die diplomatische Anerkennung Vichys durch zahlreiche Staaten der Welt hin. Vor dem Hintergrund der aufgeheizten politischen Atmosphäre und der öffentlichen Debatten in ihrem eigenen Land empfanden die Franzosen ein solches Insistieren auf der angeblichen Legalität Vichys offenkundig als Provokation, die sie allerdings noch kommentarlos hinnahmen. Zum Einschreiten sahen sie sich jedoch veranlasst, als Flächsner fortfuhr und erklärte, die Kollaboration mit NS-Deutschland hätte

---

1283 IMT, 8. Juli 1946, Bd. 17, S. 657.
1284 Ebd.
1285 Vgl. IMT, 25. Februar 1946, Bd. 8, S. 254 ff.
1286 Vgl. IMT, 23. Mai 1946, Bd. 14, S. 395 f.
1287 IMT, 23. Juli 1946, Bd. 19, S. 203.

keineswegs „der wahren Volksmeinung des französischen Volkes widersprochen."[1288] Hieraufhin versuchte die Delegation eine eigene Erklärung als Gegendarstellung zu verlesen, scheiterte aber am Veto des Gerichts, das sie auf einen späteren Zeitpunkt vertröstete.[1289] Die Zurückweisung eines solchen Einspruchs konnte freilich die jeweilige Gegenseite, also in diesem Fall Speers Verteidigung, als Erfolg verbuchen. Eindeutige Sieger gab es in diesen vor allem polemischen Auseinandersetzungen allerdings nicht. Denn hier wurde zwar offensichtlich, welche gegensätzlichen Positionen das französische Anklageteam und die Sprecher der Verteidigung vertraten, für die Urteilsfindung waren die Kontroversen jedoch kaum bedeutsam.

In einer solchen Situation war es die Ausnahme, dass sich engere Kontakte zwischen einzelnen Verteidigern und der französischen Delegation entwickelten. Dennoch war dies keineswegs ausgeschlossen. Der Rechtsanwalt Hans Wittmack, ein Mitarbeiter von Görings Verteidiger Otto Stahmer, wandte sich im Juni 1946 in einem Schreiben an die französische Anklagebehörde, in dem er über den Prozess hinausgehend seine Gedanken zu einer deutsch-französischen Zusammenarbeit beim Wiederaufbau Europas darlegte.[1290] Als Antwort auf das Eröffnungsplädoyer der Franzosen, dessen philosophischer Gehalt ihn offenkundig beeindruckt hatte, nahm der Jurist hierin eine Gegenüberstellung der geistesgeschichtlichen Entwicklung in beiden Ländern vor und gestand den französischen Anklagevertretern zu, „dass sie auch ausserhalb [sic!] des engeren Prozesszweckes uns Deutschen viel zu sagen haben und deshalb unabhängig von ihm mehr noch als bisher diskutiert werden sollten."[1291] Von der inhaltlichen und intellektuellen Tiefe des französischen Eröffnungsplädoyers fühlten sich auch andere Verteidiger angesprochen. Für den Wiener Rechtsanwalt Gustav Steinbauer, der vor dem IMT Arthur Seyß-Inquart verteidigte, war die Rede „die beste rhetorische Leistung"[1292] der gesamten Anklage. Überhaupt kann Steinbauer, der im schweizerischen Fribourg studiert hatte und fließend Französisch sprach, wohl als der frankophilste unter den Verteidigern gelten.[1293] In jedem Fall stand er in Verbindung mit Fachkollegen jenseits des Rheins und suchte auch in Nürnberg, unabhängig von der Verteidigung seines Mandanten, den Austausch mit der französischen Delegation.[1294]

Lalouette berichtete daher über den österreichischen Juristen nach Paris: „Dr. Steinbauer ist Mitglied der Wiener Anwaltskammer und bringt gerne seine pro-alliierten Gefühle, seine von Bewunderung geprägte Sympathie für Frankreich und die Gewissenskonflikte zum Ausdruck, die bei ihm seine Rolle als Verteidiger

---

1288 Ebd., S. 204.

1289 Vgl. ebd., S. 226; der Protest wurde von Jean Jacques Lanoire vorgetragen; vgl. auch AD-NUOI 1944–1959/90: Lalouette, Telegramm Nr. 129, 24. Juli 1946.

1290 Vgl. FNSP-CD/05: Lalouette, Schreiben Nr. 103, 19. Juni 1946. Anhang: Brief Wittmacks, 11. Juni 1946.

1291 Ebd., S. 1.

1292 Steinbauer, Verteidiger, S. 37.

1293 Vgl. IFZW-NL 61/352: Lebenslauf Dr. Gustav Steinbauer, undatiert.

1294 Vgl. KVVI-Nachlass Steinbauer-4: Steinbauer an Paul Lépinoy, 16. Dezember 1946.

eines der Hauptkriegsverbrecher hervorrief."[1295] Eine solche Einschätzung zeigt, dass man in der Delegation durchaus bereit war, zwischen den Verteidigern und den angeklagten Hauptkriegsverbrechern zu differenzieren. Das änderte allerdings nichts daran, dass die Anwälte in der Wahrnehmung der französischen Anklagevertreter nicht nur einfache Fachkollegen, sondern auch Sprachrohre ihrer Mandanten und damit des besiegten NS-Deutschlands blieben. Am deutlichsten zeigt die französische Haltung wohl eine Geste Dubosts: Am Ende des Prozesses übergab er Seidl ein Exemplar seines Schlussplädoyers. Auf dem Schriftsatz hatte Dubost in einer persönlichen Widmung vermerkt, dass er Seidl zwar als Gegner, aber nicht als Feind ansehe.[1296]

3.5 Die Kreuzverhöre der französischen Anklage

Aufteilung der Kreuzverhöre

Wesentlich bedeutsamer als die verbalen Scharmützel mit den deutschen Anwälten waren die Kreuzverhöre, zu denen es in der zweiten Prozesshälfte kam. Hierbei handelte es sich um ein weiteres Charakteristikum der Prozessführung nach angloamerikanischem Recht, das in Nürnberg Anwendung fand. Die Angeklagten hatten die Möglichkeit, als Zeugen in eigener Sache auszusagen und sich zu den gegen sie vorgebrachten Vorwürfen zu äußern. Wenn sie hiervon Gebrauch machten, wurden sie zunächst durch den eigenen Verteidiger befragt, mussten sich aber im Rahmen eines Kreuzverhörs auch den Fragen der Anklagevertretung stellen. Die Zuschauer konnten dann einem „skandalträchtigen Spektakel"[1297] beiwohnen, brachte ein solches Kreuzverhör doch die unmittelbare Konfrontation der NS-Führer mit ihren Anklägern mit sich.

Eine der großen Fragen, die es bei der Kooperation der alliierten Delegationen zu klären galt, war, welche der vier Anklagebehörden das Kreuzverhör eines bestimmten Angeklagten übernehmen sollte. Die Angelsachsen hatten wenig Vertrauen in die Fähigkeiten ihrer französischen und sowjetischen Verbündeten, die das Kreuzverhör, ähnlich wie die deutschen Verteidiger, aus den Rechtssystemen ihrer Länder nicht kannten.[1298] In der Tat mussten sich die französischen Ankläger die Prozedur erst einmal von ihren Partnern erklären lassen.[1299] Für die individuellen Urteilssprüche am Ende des Prozesses konnte aber der Ausgang der Vernehmungen entscheidend sein. Amerikaner und Briten gedachten deswegen, den Großteil der Befragungen selbst durchzuführen und sich dabei vor allem die wichtigsten Fälle zu sichern. In das erste Kreuzverhör eines Hauptkriegsverbrechers gingen die Ankläger jedoch, ohne eine verbindliche Aufteilung untereinander vorgenommen zu haben,

1295 AD-NUOI 1944–1959/90: Lalouette, Schreiben Nr. 141, 24. Juli 1946.
1296 Vgl. Lippe, Tagebuchnotizen, S. 413.
1297 Darnstädt, Nürnberg, S. 176.
1298 Vgl. Taylor, Prozesse, S. 379.
1299 Vgl. Faure, Mémoires, Bd. 2, S. 48 f.

und so traten die Probleme offen zutage, vor denen die alliierten Delegationen standen. Vor dicht gefüllten Zuschauerrängen machte sich am 18. März 1946 Jackson persönlich daran, als erster Anklagevertreter Hermann Göring ins Kreuzverhör zu nehmen.[1300] Der Schlagabtausch, der nun folgte, gehört ohne jeden Zweifel zu den berühmtesten Abschnitten des Prozesses und geriet zum Fiasko für die amerikanische Anklagebehörde. Schlagfertig parierte Göring die Angriffe Jacksons, führte diesen in Teilen vor und wurde von der internationalen Presse am nächsten Tag zum Sieger im „Duell"[1301] mit dem Chefankläger ausgerufen. In den Augen Faures war der Grund hierfür folgender: „Herr Jackson beging den doppelten Fehler, einerseits seinen Gegner zu unterschätzen und andererseits zur sehr auf seine technischen Fähigkeiten und schließlich auf seine Technik selbst zu vertrauen."[1302] Um Boden für die Anklage gut zu machen, setzte Fyfe zu einem zweiten Verhör Görings an, in dem es ihm in der Tat gelang, diesen schwer zu belasten und seine Beteiligung an massiven Kriegsverbrechen nachzuweisen.[1303] Im Gerichtssaal sorgte dies für einen merklichen Stimmungsumschwung: „An den Tischen der Anklagevertretung kehrte wieder Erleichterung ein."[1304] Als Fyfe fertig war, begab sich als Dritter Rudenko ans Rednerpult und führte seinerseits nochmals ein Kreuzverhör durch, in dem er Göring über die deutsche Kriegsvorbereitung gegen die Sowjetunion befragte.[1305] Inzwischen waren zwölf Prozesstage vergangen, in denen sich die Beteiligten ausschließlich mit dem Fall Göring beschäftigt hatten. Mit wachsender Ungeduld verfolgte das Gericht daher die weitschweifigen Befragungen und drängte darauf, diese abzukürzen, um den Prozess nicht noch weiter in die Länge zu ziehen. Um diesem Wunsch entgegenzukommen, verzichtete die französische Anklagebehörde als Letzte auf eine eigene Befragung des Angeklagten.[1306]

Die Gefahr, dass der Prozess durch die zeitraubenden Kreuzverhöre ausufern und sich noch über viele Monate weiterschleppen würde, wurde den vier Anklagevertretungen am Beispiel von Görings Fall deutlich vor Augen geführt. Die Spitzen der vier Anklagestäbe bemühten sich danach, sich untereinander abzusprechen und für die nun folgenden Fälle der anderen Angeklagten eine klare Arbeitsteilung vorzunehmen. In einer Art Grundsatzentscheidung beschlossen sie, dass das eigentliche Kreuzverhör jedes Angeklagten immer nur durch den Vertreter einer der vier Delegationen geführt werden sollte. Nach diesem Hauptverhör sollte noch der Sprecher einer zweiten Anklagebehörde die Möglichkeit haben, ergänzende Fragen zu stellen und noch nicht behandelte Themen anzuschneiden. Als es sodann um die Aufteilung der Verhöre ging, waren Dubost und seine Mitarbeiter recht bescheiden und akzeptierten widerspruchlos den angelsächsischen Führungsanspruch auf

1300 Vgl. IMT, 18. März 1946, Bd. 9, S. 464.
1301 Darnstädt, Nürnberg, S. 182.
1302 Faure, Mémoires, Bd. 2, S. 50.
1303 Vgl. IMT, 20. März 1946, Bd. 9, S. 632.
1304 Taylor, Prozesse, S. 403.
1305 Vgl. IMT, 21. März 1946, Bd. 9, S. 684.
1306 Vgl. IMT, 22. März 1946, Bd. 9, S. 720 f.

diesem Gebiet. Denn ganz offensichtlich hatte Jacksons blamabler Auftritt bei den Franzosen einen abschreckenden Effekt. Angesichts der Risiken, die ein jedes Kreuzverhör barg, hielt sich die Experimentierfreudigkeit in Grenzen und statt sich über die Maßen in einer unbekannten Disziplin zu versuchen, überließ man den Großteil der Fälle lieber bereitwillig den Angelsachsen. „Die Mitglieder der französischen Delegation waren nicht sehr erpicht darauf, in diesem Stadium das Wort zu ergreifen"[1307], erinnerte Faure sich später. Einer vorläufigen Abmachung zufolge entfielen jedenfalls nur zwei der anstehenden Hauptverhöre auf den französischen Anklagestab.[1308] Hierbei handelte es sich um die Fälle Sauckel und Seyß-Inquart. Diese Auswahl überrascht freilich nicht: In die zugehörigen Themenkomplexe, nämlich das deutsche Zwangsarbeitsprogramm und die Besatzungspolitik in den Niederlanden, war die Delegation bereits eingearbeitet und gegen beide Angeklagten hatte sie schon umfangreiches Beweismaterial präsentiert. Da war es nur naheliegend, dass französische Ankläger auch die entsprechenden Kreuzverhöre führten. Bei den ergänzenden Vernehmungen sollten die Franzosen ebenfalls zum Zuge kommen. Zunächst dachte man an die Fälle Rosenberg, Jodl und Speer, wozu es bei den letzten beiden dann jedoch aus Zeitgründen nicht kam.[1309] Denn auch der weitere Prozessverlauf war zahlreichen Verzögerungen und daraus resultierenden, kurzfristigen Programmänderungen unterworfen. Außerdem hatten die Abmachungen unter den Anklagebehörden lediglich informellen Charakter und es kam immer wieder vor, dass sich eine der vier Vertretungen darüber hinwegsetzte.[1310] Vor allem der sowjetischen Delegation widerstrebte die Dominanz der Angelsachsen bei den Kreuzverhören und in der Folge nahmen sowjetische Ankläger ungeachtet des Tuns ihrer Verbündeten mitunter umfangreiche Befragungen der einzelnen Angeklagten vor. Demgegenüber war der französische Anklagestab bei den Vernehmungen zweifellos der zurückhaltendste und am wenigsten aktive.

Ribbentrop und Rosenberg

Erstmals zum Zuge kam die französische Anklagevertretung mit einem ergänzenden Kreuzverhör bei der Befragung von Hitlers Außenminister Joachim von

---

1307 Faure, Mémoires, Bd. 2, S. 49.

1308 Vgl. AD-NUOI 1944–1959/88: Lalouette, Schreiben Nr. 49, 8. April 1946. Die Hauptverhöre der anderen Angeklagten wurden folgendermaßen aufgeteilt: USA: Göring, Kaltenbrunner, Rosenberg, Schacht, Funk, Schirach, Speer und Fritzsche; Großbritannien: Ribbentrop, Streicher, Dönitz, Raeder, Jodl, Papen und Neurath; Sowjetunion: Keitel und Frank. Die Kreuzverhöre von Entlastungszeugen der Angeklagten wurden fast ausschließlich von den beiden angelsächsischen Delegationen geführt. Die französische Anklagevertretung beteiligte sich hieran fast gar nicht; vgl. Taylor, Prozesse, S. 379.

1309 Vgl. ebd.; das Kreuzverhör mit Joachim von Ribbentrop, das Faure führte, war zu diesem Zeitpunkt bereits vorbei und ist deswegen nicht erwähnt.

1310 Vgl. AD-NUOI 1944–1959/89: Lalouette, Brief Nr. 62, 20. April 1946.

Ribbentrop.[1311] Das gegen diesen zuvor im Gerichtssaal präsentierte Belastungsmaterial war erdrückend. Aus den Beweisdokumenten der Angelsachsen ging unzweifelhaft hervor, dass der Außenminister sämtliche Angriffe des Deutschen Reiches auf andere Staaten, von der Besetzung Prags bis hin zum Überfall auf die Sowjetunion, voll und ganz unterstützt und auf diplomatischer Ebene orchestriert hatte. Auch seine Involvierung in massive Kriegsverbrechen war im Laufe des Prozesses bereits mehrfach zur Sprache gekommen. Dem wussten Ribbentrop und sein Verteidiger Martin Horn kaum etwas Substantielles entgegenzusetzen. „Mit einer monotonen Stimme, die die Geduld des Gerichts auf die Probe stellen zu wollen schien"[1312], wies Ribbentrop im Zeugenstand jede Schuld von sich. Er leugnete die Existenz von Kriegsplänen jedweder Art in der NS-Führung und behauptete ernsthaft, dass er sich als deutscher Außenminister um den Erhalt des Friedens in Europa bemüht hätte.[1313] „Insgesamt hat seine Argumentation darauf abgezielt, [...] die Verantwortung für den Krieg und für die Ausweitung des Konfliktes England zuzuweisen"[1314], resümierte Lalouette. Die Lügen in Ribbentrops Aussage und die Widersprüche zu den Beweisdokumenten waren jedoch so offensichtlich, dass es für die Anklage ein Leichtes war, sie zu widerlegen. In einem Kreuzverhör, das einen gesamten Sitzungstag dauerte, führte Fyfe den ehemaligen Außenminister nach allen Regeln der Kunst vor.[1315] In die Enge getrieben, gab Ribbentrop stellenweise dermaßen absurde Antworten, dass der Gerichtssaal in schallendes Gelächter ausbrach.[1316]

Am Morgen des nächsten Sitzungstages, dem 2. April 1946, musste Ribbentrop sich ein weiteres Mal in den Zeugenstand begeben und sich den Fragen der französischen Delegation stellen.[1317] Für diese trat Edgar Faure ans Rednerpult und brachte ein Thema zur Sprache, das Fyfe in seinem Kreuzverhör gänzlich ausgeklammert hatte: Die Beteiligung des Auswärtigen Amtes und Ribbentrops persönliches Mitwirken an der nationalsozialistischen Judenverfolgung. Faure hatte sich auf das Kreuzverhör sorgfältig vorbereitet und eine Reihe von Dokumenten zusammengestellt, mit denen er seinen Kontrahenten konfrontierte.[1318] Dabei handelte es sich in erster Linie um Schriftstücke, die aus der Sammlung des CDJC in Paris stammten. Diese zeigten, wie tief die deutsche Botschaft bei der Vichy-Regierung in die Judendeportationen aus Frankreich verstrickt gewesen war und dass sie Hand in Hand mit dem Reichssicherheitshauptamt zusammengearbeitet hatte. Faure legte unter anderem ein Schreiben vom Juni 1942 vor, in dem die Deutsche Botschaft den Chef der Sicherheitspolizei und des SD in Frankreich wissen ließ, dass sie sich bei der Vichy-Regierung für die Auslieferung von 50 000 Juden aus der unbesetzten Zone in Südfrankreich zur Deportation

1311 Zu Ribbentrop vgl. Bloch, Ribbentrop; Michalka, Ribbentrop.
1312 AD-NUOI 1944–1959/88: Lalouette, Schreiben Nr. 50, 9. April 1946.
1313 Vgl. IMT, 29. März 1946, Bd. 10, S. 314 f.
1314 AD-NUOI 1944–1959/87: Lalouette, Telegramm Nr. 56, 30. März 1946.
1315 Vgl. Bloch, Ribbentrop, S. 449.
1316 Vgl. IMT, 1. April 1946, Bd. 10, S. 366 ff. und S. 393 f.; Gilbert, S. 228.
1317 Vgl. IMT, 2. April 1946, Bd. 10, S. 446.
1318 Vgl. Faure, Mémoires, Bd. 2, S. 56 ff.

einsetzen werde.[1319] Der Dialog, der sich hieran anschloss, ist typisch für das gesamte Kreuzverhör:

> M. FAURE: War Ihnen dieser Schritt, der die Auslieferung von 50.000 Juden verlangte, bekannt?
> VON RIBBENTROP: Nein, das war er nicht. Ich habe das hier zum ersten Male gehört, als dieses Dokument, glaube ich, schon einmal verlesen worden ist.
> M. FAURE: Wenn Ihre Mitarbeiter [...] solche Schritte unternahmen, ohne Sie davon in Kenntnis zu setzen, ist das nicht ein Zeichen dafür, daß sie dachten, im Sinne ihrer allgemeinen Vorschriften zu handeln?
> VON RIBBENTROP: Nein, das glaube ich nicht; sie haben in Paris sehr selbständig gearbeitet [...] Aber ich habe von dieser Maßnahme über die 50.000 Juden nichts gewußt. Und ich weiß ja auch gar nicht, ob das nachher wirklich dazu gekommen ist, und in welcher Form die Herren sich da eingeschaltet haben. Das geht aus dem Brief gar nicht hervor, und ich weiß nur eines, daß meine generelle Weisung war, in diesen Dingen langsam zu treten und nach Möglichkeit die Dinge entsprechend meiner Grundauffassung zu überbrücken und nichts zu tun, um die Dinge etwa zu forcieren, sondern im Gegenteil zu applanieren.[1320]

Gegenüber den Vorhaltungen Faures wusste Ribbentrop sich wie schon zuvor nicht anders zu helfen, als jegliches Wissen um die Verbrechen, geschweige denn eine eigene Beteiligung einfach zu leugnen und allenfalls mit weitschweifigen Allgemeinplätzen am Thema vorbeizureden. „Jeder logische Zusammenhang fehlte“[1321], berichtete Faure später über die Argumentation seines Kontrahenten. Er selbst dagegen stellte präzise Fragen, die Faures juristischen Scharfsinn erkennen ließen, und konnte anhand des soliden Beweismaterials mühelos die Haltlosigkeit von Ribbentrops Behauptungen nachweisen.

Das wohl wichtigste Dokument, das Faure verwendete, war das Protokoll einer Besprechung zwischen Ribbentrop und Mussolini vom Februar 1943.[1322] Zuvor hatten die Behörden in der italienischen Besatzungszone in Südostfrankreich von deutscher Seite gewünschte, judenfeindliche Maßnahmen sabotiert. In der besagten Besprechung hatte der Reichsaußenminister Mussolini deswegen zur Rede gestellt und auf diesen unverhohlen Druck ausgeübt, eine Kooperation des italienischen Militärs bei den Judendeportationen zu veranlassen. Auf den ersten Hinweis auf die Unterredung war die französische Delegation in der Sammlung des CDJC gestoßen.[1323] Das Dokument selbst hatten ihr sodann ihre britischen Verbündeten ausgehändigt, in deren Beutearchiven sich ein Exemplar befand. Von Faure mit dem

1319 Vgl. CDJC-Nuremberg-XIXa/25a: Beweisdokument RF-1220.
1320 IMT, 2. April 1946, Bd. 10, S. 455 f.
1321 Faure, Mémoires, Bd. 2, S. 57.
1322 Vgl. CDJC-Nuremberg-CCCXXX/1: Beweisdokument D-734, vorgelegt als RF-1501.
1323 Vgl. CDJC-MDXXXV/23: Redeskript Monnerays, gehalten 1948 in London, 37 Seiten, S. 18 f.

Schriftstück konfrontiert, behauptete Ribbentrop wiederum, sich nicht erinnern zu können.[1324] Bei einer so eindeutigen Beweislage konnten die Ausflüchte des Angeklagten erneut nur hilflos, keinesfalls aber irgendwie glaubwürdig wirken. Wenige Monate später sollte auch der Gerichtshof das in aller Deutlichkeit feststellen. Die Urteilsbegründung gegen Ribbentrop zu den Anklagepunkten Kriegsverbrechen und Verbrechen gegen die Menschlichkeit liest sich wie eine Zusammenfassung von Faures Beweisvorlage.[1325] Beide Vorgänge, die Forderung an das Vichy-Regime nach der Auslieferung von 50 000 Juden und die Unterredung mit Mussolini, werden dort explizit erwähnt. Faure trug also ganz konkret zur Verurteilung Ribbentrops bei. Zufrieden konnte er sich daher am Tag des Kreuzverhörs noch vor der Mittagspause an den Tisch des französischen Anklagestabes zurückbegeben.[1326] Dort wurde aufgeatmet: Das Debüt der Franzosen in dieser ungewohnten Disziplin war geglückt und Faures Leistung konnte als klarer Erfolg für die Delegation verbucht werden. Ribbentrop dagegen blieb seinem Vorsatz treu, auch die offenkundigsten Tatsachen abzuleugnen, und beschwerte sich in seiner Zelle bei dem Gefängnispsychologen Gustave Gilbert darüber, dass Faure ihn vollkommen zu Unrecht zu einem Antisemiten gestempelt hätte.[1327]

Der Sitzungsordnung auf der Anklagebank entsprechend behandelte das Gericht als Nächstes die Fälle Keitel und Kaltenbrunner, in denen die Franzosen abermals nur Zuschauer waren. Aktiv in das Prozessgeschehen griff die Delegation erst wieder ein, als danach der Angeklagte Alfred Rosenberg im Zeugenstand Platz nahm.[1328] Anders als Ribbentrop trat dieser vor dem IMT selbstsicher und entschlossen auf, teilte jedoch dessen Hang zu weitschweifigen Monologen, die mitunter wenig mit den gegen ihn erhobenen Vorwürfen zu tun hatten. Unabhängig von seinen übrigen Funktionen war Rosenberg in erster Linie als der Parteiphilosoph der Nationalsozialisten bekannt.[1329] Zunächst von seinem eigenen Verteidiger Alfred Thoma befragt, nutzte er daher erwartungsgemäß die Gelegenheit, sich über seine Philosophie und seine Schriften wie den „Mythus des 20. Jahrhunderts" auszubreiten.[1330] Natürlich war das allenfalls ein indirekter Grund, warum er als Hauptkriegsverbrecher vor dem IMT vor Gericht stand. Denn vor allem aus Sicht der amerikanischen Anklagebehörde war Rosenberg in seiner Rolle als Chefideologe als der geistige Wegbereiter der Verbrechen NS-Deutschlands anzusehen. In dem Kreuzverhör, das zunächst Jacksons Stellvertreter Thomas Dodd führte, ging es jedoch um sehr viel konkretere Dinge: Es drehte sich um Rosenbergs Tätigkeit als Reichsminister für die besetzten Ostgebiete. Als solcher hatte er maßgebliche Verantwortung für eine verbrecherische Besatzungspolitik in den

1324 Vgl. IMT, 2. April 1946, Bd. 10, S. 458 ff.
1325 Vgl. IMT, Bd. 1, Urteil, S. 323 f.
1326 Vgl. IMT, 2. April 1946, Bd. 10, S. 467.
1327 Vgl. Gilbert, Tagebuch, S. 230.
1328 Vgl. IMT, 15. April 1946, Bd. 11, S. 491.
1329 Zu Rosenberg vgl. Piper, Rosenberg; auch Bollmus, Rosenberg.
1330 Vgl. IMT, 15. April 1946, Bd. 11, S. 496 ff.

eroberten sowjetischen Gebieten, der unzählige Menschen zum Opfer gefallen waren. Hier war die Beweislage so klar, dass Rosenberg vielfach nicht einmal versuchte, die Vorwürfe abzustreiten. Von Dodd in die Enge getrieben, räumte er unter anderem ein, dass er aus seinem Zuständigkeitsbereich systematisch Zwangsarbeiter ins Reich hatte deportieren lassen und dass er sich über die Massenmorde an den Juden vollkommen im Klaren gewesen sei.[1331] Im Anschluss an Dodd führte der sowjetische Chefankläger Rudenko zum selben Themenkomplex ein ergänzendes Kreuzverhör durch, in dem es zu heftigen Szenen kam. Immer wieder musste das Gericht einschreiten, um den Ton der in aller denkbaren Schärfe geführten Befragung zu mäßigen.[1332] Beide Kreuzverhöre belasteten Rosenberg, dessen Verteidigung ohnehin in der Sache so gut wie nichts zu seiner Entlastung hatte vorbringen können, in jedem Fall auf das Schwerste.[1333]

In dieser Situation schritt Henri Monneray in der Nachmittagssitzung vom 17. April 1946 für die französische Delegation als Letzter unter den Anklägern zu einem zweiten ergänzenden Kreuzverhör. Monnerays Fragen an den Angeklagten bezogen sich auf den von ihm geleiteten Einsatzstab Reichsleiter Rosenberg (ERR), der im besetzten Westeuropa im großen Stil Eigentum von jüdischen Privatleuten unterschlagen und fortgeschafft hatte. Hierzu hatte die französische Anklage bereits Beweismaterial vorgelegt, Monneray sprach den Angeklagten nun ohne Umschweife auf diese Vorgänge an:

> M. MONNERAY: Angeklagter Rosenberg! Stimmt es, daß Deportation und Hinrichtung der Juden in Frankreich Ihren Dienststellen die Möglichkeit gegeben haben, Wohnungseinrichtungen und Wertgegenstände dieser Juden zu beschlagnahmen?
> ROSENBERG: Es entspricht den Tatsachen, daß ich einen staatlichen Auftrag bekommen hatte, Archive, Kunstwerke und später Wohnungseinrichtungen der jüdischen Staatsbürger in Frankreich zu beschlagnahmen.
> M. MONNERAY: Die Massendeportationen der Juden konnten also den Ertrag Ihrer Beschlagnahmungsaktion nur vergrößern. Stimmt das?
> ROSENBERG: Nein, die Deportationen der Juden haben mit dieser Angelegenheit nichts zu tun. Sondern die Anregung zu diesen Maßnahmen erfolgte ausschließlich, während mir mitgeteilt wurde, daß die betreffende jüdische Bevölkerung in ihren Institutionen, Schlössern und Wohnungen nicht vorhanden war und Paris und andere Orte verlassen hatte und nicht zurückgekehrt war.
> M. MONNERAY: Wenn die Juden einmal deportiert waren, dann waren Sie eben abwesend, nicht wahr?[1334]

1331 Vgl. IMT, 17. April 1946, Bd. 11, S. 583 f. und S. 608.
1332 Vgl. ebd., S. 625 f. und S. 629.
1333 Vgl. auch die Zusammenfassung von Dodds und Rudenkos Kreuzverhör in: Piper, Rosenberg, S. 629 ff.
1334 IMT, 17. April 1946, Bd. 11, S. 640.

Mit seinen Fragen zielte Monneray offenkundig nicht nur darauf ab, Rosenbergs Verantwortungsbereich als Leiter des Einsatzstabes zu umreißen, sondern auch den grundsätzlichen Zusammenhang zwischen der Ermordung der Juden und der Plünderung ihres Hab und Guts deutlich zu machen. Es ging ihm darum, eine Komplizenschaft Rosenbergs bei dem Mordprogramm selbst herauszustellen. Dieser versuchte wenig überzeugend, einen solchen Zusammenhang zu bestreiten. Unter anderem behauptete der Angeklagte, nichts von den Deportationen französischer Juden in Konzentrationslager gewusst zu haben.[1335] In Anbetracht der Tatsache, dass seine eigenen Mitarbeiter aber die Wohnungen der Deportierten versiegelt und die Einrichtungsgegenstände beschlagnahmt hatten, mussten solche Beteuerungen völlig unglaubwürdig wirken. Zudem hakte Monneray in solchen Fällen nach und stellte so die Widersprüche in Rosenbergs Aussage deutlich heraus.[1336] Auch das Beweismaterial, das der Ankläger für das Kreuzverhör heranzog, war stichhaltig und kaum angreifbar.[1337] Rosenbergs Versuche, den Beschuldigungen durch ausweichende Antworten ihre Schlagkraft zu nehmen und die Bedeutung des Einsatzstabes herunterzuspielen, waren daher nicht von Erfolg gekrönt. In seinem Urteil am Ende des Prozesses sollte der Gerichtshof ihn auch für die Aktivitäten seines Einsatzstabes in Westeuropa verurteilen und diese als Kriegsverbrechen werten. In der Urteilsbegründung wird ausdrücklich auf die Plünderung von Wohnungen jüdischer Privatleute in Frankreich Bezug genommen.[1338]

Was die französische Seite betrifft, waren die Fälle Ribbentrop und Rosenberg damit sehr ähnlich gelagert. Bei beiden Angeklagten handelte es sich um Kriegsverbrecher ersten Ranges, deren Wirken sich über sehr unterschiedliche Bereiche erstreckte. Sie gehörten zu den wenigen NS-Führern, die vor dem IMT in allen vier Anklagepunkten für schuldig befunden wurden.[1339] Die Beweisführung, wie sie die alliierten Anklagevertretungen vornahmen und unter sich aufteilten, spiegelt die ganze Bandbreite dieser Verbrechen wider. Mit zwei souverän durchgeführten Kreuzverhören untermauerte die französische Anklagevertretung überzeugend einen Teil der Vorwürfe und leistete einen durchaus erheblichen Beitrag zur Verurteilung Ribbentrops und Rosenbergs.

Sauckel

Es vergingen eineinhalb Monate, bis im Nürnberger Schwurgerichtssaal die Verteidigung von Fritz Sauckel an der Reihe war. Für die französische Delegation bedeutete dies, dass sie nun erstmals die Aufgabe hatte, das Hauptverhör mit einem Angeklagten zu führen. Die Anklage gegen Sauckel bezog sich hauptsächlich auf

1335 Vgl. ebd., S. 642.
1336 Vgl. ebd., S. 643.
1337 Vgl. Beweisdokument PS-171, abgedruckt in: IMT, Beweisurkunden, Bd. XXV, S. 242–246, von Monneray als RF-1327 vorgelegt.
1338 Vgl. IMT, Bd. 1, Urteil, S. 333.
1339 Vgl. ebd., S. 324 und S. 334.

dessen Tätigkeit als Generalbevollmächtigter für den Arbeitseinsatz NS-Deutschlands, zum dem Hitler ihn im März 1942 ernannt hatte.[1340] Bis zu diesem Zeitpunkt war Sauckel ein altgedientes Parteimitglied gewesen und hatte als Gauleiter von Thüringen amtiert – allein das machte ihn jedoch nicht zu einem Hauptkriegsverbrecher, mit dem sich das IMT befasst hätte.[1341] In seinem neuen Amt war Sauckel daran gegangen, in den besetzten Gebieten Millionen von Zwangsarbeitern für die Rüstungsindustrie zu rekrutieren und diese nach Deutschland deportieren zu lassen. Bereits in ihrem Anklagevortrag hatten die Franzosen Sauckel deswegen als den Hauptschuldigen am deutschen Zwangsarbeitsprogramm gebrandmarkt und eine Vielzahl von Beweisdokumenten gegen ihn vorgelegt.

Sauckel selbst zählte zu den Angeklagten, die den intellektuellen und rhetorischen Anforderungen an eine überzeugende Verteidigung vor Gericht kaum gewachsen waren. „Ziemlich grobschlächtig"[1342] wirkte er auf Lalouette, der ihn im Gerichtssaal beobachtete. „[Sein] Gesicht schien mir eine abscheuerregende Niederträchtigkeit auszudrücken"[1343], berichtete Faure später. In einem Intelligenztest, den der Gefängnispsychologe Gustave Gilbert mit allen Angeklagten durchführte, hatte Sauckel am drittschlechtesten abgeschnitten.[1344] Bei seiner Aussage fiel es ihm sichtlich schwer, seinen Gedanken eine klare Struktur zu verleihen und den Sinn einer ihm gestellten Frage zu erfassen. Die Zuschauer hatten zudem Schwierigkeiten mit der Sprache, der er sich bediente. „Sauckel drückt sich in so schlechtem Deutsch aus, daß die Zuhörer geradezu leiden. Durch die Übersetzung ins Englische werden Grammatik und Satzbildung erheblich verbessert, so daß das Gericht die mangelhafte Sprache nicht voll zu hören bekommt"[1345], notierte von der Lippe. Vertreten wurde Sauckel von Robert Servatius, der 15 Jahre später als Verteidiger von Adolf Eichmann in Jerusalem bekannt werden sollte.[1346] Als das Gericht dem Juristen das Wort erteilte, bat dieser seinen Mandanten unverzüglich in den Zeugenstand und begann mit dessen Befragung.[1347] Was nun offensichtlich wurde, war eine „reichlich durchsichtige und oft an den Rand der Peinlichkeit führende Verteidigungsstrategie"[1348]: In seiner Aussage beschrieb Sauckel sich selbst als einen einfachen und bodenständigen Arbeiter, der sein Leben lang nur seine Pflicht getan hätte. In eine Führungsposition im NS-Staat gelangt, habe er sich immer ein tiefes Verständnis für die Nöte der Arbeiterschaft bewahrt und seine guten Absichten lediglich im Kompetenzkrieg mit den anderen

---

1340 Vgl. IMT, Anklageschrift, Bd. 1, S. 78 f.

1341 Zu Sauckel vgl. Raßloff, Sauckel; Lehnstaedt, Aufzeichnungen; Weißbecker, Sauckel.

1342 AD-NUOI 1944–1959/89: Lalouette, Schreiben Nr. 88, 4. Juni 1946, S. 1.

1343 Faure, Mémoires, Bd. 2, S. 25.

1344 Nur Streicher und Kaltenbrunner schnitten noch schlechter ab; vgl. Gilbert, Tagebuch, S. 36.

1345 Lippe, Tagebuchnotizen, S. 296.

1346 Zu Servatius vgl. Seliger, Anwälte, S. 181 ff.

1347 Vgl. IMT, 28. Mai 1946, Bd. 14, S. 662.

1348 Raßloff, Sauckel, S. 107.

NS-Potentaten häufig nicht umsetzen können, so der Angeklagte. Mit einer entwaffnenden Naivität erklärte er, dass er sich niemals Gedanken darüber gemacht hätte, ob die Zwangsrekrutierung von Arbeitern völkerrechtswidrig sei.[1349] Servatius kam sodann auf die Haager Landkriegsordnung zu sprechen und zog Frankreich als Beispiel heran. Dazu erklärte Sauckel, die Kontrakte über die Stellung von Arbeitskräften seien mit „einer ordentlichen französischen Staatsregierung“[1350] geschlossen worden und daher völkerrechtlich nicht zu beanstanden gewesen. Hierbei handelte es sich zweifellos um eines der Hauptargumente von Sauckels Verteidigung.[1351] „Der Angeklagte [...] versucht, sich hinter den Vereinbarungen zu verschanzen, die er angeblich in Paris mit den dortigen Stellen abgeschlossen hat“[1352], stellte Lalouette deshalb mit sichtlichem Missfallen fest. Von seinem Verteidiger angeleitet, ging Sauckel im Anschluss zu einer bewährten Methode über, von der alle Angeklagten vor dem IMT mehr oder weniger Gebrauch machten: Er bestritt einfach die Richtigkeit dessen, was die Anklage vorgebracht hatte.

Unter anderem wollte er das Gericht glauben machen, das Prinzip der Freiwilligkeit sei bei der Anwerbung von Arbeitern immer der von ihm verfolgte Grundsatz gewesen und Millionen von Arbeitern seien in der Tat aus freien Stücken nach Deutschland gekommen.[1353] Von seinen eigenen Worten aus dem Jahr 1944, nach denen unter den rund fünf Millionen Fremdarbeitern im Reich nicht einmal 200 000 Freiwillige waren, wollte er nun nichts mehr wissen: Hier müsse ein Fehler im Protokoll der Sitzung der Zentralen Planung vorliegen, so Sauckel. Dass es schließlich doch zur Einführung einer „Arbeitsdienstverpflichtung“ kam, war, wie er fortfuhr, nicht etwa auf seine Initiative zurückzuführen, sondern auf den Wunsch der Regierungen und Behörden der besetzten Länder. Demnach drängten französische, belgische und niederländische Stellen auf eine solche Maßnahme, damit die Arbeiter aus ihren Ländern sich auf die Gesetzeslage berufen könnten und dadurch der „propagandistische Druck der Gegenseite gemildert würde.“[1354] Man musste zweifellos viel Fantasie aufbringen, um sich etwas so Absurdes auszudenken. Im Fortgang seiner Aussage zeigte Sauckel aber, dass er durchaus fähig war, sich in seiner Darstellung noch weiter von der Realität wegzubewegen: Für Missstände aller Art waren im Zweifel örtliche Dienststellen allein verantwortlich.[1355] Sauckel selbst wollte selbstverständlich auch nichts mit den Deportationen der Arbeiter nach Deutschland zu tun gehabt haben, sondern dies sei allein Sache der Reichsbahn gewesen.[1356] Die Lebensbedingungen der Zwangsarbeiter hätten sich

1349 Vgl. IMT, 28. Mai 1946, Bd. 14, S. 684.
1350 Ebd., S. 685.
1351 In seinem Schlussplädoyer für Sauckel führte Servatius dieses Argument erneut ins Feld; vgl. IMT, 18. Juli 1946, Bd. 18, S. 517 f.
1352 AD-NUOI 1944–1959/89: Lalouette, Telegramm Nr. 84, 29. Mai 1946.
1353 Vgl. IMT, 29. Mai 1946, Bd. 15, S. 12 f.
1354 Ebd., S. 13.
1355 Vgl. ebd., S. 17 f.
1356 Vgl. ebd., S. 26.

in keiner Weise von denen deutscher Arbeiter unterschieden, so der Angeklagte.[1357] Ein Höchstmaß an Abwegigkeit erreichte Sauckels Aussage schließlich, als er von seinem Verteidiger auf sein Auftreten in den Verhandlungen mit der Vichy-Regierung angesprochen wurde. Hier betonte Sauckel, dass er überhaupt keinen Druck auf die Franzosen ausgeübt hätte.[1358] Vielmehr seien die Verhandlungen auf „freier diplomatischer Grundlage"[1359] erfolgt. Vor diesem Hintergrund war er abschließend der Meinung, dass das von ihm geführte Zwangsarbeitsprogramm notwendig und berechtigt gewesen sei, er sich also nichts vorzuwerfen habe.[1360]

Innerhalb der französischen Delegation war Jacques-Bernard Herzog der ausgewiesene Spezialist für das Thema Zwangsarbeit. Daher war es nur naheliegend, ihm den Fall zu übertragen.[1361] Das Kreuzverhör, das Herzog mit Sauckel führte, nahm am 30. Mai 1946 den gesamten Sitzungstag in Anspruch.[1362] In den vorangegangen Sitzungen des IMT hatte der französische Hilfsankläger genug Zeit gehabt, seine angelsächsischen Kollegen zu beobachten. Ganz offensichtlich orientierte er sich nun an deren Technik und gliederte sein eigenes Kreuzverhör in drei Abschnitte.[1363] Zunächst stellte er Sauckel einige allgemeine Fragen zu dessen politischer Überzeugung und seiner Zustimmung zu den Zielen der NS-Bewegung. Unter anderem wollte er wissen, ob Sauckel die Nürnberger Gesetze gutgeheißen habe und mit Hitlers Lebensraum-Theorie einverstanden gewesen sei.[1364] Sauckel antwortete ausweichend und wollte sich offenkundig nicht durch politische Bekenntnisse kompromittieren. Nach diesem Vorgeplänkel kam Herzog in einem zweiten Schritt rasch auf das Hauptthema des Verhörs, nämlich das Zwangsarbeitsprogramm, zu sprechen. Mit einer Präzision und Beharrlichkeit, die einem David Maxwell Fyfe alle Ehre gemacht hätte, zerpflückte er Sauckels vorangegangene Aussage Stück für Stück und zeigte, in welch offenkundigem Widerspruch diese zu dem von der Anklage vorgelegten Beweismaterial stand. Als Erstes brachte Herzog den Angeklagten dazu, einzuräumen, welche umfassenden Befugnisse er von Hitler zur Beschaffung zusätzlicher Arbeitskräfte für die deutsche Rüstungsindustrie erhalten hatte.[1365] Als

1357 Vgl. ebd., S. 31.
1358 Vgl. ebd., S. 61.
1359 Ebd.
1360 Vgl. ebd., S. 66.
1361 Vgl. ebd., S. 71. Typisch für die amerikanische Sichtweise auf den Nürnberger Prozess ist die Schilderung des Falles Sauckel durch Telford Taylor. Dort findet das Kreuzverhör durch Herzog nur am Rande Erwähnung; vgl. Taylor, Prozesse, S. 498 f.
1362 Nach Herzog führte noch die sowjetische Anklage mit Sauckel ein ergänzendes Kreuzverhör über die Rekrutierung von Zwangsarbeitern in Osteuropa durch, vgl. IMT, 30./31. Mai 1946, Bd. 15, S. 143–194.
1363 Vgl. auch die detaillierte Gliederung von Herzogs Kreuzverhör in: AD-NUOI 1944–1959/89: Lalouette, Brief Nr. 88, 4. Juni 1946, S. 2 f.
1364 Vgl. IMT, 29. Mai 1946, Bd. 15, S. 73 f.
1365 Vgl. IMT, 30. Mai 1946, Bd. 15, S. 87 ff.

er ihm dann vorhielt, dass er unmittelbar nach seiner Ernennung das Prinzip der Zwangsrekrutierung von ausländischen Arbeitern verordnet hatte, wusste Sauckel sich nur durch neue Ausflüchte zu helfen. Er berief sich auf einen „ausdrücklichen Befehl des Führers“[1366] und machte damit von einem anderen Argument Gebrauch, das sich unter den Nürnberger Angeklagten großer Beliebtheit erfreute.

Breiten Raum nahmen in der Befragung erwartungsgemäß die Methoden ein, die Sauckel in den Verhandlungen gegenüber der Vichy-Regierung angewendet hatte. Vor allem bei diesem Thema war Herzog unnachgiebig und setzte seinen Kontrahenten erheblich unter Druck:

> M. HERZOG: Ich frage Sie, ob es richtig ist, daß Sie Dienstreisen nach Frankreich unternommen haben, noch ehe die französischen Behörden die drei grundlegenden Gesetze über die Zwangsarbeit vom 4. September 1942, 16. Februar 1943 und 1. Februar 1944 erlassen haben?
> SAUCKEL: Ich habe Reisen nach Paris nur angetreten zu dem Zwecke, um mit der Französischen Regierung zu verhandeln, und ich möchte dazu sagen, daß für mich nach meiner innersten Überzeugung…
> M. HERZOG: Geben Sie zu, daß Sie im Verlauf dieser Dienstreisen den französischen Behörden die Zwangsarbeitsgesetze aufgezwungen haben?
> SAUCKEL: Das stimmt so nicht, sondern es ist…
> M. HERZOG: Sie bestreiten also, daß die Gesetze über die Zwangsarbeit unter Ihrem Druck erlassen wurden?
> SAUCKEL: Ich bestreite das Wort „Druck“. Ich habe mit der Französischen Regierung einwandfrei verhandelt, ehe solche Gesetze erlassen wurden. Ich bestreite ausdrücklich das Wort „Druck“.[1367]

Zu Sauckels Verdruss präsentierte Herzog im Anschluss jedoch eine Reihe von Beweisstücken, die das Gegenteil belegten. Zuerst hielt er ihm das Protokoll einer Besprechung vor, die Sauckel im Januar 1943 mit führenden Vertretern der Vichy-Regierung geführt hatte.[1368] In einer langen Erklärung hatte Vichys Ministerpräsident Laval bei dieser Gelegenheit gegen Sauckels „Politik des Zwanges“[1369] protestiert und seine eigene Rolle als „Syndikus deutscher Zwangsmaßnahmen“[1370] beklagt. Der Ankläger konfrontierte Sauckel dann mit seinen eigenen Worten: Gegenüber Vertretern der deutschen Besatzungsbehörden in Frankreich hatte dieser die Vichy-Regierung als „lauter Hinhaltekünstler“[1371] bezeichnet und selbst einen Gesetzesentwurf über die Einziehung von Zwangsarbeitern ausarbeiten lassen, der dieser dann zur Unterschrift vorgelegt wurde.[1372] In einem Schreiben an Hitler hatte

1366 Ebd., S. 96.
1367 Ebd., S. 96 f.
1368 Vgl. CDJC-Nuremberg-CCCLV/17: Dokument F-809, vorgelegt als RF-1509.
1369 Zitiert nach ebd., S. 99.
1370 Zitiert nach ebd., S. 100.
1371 Zitiert nach ebd., S. 104.
1372 Vgl. ebd., S. 105.

Sauckel im Januar 1944 nach einer weiteren Verhandlungsrunde zudem berichtet, er habe „keinen Zweifel darüber gelassen, daß, wenn die Forderungen auf Gestellung der benötigten Arbeitskräfte nicht erfüllt werden, weitere verschärfte Maßnahmen ergriffen werden."[1373] Im Nürnberger Schwurgerichtssaal wollte Sauckel von all dem nichts mehr wissen und machte plötzliche Erinnerungslücken geltend. Noch eindeutiger als Herzog es tat, konnte man den Angeklagten allerdings kaum der Lüge überführen. Im selben Zuge brachte er zudem ein wesentliches Argument von Sauckels Verteidigung zu Fall: Die Beteuerung, dass die Kontrakte über die Stellung von Arbeitskräften mit einer „ordentlichen Regierung" abgeschlossen wurden, war nun wertlos. Denn da die deutschen Besatzer ihren Verhandlungspartnern die Stellung von Arbeitskräften aufgezwungen hatten, konnte es nur als juristisch unerheblich gelten, ob es sich bei dem Vichy-Regime nun um die rechtmäßige Regierung Frankreichs handelte oder nicht. Im weiteren Verlauf des Kreuzverhörs wandte Herzog sich Sauckels Zusammenarbeit mit SS und SD zu und schnitt damit ein Thema an, das für den Angeklagten nicht weniger unangenehm war. Nach anfänglichem Leugnen musste dieser zugeben, dass seine Dienststellen bei der Aushebung von Zwangsarbeitern auf die Unterstützung des Reichssicherheitshauptamtes zurückgegriffen und sich in den besetzten Gebieten eng mit dessen Vertretern abgestimmt hatten.[1374]

Im Schlussteil des Kreuzverhörs kam Herzog noch auf einige andere Dinge zu sprechen: Hier ging es in erster Linie um Sauckels Haltung zur nationalsozialistischen Judenverfolgung und Herzog setzte an dieser Stelle zu einem letzten Angriff auf die Glaubwürdigkeit des Angeklagten an. Für diesen endete das Verhör daher mit einigen besonders peinlichen Momenten. Als er beispielsweise erklärte, nichts von den Grausamkeiten in den Konzentrationslagern gewusst und mit Himmler in seinem ganzen Leben überhaupt „nur sehr wenig, fast gar nicht"[1375] gesprochen zu haben, legte Herzog Fotoaufnahmen vor, die Sauckel zusammen mit Himmler bei einer Besichtigung des KZ Buchenwald zeigten.[1376] Ebenso wenig konnte der Angeklagte die Autorenschaft eines Zeitungsartikels aus dem Jahr 1944 abstreiten, in dem er über die „um sich greifende jüdische Fäulnispest"[1377] schwadroniert hatte. Mit dem Bild vom leutseligen, pflichtbewussten Arbeiter, das die Verteidigung zu zeichnen versucht hatte, ließen sich solche Dinge selbstverständlich überhaupt nicht in Einklang bringen. Das von Herzog vorgenommene Kreuzverhör kann daher mit Fug und Recht als eine vollständige Demontage des Angeklagten bezeichnet werden. „Souverän"[1378] habe sein Landsmann die Befragung durchgeführt, lobte

1373 Zitiert nach ebd. S. 107. Vgl. auch Dokument PS-556(55), vorgelegt als Beweisstück RF-70, abgedruckt in: IMT, Beweisurkunden, Bd. 36, S. 159 ff.
1374 Vgl. ebd., S. 120 ff.
1375 Ebd., S. 137.
1376 Vgl. ebd., S. 138; die Fotos hatte Herzog von der britischen Delegation erhalten.
1377 Zitiert nach ebd., S. 142. Es handelte sich um einen Artikel in der Zeitung „Die Pflicht", die in Thüringen herausgegeben wurde.
1378 AD-NUOI 1944–1959/89: Lalouette, Brief Nr. 88, 4. Juni 1946, S. 4.

Lalouette und legte den anwesenden französischen Journalisten nahe, das Kreuzverhör in ihrer Berichterstattung gebührend zu berücksichtigen.[1379] Diese kamen der Aufforderung umgehend nach. Sauckel sei „unverschämter als jemals zuvor"[1380] gewesen, aber von Herzog mit den Fakten konfrontiert worden, teilte beispielsweise *Le Monde* seinen Lesern mit und zitierte den französischen Hilfsankläger ausführlich. Herzog gelang es ohne jeden Zweifel, die Darstellung Sauckels zu widerlegen und überzeugende Antworten auf die Argumente der Verteidigung zu finden. Als entscheidender Gradmesser muss aber auch hier das Urteil gelten: Keines der Argumente der Verteidigung wurde am Ende des Prozesses von Seiten des Gerichts akzeptiert. Stattdessen befanden die Richter Sauckel wegen seiner „Gesamtverantwortlichkeit für das Sklavenarbeitsprogramm"[1381] für schuldig und folgten in der Urteilsbegründung voll und ganz der Argumentation Herzogs.[1382] Für die französische Anklagevertretung, bei der im Fall Sauckel die Hauptlast lag, erwies sich der Ausgang des Kreuzverhörs damit als voller Erfolg.

Seyß-Inquart

Ein weiteres Kreuzverhör stand für die französische Anklage an, als eineinhalb Wochen später die Verteidigung von Arthur Seyß-Inquart an der Reihe war. Der deutschen Öffentlichkeit war Seyß-Inquart in erster Linie als letzter Bundeskanzler Österreichs bekannt, der im März 1938 der Annexion seines Landes durch das Deutsche Reich den Weg geebnet hatte.[1383] In der Tat fand er sich auch deswegen in Nürnberg auf der Anklagebank wieder. Die Ankläger vor dem IMT werteten die Besetzung Österreichs als Angriffskrieg und sahen in Seyß-Inquart einen der Hauptverantwortlichen.[1384] Sehr viel schwerer wog aber, dass er zudem während des Krieges im Auftrag Hitlers als Reichskommissar die Verwaltung der besetzten Niederlande geführt hatte.

Die Unterschiede zum Fall Sauckel konnten allerdings kaum größer sein: Seyß-Inquart war nicht nur hochintelligent, kultiviert und gebildet, sondern auch selbst studierter Jurist. Lange Jahre hatte er als Strafverteidiger in Wien gearbeitet. Sein Auftreten im Hauptkriegsverbrecherprozess wird von Beobachtern einhellig als zurückhaltend, selbstbeherrscht und gelassen beschrieben.[1385] „Ruhig und

---

1379 Vgl. AD-NUOI 1944–1959/89: Lalouette, Telegramm Nr. 86, 31. Mai 1946.

1380 Le Monde, Artikel: „La France accuse Sauckel", 31. Mai 1946.

1381 IMT, Bd. 1, Urteil, S. 363.

1382 Vgl. IMT, Bd. 1, Urteil, S. 361–364. Sauckel wurde nach den Anklagepunkten 1 und 2 freigesprochen und nach den Anklagepunkten 3 und 4, also wegen Kriegsverbrechen und Verbrechen gegen die Menschlichkeit, für schuldig befunden.

1383 Zu Seyß-Inquart vgl. Binder, Seyß-Inquart; auch Neuman, Seyß-Inquart; Pätzold, Seyß-Inquart.

1384 Vgl. IMT, Anklageschrift, Bd. 1, S. 82.

1385 Diese Haltung verschaffte ihm Sympathien und Respekt bei den anderen Angeklagten; vgl. Papen, Gasse, S. 631 f.; Speer, Tagebücher, S. 22.

kaltblütig"[1386] wirkte er auch auf Lalouette, als er den Zeugenstand betrat und zunächst von seinem Verteidiger befragt wurde. Lalouette musste dann schnell feststellen, dass sich Seyß-Inquart, angeleitet von seinem Rechtsbeistand Gustav Steinbauer, nicht ungeschickt verteidigte.[1387] In seiner Aussage nahm an erster Stelle das Thema Österreich breiten Raum ein, wobei der Angeklagte den Einmarsch der Wehrmacht als Ergebnis einer komplexen politischen Entwicklung darstellte, dabei aber die Existenz eines lange vorbereiteten Planes der NS-Führung bestritt.[1388] Erst in einem zweiten Schritt wandten Steinbauer und er sich dem „Hauptanklagepunkt"[1389] zu, also den Niederlanden. Die Strategie, die Seyß-Inquart hier wählte, bestand im Wesentlichen darin, das Offensichtliche zunächst zuzugeben, um anschließend die einzelnen, konkreten Vorwürfe zu relativieren. Dieser Devise folgend erklärte er, seine Aufgabe in den Niederlanden habe darin bestanden, „die zivile Verwaltung zu führen und in deren Rahmen die Interessen des Reiches wahrzunehmen."[1390] Er räumte ein, dass er die nationalsozialistische Partei der Niederlande besonders gefördert, die anderen Parteien hingegen verboten habe.[1391] Auch gegen die einige Wochen zuvor gemachte Zeugenaussage von Jacobus Vorrink, der im Rahmen des französischen Anklagevortrages vor dem IMT von einer deutschen Ausbeutungspolitik in den Niederlanden gesprochen hatte, erhob er keine Einwände.[1392] Von Steinbauer gefragt, ob er nicht nur „eine Art Durchführungsorgan übergeordneter Reichsstellen"[1393] gewesen sei, verneinte Seyß-Inquart dies ausdrücklich und bezeichnete sich als den „Verantwortungsträger des Reiches im zivilen Bereich."[1394]

Hiervon ausgehend bestritt er im Anschluss jedoch in fast allen Einzelfällen seine Zuständigkeit und sah die Verantwortung bei anderen Instanzen. Die deutsche, aber auch die niederländische Polizei sei dem Höheren SS- und Polizeiführer unterstanden.[1395] Sämtliche Repressalien gegen den niederländischen Widerstand, insbesondere die Arbeit der Polizeigerichte, seien damit außerhalb seines Zuständigkeitsbereichs gelegen. Vehement wies er auch den Vorwurf zurück, er habe niederländische Geistliche in Konzentrationslager verschleppen lassen.[1396] Im Gegenteil hätte er sich um deren Freilassung bemüht, so Seyß-Inquart. Auch auf die Geiselerschießungen habe er keinen Einfluss gehabt und in einigen Fällen lediglich eine

1386 AD-NUOI 1944–1959/89: Lalouette, Schreiben Nr. 101, 17. Juni 1946.
1387 Vgl. ebd.; zur Verteidigungsstrategie Seyß-Inquarts vgl. auch die Unterlagen seines Verteidigers Gustav Steinbauer in: IFZW-NL 61/57, 58 und 338.
1388 Vgl. IMT, 10. Juni 1946, Bd. 15, S. 666–692.
1389 Ebd., S. 698.
1390 Ebd.
1391 Vgl. ebd., S. 699.
1392 Vgl. ebd., S. 701.
1393 Ebd., S. 703.
1394 Ebd.
1395 Vgl. ebd., S. 704.
1396 Vgl. ebd., S. 710 f.

Herabsetzung der Opferzahl erreichen können.[1397] Nicht anders habe es sich mit den Konzentrations- und Schutzhaftlagern verhalten, die die Besatzer in den Niederlanden errichtet hatten.[1398] Auf die Spitze trieb Seyß-Inquart diese Argumentation, als sein Verteidiger die Judenverfolgung zur Sprache brachte. Zunächst gab der Angeklagte zu, er sei als Antisemit in die Niederlande gegangen und habe mit Widerstand und Defaitismus aus „den jüdischen Kreisen"[1399] gerechnet. Er habe daher die Entrechtung der Juden, deren Behandlung als „feindliche Ausländer" und zuletzt auch ihre Internierung in Lagern unterstützt.[1400] Als die SS 1942 mit der Deportation der niederländischen Juden begann, habe er jedoch geglaubt, diese würden aus militärischen Überlegungen heraus weg von der Nordseeküste nach Osteuropa gebracht und es ginge ihnen in Auschwitz „verhältnismäßig gut"[1401]. Demselben Schema folgten auch Seyß-Inquarts übrige Einlassungen. Die wirtschaftliche Ausplünderung der Niederlande beispielsweise stellte er keineswegs in Frage, sah hierin jedoch das Werk der „Reichsstellen"[1402] und wollte auch am Raub von Kunstschätzen keinen Anteil gehabt haben.[1403] Zuletzt hielt er sich zu Gute, dass er in den Niederlanden Hitlers Befehl der „verbrannten Erde" nicht ausgeführt hatte.[1404]

Die durchdachte und in weiteren Teilen in sich schlüssige Aussage Seyß-Inquarts musste der französischen Anklagevertretung einiges Kopfzerbrechen bereiten. In jedem Fall war sie weitaus schwerer zu erschüttern als die abenteuerlichen Behauptungen Sauckels. Für Delphin Debenest, der für die Franzosen das Kreuzverhör führte, war dies außerdem nicht die einzige Schwierigkeit.[1405] Von dem Moment an, an dem er sich ans Rednerpult begab, stand der Hilfsankläger zusätzlich unter erheblichen Erwartungsdruck von dritter Seite. Für das Kreuzverhör hatte die niederländische Regierung eine größere Zahl von neuen Beweisdokumenten nach Nürnberg geschickt und durch ihren Repräsentanten, den Baron van Tuyll van Serooskerken, der französischen Delegation aushändigen lassen – mit dem expliziten Wunsch, von diesen Gebrauch zu machen. Zudem war aus den Niederlanden eigens eine Gruppe von Journalisten angereist.[1406] Debenest musste somit klar sein, dass man dort sorgsam registrierte, wie er sich in der Vernehmung Seyß-Inquarts schlug. Während des Kreuzverhörs, das am 11. Juni 1946 begann und sich bis in den folgenden Sitzungstag hineinzog, erklärte er dem Gericht ganz unverblümt, er

1397 Vgl. ebd., S. 711 f.
1398 Vgl. ebd., S. 714 f.
1399 Ebd., S. 723.
1400 Vgl., ebd. S. 723 ff.
1401 Ebd., S. 726.
1402 IMT, 11. Juni 1946, Bd. 16, S. 12.
1403 Vgl. ebd., S. 15.
1404 Vgl. ebd., S. 19.
1405 Im Anschluss an Debenest führte Dodd ein ergänzendes Kreuzverhör im Namen der amerikanischen Anklagevertretung durch, das sich um Seyß-Inquarts Rolle bei der Besetzung Österreichs drehte; vgl. IMT, 12. Juni 1946, Bd. 16, S. 92–119.
1406 Vgl. AD-NUOI 1944–1959/90: Lalouette, Schreiben Nr. 119, 11. Juli 1946.

gehe auf zahlreiche Einzelheiten ein, da die Regierung der Niederlande erwarte, dass „diese Tatsachen so ausführlich wie möglich vorgetragen werden."[1407] Gemeint war mit den besagten Tatsachen all das, was die Niederlande unter deutscher Besatzung erlitten hatten. Von Eingriffen in die Verwaltung des Landes über die Schaffung von Berufskammern, die Schließung von Universitäten und die Verfolgung der niederländischen Kirchen bis hin zur Konfiszierung des königlichen Eigentums thematisierte Debenest wunschgemäß alle Facetten der deutschen Besatzung.[1408] Das Gericht verfolgte dieses Vorgehen mit wachsender Ungeduld, da sich der Anklagevertreter immer wieder in wenig relevanten Details erging und kaum neue belastende Indizien zutage förderte.[1409] Denn es handelte sich häufig um Dinge, für die Seyß-Inquart seine grundsätzliche Verantwortung als Reichskommissar keineswegs abstritt und die er teilweise in seiner Aussage vom Vortag bereits zugegeben hatte.

In mehreren wirklich brisanten Fragen, in denen der Angeklagte nach dem bewährten Muster jede Schuld von sich wies und sich auf die Zuständigkeit anderer Stellen berief, konnte Debenest dagegen seinen Kontrahenten nicht unter Druck setzen, weil ihm dazu die Mittel fehlten. Die niederländische Beweissammlung gab nämlich Aufschluss über die deutsche Besatzung im Allgemeinen. Dokumente, mit denen sich Seyß-Inquarts Verteidigung effektiv angreifen ließ, waren dagegen rar gesät.[1410] In dem Kreuzverhör kam es daher immer wieder zu Szenen wie der folgenden:

> M. DEBENEST: Ich stelle daher nochmals die Frage, die ich Ihnen vorher schon gestellt habe: Haben Sie an der Verhaftung, Internierung und Deportierung von holländischen Staatsbürgern in deutsche Konzentrationslager teilgenommen und unter welchen Umständen?
> SEYSS-INQUART: Die Verbringung und überhaupt die Anhaltung irgendeiner Person in Konzentrationslagern ist ausschließlich Sache der Polizei gewesen. Ich erinnere mich nicht an einen Fall, in dem ich bei der Polizei den Antrag gestellt hätte, einen Niederländer in ein deutsches Konzentrationslager zu bringen. [...] Aber wenn Sie bestimmte Fälle haben, so sagen Sie es mir nur bitte. Sie können sicher sein, ich werde alles genau so sagen, wie ich es in Erinnerung habe.
> M. DEBENEST: Nein, nein, Ihre Antwort genügt mir.[1411]

Auch die Schärfe und Beharrlichkeit, die Herzog in seinem Kreuzverhör demonstriert hatte, gingen seinem Kollegen ab. „Etwas zaghaft"[1412] habe Debenest das Kreuzverhör geführt, meinte beispielsweise Falco. Nichtsdestotrotz wusste der Ankläger im Laufe der Befragung auch immer wieder zu überzeugen – wenn er entsprechende Dokumente zur Hand hatte, die Seyß-Inquarts Behauptungen

1407 IMT, 11. Juni 1946, Bd. 16, S. 49.
1408 Vgl. auch die Zusammenfassung des Kreuzverhörs in Neuman, Seyß-Inquart, S. 361–364.
1409 Vgl. zum Beispiel IMT, 11. Juni 1946, Bd. 16, S. 53.
1410 Vgl. Nachlass Debenest: Debenest. Note pour M. Lalouette, undatiert.
1411 IMT, 11. Juni 1946, Bd. 16, S. 56 f.
1412 Falco, Juge, S. 113.

widerlegten. Der fraglos stärkste Abschnitt von Debenests Kreuzverhör behandelte die Geiselerschießungen in den Niederlanden. Seyß-Inquart bestritt, an diesen Repressalien irgendeinen Anteil gehabt zu haben, und schob die Schuld auf die Wehrmacht und den Höheren SS- und Polizeiführer. In krassem Gegensatz dazu stand die Aussage des Generals Friedrich Christiansen, des Wehrmachtsbefehlshabers in den besetzten Niederlanden, die Debenest dem Angeklagten daraufhin vorhielt. Dem General zufolge hatte Seyß-Inquart persönlich zu erschießende Geiseln ausgewählt.[1413] In einem zweiten Schritt präsentierte Debenest die Aussage des Befehlshabers der Sicherheitspolizei und des SD in den Niederlanden Karl Eberhard Schöngarth, nach der Seyß-Inquart ebenfalls tief in die von den Besatzern ergriffenen Repressalien verstrickt war.[1414] Beide Dokumente erschütterten die Darstellung des Angeklagten ganz erheblich. Ähnliche Punktegewinne konnte Debenest noch in einigen anderen Einzelfragen erzielen, beispielsweise als er die Enteignung niederländischer Freimaurerlogen ansprach.[1415] Zudem erkannte der Anklagevertreter durchaus die Schwachstellen in Seyß-Inquarts Verteidigung und machte diese zum Thema der Befragung. So hielt er dem Angeklagten vor, dass ihm doch wohl klar gewesen sei, was die Judendeportationen bezweckten und was in Auschwitz geschehen sei.[1416] Seyß-Inquart stritt daraufhin ab, von der Judenvernichtung gewusst zu haben. Der Gerichtshof sollte über diese Unwissenheitsbeteuerungen später in seinem Urteil feststellen: „Auf Grund des Beweismaterials und in Ansehung seiner Amtsstellung ist es unmöglich, diesen Behauptungen Glauben zu schenken."[1417]

Das Presseecho auf das Kreuzverhör war gespalten. Französische Kommentatoren waren durchaus der Meinung, ihr Landsmann habe gegen seinen Kontrahenten überzeugt, und lobten seine Leistung.[1418] Mehrere niederländische Zeitungen hingegen gingen mit Debenest hart ins Gericht. „Kreuzverhör von Seyß ein Schuss in den Ofen – Französischer Ankläger weiß zu wenig über den Fall"[1419], ließ *De Dordtenaar* seine Leser am nächsten Morgen wissen. Das Blatt kritisierte, dass der Franzose nicht ausreichend über die Vorgänge in den Niederlanden informiert gewesen sei und sich in unwichtigen Details verloren habe. Auch der *Nieuwe Courant* und das *Utrechts Nieuwsblad* waren der Meinung, dem Hilfsankläger habe der Blick für das

---

1413 Vgl. CDJC-Nuremberg-CCCXCIII/309–314: Vernehmungsprotokoll Christiansen (= Dokument F-886), vorgelegt als RF-1527; auch IMT, 11. Juni 1946, Bd. 16, S. 62 f.

1414 Vgl. CDJC-Nuremberg-CCCXCIII/305–306: Vernehmungsprotokoll Schöngarth (= Dokument F-879), vorgelegt als RF-1528; auch IMT, 11. Juni 1946, Bd. 16, S. 64.

1415 Vgl. IMT, 11. Juni 1946, Bd. 16, S. 73 f.

1416 Vgl. ebd., S. 88.

1417 Vgl. IMT, Bd. 1, Urteil, S. 373.

1418 Vgl. Résistance, Artikel: „Nuremberg: Mauvaise journée pour Seyss-Inquart, confondu par le ministère public français", 12. Juni 1946.

1419 De Dordtenaar, Artikel: „Het kruisverhoor van Seyss als een nachtkaars uitgegaan – Fransche aanklager wist te weinig van de toedracht", 12. Juni 1946.

Wesentliche gefehlt.[1420] Deshalb sei es ihm kaum gelungen, den Angeklagten in Bedrängnis zu bringen. Demgegenüber kommentierte das *Groninger Dagblad* sarkastisch, dass sich Seyß-Inquart bei seiner Verteidigung als schlauer erwiesen habe, als man während der Besatzungszeit hätte vermuten können.[1421] Das *Brabants Dagblad* schließlich fragte: „Warum kein niederländischer Ankläger?“[1422] Allgemein herrschte in den Redaktionen die Auffassung, dass ein Staatsanwalt aus den Niederlanden die Sache wesentlich besser gemacht hätte.[1423] Die Kritik ging so weit, dass sich die französische Botschaft in den Niederlanden veranlasst sah, dem Außenministerium Bericht zu erstatten.[1424] Das wiederum rief Dubost auf den Plan, der sich schützend vor Debenest stellte. In einer Stellungnahme bezeichnete er seinen Mitarbeiter als einen „exzellenten Juristen“[1425], dessen Kreuzverhör „gute Ergebnisse“[1426] erbracht habe. Auch Lalouette wollte die Kritik nicht gelten lassen. Die Beweissammlung der niederländischen Delegation sei lückenhaft und die Dokumente zum Teil nutzlos gewesen, Debenest dagegen habe das Beste aus der Situation gemacht, meinte der Diplomat.[1427] Dass das Kreuzverhör in der Tat so schlecht nicht war, bestätigte einige Wochen später der Gerichtshof mit seinem Urteil gegen Seyß-Inquart. Verurteilt wurde dieser zwar auch wegen seiner Rolle bei der Besetzung Österreichs.[1428] Den allergrößten Teil des Schuldspruches machten aber Seyß-Inquarts Verbrechen als Reichskommissar in den Niederlanden aus.

In der Urteilsbegründung ist ganz überwiegend hiervon die Rede. Ob Geiselerschießungen, die Verschleppung von Niederländern in Konzentrationslager, die Judenverfolgung, die Aushebung von Zwangsarbeitern oder die wirtschaftliche Ausplünderung – alle wesentlichen Vorwürfe der französischen Anklage, die Gegenstand von Debenests Kreuzverhör waren, wurden am Ende des Prozesses durch das Gericht bestätigt und als Kriegsverbrechen oder Verbrechen gegen die Menschlichkeit gewertet.[1429] Aus Sicht der Richter gelang es Seyß-Inquarts Verteidigung

---

1420 Vgl. De Nieuwe Courant, Artikel: „Seyss-Inquart onder kruisverhoor“,12. Juni 1946; Utrechts Nieuwsblad, Artikel: „Kruisverhoor door den Franschen aanklager levert weinig op“,12. Juni 1946.

1421 Vgl. Groninger Dagblad, Artikel: „Die goede Seyss Inquart“,12. Juni 1946.

1422 Brabants Dagblad, Artikel: „Waarom geen Nederlandsche aanklager?“, 12. Juni 1946.

1423 Vgl. auch Arnhemsche Courant, Artikel: „Seyss prijst de Ned. verzetsbeweging“, 12. Juni 1946; Trouw, Artikel: „Seyss-Inquart’s tweede dag: Kruisverhoor zonder vuur – weinig nieuw bewijsmateriaal“, 12. Juni 1946.

1424 Vgl. AD-NUOI 1944–1959/89: Guérin an Bidault, 20. Juni 1946.

1425 FNSP-CD/05: Dubost, Note: „Le dossier des Pays-Bas était incomplet [...]“, 5. Juli 1946.

1426 Ebd.

1427 Vgl. AD-NUOI 1944–1959/90: Lalouette, Schreiben Nr. 119, 11. Juli 1946.

1428 D.h. nach dem zweiten Anklagepunkt (Verbrechen gegen den Frieden); vgl. IMT, Bd. 1, Urteil, S. 371.

1429 Vgl. IMT, Bd. 1, Urteil, S. 372 f.

hingegen nicht, diese Vorwürfe überzeugend zu entkräften. Steinbauer erklärte später über seinen Mandanten: „Sein Schicksal erfüllte sich über den Anklagen aus den Niederlanden."[1430] Ohne Einschränkungen kann es daher als Leistung der französischen Delegation angesehen werden, die Verurteilung Seyß-Inquarts erwirkt zu haben.

3.6 Das Schlussplädoyer: „Wo doch der, der die geringste Schuld hat, bereits den Tod verdient."

Mittlerweile lief der Prozess auf sein Ende zu. Nach Seyß-Inquart wurden noch die Fälle der fünf letzten verbliebenen Angeklagten verhandelt.[1431] Darauf folgten die Schlussplädoyers von Anklage und Verteidigung, wobei zuerst die Verteidiger das Wort hatten. Nacheinander präsentierten die Rechtsbeistände aller Angeklagten im Juli 1946 in mehrstündigen Vorträgen dem Gericht ihre Schlussfolgerungen. Aufgrund von deren großer Zahl nahm das fast drei Wochen der Sitzungszeit des IMT in Anspruch. Erst danach kamen die vier alliierten Anklagevertretungen noch einmal zum Zuge. Jede von ihnen hatte die Möglichkeit, im Namen ihres Landes ein eigenes Schlussplädoyer zu halten.

Am 1. Juli 1946 trafen Jackson, Fyfe, Rudenko und Dubost sich deswegen zu einer Besprechung und nahmen eine grundsätzliche Aufteilung vor.[1432] Da Jackson darauf bestand, entweder als Erster oder als Letzter zu sprechen, entschied man, die Reihenfolge beizubehalten, in der bereits die Anklagevorträge gehalten worden waren. Demnach waren die Franzosen also wieder als Dritte an der Reihe. Die Verbündeten einigten sich außerdem darauf, dass die britische Delegation im Namen aller Anklagevertretungen eine grundlegende Abhandlung über die Rechtsgrundsätze des Prozesses vornehmen und sich mit den wesentlichen Einwänden der Verteidigung gegen das Verfahren auseinandersetzen würde. Die Sprecher der drei anderen Länder würden sich dagegen auf ein Plädoyer aus ihrer nationalen Perspektive beschränken. Dubost kündigte bei dieser Gelegenheit an, seine Delegation wolle – wie bereits in der Eröffnungsrede – vor allem den „moralischen Aspekt"[1433] in den Mittelpunkt rücken. Spätestens von diesem Zeitpunkt an konzentrierte sich der französische Anklagestab voll und ganz auf die Ausarbeitung des eigenen Schlussplädoyers, bei dem er noch einmal die volle Aufmerksamkeit der Öffentlichkeit auf sich ziehen würde und seine Beweisführung gegen die NS-Führer mit einer Forderung nach deren Verurteilung zum Abschluss bringen wollte. Dubost setzte alle seine Mitarbeiter hierfür ein und forderte sie auf, eigene Vorschläge für den Aufbau der Rede zu machen.[1434] Ein erster Entwurf, der so entstand, erfuhr in

1430 Steinbauer, Verteidiger, S. 158.
1431 Dabei handelte es sich um Papen, Speer, Neurath, Fritzsche und Bormann.
1432 Vgl. AD-NUOI 1944–1959/90: Lalouette, Schreiben Nr. 112, 5. Juli 1946.
1433 Ebd.
1434 Vgl. FNSP-CD/05: Dubost, Note de service. Pour la préparation du réquisitoire, 2. Juli 1946. Demnach waren mit Gerthoffer, Debenest, Lanoire, Quatre, Fuster,

den folgenden Wochen noch mehrere Abänderungen.[1435] Für die endgültige Version waren Überlegungen in der Delegation ausschlaggebend, die sich um den Vorwurf der Verschwörung, also den ersten Anklagepunkt, drehten.[1436] Dubost und seine Mitarbeiter hatten auf informellem Wege erfahren, dass das Richterkollegium dieser juristischen Konzeption mit einiger Skepsis gegenüberstand. Unter den alliierten Anklagevertretungen hingegen waren es die Amerikaner, die die Ansicht vertraten, dass hierin der eigentliche Kern des gesamten Verfahrens zu sehen war. Jackson und sein Stab hatten ihre gesamte Beweisführung auf dem Vorwurf der Verschwörung, „dem Kernstück der amerikanischen Anklage“[1437], aufgebaut. Dieser Auffassung folgend, zeichnete Jackson in seinem Schlussplädoyer nochmals das Bild von den NS-Führern als einer Gruppe von Verschwörern, die sich gemeinsam der staatlichen Institutionen in Deutschland bemächtigt und hinterher einen Weltkrieg vom Zaun gebrochen hatten.[1438]

In der französischen Delegation wiederum hatte man mit dieser Konzeption nie viel anfangen können. Im Gegenteil stand sie sogar in offenem Widerspruch zu den eigenen Positionen, wie das von de Menthon verlesene Eröffnungsplädoyer gezeigt hatte: Die deutsche Kollektivschuld und die Interpretation des Nationalsozialismus als einem aus der geistesgeschichtlichen Entwicklung in Deutschland gewachsenen Phänomen ließen sich mit der Verschwörungsthese nicht in Einklang bringen. Allerdings sah man im französischen Anklagestab auch deren juristischen Vorteil, der darin bestand, dass er die Beweisführung gegen die einzelnen Angeklagten extrem vereinfachte. Jeder NS-Führer, der Mitglied der Verschwörergruppe war, war nach dem ersten Anklagepunkt schuldig, und dann war es überflüssig, ihm eine direkte Beteiligung an konkreten Verbrechen nachzuweisen – so die Argumentation der Amerikaner. Würde das Gericht diese Ansicht teilen, dann war eine Verurteilung sämtlicher Angeklagter quasi sichergestellt. Angesichts der Skepsis, die die Richter signalisierten, konzipierten die französischen Ankläger ihr Schlussplädoyer daher als eine Antwort auf das amerikanische Verschwörungskonzept.[1439] Diesem sollte ein alternativer Entwurf gegenübergestellt werden, nach dem die Schuld der NS-Führer nicht an der Beteiligung an einer Verschwörung, sondern an ihrer Rolle im Staats- und Parteiapparat zu messen war.[1440]

Zu klären war natürlich auch, wer die Rede halten würde. Für die anderen Delegationen sprach jeweils der nominelle Chefankläger, so dass beispielsweise für die

Monneray und Chalufour alle noch in Nürnberg anwesenden Mitarbeiter der Anklagebehörde an der Ausarbeitung des Schlussplädoyers beteiligt.

1435 Vgl. AD-NUOI 1944–1959/90: Lalouette, Schreiben Nr. 122, 13. Juli 1946. Anhang: Plan provisoire du réquisitoire français.

1436 Vgl. AD-NUOI 1944–1959/90: Lalouette, Schreiben Nr. 153, 31. Juli 1946, S. 2.

1437 Overy, Making, S. 16.

1438 Vgl. IMT, 26. Juli 1946, Bd. 19, S. 438–481.

1439 Vgl. AD-NUOI 1944–1959/90: Lalouette, Schreiben Nr. 143, 24. Juli 1946. Anhang: Plan définitif du projet de réquisitoire.

1440 Vgl. AD-NUOI 1944–1959/90: Lalouette, Schreiben Nr. 153, 31. Juli 1946, S. 2.

Briten nicht Fyfe, sondern dessen in Nürnberg nur selten gesehener Landsmann Shawcross das Plädoyer vortrug.[1441] Auf französischer Seite war Champetier de Ribes nach einem mehrwöchigen Genesungsurlaub zwar wieder bei der Delegation eingetroffen. Aber er fühlte sich noch sehr schwach und war körperlich nicht in der Lage, länger vor einem großen Publikum zu sprechen.[1442] Als am 29. Juli 1946 die Reihe an den Franzosen war, trat er deswegen, „blass und unsicher auf den Beinen“[1443], nur kurz ans Rednerpult, um einige einleitende Bemerkungen zu machen.[1444] In diesen dankte er dem Gericht für die geleistete Arbeit und blickte zurück auf die vergangenen Monate und die Erkenntnisse, die die Welt dem Prozess verdankte. Dann übergab er das Wort an Dubost, der das eigentliche Plädoyer vortrug.[1445] Dieser kam ohne Umschweife zur Sache: Bei dem französischen Gegenentwurf zur Verschwörungsthese der amerikanischen Ankläger handelte es sich um das Konzept der Staatskriminalität. Innerhalb der Delegation sprach man vom „crime d'Etat“[1446] (Staatsverbrechen) und hatte dessen Definition zum Hauptmotiv des Schlussplädoyers gemacht.

Dubost ging zu diesem Zweck in der Rede in drei Schritten vor. Zuerst argumentierte er, die Handlungen der angeklagten NS-Führer seien einem gemeinsamen verbrecherischen Plan entsprungen.[1447] Zusammen hätten diese das Ziel verfolgt, unter Anwendung aller Mittel neue Gebiete als Lebensraum für das Deutsche Reich zu erobern und die dort lebende Bevölkerung zu vernichten oder zu versklaven. Als Belege hierfür führte er mehrere Auszüge aus Hitlers „Mein Kampf“ an.[1448] Hierauf aufbauend bezeichnete er diesen Plan als die große Idee des NS-Regimes, an dessen Umsetzung alle Staats- und Parteistellen mitgewirkt hätten.[1449] Man müsse sogar von einer engen Zusammenarbeit zwischen den Angeklagten sprechen, die an der Spitze dieser Stellen standen, argumentierte Dubost in einem zweiten Schritt weiter. Hier wies er vor allem auf die Verschmelzung von Partei und Staat in NS-Deutschland

---

1441 Vgl. IMT, 26. Juli 1946, Bd. 19, S. 482.

1442 Vgl. AD-NUOI 1944–1959/90: Lalouette, Schreiben Nr. 143, 24. Juli 1946; auch Dazet-Brun, Champetier de Ribes, S. 528. Dazet-Brun folgt einer späteren Behauptung von Champetier de Ribes' Tochter, nach der Dubost gegenüber dem Delegationschef wichtige Dokumente zurückgehalten hätte und dieser deswegen das Plädoyer nicht selbst halten konnte. Bei näherer Betrachtung erscheint dies jedoch nicht glaubwürdig. Wie dargestellt, war Champetier de Ribes an der Ausarbeitung des Plädoyers ohnehin nicht beteiligt und es ging nach seiner Rückkehr nach Nürnberg nur noch um die Frage, wer die fertige Rede vortragen würde. Champetier de Ribes sah sich hierzu außerstande, erklärte sich auf Wunsch von Justizminister Pierre-Henri Teitgen allerdings bereit, die Einleitung zu verlesen.

1443 Falco, Juge, S. 131.

1444 Vgl. IMT, 29. Juli 1946, Bd. 19, S. 595 ff.

1445 Vgl. ebd., S. 601.

1446 AD-NUOI 1944–1959/90: Lalouette, Schreiben Nr. 153, 31. Juli 1946, S. 1.

1447 Vgl. IMT, 29. Juli 1946, Bd. 19, S. 604.

1448 Vgl. ebd., S. 605 ff.

1449 Vgl. ebd., S. 609.

hin und wandte sich vehement gegen die Sichtweise der Verteidigung, die versucht hätte, „dichte Scheidewände“[1450] zwischen den Wirkungsbereichen der Angeklagten aufzuziehen. Daraus leitete Dubost ab, dass deren Taten nicht nur Einzelhandlungen, sondern in ihrer Gesamtheit vielmehr das Werk des deutschen Staates darstellten, für den die NS-Führer in ihren politischen und militärischen Funktionen gehandelt hätten.[1451] Auf diesem Weg gelangte er zu der Forderung, das Gericht möge die Angeklagten ausnahmslos als Repräsentanten einer verbrecherischen Staatspolitik ansehen. Konkret bedeutete dies, dass die Angeklagten schon allein aufgrund ihrer Ämter und Funktionen innerhalb des NS-Regimes schuldig waren.[1452]

Dubost wollte also neben der individuellen Schuld eines jeden Angeklagten, über die die Prozessbeteiligten monatelang gestritten hatten, also auch dessen Teilhabe an einer verbrecherischen Politik festgestellt wissen. Er sah darin sogar den eigentlichen Zweck des Prozesses, der nicht erfüllt sei, würde man die Angeklagten einfach als Verbrecher des gewöhnlichen Rechts betrachten und danach über ihr Schicksal befinden.[1453] All das war zweifellos zugespitzt formuliert. Denkt man zurück an Dubosts eigene Darlegungen über die deutschen Gräueltaten, dann lassen sich jedoch in der Tat Ansätze für eine solche Argumentation bereits in der vorangegangenen Beweisführung des Anklagestabes finden. Man wird daher nicht umhinkommen, das Konzept der Staatskriminalität als Weiterentwicklung des französischen Anklagevortrages anzusehen. Zudem lag die Alternative, die dieses Deutungsmodell zur amerikanischen Verschwörungsthese bot, auf der Hand: Wenn der Gerichtshof es ablehnen sollte, alle Angeklagten als Beteiligte an einer groß angelegten Verschwörung zu verurteilen, so konnte er dies immer noch tun, indem er sie als Exponenten einer verbrecherischen Staatspolitik betrachtete. In beiden Fällen war ein Schuldspruch gegen alle NS-Führer gesichert.

Allerdings verließ Dubost sich nicht allein auf diese Möglichkeit. In der zweiten Hälfte seiner Rede ging er nacheinander auf jeden einzelnen Angeklagten ein und nannte die wichtigsten Vorwürfe, die die französische Anklagevertretung gegen ihn individuell erhob.[1454] Dabei handelte es sich, wie nicht anders zu erwarten war, um eine Zusammenfassung von bereits Vorgetragenem, die den Zuhörern inhaltlich nichts Neues bot. Umso aufsehenerregender war jedoch der Schluss der Rede. Jackson und Shawcross, die vor Dubost gesprochen hatten, hatten sich den Rechtstraditionen ihrer Länder entsprechend darauf beschränkt, eine Verurteilung aller Angeklagten zu verlangen.[1455] Dabei hatten sie jedoch kein explizites Strafmaß genannt. Dubost war daher der Erste, der am Ende seines Plädoyers im Nürnberger Schwurgerichtssaal

---

1450 Ebd., S. 610.
1451 Vgl. ebd., S. 614 f.
1452 Vgl. ebd., S. 617.
1453 Vgl. ebd., S. 615.
1454 Vgl. ebd., S. 617–629.
1455 Vgl. IMT, 26. Juli 1946, Bd. 19, S. 480 (Jackson) und ebd., 27. Juli 1946, Bd. 19, S. 592 f. (Shawcross).

ausdrücklich die Todesstrafe für alle Angeklagten forderte.[1456] Die Begründung, die er hierfür lieferte, stand ganz im Einklang mit seinen zuvor entwickelten Gedanken, warf aber auch ein Schlaglicht auf für die Zukunft geplante Prozesse gegen weitere deutsche Kriegsverbrecher:

> Man muß stark zuschlagen, ohne Mitleid. Der Urteilsspruch sei gerecht, das genügt! Sicherlich sind die Schuldausmaße dem Grade nach verschieden. Folgt daraus, daß auch die Strafen ihrerseits verschiedenen Grades sein müssen, wo doch derjenige, der die geringste Schuld hat, nach unserer Meinung bereits den Tod verdient? Morgen, nach dem Ende dieses internationalen Prozesses, nach der Aburteilung dieser Hauptkriegsverbrecher, werden wir in unsere Länder zurückkehren, und dort werden wir vor unseren eigenen Gerichten vielleicht jene zu verfolgen haben, die bloß die Befehle des nationalsozialistischen Staates ausführten, jene, die nur die Henker waren.
> Aber wie könnten wir dann die Todesstrafe gegen einen zweiten Kramer, gegen einen zweiten Höß fordern, gegen diese Lagerkommandanten, die die befohlene Hinrichtung von Millionen menschlicher Wesen auf dem Gewissen haben, wenn wir heute zögerten, die höchste Strafe für jene zu verlangen, die der Motor dieses verbrecherischen Staates waren, des Staates, der die Befehle gab.[1457]

Auf die Angeklagten verfehlte dieser Schlussteil seine Wirkung nicht. Franz von Papen, der in Nürnberg einer Verurteilung entging, erinnerte sich noch Jahre später an die Worte des französischen Anklägers.[1458] Auch die anwesenden Journalisten sahen ganz offenkundig in den Schlussworten Dubosts den spektakulärsten Teil der Rede und so stand in der Berichterstattung der französischen Medien die von der Delegation erhobene Forderung nach der Todesstrafe im Mittelpunkt. „Der französische Chefankläger hat die Todesstrafe für die 21 Angeklagten gefordert“[1459], titelte beispielsweise *Le Figaro* am nächsten Tag. Die Tonlage in den Artikeln aller namhaften Blätter war einhellig: Zufrieden wurde konstatiert, dass sich die französische Delegation unerbittlich gegenüber den NS-Führern gezeigt und durch die explizite Forderung nach der Todesstrafe ihr eigenes Profil gegenüber den angelsächsischen Verbündeten geschärft hatte. Zudem sahen die Kommentatoren in dem Plädoyer einen eindrucksvollen und argumentativ stichhaltigen Abschluss der französischen Beweisführung gegen die Hauptkriegsverbrecher.

Auch in der Nürnberger Prozessgemeinde wurde die Rede positiv aufgenommen. Dubost habe „mit Kraft und Energie“[1460] gesprochen, notierte beispielsweise der britische Richter Norman Birkett. Roger Lalouette stellte sichtlich überrascht fest, dass sogar einige der deutschen Verteidiger den juristischen Gehalt der Rede lobten

---

1456 Vgl. IMT, 29. Juli 1946, Bd. 19, S. 637; das Gleiche tat nach Dubost noch Rudenko, der in seinem Schlussplädoyer ebenfalls Todesurteile gegen alle Angeklagten forderte; vgl. IMT, 30. Juli 1946, Bd. 20, S. 22.

1457 IMT, 29. Juli 1946, Bd. 19, S. 637.

1458 Vgl. Papen, Gasse, S. 650.

1459 Le Figaro, 30. Juli 1946.

1460 Hyde, Birkett, S. 521.

und Dubost zu seinem Auftritt gratulierten.[1461] Seinerseits resümierte der Diplomat daher zufrieden, das französische Schlussplädoyer habe nicht nur Eindruck auf die Presse gemacht, sondern auch das Interesse der Richter geweckt, deren Entscheidung es beinflussen werde.[1462]

3.7 Die Verhandlung gegen die NS-Organisationen

In der letzten Prozessphase, die nach den Schlussplädoyers gegen die einzelnen Angeklagten einsetzte, befasste sich das Gericht mit der Anklage gegen die NS-Organisationen. Dass vor dem IMT nicht nur gegen individuelle Personen, sondern auch gegen ganze Organisationen verhandelt wurde, gehört zu den Aspekten des Verfahrens, die in der Rückschau nur wenig Beachtung gefunden haben.[1463] Den Gerichtshof aber stellte dies vor zusätzliche Aufgaben, die nur schwer zu bewältigen waren. Insgesamt sechs Organisationen wurden in der Anklageschrift aufgeführt und als verbrecherisch bezeichnet: Die Reichsregierung, das Korps der politischen Leiter der NSDAP, die SS mit dem SD, die Gestapo, die SA sowie Generalstab und Oberkommando der Wehrmacht.[1464]

Bei der Abfassung der Anklageschrift hatte jedoch noch niemand eine konkrete Vorstellung, wie sich eine kollektive Anklage eines solchen Ausmaßes überhaupt verhandeln und in einem Prozess praktisch durchführen ließ. Prinzipiell entschied man sich für eine Verfahrensweise, die der Prozessführung gegen die einzelnen Hauptkriegsverbrecher durchaus ähnelte. Jede Organisation wurde durch einen oder mehrere Verteidiger vertreten. Anklage und Verteidigung sollten sodann während des Prozesses ihre Beweise präsentieren, ihre Argumente darlegen und am Ende in Schlussplädoyers ihre Standpunkte zusammenfassen. In den ersten Wochen nach ihrem Eintreffen in Nürnberg hatte die französische Delegation daher damit begonnen, Belastungsmaterial gegen die NS-Organisationen zusammenzustellen und sich auf eine eigene Beweisführung vorzubereiten. Innerhalb des Anklagestabes übernahm Delphin Debenest diese Aufgabe.[1465] Angesichts ihrer knappen Ressourcen und der Masse des zur Verfügung stehen Beweismaterials willigten die Franzosen jedoch bald ein, Amerikanern und Briten die Anklage in diesem Fall zu überlassen. In der Tat befassten sich die Angelsachsen dann im Rahmen ihrer Anklagevorträge auch mit den NS-Organisationen. Aber wie diese komplexen Kollektivverfahren technisch zu Ende gebracht werden konnten und vor allem in welchem Umfang die Verteidigung zu Wort kommen sollte, war auch zu diesem Zeitpunkt noch unklar. Unvorsichtigerweise hatten die Alliierten in das Statut des IMT die Bestimmung aufgenommen, dass die Mitglieder der angeklagten Organisationen das Recht hatten, ihre Anhörung zu

1461 Vgl. AD-NUOI 1944–1959/90: Lalouette, Telegramm Nr. 136, 29. Juli 1946.
1462 Vgl. AD-NUOI 1944–1959/90: Lalouette, Schreiben Nr. 153, 31. Juli 1946, S. 3.
1463 Vgl. Schneppen, Urteil.
1464 Vgl. IMT, Bd. 1, Anklageschrift, S. 86–90.
1465 Vgl. AN-19820583/146: Dossier Debenest: Beurteilung durch de Menthon, 31. Januar 1946.

beantragen.[1466] Daraus ergab sich ein ganz praktisches Problem: Während die Größe der Reichsregierung oder des OKW noch überschaubar war, hatten dagegen der SA und der SS mehrere Millionen Menschen angehört. Unmöglich konnten diese alle einzeln aussagen. Aber gerade das verlangte eine Vielzahl von ihnen. Im Sekretariat des Gerichtshofes war seit Prozessbeginn eine Flut von entsprechenden Anträgen und eidesstattlichen Versicherungen eingegangen.[1467] Mitte Februar 1946 teilte Roger Lalouette dem Außenministerium beispielsweise mit, dass bislang 45 000 SS-Angehörige beantragt hätten, vor dem IMT gehört zu werden.[1468]

Eine Lösung fand der Gerichtshof erst, nachdem er Ende Februar und Anfang März 1946 die Anträge von Anklage und Verteidigung angehört hatte.[1469] Danach entschieden die Richter, eine eigene Kommission einzurichten, die die Aussagen von Mitgliedern der betroffenen Organisationen aufnahm, soweit diese für den Prozess relevant waren. Die Verteidiger erhielten Zugang zu den Kriegsgefangenen- und Internierungslagern in allen vier Besatzungszonen, konnten dort inhaftierte Mitglieder der angeklagten Organisationen befragen und anschließend ihre Überführung als Zeugen nach Nürnberg veranlassen.[1470] In die Lager in der französischen Besatzungszone schickten die Nürnberger Anwälte daraufhin als Delegierten ihren Kollegen Carl Haensel, der zum Verteidigerteam von SS und SD zählte. Von einem Offizier begleitet, den die französische Militärregierung zu diesem Zweck abstellte, besuchte Haensel in der letzten Aprilwoche 1946 die Lager in Balingen und Landau in der Pfalz.[1471] Zeugen, die die Verteidigung auf diesem Weg ausfindig gemacht hatte, wurden nach ihrer Überführung nach Nürnberg unter dem Vorsitz eines alliierten Untersuchungsrichters vor der Kommission befragt.[1472] Der jeweilige Verteidiger und ein Vertreter der Anklagebehörde hatten dabei, ähnlich wie während des Prozesses, die gleichen Rechte und konnten beide den Zeugen ins Kreuzverhör nehmen. Bis Ende Juli 1946 wurden so die Aussagen von insgesamt 101 Zeugen durch die Kommission aufgenommen.[1473]

Anklagevertreter, die an den Sitzungen der Kommission teilnahmen, konnten auch hier von allen vier alliierten Delegationen bestimmt werden. Die vier Vertretungen bildeten deswegen einen gemeinsamen Ausschuss, der die Vernehmungen für die Anklageseite koordinierte. Da Debenest mittlerweile mit dem Fall Seyß-Inquart betraut war, bestimmte die französische Delegation Constant Quatre zu ihrem

---

1466 Vgl. IMT, Bd. 1, Statut für den Internationalen Militärgerichtshof, Art. 9, S. 12 f.
1467 Vgl. Sprecher, Nuremberg, Bd. 1, S. 427.
1468 Vgl. AD-NUOI 1944–1959/87: Lalouette, Schreiben Nr. 30, 15. Februar 1946.
1469 Vgl. IMT, 28. Februar–2. März 1946, Bd. 8, S. 387–539.
1470 Vgl. AD-NUOI 1944–1959/87: Lalouette, Schreiben Nr. 40, 18. März 1946.
1471 Vgl. AD-NUOI 1944–1959/89: A. Meyer. Visite des camps d'internement en zone française par la défense allemande, 2. Mai 1946; auch Haensel, Tagebuch, S. 219–232.
1472 Vgl. AD-NUOI 1944–1959/89: Lalouette, Schreiben Nr. 67, 14. Mai 1946.
1473 Vgl. Taylor, Prozesse, S. 582. Zur Arbeit der Kommission vgl. auch Neave, Record, S. 274–287.

ständigen Vertreter in diesem Gremium.[1474] Unterstützt wurde er von Henri Monneray, der sich in der Folge als Vernehmer in der Kommission profilierte und zahlreiche potentielle Zeugen befragte. Zu den Personen, die Monneray verhörte, zählte unter anderem der SS-Standartenführer Helmut Knochen, der als vormaliger Befehlshaber der Sicherheitspolizei und des SD maßgeblich für die Judendeportationen aus dem besetzten Frankreich verantwortlich war.[1475] Als der Gerichtshof im August 1946 mit der Verhandlung gegen die Organisationen begann, hatten die Verteidiger die Möglichkeit, eine Auswahl der Zeugen aufzurufen, die vor der Kommission ausgesagt hatten. Deren erneute Vernehmungen und die anschließenden Plädoyers nahmen im Wesentlichen die letzten Wochen des Prozesses vor dem IMT in Anspruch. Wie mit ihren Verbündeten vereinbart, hielt sich die französische Anklagevertretung dabei merklich zurück. Den Großteil der Kreuzverhöre mit den Zeugen der Verteidigung führten amerikanische und britische Ankläger. Die Franzosen beteiligten sich lediglich, als die Anklage gegen die Gestapo und gegen den SD verhandelt wurde. Die Strategie des Verteidigers der Gestapo Rudolf Merkel zielte darauf ab, diese als eine ausschließlich für politisch motivierte Vergehen zuständige Polizeitruppe darzustellen und von den Verbrechen von SS und SD abzugrenzen. Zu diesem Zweck rief er den Gestapobeamten Karl Heinz Hoffmann als Zeugen auf und befragte ihn ausführlich.[1476] Im Anschluss musste Hoffmann sich einem Kreuzverhör mit Monneray stellen, in dem es dem französischen Anklagevertreter gelang, die Aussage des Gestapobeamten stark zu erschüttern. Von Monneray mit entsprechenden Beweisdokumenten konfrontiert, räumte Hoffmann entgegen seiner ursprünglichen Beteuerungen ein, dass die Gestapo Einweisungen in Konzentrationslager vorgenommen, in ihren Gefängnissen Verdächtigte gefoltert und selbst Exekutionen durchgeführt hatte.[1477] Zu ähnlichen Szenen kam es kurze Zeit später, als die Verteidigung des SD das Wort hatte und Hans Rößner, einen Abteilungsleiter des Nachrichtendienstes, in den Zeugenstand bat.[1478] In seiner Aussage beschrieb Rößner seinen ehemaligen Arbeitgeber als eine Behörde, die im Auftrag der Regierung lediglich statistische Erhebungen vorgenommen, aber keinerlei vollziehende Gewalt gehabt hätte. Dass der SD tatsächlich viel mehr war und maßgeblichen Anteil an den schwersten NS-Verbrechen hatte, wurde dagegen im anschließenden Kreuzverhör deutlich, das erneut Monneray mit dem Zeugen führte. Rößner versuchte hartnäckig, den Fragen des französischen Anklägers auszuweichen. Nichtsdestotrotz erbrachte Monneray den Nachweis, dass der SD auf das Engste mit den anderen Stellen des Reichssicherheitshauptamtes verwoben war und seine Mitarbeiter beispielsweise an Verhaftungen und Einweisungen in Konzentrationslager beteiligt waren.[1479] Zweifellos

1474 Vgl. AN-19840317/91: Dossier Quatre: Champetier de Ribes. Notice de présentation au tableau d'avancement, undatiert.
1475 Vgl. Meyer, Verhör, S. 19 f.
1476 Vgl. IMT, 1. August 1946, Bd. 20, S. 175.
1477 Vgl. ebd., S. 188–199.
1478 Vgl. IMT, 2. August, Bd. 20, S. 261.
1479 Vgl. ebd., S. 274–289.

führte Monneray beide Befragungen souverän durch und an der Leistung des Anklägers gab es aus Lalouettes Sicht nichts auszusetzen.[1480] Bei einer Gesamtbetrachtung bleibt aber zu berücksichtigen, dass Hoffmann und Rößner nicht die einzigen Zeugen waren, die für die jeweilige Organisation aussagten.[1481] Man kann mit Blick auf die beiden Kreuzverhöre deshalb allenfalls von einem Beitrag der französischen Anklagevertretung sprechen, mit dem sie die Arbeit ihrer Verbündeten unterstützte. Diese Bemühungen waren zwar durchaus von Erfolg gekrönt. Offenkundig gelang es den alliierten Anklägern in beiden Fällen, die Argumente der Verteidigung zu widerlegen. Am Ende des Prozesses erklärte das Gericht sowohl die Gestapo als auch den SD zu verbrecherischen Organisationen.[1482] Das sollte jedoch nicht darüber hinwegtäuschen, dass die französische Anklagevertretung bei der Beweisführung gegen die beiden NS-Organisationen nicht mehr als eine Nebenrolle spielte.

Trotz ihrer Zurückhaltung in den Sitzungen des IMT im August 1946 war sich die französische Delegation aber der Brisanz und der Komplexität des Themas bewusst. Probleme bereitete den in Nürnberg versammelten Juristen schließlich nicht nur die technische Durchführung der Anklage gegen die Organisationen, sondern noch viel mehr die zu erwartende Tragweite eines möglichen Schuldspruches.[1483] Die Vertreter aller Delegationen konnten nur schwer einschätzen, welche Konsequenzen ein solcher haben würde. Denn die Bestimmungen des Londoner Statuts in dieser Frage ließen einen großen Interpretationsspielraum zu.[1484] Man dachte vor allem an die Millionen Mitglieder der angeklagten NS-Organisationen, die sich zum Teil in alliierten Internierungslagern, zum Teil aber auch auf freiem Fuß befanden. Wären diese bei einer Verurteilung ihrer Organisation alle ebenfalls strafrechtlich zu belangen? Würde die bloße Mitgliedschaft dann mit Kollektivstrafen geahndet oder sollten individuelle Prozesse folgen? Und vor allem: Welche Verbindlichkeit hätte ein Schuldspruch des IMT überhaupt für die Rechtsprechung in den einzelnen Besatzungszonen und für die Justiz der alliierten Staaten? Über diese Fragen wurde auch in der französischen Delegation diskutiert. Im Juni 1946 machte Dubost einen ersten Vorschlag. Darin

---

1480 Vgl. AD-NUOI 1944–1959/90: Lalouette, Telegramm Nr. 142, 2. August 1946.

1481 Für die Gestapo sagte außerdem Werner Best (vgl. IMT, 1. August 1946, Bd. 20, S. 140) als Zeuge aus, für den SD Wolf Heinz Hoeppner (vgl. IMT, 1. August 1946, Bd. 20, S. 207). Beide wurden ebenfalls von den alliierten Anklagevertretungen ins Kreuzverhör genommen, jedoch ohne französische Beteiligung.

1482 Vgl. IMT, Bd. 1, Urteil, S. 300 f.

1483 Vgl. AD-NUOI 1944–1959/91: Lalouette, Schreiben Nr. 33, 4. März 1946.

1484 Vgl. IMT, Bd. 1, Statut für den Internationalen Militärgerichtshof, Art. 10, S. 13: „Ist eine Gruppe oder Organisation vom Gerichtshof als verbrecherisch erklärt worden, so hat die zuständige nationale Behörde jedes Signatars das Recht, Personen wegen ihrer Zugehörigkeit zu einer solchen verbrecherischen Organisation vor Nationalen-, Militär- oder Okkupationsgerichten den Prozeß zu machen. In diesem Falle gilt der verbrecherische Charakter der Gruppe oder Organisation als bewiesen und wird nicht in Frage gestellt.“.

regte er an, das französische Strafrecht den Bestimmungen des Statuts des IMT anzupassen, damit Angehörige der NS-Organisationen nach einer Entscheidung der alliierten Richter auch vor französischen Gerichten verurteilt werden könnten.[1485] Das Justizministerium in Paris machte sich den Vorschlag schnell zu eigen und entwickelte in den folgenden Wochen sogar noch weitergehende Pläne.[1486] In der Hauptstadt hoffte man nämlich, für das weitere Vorgehen eine gemeinsame Grundlage mit den Verbündeten finden und sich mit diesen auf ein einheitliches Prozedere einigen zu können. Justizminister Pierre-Henri Teitgen schwebte eine internationale Expertenkommission vor, die nach dem Urteilsspruch des IMT dessen Bestimmungen über die NS-Organisationen analysieren und verbindliche Richtlinien für eine Umsetzung durch die alliierten Besatzungsmächte erarbeiten sollte.[1487] Das Projekt war Teitgen wichtig genug, dass er im August 1946 persönlich nach Nürnberg reiste.[1488] Dort stellte er den Spitzen der anderen Delegationen seine Pläne vor, jedoch ohne eine verbindliche Antwort zu erhalten.[1489] Zudem stimmte er sich bei seinem Besuch mit seinen Landsleuten ab und erteilte Anweisungen, welche Haltung diese in der Frage der NS-Organisationen während des Prozesses einnehmen sollten. Während das Justizministerium der Delegation bisher viele Freiheiten gelassen hatte, intervenierte es in diesem Fall also sehr viel stärker und legte die französische Position fest.

Konkret schlugen sich Teitgens Anweisungen im französischen Schlussplädoyer gegen die NS-Organisationen nieder, mit dem der Anklagestab am 30. August 1946 ein letztes Mal das Wort vor dem IMT erhielt.[1490] Delegationschef Champetier de Ribes, der mittlerweile seit mehr als einem Monat zurück in Nürnberg war, entschied, die Rede selbst zu halten. Verglichen mit den umfangreichen Plädoyers, die zuvor die Vertreter der beiden angelsächsischen Anklagebehörden gehalten hatten, handelte es sich allerdings eher um einen symbolischen Beitrag: Der französische Chefankläger, der immer noch sichtlich geschwächt war, sprach nur eine knappe halbe Stunde.[1491] Sein Plädoyer gegen die NS-Organisationen baute er in erster Linie auf moralischen Erwägungen auf.[1492] Als überzeugter Christdemokrat sah Champetier de Ribes im Nationalsozialismus die Verneinung aller wesentlichen Werte und Errungenschaften der christlichen Zivilisation. Die angeklagten

---

1485 Vgl. AD-NUOI 1944–1959/98: Lalouette, Schreiben Nr. 107, 22. Juni 1946.

1486 Vgl. AD-NUOI 1944–1959/90: Lalouette, Schreiben Nr. 121, 12. Juli 1946.

1487 Vgl. AD-NUOI 1944–1959/91: Teitgen an Champetier de Ribes, 18. August 1946.

1488 Vgl. AD-NUOI 1944–1959/90: Lalouette, Telegramm Nr. 149, 23. August 1946.

1489 Der Plan, eine solche internationale Expertenkommission zu schaffen, scheiterte jedoch letztendlich; vgl. Kapitel 4.3, Expertenkommission.

1490 Zur Konzeption der Rede vgl. AD-NUOI 1944–1959/90: Lalouette, Schreiben Nr. 171, 26. August 1946.

1491 Vgl. Taylor, Prozesse, S. 614. Die anderen Schlussplädoyers gegen die NS-Organisationen hielten Fyfe für die britische, Dodd und Taylor für die amerikanische sowie Rudenko für die sowjetische Anklagevertretung.

1492 Vgl. IMT, 30. August 1946, Bd. 22, S. 340 f.

Organisationen seien die wichtigsten Werkzeuge der NS-Führer bei der Verfolgung ihrer politischen Ziele gewesen und müssten deswegen ebenso wie diese als verbrecherisch angesehen werden, so der Ankläger weiter.[1493] Im Anschluss setzte er sich mit zwei Argumenten der Verteidigung auseinander. Die Behauptung, die Verbrechen seien nur von einzelnen Mitgliedern begangen worden, aber die Schuld liege keineswegs bei der Organisation in ihrer Gesamtheit, von der die Verteidigung der Gestapo Gebrauch gemacht hatte, wollte er nicht gelten lassen. Für Champetier de Ribes war allein die kollektive Tätigkeit der Organisation ausschlaggebend, die er als verbrecherisch ansah.[1494] Noch vehementer wandte er sich gegen alle Bemühungen, die Zuständigkeit der angeklagten Organisationen auf unverfängliche Bereiche einzugrenzen, wie es die Verteidigung des SD versucht hatte. Hiergegen argumentierte Champetier de Ribes, indem er auf die gegenseitige Durchdringung von Organisationen wie beispielsweise SS, SD und Gestapo hinwies, deren enge Zusammenarbeit herausstellte und auf das Konzept der Staatskriminalität aus Dubosts Schlussplädoyer gegen die Angeklagten zurückgriff.[1495]

Auf dieser Grundlage erhob er die Forderung, der Gerichtshof möge alle angeklagten NS-Organisationen als verbrecherisch einstufen. Im Schlussteil der Rede stellte er sodann die Position der französischen Regierung dar, wie man nach einer Entscheidung des Gerichtshofes weiterverfahren wolle.[1496] Demnach sollten grundsätzlich alle Mitglieder verbrecherischer Organisationen einzeln vor Gericht gestellt werden. Die alleinige, freiwillige Mitgliedschaft wäre dann mit Freiheitsstrafen oder mit dem Entzug der bürgerlichen Rechte zu ahnden. Schwerere Strafen sollten in den anstehenden Gerichtsverfahren dagegen nur beim Nachweis einer individuellen Beteiligung an einem konkreten Verbrechen verhängt werden. All diese Forderungen waren Teil von Teitgens Plänen eines koordinierten und einheitlichen Vorgehens der Alliierten bei der strafrechtlichen Verfolgung der Mitglieder der NS-Organisationen.[1497] Es handelte sich dabei jedoch nur um eine Momentaufnahme, da die Verhandlungen in dieser Frage erst begonnen hatten und auch die Position der französischen Regierung von der weiteren politischen Entwicklung abhängig war.[1498] Um aber überhaupt eine Lösung dieses Problems zu ermöglichen, musste erst einmal das Richterkollegium des IMT sein Urteil sprechen.

Immerhin rückte dieser Moment nun näher: Im Nürnberger Schwurgerichtssaal wurden am nächsten Tag, dem 31. August 1946, noch die Schlussworte der Angeklagten angehört. Danach zog sich der Gerichtshof zurück, um über das Urteil zu beraten.[1499]

1493 Vgl. ebd., S. 343 f.
1494 Vgl. ebd., S. 346 f.
1495 Vgl. ebd., S. 348 ff.
1496 Vgl. ebd., S. 350 ff.
1497 Vgl. AD-NUOI 1944–1959/90: Lalouette, Schreiben Nr. 171, 26. August 1946, S. 3.
1498 Vgl. Kapitel 4.3, Expertenkommission.
1499 Vgl. IMT, 31. August, Bd. 22, S. 465.

4. Urteilsfindung und Rezeption des Prozesses in Frankreich

4.1 Die Beratungen über das Urteil

Unter höchster Geheimhaltung

Nach 216 Sitzungstagen war der eigentliche Prozess abgeschlossen und es galt nun, ein Urteil zu fällen. Zu diesem Zweck zogen sich die acht Richter des IMT, Geoffrey Lawrence und Norman Birkett für Großbritannien, Francis Biddle und John Parker für die USA, Iona Nikittschenko und Alexander Woltschkow für die Sowjetunion sowie Henri Donnedieu de Vabres und Robert Falco für Frankreich, in das direkt hinter dem Schwurgerichtssaal gelegene Beratungszimmer im Nürnberger Justizgebäude zurück. Erste Besprechungen über die Grundfragen des Prozesses hatten dort, in unregelmäßigen Abständen, bereits im Juli und August 1946 stattgefunden. Jetzt, nachdem die letzten Plädoyers gehalten waren, trafen sich die Richter beinahe täglich, um über die Schuld der Angeklagten zu beraten. Anders als die Hauptverhandlung waren diese Besprechungen aber geheim und man unternahm alle Anstrengungen, keine Informationen nach außen dringen zu lassen.

Um möglichst wenige Personen zu beteiligen, entschieden die Richter sogar, keinen Gebrauch von der im Gerichtssaal angewendeten Technik der Simultanübersetzung zu machen. Stattdessen waren nur zwei Dolmetscher zugelassen, die sämtliche Redebeiträge übersetzten. In der Tat erfuhr so kaum jemand, was bei den Treffen besprochen wurde und wie sich die einzelnen Richter in der Diskussion positionierten. Das sollte sich auch nach dem Prozess erst einmal nicht ändern. Über Jahre hinweg waren die Beratungen des Richterkollegiums das am besten gehütete Geheimnis des Nürnberger Prozesses gegen die Hauptkriegsverbrecher. Bis heute sind die Quellen überschaubar, die darüber Auskunft geben, da sich keiner der Beteiligten je im Detail öffentlich über dieses delikate Thema geäußert hat. Allerdings übergab Biddle, der 1968 starb, kurz vor seinem Tod eine Sammlung persönlicher Dokumente an das Archiv der *Syracuse University* im Staat New York.[1500] In dem Nachlass befinden sich Notizen Biddles über den Ablauf der Urteilsberatungen, die er als Gedächtnisstützen für sich selbst angefertigt hat.[1501] Diese Dokumente wertete einige Jahre später der Historiker Bradley Smith aus.[1502] Damit war es erstmals möglich, das Zustandekommen des Nürnberger Urteils zu rekonstruieren und den Ablauf der Beratungen nachzuvollziehen. Aus Mangel an Alternativen blieben in der

---

1500 Biddles 1962 erschienene Autobiographie behandelt zwar auch die Urteilsfindung. Das entsprechende Kapitel enthält jedoch nur eine sehr grobe Zusammenfassung der Beratungen des Richterkollegiums; vgl. Biddle, Authority, S. 465–477.

1501 Vgl. Syracuse, Biddle.

1502 Vgl. Smith, Jahrhundert-Prozess.

Folge allein Biddles Notizen für die weitere Geschichtsschreibung maßgeblich.[1503] Telford Taylor beispielsweise verwendete für das entsprechende Kapitel in seiner Gesamtdarstellung des Nürnberger Prozesses fast ausschließlich die Dokumente des amerikanischen Richters.[1504] Mittlerweile liegt jedoch eine zweite Quelle vor: Auf der Grundlage von tagebuchartigen Aufzeichnungen aus seiner Zeit in Nürnberg verfasste Falco einen Bericht über seine Tätigkeit als Richter des IMT, der ursprünglich wohl für seine Angehörigen, nicht jedoch zur Veröffentlichung, bestimmt war. Darin schildert er auch den Ablauf der Urteilsberatungen. Nach Falcos Tod blieb der Bericht über Jahre im Familienbesitz, bevor er an die *Archives nationales* in Paris übergeben und schließlich 2012 als Buch veröffentlicht wurde.[1505] Gleicht man die beiden Quellen miteinander ab, dann bestätigt der Bericht Falcos alles in allem die Angaben Biddles und präzisiert lediglich an der einen oder anderen Stelle die Geschehnisse. Vor diesem Hintergrund kann der Ablauf der Urteilsberatungen mittlerweile als gesichert angesehen werden und ist es möglich, die Rolle, die de Vabres und Falco selbst dabei spielten, relativ klar zu erfassen.

Wie das alliierte Richterkollegium seine Beschlüsse fasste, wurde im Wesentlichen durch das Londoner Statut bestimmt. Auf dieser Grundlage einigten sich die Richter bei einer der ersten Zusammenkünfte auf ein verbindliches Prozedere, das dann bis zum Ende der Beratungen angewendet wurde: Zunächst versuchte man, in der Diskussion Einigkeit zu erzielen. Wo dies nicht gelang, wurde abgestimmt. In der Praxis kam es vor allem bei den Entscheidungen über die individuellen Urteile und bei speziellen Anträgen, die ein Mitglied des Kollegiums vorbrachte, zu Abstimmungen. In den juristischen Grundfragen dagegen bemühten sich alle Beteiligten, in der Diskussion einen gemeinsamen Nenner zu finden. Bei den Abstimmungen waren die acht Juristen aber keineswegs gleichberechtigt: Nur vier von Ihnen (Lawrence, Biddle, Nikittschenko und de Vabres) waren vollwertige Mitglieder des Richterkollegiums mit Stimmrecht im eigentlichen Sinne. Die vier anderen hatte das Londoner Statut ursprünglich nur als „Stellvertreter" vorgesehen, die im Notfall nachrücken sollten.[1506] Tatsächlich übten diese vier während des Prozesses deutlich mehr als eine bloße Stellvertreterfunktion aus, da sie an allen Sitzungen des Richterkollegiums teilnahmen und sich dort einbrachten. Für die Abstimmungen war ihr nachgeordneter Status aber entscheidend: Um ein Meinungsbild zu erzeugen, stimmten zwar auch die vier Stellvertreter mit ab, es zählten aber nur die vier Stimmen der Hauptvertreter eines jeden Landes. Dieser Umstand ist vor allem zu berücksichtigen, weil die Stimmen der beiden Repräsentanten desselben Landes immer wieder voneinander abwichen. Zur Verurteilung eines Angeklagten war eine

1503 Die Aufzeichnungen Birketts enden vor der Urteilsberatung; vgl. Hyde, Birkett, S. 522.

1504 Vgl. Taylor, Prozesse, S. 629–658.

1505 Vgl. Falco, Juge, S. 11.

1506 Vgl. IMT, Bd. 1, Statut für den Internationalen Militärgerichtshof, S. 10.

Mehrheit von drei Stimmen erforderlich.[1507] Durch das gemeinsame Votum von zwei der vier Richter konnte also ein Freispruch zustande kommen.[1508]

Als inhaltliche Grundlage für die Beratungen diente dem Richterkollegium ein Entwurf für das Urteil, der aus der Feder Birketts stammte. Schon während des Prozesses hatte es sich eingebürgert, dass Birkett, der im Verfassen von juristischen Schriftsätzen ebenso routiniert wie erfahren war, die Vorlagen für Entscheidungen des Gerichts angefertigt hatte. Auf Wunsch seiner Kollegen schrieb er deswegen auch einen Entwurf für das Urteil, der in einem historischen Abriss einen Überblick über die deutschen Angriffe auf andere Staaten gab und die in diesem Zusammenhang verübten Verbrechen skizzierte. In den Besprechungen ging es daher zu einem guten Teil um bloße Formulierungen oder die Gewichtung bestimmter Sachverhalte in Birketts Entwurf, an denen einer der Richter etwas auszusetzen hatte. Bei der ersten Diskussion der Vorlage bemängelte Nikittschenko beispielsweise dessen Weitschweifigkeit und wünschte sich ein Urteil, das „prägnanter, klarer und kürzer"[1509] sei. De Vabres, der den Entwurf ebenfalls für zu lang hielt, schloss sich der Kritik an und schlug seinerseits einige Streichungen vor. Die ursprüngliche Fassung musste dadurch mehrfach überarbeitet werden.[1510] Aber insgesamt war es in solchen Fällen noch recht einfach, die Erwartungen aller Beteiligten zu erfüllen.

Beratungen über die Anklagepunkte

Die wirklich hitzigen Diskussionen und anhaltenden Meinungsverschiedenheiten zwischen den acht Juristen entzündeten sich dagegen an Fragen von sehr viel grundsätzlicherer Natur und bei der ersten großen Auseinandersetzung stand de Vabres im Mittelpunkt: Am 27. Juni 1946, als die Richter zum ersten Mal zur Beratung über das Urteil zusammenkamen, sprach sich der Professor gegen den ersten Anklagepunkt aus, also gegen den Vorwurf der Verschwörung. Nachdem das Gericht mehrere Monate lang diesen Anklagepunkt verhandelt hatte, wollte de Vabres ihn streichen und durch das Gericht feststellen lassen, dass es die von der Anklage behauptete Verschwörung der NS-Führer nie gegeben hätte. Angesichts der Tragweite, die ein solcher Beschluss gehabt hätte und der möglichen Konsequenzen für den Ausgang des Prozesses, beschäftigte dieser Vorstoß das Richterkollegium über mehrere Wochen.

Bei den folgenden Treffen kamen die Juristen immer wieder auf den ersten Anklagepunkt zu sprechen und zwischen ihnen zirkulierten bald mehrere Memoranden, die entweder für dessen Zurückweisung oder Beibehaltung plädierten. De Vabres führte für seinen radikalen Vorschlag eine ganze Reihe von Argumenten ins Feld: Er wies darauf hin, dass der Straftatbestand der Verschwörung im Londoner Statut nur am Rande und in sehr vager Form erwähnt war,

---

1507 Vgl. ebd., S. 11.

1508 Vgl. SUL-Biddle Collection-Box 14: Meeting, 9. September 1946.

1509 SUL-Biddle Collection-Box 14: First Meeting to Discuss the Opinion, 27. Juni 1946.

1510 Vgl. Falco, Juge, S. 152.

nicht jedoch als eigener Anklagepunkt aufgeführt wurde.[1511] Es sei vielmehr die Anklagevertretung gewesen, die daraus nachträglich einen weiteren Anklagepunkt gemacht und diesen in die Anklageschrift aufgenommen habe, so de Vabres weiter.[1512] Für falsch hielt er dieses Vorgehen vor allem, weil der Straftatbestand der Verschwörung bislang im Völkerrecht nicht existiert hätte und damit ex post facto angewendet würde.[1513] Wenn man nun unter der Bezeichnung „internationale Verschwörung" rückwirkend ein neues Verbrechen im Völkerrecht schaffe, könnten dafür Personen bestraft werden, die einander weder kannten, noch gemeinschaftlich handelten. Das aber sei „schrecklich unfair"[1514], so der Professor. Er bestritt nicht, dass Hitler und seine Generäle und Parteiführer zu diesem oder jenem Zweck Pläne geschmiedet und Absprachen getroffen hatten. Aber de Vabres glaubte nicht an die Existenz einer groß angelegten Verschwörung zur Führung eines Angriffskrieges und der Begehung von Kriegsverbrechen und Verbrechen gegen die Menschlichkeit, wie sie die Anklage behauptete.[1515] Seine Sicht auf den Nationalsozialismus deckte sich in vielen Punkten mit der Argumentation der französischen Anklagebehörde. In der deutschen Bevölkerung hätte es einen gemeinschaftlichen Willen zur Zerstörung der Versailler Friedensordnung und zur Eroberung von „Lebensraum" in Osteuropa gegeben, das sei das Verbrechen der großen Mehrheit der Deutschen, so de Vabres.[1516] Hiervon ausgehend kam er dann aber zu einer Schlussfolgerung, die bei Dubost und dessen Mitarbeitern zweifellos Befremden hervorgerufen hätte: Gerade weil es sich um kollektive Absichten gehandelt hätte, könnten diese nicht als Kriterien für die Verschwörung eines bestimmten Personenkreises in einem Strafprozess herangezogen werden. Zusätzlich berief er sich auf die französische Rechtstradition, die auf das Rückwirkungsverbot, das er in diesem Fall verletzt sah, großen Wert lege und stellte einige philosophische Überlegungen an. Denn für de Vabres war die Angelegenheit „nicht nur ein rechtliches, sondern auch ein philosophisches Problem."[1517] Auf dieser Grundlage gelangte der Professor zu der Auffassung, dass die Angeklagten im Sinne des ersten Anklagepunktes nicht schuldig seien und kündigte an, er werde keinen der NS-Führer wegen des Vorwurfs der Verschwörung verurteilen.

Mit seiner Haltung hatte de Vabres das übrige Richterkollegium nahezu geschlossen gegen sich. Als seine schärfsten Widersacher erwiesen sich in der Diskussion Birkett und Nikittschenko. Beide sprachen sich vehement gegen den Vorschlag aus und wollten den ersten Anklagepunkt in seiner vollen Form aufrechterhalten. Nikittschenko war bereit, die Argumentation der Anklage in dieser Frage ohne

1511 Vgl. IMT, Bd. 1, Statut für den Internationalen Militärgerichtshof, S. 11 f.
1512 Vgl. IMT, Bd. 1, Anklageschrift, S. 30–45.
1513 Vgl. SUL-Biddle Collection-Box 14: First Meeting to Discuss the Opinion, 27. Juni 1946.
1514 SUL-Biddle Collection-Box 14: Session on Opinion – Conspiracy, 14. August 1946.
1515 Vgl. ebd.
1516 Vgl. ebd.
1517 Ebd.

Vorbehalte zu akzeptieren, und hielt die ganze Diskussion für überflüssig. Auf de Vabres' ex post facto-Argument entgegnete er nur: „[Das Londoner] Statut führt viele neue Dinge auf dem Feld des Völkerrechts ein“[1518] und diese seien die Voraussetzung, um den ganzen Prozess überhaupt durchführen zu können. Birkett hingegen wies eindringlich daraufhin, dass die amerikanische Anklage ihre gesamte Beweisführung auf dem ersten Anklagepunkt aufgebaut hatte. Eine Zurückweisung zu einem so späten Zeitpunkt würde dem Prozess und der Sache der Alliierten irreparablen Schaden zufügen. Eindringlich beschwor er de Vabres: „Sie sagen dann, dass dieser furchtbare Krieg nicht geplant wurde. Sie führen eine nationale Katastrophe herbei. Sie sprechen die NSDAP frei. [...] Wollen Sie das NS-Regime freisprechen?“[1519] In der Tat war der Zeitpunkt von de Vabres' Initiative denkbar ungünstig. Der Prozess stand kurz vor seinem Abschluss und man musste sich fragen, warum der Professor diese Diskussion über eines der Fundamente der Anklage nicht schon viel früher angestoßen hatte. In der Sache waren es aber vor allem seine Argumente, die die anderen Richter nicht überzeugten. Birkett, Lawrence, Parker und sogar de Vabres' Stellvertreter Falco erklärten explizit, dass sie von der Existenz einer Verschwörung der NS-Führer überzeugt seien.[1520] Anders als de Vabres sahen sie die Anklage wegen Verschwörung außerdem durch das Statut abgesichert. Dass der Vorschlag des Professors nicht einfach zurückgewiesen wurde, lag daran, dass er auf einiges Verständnis bei Biddle stieß. Dieser wollte die Anklage wegen Verschwörung zumindest abschwächen.[1521] Einen Ausweg bot Falco an, der versuchte, zwischen seinem Landsmann und dem Rest des Richterkollegiums zu vermitteln. Er schlug vor, den ersten nur auf den zweiten Anklagepunkt zu beziehen. Der Straftatbestand der Verschwörung war demnach ausschließlich auf die Planung und Durchführung eines Angriffskrieges zu beschränken. Dagegen sollte das Gericht feststellen, dass es eine Verschwörung der NS-Führer zur Begehung von Kriegsverbrechen und Verbrechen gegen die Menschlichkeit nach der Beweisaufnahme als nicht erwiesen ansehe, so Falco.[1522]

Die Diskussion zog sich von diesem Moment an noch über mehre Sitzungen hin, schließlich bewegten sich aber beide Seiten aufeinander zu und einigten sich auf eine Lösung, die nahe an Falcos Vorschlag herankam.[1523] In seiner Entscheidung erklärte das Gericht, dass es ausschließlich die Beweise auf eine Verschwörung zur Planung und Durchführung eines Angriffskrieges hin geprüft habe und berief sich dabei auf das Londoner Statut.[1524] Der erste war damit in der Tat an den zweiten Anklagepunkt gebunden. Zudem setzte das Gericht die Hürden für eine Verurteilung

1518 SUL-Biddle Collection-Box 14: Session on Opinion – Conspiracy, 15. August 1946.
1519 Ebd.
1520 Vgl. Falco, Juge, S. 150.
1521 Vgl. SUL-Biddle Collection-Box 14: Meeting on Opinion, 19. August 1946.
1522 Vgl. SUL-Biddle Collection-Box 14: Session on Opinion – Conspiracy, 14. August 1946.
1523 Vgl. SUL-Biddle Collection-Box 14: Meeting, 4. September 1946.
1524 Vgl. IMT, Bd. 1, Urteil, S. 250–253.

wegen Verschwörung hoch an, so dass diese nur eine recht überschaubare Gruppe unter den Angeklagten traf. Angeklagt waren ursprünglich alle 22 NS-Führer unter dem Vorwurf der Verschwörung, aber nur acht von ihnen wurden hierfür durch das Gericht verurteilt.[1525]

Harmonischer gestalteten sich die Diskussionen über die anderen Anklagepunkte, die durch das Londoner Statut sehr viel klarer definiert waren. In der Frage des Angriffskrieges bestand im Prinzip Einigkeit. Man debattierte lediglich darüber, welche Aggressionen NS-Deutschlands unter diesem Anklagepunkt zu verbuchen waren. De Vabres erklärte, dass er die Besetzung Österreichs und Prags nicht als Angriffskriege betrachte.[1526] Für ihn war der deutsche Angriff auf Polen der Beginn des Angriffskrieges und er legte Wert auf diese Feststellung. Hier fanden die Juristen eine Lösung, indem sie in der Urteilsbegründung eine explizite Unterscheidung machten und die Besetzung von Österreich und der Tschechoslowakei als „Angriffshandlungen" bezeichneten, im Falle Polens dann aber von dem ersten klaren Angriffskrieg NS-Deutschlands sprachen.[1527] Wie die Diskussionen zu den Anklagepunkten 2 und 3 abliefen, lässt sich dagegen nicht nachvollziehen. Weder Biddles Aufzeichnungen, die trotz ihres beachtlichen Umfangs unvollständig sind, noch Falcos eher kursorische Darstellung geben hierüber Auskunft. Dabei traf das Richterkollegium auch in diesem Fall eine gewichtige Entscheidung. Es beschloss, als Verbrechen gegen die Menschlichkeit im Sinne des Londoner Statuts nur Taten zu werten, die nach Kriegsbeginn verübt wurden.[1528] Dadurch wurden die Anklagepunkte Verbrechen gegen die Menschlichkeit und Kriegsverbrechen im Urteil faktisch zusammengezogen. Aus de Vabres' späteren Äußerungen lässt sich schließen, dass er voll und ganz hinter dieser Entscheidung stand. Unter anderem erklärte er danach: „Die Kategorie der Verbrechen gegen die Menschlichkeit, die das Statut durch eine kleine Hintertür in den Prozess gebracht hatte, hat sich durch das Urteil faktisch in Luft aufgelöst."[1529] Die auffallend rechtspositivistische Haltung, die er in der Diskussion um die Verschwörung an den Tag gelegt hatte, mag sich hier fortgesetzt haben. Ob aber dieser Entscheidung eine breite Mehrheit innerhalb des Richterkollegiums zugrunde lag oder ob sie als Kompromiss in einer kontrovers geführten Diskussion ausgehandelt wurde, muss offenbleiben.

Individuelle Urteile

In einer zweiten Phase der Beratungen wandten sich die Richter den Fällen der einzelnen Angeklagten zu. „In einer Atmosphäre äußersten Ernstes"[1530] entschieden

---

1525 Dabei handelte es sich um Göring, Heß, Ribbentrop, Keitel, Rosenberg, Raeder, Jodl und Neurath; vgl. ebd., S. 314–386.
1526 Vgl. SUL-Biddle Collection-Box 14: Third Conference on Opinion, 17. Juli 1946.
1527 Vgl. IMT, Bd. 1, Urteil, S. 207.
1528 Vgl. ebd., S. 285 f.
1529 Donnedieu de Vabres, Nuremberg, S. 526 f.
1530 Falco, Juge, S. 152.

sie zunächst, nach welchen Anklagepunkten der jeweilige NS-Führer schuldig war, und legten danach das Strafmaß fest. Alles andere als einen konsequenten Eindruck musste es auf die anderen Richter machen, dass de Vabres jetzt entgegen seiner früheren Ankündigung bei insgesamt neun Angeklagten doch für eine Verurteilung wegen Beteiligung an einer Verschwörung stimmte.[1531] Hinsichtlich des Strafmaßes gab das Londoner Statut den Juristen freie Hand, Freiheitsstrafen, aber auch Todesurteile zu verhängen.[1532] Noch bevor das erste Urteil feststand, überraschte de Vabres seine Kollegen allerdings mit einem erneuten Vorstoß. Er schlug nun vor, das Gericht möge zwischen „ehrenhaften" und „unehrenhaften" Strafen unterscheiden.[1533] Ihm schwebte dabei vor, dass bei Haftstrafen die unehrenhaft Verurteilten wie gewöhnliche Kriminelle eingesperrt, die ehrenhaft Verurteilten dagegen als politische Häftlinge interniert würden. Die gleiche Unterscheidung wollte er bei den Todesurteilen vornehmen – als ehrenhafte Variante der Tod durch Erschießen, unehrenhaft dagegen durch Erhängen. Auch wenn de Vabres diese Unterscheidung als „klassisch" ansah und durch das Londoner Statut für geboten hielt, wurde sein Vorschlag noch negativer aufgenommen als seine Initiative zur Zurückweisung des ersten Anklagepunktes. Nikittschenko entgegnete brüsk: „Lasst uns nicht mit so einem lächerlichen Kleinkram anfangen."[1534] Durch die Voten der drei anderen bevollmächtigten Richter wurde der Antrag in der Abstimmung abgeschmettert.[1535] Stattdessen entschied sich das Kollegium für eine einheitliche Form der Strafhaft und beschloss, alle zum Tode Verurteilten durch den Strang hinrichten zu lassen. In den nun folgenden Abstimmungen machte das Gericht von dieser Möglichkeit insgesamt zwölfmal Gebrauch. Sieben der zwölf Todesurteile wurden einstimmig gefällt (Göring, Ribbentrop, Keitel, Kaltenbrunner, Streicher, Sauckel und Bormann). Bei den anderen gab es immer einen Richter, der sich gegen die Todesstrafe aussprach und von seinen drei Kollegen überstimmt wurde. Dieser Richter war in allen Fällen de Vabres. Biddle wunderte sich erstmals, der Franzose sei „merkwürdig zaghaft"[1536], als dieser nicht nur für Frank, sondern in der darauffolgenden Abstimmungsrunde auch noch für Rosenberg eine lebenslange Haftstrafe befürwortete. Nach de Vabres' Willen sollten außerdem Frick, Jodl und Seyß-Inquart den Rest ihres Lebens hinter Gittern verbringen und wären so dem Galgen entgangen.

In den Abstimmungen über die Todesurteile war der Professor isoliert und seine Gegenstimme hatte für das Ergebnis keine Bedeutung. Anders lagen die Dinge bei den sieben Freiheitsstrafen, die das Gericht verhängte. Diese waren das Resultat

1531 Bei den neun Angeklagten, die de Vabres für schuldig nach dem ersten Anklagepunkt befand, handelte es sich um Göring, Heß, Ribbentrop, Keitel, Rosenberg, Frick, Raeder, Jodl und Papen; vgl. SUL-Biddle Collection-Box 14: Final Vote on Individuals, 10. September 1946.

1532 Vgl. IMT, Bd. 1, Statut für den Internationalen Militärgerichtshof, S. 18.

1533 Vgl. SUL-Biddle Collection-Box 14: Final Vote on Individuals, 10. September 1946.

1534 Ebd.

1535 Vgl. SUL-Biddle Collection-Box 14: Meeting of the Tribunal, 9. September 1946.

1536 SUL-Biddle Collection-Box 14: Final Vote on Individuals, 10. September 1946.

von teils zähen Verhandlungen zwischen den vier Richtern.[1537] Mehrere der Fälle konnten nicht auf Anhieb entschieden werden, sondern mussten aufgeschoben und in einer zweiten Sitzung erneut diskutiert werden, bis sich schließlich eine Mehrheit fand. Hier hatte de Vabres' Votum wiederholt maßgeblichen Anteil am Ausgang der Abstimmung. Als erstes galt das für das Urteil gegen Heß. Für Hitlers Stellvertreter hielt de Vabres 20 Jahre Gefängnis für angebracht, Biddle und Lawrence stimmten für lebenslänglich, Nikittschenko für den Strang. Den sowjetischen Richter trieb schließlich die Befürchtung um, die beiden Angelsachen könnten sich mit de Vabres einigen. Deshalb lenkte er ein und Heß wurde mit einer Mehrheit von drei Stimmen zu lebenslanger Haft verurteilt. Bei Raeder trat der umgekehrte Fall ein: De Vabres stimmte zunächst für 20 Jahre, schloss sich dann aber dem Votum der Angelsachsen an, das sich auf lebenslänglich belief.[1538] Dadurch standen am Ende drei Stimmen gegen Nikittschenko, der den Großadmiral zum Tode verurteilen wollte. Die gleiche Konstellation kam bei Funk zustande: Nikittschenko stimmte für ein Todesurteil, die drei westlichen Richter jedoch geschlossen für lebenslange Haft. Auch Speer und Schirach verdankten es zu einem guten Teil de Vabres, dass sie mit dem Leben davonkamen. Für Speer forderten Nikittschenko und Biddle die Todesstrafe, dagegen standen die Voten von de Vabres und Lawrence für 15 Jahre Haft. Bei Schirach war es dann Lawrence, der mit Nikittschenko für die Todesstrafe stimmte, dagegen votierte de Vabres für eine Haftstrafe und wurde nun von Biddle unterstützt. In beiden Fällen einigten die drei westlichen Richter sich schließlich auf 20 Jahre. Im Falle Neuraths handelten de Vabres und Biddle zusammen Lawrence von lebenslänglich auf 15 Jahre Haft herunter. Dadurch überstimmten die drei westlichen Richter ein weiteres Mal Nikittschenko, der auch hier für ein Todesurteil war. Bei Dönitz trat schließlich der seltene Fall ein, dass alle vier Richter sich nach langer Diskussion einigten und gemeinsam eine Haftstrafe von zehn Jahren festsetzten.

Noch turbulenter gestalteten sich die Abstimmungen, die zu den drei Freisprüchen führten. Abermals war hier de Vabres' Votum von entscheidender Bedeutung und es lag vor allem an ihm, dass es mitunter zu grotesken Szenen kam. De Vabres hatte ursprünglich angekündigt, keinen einzigen Angeklagten freisprechen zu wollen.[1539] Zunächst schien er diesem Vorsatz auch treu zu bleiben. Als das Kollegium über den Fall Papen beriet und ein möglicher Freispruch im Raum stand, plädierte de Vabres für eine Verurteilung.[1540] Seine Begründung war allerdings bemerkenswert: Die Verurteilung Papens sollte auf Grundlage der Anklagepunkte 1 und 2 erfolgen. Kurz zuvor hatte de Vabres noch den ersten Anklagepunkt abgelehnt und die Ansicht vertreten, dass es sich bei der deutschen Besetzung Österreichs gar nicht um einen Angriffskrieg handelte. Die Anklage gegen Papen wegen Beteiligung an einem Angriffskrieg aber bezog sich ausschließlich auf dessen Tätigkeit als Botschafter

---

1537 Vgl. ebd.
1538 SUL-Biddle Collection-Box 14: „I report I share […]", 11. September 1946.
1539 Vgl. SUL-Biddle Collection-Box 14: Meeting, 6. September 1946.
1540 Vgl. SUL-Biddle Collection-Box 14: „Fritzsche continued […]", 12. September 1946.

in Österreich. De Vabres behauptete jetzt also das genaue Gegenteil von dem, was er zuvor vertreten hatte. Nach Falcos Einschätzung war für de Vabres' Haltung in diesem Fall aber ohnehin eher eine persönliche Abneigung gegenüber Papen ausschlaggebend: „Mein rigoristischer Kollege [...] macht ihm vielleicht weniger seine Taten als seine Amoralität zum Vorwurf."[1541] Deswegen sei er gegenüber Papen „besonders hart"[1542] gewesen. Zusammen mit Nikittschenko stimmte de Vabres für eine Verurteilung des ehemaligen Reichskanzlers zu einer fünfjährigen Haftstrafe. Dagegen stand aber das Votum der Angelsachsen, die Papen freisprachen und sich mit ihren beiden Stimmen durchsetzten.

Anders verhielt sich de Vabres im Fall Fritzsche. In diesem sah er zwar den am wenigsten Schuldigen, sprach sich aber in einer ersten Probeabstimmung dennoch für eine moderate Haftstrafe aus.[1543] Als kurz darauf verbindlich abgestimmt wurde, votierte er nichtsdestotrotz zusammen mit Biddle gegen Nikittschenko für einen Freispruch.[1544] Da Lawrence noch unentschlossen war, wurde die Entscheidung aber verschoben. Am nächsten Tag nahm de Vabres Biddle vor dem Beginn der Besprechung zur Seite und ließ ihn wissen, dass er über Nacht seine Meinung geändert habe und jetzt doch für eine Verurteilung Fritzsches sei.[1545] In der anschließenden Diskussion wurde die Entscheidung allerdings ein weiteres Mal vertagt, so dass de Vabres Gelegenheit zu einem erneuten Sinneswandel hatte. Mittlerweile war der Freispruch Papens beschlossene Sache und mit der eigentümlichen Begründung, dass bei einem Freispruch Papens auch Fritzsche unschuldig sei, stimmte de Vabres letzten Endes zusammen mit den beiden Angelsachsen für einen Freispruch des NS-Propagandisten. Diese Verknüpfung der beiden Fälle durch seinen französischen Kollegen machte Nikittschenko derart wütend, dass er ankündigte, er werde für seine Person eine abweichende Meinung formulieren, um sie dem Urteil beizufügen – was er dann auch tun sollte. Ein Meinungswandel de Vabres' ließ sich unterdessen auch bei dem dritten Freispruch beobachten. Als die Richter über den Fall Schacht berieten, machte sich der Professor zunächst abermals für eine Verurteilung stark und scheute, entgegen seiner früheren Bekundungen, erneut nicht davor zurück, die Anklage wegen Verschwörung zu bestätigen. Schacht sollte gemäß der Anklagepunkte 1 und 2 zu einer Gefängnisstrafe verurteilt werden, so de Vabres' Votum. Lawrence war dagegen für einen Freispruch, Biddle und Nikittschenko aber für lebenslänglich. Nach längerer Diskussion kam erstmals eine Mehrheit gegen Lawrence zustande: De Vabres, Biddle und Nikittschenko einigten sich auf eine Haftstrafe von acht Jahren für Schacht. Der Fall schien damit abgeschlossen. Zur allgemeinen Überraschung teilte de Vabres dem Kollegium am nächsten Tag jedoch mit, dass er auch in diesem Fall seine Meinung geändert habe und nun für einen

1541 Falco, Juge, S. 155.
1542 Ebd.
1543 Vgl. SUL-Biddle Collection-Box 14: Final Vote on Individuals, 10. September 1946.
1544 Vgl. SUL-Biddle Collection-Box 14: „I report I share [...]", 11. September 1946.
1545 Vgl. SUL-Biddle Collection-Box 14: „Fritzsche continued [...]", 12. September 1946.

Freispruch Schachts sei.[1546] Biddle schien seinen französischen Kollegen jetzt kaum noch ernst zu nehmen und notierte nur lapidar: „Ich frage mich, was die Engländer mit ihm gemacht haben."[1547] Für Schacht bedeutete das Umschwenken de Vabres' jedenfalls, dass er aufgrund der nunmehr zwei Stimmen zu seinen Gunsten letztendlich ebenfalls freigesprochen wurde.[1548]

Entscheidungen über die NS-Organisationen

Als Letztes urteilten die acht Richter über die sechs angeklagten NS-Organisationen. Das Londoner Statut bestimmte, dass der Gerichtshof den verbrecherischen Charakter einer Organisation feststellen konnte. Das bedeutete natürlich, dass er es nicht tun musste und auch einfach von einer solchen Erklärung absehen konnte. Die Diskussion entzündete sich vor allem an diesem Passus. De Vabres und Falco sprachen sich dafür aus, von der Möglichkeit Gebrauch zu machen und durchaus eine entsprechende Erklärung abzugeben. Allerdings warben sie auch gleichzeitig für einige Einschränkungen, um unkalkulierbare Folgen einer solchen Erklärung zu vermeiden.

Konkret wollte de Vabres bestimmte Strafen für die Mitgliedschaft in einer verbrecherischen Organisation festsetzen.[1549] Das Gesetz Nr. 10 des Alliierten Kontrollrats sah nämlich vor, dass nationale Gerichte Mitglieder einer Organisation, die das IMT als verbrecherisch einstufte, mit jeder Strafe bis hin zur Todesstrafe belangen konnten.[1550] Daher bestand die Gefahr, dass in den verschiedenen Besatzungszonen im Anschluss an den Nürnberger Prozess ganz unterschiedlich geurteilt würde und in den einen Fällen drakonische Strafen verhängt, in den anderen das gleiche Delikt lediglich mit dem Einzug des Vermögens oder einer Geldstrafe geahndet würde. „Die Frage der Kriminalität dieser Gruppierungen oder Organisationen wurde vor dem Gericht diskutiert, ohne dass jemand die Folgen kennen konnte"[1551], fasste de Vabres selbst die Ausgangslage später zusammen. Zweifellos machte sein Vorschlag zur Festsetzung von verbindlichen Strafen vor diesem Hintergrund Sinn. Dass er dennoch einhellig abgelehnt wurde, lag daran, dass der Gerichtshof keine legislative Befugnis hatte, wie Parker und Birkett klarstellten. Deswegen setzte sich de Vabres dafür ein, zumindest einige Empfehlungen auszusprechen für die Prozesse gegen Mitglieder der NS-Organisationen, die in den vier Besatzungszonen folgen würden. Mit dieser Idee

---

1546 Vgl. SUL-Biddle Collection-Box 14: „Lawrence takes me aside [...]", 13. September 1946.

1547 Ebd.

1548 Vgl. Falco, Juge, S. 156.

1549 Vgl. SUL-Biddle Collection-Box 14: Meeting on Organizations, 3. September 1946.

1550 Vgl. Gesetz Nr. 10 des Alliierten Kontrollrates vom 20. Dezember 1945: Bestrafung von Personen, die sich Kriegsverbrechen, Verbrechen gegen den Frieden oder gegen die Menschlichkeit schuldig gemacht haben, in: Amtsblatt des Kontrollrats in Deutschland 3 (1946), S. 50–55, hier Art. 2.

1551 Donnedieu de Vabres, Nuremberg, S. 546 f.

fand er Anklang bei den Angelsachsen.[1552] Vor allem Biddle, der dem gesamten Konstrukt der Organisationskriminalität skeptisch gegenüberstand, unterstützte seinen französischen Kollegen mit Nachdruck. De Vabres' Vorschläge speisten sich aus den Plänen von Justizminister Teitgen in Paris, der in der Frage der NS-Organisationen eine enge Kooperation der vier Hauptsiegermächte anstrebte.[1553] So kam es sogar soweit, dass Biddle notierte: „Ich spreche mich für Empfehlungen auf Grundlage der Vorschläge des französischen Justizministers aus. De Vabres unterstützt mich mit Nachdruck."[1554]

In Fundamentalopposition zu Biddle und de Vabres befanden sich die beiden sowjetischen Richter. Nikittschenko vertrat den Standpunkt, das Richterkollegium solle einfach alle angeklagten Organisationen als verbrecherisch einstufen – über die Folgen brauche man sich keine Gedanken zu machen. Auf sowjetischer Seite wollte man offensichtlich freie Hand für die folgenden Verfahren gegen die Angehörigen der Organisationen haben. Die Diskussion zeigte aber schnell, dass die Sowjets mit ihrer Haltung isoliert waren. Mit den Stimmen der westlichen Richter beschloss das Kollegium, die vorgeschlagenen Empfehlungen in das Urteil aufzunehmen. Diese besagten, dass die Gerichte in den vier Besatzungszonen einheitliche Strafkategorien anwenden und der Alliierte Kontrollrat das Gesetz Nr. 10 entsprechend abändern sollte. Als Richtschnur wurde das Entnazifizierungsgesetz vom 5. März 1946 für die amerikanische Besatzungszone empfohlen.[1555] Zudem legten die Richter fest, dass Personen als Mitglieder einer verbrecherischen Organisation nur dann angeklagt werden sollten, wenn sie dieser freiwillig beigetreten waren und ihre verbrecherischen Ziele kannten. Hierbei handelte es sich um eine Einschränkung, für die sich vor allem Falco in der Diskussion eingesetzt hatte.[1556]

Anders als bei den individuellen Urteilen stand de Vabres in den Abstimmungen über die Organisationen durchweg auf der Seite seiner angelsächsischen Kollegen: Einstimmig wurden das Korps der politischen Leiter der NSDAP, die SS und die Gestapo durch das Richterkollegium zu verbrecherischen Organisationen erklärt.[1557] In den drei anderen Fällen stimmten Lawrence, Biddle und de Vabres gegen Nikittschenko. Für die Reichsregierung, das OKW und die SA sah man deshalb von einer entsprechenden Erklärung ab. Im eigentlichen Sinne freigesprochen wurde jedoch nur die SA, die seit 1934 lediglich eine untergeordnete politische Rolle gespielt hatte. Im Falle von OKW und Reichsregierung befanden die Richter mehrheitlich, dass es sich nicht um Organisationen im Sinne des Londoner Statuts handelte und hielten es aufgrund von deren überschaubarer Größe außerdem für zweckmäßig,

1552 Vgl. SUL-Biddle Collection-Box 14: Meeting on Organizations, 3. September 1946.
1553 Vgl. hierzu Kapitel 4.3, Expertenkommission.
1554 SUL-Biddle Collection-Box 14: Criminal Organizations, 26. September 1946.
1555 Vgl. IMT, Bd. 1, Urteil, S. 288.
1556 Vgl. SUL-Biddle Collection-Box 14: Organizations, 13. September 1946.
1557 Vgl. ebd.

individuelle Strafverfahren gegen die einzelnen Angehörigen durchzuführen.[1558] Mit dieser Einschätzung gingen auch de Vabres und Falco konform.

De Vabres' Motive

Am auffallendsten ist ohne jeden Zweifel die Milde, die de Vabres' gesamtes Abstimmungsverhalten kennzeichnete. Der Professor schien das Leben eines Großteils der NS-Führer schonen zu wollen und war in nahezu allen Fällen der Richter, der für die niedrigsten Strafen stimmte. Damit bildete er bei den Abstimmungen den Gegenpol zu Nikittschenko, der es sich zum Ziel gesetzt hatte, sämtliche Angeklagten an den Galgen zu bringen. Manch einem Historiker hat diese „französische Nachsichtigkeit"[1559] Rätsel aufgegeben. Es gibt allerdings keinen Grund, de Vabres „seine Unabhängigkeit"[1560] als Verdienst anzurechnen oder zu betonen, dass er kein „Befehlsempfänger"[1561] gewesen sei. Die Unabhängigkeit des Gerichts war für die drei westalliierten Nationen eine Selbstverständlichkeit und auch auf französischer Seite waren die Richter allein ihrem Gewissen Rechenschaft schuldig.

Verstehen lässt sich de Vabres' Verhalten deshalb nur mit einem Blick auf seinen biographischen Hintergrund: Bei seiner Ankunft in Nürnberg konnte er auf eine langjährige akademische Karriere zurückblicken. Als Professor war er es gewohnt, jedes Wort genau abzuwägen, maßzuhalten und bei seinen Entscheidungen bis in kleinste Detail zu differenzieren. Sein Vorschlag, zwischen ehrenhaften und unehrenhaften Strafen zu unterscheiden, zeigt das in aller Deutlichkeit. Im Gegensatz zu allen anderen Richtern des IMT war de Vabres aber kein Mann der juristischen Praxis. Ihm fehlte jede Erfahrung aus einer Tätigkeit als Richter oder Staatsanwalt. Als er nun in Nürnberg über das Schicksal der NS-Führer richten musste, scheute er offenkundig vor jeder Rigorosität zurück. Hinzugekommen sein mag eine gewisse Entscheidungsschwäche, die in de Vabres' Charakter angelegt war. Biddle meinte jedenfalls: „De Vabres ist sentimental, [er] benutzt sein weiches Herz, nicht seinen Verstand."[1562] Man wird kaum sagen können, dass Biddle mit dieser Feststellung Unrecht hatte. Denn de Vabres stimmte nicht für niedrigere Strafen, weil er entlastende Indizien für die NS-Führer sah oder Umstände zu ihren Gunsten wertete, denen die anderen Richter keine Bedeutung beimaßen. Der Professor hielt kaum einen der Angeklagten für weniger schuldig, als das seine britischen oder amerikanischen Kollegen taten. Mehr noch war auch de Vabres ein überzeugter Anhänger der Kollektivschuldthese, die seine Landsleute während des Prozesses so vehement vertreten hatten. Nach dem Prozess erklärte er öffentlich, die Deutschen seien „ein Volk, dessen Passivität, Plastizität [und] Herdeninstinkt sich mit einer gewissen, altüberlieferten Brutalität und

1558 Vgl. IMT, Bd. 1, Urteil, S. 310 f.
1559 A. Wieviorka, France, S. 78.
1560 Tisseron, Nuremberg, S. 213.
1561 Ebd.
1562 Vgl. SUL-Biddle Collection-Box 14: „Lawrence takes me aside [...]", 13. September 1946.

einem Geschmack für das ‚Kolossale', ‚Maßlose' verbinden."[1563] Nichtsdestotrotz legte er in Nürnberg in der Diskussion um das Strafmaß für die einzelnen Angeklagten eine Zurückhaltung an den Tag, die innerhalb des Richterkollegiums befremdlich wirken musste. Das wurde umso deutlicher, da sein Stellvertreter vollkommen frei von einer solchen Nachsicht war. Falco votierte bei den Abstimmungen durchweg für wesentlich härtere Strafen und sprach sich für keinen einzigen Freispruch aus.[1564]

De Vabres' Befürworten von tendenziell niedrigen Strafen für die NS-Führer war aber bei weitem nicht das einzige Merkmal, mit dem er sich von den anderen Richtern abhob. Seine akademische Gelehrsamkeit, mit der er sich immer wieder in theoretischen Auseinandersetzungen über das Völkerrecht erging, wirkte in den Beratungen fehl am Platz. Dass er den Umgang mit Anklagepunkt 1 zum philosophischen Problem erklärte, konnte bei seinen Kollegen nur Kopfschütteln hervorrufen. Bezeichnend ist Nikittschenkos Erwiderung auf einen von de Vabres' Exkursen: „Wir sind praktische [Leute], kein Diskussionsklub."[1565] Gepaart war dieser Hang zum Theoretisieren zudem mit einem mangelnden Sinn für die praktischen Notwendigkeiten der Beratungen. De Vabres vertrat in den Diskussionen immer wieder pointierte Positionen, ihm fehlten aber Durchsetzungsvermögen und Kompromissbereitschaft gleichermaßen. Auch das mag seiner fehlenden Erfahrung im Richterberuf geschuldet gewesen sein. „Unter Druck gibt er klein bei"[1566], beobachtete Biddle, der de Vabres inhaltlich in den meisten Fragen noch am nächsten stand und ihn wiederholt unterstützte. Alles in allem war aber kaum einer von de Vabres' Initiativen Erfolg beschieden und mit seinem Antrag zur Zurückweisung von Anklagepunkt 1 scheiterte er ebenso wie mit den Vorschlägen, ehren- und unehrenhafte Strafen zu verhängen oder verbindliche Richtlinien für die Prozesse gegen die Mitglieder der NS-Organisationen festzusetzen. Am meisten schadete seinem Ansehen innerhalb des Richterkollegiums aber ohne jeden Zweifel seine Sprunghaftigkeit und mangelnde Konsequenz. Die Juristen hatten mehr als zehn Monate Zeit gehabt, sich ein Urteil zu bilden und mit einem klaren Standpunkt in die Beratungen zu gehen. De Vabres war der einzige, der seine Meinung mehrfach änderte und sich zum Teil selbst widersprach. Erst kündigte er an, er werde keinen Angeklagten wegen des Vorwurfs der Verschwörung verurteilen, tat das dann aber doch. Die deutsche Besetzung Österreichs war für ihn kein Angriffskrieg, trotzdem wollte er Papen in diesem Zusammenhang schuldig sprechen. Im Fall Fritzsche

1563 Donnedieu de Vabres, Nuremberg, S. 560 f.

1564 Falco nahm, wie auch die anderen stellvertretenden Richter, nur der Form halber an den Abstimmungen teil. Sein Votum hatte für die Urteile keine Bedeutung. Im Einzelnen stimmte Falco folgendermaßen ab: Todesstrafe für Göring, Ribbentrop, Keitel, Kaltenbrunner, Rosenberg, Frank, Frick, Streicher, Funk, Sauckel, Seyß-Inquart und Bormann; lebenslänglich für Heß, Raeder, Schirach und Jodl; 15 Jahre für Speer und Neurath; zehn Jahre für Dönitz; fünf Jahre für Schacht, Papen und Fritzsche; vgl. SUL-Biddle Collection-Box 14: Final Vote on Individuals, 10. September 1946.

1565 SUL-Biddle Collection-Box 14: Session on Opinion – Conspiracy, 15. August 1946.

1566 SUL-Biddle Collection-Box 14: Meeting, 4. September 1946.

revidierte er sage und schreibe dreimal seine Position und auch sein nächtlicher Sinneswandel, der zur Aufhebung von Schachts Verurteilung führte, suchte in den Beratungen seinesgleichen.

Unglücklich war dabei auch der Eindruck, dass er sich, etwa im Falle Papens, von seinen persönlichen Antipathien leiten ließ und in erster Linie unter moralischen Gesichtspunkten argumentierte. „[De Vabres] denkt, wir sind hier, um über die Moral zu wachen“[1567], notierte Biddle an anderer Stelle. Von einem Richter in seiner Position war zu erwarten, dass er auf der Basis von rein juristischen Erwägungen urteilte. Viel sagt auch in dieser Hinsicht der Kontrast zu seinem Stellvertreter aus: Falco war verbindlich, präzise, klar in seinem Urteil, aber auch konziliant gegenüber den anderen Mitgliedern des Kollegiums. Solche Eigenschaften fehlten dem Professor. Stellt man all das in Rechnung, dann lässt sich nicht bestreiten, dass de Vabres seiner Aufgabe nicht gewachsen war. Er war ein angesehener Wissenschaftler und ein ausgewiesener Völkerrechtsexperte. Der richtige Mann für einen Posten innerhalb des Nürnberger Richterkollegiums war er jedoch nicht.

4.2 Das Urteil in der öffentlichen Meinung in Frankreich

Eindeutige Erwartungen

Nach zwei Monaten ließ das Richterkollegium die übrigen Prozessteilnehmer wissen, wie es entschieden hatte. Vor vollbesetzten Zuschauerrängen verlasen die acht alliierten Richter am 30. September und am 1. Oktober 1946 abwechselnd das Urteil in seinem vollen Wortlaut.[1568] Im Anschluss daran überraschte Lawrence das Publikum noch mit einer letzten Bekanntmachung: Nikittschenko ließ der Öffentlichkeit mitteilen, dass er nicht einverstanden sei mit den drei Freisprüchen, dem Urteil gegen Heß und der Entscheidung, die SA, das OKW und das Reichskabinett nicht zu verbrecherischen Organisationen zu erklären.[1569] Unter den Zuhörern befanden sich auch zahlreiche aus Frankreich angereiste Journalisten und in den folgenden Tagen war der Nürnberger Urteilsspruch das beherrschende Thema in der französischen Presse. Allerdings fiel das Medienecho keineswegs positiv aus. Das Urteil des Richterkollegiums wurde scharf kritisiert und vielfach brach sich nun ein über Monate aufgestauter Unmut Bahn. Um die heftigen Reaktionen zu verstehen, muss

---

1567 SUL-Biddle Collection-Box 14: Meeting, 6. September 1946.

1568 Vgl. IMT, 30. September/1. Oktober 1946, Bd. 22, S. 466–674.

1569 Nikittschenko setzte innerhalb des Kollegiums durch, dass sein Protest gegen die Entscheidung der Mehrheit der anderen Richter öffentlich gemacht wurde. Eine entsprechende Erklärung von ihm wurde daher dem Urteil bei der Veröffentlichung beigefügt. Darin gab Nikittschenko bekannt, dass nach seiner Auffassung Schacht, Papen und Fritzsche verurteilt, Heß mit dem Tode bestraft und auch SA, OKW und Reichsregierung zu verbrecherischen Organisationen hätten erklärt werden sollen, und begründete seinen Standpunkt; vgl. IMT, Bd. 1, Abweichende Meinung des sowjetischen Mitglieds des Internationalen Militärgerichtshofes, S. 387–411.

man sich klarmachen, mit welch wachsender Ungeduld die französische Öffentlichkeit den Prozess verfolgt und welche Erwartungen sie an die Entscheidung der Richter geknüpft hatte.

Zu Beginn konnte niemand sagen, wie lange der Prozess dauern würde. Niemals zuvor hatte ein solches Gerichtsverfahren stattgefunden und wie zeitaufwendig dieses werden würde, ließ sich überhaupt erst halbwegs realistisch einschätzen, nachdem der Gerichtshof seine Arbeit aufgenommen hatte. Im französischen Außenministerium ging man davon aus, dass der Prozess nach dem Jahreswechsel 1945/46 zügig zu Ende gebracht würde.[1570] Roger Lalouette war bei seiner Ankunft in Nürnberg der Meinung, nach sechs Wochen wieder abreisen zu können.[1571] Solche Prognosen mussten jedoch bald revidiert werden und im Laufe der Zeit wurde klar, dass das Gerichtsverfahren sich über mehrere Monate hinziehen würde. Nur so war es möglich, den zahlreichen Vertretern von Anklage und Verteidigung ausreichend Redezeit einzuräumen und die vorgelegten Beweismittel zu prüfen. Das konnten selbstverständlich auch die angereisten Journalisten von den Zuschauerrängen aus beobachten und an ihre Redaktionen in Frankreich durchgeben. Mitte Januar 1946 teilte *Le Courrier de Paris* seinen Lesern daher etwas ratlos mit: „Man hatte das Ende des Prozesses für den Frühlingsanfang vorausgesagt. Jetzt ist die Rede vom 15. Juni und die Pessimisten reden sogar vom kommenden Herbst."[1572] Die von der Zeitung zitierten Pessimisten sollten damit Recht behalten. Aber die völlige Ungewissheit, wann der Prozess zu seinem Ende kommen würde, und die zuweilen eintönige Verfahrungsordnung stießen in der Presse auf keine Gegenliebe. Noch bevor die französische Anklage überhaupt das Wort erhielt, äußerten die ersten Zeitungen bereits ihre Verwunderung über das langwierige und zeitraubende Prozedere. Madeleine Jacob klagte beispielsweise bereits am 15. Januar 1946 im *Franc-Tireur* über „diese Hinhaltemanöver, Aufschübe, ausufernden Erläuterungen, Anhäufungen von Details und Wiederholungen"[1573] im Nürnberger Schwurgerichtssaal.

Mit jedem weiteren Sitzungstag steigerte sich die Verwunderung und wich allmählich einem immer klarer artikulierten Unverständnis über die juristischen Notwendigkeiten, die den Prozess in die Länge zogen. Mit Sorge sah Lalouette diese Entwicklung und nahm bereits Mitte Februar 1946 gegenüber dem Außenministerium ausführlich Stellung. In seinem Schreiben sprach der Diplomat von einer „Verkennung der Lage"[1574] in Nürnberg, die der Berichterstattung zugrunde liege. Es sei nun einmal nicht möglich, innerhalb von ein paar Wochen

1570 Vgl. AD-NUOI 1944–1959/86: Telegramm des Secrétariat des Conférences an die französische Botschaft in Dublin, 29. Dezember 1945.

1571 Vgl. AD-NUOI 1944–1959/88: Lalouette. „Le procès s'étire et [...]", 12. April 1946.

1572 Le Courrier de Paris, Artikel: „Le procès de Nuremberg se terminera en été ou en automne", 15. Januar 1946.

1573 Le Franc-Tireur, Artikel: „Au 56e jour du procès de Nuremberg – La France n'a pas encore la parole", 15. Januar 1946.

1574 AD-NUOI 1944–1959/87: Lalouette, Schreiben Nr. 30, 15. Februar 1946.

mehrere Jahre deutscher Geschichte aufzuarbeiten, die Anklage gegen 22 Hauptkriegsverbrecher zu verhandeln und den Grundstein für die zukünftige Ahndung von Kriegsverbrechen durch die internationale Gemeinschaft zu legen, erklärte Lalouette unverblümt. Eindringlich wies er außerdem darauf hin, dass die Rechte der Verteidigung im Sinne eines fairen Verfahrens nicht beschränkt werden dürften, auch wenn Gericht und Anklagebehörde den Prozess grundsätzlich beschleunigen wollten.[1575] Lalouette hoffte, die Kritik seiner Landsleute würde abnehmen, wenn die französische Öffentlichkeit nur besser über die Hintergründe informiert würde. In den folgenden Monaten zeigte sich jedoch, dass er mit dieser Annahme einem Irrtum aufsaß. Denn es mag sein, dass viele Menschen in Frankreich die Gründe für die lange Dauer des Prozesses nicht sahen – verheerender für das Bild, das sich in der öffentlichen Meinung verfestigte, war jedoch, dass viele sie nicht sehen wollten. Die französischen Journalisten, die den Prozess vor Ort mitverfolgten, wussten natürlich, warum der Prozess so lange dauerte. Nichtsdestotrotz standen sie in vielen Fällen am Anfang der massiven Kritik in der Berichterstattung. Als einer der am häufigsten in Nürnberg anwesenden Pressevertreter beschrieb beispielsweise Sacha Simon, noch während der Prozess andauerte, mit beißendem Spott „den äußerst unangenehmen Eindruck der Monotonie von Stunden, die man in den Sitzungen damit verbracht hat, der Verlesung von abertausenden Dokumenten zuzuhören“[1576], und ließ seine Leser wissen, dass kaum ein Journalist es in Nürnberg länger als einen Monat am Stück aushalte. Obwohl er sich über die Gründe für die zeitraubende Beweisaufnahme vollkommen im Klaren war, stellte er lapidar fest: „Ja, dieser Prozess ist zu lang.“[1577]

In zahlreichen Redaktionen des Landes war man bald der Meinung, das Gericht hätte den Blick für das Wesentliche verloren, würde sich in unbedeutenden Details verlieren und sei zum Spielball der deutschen Verteidiger geworden, die systematisch den Prozess verschleppten. Dieses Unverständnis über die lange Dauer des Gerichtsverfahrens zog sich trotz der wohlwollenden Kommentare, mit denen die französische Presse die Beiträge der Anklagebehörde ihres Landes begleitete, wie ein roter Faden durch die gesamte Berichterstattung bis zum Ende des Prozesses. Die Delegation in Nürnberg stand dieser Entwicklung weitgehend machtlos gegenüber. Sie ließ zwar nichts unversucht, die französische Öffentlichkeit über die tatsächlichen Vorgänge zu informieren und klarzustellen, dass sich der Prozess aus gutem Grund über einen längeren Zeitraum hinziehen würde. Delphin Debenest beispielsweise verbrachte Anfang Juni 1946 einen kurzen Urlaub bei seiner Familie und nutzte die Gelegenheit, um im Auftrag des Informationsministeriums in Poitiers einen öffentlichen Vortrag über den Nürnberger Prozess zu halten.[1578] Darin warb er nachdrücklich für Verständnis für die lange Dauer. Unter anderem wies er sein Publikum darauf

1575 Vgl. ebd.
1576 Simon, Galerie, S. 30.
1577 Ebd., S. 31.
1578 Vgl. Debenests Redeskript in: Tantin, Debenest, S. 273–300.

hin, dass dem angelsächsischen Recht entsprechend das, was man in Frankreich als Voruntersuchung in einem Verfahren kenne, in Nürnberg als Teil des Prozesses öffentlich stattfand.[1579] Schon allein deswegen nehme der Prozess mehr Zeit in Anspruch, so Debenest. Aber gewiss war die Zahl von Zuhörern begrenzt, die die Delegation auf diesem Weg erreichen konnte.

Kritik an der langen Verfahrensdauer übten unterdessen nicht nur vom monotonen Nürnberger Prozessalltag geplagte Journalisten. Den öffentlichen Unmut befeuerten auch Multiplikatoren, die eher von politischen Motiven geleitet wurden. Maurice Lampe, der Generalsekretär der FNDIRP, der im Januar 1946 als Zeuge persönlich in Nürnberg ausgesagt hatte, bemängelte kurze Zeit nach seiner Rückkehr in der verbandseigenen Zeitschrift *Le Patriote résistant*: „Am bedauerlichsten an diesem Prozess ist seine lange, trostlose Dauer. Man hat den Eindruck, dass er niemals enden wird."[1580] Der FNDIRP wie auch den anderen Deportiertenverbänden war es ein zentrales Anliegen, dass die Hauptkriegsverbrecher, die für das Leid ihrer Mitglieder verantwortlich waren, in einem zügigen Verfahren hart bestraft würden. Lampe bekannte ganz offen, sein Verband stehe zusammen, „damit in Nürnberg auf unerbittliche Weise die Todesstrafe und die wahre Gerechtigkeit Anwendung finden."[1581] Mit jeder Verzögerung des Prozesses wuchs daher die Nervosität und machte sich die Befürchtung breit, dass die NS-Führer durch juristische Schachzüge oder politische Volten am Ende mit dem Leben davonkommen konnten. Nach einer Vollversammlung ihrer Mitglieder wandte sich im April 1946 eine Sektion der FNDIRP an das Außenministerium und drängte, die französische Regierung möge sich dafür einsetzen, dass der Prozess beschleunigt und die angeklagten Hauptkriegsverbrecher zum Tode verurteilt werden.[1582] Andere Verbände zogen in den folgenden Wochen nach und verschärften den Ton. Die *Groupe des résistants actifs de Courbevoie* etwa forderte, die Regierung solle den „Abbruch der Nürnberger Justizkomödie"[1583] und die sofortige Hinrichtung der Hauptkriegsverbrecher veranlassen. Zweifellos artikulierten die Vereinigungen von Deportierten und Widerstandskämpfern am deutlichsten die explizite Erwartung, dass am Ende des Prozesses alle Angeklagten zum Tode verurteilt würden. Allerdings hoben sie sich damit keineswegs ab von der Masse der Berichterstatter, die die französische Öffentlichkeit über das Geschehen in Nürnberg informierten. Denn dass die NS-Führer für ihre Taten den Tod verdienten, wurde in der französischen Medienlandschaft vielfach als Selbstverständlichkeit angesehen und bedurfte aus Sicht eines Großteils der Journalisten keiner näheren Erläuterung. Für den Schriftsteller Maurice Garçon, der immerhin studierter Jurist war und selbst als Rechtsanwalt arbeitete, war im

1579 Vgl. ebd., S. 293.
1580 Lampe, Réflexions, S. 1.
1581 Ebd., S. 2.
1582 Vgl. AD-NUOI 1944–1959/88: Schreiben der Section de Stains (Seine) der FNDIRP, 8. April 1946.
1583 AD-NUOI 1944–1959/90: Schreiben der Groupe des Résistants Actifs de Courbevoie, 8. Juli 1946.

Februar 1946 nach einem Besuch in Nürnberg vollkommen klar: „All diese Leute wird man hängen."[1584] Weniger sicher war sich Sacha Simon – allerdings lediglich über die Hinrichtungsart. In der ihm eigenen blumigen Sprache verglich Simon die Angeklagten mit in die Enge getriebenen Raubtieren, die den nahenden Tod fürchteten, und stellte Überlegungen an, ob man sie am Ende des Prozesses wohl allesamt hängen oder doch eher erschießen würde.[1585] Der Gedanke, dass das Gericht einen von ihnen freisprechen könnte, war ihm dagegen vollkommen fremd. Diese Grundhaltung war gewiss nicht dazu angetan, vorzeitig einen Moment der Erkenntnis herbeizuführen.

Solange der Prozess andauerte, konnte man sich über alle Verzögerungen immerhin noch mit der Aussicht hinwegtrösten, dass letzten Endes das gewünschte Urteil fallen würde. Georges Joseph, der Korrespondent der linksgerichteten Tageszeitung *Front national* in Nürnberg, beispielsweise glaubte bis zum Schluss fest, dass die Tage aller Angeklagten gezählt waren. Bezeichnenderweise verließ er sich auf seine Landsleute innerhalb des Richterkollegiums und wollte erfahren haben: „Die französischen und die sowjetischen Richter sind sehr entschlossen und haben nicht die Absicht, auch nur einen einzigen Angeklagten zu verschonen."[1586] Mit dieser vermeintlichen Gewissheit im Rücken forderte Joseph noch am Tag vor der Urteilsverkündung lauthals: „Den Tod für die 21 Verbrecher! Den Tod für die Nazi-Barbaren!"[1587] Als es hierzu nicht kam, sollte die Ernüchterung umso größer sein.

Ein Sturm der Entrüstung

Am 2. Oktober 1946 prangten auf den Titelseiten praktisch aller französischen Tageszeitungen fettgedruckte Schlagzeilen wie: „Das Urteil von Nürnberg: Zwölf Verurteilungen zum Tod durch den Strang"[1588] oder: „Elf von 22 NS-Führern werden gehängt werden."[1589] Die durch das IMT verhängten Strafen waren nach der Urteilsverkündung das beherrschende Thema in den Printmedien. In der Berichterstattung spiegelten sich allerdings die enttäuschten Erwartungen in aller Deutlichkeit wider und schnell war in der Presse von der „Schande von Nürnberg"[1590] die Rede. Zahlreiche Blätter stellten unmissverständlich klar, dass sie das Urteil als zu milde ansahen, und machten ihrem Ärger Luft. Für Empörung sorgten in erster Linie die drei Freisprüche, vor allem von Papen und Schacht. Aber auch mit den sieben Haftstrafen waren viele Kommentatoren nicht einverstanden. Insbesondere die Auffassung, dass Heß ebenfalls den Tod verdient hatte, war weitverbreitet. Darüber hinaus trug die

---

1584 Garçon, Lettre.

1585 Vgl. Simon, Galerie, S. 32.

1586 Front national, Artikel: „Finale à Nuremberg", 29./30. September 1946.

1587 Ebd.; die Zahl 21 in dem Artikel erklärt sich dadurch, dass der in Abwesenheit angeklagte Martin Bormann nicht miteingerechnet wird.

1588 Le Monde, 2. Oktober 1946.

1589 L'Aube, 2. Oktober 1946.

1590 Front national, Artikel: „Après la grande honte de Nuremberg", 3. Oktober 1946.

Entscheidung des Gerichtshofes, die SA, das Reichskabinett und das OKW nicht zu verbrecherischen Organisationen zu erklären, zur allgemeinen Empörung bei. Dieser „kollektive Freispruch“[1591] wurde in den Medien unter anderem als Exkulpierung der NS-Ideologie interpretiert.

Die Schärfe der Kritik und die Vehemenz, mit der diese vorgebracht wurde, hingen auch vom politischen Standpunkt des jeweiligen Mediums ab. Ein regelrechter Sturm der Entrüstung brach in den Zeitungen der Linken los. *Le Populaire de Paris* verkündete: „Beleidigung für das menschliche Gewissen – Drei der Angeklagten werden freigesprochen, sieben weitere entgehen dem Galgen“[1592] Noch schrillere Töne schlug *L'Humanité* an: „München in Nürnberg! Eine Beleidigung für alle Märtyrer der Freiheit.“[1593] Diese Schlagzeile spielte auf das Münchner Abkommen von 1938 an, dessen Jahrestag mit der Urteilsverkündung zusammenfiel, und sollte den Eindruck erwecken, die westlichen Regierungen hätten ein weiteres Mal vor dem deutschen Faschismus kapituliert. Dass Schacht und Papen freigesprochen wurden, wertete das Zentralorgan der französischen Kommunisten in klassenkämpferischer Diktion als „Einladung an alle Geschäftsleute, Initiatoren des Hitlerismus, wieder anzufangen“[1594], und als ersten Schritt zur industriellen, wirtschaftlichen und finanziellen Wiedererrichtung eines pangermanistischen Deutschland. Mit der gleichzeitigen Beschwörung des Andenkens der gefallenen Kombattanten der Résistance griff *L'Humanité* zudem eine in Frankreich zweifellos weitverbreitete Stimmung auf und bediente sich eines zusätzlichen, durchaus schlagkräftigen Argumentes. Denn der Meinung, dass das Nürnberger Urteil den unter deutscher Besatzung erbrachten Opfern des Landes Hohn spreche, waren bei weitem nicht nur die Kommunisten. Für die Zeitung *Résistance* waren die „skandalösen Freisprüche“[1595] schlicht und ergreifend eine Schande, die den Sinn des ganzen Prozesses infrage stellte. Als „ein Urteil, das Proteste hervorruft“[1596], bezeichnete dagegen *L'Aurore* den Schuldspruch.

Die Redaktion des *Front national* sprach von einer „Welle der Empörung in Frankreich“[1597] und rief ihre Leser auf, gegen das Urteil zu protestieren. In dem aus der Résistance hervorgegangenen *Franc-Tireur* rechnete Madeleine Jacob in drastischen Worten mit der Entscheidung der Richter des IMT ab.[1598] Die Stimme der Opfer habe in Nürnberg nicht laut genug gesprochen, beklagte sie zu Beginn ihres Artikels. Sichtlich angewidert beschrieb sie sodann die Pressekonferenz der drei Freigesprochenen im Nürnberger Gerichtsgebäude. „Diese drei Kanaillen“[1599] hätten sich dort von ihren Zuhörern feiern

1591 France libre, 1. Oktober 1946.
1592 Le Populaire de Paris, 2. Oktober 1946.
1593 L'Humanité, 2. Oktober 1946.
1594 Ebd.
1595 Résistance, 2. Oktober 1946.
1596 L'Aurore, 2. Oktober 1946.
1597 Front national, 3. Oktober 1946.
1598 Vgl. Franc-Tireur, Artikel: „Hess sauve sa tête“, 2. Oktober 1946.
1599 Ebd.

lassen und öffentlich ihren Triumph zelebriert, so Jacob. Abschließend konstatierte die Journalistin, die so oft hoffnungsvoll über den Prozess geschrieben und diesen vor Ort mitverfolgt hatte, desillusioniert: „Das internationale Tribunal ist an seiner Aufgabe gescheitert. Das Morgengrauen für die Welt von morgen ist trüb. Es ist gut, die Verbrecher zu beseitigen. Aber nicht alle Verbrecher, Anstifter und ihre Unterstützer zu beseitigen, das ist ein Verbrechen. Die Menschheit wird dafür zahlen."[1600] Zu den energischsten Kritikern gehörte außerdem der Schriftsteller Pierre Schaeffer, der nach dem Nürnberger Urteilsspruch in der Monatszeitschrift *Esprit* bekannte: „Wenn die Gerechtigkeit in keinem Verhältnis zu dem Verbrechen steht, ist mit die Rache lieber."[1601] Den alliierten Richtern rief er in dem Artikel zu: „Ihr seid Feiglinge."[1602]

Gewiss gab es auch Stimmen, die das Urteil guthießen oder sich mit einer eigenen Bewertung zumindest zurückhielten. Die christdemokratische *Aube* beispielsweise vermied es, selbst Position zu beziehen. Allerdings kam auch sie nicht umhin festzustellen, das Urteil „werde unterschiedlich kommentiert werden."[1603] Ausdrücklich gelobt wurde die Entscheidung des Gerichts hingegen in *L'Époque*. Dort begrüßte Jean-Bernard Derosne die Schaffung eines neuen Völkerrechts durch das IMT.[1604] Angesichts des Unmutes seiner Landsleute bemerkte er kühl: „Das Gericht hat seine Gründe. Aber die Franzosen werden keine Gründe finden, diese schwer verdauliche Milde leidenschaftslos zu akzeptieren."[1605] Zu den wenigen Fürsprechern des Schuldspruches zählte außerdem noch *Le Figaro*, der den gesamten Prozess abschließend als „grandioses Ereignis"[1606] von historischer Tragweite wertete. Zweifellos waren die Blätter, die wohlwollend über den Ausgang des Prozesses schrieben, eher im bürgerlich-konservativen und liberalen Lager beheimatet. Demgegenüber fiel die Kritik auf der politischen Linken am heftigsten aus. Aber insgesamt erstreckten sich die Unmutsbekundungen doch über das gesamte politische Spektrum und die Entscheidung der alliierten Richter wurde von Medien verschiedenster Couleur attackiert. In seiner Gesamtheit war das Echo damit klar ablehnend. Die französischen Printmedien konnten dem Nürnberger Urteil kaum etwas Gutes abgewinnen.

Das allgemeine Presseecho war allerdings noch moderat verglichen mit den Reaktionen der Deportierten- und Opferverbände, die jetzt gegen das Urteil Sturm liefen. Deren Empörung brach sich in den folgenden Tagen in der Öffentlichkeit Bahn und kannte kaum Grenzen. Die *Confédération générale des anciens déportés* ließ über die Presse verbreiten, das Nürnberger Urteil sei „eine Beleidigung für das Andenken unserer gefolterten und in den Konzentrationslagern ermordeten Kameraden."[1607] Im

---

1600 Ebd.
1601 Schaeffer, Voleurs, S. 830.
1602 Ebd., S. 836.
1603 L'Aube, Artikel: „Onze chef nazis sur vingt-deux seront pendus", 2. Oktober 1946.
1604 Vgl. L'Époque, Artikel: „Accusé Hermann Wilhelm Goering, le tribunal vous condamne à la peine de mort par pendaison", 2. Oktober 1946.
1605 Ebd.
1606 Le Figaro, Artikel: „Le Jugement", 2. Oktober 1946.
1607 France libre, Artikel: „Seront pendus ...", 2. Oktober 1946.

französischen Außenministerium ging eine Flut von Protestschreiben ein, in denen die Verbände ihrer Empörung Ausdruck verliehen und von der Regierung politische Konsequenzen forderten. Die Pariser Sektion der FNDIRP hielt das Urteil nicht nur für einen Skandal, sondern in seiner Gesamtheit auch für „eine Gefahr für den zukünftigen Frieden."[1608] Von der Regierung erwartete sie, dass sie dagegen öffentlich Stellung beziehen und sich für eine Revision des Prozesses einsetzen würde. In seiner Eigenschaft als Generalsekretär der FNDIRP meldete sich jetzt auch Maurice Lampe wieder zu Wort. Er verlangte ausdrücklich die Rücknahme der Freisprüche und der verhängten Haftstrafen: „Die Aufrechterhaltung dieser Urteile wäre eine Ermutigung zur Wiederholung der Grausamkeiten des Faschismus."[1609] Alle NS-Führer müssten deswegen ausnahmslos zum Tode verurteilt werden, so Lampe.

Unter den französischen Zeugen aus dem Hauptkriegsverbrecherprozess war er dabei nicht der einzige, der mit Unverständnis auf die Entscheidung der Richter in Nürnberg reagierte. Auch Marie-Claude Vaillant-Couturier hielt die Freisprüche Papens und Schachts für skandalös, wie sie noch Jahrzehnte später bekräftigte.[1610] Die Proteste erstreckten sich unterdessen über das gesamte Land. Aus allen Teilen Frankreichs wurden Stimmen laut, die das Urteil ablehnten. Zu den Protestierern gehörte der in Noisy-le-Sec angesiedelte Ableger der *Association nationale des anciens francs-tireurs et partisans* ebenso wie die *Association départementale des prisonniers de guerre* im Pas-de-Calais oder die Vertretung der *Association républicaine des anciens combattants* in Agen.[1611] In Antibes hielt die dortige Sektion der *Association des prisonniers civils, internés et déportés politiques* eine außerordentliche Mitgliederversammlung ab, auf der einstimmig ein „energischer Protest gegen das Skandal-Urteil von Nürnberg"[1612] beschlossen wurde. Die Initiative ging also in vielen Fällen von örtlichen Vereinigungen und den lokalen Gliederungen größerer Verbände aus, also von der Basis.

Es wäre daher falsch, von einem gesteuerten oder künstlich inszenierten Proteststurm zu sprechen, der sich auf das kommunistische Milieu beschränkte. Die Deportierten- und Opferverbände waren in der unmittelbaren Nachkriegszeit tief in der französischen Gesellschaft verwurzelt. In den Betrieben hatten sich Heimkehrer aus deutschen Konzentrations- und Gefangenenlagern vielfach zusammengeschlossen und Netzwerke gebildet. Zu denen, die eine Rücknahme des Urteils und

---

1608 AD-NUOI 1944–1959/91: Schreiben der FNDIRP, Comité Parisien, 3. Oktober 1946.

1609 AD-NUOI 1944–1959/91: Schreiben Lampes im Namen der FNDIRP, 7. Oktober 1946.

1610 Vgl. Vaillant-Couturier, Communication, S. 22.

1611 Vgl. AD-NUOI 1944–1959/91: Schreiben der Association nationale des anciens francs-tireurs et partisans, Section de Noisy-le-Sec, 3. Oktober 1946, der Association départementale des prisonniers de guerre du Pas-de-Calais, 17. Oktober 1946, und der Association républicaine des anciens combattants de la section d'Agen, 25. Oktober 1946.

1612 AD-NUOI 1944–1959/91: Schreiben der Association des prisonniers civils, internés et déportés politiques, 5. Oktober 1946.

die Todesstrafe für alle Angeklagten forderten, gehörte daher beispielsweise die *Amicale des prisonniers, déportés et internés* der Gaswerke in Marseille.[1613] Aber auch die *Fraternelle des déportés et internés patriotes* der Pariser Metrobetriebe erhob in einer Resolution entsprechende Forderungen.[1614] Enge Verbindungen und personelle Überschneidungen gab es zudem zwischen den Verbänden und den Gewerkschaften, die nun ebenfalls gegen das Urteil aktiv wurden. Im Namen ihrer Mitglieder äußerte sich die Leitung der *Fédération régionale des mineurs du Gard* bestürzt über „die skandalösen und unglaublichen Freisprüche"[1615] und verlangte ebenfalls eine Revision des Prozesses. Das *Syndicat des cheminots* in Avignon nahm ebenfalls Stellung und geizte nicht mit drastischen Formulierungen. Diesen zufolge empfanden die Eisenbahner das Nürnberger Urteil als einen „Affront für das Andenken aller Opfer des Nazismus."[1616] Die Vertretung des *Syndicat général du papier-carton* für die Region Paris hingegen gedachte ihrer von den deutschen Besatzern als Geiseln hingerichteten Mitglieder. Angesichts dieser Opfer sei das milde Nürnberger Urteil eine „wahrhafte Verweigerung von Gerechtigkeit"[1617], so die Gewerkschafter. Weitere Organisationen aus anderen Bereichen schlossen sich schließlich der Protestwelle an. Der *Secours populaire français*, nach eigenen Angaben damals immerhin 4 500 Mitglieder stark, wollte die drei Freigesprochenen sofort wieder verhaften lassen und die französische Regierung dazu bringen, gegen das Urteil offiziell Einspruch einzulegen.[1618] Wenig überraschen kann es, dass sich auch das *Comité d'action et de propagande pour le châtiment des criminels de guerre* in die Debatte einschaltete und seinerseits die Todesstrafe für alle Angeklagten forderte. Die Mitglieder des Komitees, zum größten Teil KZ-Überlebende, schrieben über den Ausgang des Nürnberger Prozesses: „ungenügende Justiz, zögerliche Justiz, verworrene Justiz."[1619]

Zwischen Spekulationen und Schuldzuweisungen

Die Regierung war angesichts dieses Proteststurms in die Defensive geraten und musste reagieren. Am 3. Oktober 1946 lud Justizminister Pierre-Henri Teitgen zu

---

1613 Vgl. AD-NUOI 1944–1959/91: Schreiben der Amicale des prisonniers, déportés et internés de la régie intéressée du gaz de Marseille, 3. Oktober 1946.

1614 Vgl. AD-NUOI 1944–1959/91: Resolution der Fraternelle des déportés et internés patriotes du Métro, undatiert.

1615 Vgl. AD-NUOI 1944–1959/91: Schreiben der Fédération régionale des mineurs du Gard, 5. Oktober 1946.

1616 AD-NUOI 1944–1959/91: Schreiben des Syndicat des cheminots Avignon et région, 11. Oktober 1946.

1617 AD-NUOI 1944–1959/91: Schreiben des Syndicat général du papier-carton et similaires des départements de Seine et Seine-et-Oise, 4. Oktober 1946.

1618 Vgl. AD-NUOI 1944–1959/91: Schreiben des Secours populaire français, 4. Oktober 1946.

1619 AD-NUOI 1944–1959/91: Schreiben des Comité d'action et de propagande pour le châtiment des criminels de guerre, 5. November 1946.

einer Pressekonferenz, um sich direkt an die Öffentlichkeit zu wenden.[1620] In einer umfangreichen Rede kommentierte er das Urteil des IMT und verteidigte es gegen die Angriffe.[1621] Süffisant wies Teitgen darauf hin, dass viele derer, die sich über den Schuldspruch echauffierten, offensichtlich die Urteilsbegründung überhaupt nicht kannten.[1622] Nach einer einleitenden Würdigung der mühseligen Arbeit, die die vier Delegationen in Nürnberg geleistet hatten, setzte er deswegen zu einer Erläuterung der juristischen Erwägungen an, von denen das Gericht sich hatte leiten lassen. Im Zentrum seiner Ausführungen stand der Umgang des Gerichts mit dem ersten Anklagepunkt.[1623] Teitgen bezeichnete es als ein Gebot der Vernunft, dass das Gericht dem Konzept der Verschwörung klar definierte Grenzen gesetzt und von einer beliebigen Anwendung abgesehen hatte. Dieses Vorgehen hätte aber keine andere Schlussfolgerung als die Freisprüche Papens und Schachts zugelassen, so Teitgen. Damit stellte sich der Justizminister klar hinter die in Frankreich so unpopuläre Entscheidung des Gerichtshofes.

Aber auch wenn Teitgen der Versuchung widerstand, das Urteil zu kritisieren, so war der eigentliche Zweck seiner Rede doch ein anderer. Teitgen beklagte: „Sofort und quasi reflexartig der für Frankreich typischen Leidenschaft gehorchend, sich zu entzweien, haben einige sogleich die Verantwortung für diese zwei Freisprüche bei Frankreich gesucht."[1624] Vor der Öffentlichkeit sollte tunlichst der Eindruck vermieden werden, dass die eigene Delegation irgendeine Schuld treffe. Der Justizminister besaß daher die Kühnheit, im Schlussteil der Rede zu behaupten, dass die französischen Vertreter in Nürnberg an den Freisprüchen keinen Anteil hatten – mit der Wirklichkeit hatte das recht wenig zu tun. Man mag Teitgen allerdings zugutehalten, dass er in seiner Rede nur von den Leistungen der Anklagebehörde sprach und diese in den höchsten Tönen lobte: „Die Vertreter der französischen Regierung haben nicht nur ihre Pflicht getan, sondern mehr als ihre Pflicht."[1625] Über die Rolle der beiden französischen Richter, deren Anteil an der Urteilsfindung Teitgen ohnehin nicht kannte, schwieg er sich dagegen aus. Ganz im Sinne des Justizministers titelte *L'Ordre* am nächsten Tag: „Frankreich ist nicht verantwortlich für die Freisprüche von Nürnberg."[1626]

Andere Blätter aber machten sich durchaus auf die Suche nach den Schuldigen. Auch wenn die Beratungen der Richter geheim waren, so hatte doch Nikittschenko mit seinem öffentlichen Protest einen deutlichen Hinweis gegeben. Zur Urteilsverkündung ein weiteres Mal nach Nürnberg gereist, hatte Teitgen die dort anwesenden französischen Journalisten ungeschickterweise auch noch angehalten,

1620 Vgl. Le Monde, Artikel: „Le verdict de Nuremberg commenté par le Garde des Sceaux", 5. Oktober 1946.
1621 Vgl. Teitgen, Jugement.
1622 Vgl. ebd., S. 2.
1623 Vgl. ebd., S. 5.
1624 Ebd. Gemeint sind immer noch die Freisprüche von Papen und Schacht.
1625 Ebd., S. 6.
1626 L'Ordre, 4. Oktober 1946.

dem sowjetischen Protest in ihrer Berichterstattung möglichst wenig Beachtung zu schenken.[1627] Dieser Appell fruchtete nicht, sondern erzielte eher den gegenteiligen Effekt: Mehrere Zeitungen thematisierten die Protesterklärung des sowjetischen Richters am nächsten Tag ausführlich.[1628] Natürlich wurde vor diesem Hintergrund bald nach dem Abstimmungsverhalten der beiden französischen Richter gefragt. Man nahm dabei zur Kenntnis, dass diese sich dem öffentlichen Protest ihres sowjetischen Kollegen nicht angeschlossen hatten. Manch einem reichte allein das, um extreme Schlüsse zu ziehen. Der Stadtrat von Marseille fand in einer Resolution wenig schmeichelhafte Wort für die französischen Richter und verlangte, „dass ihr Verhalten sorgfältig untersucht werde."[1629] Vorsorglich hatten die Stadtratsmitglieder bereits festgestellt, dass die beiden nicht Frankreich, sondern eine reaktionäre Minderheit repräsentierten. Ohne Näheres zu wissen hielt es auch der *Secours populaire français* für erwiesen, dass de Vabres und Falco bei der Abstimmung ihren angelsächsischen Kollegen gefolgt seien und damit Verrat am Andenken der Opfer der NS-Herrschaft begangen hätten.[1630] Kurz darauf gab de Vabres der protestantischen Wochenzeitschrift *Réforme* ein Interview.[1631] Wie er abgestimmt hatte, wollte er bei dieser Gelegenheit aus verständlichen Gründen nicht verraten. Dafür präsentierte er nun eine neue Lesart, die ganz offenkundig dem öffentlichen Druck entgegenwirken sollte. Die aus der sowjetischen Protesterklärung gezogene Schlussfolgerung, Nikittschenko sei in der Diskussion um die Freisprüche von seinen drei westlichen Kollegen gemeinsam überstimmt worden, sei falsch, so de Vabres. Er wies darauf hin, dass dem Statut des Gerichtshofes zufolge sich bei einem Gleichstand in der Abstimmung das mildere Votum durchgesetzt hätte.[1632] Den Lesern der *Réforme* wurde also suggeriert, dass möglicherweise de Vabres zusammen mit Nikittschenko für eine Verurteilung Papens, Schachts und Fritzsches gestimmt hatte, diese aber am Votum der Angelsachsen gescheitert sei. Auf die Frage, warum er sich in diesem Fall nicht dem öffentlichen Protest Nikittschenkos angeschlossen habe, entgegnete der Professor, ein solches Verhalten hätte einen Verstoß gegen das Beratungsgeheimnis und das Solidaritätsprinzip unter den Richtern bedeutet. Stellt man de Vabres' tatsächliche Rolle bei den Abstimmungen in Rechnung, muss man diese Einlassungen zumindest als unverfroren bezeichnen. Dennoch verfehlte das Manöver des Professors seine Wirkung offenkundig nicht. Zu denen, die sich davon täuschen

1627 Vgl. Franc-Tireur, Artikel: „Hess sauve sa tête", 2. Oktober 1946.

1628 Vgl. Le Monde, Artikel: „Protestation soviétique contre les acquittements", 2. Oktober 1946; Paris-Presse, Artikel: „L'U.R.S.S. proteste contre les acquittements", 2. Oktober 1946.

1629 AD-NUOI 1944–1959/91: Résolution adoptée à l'unanimité par le conseil municipal de Marseille, 7. Oktober 1946.

1630 Vgl. AD-NUOI 1944–1959/91: Schreiben des Secours populaire français, Secrétariat National, 7. Oktober 1946.

1631 Vgl. Réforme Nr. 82 (2. Jahrgang), Artikel: „Nuremberg: Le Juge Donnedieu de Vabres nous dit ...", 12. Oktober 1946.

1632 Vgl. ebd.

ließen, gehörte kein Geringerer als Charles Dubost.[1633] Dieser schlussfolgerte aus dem Interview in der *Réforme*, de Vabres habe keinen der Freisprüche befürwortet und nahm ihn öffentlich in Schutz gegen alle Verdächtigungen.

Tatsächlich hatte der Professor natürlich maßgeblichen Anteil an den als zu milde empfundenen Entscheidungen des Gerichts. Damit lag bei dem Vertreter Frankreichs innerhalb des Richterkollegiums die Verantwortung dafür, dass der Prozess am Ende die Erwartungen so vieler Franzosen bitter enttäuschte und sein Ausgang eine solche Empörung hervorrief. Allerdings wurde dieser Zusammenhang damals nicht bekannt und es blieb in der Öffentlichkeit bei puren Spekulationen über die Voten der westlichen Richter. De Vabres und Falco schwiegen eisern, auch in späteren Jahren. Keiner der beiden hat sich bis an sein Lebensende öffentlich über die Beratungen des Richterkollegiums und die Kräfteverhältnisse bei den Abstimmungen geäußert. Der Kreis der Eingeweihten blieb damit denkbar klein. Selbst der ranghöchste französische Prozessbeteiligte verfügte noch 20 Jahre später über nicht mehr als vage Kenntnisse über die Rolle seines Landsmannes bei der Urteilsberatung: „Es kam dazu, dass der französische Richter, Professor Donnedieu de Vabres, für diesen oder jenen Angeklagten die entscheidende Rolle spielte, indem er sich mit seiner Stimme im Sinne der Milde dem Präsidenten Lord Justice Lawrence anschloss“[1634], wusste François de Menthon im Nachhinein lediglich zu berichten.

Der öffentliche Protest legte sich unterdessen nach und nach wieder – ohne dass die Regierung auf die Forderungen der Unzufriedenen einging oder auch nur eine der gewünschten Maßnahmen ergriff. In den Tagen nach der Urteilsverkündung verließen die meisten Journalisten Nürnberg und der Unmut in der Presse flaute langsam ab. Allerdings beschäftigte die Medien noch das weitere Schicksal der drei Freigesprochenen, die so manch ein Kommentator in Kürze wieder in einer politischen Führungsposition in Deutschland sah.[1635] Mit Genugtuung wurde dann aber festgestellt, dass die erneute Verhaftung der drei nur eine Frage der Zeit war und sie sich erneut vor deutschen Gerichten würden verantworten müssen.[1636] Den Zeitungen war außerdem zu entnehmen, dass Papen sich nach seiner Freilassung auf ein Gut seiner Familie in der französischen Besatzungszone begeben wollte, ihm

1633 Vgl. Dubost, Crimes, S. 565.

1634 ADHS-135 J 191: Bericht de Menthons, ca. 1966, S. 7. Auffallend an dieser Äußerung de Menthons ist vor allem die verallgemeinernde und in mehreren Fällen unzutreffende Behauptung, de Vabres und Lawrence hätten zusammen für die milden Urteile gestimmt. Sie zeigt, dass de Menthon nicht etwa näheres Wissen zurückhielt, sondern tatsächlich über die genauen Vorgänge bei den Abstimmungen nicht unterrichtet war.

1635 Vgl. Le Franc-Tireur, Artikel: „Pourquoi pas un gouvernement von Papen-Schacht-Fritzsche?“, 3. Oktober 1946.

1636 Vgl. Combat, Artikel: „Les trois acquittés de Nuremberg seraient transférés à Hambourg dans deux ou trois jours“, 4. Oktober 1946.

jedoch die Einreise verweigert wurde.[1637] Ein letztes Spektakel hatte der Nürnberger Prozess der Welt schließlich am 16. Oktober 1946 zu bieten: Rund zwei Wochen nach der Bekanntgabe des Schuldspruches wurden die zum Tode verurteilten Hauptkriegsverbrecher in der Turnhalle des Nürnberger Zellengefängnisses hingerichtet. Aus jedem der alliierten Länder waren jeweils zwei Journalisten als Zuschauer zugelassen, die per Los bestimmt wurden und hinterher für die Medien in ihrer Heimat berichten konnten.[1638] Auf französischer Seite wurden so Sacha Simon und Louis Déroche zu Zeugen der Hinrichtung der NS-Führer.[1639] Görings Selbstmord und die Vollstreckung der übrigen Todesurteile dominierten am nächsten Tag die Schlagzeilen der meisten Zeitungen. „Gerechtigkeit ist hergestellt“[1640] titelte etwa *L'Aube*. „Drei Galgen, zehn Gehängte: So geht es zu Ende mit dem Hakenkreuz“[1641], fasste der *Franc-Tireur* zusammen und *Le Monde* sprach von einer letzten „Theatervorstellung in Nürnberg.“[1642] Damit war das Thema Nürnberg für die französischen Medien zwar fürs Erste abgeschlossen. Allerdings sind die langfristigen Auswirkungen der negativen öffentlichen Rezeption auf den Platz des Prozesses in der französischen Erinnerungskultur nicht zu unterschätzen.

4.3 Die politischen Konsequenzen des Nürnberger Urteils

Bemühen um einen zweiten Hauptkriegsverbrecherprozess

Im französischen Außenministerium wurde das Urteil sehr viel differenzierter bewertet als in den meisten Medien. Noch aus Nürnberg analysierte Roger Lalouette den Schuldspruch und rückte dabei dessen völkerrechtliche Dimension in den Mittelpunkt. Über das Urteil schrieb er gleich am Tag nach der Verlesung:

> „Seine Bedeutung liegt vor allem in dem Beitrag, den es zur Entwicklung der internationalen Justiz leistet. Zum ersten Mal hat ein internationales Gericht das Führen eines Angriffskrieges als kriminell eingestuft, hat das Prinzip der strafrechtlichen Verantwortung von Politikern in Führungspositionen festgesetzt und auch das der Verantwortung von denen, die Befehle ausführen, selbst wenn es sich um Befehle des

1637 Vgl. France libre, Artikel: „La conférence de presse des nazis libérés“, 3. Oktober 1946; L'Aube, Artikel: „L'accès de la zone française est refusé à von Papen“, 3. Oktober 1946.

1638 Vgl. AN-F 41/2721: Schreiben der Zeitung Front national an das französische Informationsministerium, 24. Oktober 1946; auch Jacob, Quarante ans, S. 219.

1639 Vgl. den Bericht Déroches von der Nacht der Hinrichtung in: Casamayor, Nuremberg, S. 187–198; Simon, Pendre.

1640 L'Aube, 17. Oktober 1946.

1641 Franc-Tireur, 17. Oktober 1946.

1642 Le Monde, Artikel: „Coup de théâtre à Nuremberg: devançant la justice humaine Gœring s'est suicidé hier soir“, 17. Oktober 1946.

Staates handelt. Vor diesem Hintergrund muss man das Werk bewerten, das in Nürnberg verrichtet wurde."[1643]

Es stand außer Frage, dass mit dem Nürnberger Urteil ein Präzedenzfall von historischer Tragweite geschaffen wurde. In den von Lalouette angesprochenen Punkten war die Entscheidung des alliierten Richterkollegiums wegweisend für die weitere Entwicklung des Völkerstrafrechts. Aber unabhängig vom juristischen Gehalt des Urteils galt das Interesse der Diplomaten am Quai d'Orsay vor allem dessen politischer Relevanz und den möglichen Konsequenzen für die französische Außenpolitik. In einem Rundschreiben des Ministeriums an die Botschaften hieß es, das wichtigste Ergebnis des Nürnberger Prozesses „wird sein, dass er über die deutsche Geschichte der Jahre 1936–1944 [...] Klarheiten gebracht hat, die die Geschichte danach und das deutsche Volk selbst nicht mehr zurückweisen werden können."[1644] Ihr Vorhaben, die NS-Führer im ersten internationalen Strafprozess der Geschichte zur Rechenschaft zu ziehen und die Welt über die Verbrechen dieser Männer zu informieren, hatten die Alliierten jedenfalls gemeinsam erfolgreich zu Ende gebracht. Frankreich war es gelungen, seinen Platz unter den vier Hauptsiegermächten zu finden und diesen zu behaupten. Damit konnte der Ausgang des Prozesses auch als operativer Erfolg für die französische Außenpolitik gelten. Angesichts dessen war es nur folgerichtig, dass man in Paris nun versuchte, mit neuen Initiativen in der Kriegsverbrecherfrage die Dinge voranzutreiben und die Zusammenarbeit mit den Alliierten fortzusetzen. Zu diesem Zweck entwickelte die französische Regierung mehrere Projekte, die sie nun umzusetzen versuchte.

An erster Stelle bemühte sie sich, nach dem Vorbild des gerade abgeschlossenen Verfahrens noch einen zweiten Hauptkriegsverbrecherprozess zustande zu bringen und diesen ebenfalls zusammen mit Amerikanern, Briten und Sowjets durchzuführen. Ein solcher Plan war keineswegs neu und hatte seinen Ursprung in dem vergeblichen Versuch, Alfried Krupp von Bohlen und Halbach an Stelle seines für verhandlungsunfähig erklärten Vaters vor dem IMT anzuklagen. Dieses Ansinnen, das die französische Delegation unterstützte, hatte das Gericht im November 1945, kurz vor Beginn des Hauptkriegsverbrecherprozesses, zurückgewiesen.[1645] Bei den vorangegangenen Beratungen der Anklagevertreter hatten damals auch die Briten Einwände gegen ein solches Manöver erhoben und als eine Art Kompromiss in Aussicht gestellt, Krupp Junior könnte später in einem zweiten Verfahren belangt werden.[1646] Seitdem stand die grundsätzliche Möglichkeit im Raum, vor dem IMT noch einen weiteren Prozess zu führen. In der französischen Delegation kam zudem die Idee auf, neben Krupp noch andere Großindustrielle und Exponenten der

1643 AD-NUOI 1944–1959/90: Lalouette, Telegramm Nr. 171, 2. Oktober 1946.

1644 AD-NUOI 1944–1959/90: Secrétariat des Conférences. Le procès des grands criminels de guerre. Sens et portée du jugement de Nuremberg, 8. Dezember 1946, S. 7.

1645 Vgl. IMT, 17. November 1945, Bd. 1, S. 159; auch Kapitel 1.4, Auswahl.

1646 Vgl. AD-NUOI 1944–1959/94: Dubost an Taylor, 14. Mai 1946.

deutschen Wirtschaft als Hauptkriegsverbrecher anzuklagen. Noch im Dezember 1945 wies Dubost einige seiner Mitarbeiter an, mit der Sammlung von Material zu beginnen und gezielt nach Dokumenten zu suchen, die für den anvisierten Prozess von Nutzen sein könnten.[1647]

In den folgenden Wochen stellte die Delegation bereits Dossiers zusammen, um eine mögliche Anklage in ihren Grundzügen vorzubereiten. Man dachte sogar schon über einen geeigneten Prozessort nach und verfiel auf den Gedanken, das Verfahren in der französischen Besatzungszone durchzuführen. Die Militärregierung teilte auf eine Anfrage hin jedoch mit, dass sie hierfür keine Möglichkeit sehe, so dass diese Frage erst einmal ungeklärt blieb.[1648] Überhaupt wartete die Delegation zu diesem Zeitpunkt noch auf konkrete Anweisungen aus Paris und auch mit den anderen alliierten Vertretungen fanden zunächst keine offiziellen Gespräche in dieser Angelegenheit statt.[1649] Die ersten Signale vonseiten der Verbündeten waren zudem nicht sonderlich ermutigend: Jackson erklärte in einer Pressekonferenz Ende März 1946, dass die Regierung der Vereinigten Staaten bislang keine Entscheidung getroffen habe, ob sie die Durchführung eines weiteren internationalen Prozesses befürworte. Die Briten äußerten sich sogar klar ablehnend.[1650] Bei einem Besuch in Nürnberg ließ ein Vertreter des britischen Außenministeriums Lalouette wissen, dass seine Regierung Bedenken gegen ein zweites Verfahren habe. Diese rührten in erster Linie daher, dass den Verantwortlichen in London bei der Vorstellung an eine weitere Zusammenarbeit mit den Sowjets unwohl war.

Nichtsdestotrotz forcierte die Delegation ihre Bemühungen und hatte mit ihrem neuen Chef Champetier de Ribes bald „einen der entschiedensten Befürworter eines zweiten Prozesses“[1651] an ihrer Spitze. In einer Besprechung beriet dieser am 5. April 1946 mit den drei anderen Delegationschefs über das Vorhaben.[1652] Champetier de Ribes, der sich bei dieser Gelegenheit für einen zweiten Prozess aussprach, wurde von Rudenko unterstützt. Dagegen erklärte Shawcross rundheraus, die britische Regierung ziehe es vor, von dem Plan abzusehen. Stattdessen sollten nationale Gerichte die Verfahren gegen weitere Kriegsverbrecher übernehmen. Jackson legte sich immer noch nicht fest und gab bekannt, dass man in Washington zunächst den Ausgang des noch andauernden Hauptkriegsverbrecherprozesses abwarten wolle. Mitte Mai 1946 bildeten die vier alliierten Delegationen dann allerdings einen Ausschuss, der die Durchführbarkeit eines zweiten Prozesses prüfen und erste Absprachen treffen sollte.[1653] Dubost vertrat in diesem Gremium die französische Seite.

1647 Vgl. FNSP-CD/04: Habib an Dubost, 6. Februar 1946.
1648 Vgl. AD-NUOI 1944–1959/86: Bidault an de Menthon, 4. Dezember 1945.
1649 Vgl. AD-NUOI 1944–1959/94: Lalouette, Schreiben Nr. 43, 30. März 1946.
1650 Zur ablehnenden Haltung der britischen Regierung gegenüber dem Plan, einen zweiten Hauptkriegsverbrecherprozess durchzuführen, vgl. auch Bloxham, Pragmatismus, S. 148–153.
1651 Dazet-Brun, Champetier de Ribes, S. 538.
1652 Vgl. AD-NUOI 1944–1959/88: Lalouette, Schreiben Nr. 51, 10. April 1946.
1653 Vgl. AD-NUOI 1944–1959/94: Lalouette, Schreiben Nr. 68, 16. Mai 1946.

Verbindliche Zusagen der betroffenen Regierungen standen zwar immer noch aus, aber trotzdem wurden die Vorbereitungen nun sehr viel konkreter und es fielen erstmals Namen. Als mögliche Angeklagte hatten die Briten Alfried Krupp von Bohlen und Halbach und den Bankier Kurt Freiherr von Schröder vorgesehen. Die Amerikaner wollten Hermann Schmitz und Georg von Schnitzler, zwei Managern der I.G. Farben, den Prozess machen und die Franzosen dachten an den saarländischen Großindustriellen Hermann Röchling. Lediglich die sowjetische Delegation erbat sich bei der Benennung möglicher Angeklagter noch Bedenkzeit. In dem Ausschuss war man sich außerdem einig, dass ein solcher zweiter Prozess kürzer als der erste sein müsse und daher nicht länger als drei Monate dauern dürfe.[1654] Deswegen sollte die Zahl der Angeklagten auf fünf oder sechs begrenzt bleiben. Zudem schlossen sich die Mitglieder des Ausschusses der von Jackson vertretenen Auffassung an, dass eine definitive Entscheidung erst nach dem Urteil im ersten Hauptkriegsverbrecherprozess getroffen werden solle.

Aber ungeachtet dessen machte sich die französische Delegation jetzt bereits an die Arbeit. Als Spezialist für Wirtschafts- und Finanzfragen wurde Charles Gerthoffer beauftragt, den Fall Röchling zu übernehmen und die Vorbereitung einer Anklage gegen den Großindustriellen zu leiten.[1655] Mit voller Energie widmete sich Gerthoffer in den folgenden Monaten seiner neuen Aufgabe und reiste unter anderem mehrfach nach Berlin, um Beweisdokumente zusammenzutragen.[1656] Lalouette berichtete bald nach Paris, die französische Delegation habe gegen Röchling „präzise Beweismittel"[1657] gesammelt und verfüge auch über belastendes Material gegen dessen Neffen Ernst Röchling. Parallel dazu versuchten die Franzosen, innerhalb des Ausschusses weiterzukommen. In einem ersten Schritt sollten die fünf genannten Personen durch die alliierten Delegationen zu Hauptkriegsverbrechern erklärt werden.[1658] Dadurch wäre eine gemeinsame Anklageerhebung ein bedeutendes Stück näher gerückt. Eine solche formelle Bestätigung ließ jedoch auf sich warten, auch wenn sich der Ausschuss bei seinen folgenden Besprechungen auf den ins Auge gefassten Personenkreis konzentrierte. Mittlerweile war zudem die grundsätzliche Zustimmung der sowjetischen Regierung eingetroffen. Verhandelt wurde nun auch über den Ort, an dem der zweite Prozess stattfinden sollte. Dabei standen in erster Linie Nürnberg und Berlin zur Debatte. Allerdings erhielten die Briten ihre Bedenken aufrecht. Eine Zustimmung Londons sei überhaupt nur im Bereich des Möglichen, wenn sicher sei, dass der Vorsitz über das Gericht nicht von den Sowjets geführt würde, erfuhr Lalouette jetzt von einem Vertreter des britischen Außenministeriums.[1659] Inzwischen zeigte man auch in Paris verstärktes

---

1654 Vgl. AD-NUOI 1944–1959/94: Lalouette, Schreiben Nr. 87, 3. Juni 1946.
1655 Vgl. AD-NUOI 1944–1959/94: Lalouette, Schreiben Nr. 46, 5. April 1946.
1656 Vgl. AD-NUOI 1944–1959/94: Lalouette, Schreiben Nr. 159, 14. August 1946.
1657 AD-NUOI 1944–1959/94: Lalouette, Schreiben Nr. 111, 4. Juli 1946.
1658 Vgl. AD-NUOI 1944–1959/94: Lalouette, Schreiben Nr. 91, 7. Juni 1946.
1659 Vgl. AD-NUOI 1944–1959/94: Lalouette, Schreiben Nr. 87, 3. Juni 1946.

Interesse an dem Projekt, wodurch abermals Bewegung in die Angelegenheit zu kommen schien. Justizminister Teitgen unterstrich in einem Schreiben an Dubost seine Unterstützung für das Vorhaben und äußerte im Namen der französischen Regierung explizit die Hoffnung, dass nach einer Einigung der vier Delegationen in Nürnberg ein zweiter Prozess zustande kommen würde.[1660]

Der Rückendeckung aus Paris konnte sich die Delegation damit sicher sein. Als Teitgen im August 1946 nach Nürnberg kam, legte der Justizminister in einer Besprechung mit Gerthoffer und Lalouette die Position des Kabinetts in Paris nochmals dar: Demnach sollte die Anklage gegen die deutschen Industriellen deren Unterstützung der NSDAP, ihre Mithilfe bei der Wiederaufrüstung und ihre Beteiligung an Kriegsverbrechen und Verbrechen gegen die Menschlichkeit zum Gegenstand haben.[1661] In der Delegation war man jetzt zuversichtlich und beantragte beim Justizministerium bereits die Zuteilung von zusätzlichem Personal für die Arbeit, die mit dem kommenden Prozess anfallen würde.[1662] Lalouette sah für den Augenblick allerdings noch eine entscheidende Ungewissheit: Nach seiner Einschätzung würde die Entscheidung des IMT über die Anklage gegen Schacht für die Machbarkeit eines zweiten Prozesses von grundlegender Bedeutung sein. Dass Schacht kurz darauf durch das IMT freigesprochen wurde, musste deswegen als herber Rückschlag für das Projekt gewertet werden. Die Befürworter des Prozesses versuchten in der Folge, die Bedeutung des Freispruchs herunterzuspielen, indem sie ihn zu einem Sonderfall erklärten. Dieser habe keine Bedeutung für die grundsätzliche Möglichkeit, andere Bankiers und Großindustrielle strafrechtlich zu belangen, so die Lesart. Im französischen Außenministerium war man nach dem Urteil des IMT jedoch skeptisch. In einer Stellungnahme, die Justizminister Teitgen zugestellt wurde, gaben die Diplomaten zu bedenken, dass dasselbe Gericht, das Schacht freigesprochen hatte, auf der Grundlage des Londoner Statuts kaum andere Exponenten der deutschen Wirtschaft und Finanzbranche wegen deren Unterstützung für Hitler verurteilen würde.[1663] Am Quai d'Orsay sah man hierin das größte Risiko und warnte deswegen, dass bei einem Scheitern der Anklage der politische Schaden für Frankreich nicht abzusehen sei.

Bemerkenswerterweise hielten die Diplomaten den geplanten zweiten Prozess aber für machbar. Die Zustimmung der Sowjetunion sei so gut wie sicher und auch Großbritannien und die USA würde man durch einen Rückgriff auf das Londoner Statut letztendlich mit ins Boot holen können, so die Einschätzung.[1664] Dem entgegen stand die Tatsache, dass sich an der ablehnenden Haltung der britischen Regierung in der Sache nichts geändert hatte. Auch Londons Vertreter in Paris gaben dies

1660 Vgl. AD-NUOI 1944–1959/94: Teitgen an Dubost, 17. Juli 1946.
1661 Vgl. AD-NUOI 1944–1959/94: Lalouette, Schreiben Nr. 168, 22. August 1946.
1662 Vgl. AN-BB 30/1796: Champetier de Ribes an Teitgen, 23. August 1946.
1663 Vgl. AD-NUOI 1944–1959/94: Secrétariat des Conférences. Note pour le Secrétaire général. A.s. Procès des industriels allemands devant un tribunal international, 5. November 1946.
1664 Vgl. ebd.

gegenüber dem Quai d'Orsay nun zu erkennen.[1665] Die amerikanische Regierung schuf inzwischen sogar vollendete Tatsachen. Mitte Oktober 1946 wurde Telford Taylor zum *Chief of Counsel for War Crimes* (CCWC) ernannt und erhielt den Auftrag, mit seiner Behörde weitere Kriegsverbrecherprozesse in Nürnberg vorzubereiten. Dieser Schritt war ein klares Signal dafür, dass die US-Administration die juristische Ahndung von NS-Verbrechen in Zukunft als rein nationale Angelegenheit betrachtete. Eine weitere Kooperation der vier Alliierten wurde dadurch immer unwahrscheinlicher.

Absage durch die Verbündeten

Der Zuversicht von Justizminister Teitgen und seinen Mitarbeitern konnte das aber keinen Abbruch tun.[1666] Auf ihr Drängen hin nahm die französische Regierung die Dinge schließlich in die Hand und beschloss im Rahmen einer Kabinettssitzung am 30. Oktober 1946, auf diplomatischem Wege eine offizielle Anfrage an die Verbündeten zu richten.[1667] Diese ging wenige Tage später in den Botschaften Großbritanniens, der USA und der Sowjetunion ein. Argumentativ war die Note zweifellos geschickt aufgebaut.[1668] Zuerst wurden die Verbündeten an die gescheiterte Anklage gegen Krupp Senior erinnert und die französische Regierung berief sich auf das bislang uneingelöste Versprechen, einen weiteren Prozess gegen dessen Sohn ins Werk zu setzen. Vor diesem Hintergrund wies sie auf die bereits geleistete Arbeit des Ausschusses hin, der in Nürnberg eine Anklage ausgelotet hatte. Ihr konkreter Vorschlag lautete sodann, den Ausschuss in eine feste Kommission umzuwandeln und ihm den Auftrag zu erteilen, auf Grundlage des Londoner Statuts eine Anklage auszuarbeiten gegen Krupp Junior und gegen weitere Personen, die sich ähnlicher Vergehen schuldig gemacht hätten.[1669] Paris bezog damit unmissverständlich Position: Nach dem Willen der französischen Regierung sollte vor dem IMT in Nürnberg ein zweiter Hauptkriegsverbrecherprozess abgehalten und unverzüglich mit der direkten Vorbereitung begonnen werden.

Die sowjetische Reaktion fiel wesentlich verhaltener aus, als die Verantwortlichen in Paris erwartet hatten. Moskau wollte sich zunächst noch nicht festlegen und bat um die Beantwortung einiger Fragen.[1670] Dass der Vorstoß schon im Ansatz scheiterte, lag aber am Widerstand Londons und Washingtons. Die beiden angelsächsischen Regierungen antworteten klar ablehnend. Sämtliche Prozesse gegen deutsche Kriegsverbrecher könnten in Zukunft, zügig und ohne Schwierigkeiten, vor alliierten

---

1665 Vgl. AD-NUOI 1944–1959/94: Secrétariat des Conférences an Lalouette, 12. August 1946.
1666 Vgl. AD-NUOI 1944–1959/94: Teitgen an Bidault, 20. November 1946.
1667 Vgl. AD-NUOI 1944–1959/94: Teitgen an Bidault, 31. Oktober 1946.
1668 Vgl. ebd., Anhang („Informé du rapport […]"); der Wortlaut der Note ist außerdem abgedruckt in: DDF, 1946, Bd. 2, S. 558 ff.
1669 Vgl. ebd.
1670 Vgl. AD-NUOI 1944–1959/94: Bidault an Teitgen, 13. Dezember 1946.

Gerichten in den jeweiligen Besatzungszonen durchgeführt werden und eine weitere Zusammenarbeit im Rahmen des IMT sei nicht nötig, so die Begründung.[1671] Mit diesem klaren Nein der Angelsachsen war das Projekt gestorben. Die Ursachen hierfür lagen in der politischen Entwicklung seit Kriegsende und das Argument, dass nationale Gerichtsverfahren einfacher durchzuführen und daher praktikabler seien, kann getrost als vorgeschoben bezeichnet werden. Vor dem Hintergrund des heraufziehenden Kalten Krieges hatten sich die Alliierten inzwischen derart entfremdet und war das gegenseitige Misstrauen so weit gewachsen, dass die angelsächsischen Regierungen zu einer weiteren Zusammenarbeit mit der Sowjetunion nicht mehr bereit waren. Angesichts der außenpolitischen Gegebenheiten ist die französische Initiative daher umso bemerkenswerter. Die Verantwortlichen in Paris waren die einzigen, die aktiv versuchten, die Kooperation unter den Alliierten nach dem Vorbild des gerade abgeschlossenen Hauptkriegsverbrecherprozesses fortzusetzen.

Von nun an handelten die Besatzungsmächte jedoch in ihrem jeweiligen Zuständigkeitsbereich auf eigene Faust. In allen vier Zonen wurden Gerichte geschaffen, die auf Grundlage des Gesetzes Nr. 10 des Alliierten Kontrollrates über deutsche Kriegsverbrecher richteten.[1672] Auf französischer Seite existierte bereits seit März 1946 das *Tribunal général* in Rastatt, dem durch die Entscheidung, keinen weiteren Hauptkriegsverbrecherprozess durchzuführen, eine wachsende Bedeutung zukam. In der Folge mussten sich deutsche Kriegsverbrecher, die sich in französischer Gewalt befanden, vornehmlich vor dem Rastatter Gericht verantworten. Die Idee einer internationalen Rechtsprechung bei der Ahndung von NS-Verbrechen wollte man in Paris dennoch nicht einfach begraben. Man fasste nun ins Auge, das Rastatter Gericht und die zugehörige Anklagebehörde auch mit Vertretern anderer Staaten zu besetzen und den Verfahren dadurch einen internationalen Charakter zu verleihen. In einem Memorandum, das innerhalb des Justizministeriums kursierte, wurden hierzu konkrete Vorschläge unterbreitet.[1673] Demnach sollten in Prozessen gegen das Personal von Konzentrationslagern grundsätzlich die Länder, aus denen die größten Häftlingsgruppen des Lagers stammten, die Möglichkeit haben, an dem Prozess beteiligt zu werden. Innerhalb des Ministeriums tendierte man nicht dazu, die Bedeutung einer solchen Vorgehensweise zu unterschätzen: „Eine neue, wichtige internationale Zusammenarbeit würde aus dieser Organisation entstehen und wäre eine neue Etappe bei der Konstituierung eines internationalen Strafrechts“[1674], stellten die Verfasser des Memorandums abschließend fest. In der Tat folgte die französische Regierung bald diesem Vorsatz und lud mehrere verbündete Staaten ein, eigene Richter und Staatsanwälte nach Rastatt zu entsenden.[1675] Im Gegenzug hoffte sie

1671 Vgl. AD-NUOI 1944–1959/94: Schreiben Nr. 2208, 24. Januar 1947; British Embassy, Schreiben Nr. 79, 25. Januar 1947.
1672 Vgl. Gesetz Nr. 10 des Alliierten Kontrollrates vom 20. Dezember 1945.
1673 Vgl. AN-BB 30/1796: Undatiertes Memorandum („Poursuite et jugement [...]“).
1674 Ebd.
1675 Vgl. AN-BB 30/1796: Direction du SRCGE an Gros, 19. Dezember 1946. Die Einladung erging an Belgien, die Niederlande, Luxemburg, Polen und die Sowjetunion.

darauf, dass die anderen drei Besatzungsmächte bei der Bildung ihrer Zonengerichte ähnlich verfahren würden. Allerdings musste sie schon bald feststellen, dass deren Bereitschaft auch hierzu gering war. Die sowjetische Regierung nahm nicht einmal die Einladung an, sich an den Rastatter Verfahren zu beteiligen. Man verfüge nicht über genügend Personal mit ausreichenden Sprachkenntnissen und habe im Übrigen volles Vertrauen in die französische Justiz, lautete die lapidare Antwort aus Moskau.[1676]

Wie man sich auf amerikanischer Seite eine weitere Kooperation in der Kriegsverbrecherfrage vorstellte, konnten die Franzosen noch im November 1946 bei einem Besuch Telford Taylors in Paris erfahren. Der neue amerikanische Chefankläger traf dort mit Champetier de Ribes, Dubost und Adolphe Touffait, dem Leiter des SRCGE, zusammen.[1677] Taylor skizzierte bei der Besprechung das Vorhaben seiner Regierung, nunmehr in Nürnberg eine Serie von Prozessen durchzuführen, die sich gegen einzelne Tätergruppen wie Ärzte, Juristen oder Wirtschaftsfunktionäre richten würden. Zur sichtlichen Enttäuschung der Franzosen stellte er aber klar, dass eine Besetzung der Gerichte mit Vertretern anderer Staaten nicht vorgesehen war und die anstehenden Prozesse rein amerikanische Verfahren sein würden.[1678] Allerdings zeigte Taylor Interesse an einem regelmäßigen Informationsaustausch und an der gegenseitigen Übermittlung von Beweisdokumenten, die dann beide Seiten für Prozesse in ihren Besatzungszonen verwenden könnten. Auf mehr als solche vorbereitenden Absprachen konnten die Franzosen nicht hoffen.

Von der engen Zusammenarbeit der Alliierten vor dem IMT war damit nicht viel übrig geblieben. Darüber hinaus bahnte sich in der Besprechung bereits an, dass in Zukunft die Unterstützung der einen Seite für die andere eher den Charakter eines Tauschhandels haben würde. Taylor bot an, Hermann Röchling, der sich zu diesem Zeitpunkt in amerikanischer Gefangenschaft befand, an die Franzosen auszuliefern. Im Gegenzug verlangte er aber die Überstellung des I.G.-Farben Managers Otto Ambros. Champetier de Ribes' Antwort auf die Offerte fiel kurz und bündig aus: „Wir sind einverstanden."[1679] Der Tauschhandel sollte seinen Zweck erfüllen: Ambros stand bereits ein halbes Jahr später zusammen mit Schmitz und Schnitzler, die die Amerikaner bereits als mögliche Angeklagte für den geplanten zweiten Hauptkriegsverbrecherprozess gehandelt hatten, im Nürnberger I.G. Farben-Prozess vor Gericht.[1680] Röchling dagegen wurde ab Februar 1948 vor dem *Tribunal général* in Rastatt zur Rechenschaft gezogen.[1681] Beide Fälle sind typisch für das weitere Vorgehen der Alliierten nach dem Scheitern des Planes, einen zweiten Hauptkriegsverbrecherprozess durchzuführen. Es war keineswegs ausgeschlossen, dass sich die für

1676 Vgl. ebd.
1677 Vgl. AN-BB 30/1796: Procès-verbal de la réunion tenue par M. Champetier de Ribes et le général Taylor le 16 novembre à Paris.
1678 Vgl. ebd., S. 4.
1679 Ebd., S. 6.
1680 Vgl. Lindner, Urteil; Boll, IG-Farben-Prozeß.
1681 Vgl. hierzu Kapitel 4.5.

die Verfahren zuständigen Stellen untereinander absprachen und sich gegenseitig unterstützten. Deutschen Kriegsverbrechern konnte fortan aber allein von einer der vier Besatzungsmächte in deren Zone der Prozess gemacht werden.

Richten auf Grundlage des Kontrollratsgesetzes Nr. 10

Um eine weitere internationale Kooperation war die französische Regierung unterdessen nicht nur in der Frage der Hauptkriegsverbrecher bemüht. Auch für das weitere Vorgehen gegen Mitglieder der durch das IMT als verbrecherisch eingestuften Organisationen hoffte sie, mit den Verbündeten eine gemeinsame Lösung finden und sich auf ein einheitliches Prozedere einigen zu können. Hier ging es also nicht um einen einzelnen spektakulären Prozess gegen eine Handvoll Personen, sondern um Entscheidungen, die das weitere Schicksal einer viel größeren Zahl von Menschen betrafen. Denn auch wenn mit der SA eine nationalsozialistische Massenorganisation letztendlich nicht für verbrecherisch erklärt worden war, waren die Mitgliederzahlen von SS, Gestapo und dem Führerkorps der NSDAP immer noch gewaltig. Bei Prozessende waren allein in Frankreich 30 000 SS-Leute interniert, zu denen nochmals 5 000 in der französischen Besatzungszone hinzukamen.[1682] Noch während das Nürnberger Verfahren andauerte, hatten die Mitarbeiter von Justizminister Teitgen diverse Möglichkeiten erwogen und an Plänen gearbeitet, wie ein koordiniertes Vorgehen der alliierten Staaten in dieser Frage erreicht werden konnte.

Die Entscheidung des Richterkollegiums des IMT in Nürnberg konnte als erster Erfolg für ein solches Vorhaben gelten. Nicht zuletzt auf Drängen de Vabres' wurde in das Urteil die Empfehlung aufgenommen, dass für die anstehenden Gerichtsverfahren gegen Mitglieder der NS-Organisationen „die Klassifizierungen, Sanktionen und Strafen [...] in den vier Besatzungszonen in Deutschland, soweit wie möglich, einheitlich gestaltet werden"[1683] sollten. Außerdem legten die Richter dem Alliierten Kontrollrat nahe, das Gesetz Nr. 10 abzuändern und dadurch zu gewährleisten, dass die Strafen für die bloße Mitgliedschaft in einer der verbrecherischen NS-Organisationen nicht die im amerikanischen Entnazifizierungsgesetz vom 5. März 1946 festgeschriebenen Strafen überstiegen.[1684] Bei der vorgeschlagenen Abänderung des Gesetzes Nr. 10, das für die Alliierten die juristische Grundlage für Prozesse gegen weitere NS-Kriegsverbrecher bildete, handelte es sich im Prinzip um ein altes französisches Anliegen. Frühzeitig hatte man sich in der Delegation, aber auch im Justizministerium in Paris daran gestoßen, dass das Gesetz nur einen äußerst allgemeinen Strafrahmen vorgab. Dieser reichte bis hin zur Todesstrafe, die einzelnen Strafen waren aber an keinerlei Kriterien wie etwa die Schwere der Verbrechen gebunden. Daher war es möglich, auf Grundlage des Gesetzes ganz unterschiedliche

---

1682 Vgl. AN-BB 30/1796: Undatiertes Memorandum („Poursuite et jugement [...]").

1683 IMT, Bd. 1, Urteil, S. 288.

1684 Vgl. ebd.; auch Gesetz zur Befreiung von Nationalsozialismus und Militarismus vom 5. März 1946, in: Schullze, Befreiung, S. 5–114.

Strafen für dieselben Vergehen zu verhängen.[1685] Um das zu vermeiden, erarbeitete die französische Delegation im März 1946 einen Vorschlag an den Alliierten Kontrollrat, in dem sie dafür plädierte, in das Gesetz einen weiteren Paragraphen einzufügen. Dieser sollte festlegen, dass die bloße, freiwillige Mitgliedschaft in einer der Organisationen nicht mit schwereren Strafen als dem Einzug des Vermögens und dem Verlust der bürgerlichen Rechte geahndet werden konnte.[1686] Dieser erste Vorstoß vom März 1946 blieb folgenlos, aber nach der Urteilsverkündung versuchte das Justizministerium, die Angelegenheit zu forcieren und doch noch die gewünschte Änderung des Gesetzes zu erreichen. Bevor es dazu kam, erließ der Alliierte Kontrollrat jedoch am 12. Oktober 1946 seine Direktive Nr. 38, die Ablauf und Umfang des Entnazifizierungsverfahrens in den vier Besatzungszonen regelte.[1687]

Durch die Direktive wurden dem amerikanischen Entnazifizierungsgesetz entsprechend fünf Gruppen gebildet: Hauptschuldige, Belastete, Minderbelastete, Mitläufer und Entlastete. Zu den Hauptschuldigen zählten unter anderem Personen, die sich in der SS, der Gestapo oder dem Führerkorps der NSDAP, also in einer der verbrecherischen NS-Organisationen, aktiv betätigt hatten.[1688] Für Angehörige dieser Gruppe, soweit ihnen nicht zusätzlich die Beteiligung an konkreten Kriegsverbrechen nachgewiesen wurde, listete die Direktive eine Reihe von möglichen Sühnemaßnahmen auf. Diese reichten von der Einziehung des Vermögens über Berufsverbote, Aufenthaltsbeschränkungen und den Verlust des Wahlrechts bis hin zu maximal zehnjährigen Haftstrafen.[1689] Verglichen mit dem Gesetz Nr. 10 waren die Bestimmungen jetzt also deutlich enger gefasst, auch wenn sie immer noch einen erheblichen Spielraum zuließen. Das eigentliche Problem, auf das man auf französischer Seite immer wieder hingewiesen hatte, war deshalb zwar nicht gelöst, hatte aber doch an Brisanz verloren. Aus diesem Grund führte der Erlass der Kontrollratsdirektive dazu, dass sich die Verbündeten gegen den Wunsch aus Paris sperrten, das Gesetz Nr. 10 abzuändern. Auf mehreren Kanälen, über die Delegation in Nürnberg, aber auch über den Alliierten Kontrollrat in Berlin, trat die französische Regierung in den folgenden Wochen noch an die Verantwortlichen in London, Washington und Moskau heran. Als Antwort erhielt sie aber jedes Mal den Hinweis, dass die Direktive 38 bereits ausreichende Bestimmungen enthalte und weitergehende Vorgaben nicht notwendig seien.[1690] Bei den Verbündeten fehlte es offenkundig an politischem Willen, auf den französischen Vorschlag einzugehen.

1685 Vgl. AD-NUOI 1944–1959/91: Lalouette, Schreiben Nr. 33, 4. März 1946.

1686 Vgl. AD-NUOI 1944–1959/91: Projet d'amendement de l'article 2 – loi n° 10.

1687 Vgl. Direktive Nr. 38 vom 12. Oktober 1946: Verhaftung und Bestrafung von Kriegsverbrechern, Nationalsozialisten und Militaristen und Internierung, Kontrolle und Überwachung von möglicherweise gefährlichen Deutschen, in: Amtsblatt des Kontrollrats in Deutschland 11 (1946), S. 184–211.

1688 Vgl. ebd., Art. 2.

1689 Vgl. ebd., Art. 8.

1690 Vgl. zum Beispiel AN-BB 30/1796: Foreign Office, Nr. C 10623/7385/18, 25. Oktober 1946.

Mit ihrem Wunsch, das Gesetz klarer zu formulieren, stand die Regierung in Paris unter den Hauptsiegermächten jedenfalls allein und konnte sich deswegen nicht durchsetzen.

Scheitern der Einberufung einer Expertenkommission

Das galt auch für ein weiteres Projekt, für das sich die französische Regierung jetzt noch einmal stark machte. Justizminister Teitgen und seine Mitarbeiter hatten schon während des Prozesses den Plan entwickelt, eine internationale Expertenkommission ins Leben zu rufen und diese über die weiteren Verfahren gegen die Mitglieder der NS-Organisationen entscheiden zu lassen.[1691] Bei seinem Besuch in Nürnberg im August 1946 hatte Teitgen persönlich für dieses Vorhaben getrommelt.[1692] Die Reaktionen der Verbündeten ließen bislang jedoch kein nennenswertes Interesse erkennen. Nachdem das IMT sein Urteil gesprochen hatte, sah man im französischen Justizministerium aber eine neue Chance. Teitgen schwebte vor, dass nicht nur die vier Hauptsiegermächte, sondern alle alliierten Länder Vertreter in die geplante Kommission schicken würden.[1693] Angehörige von SS, Gestapo und Führerkorps der NSDAP befanden sich schließlich nicht nur in der Gewalt der vier alliierten Besatzungsmächte, sondern waren in zahlreichen Fällen auch als Kriegsgefangene in den ehemals von deutschen Truppen besetzten Ländern interniert. Deren Regierungen wollte Teitgen in das Projekt mit einbinden. Die zu bildende Kommission sollte dann von allen beteiligten Regierungen den Auftrag erhalten, Vorgaben für die Strafverfolgung gegen die Organisationsangehörigen auszuarbeiten und festzulegen, wie mit diesen gerichtlich zu verfahren war.[1694] Diese Vorgaben, die unter anderem ein festes Strafmaß für die Mitgliedschaft in einer bestimmten Position in der jeweiligen Organisation festgelegen würden, wären im Anschluss als Richtlinien für die Gerichte aller alliierten Staaten erlassen worden. Dadurch wäre ein einheitliches Vorgehen gewährleistet gewesen und ausgeschlossen worden, dass die Angehörigen der NS-Organisationen von Besatzungszone zu Besatzungszone und von Land zu Land mit ganz unterschiedlichen Strafen zu rechnen hätten.

Am 21. Oktober 1946 richtete das französische Außenministerium eine Anfrage an die Regierungen Großbritanniens, der USA, der Sowjetunion, Belgiens, Dänemarks, Griechenlands, der Niederlande, Luxemburgs, Norwegens, Polens, der Tschechoslowakei und Jugoslawiens.[1695] Darin schlug sie die Einberufung der Expertenkommission vor. Wieder war das Interesse an der französischen Initiative gering. London und Moskau wiesen den Vorschlag zurück, aus Washington traf lediglich eine hinhaltende

1691 Vgl. FNSP-CD/05: Teitgen an Champetier de Ribes, 18. August 1946.
1692 Vgl. AN-BB 30/1796: Secrétariat des Conférences, 15. September 1946.
1693 Vgl. AN-BB 30/1796: Teitgen an Bidault, 19. Oktober 1946.
1694 Vgl. ebd.
1695 Vgl. AN-BB 30/1796: Note pour M. le Garde des Sceaux. Jugement des membres des organisations déclarées criminelles par le Tribunal Militaire International de Nuremberg, 24. Januar 1947.

Antwort ein und auch unter den anderen Adressaten waren kaum Befürworter des französischen Plans.[1696] Die Begründungen ähnelten sich: Die anderen Regierungen hielten die Bestimmungen des Alliierten Kontrollrates für ausreichend und die Schaffung einer solchen Kommission für einen unnötigen Aufwand, wie sie in ihren Antworten erklärten. Die britische Regierung bezeichnete den Vorschlag aus Paris beispielsweise einfach als unzweckmäßig.[1697] Vor allem aber hätte der französische Plan die nationale Gesetzgebung der beteiligten Staaten berührt. Angesichts der zunehmenden politischen Spannungen unter den Alliierten war man jedoch weder in London noch in Washington oder Moskau bereit, eine solche innere Angelegenheit zur Diskussion zu stellen und sich von einer internationalen Kommission Verpflichtungen für die Arbeit der eigenen Gerichte auferlegen oder auch nur Empfehlungen geben zu lassen. Die sowjetische Regierung etwa erklärte in ihrer Antwort unumwunden, dass das Vorhaben „eine Verletzung der Zuständigkeit der nationalen Gerichte"[1698] bedeute und dass sie eine solche nicht akzeptieren würde.

Im Justizministerium in Paris wollte man daher nichts schönreden und stellte schonungslos fest, es gebe nach Lage der Dinge keine Chance, die Kommission einzuberufen. Allerdings konnte man dem Fehlschlag auch etwas Gutes abgewinnen: „Dennoch wird der französische Versuch nicht umsonst gewesen sein. Denn er wird die französische Regierung von der Verantwortung befreien für die Verwirrung, die Unterschiede in den Entscheidungen und der Rechtsprechung, die der Mangel an Einheitlichkeit bei der Ahndung möglicherweise hervorrufen wird."[1699] Von dem Vorhaben, eine Expertenkommission einzuberufen, musste die Regierung in Paris jedenfalls wohl oder übel absehen. Das bedeutete, dass Frankreich im Umgang mit den Mitgliedern von NS-Organisationen wie auch die anderen Alliierten in der Folge seinen eigenen Weg ging. Der Kontrollratsdirektive 38 entsprechend wurden die Fälle der Angehörigen der verbrecherischen NS-Organisationen in das allgemeine Entnazifizierungsverfahren eingebettet und nach dem Vorbild des Vorgehens der Amerikaner auch in der französischen Besatzungszone deutschen Spruchkammern übertragen.[1700]

4.4 Das Ende der französischen Delegation

Die Edition der Sitzungsprotokolle des IMT

In Nürnberg hatte sich die französische Delegation bereits auf einen zweiten Prozess vor dem IMT vorbereitet. Als im November 1946 jedoch klar wurde, dass es dazu

1696 Lediglich Luxemburg unterstützte den Plan ohne Vorbehalte; vgl. ebd.

1697 Vgl. AN-BB 30/1796: Foreign Office, S.W. 1, 19. Dezember 1946.

1698 AN-BB 30/1796: Secrétariat des Conférences. Conférence d'experts pour les grands crimes de guerre, Nr. 62, 11. Januar 1947.

1699 AN-BB 30/1796: Note pour M. le Garde des Sceaux. Jugement des membres des organisations déclarées criminelles par le Tribunal Militaire International de Nuremberg, 24. Januar 1947.

1700 Vgl. Grohnert, Entnazifizierung; Möhler, Entnazifizierung; Möhler, Südwesten.

nicht kommen würde, war ihre Auflösung nur noch eine Frage der Zeit. Geschaffen hatte man die Delegation ursprünglich ohnehin nur für die Dauer des Hauptkriegsverbrecherprozesses und jetzt gab es keine Gründe, sie in der bisherigen Form noch länger am Leben zu erhalten. Folglich entschied das Justizministerium, die ganze Delegation abzuwickeln, und schrittweise wurden nun Entlassungen verfügt. Zum Jahresbeginn 1947 fielen 42 Posten weg.[1701] In den folgenden Wochen setzte dann ein noch rapiderer Personalabbau ein. Für einen Teil des Personals bedeutete die Entlassung aus der Delegation lediglich eine Wiedereingliederung in den Justizdienst oder eine Rückkehr in den vorigen Beruf, andere stellte die Entscheidung vor einen kompletten beruflichen Neuanfang. Aber die Tätigkeit in Nürnberg konnte auch neue Perspektiven eröffnen: Charles Gerthoffer beispielsweise trat ein neues Amt als Ankläger in Rastatt an und nahm seine engsten Mitarbeiter gleich mit.[1702] Überhaupt wechselten einige der Übersetzer und Dolmetscher von der Delegation direkt zum *Tribunal général* in der französischen Besatzungszone und waren in den folgenden Jahren an den dort stattfindenden Kriegsverbrecherprozessen beteiligt.[1703] Auch der SRCGE, dem die Delegation nun zwecks der Abwicklung unterstellt wurde, übernahm einige der Mitarbeiter.[1704] Der Personalabbau fand jedenfalls im März 1947 sein vorläufiges Ende.[1705] Von den ursprünglichen Delegationsmitgliedern waren zu diesem Zeitpunkt noch rund 20 Personen übrig.[1706] Bei diesen handelte es sich hauptsächlich um Übersetzer und Schreibkräfte, die die letzte Aufgabe erledigten, die der Delegation geblieben war: Sie redigierten die Sitzungsprotokolle des IMT.

Einer der Zwecke des Hauptkriegsverbrecherprozesses hatte darin bestanden, das Ausmaß der deutschen Verbrechen vor der Weltöffentlichkeit zu dokumentieren und Zweifel an der Rechtmäßigkeit des alliierten Vorgehens auszuräumen. Bevor sie auseinandergingen, fassten die Richter des IMT daher den Beschluss, die vollständigen Sitzungsprotokolle zusammen mit einer Auswahl der wichtigsten Beweisdokumente zu veröffentlichen.[1707] Für jede der vier Prozesssprachen war eine Edition in mehreren Bänden vorgesehen, für die die Richter auch gleich die Auflage festsetzten. Bestellt wurden 10 000 englische und je 5 000 deutsche, französische und russische Exemplare. Zum Verantwortlichen ernannte das Richterkollegium den amerikanischen Juristen Lawrence Egbert, der unter Aufsicht des Alliierten Kontrollrates die Editionsarbeiten

1701 Vgl. AN-BB 30/1779: „Les délégations du Gouvernement [...]“, 28. März 1947.
1702 Vgl. AN-BB 30/1779: Dubost an Schnedecker und Turquey, 27. März 1947, S. 6.
1703 Vgl. AN-BB 30/1779: Dubost an Mongin, 11. Februar 1947.
1704 Vgl. AN-BB 30/1779: Le Directeur du Service de recherche des crimes de guerre à M. Le Directeur général de la Justice, Service de recherche des crimes de guerre, Baden-Baden, undatiert.
1705 Vgl. AN-BB 30/1779: Plan du licenciement du personnel de la délégation française près le ministère public du Tribunal Militaire International, undatiert.
1706 Vgl. AN-BB 30/1779: Dubost an Schnedecker und Turquey, 27. März 1947, S. 7 f.
1707 Vgl. FNSP-CD/09: N° 99. Tribunal Militaire International – Réunion, 28. September 1946.

koordinieren und für die Veröffentlichung Sorge tragen sollte.[1708] Das tat er direkt von Nürnberg aus, wo die Bände auch gedruckt wurden. Jede Delegation musste aber die Protokolle in ihrer Sprache zunächst selbst redigieren und danach an Egberts Mitarbeiter übergeben. Für die französische Seite erwuchs daraus eine Aufgabe, die sich als sehr viel umfangreicher und komplizierter erwies, als man dies anfangs vermuten konnte. Maßgeblich für die offizielle Protokollfassung waren nämlich die stenographischen Mitschriften in der Originalsprache.[1709] Nur in dieser waren die Redebeiträge der einzelnen Prozessbeteiligten aufgezeichnet worden, so dass bei Unklarheiten ein Abgleich mit der Tonaufnahme lediglich in der Originalsprache möglich war. Auch wenn während des Prozesses die Sitzungen des IMT zwar auf Französisch stenografiert worden waren, waren dadurch trotzdem noch einmal umfangreiche Arbeiten notwendig. Für die Protokollbände mussten die stenografierten nichtfranzösischen Redebeiträge mit der Originalversion abgeglichen und gegebenenfalls neu übersetzt werden. In einem beträchtlichen Teil der Fälle fehlten zudem beglaubigte Mitschriften auf Französisch gänzlich. Die Arbeit, die so für die verbliebenen Angehörigen der Delegation entstand, war daher enorm und wurde von zusätzlichen Schwierigkeiten überschattet, durch die die Edition der französischen Protokolle groteske Züge annahm.

In der Anfangsphase erwuchsen die größten Probleme aus dem Verhältnis der Delegation zu den amerikanischen Stellen. Dieses war während des gesamten Prozesses nicht spannungsfrei geblieben, verschlechterte sich aber jetzt noch einmal rapide. Aus Paris entsandte die *Imprimerie nationale* vier Lektoren nach Nürnberg, die dort die französische Ausgabe vor dem Druck Korrektur lesen sollten. Doch noch bevor der erste Band fertiggestellt war, kam es zu Auseinandersetzungen zwischen Egberts Mitarbeitern und den Franzosen.[1710] Dabei wurde den Lektoren im Wesentlichen vorgeworfen, zu langsam zu arbeiten und dadurch den Druck zu verzögern. Diese wiederum beschwerten sich, dass die von dem deutschen Druckereipersonal erstellten Vorlagen zu viele Fehler aufwiesen. Einer der Lektoren beklagte die „ziemlich bedauerliche Atmosphäre des Misstrauens“[1711], die bald entstand. Aus ihrer Auffassung, die französische Editionsabteilung arbeite nicht effizient, machten die amerikanischen Stellen in jedem Fall keinen Hehl.[1712] An der Spitze der Editionsabteilung stand in dieser ersten Phase zudem Serge Fuster, der für sein streitbares Wesen berüchtigt war und sich unmissverständlich jegliche Einmischung von amerikanischer Seite verbat.[1713] Nach kurzer Zeit hatte sich der Konflikt derart

1708 Vgl. AN-BB 30/1779: Dubost an die Direction du Budget des Finanzministeriums, 21. Januar 1947.

1709 Vgl. AN-BB 30/1779: Dubost an Schnedecker und Turquey, 27. März 1947, S. 9 f.

1710 Vgl. FNSP-CD/06: Rapport à M. le Secrétaire général de la délégation française à Nuremberg, Name des Verfassers unleserlich, 3. Februar 1947.

1711 FNSP-CD/06: Pontillon an Dubost, 1. Februar 1947.

1712 Vgl. Ebd., S. 5.

1713 Vgl. AN-BB 30/1779: Bericht Lanoires für das Justizministerium, 9. Juli 1949, S. 4.

zugespitzt, dass Egbert Fusters Absetzung verlangte und den Franzosen zum Jahresbeginn 1947 Hausverbot in der Druckerei erteilt wurde.

In dieser verfahrenen Situation, in der die Arbeiten an der französischen Edition gleich zu Beginn faktisch zum Erliegen gekommen waren, wandte sich das Justizministerium an einen Kenner der Verhältnisse in Nürnberg: Charles Dubost erhielt den Auftrag, nach einer Lösung zu suchen und zugleich die Delegation mit ihrem nach den Entlassungen verbliebenen Personalbestand zu reorganisieren. Der stellvertretende Chefankläger begab sich unmittelbar darauf noch einmal nach Nürnberg und leitete eine umfassende Reform ein.[1714] Um weitere Konflikte mit den amerikanischen Stellen zu vermeiden und gleichzeitig Kosten zu sparen, schlug Dubost vor, die Editionsabteilung in der französischen Besatzungszone anzusiedeln und in Nürnberg nur eine Außenstelle für den Kontakt zu Egbert zurückzulassen.[1715] Die Militärbehörden der Zone erklärten sich mit dieser Lösung einverstanden.[1716] Mitte März 1947 zog die Editionsabteilung daher von Nürnberg ins württembergische Biberach an der Riß um, um dort ihre Arbeit fortzusetzen.[1717] Auch für eine personelle Umstellung machte Dubost sich stark: Auf sein Drängen hin erfolgte Fusters Abberufung. Stattdessen wurde Constant Quatre zum Chef der Biberacher Enklave ernannt und wachte fortan über die dort versammelten Übersetzer, Lektoren und Schreibkräfte. Dubost schätzte an Quatre, dass dieser als ehemaliger Offizier über „Savoir-faire"[1718] in der Personalführung verfügte. In Nürnberg blieb dagegen die bei den Amerikanern hochgeschätzte Aline Chalufour zurück, die als nominelle Leiterin der Delegation in Zukunft als Ansprechpartnerin für Egbert und seine Mitarbeiter fungierte. Mit dieser Reform endete Dubosts eigene Mission.[1719]

Allerdings zeigte sich in den folgenden Monaten, dass die von ihm erarbeitete Lösung aus anderen Gründen nicht tragfähig war. Die Arbeiten in Biberach gingen nur schleppend voran und bald wurden Beschwerden über die Qualität der Übersetzungen laut. In der Tat hatten viele der routinierten Übersetzer die Delegation inzwischen verlassen und neue Posten angenommen.[1720] Gründe für diese Personalflucht waren die monotone Tätigkeit, Protokolle aus einem bereits abgeschlossenen Prozess zu übersetzen, ebenso wie die Aussicht, dass man danach ohnehin entlassen würde. Zum Zeitpunkt des Umzugs nach Biberach war von den Übersetzern, die bereits während des Prozesses für die Delegation gearbeitet hatten, jedenfalls kaum noch jemand übrig. Demgegenüber war die Delegation gezwungen, unerfahrene

1714 Vgl. AN-BB-30–1779: Champetier de Ribes an das Justizministerium, 1. Februar 1947.
1715 Vgl. AN-BB-30–1779: Dubost an das Justizministerium, 14. Februar 1947.
1716 Vgl. FNSP-CD/09: Dubost an Egbert, 11. Februar 1947.
1717 Vgl. AD-NUOI 1944–1959/91: Direction du SRCGE, 23. Mai 1947; zum Leben und den Arbeitsbedingungen in Biberach vgl. Moracchini, Témoignages, S. 155 ff.
1718 FNSP-CD/09: Bericht Dubosts für Champetier de Ribes, 16. Januar 1947, S. 4.
1719 Vgl. AN-BB 30/1779: Le Garde des Sceaux, Ministre de la Justice, à M. le Procureur général de la Cour d'appel de Paris, 28. März 1947.
1720 Vgl. AN-BB 30/1779: Dubost an Schnedecker und Turquey, 27. März 1947, S. 11.

und weniger qualifizierte Kräfte einzustellen, die zudem mit dem Vokabular des Hauptkriegsverbrecherprozesses nicht vertraut waren. Das schlug sich in der Qualität der Arbeit nieder. Für das zögerliche Voranschreiten der Edition lag der Hauptgrund allerdings in der neuen Situation, in der sich das Personal in Biberach befand. Die Mitarbeiter waren in dem kleinen Städtchen weitgehend auf sich allein gestellt und wurden lediglich von Quatre beaufsichtigt, der sich aber oft in Paris aufhielt. Tatsächlich gearbeitet wurde an der Edition aus diesem Grund allenfalls halbherzig.[1721] Im August 1947 wurden die Polizeibehörden der französischen Militärregierung aktiv und schickten einen ihrer Beamten nach Biberach, wo dieser diskrete Nachforschungen anstellte.[1722] Hinterher wusste der Ermittler zu berichten, dass die Delegationsangehörigen vor allem mit Freizeitaktivitäten wie Fischen und Jagen beschäftigt waren. Einer der Übersetzer hatte ihm gegenüber sogar freimütig eingeräumt, dass für die Delegation keine große Eile bei der Fertigstellung der Protokollbände geboten sei. Gelegentlich treffe ein Erinnerungsschreiben der Amerikaner ein, dieses würde dann jedoch geflissentlich ignoriert, so der Informant.

Im französischen Außenministerium war man von da an überzeugt, die Mitarbeiter der Editionsabteilung würden ihre Mission als „bloße Einladung zum Tourismus"[1723] ansehen, und spottete über „die Ferienkolonie von Biberach."[1724] Schließlich sahen sich auch die Verantwortlichen im Justizministerium zum Handeln genötigt. Im Herbst 1947 holten sie die Editionsabteilung nach Paris und quartierten sie in Räumlichkeiten des SRCGE ein, wo ihre Arbeit einer ständigen Kontrolle unterworfen war.[1725] Von da an wurde zweifellos effizienter an der Edition gearbeitet, die Abteilung litt nun aber zunehmend an Personalmangel. Sie bestand nach dem Umzug nach Paris noch aus 13 Personen. Das Justizministerium tendierte dazu, immer weiter Stellen abzubauen und Forderungen Quatres nach personeller Verstärkung blieben angesichts der Vorkommnisse in Biberach unberücksichtigt. Dadurch geriet die Delegation mit der Edition zusätzlich in Verzug. Zu einem nochmaligen Personalwechsel kam es kurze Zeit später in Nürnberg, wo Aline Chalufour den Kontakt zu den Amerikanern hielt und die Arbeit der dort verbliebenen Lektoren beaufsichtigte, die die Druckfahnen Korrektur lasen. Da man im Justizministerium der Meinung war, sie verfüge nicht über die ausreichende Autorität gegenüber ihrem Personal, wurde sie im April 1948 nach Paris zurückgerufen und durch Jean

---

1721 Vgl. AN-BB 30/1796: Fernand Chapar. Inspection de la délégation française chargée de l'édition du procès-verbal des débats du Tribunal Militaire International à Biberach et à Nuremberg, 10. Oktober 1947.

1722 Vgl. AD-NUOI 1944–1959/91: Robert Bigorre. Renseignements au sujet d'éléments appartenant à la mission française de Nuremberg, stationnés présentement à Biberach, 11. August 1947.

1723 AD-NUOI 1944–1959/91: Schreiben an François Seydoux, ohne Absender, 4. Juni 1947.

1724 Ebd.

1725 Vgl. AN-BB 30/1796: Note pour M. le Chef de la Comptabilité. Retour du personnel de Biberach à Paris, 17. November 1947.

Jacques Lanoire ersetzt.[1726] Als Mitarbeiter des SRCGE und als einer der französischen Hilfsankläger während des Hauptkriegsverbrecherprozesses war Lanoire zweifellos jemand, der die nötigen Vorkenntnisse mitbrachte. Das Verhältnis zu den amerikanischen Stellen, deren Ungeduld wuchs, erreichte nach seiner Ernennung aber einen erneuten Tiefpunkt. Denn der Druck, den Egberts Leute inzwischen machten und der raue Umgangston, den sie dabei an den Tag legten, ließen bei Lanoire bald die Nerven blank liegen. In seinen Berichten nach Paris beklagte er sich über Egberts „anhaltende Feindseligkeit."[1727] Den stellvertretenden Editionsleiter Hans Werner hielt er für „eine absolut primitive Person von seltener Brutalität"[1728] und der neue Gerichtssekretär Howard Russel war seiner Meinung nach einem „offen frankophoben Kreis"[1729] zuzurechnen. Lanoire musste aber auch zugeben, dass die französische Delegation keine einzige Druckvorlage pünktlich geliefert hatte.[1730]

Die amerikanischen Stellen glaubten deswegen inzwischen, dass der französischen Regierung die Veröffentlichung der Sitzungsprotokolle gleichgültig sei, und wollten aufgrund der Verspätungen im Oktober 1948 – die englischen und deutschen Prozessprotokolle waren längst erschienen – den Druck der französischen Ausgabe komplett abbrechen. Tatsächlich aber war man in Paris durchaus der Meinung, dass der geplanten Veröffentlichung für die Dokumentation der NS-Verbrechen und des Prozesses eine maßgebliche Bedeutung zukam. Im Außenministerium wurde sogar die Auffassung vertreten, es handele sich um eine Angelegenheit von nationalem Interesse, und es wurde konstatiert: „Die Verteidigung unserer Sprache erfordert, dass die französische Ausgabe fertiggestellt wird."[1731] Nicht ohne Grund hatte die französische Regierung schließlich bereits selbst die wichtigsten Abschnitte aus dem Anklagevortrag ihrer Delegation in einer Reihe publizieren lassen.[1732] Von den involvierten Stellen sah sich jedoch keine in der Verantwortung, dieser Absicht Taten folgen zu lassen, und so entstand nach außen hin ein vollkommen gegensätzlicher Eindruck. Der SRCGE, dem die Delegation nun unterstand, wurde zu diesem Zeitpunkt als Behörde bereits selbst abgewickelt und im Außenministerium, wo man das Problem durchaus erkannte, war keine Abteilung bereit, der Editionsabteilung durch die Abtretung einiger Übersetzer unter die Arme zu greifen.[1733] Dass der Druck der französischen Ausgabe abgebrochen wurde, konnte jedenfalls von

1726 Vgl. AN-BB 30/1796: Note pour M. le Garde des Sceaux. Organisation de la section française d'édition du procès-verbal des débats du Tribunal Militaire International de Nuremberg, 8. April 1948.

1727 Vgl. AN-BB 30/1796: Lanoire an Chapar, 24. September 1947.

1728 AN-BB 30/1779: Bericht Lanoires für das Justizministerium, 9. Juli 1949, S. 5.

1729 Ebd.

1730 Vgl. ebd., S. 18.

1731 AD-NUOI 1944–1959/91: Secrétariat des Conférences. A. s. prolongation de crédits pour la publication de l'édition française des débats de Nuremberg, 30. Juni 1948.

1732 Vgl. Service d'information des crimes de guerre, Nuremberg.

1733 Vgl. AD-NUOI 1944–1959/91: Note pour la direction du personnel. A. s. Édition française des débats du procès des grands criminels de guerre, 21. Juni 1948.

Lanoire in Nürnberg unter Aufbietung aller Kräfte verhindert werden.[1734] In Paris setzte das Justizministerium zudem immerhin eine abschließende Finanzierung der Edition durch, nachdem die ursprünglich vorgesehenen Kredite ausgelaufen waren. Die Beamten waren dabei durchaus erfinderisch und griffen, um Kosten zu sparen, für die noch ausstehenden Übersetzungsarbeiten unter anderem auf die Dienste deutscher Kriegsgefangener zurück.[1735] Trotz aller Schwierigkeiten kam es daher am Ende doch noch zu einem erfolgreichen Abschluss des Projekts und im Juli 1949 lag der letzte der 42 Bände umfassenden Ausgabe schließlich in französischer Sprache vor.[1736]

Französische Vertreter bei den Nürnberger Militärtribunalen

Für die amerikanischen Stellen in Nürnberg war der Druck der Sitzungsprotokolle aus dem Hauptkriegsverbrecherprozess allerdings eine Angelegenheit von eher nebensächlichem Charakter. Ihr Hauptaugenmerk galt nach dem Auseinandergehen des IMT anderen Ereignissen, die sich in den folgenden drei Jahren in der Stadt abspielten. Der neuernannte Chefankläger Telford Taylor organisierte mit seiner Behörde im Auftrag der amerikanischen Regierung eine Serie von weiteren Prozessen gegen deutsche Kriegsverbrecher. Diese Verfahren, die verschiedene thematische Schwerpunkte aufwiesen und sich gegen die Eliten der NS-Gesellschaft richteten wurden später entweder als die Nürnberger „Nachfolgeprozesse" oder als die „Nürnberger Militärtribunale" (*Nuremberg Military Tribunals*, NMT) bezeichnet.[1737] In zwölf Prozessen verhängten amerikanische Militärgerichte in Nürnberg zwischen 1946 und 1949 auf Grundlage des Alliierten Kontrollratsgesetzes Nr. 10 Urteile gegen insgesamt 177 Personen.

Noch bevor er ans Werk ging, hatte Taylor bei seinem Besuch in Paris im November 1946 klargemacht, dass, anders als im Falle des IMT, eine internationale Besetzung von Gericht und Anklagebehörde nicht vorgesehen war. Allerdings hatte er durchaus den Wunsch nach einer Zusammenarbeit bei der Vorbereitung der Verfahren und nach einem Informationsaustausch geäußert. Auf französischer Seite, wo man sich für die Zukunft eine noch weitergehende Kooperation in der Kriegsverbrecherfrage erhofft hatte, war man gerne bereit, auf das Angebot einzugehen. Zum wichtigsten Kontaktmann zu den Amerikanern entwickelte sich in der Folge Charles Gerthoffer, was mit dessen neuer Mission zusammenhing. Gerthoffer hatte zunächst die Anklage gegen Hermann Röchling im Rahmen eines zweiten Hauptkriegsverbrecherprozesses vorbereitet. Als klar war, dass dieser nicht zustande kam, entschieden die französischen Behörden, das Verfahren unter eigener Regie in Rastatt durchzuführen und Gerthoffer war nun der designierte Chefankläger.

1734 Vgl. AN-BB 30/1779: Bericht Lanoires für das Justizministerium, 9. Juli 1949, S. 19 f.

1735 Vgl. AD-NUOI 1944–1959/91: Direction du SRCGE an das Außenministerium, 24. Juni 1948.

1736 Vgl. AN-BB 30/1779: Bericht Lanoires für das Justizministerium, 9. Juli 1949, S. 24.

1737 Vgl. Priemel/Stiller, Verortung.

Aus seiner Zeit als Hilfsankläger in Nürnberg war er Taylor und den amerikanischen Stellen bereits bekannt und hatte schon mit diesen zusammengearbeitet. Deswegen ernannte das Justizministerium Gerthoffer noch im November 1946 zum Kontaktmann bei den amerikanischen Militärtribunalen.[1738] In dieser Eigenschaft hatte er den Auftrag, vor Ort für Anfragen und Auskünfte zur Verfügung zu stehen. Gleichzeitig blieb er aber designierter Chefankläger für das Röchling-Verfahren, dem er sich mit voller Energie widmete. Das hatte zur Folge, dass Gerthoffer von diesem Moment an zwischen Nürnberg, Rastatt und Paris hin- und herpendelte. Dabei entfaltete er zusammen mit seinen Mitarbeitern in Nürnberg eine rege Aktivität und unterstützte Taylors Behörde nach Kräften. Denn die Berührungspunkte und Schnittstellen waren in der Tat vielfältig. In zahlreichen der in Nürnberg nun folgenden Prozesse wurden Verbrechen verhandelt, die sich in Frankreich ereignet hatten, deren Opfer französische Staatsbürger waren oder die in irgendeiner Weise die Interessen der Regierung in Paris berührten. Mal ging es um die Anhörung von Zeugen, die sich in Frankreich befanden, mal um die Überstellung von Dokumenten, die als Beweismittel verwendet werden konnten, mal um einfache Auskünfte, die sich die amerikanischen Ankläger von französischer Seite erhofften – die Anfragen an Gerthoffer waren vielfältiger Natur.

Im Mai 1947 beispielsweise war die Situation folgende: Michel Habib-Deloncle, nunmehr einer von Gerthoffers Mitarbeitern in Nürnberg, arbeitete an einer Liste französischer Unternehmen, deren Maschinen während des Krieges durch die I.G. Farben geplündert worden waren.[1739] Um eine solche Übersicht hatten die Amerikaner gebeten, um sie für den Prozess gegen die Manager des deutschen Chemiekonzerns verwenden zu können. Gerthoffers Mitarbeiter trugen außerdem Informationen zu den französischen Zwangsarbeitern zusammen, die in den Betrieben der I.G. Farben eingesetzt wurden. Ähnliche Nachforschungen stellten sie über den Krupp-Konzern an, auch wenn zu diesem Zeitpunkt noch keine Anfrage für den entsprechenden Prozess vorlag.[1740] Dafür aber hatten die Amerikaner bereits um Material über die Wehrmachtsgeneräle Walter Warlimont und Hermann Reinecke gebeten, die ein knappes Jahr später im Rahmen des OKW-Prozesses angeklagt werden sollten.[1741] Umgekehrt wollte man in Paris auch über die Vorgänge in Nürnberg auf dem Laufenden gehalten werden und erwartete sich offenkundig wertvolle Erkenntnisse, die die Verfahren erbringen würden.[1742] Die Zusammenarbeit funktionierte an sich gut: Dem Ministerium gegenüber schwärmte Gerthoffer von Taylors Hilfsbereitschaft und berichtete, dass der amerikanische Chefankläger den Franzosen ohne Einschränkungen Zugang

---

1738 Vgl. AN-BB 30/1779: Gerthoffer an die Direction du personnel, 7. März 1947.

1739 Vgl. AN-BB 30/1797: Habib an Gerthoffer, 31. Mai 1947.

1740 Vgl. ebd.

1741 Beide wurden zu lebenslänglicher Haft verurteilt, aber 1954 vorzeitig entlassen; vgl. Hébert, Generals.

1742 Vgl. zum Beispiel AN-BB 30/1796: Gerthoffers Bericht über die Eröffnung des Juristenprozesses, 3. April 1947.

zu den Dokumentensammlungen seiner Behörde gewährte.[1743] Bald stellte sich jedoch heraus, dass Gerthoffer allein seiner Aufgabe nicht mehr Herr werden konnte. In Nürnberg begann ein Prozess nach dem anderen und Gerthoffer, der häufig gar nicht vor Ort war, konnte unmöglich jeden einzelnen mitverfolgen. Er bat deswegen das Justizministerium, einen anderen Beamten mit dieser Aufgabe zu betrauen. In Paris, wo man die französische Delegation eigentlich gerade erst abgewickelt hatte, hielt man die Angelegenheit für wichtig genug, um sie zu prüfen.[1744]

Im Oktober 1947 begab sich ein Beamter des Ministeriums auf eine Inspektionsreise nach Nürnberg und schloss sich nach seiner Rückkehr Gerthoffers Empfehlung an.[1745] Daraufhin wurde einer neuer offizieller Vertreter bestimmt: Die Wahl fiel auf den Pariser Richter Charles Henri de Bonnechose, der noch im selben Monat nach Nürnberg entsendet wurde.[1746] Die Berichte, die er von da an nach Paris schickte, zeichnen sich vor allem durch scharfsinnige Analysen der juristischen Entscheidungen der amerikanischen Gerichte aus. Dabei sparte Bonnechose auch nicht mit Kritik. Unangenehm stieß ihm beispielsweise auf, dass Verbrechen gegen die Menschlichkeit, die vor 1939 begangen worden waren, nach einer Entscheidung der Kammer im Nürnberger Einsatzgruppenprozess in ihren Zuständigkeitsbereich fielen, nach der Einschätzung der Kammer im Wilhelmstraßenprozess dies aber gerade nicht der Fall war: „Innerhalb von 15 Tagen haben zwei Kammern desselben Gerichts gegensätzliche Entscheidungen getroffen."[1747] Von solchen Widersprüchlichkeiten abgesehen sah er auch den Anspruch der Gerichte, mit ihren Entscheidungen, Völkerstrafrecht zu schreiben, dadurch untergraben, dass die Durchführung der Verfahren lediglich in der Hand eines Landes lag.[1748] Im April 1948 wurde Bonnechose schließlich nach Paris zurückgerufen.[1749] Zu seinem Nachfolger als Kontaktmann bei den amerikanischen Militärgerichten bestimmte das Justizministerium Jean Jacques Lanoire, der kurz zuvor zum französischen Ansprechpartner für den Druck der IMT-Protokollbände in Nürnberg ernannt worden war.[1750] Mit dieser Zusammenlegung der beiden Ämter sollten offenkundig die Aufgaben bei einer Person gebündelt und so zu Ende geführt werden. Lanoire war über die so entstandene Arbeitsbelastung wenig begeistert, forderte jedoch vergebens personelle Unterstützung von Seiten des Justizministeriums für sich.[1751]

1743 Vgl. AN-BB 30/1779: Gerthoffers an das Justizministerium, 4. März 1948.

1744 Vgl. AN-BB 30/1779: Note pour M. le Directeur du cabinet », 2. Oktober 1947.

1745 Vgl. AN-BB 30/1796: Fernand Chapar. Détachement d'un magistrat auprès du Chief of Counsel à Nuremberg, 10. Oktober 1947.

1746 Vgl. AN-BB 30/1779: Le premier président de la Cour d'appel de Paris à M. le Garde des Sceaux, 27. Oktober 1947.

1747 AN-BB 30/1779: Bericht Bonnechoses, 19. April 1948.

1748 Vgl. ebd.

1749 Vgl. AN-BB 30/1796: Schnedecker an Taylor, 9. April 1948.

1750 Vgl. AN-BB 30/1779: Bericht Lanoires für das Justizministerium, 9. Juli 1949, S. 6.

1751 Vgl. AN-BB 30/1796: Schreiben Lanoires, 3. Juni 1948.

Währenddessen war das Justizministerium nicht das einzige, das tätig wurde. Auch andere Ministerien sahen in einigen der Prozesse – je nach ihrem Zuständigkeitsbereich – eine wichtige Informationsquelle und schickten deswegen eigenes Personal. Für den Ärzteprozess reiste im Auftrag der französischen Militärbehörden der Marinearzt François Bayle als Beobachter an.[1752] Die beiden Prozesse gegen führende Generäle der Wehrmacht, nämlich der „Geiselprozess“ und der Prozess gegen das OKW, zogen in besonderem Maße die Aufmerksamkeit von Armee und Verteidigungsministerium auf sich. Als Angehöriger der französischen Streitkräfte wurde daher Anfang Juni 1947 der Hauptmann Augustin nach Nürnberg geschickt.[1753] Aber auch zu anderen Verfahren, etwa dem Krupp-Prozess, entsandte das Verteidigungsministerium eigene Beobachter.[1754] Den I.G. Farben-Prozess hingegen verfolgte unter anderem ein Beauftragter des Ministeriums für Industrieproduktion mit. Aus einem anderen Grund reisten zudem einige Bedienstete der *Archives nationales* an: Sie stellten Dokumente aus den Kriegsverbrecherprozessen sicher, die im Anschluss nach Paris gebracht und dort archiviert wurden.[1755] In Nürnberg, wo außerdem Aline Chalufour mit einer Handvoll Mitarbeiter der Editionsabteilung zurückgeblieben war, fand sich so nochmals eine kleine französische Gemeinde zusammen. Im Januar 1948 hielten sich daher immerhin noch rund 30 Franzosen in der Stadt auf.[1756] Hier handelte es sich keineswegs um einen Einzelfall: Auch Großbritannien, die Niederlande, Belgien, Norwegen, die Tschechoslowakei, Polen, Griechenland und Jugoslawien entsandten kleine Missionen, die einen oder mehrere der Prozesse mitverfolgten und als Ansprechpartner zur Verfügung standen.[1757] Angesichts dessen, was sich zuvor in Nürnberg ereignet hatte, konnte diese Kooperation wie ein Nachklang auf den Hauptkriegsverbrecherprozess mit seinem internationalen Charakter verstanden werden. Taylor sprach in einem internen Bericht von einer „großartigen Unterstützung“[1758], die die ausländischen Delegationen seiner Behörde durch die Übergabe von Beweisdokumenten und die Vermittlung von Zeugenaussagen geleistet hätten.

1752 Bayle verfasste während seiner dreijährigen Mission ein Buch über die Menschenversuche in deutschen Konzentrationslagern. In Dankbarkeit für die amerikanische Gastfreundschaft, die er in Nürnberg erfahren hatte, widmete er das über 1 500-seitige Werk Telford Taylor. Vgl. Bayle, Croix gammée. Zu Bayle vgl. auch Moracchini, Témoignages, S. 58 f.

1753 Vgl. AD-HCRFA/SL/19: Schreiben Augustins, 15. Oktober 1947; auch SHD-Nuremberg 60/22: zahlreiche Berichte Augustins.

1754 Vgl. AN-BB 30/1797: Gerthoffer an das Justizministerium, 9. Dezember 1947.

1755 Vgl. AN-BB 30/1779: Lanoire an das Justizministerium, 27. April 1949.

1756 Vgl. AD-NUOI 1944–1959/92: Andurain de Maytie, Schreiben Nr. 38, 26. Januar 1948.

1757 Vgl. Heller, Tribunals, S. 33 f.

1758 Taylor, Report, S. 46.

Beteiligung am Wilhelmstraßenprozess

Für die französische Seite stand am Ende sogar die direkte Beteiligung an einem der Verfahren, wenn auch in einem sehr viel bescheideneren Rahmen, als dies noch vor dem IMT der Fall gewesen war. Im Dezember 1947 erhoben Taylors Mitarbeiter im sogenannten Wilhelmstraßenprozess Anklage gegen Exponenten der deutschen Ministerialbürokratie. Vor allem die Involvierung des Auswärtigen Amtes in die NS-Verbrechen wurde in den folgenden Monaten minutiös untersucht. Der Prozess entwickelte sich zu einem wahren Mammutverfahren, das am Ende länger als der Prozess gegen die Hauptkriegsverbrecher dauern sollte.[1759]

Anders als in den übrigen Nürnberger Verfahren sprach die Anklagebehörde in diesem Fall vor der Eröffnung eine Einladung an die französische und die britische Regierung aus, sich an dem Prozess zu beteiligen.[1760] Während aus London eine ablehnende Antwort eintraf, nahm man in Paris das Angebot sofort an und das Justizministerium benannte Gerthoffer als Bevollmächtigten, der mit den amerikanischen Anklägern nach deren Vorstellungen zusammenarbeiten sollte. Die Beamten im Pariser Justizministerium wiesen außerdem ihre Kollegen am Quai d'Orsay darauf hin, welche Relevanz des Verfahren für die Diplomaten haben konnte.[1761] Diese ernannten Anfang Oktober 1947 prompt einen eigenen Vertreter, der sich umgehend auf den Weg machte. Der neue Bevollmächtigte, Arnaud d'Andurain de Maytie, war wie zuvor Roger Lalouette ein Kenner des Nachbarlandes, der zudem fließend Deutsch und Englisch sprach.[1762] Kaum in Nürnberg eingetroffen, berichtete er von den Wünschen der Amerikaner. Diese hatten bereits zuvor Gerthoffer um Material gegen mehrere NS-Diplomaten gebeten, die zu den Angeklagten im nun anstehenden Prozess zählten.[1763] Die Anklagebehörde hoffte, Expremier Édouard Daladier und die beiden früheren Botschafter in Berlin, André François-Poncet und Robert Coulondre, als Belastungszeugen gegen die NS-Diplomaten gewinnen zu können und wollten sie in Nürnberg zu den deutsch-französischen Verhandlungen in den Jahren 1938 und 1939 aussagen lassen.[1764]

Von den drei Genannten war François-Poncet durchaus bereit, dem Ersuchen nachzukommen, und begab sich im Januar 1948 tatsächlich nach Nürnberg. Die Angelegenheit nahm dann jedoch eine peinliche Wendung: François-Poncet reiste im Glauben an, als Zeuge gehört zu werden. Nach seiner Ankunft erfuhr er aber,

---

1759 Vgl. Pöppmann, Wilhelmstraßen-Prozess.

1760 Vgl. AD-NUOI 1944–1959/92: Andurain de Maytie, Schreiben Nr. 47, 13. Februar 1948.

1761 Vgl. AN-BB 30/1796: Direction du SRCGE, 22. August 1947.

1762 Vgl. AD-NUOI 1944–1959/92: Note pour le Secrétariat des Conférences. A.s. Procès des fonctionnaires de la Wilhelmstrasse, 4. Oktober 1947. Zu Andurain de Maytie vgl. Ministère des affaires étrangères, Annuaire 1968–1970, S. 652.

1763 Vgl. AD-NUOI 1944–1959/92: Andurain de Maytie, Schreiben Nr. 1, 26. November 1947.

1764 Vgl. AD-NUOI 1944–1959/92: Andurain de Maytie, Schreiben Nr. 11, 5. Dezember 1947.

dass die Amerikaner aus Gründen der Zeitersparnis auf seine Aussage verzichteten. Andurain de Maytie war unterdessen sicher, dass der wahre Grund für die Absage ein ganz anderer war. Demnach hatte sich der zuständige Ankläger inzwischen näher mit der Person des Exbotschafters befasst und war zu der Überzeugung gekommen, François-Poncet sei ein „unkritischer Bewunderer Hitlers“[1765] gewesen und hätte sich für ein Bündnis Frankreichs mit NS-Deutschland stark gemacht. Als Belastungszeuge schien er den Amerikanern daher nun auf einmal gänzlich ungeeignet. In der Tat legte der Exbotschafter bei seinem einwöchigen Besuch eine gewisse Voreingenommenheit an den Tag. Andurain de Maytie stellte ihn den amerikanischen Anklägern im Wilhelmstraßenprozess vor, bei denen es sich zu einem großen Teil um aus Deutschland emigrierte Juden handelte. Hinterher bemerkte François-Poncet gegenüber seinem Landsmann, diese seien vor allem von individueller Missgunst geleitet und würden die Anklage gegen die deutschen Ministerialbeamten auch aus Rachsucht betreiben. Andurain de Maytie konnte den Quai d'Orsay immerhin beruhigen, dass es zu keinem Zwischenfall kam: Als erfahrener Diplomat sei François-Poncet selbstverständlich „zu besonnen und zu höflich“[1766], um solche Gedanken öffentlich auszusprechen.

Zu den konkreten Kriegsverbrechen, die die Kammer im Laufe des Prozesses verhandelte, zählte die Ermordung des französischen Generals Gustave Maurice Mesny. Dabei handelte es sich um eine Gewalttat, in die die unterschiedlichsten Stellen des NS-Staates verstrickt waren: Nachdem Hitler im Herbst 1944 angeordnet hatte, zur Vergeltung für den Tod des Wehrmachtsgenerals Brodowski einen französischen General zu ermorden, hatten über Wochen Vertreter des Reichssicherheitshauptamtes, des Chefs des Kriegsgefangenenwesens und des Auswärtigen Amtes mögliche Tötungsszenarien erwogen und am Ende Mesny willkürlich als Opfer ausgewählt. Mitte Januar 1945 erschossen SS-Leute den General während einer Überführung aus der Festung Königstein bei einem angeblichen Fluchtversuch.[1767] Die Ankläger im Wilhelmstraßenprozess wollten vor allem dem SS-General Gottlob Berger, der damals als Chef des Kriegsgefangenenwesens amtiert hatte, seine Verstrickung in den Mord nachweisen. In der ersten Prozessphase, als die Anklage am Zuge war, legten sie umfangreiches Beweismaterial zu dem Verbrechen vor.[1768] Wohl um der Anklage noch mehr Nachdruck zu verleihen, entschieden die Amerikaner, in diesem Zusammenhang einem Franzosen das Wort zu erteilen. Auf Einladung seiner amerikanischen Kollegen sprach jedenfalls Gerthoffer am 3. März 1948 als Ankläger vor der Kammer im Wilhelmstraßenprozess.[1769]

1765 AD-NUOI 1944–1959/92: Andurain de Maytie, Schreiben Nr. 38, 26. Januar 1948.
1766 Ebd.
1767 Vgl. Weitkamp, Mesny.
1768 Vgl. AD-NUOI 1944–1959/92: Andurain de Maytie, Schreiben Nr. 58, 26. Februar 1948; auch NMT, Bd. 13 („The Ministries Case"), S. 32–75.
1769 Vgl. AD-NUOI 1944–1959/92: Andurain de Maytie, Schreiben Nr. 70, 4. März 1948.

Es stellte sich dann allerdings schnell heraus, dass der Mordfall Mesny allenfalls als Anlass diente. Gerthoffers Rede war von ganz grundsätzlichem Charakter und ließ an das Eröffnungsplädoyer der französischen Anklage aus dem Hauptkriegsverbrecherprozess zurückdenken.[1770] So beschwor der Ankläger die Werte der Zivilisation, die sein Land immer verteidigt habe, und die im Kampf gegen NS-Deutschland erbrachten Opfer. In der Arbeit des Gerichts sah er die Fortsetzung dessen, was das IMT begonnen hatte: Um der Gerechtigkeit und eines dauerhaften Friedens willen sei es notwendig, die Schuldigen an den deutschen Verbrechen zur Rechenschaft zu ziehen. Die Hauptkriegsverbrecher hätten ihre Richter vor dem IMT gefunden, aber einige ihrer wichtigsten Gehilfen müssten sich nun hier verantworten. Frankreich wolle deswegen seine Unterstützung für die Arbeit des Gerichts demonstrieren und seinem Glauben an die Gerechtigkeit der Entscheidung am Ende des Prozesses Ausdruck verleihen, so Gerthoffer.[1771] Tatsächlich wartete Gerthoffer nicht mit neuen Erkenntnissen auf und brachte selbst kein Beweismaterial in den Prozess ein. Als Kenner des Falles verfolgte er im Anschluss die Zeugenvernehmungen zu dem Mord an Mesny mit und erhob dabei einige erfolglose Einsprüche gegen die Fragen, die die deutschen Verteidiger in ihren Kreuzverhören stellten.[1772] Für den juristischen Ausgang des Falles war Gerthoffers Teilnahme damit weitgehend bedeutungslos. Seine Rede war aber eine Geste, mit der im Nürnberger Schwurgerichtssaal der Gedanke an eine internationale Kooperation bei der Strafverfolgung deutscher Kriegsverbrecher noch einmal kurz aufflackerte. Das war inzwischen ein absoluter Ausnahmefall geworden: In keinem anderen der zwölf Nürnberger Prozesse kam sonst ein nichtamerikanischer Ankläger oder Richter zu Wort. Auch wenn sie nur symbolischen Charakter hatte, ist die französische Beteiligung am Wilhelmstraßenprozess daher doch umso bemerkenswerter.

Der Prozess dauerte danach noch mehrere Monate und endete als letztes unter den Nürnberger Verfahren mit der Urteilsverkündung im April 1949. Die Strafen fielen vergleichsweise milde aus: Die meisten Angeklagten, darunter Ernst von Weizsäcker, wurden zu niedrigen Freiheitsstrafen verurteilt. Das härteste Urteil dagegen traf Gottlob Berger, dessen Strafe sich auf 25 Jahre Haft belief. Schuldig gesprochen wurde er unter anderem wegen des Mordes an Mesny.[1773] Da keine weiteren Prozesse von amerikanischer Seite geplant waren, begannen die verbliebenen alliierten Vertretungen in Nürnberg nun, endgültig ihre Zelte abzubrechen. Auch die letzten Franzosen machten sich nun auf den Heimweg. Am 13. Juni 1949

1770 Vgl. AD-NUOI 1944–1959/92: Allocution prononcée le 3 mars 1948 par M. Gerthoffer devant le tribunal militaire américain avant l'instruction de l'assassinat du général Mesny, dans le procès des ministères du Troisième Reich.

1771 Vgl. ebd.

1772 Vgl. AD-NUOI 1944–1959/92: Andurain de Maytie, Schreiben Nr. 70, 4. März 1948.

1773 Vgl. NMT, Bd. 14 („The Ministries Case"), S. 447–454; von der Haftstrafe musste Berger jedoch nicht viel abbüßen: Er wurde nach wenigen Jahren durch den amerikanischen Hochkommissar John McCloy begnadigt und bereits im Dezember 1951 aus der Haft entlassen; vgl. Scholtyseck, Berger.

bestand die französische Delegation noch aus vier Personen, nämlich Lanoire, einem Archivar und zwei Lektoren, die noch einen Index für die IMT-Protokollbände fertigstellten.[1774] Kurz darauf holten die Militärbehörden aus der französischen Besatzungszone das von der Delegation zusammengestellte Archivgut ab.[1775] Hierbei handelte es sich immerhin um eine Fuhre von 27 Holzkisten und 15 Kartons, die zunächst nach Rastatt und von dort aus nach Paris gebracht wurde. Nachdem diese Sendung aufgegeben war, erklärte Lanoire die Mission offiziell für beendet. Ende Juni 1949 räumte er sein Büro im Nürnberger Justizgebäude und reiste ebenfalls über die französische Besatzungszone zurück nach Paris. Seit dem Eintreffen der ersten Delegationsmitglieder im Herbst 1945 in der Stadt waren inzwischen beinahe vier Jahre vergangen.

4.5 Nach Nürnberg: Die Ahndung von NS-Verbrechen durch französische Gerichte

Kriegsverbrecherprozesse in der französischen Besatzungszone

In seinem Schlussplädoyer hatte Charles Dubost bereits den Blick nach vorne gerichtet. Nach dem Urteilspruch des IMT würde man in allen beteiligten Ländern als Nächstes die Gehilfen und Mitarbeiter der Hauptkriegsverbrecher, die „Henker" und Lagerkommandanten des NS-Staates zur Rechenschaft ziehen, so der Ankläger.[1776] In der Tat ist der Nürnberger Hauptkriegsverbrecherprozess vielfach als Ausgangpunkt für die weitere gerichtliche Ahndung von NS-Verbrechen angesehen worden. Im besetzten Deutschland, aber auch in den anderen zuvor am Krieg beteiligten Staaten, folgte auf das Nürnberger Verfahren schließlich eine Vielzahl von weiteren Kriegsverbrecherprozessen unter den unterschiedlichsten Bedingungen. An dieser Stelle kann nur der Frage nachgegangen werden, inwieweit auf französischer Seite der „Geist von Nürnberg"[1777] (Edgar Faure) die weitere Strafverfolgung deutscher Kriegsverbrecher bestimmte und in der juristischen Praxis der folgenden Jahre zum Ausdruck kam.

Am augenscheinlichsten ist ein solcher Einfluss ohne jeden Zweifel in den Prozessen gegen deutsche Kriegsverbrecher in der französischen Besatzungszone.[1778]

1774 Vgl. AD-HCRFA/SL/19: Lanoire an Petit, 13. Juni 1949.

1775 Vgl. AN-BB 30/1779: Lanoire an das Justizministerium, 21. Juni 1949.

1776 Vgl. IMT, 29. Juli 1946, Bd. 19, S. 637.

1777 Faure, Message, S. 34.

1778 Allerdings ist anzumerken, dass die Prozesse in der französischen Besatzungszone bislang nur wenig erforscht sind und allenfalls in Einzelfällen fundierte Untersuchungen vorliegen. Alle Vergleiche mit dem Nürnberger Hauptkriegsverbrecherprozess können daher nur auf der Grundlage des momentanen Forschungsstandes angestellt werden. Am Forschungs- und Dokumentationszentrum Kriegsverbrecherprozesse in Marburg arbeitet derzeit Daniel Bonnard an einer Dissertation zum Thema „Kriegsverbrecherprozesse in der französischen Besatzungszone in Deutschland (1946–1953)"; zu deren Vorgeschichte vgl. Bonnard, Ursprünge.

Die juristische Basis für diese Verfahren, wie für die Prozesse in den anderen drei Zonen auch, bildete das Alliierte Kontrollratsgesetz Nr. 10 vom 20. Dezember 1945, das sich an den Bestimmungen des Londoner Statuts orientierte.[1779] Als Anklagepunkte waren darin Verbrechen gegen den Frieden, Kriegsverbrechen, Verbrechen gegen die Menschlichkeit und die Mitgliedschaft in einer durch das IMT als verbrecherisch eingestuften Organisation festgeschrieben.[1780] Dass eine Person eine offizielle Stellung als Staatsoberhaupt oder Regierungsbeamter eingenommen hatte, schützte sie ebenso wenig vor Strafverfolgung wie die Tatsache, dass sie auf höheren Befehl gehandelt hatte.[1781] Auch hierbei handelte es sich um elementare Grundsätze aus dem Prozess vor dem IMT. Dem Vorgehen der Angelsachsen folgend, schuf die französische Militärregierung in Rastatt das *Tribunal général*, das fortan als oberstes Gericht für Verfahren gegen deutsche Staatsbürger in der Besatzungszone fungierte.

Am 17. April 1946 hielten die Militärbehörden im Rastatter Schloss eine feierliche Eröffnungszeremonie ab, bei der Charles Furby, der Leiter der Justizabteilung der französischen Militärregierung, in einer Ansprache den Auftrag für das neu geschaffene Gericht umriss.[1782] Demnach sollte es die von den Alliierten im Kontrollratsgesetz Nr. 10 festgesetzten Verfahrensregeln anwenden und deutsche Kriegsverbrecher zur Rechenschaft ziehen, die ihre Taten auf dem jetzt von französischen Truppen besetzten Territorium begangen hatten. Einen knappen Monat nach der Eröffnungszeremonie wurde vor dem *Tribunal général* erstmals Anklage erhoben: Vor einer Kammer, die sich aus französischen, britischen und einem deutschen Richter zusammensetzte, begann im Mai 1946 ein erster Prozess, der sich gegen das Personal des Gestapo-Lagers Neue Bremm richtete.[1783] Dort hatten die Wachleute, zum größten Teil dienstverpflichtete Zivilisten, in den Jahren 1943 und 1944 zahlreiche Häftlinge misshandelt und ermordet.[1784] Die Anklage vor dem *Tribunal général* thematisierte neben diesen Gewaltverbrechen auch die Unterschlagung von Lebensmittelrationen durch das Wachpersonal, die zur Unterversorgung der Häftlinge geführt hatte. Am Ende der knapp dreiwöchigen Hauptverhandlung verhängte das Richterkollegium 14 Todesurteile und 21 Freiheitsstrafen zwischen drei und 15 Jahren, ein Angeklagter wurde freigesprochen. Die Todesurteile wurden kurz darauf in einem Wald bei Rastatt vollstreckt. Der Prozess war in gewisser Weise typisch für die nun folgenden Verfahren: Vor dem *Tribunal général* wurden in erster Linie Gewaltverbrechen verhandelt, die während des Krieges auf dem Territorium der französischen Besatzungszone begangen worden waren. Wie im Fall

1779 Vgl. Form, Justice, S. 62 f.

1780 Gesetz Nr. 10 des Alliierten Kontrollrates vom 20. Dezember 1945, Art. 2.

1781 Vgl. ebd.

1782 Vgl. La revue de la zone française, Nr. 6/7, Artikel: „L'inauguration solennelle du Tribunal général de Rastatt“, April/Mai 1946, S. 3 f.

1783 Vgl. Le Monde, 17. Mai 1946, Artikel: „Devant le tribunal de Rastatt officiers anglais et déportés de Neue-Bremen [sic!] déposent“; auch La France en Allemagne, Nr. 1: „Le procès des criminels de guerre du camp de Neuebremm“, Juli 1946, S. 16–19.

1784 Vgl. Thalhofer, Rastatt.

Neue Bremm wurde dabei das Wachpersonal von Konzentrationslagern sowie deren Kommandos und Außenstellen zur Rechenschaft gezogen. Der Anklagepunkt Verbrechen gegen den Frieden spielte daher in den Rastatter Verfahren kaum eine Rolle, verhandelt wurden Kriegsverbrechen und Verbrechen gegen die Menschlichkeit.

Vier Prozesse, die sich über das Jahr 1947 hinzogen, hatten Verbrechen in Außenlagern des KZ Natzweiler-Struthof zum Gegenstand.[1785] Im Frühjahr 1948 folgte ein Prozess gegen das Personal des Außenlagers Porta Westfalica, das zum KZ Neuengamme gehört hatte.[1786] Ein weiterer, sich über die zweite Jahreshälfte 1948 erstreckender Prozess behandelte die Geschehnisse im SS-Sonderlager Hinzert bei Trier.[1787] In einem zweiten Schritt organisierten die Justizbehörden der Besatzungszone außerdem Verfahren gegen das Personal des KZ Ravensbrück. Dieses hatte sich zwar im nördlichen Brandenburg befunden, also außerhalb des Gebietes der französischen Besatzungszone. Dass das Rastatter Gericht aber trotzdem tätig wurde, erklärt sich wohl durch die große Zahl an französischen Häftlingen in Ravensbrück. Bis Dezember 1949 wurden jedenfalls in mehreren Verfahren Aufseherinnen des Lagers durch das *Tribunal général* verurteilt.[1788] Ein weiterer Prozess schloss sich daran im Frühjahr 1950 an. Angeklagt waren nun der ehemalige Lagerkommandant Fritz Suhren und der SS-Oberscharführer Hans Pflaum.[1789] Aus britischer Kriegsgefangenschaft geflohen, waren beide im Frühjahr 1949 durch einen Zufall enttarnt und in Bayern von der amerikanischen Militärpolizei verhaftet worden. Zunächst sah es danach aus, dass sie einer Strafverfolgung durch die Alliierten entgehen würden. In der britischen Besatzungszone hatte von Dezember 1946 bis Februar 1947 der größte Ravensbrück-Prozess stattgefunden, in dem Suhren und Pflaum ursprünglich zu den Angeklagten zählten.[1790] Bei den dortigen Behörden war das Interesse an ihnen inzwischen aber erloschen und sie stellten kein Auslieferungsersuchen an ihre amerikanischen Verbündeten. Diese überstellten die beiden SS-Leute deshalb nach längeren Verhandlungen an die Franzosen, die als Einzige willens waren, einen neuen Prozess zu organisieren. Im Mai 1950 wurden Suhren und Pflaum durch das *Tribunal général* zum Tode verurteilt und kurz darauf hingerichtet.[1791]

Der Fall Suhren mit der Auslieferung der beiden Angeklagten nach Rastatt und der vergleichsweise späten Anklageerhebung bildete allerdings eine Ausnahme. Die entsprechenden angelsächsischen Gerichte hatten ihre Arbeit inzwischen eingestellt und die französische Bereitschaft zur Durchführung derartiger Verfahren wurde von den übrigen Alliierten inzwischen kaum noch honoriert. In einer politischen Kehrtwende verfügten die amerikanischen Militärbehörden im Sommer 1947 einen generellen Auslieferungsstopp für deutsche Kriegsverbrecher, kurz darauf zogen

1785 Vgl. Pendaries, Rastatt, S. 181–209.
1786 Vgl. ebd., S. 167 f.
1787 Vgl. Pütz, Hinzert, S. 49–57; auch Pendaries, Rastatt, S. 171–180.
1788 Vgl. Pendaries, Rastatt, S. 271–277.
1789 Vgl. ebd., S. 278 ff.
1790 Kretzer, NS-Täterschaft, S. 168 f.
1791 Vgl. Pendaries, Rastatt, S. 289 f.

die Briten nach.[1792] Die Möglichkeiten des *Tribunal général* wurden dadurch erheblich eingeschränkt. Nur relativ wenige NS-Täter befanden sich in französischem Gewahrsam, so dass die Strafverfolgung in Rastatt nun unter der politischen Entwicklung und der abnehmenden Kooperationsbereitschaft der anderen Hauptsiegermächte litt. Nichtsdestotrotz zeichneten sich die Rastatter Verfahren gerade durch ihren internationalen Charakter aus, der etwa den zeitgleich in Nürnberg und Dachau durchgeführten amerikanischen Kriegsverbrecherprozessen fehlte. Die französische Regierung hatte entschieden, Gericht und Anklagebehörde nicht nur mit Berufsjuristen aus dem eigenen Land zu besetzen, sondern grundsätzlich auch Vertreter anderer Staaten mit einzubinden.[1793] Von dieser Möglichkeit machte man in zahlreichen der Rastatter Prozesse Gebrauch und so beteiligten sich an diesen auch britische, niederländische, belgische, luxemburgische, polnische und deutsche Staatsbürger als Richter und Ankläger.

Bestes Beispiel hierfür ist das aufwendigste Verfahren, mit dem sich das *Tribunal général* befasste: Vom 16. Februar bis zum 30. Juni 1948 wurde der seit langem geplante Prozess gegen Hermann Röchling, seinen Neffen und drei weitere Mitglieder des Konzerndirektoriums in Rastatt abgehalten.[1794] Trotz der Weigerung der anderen drei Hauptsiegermächte, sich zu beteiligen, gelang es der französischen Regierung, aus dem Verfahren unter eigener Regie nach Nürnberg doch noch einen weiteren internationalen Strafprozess zu machen.[1795] Partner waren die Niederlande, Belgien und Polen. Die zuständige Kammer setzte sich aus fünf französischen, einem belgischen und einem niederländischen Richter zusammen.[1796] Bei letzterem handelte es sich um den Baron Arnaud van Tuyll van Serooskerken, der in Nürnberg während des Hauptkriegsverbrecherprozesses die niederländische Delegation geleitet und in dieser Eigenschaft bereits eng mit den Franzosen zusammengearbeitet

1792 Zuvor war die Unterstützung, die die französischen Behörden vor allem von amerikanischer Seite erfuhren, durchaus erheblich: 1946 und in der ersten Jahreshälfte 1947 wurden 370 mutmaßliche Kriegsverbrecher aus der amerikanischen Besatzungszone an die Franzosen überstellt. Am 30. Juli 1947 verkündete der amerikanische Militärgouverneur den Auslieferungsstopp, der zum 1. November 1947 in Kraft trat; zu den Hintergründen vgl. Moisel, Kriegsverbrecher, S. 103–117.

1793 Vgl. Pendaries, Rastatt, S. 33 f.

1794 Vgl. Bonnard, Kriegsprofiteure, S. 395–405.

1795 Claudia Moisel hat ganz recht, wenn sie die amerikanisch-französischen Meinungsverschiedenheiten in der Causa Röchling betont; vgl. Moisel, Résistance, S. 268 f. Françoise Berger und Hervé Joly dagegen lassen vollkommen außer Acht, dass Röchling ursprünglich als Angeklagter in einem zweiten Hauptkriegsverbrecherprozess vorgesehen war und die französische Seite sich erst nach den Absagen aus Washington und London für einen eigenen Prozess gegen den Großindustriellen entschied; vgl. Berger/Joly, Röchling. Es gibt daher keinen Grund, den Röchling-Prozess zum „Fall 13“ der NMT zu erklären. Vielmehr war er die französische Antwort auf die amerikanische Weigerung, bei der strafrechtlichen Verfolgung der deutschen Hauptkriegsverbrecher weiter zusammenzuarbeiten.

1796 Vgl. Eintrag: „Fall 13“: Röchling-Prozess, in: Priemel/Stiller, NMT, S. 789 f.

hatte. Für die Kontinuität zu dem Verfahren vor dem IMT stand aber vor allem eine andere Personalie: Als Chefankläger fungierte Charles Gerthoffer. Unterstützt wurde er von einem weiteren französischen, einem polnischen und einem belgischen Staatsanwalt. An Nürnberg ließ außerdem eine Besetzung auf Seiten der Verteidigung zurückdenken. Hermann Röchling wurde von Otto Kranzbühler vertreten, der vor dem IMT noch als Karl Dönitz' Rechtsbeistand tätig gewesen war.[1797]

Am deutlichsten sind aber die inhaltlichen Parallelen zum Prozess vor dem IMT. Gerthoffer und seine Mitarbeiter legten erstaunlich starkes Gewicht auf die Anklage wegen Verbrechen gegen den Frieden.[1798] Diese betraf vor allem Röchling Senior, dem vorgeworfen wurde, als Wehrwirtschaftsführer in die Kriegspläne des NS-Regimes verstrickt gewesen zu sein und sich für die wirtschaftliche Ausbeutung der besetzten Gebiete zugunsten der deutschen Kriegsführung eingesetzt zu haben. Den Angeklagten wurde außerdem zur Last gelegt, dass sie seit Sommer 1940 die lothringische Eisen- und Stahlindustrie unter ihre Kontrolle gebracht und in den dortigen Betrieben Demontagen hatten vornehmen lassen, was die Anklage als Verstöße gegen die Haager Landkriegsordnung wertete. Gleiches galt für den Einsatz von Zwangsarbeitern in den Röchling-Werken und das Wissen der Konzernführung über deren unzureichende Versorgung und schlechte Behandlung, die Gerthoffer ebenfalls thematisierte.[1799] Allerdings akzeptierte das Gericht die Argumentation der Anklage nur bedingt. Am Ende verurteilte das internationale Richterkollegium Röchling Senior zu einer Haftstrafe von sieben Jahren und zum Einzug seines Vermögens. Von den anderen Angeklagten erhielten zwei dreijährige Haftstrafen, die anderen beiden – darunter Röchlings Neffe Ernst – befand das Gericht dagegen für nicht schuldig.[1800] Damit war jedoch noch nicht das letzte Wort gesprochen: In der Berufung erhöhte die zuständige Rastatter Kammer die Strafe gegen Röchling Senior auf zehn Jahre und verurteilte nun auch den Neffen zu fünf Jahren Gefängnis.[1801] Nichtsdestotrotz währte die Haftzeit für keinen der Betroffenen lange. Bis zum August 1951 waren alle Verurteilten aus dem Röchling-Verfahren wieder auf freiem Fuß.[1802] Sie profitierten von einer Entwicklung, die auch vor der französischen Besatzungszone nicht Halt machte und die der veränderten politischen Lage geschuldet war. Mit der Gründung der Bundesrepublik endeten die alliierten Kriegsverbrecherprozesse und in der Folge drängten westdeutsche Politiker in den Verhandlungen mit den Alliierten mit Erfolg auf umfangreiche Begnadigungen ihrer verurteilten Landsleute.[1803] Gegenüber den französischen Stellen wurden vor

---

1797 Röchling war auf Kranzbühler aufgrund von dessen Tätigkeit in Nürnberg aufmerksam geworden und engagierte ihn deswegen als seinen Verteidiger; vgl. Seibold, Röchling, S. 264 f.
1798 Vgl. NMT, Bd. 14 („The Ministries Case"), S. 1064 ff.
1799 Vgl. ebd., S. 1070 ff.
1800 Vgl. ebd., S. 1075–1097.
1801 Vgl. ebd., S. 1142.
1802 Vgl. Seibold, Röchling, S. 272.
1803 Vgl. Frei, Vergangenheitspolitik, S. 266–306.

allem die rheinland-pfälzische Landesregierung und die Staatsregierungen Badens und Württemberg-Hohenzollerns entsprechend aktiv.[1804] Nachdem Amerikaner und Briten bereits im großen Stil Entlassungen vorgenommen hatten, setzte auch die für die Urteilssprüche in der französischen Besatzungszone zuständige Gnadenkommission zunehmend Strafen herab.[1805] Vor dem *Tribunal général* in Rastatt wurden vor diesem Hintergrund nur noch die bereits anhängigen Verfahren abgearbeitet, zu neuen Anklageerhebungen kam es nicht. Am 5. März 1956 stellte das Gericht seine Arbeit endgültig ein und gab seine Auflösung bekannt.[1806]

Verlässliche Zahlen zur Tätigkeit der Justizbehörden in der französischen Besatzungszone und zu den dort abgeschlossenen Verfahren liegen bislang nur in eingeschränktem Umfang vor. Belegt sind 256 Urteile, die das *Tribunal général* zwischen 1946 und 1948 sprach.[1807] Hinzu kommen die Entscheidungen untergeordneter Gerichte, die in den einzelnen Teilen der Besatzungszone auf Bezirks- und Kreisebene tätig waren. Die Gesamtzahl der Personen, die zwischen 1946 und 1953 vor Militärgerichten der französischen Besatzungsmacht in Deutschland angeklagt wurden, wird in der neueren Forschung auf 2 130 beziffert.[1808] Der von französischer Seite betriebene Aufwand war damit in jedem Fall durchaus erheblich und die Zahlen, aber auch die praktische Umsetzung der Bestimmungen aus dem Alliierten Kontrollratsgesetz Nr. 10 zeugen ohne Zweifel von dem Bemühen, den in Nürnberg eingeschlagenen Weg weiterzugehen und internationales Strafrecht anzuwenden.

Kriegsverbrecherprozesse in Frankreich

Anders lagen die Dinge in den Strafverfahren, in denen sich deutsche Kriegsverbrecher in Frankreich verantworten mussten. Bis 1956 verurteilten französische Gerichte insgesamt 2 345 Personen, darunter jedoch 1 314 in Abwesenheit.[1809] Auch in diesen Fällen waren die inhaltlichen Schnittmengen mit dem Nürnberger Prozess gegen die Hauptkriegsverbrecher und vor allem mit den von der französischen Delegation gesetzten Schwerpunkten erheblich. Die Verfahren selbst wurden allerdings nicht auf Grundlage des alliierten Kontrollratsgesetzes Nr. 10, sondern im Rahmen nationaler Gesetzgebung durchgeführt. Ihre Vorgeschichte reichte bis in die letzte Kriegsphase zurück. Die im August 1944 durch die provisorische Regierung der französischen Republik erlassene Verordnung zur Ahndung von Kriegsverbrechen

---

1804 Vgl. Spies, Gnade.
1805 Vgl. Moisel, Résistance, S. 269 f.
1806 Vgl. Pendaries, Rastatt, S. 291.
1807 Vgl. ebd., S. 142.
1808 Vgl. Bonnard, Ursprünge, Abs. 18; danach wurden 1 639 Angeklagte verurteilt und 491 freigesprochen. Rückerl, Strafverfolgung, S. 30 und Form, Justice, S. 68, gehen dagegen von insgesamt 2 107 Verurteilungen aus.
1809 Vgl. Moisel, Kriegsverbrecher, S. 8.

legte eine verbindliche Prozedur fest.[1810] Sie blieb für das weitere Vorgehen der französischen Justiz maßgeblich und wurden auch über das Kriegsende hinaus angewendet. Alle Verbrechen der Besatzungsmacht wertete die Verordnung als Verstöße gegen das französische Strafrecht, das bei der Ahndung der Vergehen zur Anwendung kommen sollte. Demzufolge war deutschen Kriegsverbrechern allein nach französischem Recht der Prozess zu machen. Der Unterschied zu Nürnberg sowie zu den Rastatter Verfahren konnte kaum größer sein: Im einen Fall schuf die französische Regierung in Zusammenarbeit mit ihren Verbündeten ein neues internationales Strafrecht und wandte dieses an, um dem spezifischen Charakter der NS-Verbrechen und deren Ausmaßen Rechnung zu tragen. Im anderen Fall griff sie auf die eigenen Landesgesetze zurück und versuchte, die juristische Ahndung der NS-Verbrechen diesen anzupassen. Ein Vorteil dieses Vorgehens bestand zweifellos darin, dass sie so nicht Gefahr lief, sich dem Vorwurf der rückwirkenden Strafverfolgung auszusetzen.

Jedoch brachte diese grundsätzliche Entscheidung enorme Schwierigkeiten mit sich. Die einzelnen Vergehen der deutschen Besatzungsmacht mussten jetzt nämlich Paragraphen des französischen Strafgesetzbuches zugeordnet werden. Geiselexekutionen wurden beispielsweise in der Verordnung als Morde gewertet.[1811] In einigen Fällen hatten die Verfasser aber sichtlich Mühe, eine rechtliche Handhabe zu finden. Beispielsweise erklärten sie die Deportation Verhafteter und die Aushebung von Zwangsarbeitern zu Fällen von Freiheitsberaubung. Für die Tötung von Menschen durch Giftgas wurde ein im französischen Strafgesetzbuch enthaltener Vergiftungsparagraph herangezogen und die Einziehung von französischen Staatsbürgern in SS und Wehrmacht zur illegalen Aushebung einer bewaffneten Streitmacht erklärt.[1812] Die Instrumente, die den französischen Gerichten damit zur Verfügung standen, waren zweifellos nur in eingeschränktem Maße geeignet, die deutschen Verbrechen in adäquater Weise zu ahnden und den historischen Umständen gerecht zu werden.[1813] Nichtsdestotrotz kam es in der Folge zu einer großen Anzahl von Verfahren, die der SRCGE als Ermittlungsbehörde anstieß und die danach über das ganze Land verteilte Militärgerichte übernahmen. Deren Zuständigkeit erstreckte sich auf Verbrechen, die auf französischem Territorium oder im Ausland an französischen Staatsangehörigen begangen worden waren. Anklage erhoben wurde vorrangig gegen Soldaten von Wehrmacht und Waffen-SS, denen Übergriffe auf französische Zivilisten und Morde an Angehörigen des Widerstandes zur Last gelegt wurden. Die Ausnahme war in dieser ersten Phase ein aufsehenerregender Fall, der die nationalsozialistische Germanisierungspolitik betraf und mit Todesurteilen gegen mehrere Verantwortungsträger der deutschen Besatzungspolitik endete: Ein Straßburger

1810 Vgl. JORF, 30. August 1944, S. 780 f.: Ordonnance du 28 août 1944 relative à la répression des crimes de guerre.
1811 Vgl. ebd., Art. 2.
1812 Vgl. ebd.
1813 Vgl. Moisel, Résistance, S. 273 f.

Militärgericht verhängte im Mai 1946 die Höchststrafe gegen Robert Wagner, den vormaligen Chef der Zivilverwaltung im besetzten Elsass und Gauleiter von Baden, sowie gegen drei seiner engsten Mitarbeiter.[1814] Einige Wochen später wurden die Verurteilten hingerichtet. Eine offenkundige Wende trat sodann im Jahr 1947 ein. Aus Kostengründen wurde der SRGCE schrittweise abgewickelt. Damit schwanden die Ressourcen, die für die Verfahren zur Verfügung standen, auch wenn die Militärgerichte weiterarbeiteten. Aber vor allem der angelsächsische Auslieferungsstopp, der aus der politischen Entwicklung resultierte, erschwerte die weitere Strafverfolgung von deutschen Kriegsverbrechern im nationalen Rahmen.[1815]

Zudem nahm die öffentliche Agitation in Westdeutschland gegen die Verfahren nun zu. Eine gesetzliche Bestimmung zur Zusammensetzung der französischen Militärgerichte sah vor, dass Personen als Richter einzusetzen waren, die sich selbst in der Résistance ausgezeichnet hatten. Jenseits des Rheins zogen Fürsprecher der Angeklagten diese Bestimmung heran, um den Richtern Parteinahme vorzuwerfen und die Rechtmäßigkeit der Verfahren insgesamt in Abrede zu stellen.[1816] Als noch umstrittener muss man eine weitere Maßnahme bezeichnen, die angesichts der verordneten Sparmaßnahmen die Arbeit der Gerichte erleichtern und die Strafverfolgung von deutschen Kriegsverbrechern vereinfachen sollte. Im September 1948 erließ die französische Regierung ein Gesetz, das sich explizit auf das Urteil aus dem Nürnberger Prozess gegen die Hauptkriegsverbrecher bezog.[1817] Für Angeklagte, die einer durch das IMT für verbrecherisch erklärten Organisation angehört hatten, kehrte es in den Kriegsverbrecherprozessen die Beweislast um: Um einer Verurteilung wegen Mittäterschaft zu entgehen, musste ein Angeklagter fortan beweisen, dass er an den Verbrechen, um die sich das jeweilige Verfahren drehte, nicht teilgenommen hatte, oder dass er der fraglichen Organisation nur unter Zwang beigetreten war. In welchem Umfang dieses Gesetz Anwendung fand und wie viele Personen allein aufgrund ihrer Mitgliedschaft in einer NS-Organisation verurteilt wurden, ist bislang jedoch nicht erforscht.[1818] In jedem Fall erfuhr das Gesetz nicht nur von deutscher Seite, sondern auch unter französischen Juristen, darunter Henri Donnedieu de Vabres, heftige Kritik.[1819] Letztendlich lenkte die Regierung deswegen ein und bereits Anfang 1953 wurden die umstrittenen Bestimmungen wieder aufgehoben.

Allerdings erreichten die Prozesse gegen deutsche Kriegsverbrecher zu diesem Zeitpunkt noch keineswegs ihr Ende. Gerade in den 1950er Jahren verhandelten

1814 Zu Wagner vgl. Syré, Führer; zum Prozess gegen ihn und seine Mitarbeiter Vonau, Wagner, S. 129–231.

1815 Vgl. Moisel, Résistance, S. 276 f.

1816 Vgl. ebd., S. 271 ff.

1817 Vgl. Loi n° 48–1416 du 15 septembre 1948 modifiant et complétant l'ordonnance du 28 août 1944 relative à la répression des crimes de guerre, in: Lummert, Strafverfahren, S. 97 f.

1818 Vgl. Moisel, Résistance, S. 275.

1819 Vgl. Nécrologie, Revue de science criminelle et de droit pénal comparé, S. 5.

die Gerichte umfangreiche und komplexe Fälle, die eine intensivere Vorbereitung erfordert hatten. Dazu gehörte das Verfahren gegen Otto Abetz, Hitlers Botschafter im besetzten Frankreich, das sich um dessen Rolle bei Plünderungen, Judendeportationen und Geiselexekutionen drehte. Im Juli 1949 wurde Abetz in der französischen Hauptstadt zu 20 Jahren Zuchthaus verurteilt.[1820] Aber auch KZ-Verbrechen erfuhren nun noch einmal eine gerichtliche Aufarbeitung: Zwischen 1952 und 1958 mussten sich in mehreren Verfahren in Metz, Paris und Lyon ehemalige Aufseher und Funktionshäftlinge des KZ Natzweiler-Struthof und des Sicherungslagers Schirmeck vor Gericht verantworten.[1821] Nach langwierigen Ermittlungen folgte im Januar 1953 in Bordeaux außerdem ein Prozess, der das Massaker von Oradour-sur-Glane behandelte. Dieses Kriegsverbrechen, auf das die Delegation in Nürnberg in ihrem Anklagevortrag so eindringlich verwiesen hatte, wurde nun erstmals durch ein französisches Gericht aufgearbeitet: 21 Angehörige der SS-Panzerdivision „Das Reich", derer die Justizbehörden hatten habhaft werden können, mussten sich für ihre Beteiligung an dem Massaker verantworten.[1822] Da sich unter den Angeklagten 14 Elsässer befanden, wurde der Prozess jedoch von einem heftigen Konflikt überschattet, der sich an der Rolle der *Malgré-nous*, also der durch die SS im Elsass zwangsrekrutierten Soldaten, entzündete. Die angeklagten Elsässer genossen in ihrer Heimatregion die Unterstützung einer breiten Bewegung, an deren Spitze mehrere Parlamentsabgeordnete standen. Am Ende des Prozesses sprach das Gericht in Bordeaux ein Urteil, das weder die auf schwere Strafen hoffenden Opferverbände noch die Fürsprecher der *Malgré-nous* zufrieden stellte: Die meisten Angeklagten wurden zu relativ geringfügigen Freiheitstrafen verurteilt.[1823] Im Elsass folgten daraufhin Massendemonstrationen und Proteststreiks auf die Urteilsverkündung.

Solche innerfranzösischen Spannungen fehlten gänzlich, als im Jahr darauf nochmals zwei hochrangige Repräsentanten der deutschen Besatzungsherrschaft vor Gericht standen. Ende Februar 1954 begann in Paris der Prozess gegen Carl-Albrecht Oberg, den Höheren SS- und Polizeiführer für Frankreich, und gegen Helmut Knochen, den Befehlshaber der Sicherheitspolizei in Paris.[1824] Bei den beiden Angeklagten handelte es sich ohne Zweifel um die Symbolfiguren schlechthin für

---

1820 Vgl. Lambauer, Abetz, S. 675–689.

1821 Vgl. Vonau, Profession.

1822 Zum Oradour-Prozess in Bordeaux, den dadurch ausgelösten politischen Konflikten in Frankreich und der Begnadigungsdebatte vgl. Fouché, Oradour; Vonau, Bordeaux; auch Rioux, Procès.

1823 Ein deutscher und ein elsässischer Angeklagter, der der Waffen-SS freiwillig beigetreten war, wurden zum Tode verurteilt. Die anderen deutschen Angeklagten erhielten Freiheitsstrafen zwischen zehn und 15 Jahren, die elsässischen Angeklagten zwischen fünf und zwölf Jahren. Ein Angeklagter, der nachweisen konnte, dass er bei dem Massaker nicht anwesend war, wurde freigesprochen; vgl. Vonau, Bordeaux, S. 148 f.

1824 Vgl. Moisel, Kriegsverbrecher, S. 159–163.

Repressalien jeder Art, die Frankreich unter deutscher Besatzung erlitten hatte.[1825] Auch wenn sich beide bereits seit 1947 in französischer Gewalt befanden, begann der Prozess dennoch erst so spät, da die Behörden das Verfahren sorgfältig vorbereitet und umfassendes Beweismaterial zusammengetragen hatten. Die Anklagebehörde legte den beiden ihre Verantwortung für Geiselexekutionen, Morde und die Deportation von 80 000 Menschen zur Last. Auf ihren Antrag hin verurteilte sie das Gericht im Oktober 1954 zum Tode. Allerdings profitierten beide davon, dass die Todesstrafe in Frankreich seit 1951 nicht mehr vollstreckt wurde. Die Urteile wurden deswegen in lebenslängliche Freiheitsstrafen umgewandelt. Ihre weitere Haftzeit sollte für Oberg und Knochen trotzdem nur noch wenige Jahre dauern.

Denn was nach den Rastatter Verfahren der sich zuspitzende Kalte Krieg und eine koordinierte Deutschlandpolitik der Westalliierten bewirkt hatten, geschah im Fall der in Frankreich verurteilten Kriegsverbrecher vor dem Hintergrund der bilateralen Kontakte zwischen Paris und Bonn: Schon bald kamen die Verurteilten in den Genuss großzügiger Begnadigungen und wurden reihenweise vorzeitig aus der Haft entlassen. In der neugegründeten Bundesrepublik setzten sich Fürsprecher aus der regierenden CDU, den Kirchen und eigens hierfür gegründeten Hilfsorganisationen öffentlichkeitswirksam für die Belange der im Nachbarland einsitzenden Kriegsverbrecher ein und übten Druck auf die Regierung in Bonn aus, sich für die Freilassung der „Westgefangenen" zu engagieren.[1826] Auf französischer Seite sah man die Kriegsverbrecherfrage daher bald als ein Hindernis für eine Annäherung an Westdeutschland. Dieses außenpolitische Ziel war den Verantwortlichen in Paris wichtig genug, dass sie einlenkten und dafür den Protest der eigenen Opferverbände in Kauf nahmen. Noch während der letzten Kriegsverbrecherprozesse in der ersten Hälfte der 1950er Jahre wurden zahlreiche Verurteilte, darunter beispielweise Otto Abetz, begnadigt.[1827] Als Charles de Gaulle im Sommer 1958 wieder die Regierungsgeschäfte übernahm, befanden sich überhaupt nur noch neun deutsche Kriegsverbrecher in französischen Haftanstalten.[1828] Auch der neue Präsident setzte den Kurs fort und war schließlich bereit, im Vorfeld des Abschlusses des Élysée-Vertrages die Angelegenheit auf Wunsch der Bonner Regierung vollends zu bereinigen: Als letzte Verurteilte kamen Oberg, Knochen und ein ehemaliger Aufseher aus dem KZ Natzweiler-Struthof Anfang Dezember 1962 frei und konnten unbehelligt in die Bundesrepublik einreisen.[1829]

Späte Verfahren wegen Verbrechen gegen die Menschlichkeit

Für den Augenblick schien es, als wollte man in Paris die Strafverfolgung deutscher Kriegsverbrecher endgültig zu den Akten legen. Schon kurze Zeit später wurde

1825 Vgl. Lappenküper, Oberg.
1826 Vgl. Brunner, Frankreich-Komplex, S. 115–123.
1827 Vgl. Lambauer, Abetz, S. 698.
1828 Vgl. Moisel, Kriegsverbrecher, S. 165 ff.
1829 Vgl. Brunner, Frankreich-Komplex, S. 132–141; auch Steinberg, Libération.

jedoch klar, dass die französische Justiz keinen Schlussstrich unter die Aufarbeitung der Verbrechen des Zweiten Weltkrieges zog. Ein solcher Kurswechsel war den Entwicklungen in Deutschland geschuldet und führte zu einer Rückbesinnung auf das Erbe des Nürnberger Hauptkriegsverbrecherprozesses in Frankreich.

Mit dem 8. Mai 1965 näherte sich in der Bundesrepublik der Stichtag, an dem NS-Verbrechen nach deutschem Recht verjähren würden. Trotz öffentlicher Proteste wollte die Regierung in Bonn dies zunächst tatenlos geschehen lassen und keine Gesetzesänderung vornehmen, die die Verjährungsfrist verlängern oder ganz aufheben würde. Am Ende verabschiedete der Bundestag zwar doch ein entsprechendes Gesetz und ermöglichte so eine weitere Strafverfolgung von NS-Verbrechen in Westdeutschland.[1830] Angesichts der ursprünglichen Haltung der Bundesregierung formierte sich in Frankreich aber eine Bewegung, die ihrerseits die Verjährungsproblematik im französischen Recht thematisierte. Die namhaften Résistance-Verbände und bald auch zahlreiche jüdische Organisationen forderten eine gesetzliche Regelung, nach der Verbrechen gegen die Menschlichkeit von der Verjährung ausgenommen wurden.[1831] Den ersten Schritt in der Nationalversammlung machte ein ehemaliges Mitglied der französischen Delegation in Nürnberg: Als Abgeordneter der MRP präsentierte Paul Coste-Floret im Juni 1964 eine entsprechende Gesetzesvorlage. In den folgenden Parlamentsdebatten zeigte sich schnell, dass das Projekt in allen politischen Lagern Unterstützung erfuhr. Obwohl der Vorschlag von konservativer Seite erfolgte, gehörten zu den entschiedensten Befürwortern auch die Kommunisten. Als Sprecherin der PCF trat die einstige Nürnberg-Zeugin Marie-Claude Vaillant-Couturier auf und begrüßte das Vorhaben im Namen ihrer Partei. Im Dezember 1964 verabschiedete die Nationalversammlung daher einstimmig das Gesetz, am Tag darauf gab auch der Senat seine Zustimmung. Seitdem verjähren Verbrechen gegen die Menschlichkeit in Frankreich nicht.[1832]

Den französischen Justizbehörden stand damit ein neues Instrument zur Verfügung, um Verbrechen aus der Kriegszeit zu ahnden. In allen „späten" Verfahren machten sie von dieser Hinterlassenschaft des Nürnberger Hauptkriegsverbrecherprozesses Gebrauch und erhoben Anklage ausschließlich wegen Verbrechen gegen die Menschlichkeit.[1833] Gewiss ist die Zahl entsprechender Anklagen wesentlich niedriger als die der Kriegsverbrecherverfahren der Nachkriegszeit: Bislang sind vier Fälle von französischen Gerichten verhandelt worden.[1834] Unter diesen war es zweifellos der Prozess gegen den ehemaligen SS-Offizier Klaus Barbie, der das größte

1830 Im Verlauf einer langwierigen und sehr kontrovers geführten öffentlichen Debatte setzte der Deutsche Bundestag die Verjährungsfrist für Mord zunächst auf 30 Jahre herauf und hob sie letzten Endes 1979 in einer weiteren Abstimmung ganz auf; vgl. Miquel, Ahnden.

1831 Vgl. Moisel, Kriegsverbrecher, S. 168–174.

1832 Vgl. Loi n° 64–1326 du 26 décembre 1964.

1833 Zur rechtlichen Problematik bei der Anwendung des Gesetzes über die Nichtverjährung von Verbrechen gegen die Menschlichkeit vgl. Fournet, Genocide.

1834 Vgl. Jean, Humanité.

öffentliche Interesse, auch jenseits der französischen Landesgrenzen, auf sich zog.[1835] Barbie hatte während des Zweiten Weltkrieges als Abteilungsleiter der Sicherheitspolizei in Lyon Angehörige der Widerstandsbewegung bestialisch gefoltert und ermordet.[1836] Eines seiner Opfer war mit Jean Moulin einer der bekanntesten Aktivisten der Résistance und Vertrauten de Gaulles.[1837] Bei Kriegsende tauchte Barbie in Deutschland unter. In drei Verfahren verurteilten französische Gerichte Barbie 1947, 1952 und 1954 in Abwesenheit zum Tode. Mittlerweile arbeitete Barbie jedoch für den amerikanischen Militärgeheimdienst, der ihm die Flucht nach Bolivien ermöglichte. Nachdem er dort Jahrzehnte unbehelligt gelebt hatte, wurde er nach einem Regierungswechsel 1983 doch noch an Frankreich ausgeliefert. Das Verfahren, das nun folgte, ist exemplarisch für die Möglichkeiten, die das französische Recht dank der Gesetzesänderung von 1964 nach so langer Zeit noch zuließ. Die drei Verurteilungen Barbies waren inzwischen verjährt und eine erneute Anklage auf Grundlage derselben Vorwürfe war durch das Verbot einer doppelten Strafverfolgung ausgeschlossen. Nach Lage der Dinge konnte die Staatsanwaltschaft ihm deswegen einzig Verbrechen gegen die Menschlichkeit zur Last legen. In dem Prozess, der im Mai 1987 in Lyon begann, stand deshalb eine Tat im Mittelpunkt, die Edgar Faure als französischer Ankläger in Nürnberg bereits zum Verbrechen gegen die Menschlichkeit erklärt hatte: Die Deportation von jüdischen Kindern aus einem Heim in Izieu, die Barbie im April 1944 veranlasst hatte. Der direkte Bezug zur französischen Anklage in Nürnberg war umso deutlicher, da als zentrales Beweisdokument jetzt ein Telegramm Barbies diente, in dem dieser die Verhaftung der Kinder vermeldete.[1838] Eben jenes Telegramm hatte Faure bereits vor dem IMT als Beweisdokument verlesen.[1839] Die Lyoner Kammer verurteilte den Angeklagten am 4. Juli 1987 zu einer lebenslänglichen Freiheitsstrafe. In französischer Haft starb Barbie vier Jahre später an Krebs.

Nach dem Urteil im Barbie-Prozess geschah etwas, was ursprünglich wohl kaum jemand erwartet hatte. In weiteren Verfahren wurden die Behörden wegen Verbrechen gegen die Menschlichkeit aktiv und konzentrierten sich dabei keineswegs nur auf Beschuldigte mit deutscher, sondern auch mit französischer Staatsangehörigkeit. Auf eine Anzeige des Rechtsanwalts und Holocaust-Historikers Serge Klarsfeld hin begann 1989 ein Ermittlungsverfahren gegen René Bousquet. Als Polizeipräfekt des Vichy-Regimes hatte dieser in den Jahren 1942 und 1943 tausende Juden verhaften und an die Deutschen ausliefern lassen.[1840] Nach dem Krieg hatte Bousquet es als Geschäftsmann zu Erfolg gebracht und unterhielt Kontakte zu François Mitterrand,

1835 Zum Ablauf und den Hintergründen des Barbie-Prozesses vgl. Lévy, Barbie; auch Chalandon/Nivelle, Humanité, S. 11–149; Urselmann, Vergangenheitsbewältigung.

1836 Vgl. Bower, Barbie.

1837 Vgl. Azéma, Moulin.

1838 Vgl. Biscarat, Tourmente, S. 282 f.

1839 Vgl. Kapitel 3.2, Germanisierung; auch A. Wieviorka, Humanité, S. 117 ff.

1840 Zum Verfahren gegen Bousquet vgl. Froment, Bousquet; auch Chalandon/Nivelle, Humanité, S. 229–280.

was der Angelegenheit eine erhebliche politische Brisanz verlieh. Ähnliche Vorwürfe wurden gegen Bousquets damaligen Stellvertreter Jean Leguay erhoben, den die Justizbehörden bereits seit 1979 im Visier gehabt hatten. Allerdings kam es in keinem der beiden Fälle zu einem Prozess: Nachdem seine Anwälte die Verfahrenseröffnung über Jahre erfolgreich hinausgezögert hatten, starb Leguay im Juli 1989. Bousquet hingegen wurde im Juni 1993 von einem geistig verwirrten Attentäter erschossen. Der erste Franzose, der durch ein Gericht seines Landes wegen Verbrechen gegen die Menschlichkeit verurteilt wurde, war deswegen der ehemalige Polizeifunktionär und NS-Kollaborateur Paul Touvier.[1841] Innerhalb der *Milice française*, die mit den deutschen Besatzern eng zusammengearbeitet hatte, hatte dieser während des Zweiten Weltkriegs in Lyon eine führende Position eingenommen und sich an der Bekämpfung der Résistance und der Judenverfolgung gleichermaßen beteiligt. Zu den konkreten Verbrechen, die ihm später zur Last gelegt wurden, gehörte die Ermordung von sieben jüdischen Geiseln in Rillieux-la-Pape im Sommer 1944.[1842] Nach Kriegsende verurteilte ein Gericht in Lyon Touvier zunächst in Abwesenheit zum Tode. Seitdem hielt er sich versteckt und wurde in den folgenden Jahrzehnten von einem Netzwerk katholischer Geistlicher geschützt, bis die französische Polizei ihn nach umfangreichen Ermittlungen schließlich im Mai 1989 in einem Kloster in Nizza aufspürte und verhaftete. Am Ende eines einmonatigen Prozesses vor dem Schwurgericht in Versailles wurde Touvier im April 1994 zu lebenslänglicher Haft verurteilt.[1843]

Milder fiel nur wenige Jahre später das Urteil gegen den ehemaligen Vichy-Beamten Maurice Papon aus.[1844] Dieser hatte seit Juni 1942 als Generalsekretär an der Spitze der Präfektur Gironde gestanden und in dieser Eigenschaft in seinem Zuständigkeitsbereich Massenverhaftungen von Juden und deren anschließende Deportation organisieren lassen. Nach dem Zweiten Weltkrieg stieg Papon im öffentlichen Dienst auf und amtierte unter anderem als Polizeipräfekt von Paris und zwischen 1978 und 1981 als französischer Budgetminister. Seine Rolle in den Vichy-Jahren kam erst spät ans Licht, woraufhin zunächst langwierige juristische Querelen folgten. Der Prozess gegen ihn begann schließlich im Oktober 1997 vor dem Schwurgericht von Bordeaux, das Papon am Ende zu einer zehnjährigen Freiheitsstrafe verurteilte.[1845] Eine Anklage wegen Verbrechen gegen die Menschlichkeit, die einmal mehr auf eine Initiative Serge Klarsfelds zurückging, verhandelte außerdem das Pariser Schwurgericht im März 2001 gegen Alois Brunner, einen der

1841 Vgl. Zaoui, Justice; Chalandon/Nivelle, Humanité, S. 151–227.
1842 Vgl. Bellet, Rillieux.
1843 Touvier starb 1996 im Krankenhaus der Haftanstalt Fresnes; vgl. Zaoui, Justice, S. 184.
1844 Vgl. Chalandon/Nivelle, Humanité, S. 339–517; Klarsfeld, Papon; Rousso, Justiz; Vormbaum, Papon-Prozess.
1845 Aus Krankheitsgründen wurde Papon allerdings bereits 2002 wieder aus dem Gefängnis entlassen, vgl. Zaoui, Justice, S. 187.

engsten Mitarbeiter Adolf Eichmanns.[1846] Das geschah allerdings in Abwesenheit des Angeklagten: Brunner selbst war bei Kriegsende untergetaucht und hielt sich seit 1954 in Syrien versteckt. Auch wenn er zum Zeitpunkt des Prozesses in Paris vermutlich noch lebte, hatte dieser daher eher symbolischen Charakter und dauerte nur einen Tag.[1847] Am Ende verhängte das Gericht eine lebenslängliche Freiheitsstrafe und sprach damit das wohl letzte Urteil gegen einen NS-Kriegsverbrecher in Frankreich.

4.6 Das „Erbe Nürnbergs“: Bewertungen aus der Rückschau

Ein Präzedenzfall für die Zukunft

Unabhängig von der öffentlichen Empörung über das Urteil aus dem Prozess gegen die Hauptkriegsverbrecher und von den Plänen, die die Regierung in Paris danach verfolgte, nahmen auch die Beteiligten eine Bewertung dessen vor, was in Nürnberg geschehen war. In der Auseinandersetzung mit dem Erbe des Prozesses in Frankreich kam ihnen in den folgenden Jahren ohne jede Frage eine Schlüsselrolle zu. Schließlich verfügten die Juristen, die selbst der französischen Delegation angehört und an dem Prozess mitgewirkt hatten, über das fundierteste Wissen über die Arbeitsweise des IMT und den Ablauf des Prozesses. In der Fachwelt, in der man sich nach dem Urteil daran machte, Bilanz zu ziehen und vor allem nach der juristischen Bedeutung des Prozesses zu fragen, hatte ihre Stimme daher zweifellos Gewicht.

Chefankläger Auguste Champetier de Ribes und seine Mitarbeiter, die die Todesstrafe für alle Angeklagten und eine Verurteilung sämtlicher NS-Organisationen gefordert hatten, machten aus ihrer Enttäuschung über die Milde des Gerichts keinen Hehl.[1848] Allerdings stimmten sie keineswegs in den Chor der Journalisten ein, die nun auf den Titelseiten der französischen Tageszeitungen den ganzen Prozess verteufelten. Vielmehr bemühten sie sich um eine differenzierte Bewertung des Urteils. Dabei beschäftigten sie sich weniger mit dem im Einzelfall verhängten Strafmaß, sondern mit den juristischen Grundsatzentscheidungen der alliierten Richter. Charles Dubost begrüßte, dass diese in ihrem Urteil das Bestehen eines universellen Völkerrechts festgestellt hatten, das auf den Werten der zivilisierten Welt, internationalen Verträgen und dem Strafrecht der einzelnen Staaten gleichermaßen basierte.[1849] Dass die Richter ganz im Sinne des Londoner Statuts das Prinzip der staatlichen Souveränität eingeschränkt, politischen Funktionsträgern keine strafrechtliche Immunität

---

1846 Vgl. Libération, Artikel: „Alois Brunner, un SS hante les assises“, 2. März 2001; auch Le Parisien, Artikel: „Perpétuité contre le nazi Aloïs Brunner“, 3. März 2001.

1847 Brunner soll im selben Jahr als Gefangener in einem Verließ des syrischen Regimes gestorben sein; vgl. Die Welt, Artikel: „NS-Verbrecher Brunner erlitt in Syrien einen elenden Tod“, 11. Januar 2017; Süddeutsche Zeitung, Artikel: „Elendes Ende von Eichmanns ‚Bluthund'“, 13. Januar 2017.

1848 Vgl. Dazet-Brun, Champetier de Ribes, S. 533.

1849 Vgl. FNSP-CD/10: Charles Dubost. Note sur les leçons et le conséquences du procès de Nuremberg, undatiert (ca. November 1946), S. 2 f.

zugestanden und das Handeln auf Befehl als Rechtfertigungsgrund ausschlossen hatten, fand ebenso seine ungeteilte Zustimmung. Jedoch sah der Ankläger in dem Urteil auch einige „schwerwiegende Schwachpunkte“[1850], die er auf unvollständige und zu zaghaft formulierte Bestimmungen im Londoner Statut zurückführte. Vor allem stieß Dubost sich an der Entscheidung der Richter, die durch das Londoner Staut vorgegebene Koppelung der Verbrechen gegen die Menschlichkeit an die anderen Anklagepunkte sehr restriktiv auszulegen. Er hielt es für verhängnisvoll, dass das Gericht sich nur für nach Kriegsbeginn begangene Verbrechen als zuständig ansah. Die systematische Verfolgung von ethnischen, politischen oder religiösen Minderheiten in einem Land bedrohe die internationale Ordnung und den Frieden. Sie falle daher durchaus in die Kompetenz eines internationalen Gerichts, so Dubost.[1851] Er forderte deswegen, dass die alliierten Gerichte in den Besatzungszonen in den nun anstehenden Verfahren in jedem Fall auch Verbrechen gegen die Menschlichkeit aus der Zeit vor 1939 ahnden sollten. Auch Jacques-Bernard Herzog bedauerte: „Das Gericht hat dem Konzept des Verbrechens gegen die Menschlichkeit die Substanz genommen, die wir ihm verliehen haben [...] [und] es hat kein klares Abgrenzungskriterium formuliert, nach dem es ihm das Kriegsverbrechen im engeren Sinne gegenüberstellt.“[1852] Ganz anders kommentierte Henri Donnedieu de Vabres das Urteil. Als Mitglied des Richterkollegiums war er darauf bedacht, keine offene Kritik an den in Nürnberg gemeinsam getroffenen Entscheidungen zu üben und das Beratungsgeheimnis zu wahren. Beispielsweise verlor er kein Wort über die Einwände, die er in den Beratungen gegen den ersten Anklagepunkt vorgebracht hatte.[1853] Seine späteren Äußerungen lassen jedoch unschwer erkennen, dass er die Vorbehalte Dubosts und Herzogs nicht teilte. Im Falle der vor 1939 begangenen NS-Verbrechen sah er keinen Zusammenhang mit dem Krieg. Deshalb seien sie nicht in die Zuständigkeit des IMT gefallen und es sei ein Gebot der richterlichen Vorsicht gewesen, sich auf eine solch restriktive Auslegung des Statuts zu beschränken.[1854] Dass das Gericht am Ende die Verbrechen gegen die Menschlichkeit faktisch mit den Kriegsverbrechen zusammengezogen hatte, hieß er deswegen ausdrücklich gut. Das hätte den Richtern „eine delikate Unterscheidung“[1855] erspart. Während Dubost das Urteil also nicht weit genug ging, vertrat de Vabres die gegenteilige Auffassung. Ihm bereitete offenkundig eher Kopfzerbrechen, dass dieses das Prinzip „Nullum crimen, nulla poena sine lege“, also das Rückwirkungsverbot, zwar nicht ignoriert, aber doch aufgelockert habe.[1856] Gleichwohl traute der Professor dem Urteil zu, dass es „eine beispiellose Bedeutung“[1857] für die Zukunft des Völkerstrafrechts haben werde.

1850 Ebd., S. 3.
1851 Vgl. ebd., S. 5.
1852 Herzog, Contribution, S. 162.
1853 Vgl. Donnedieu de Vabres, Nuremberg, S. 528–542.
1854 Vgl. Vorwort de Vabres’ in: Merle, Châtiment, S. V–X, hier S. VII.
1855 Donnedieu de Vabres, Nuremberg, S. 525.
1856 Ebd., S. 574.
1857 Ebd., S. 577.

Ein solcher Blick nach vorne bildete eine Art Grundmotiv für alle Analysen, die die Beteiligten nun vornahmen. Noch im Dezember 1946 bezog Dubost in der Zeitschrift *Politique étrangère* Stellung zu dem Nürnberger Unternehmen als Ganzem und stellte Überlegungen zu den Konsequenzen an.[1858] Der Artikel zeigt in aller Deutlichkeit, in welchen Kategorien Dubost dachte. Der Nürnberger Prozess war für ihn keine juristisch aufbereitete Abrechnung mit den Kriegsgegnern und ebenso wenig eine dem Zufall zu verdankende, kurzlebige Episode der Geschichte, sondern Teil einer langfristigen Entwicklung, die zur Etablierung einer staatenübergreifenden Strafgerichtsbarkeit führen würde. Ähnlich wie nationales Strafrecht bildete sich das Völkerstrafrecht nach seiner Einschätzung in einem historischen Prozess schrittweise heraus und Nürnberg war ein Etappensieg auf diesem Weg. Was nach dem Ersten Weltkrieg noch gescheitert sei, sei nun gelungen, so der Ankläger. Denn anders als Wilhelm II. mussten sich die NS-Führer vor Gericht verantworten. Damit seien erstmals individuelle Personen für ihren Anteil an den Verbrechen eines Staates zur Rechenschaft gezogen worden. Hierin sah Dubost den entscheidenden Fortschritt und verteidigte den Prozess daher gegen alle Kritiker, die dem IMT seine Legitimierung absprachen. „Der primitive Zustand der noch nicht organisierten Staatengemeinschaft“[1859] und das damit verbundene Fehlen internationaler Gerichtsinstanzen hätten keine andere als die im Londoner Statut gefundene Lösung zugelassen. Was die alliierten Richter in Nürnberg angewendet hätten, sei aber letzten Endes ein bislang ungeschriebenes Recht gewesen mit dem „internationalen Brauch“[1860] als Maßstab, so Dubost. Dieser wiederum war für den Ankläger nun im Werden begriffen und er sah in den Initiativen der französischen Regierung, die zu diesem Zeitpunkt noch Projekte wie die Durchführung eines zweiten Hauptkriegsverbrecherprozesses oder die Einberufung der Expertenkommission verfolgte, hoffnungsvolle Ansätze. Gleichwohl war Dubost frei von jeglichem zweckoptimistischen Denken. Seine Prognose für die weitere Entwicklung des Völkerstrafrechts zeichnete sich jedenfalls durch harten Realismus aus: „Die Zukunft wird zeigen, ob so ein weiterer Stein zu dem entstehenden Gebäude hinzugefügt wird oder ob diese Aufgabe den zukünftigen Generationen vorbehalten bleibt, nach einem neuen Krieg.“[1861]

Die Hoffnung auf eine bessere, gerechtere Welt, die der Nürnberger Prozess herbeiführen würde, war in der französischen Delegation weitverbreitet und wurde von ihren Sprechern in aller Deutlichkeit artikuliert. Man war überzeugt, dass der Prozess einen Präzedenzfall darstellte, an dem sich die Staatengemeinschaft orientieren sollte. Man hoffte auf eine ganz konkrete Weiterentwicklung und praktische Anwendung des Völkerstrafrechts mit der Schaffung eines ständigen internationalen Strafgerichtshofes. Der sonst in seinem Urteil sehr zurückhaltende Roger Lalouette

1858 Vgl. Dubost, Crimes, S. 553 f.
1859 Ebd., S. 562 f.
1860 Ebd., S. 563.
1861 Ebd., S. 568.

schrieb bereits Ende Juli 1946 an den Quai d'Orsay: „Der Bedarf an einem internationalen Strafgerichtshof erscheint heute entscheidend, wenn man die Gefahren bekämpfen will, die die Freiheit und das Leben der Menschen durch verbrecherische Staaten bedrohen."[1862] Voller Zuversicht erklärte auch Edgar Faure, noch bevor die Richter des IMT ihr Urteil gesprochen hatten:

> „Wenn Menschen schikaniert und verfolgt werden, sei es aus politischen, rassischen oder religiösen Gründen, wird die internationale Justiz-Organisation bereit sein, einzugreifen, um diese Taten zu ahnden. Ihre ständige Existenz, ergänzt um die notwendigen Durchsetzungsmittel, wird vielleicht ausreichen, um die Taten zu verhindern."[1863]

Am Ende einer Abhandlung über die Bedeutung des Prozesses für die Durchsetzung der Menschenrechte und die Zukunft der internationalen Justiz verstieg Faure sich sogar zu der Behauptung:

> „Wenn die Staatsmänner, die die internationale Justiz geschaffen haben, nicht vor dem Ausmaß ihres Vorhabens zurückschrecken und in ihm die große Chance für den Frieden erkennen, wird 1946 es verdienen, in die Geschichte als ein ebenso denkwürdiges Jahr einzugehen wie 1789."[1864]

Das waren zweifellos klare, bedeutungsschwere Worte aus dem Munde eines stellvertretenden Chefanklägers vor dem IMT. Konkrete Vorstellungen von einer staatenübergreifenden Strafgerichtsbarkeit für die Zukunft hatte auch Herzog, der bereits Lehren aus Nürnberg ziehen wollte und in der Folge den entscheidenden Schritt in der festen Institutionalisierung des nun zu schaffenden Gerichtshofes sah:

> „Eine Gewissheit haben wir: Der internationale Strafgerichtshof muss einen ständiger sein. Die Ära der ad hoc-Gerichtshöfe, deren organisatorische und grundlegende Schwächen die Jahre 1945 und 1946 gezeigt haben, muss beendet werden, wenn man ein stabiles internationales Recht durchsetzen will."[1865]

Viel schneller, als die meisten Beteiligten wohl vermutet hatten, wurden die Erwartungen jedoch enttäuscht. Dass die anderen Alliierten nicht bereit waren, nach dem Vorschlag der französischen Regierung einen weiteren Hauptkriegsverbrecherprozess gemeinsam durchzuführen, musste bereits als herber Rückschlag für die Idee der internationalen Strafgerichtsbarkeit gewertet werden.[1866] Diese Absage aber war freilich nur eine Marginalie in dem sich nun in rasendem Tempo zuspitzenden Kalten Krieg. Die französischen Juristen mussten in der Folge beobachten, wie sich die Beziehungen zwischen den beiden Supermächten USA

1862 AD-NUOI 1944–1959/90: Lalouette, Schreiben Nr. 153, 31. Juli 1946, S. 2.
1863 AN-505 AP II/56: Edgar Faure. La justice internationale et les droits de l'homme, undatiert (ca. Herbst 1946), 7 Seiten.
1864 Ebd., S. 7.
1865 Herzog, Création, S. 426.
1866 Vgl. Kapitel 4.3, Absage.

und Sowjetunion rapide verschlechterten und auf beiden Seiten ein radikales Umschwenken in der Deutschland-Politik die Folge war. In diesem Kontext fanden auf Regierungsebene bald nicht einmal mehr Verhandlungen über das weitere Verfahren mit deutschen Kriegsverbrechern statt, geschweige denn über die mögliche Schaffung eines ständigen Gerichtshofes nach Nürnberger Vorbild. Zum Forum, in dem hierüber dennoch weiter diskutiert wurde, entwickelten sich nun für einige Zeit die Vereinten Nationen.

Kurz nach dem Nürnberger Urteilsspruch, am 11. Dezember 1946, bestätigte die UN-Generalversammlung die Rechtsgrundsätze aus dem Londoner Statut und erteilte einem Ausschuss, der später unter dem Namen „Völkerrechtskommission" firmierte, den Auftrag, ein Völkerstrafgesetzbuch und eine Vorlage für die Bildung eines internationalen Strafgerichtshofes auszuarbeiten.[1867] Zwei Jahre später verabschiedete sie im Palais de Chaillot in Paris außerdem die allgemeine Erklärung der Menschenrechte und die Konvention über die Verhinderung und Bestrafung des Völkermordes.[1868] Beide Abkommen standen ohne jede Frage ganz im Geiste des Nürnberger Prozesses und schienen weitere Etappen auf dem Weg zu einem Internationalen Strafgerichtshof zu markieren. Aber nach der Einschätzung Henri Monnerays waren all das nur „kostenlose Bekundungen"[1869] für die unterzeichnenden Regierungen, denen keine Taten folgten. Die Völkerrechtskommission formulierte sodann zwar die „Nürnberger Prinzipien" als verbindliche Richtlinien und präsentierte 1950 den gewünschten Entwurf.[1870] Tatsächlich gab es in der UN-Generalversammlung jedoch längst keine Mehrheit mehr für das Strafgesetzbuch. Denn zu dessen tatsächlicher Einführung und zur Schaffung entsprechender Institutionen, die über die Einhaltung des Völkerrechts wachen und Verstöße ahnden könnten, fehlte den beteiligten Regierungen der politische Wille. Das Projekt Völkerstrafgesetzbuch wurde daher nach einer nochmaligen Überarbeitung der Vorlage auf Eis gelegt. Im 11. Dezember 1957, dem Tag, an dem das Thema auf unbestimmte Zeit von der Tagesordnung der Generalversammlung gestrichen wurde, sah François de Menthon später den „Bestattungstag"[1871] für die Idee der internationalen Strafgerichtsbarkeit. Sicherlich handelte es sich hierbei nur noch um einen Schlussstrich, den die Delegierten bei den Vereinten Nationen nach jahrelangem, ergebnislosen Verhandeln der Form halber zogen und mit dem sie dem weltpolitischen Klima Rechnung trugen.

1867 Vgl. Schabas, Introduction, S. 8 f.

1868 Vgl. Allgemeine Erklärung der Menschenrechte vom 10. Dezember 1948, in: Auswärtiges Amt, Menschenrechte, S. 19–25 u. Convention on the Prevention and Punishment of the Crime of Genocide, December 9, 1948, in: United States Department of State, Decade, 1941–49, S. 966–969.

1869 CDJC-MDXXXV/22: Henri Monneray. La justice internationale, undatiert (um 1949), 7 Seiten, hier S. 6.

1870 Vgl. Principles of International Law.

1871 ADHS-135 J 191: Redemanuskript de Menthons, ca. 1976, S. 16.

Zwischen Hoffen und Resignieren

In den Reihen der französischen Nürnberg-Juristen registrierte man mit Bestürzung, wie schnell dieser Wandel eingetreten war und wie sehr die politischen Realitäten den Wunsch nach einer Durchsetzung des Völkerstrafrechts bald überlagerten. Derselbe Edgar Faure, der keine zwei Jahre zuvor noch eine Parallele zwischen Nürnberg und der französischen Revolution gesehen hatte, erklärte in einer Rede vor der jüdischen Gemeinde in Genf im Mai 1948:

> „Man kann nicht sagen, dass der Krieg aus der Welt verschwunden ist. Es wird immer noch gekämpft. Wir wollten die Verfolgungen bestrafen und dennoch kann man 18 Monate später nicht sagen, dass die Verfolgungen gegen Israel aufgehört haben. Und man stellt sich die Frage: War es nicht lächerlich, zu erwarten, dass dieser Prozess eine gewisse, neue Ära in der Geschichte der Menschheit besiegeln würde? Ist dieses Vorhaben nicht gescheitert?“[1872]

Mit einem klaren Ja wollte Faure diese Frage zwar nicht beantworten. Er räumte aber ein, dass sein Enthusiasmus aus der Zeit des Prozesses inzwischen verflogen war, er jedoch in Nürnberg immer noch eine wichtige Lektion für die Menschheit sah.[1873] Ähnlich bewertete Faures alter Mitstreiter Monneray die Entwicklung. Er sei immer noch voller Hoffnung und glaube an die Nürnberger Prinzipien. Aber er sehe auch, dass die Staaten der Welt eine einmalige Chance ungenutzt gelassen hätten und sich in Deutschland inzwischen zunehmend Verteidiger Hitlers und der Verbrechen des NS-Staates zu Wort meldeten.[1874] Mehr noch als ein mögliches Wiederaufleben des Nationalsozialismus beunruhigte Monneray die weltpolitische Lage: „Die beiden Blöcke, die die Welt teilen, scheinen ihre Konflikte mit Gewalt und nicht durch das Recht regeln zu wollen.“[1875] Vor diesem Hintergrund sah er kaum mehr konkrete Perspektiven für die „internationale Justiz von Nürnberg, die unwiederbringlich verschwunden zu sein scheint.“[1876]

Eine solche Resignation, wie sie sich in Monnerays Worten erkennen lässt, nahm mit dem Fortschreiten der Zeit zu und die Bewertungen der ehemaligen Delegationsangehörigen standen bald vor allem in Zeichen dieser enttäuschten Erwartungen. Delphin Debenest legte auf einem Kolloquium im Frühjahr 1967 in einem Redebeitrag dar, er hätte in den Nürnberger Prozess die größten Hoffnungen

---

1872 AN-505 AP II/14: Edgar Faure. La persécution raciale en France et en Europe occidentale au procès de Nuremberg. Rede am 25. Mai 1948 in Genf, gehalten für das CDJC, 12 Seiten, hier S. 1.

1873 Vgl. ebd., S. 2.

1874 Vgl. CDJC-MDXXXV/23: Redeskript Monnerays, gehalten 1948 in London, 37 Seiten, hier S. 5 ff.

1875 Vgl. CDJC-MDXXXV/22: Henri Monneray. La justice internationale, undatiert (um 1949), 7 Seiten, hier S. 4.

1876 Ebd., S. 3.

gesetzt, aber er könne jetzt nur „mit Verbitterung"[1877] feststellen, dass sich das Völkerrecht seitdem kaum weiterentwickelt habe. Herzog gab seinem Buch, dessen fertiggestellte Teile nach seinem Tod 1968 posthum veröffentlicht wurden, den vielsagenden Titel „Nuremberg: un échec fructueux" (Nürnberg – ein fruchtbarer Fehlschlag) – allerdings nicht ohne ihn mit einem Fragezeichen zu versehen. Der Grund, warum er den Prozess als Fehlschlag bezeichnete, war gerade die Tatsache, dass sich in der Folge die Staatengemeinschaft nicht auf eine konsequente Anwendung der Nürnberger Prinzipien und eine Durchsetzung des Völkerstrafrechts hatte verständigen können. Aus der Rückschau erschien der Prozess in der Tat als einmaliges Ereignis, dem keine Zukunft beschieden und dessen Strahlkraft nach kurzer Zeit verblasst war. Dennoch war Herzog nicht bereit, ihm seine historische Bedeutung abzusprechen:

> „Ich denke letztendlich, dass das entscheidende, transzendentale Verdienst des Militärtribunals von Nürnberg darin besteht, existiert zu haben, verhindert zu haben, dass die internationale Verbrechensahndung in primitive Rache umschlägt, und den Menschen erlaubt zu haben, sich aus dem Kreislauf unkontrollierter Gewalt zu befreien. Man muss den Mut und die Klarsicht haben, zuzugeben, dass die internationale Justiz 1945 der Schutzwall war, den die Sieger gegen die Tradition und die Versuchung der Vergeltungsmaßnahmen errichtet haben."[1878]

Die Argumentation Herzogs ist typisch für die Bewertungen, die der Nürnberger Prozess nun von den ehemals Beteiligten erfuhr. Man räumte ein, dass der Ruf nach einer internationalen Strafjustiz ungehört geblieben war, verwarf deswegen aber bei weitem nicht alles, wofür man sich eingesetzt hatte. Vielmehr lenkten die französischen Juristen den Blick auf andere Aspekte, in denen die Bilanz aus ihrer Sicht durchaus positiv ausfiel. 20 Jahre nachdem er im Nürnberger Schwurgerichtssaal gesprochen hatte, bekannte de Menthon, das mit dem Prozess verfolgte Ziel, ein umfassendes Völkerstrafrecht schaffen, sei bislang nicht erreicht worden. Aber immerhin habe der Prozess seinen Zweck erfüllt, zum Aufbau eines friedlichen und demokratischen Deutschlands beizutragen, so der ehemalige Delegationschef.[1879]

Deshalb verteidigten die damals Beteiligten das Nürnberger Unternehmen später vehement gegen jegliche Kritik, die darauf abzielte, die Rechtmäßigkeit oder den Sinn des Prozesses anzuzweifeln. Mit einem Verweis auf die Haager Landkriegsordnung und den Briand-Kellogg-Pakt hielt de Menthon auch im Jahre 1966 noch die juristische Grundlage der Nürnberger Anklage für solide, und argumentierte, es wäre moralisch nicht vertretbar gewesen, die NS-Führer nicht als Verbrecher zu behandeln.[1880] Nur kurze Zeit später sprach Charles Gerthoffer bei einer Veranstaltung

---

1877 Nachlass Debenest: Redeskript Debenests, ohne Titel („Déjà plus d'un quart de siècle [...]"), 29. April 1967, 11 Seiten, hier S. 1.

1878 Herzog, Échec, S. 104.

1879 Vgl. ADHS-135 J 191: Bericht de Menthons, ca. 1966, S. 8 f.

1880 Vgl. ebd.

zum 20. Jahrestag der Nürnberger Urteilsverkündung im *Cour de cassation* in Paris und scheute dabei nicht davor zurück, dem seinerzeit in Frankreich scharf kritisierten Urteil seinen Respekt zu zollen.[1881] Auch den einst in seiner eigenen Delegation so umstrittenen Anklagepunkt der Verbrechen gegen den Frieden verteidigte er jetzt, indem er sich die Argumentation des IMT zu eigen machte.[1882] Alles in allem hätten die Richter sich durch Sorgfalt und Unparteilichkeit ausgezeichnet, der Prozess sei als „großartiges Werk“[1883] in die Geschichte eingegangen, so Gerthoffers Einschätzung. Auf einer ähnlichen Veranstaltung, nochmals zehn Jahre später, setzte de Menthon sich ausführlich mit den Einwänden der Kritiker auseinander. Dass in Nürnberg Sieger über Besiegte gerichtet und eigens zu diesem Zweck im Nachhinein einen Gerichtshof geschaffen hatten, bezeichnete er als die Schattenseiten des Nürnberger Unternehmens, aber diesen gegenüber überwogen für ihn eindeutig die Vorzüge und Verdienste.[1884] Denn der Prozess hätte nicht nur einen völkerrechtlichen Präzedenzfall geschaffen, sondern auch – wie bereits Herzog argumentiert hatte – eine summarische Hinrichtung der Hauptkriegsverbrecher verhindert und entscheidend dazu beigetragen, das Ausmaß der NS-Verbrechen in Deutschland und der Welt bekannt zu machen. In Anbetracht dessen resümierte er im Jahr 1976: „Unvollkommene Justiz, aber keineswegs ein Zerrbild von Justiz [...]. Gerechtigkeit musste geschaffen werden. Konnte das unter den politischen Bedingungen von 1945 besser geschehen? Ehrlich, ich glaube es nicht.“[1885]

Weder der öffentliche Unmut über den Ausgang des Prozesses und noch die politische Entwicklung der folgenden Jahre und die damit verbundenen Rückschläge für den Gedanken des Völkerstrafrechts führten also bei den Mitgliedern der französischen Delegation zum einem grundsätzlichen Umdenken. Auf lange Sicht hielten sie vielmehr an ihren Überzeugungen fest und der Stellenwert des Nürnberger Prozesses blieb in ihrer Erinnerung ein eindeutig positiver. Die damit verbundenen Empfindungen konnten bis hin zu Stolz und Genugtuung reichen, an dem Prozess mitgewirkt zu haben. Als ehemaliger KZ-Häftling engagierte sich Debenest über Jahre im Milieu der französischen Deportierten- und Résistanceverbände. In Redebeiträgen, die er in diesem Zusammenhang hielt, kam er immer wieder auf den Nürnberger Prozess zu sprechen und erklärte über die Rolle der französischen Delegation ohne Umschweife: „Der Schlag, den wir ausgeführt haben, war entscheidend und wir können heute mit Stolz sagen, dass alle Verbrecher, gegen die wir schwerpunktmäßig die Anklage vertreten haben, zum Tode verurteilt und hingerichtet wurden.“[1886] Auch Monneray positionierte sich klar gegen die Kritiker des Nürnberger Unternehmens und betonte,

---

1881 Vgl. Nachlass Debenest: Wortlaut von Gerthoffers Rede („Commémoration du procès de Nuremberg“), 21. Januar 1967, 7 Seiten.

1882 Vgl. ebd., S. 2 f.

1883 Ebd., S. 7.

1884 Vgl. ADHS-135 J 191: Redemanuskript de Menthons, ca. 1976, S. 12 f.

1885 Ebd., S. 14 f.

1886 Redeskript Debenests, ohne Titel („Je voudrais vous dire [...]“), undatiert (unmittelbare Nachkriegszeit), abgedruckt in: Tantin, S. 325–351, hier S. 349.

es sei für ihn ein „großes Privileg“[1887], dass er als Mitglied der französischen Delegation an dem Prozess hätte teilnehmen dürfen. Charakteristisch für die spätere Haltung der einstigen Ankläger ist darüber hinaus ein beständiges Festhalten an den Hoffnungen, die sie in Schaffung einer internationalen Strafgerichtsbarkeit gesetzt hatten, allen Enttäuschungen zum Trotz. Offensichtlich wollte sich keiner von ihnen mit dem Gedanken abfinden, dass die Sache der Anhänger eines umfassenden Völkerstrafrechts durch den Kalten Krieg endgültig verloren sei. Aus de Menthons Sicht war der Prozess im Jahr 1976 immer noch ein „Hoffnungsschimmer.“[1888] Mit eindringlichen Worten beschwor er eine von Nürnberg ausgehende Wirkungskraft, die die Jahrzehnte überdauerte:

> „Die Menschen, die überall auf der Welt, in allen Ländern und unter allen Regimen, noch glauben wollen, dass der Verlauf der Geschichte am Ende der eines langen Fortschritts ist, gewiss unterbrochen von Krisen, Rückschlägen, Ängsten und Katastrophen, haben das Recht, in Nürnberg den Vorgriff auf die internationale Gemeinschaft der Zukunft zu sehen.“[1889]

Die ehemaligen Anklagevertreter vor dem IMT bildeten folglich im öffentlichen Diskurs ein Gegengewicht zu all denen, die den Glauben an die internationale Justiz aufgegeben oder die Idee einer länderübergreifenden Gerichtsbarkeit seit jeher abgelehnt hatten. Dass sie in dieser Frage im Wesentlichen übereinstimmten und in den Debatten über das Erbe des Nürnberger Prozesses als eine weitgehend geschlossene Gruppe auftraten, war dabei zweifellos den gemeinsamen Erfahrungen geschuldet. Denn die Erinnerung an Nürnberg verband die Delegationsmitglieder nachweislich für den Rest ihres Lebens. Als Serge Fuster zum Beispiel unter seinem Pseudonym Casamayor 40 Jahre später sein Buch über den Nürnberger Prozess veröffentlichte, widmete er es seinem alten Weggefährten Jean Jacques Lanoire.[1890] Solche aus der Erinnerung gewachsenen, persönlichen Verbindungen zwischen den ehemaligen Delegationsangehörigen gingen vielfach mit einem gemeinschaftlichen Engagement einher. Dubost hielt über Jahre den Kontakt zu seinen früheren Mitarbeitern, tauschte sich mit diesen aus und betätigte sich in Fachvereinigungen wie der *Association internationale des juristes démocrates* (AIJD) oder der *Mouvement national judiciaire* (MNJ).[1891] Zusammen mit Debenest nahm er beispielsweise 1981 als Vertreter des Veteranenministeriums an einer Gedenkveranstaltung des *United States Holocaust Memorials* in Washington teil.[1892] Der inzwischen 74-jährige Debenest hielt bei dieser

---

1887 CDJC-MDXXXV/24: Redeskript Monnerays, ohne Titel („J’ai eu le grand privilège […]“), undatiert (um 1949), 13 Seiten, hier S. 1.

1888 ADHS-135 J 191: Redemanuskript de Menthons, ca. 1976, S. 18.

1889 Ebd., S. 18 f.

1890 Vgl. Casamayor, Nuremberg, S. 7.

1891 Vgl. FNSP-CD/16: zahlreiche Dokumente aus der Zeit von Dubosts Engagement in den beiden Vereinigungen.

1892 Vgl. Nachlass Debenest: Prat an Debenest, 2. Oktober 1981. Anhang: Ministère des Anciens Combattants. Membres de la délégation française.

Gelegenheit eine Rede, in der er einmal mehr die Forderung aussprach, „dass ein internationaler Gerichtshof geschaffen wird, den man beauftragt, die Verbrecher zu bestrafen, und der auf die Unterstützung einer internationalen Polizeieinheit zurückgreifen kann, was es ermöglichen würde, den Frieden zu gewährleisten."[1893]

Dass es tatsächlich zur Schaffung des geforderten Gerichtshofes kam, sollte jedoch keiner der französischen Nürnberg-Juristen mehr miterleben. Vergegenwärtigt man sich die von Enttäuschung, Verbitterung und Pessimismus zeugenden Bewertungen, dann ist dieser zeitliche Faktor unbedingt in Rechnung zu stellen. Denn erst nach dem Kalten Krieg erfuhr die Idee des Völkerstrafrechts neuen Auftrieb und profitierte von den weltpolitischen Umbrüchen der 1990er Jahre: Auf die Einrichtung des Internationalen Strafgerichtshofs für das ehemalige Jugoslawien und des Internationalen Strafgerichtshofs für Ruanda durch die Vereinten Nationen, zwei weiterer Ad-Hoc-Tribunale, folgte im Jahr 1998 die Konferenz von Rom, auf der das Statut für den IStGH ausgearbeitet wurde.[1894] Als im Sommer 2002 die Mindestanzahl von 60 Ratifizierungen des Statuts vorlag, konnte dieser in Den Haag seine Arbeit aufnehmen und arbeitet seitdem als ständiger Gerichtshof, wie ihn die französischen Nürnberg-Juristen über Jahrzehnte hinweg gefordert hatten.[1895] Nichtsdestotrotz ist deren große Vision bislang nur zum Teil Realität geworden: Auch wenn der IStGH die Nürnberger Prinzipien heute praktisch anwendet, verfügt er über keine eigenen Polizeikräfte zur Durchsetzung seiner Entscheidungen und ein großer Teil der Welt, darunter so bevölkerungsreiche Länder wie China, Indien, die USA und Russland, unterliegt nicht seiner Zuständigkeit. Ob das aber für einen Charles Dubost Grund zur Resignation angesichts der anhaltenden politischen Widerstände oder zur Hoffnung auf eine baldige universelle Durchsetzung des Völkerstrafrechts wäre, ist der Spekulation vorbehalten.

1893 Redeskript Debenests, ohne Titel („Les nazis ont mis en œuvre [...]"), 28. Oktober 1981, abgedruckt in: Tantin, S. 366 ff., hier S. 368.

1894 Vgl. Schabas, Introduction, S. 13–22; Römisches Statut des Internationalen Strafgerichtshofs, angenommen am 17. Juli 1998, in: Bundesministerium der Justiz, Bundesgesetzblatt 2000, S. 1394–1483.

1895 Vgl. International Criminal Court, Understanding, S. 3. Innerhalb von wenigen Jahren hat sich die Zahl der Mitgliedsstaaten mehr als verdoppelt und ist bis zum Jahr 2016 auf 123 angestiegen.

III. Resümee

Überblickt man in ihrer Gesamtheit die vier Bereiche, auf die sich die vorliegende Studie konzentriert, dann entsteht ein klares Bild und die Rolle Frankreichs im Nürnberger Prozess gegen die Hauptkriegsverbrecher lässt sich unter unterschiedlichen Gesichtspunkten erfassen. An erster Stelle steht dabei der politische Rahmen: Frankreichs „Weg nach Nürnberg" nahm seinen Anfang mit den ersten Proklamationen de Gaulles und seiner Anhänger aus dem Londoner Exil heraus. Frühzeitig positionierte sich die *France libre* in der Diskussion um den Umgang mit deutschen Kriegsverbrechern und forderte vehement, die Täter nach dem Sieg der Alliierten zur Rechenschaft zu ziehen und vor Gericht zu stellen. Nach der Unterzeichnung der Erklärung von St. James wurden die Gaullisten zunehmend in der Kriegsverbrecherfrage aktiv, vor allem indem sie sich in die Arbeit der UNWCC einbrachten. In der zweiten Kriegshälfte beschäftigte die alliierten Staats- und Regierungschefs in erster Linie die Frage, was mit den deutschen Hauptkriegsverbrechern geschehen sollte. In den hierzu vorgebrachten Vorschlägen fällt insbesondere der strikte Legalismus auf, der die französische Haltung bestimmte. Während aus Washington, Moskau und London in unterschiedlicher Abfolge dezidierte Forderungen laut wurden, die führenden Vertreter des NS-Regimes ohne Gerichtsverfahren summarisch hinrichten zu lassen, sprach sich die französische (Exil-)Regierung von Beginn an geschlossen für die Abhaltung eines Prozesses und die justizielle Ahndung der Verbrechen der NS-Führungsriege aus.

Dass es in der Folge tatsächlich zum Prozess gegen die Hauptkriegsverbrecher vor dem eigens hierfür geschaffenen IMT kam, war einer Initiative von amerikanischer Seite geschuldet und nicht das Werk der Verantwortlichen in Paris. Die Einladung der US-Administration, an dem geplanten internationalen Militärtribunal mitzuwirken, konnten diese allerdings als außenpolitischen Erfolg verbuchen, der den Status Frankreichs als einer der Siegermächte des Zweiten Weltkrieges erheblich aufwertete. Nichtsdestotrotz handelte es sich um weitaus mehr als einen einfachen Etappensieg in der „bataille du rang"[1896] (Schlacht um den Rang), wie bereits die vorangegangenen Positionierungen von französischer Seite erkennen lassen. In Paris beschränkte man sich keineswegs darauf, sich mit der bloßen Einbindung in das Unternehmen abzufinden, sondern entwickelte eine eigene Konzeption für den anstehenden Prozess und erarbeitete eine Reihe konkreter Vorschläge, wie dieser zu führen sei. Kennzeichnend für die französische Haltung war vor allem die in einem traditionellen Rechtspositivismus begründete Ablehnung einer Anklage, die das Planen, Vorbereiten und Führen von Angriffskriegen zum Gegenstand haben würde. François de Menthon, der spätere französische Chefankläger in Nürnberg, sprach hier

1896 Kaspi, Libération, S. 225.

beispielsweise von einer „politischen Verantwortung“[1897] der NS-Führer, die nichts in einem Strafprozess verloren hätte. Der Gegensatz zu den Plänen des designierten amerikanischen Chefanklägers Robert H. Jackson und seiner Mitarbeiter, die den von NS-Deutschland verschuldeten Angriffskrieg gerade in den Mittelpunkt des Prozesses rücken wollten, konnte in dieser Frage kaum größer sein und erwies sich im Laufe der nun einsetzenden Verhandlungen als unüberbrückbar. Der Regierung in Paris, die sich gegenüber ihren amerikanischen Verbündeten in einer politisch deutlich schwächeren Position befand, blieb am Ende nichts anderes übrig, als die Pläne der Amerikaner widerwillig zu akzeptieren und ihre Zustimmung zu dem Vorhaben zu geben, den Angriffskrieg als Verbrechen vor dem Völkerrecht zu werten und diesen Straftatbestand rückwirkend anzuwenden. Nur auf diesem Weg konnte die tatsächliche Beteiligung des Landes an dem geplanten Prozess sichergestellt werden. Dennoch war dieser Kompromiss verhängnisvoll für die Position Frankreichs gegenüber seinen Verbündeten im weiteren Fortgang der Verhandlungen. Im Gefolge des bisherigen Chefunterhändlers Jules Basdevant, der in der Frage des Angriffskrieges hart blieb, zog sich das Außenministerium aus der Vorbereitung des Prozesses zurück und nahm dem Projekt gegenüber fortan „eine negative und desinteressierte Haltung“[1898] ein.

Das Justizministerium, das die so entstandene Lücke schließen und die französische Mitwirkung am IMT koordinierten sollte, war mit seiner neuen Aufgabe jedoch überfordert. Sichtbar wurden die Folgen auf der Londoner Konferenz: Dort konnte die quasi unvorbereitete französische Abordnung, die lediglich aus zwei Personen bestand, in keiner Hinsicht überzeugen. Sie zeigte kaum eigenes Profil, konnte keinen „französischen Standpunkt“[1899] vorweisen, verfügte ebenso wenig über eine klare Strategie und vermochte sich in keiner der Kernfragen durchzusetzen, in denen ihr Standpunkt von dem ihrer angelsächsischen Verhandlungspartner abwich. Als geradezu abwegig muss man daher alle Versuche bezeichnen, die Londoner Konferenz zum diplomatischen Erfolg für die französische Seite umzudeuten.[1900] Vielmehr leitete das Justizministerium die eigentliche Vorbereitung des Prozesses erst nach der Unterzeichnung des Londoner Abkommens und unter dem Druck der Verbündeten ein. Mit dem ehemaligen Justizminister de Menthon wurde ein Chefankläger bestimmt, der dem Rang nach seinem amerikanischen und britischen Amtskollegen ebenbürtig war, allerdings zuvor nicht an den Verhandlungen teilgenommen hatte, über deren Ergebnisse nur unzureichend informiert war und auch nach seinem Amtsantritt nur einen Teil seiner Zeit dem Nürnberger Prozess widmete. Nichtsdestotrotz beteiligten sich de Menthons Mitarbeiter im

---

1897 DDF, Bd. 1/1945, S. 606 f. Dokument Nr. 325: Note du Secrétariat des Conférences. Criminels de guerre, 7. Mai 1945, hier S. 607.

1898 AD-NUOI 1944–1959/86: Note du Secrétariat des Conférences. Procès de Nuremberg, 28. Dezember 1945; abgedruckt als Dokument Nr. 413 in: DDF, 2/1945, S. 973 ff., hier S. 974.

1899 AD-NUOI 1944–1959/83: Massigli an Bidault, 9. Juli 1945.

1900 Vgl. Tisseron, Nuremberg, S. 111.

September 1945 noch an der Abfassung der Anklageschrift und trugen Sorge dafür, dass dort auch auf französischer Seite im Kriege erlittenes Unrecht Berücksichtigung fand. Den Absprachen mit ihren Verbündeten entsprechend konzentrierten sich die Franzosen bei der Vorbereitung der Anklage voll und ganz auf die Anklagepunkte Kriegsverbrechen und Verbrechen gegen die Menschlichkeit, sofern diese sich in West- und Nordeuropa ereignet hatten. Teil der Vorbereitungsarbeiten war außerdem die gezielte Suche nach verwertbarem Beweismaterial, die nun begann. Dank der Unterstützung der Behörden des eigenen Landes, aber auch von nicht staatlichen Stellen gelang es de Menthons Mitarbeitern, im Laufe von mehreren Wochen eine alles in allem erhebliche Zahl von Beweisdokumenten zusammenzutragen, von denen mehr als 1 500 offiziell als solche registriert wurden.[1901] Auch wenn die französische Regierung in einer entscheidenden Phase untätig geblieben war und die Verhandlungen um die Bildung des IMT vernachlässigt hatte, konnten die Vorbereitungsarbeiten somit am Ende noch rechtzeitig abgeschlossen werden.

Es wäre jedoch verhängnisvoll, sich allein auf die politischen Rahmenbedingungen zu beschränken, will man die Hintergründe der französischen Beteiligung am Prozess gegen die Hauptkriegsverbrecher erfassen. Vielmehr ist es notwendig, auch eine institutionsgeschichtliche Annäherung vorzunehmen: Nach der Londoner Konferenz konkretisierten sich rasch die Vorbereitungen für den Prozess und die französische Regierung stand unter erheblichem Zeitdruck. Ihre grundsätzliche Entscheidung, die Zuständigkeit für die Mitwirkung an dem Prozess dem Justizministerium zu übertragen, war den Meinungsverschiedenheiten in der ersten Vorbereitungsphase geschuldet und wies grundlegende Unterschiede zum Vorgehen der Verbündeten auf. In jedem Fall bestand die Aufgabe des Justizministeriums nun darin, zügig eine eigene Delegation zu schaffen, die das Land vor dem IMT vertreten würde. Sämtliche Zuständigkeiten, die personelle Zusammensetzung und die interne Rangordnung der französischen Vertretung galt es, dabei zu regeln. Die Lösung, für die sich das Ministerium entschied und die im Herbst 1945 auf eine Anweisung de Gaulles hin schrittweise verwirklicht wurde, sah Folgendes vor: Geleitet wurde die Delegation durch den französischen Chefankläger vor dem IMT, dem zwei Stellvertreter zur Seite standen.[1902] Unterstützt wurde dieses Trio durch einen Stab von Fachjuristen, die zusammen mit ihren Vorgesetzten die Anklagevertretung bildeten. Kein Teil dieser Hierarchie war die Gerichtsektion, die lediglich lose an die Delegation angegliedert war.[1903] Angesichts des Personalbedarfs – beispielsweise an Übersetzern, Dolmetschern und Schreibkräften – warb das Ministerium eine große Zahl von weiteren Mitarbeitern an, die die in den unterschiedlichsten Bereichen

1901 Vgl. IMT, Dokumentenindex, Bd. 13/14, S. 517–532.

1902 Vgl. Vgl. JORF, 19. Oktober 1945, S. 6666: Décret n° 45–2415 du 18 octobre 1945 fixant la composition et le fonctionnement de la délégation du Gouvernement provisoire de la République française au ministère public du tribunal militaire international.

1903 Vgl. JORF, 5. November 1945, S. 7287 f.: Ordonnance n° 45–2706 du 2 novembre 1945 relative à la délégation française au tribunal militaire international.

anfallenden Arbeiten erledigten. Aber auch andere Ministerien wurden aktiv und leisteten personelle Unterstützung. Beispielsweise wurden aus der französischen Besatzungszone Wachmannschaften nach Nürnberg entsandt. Rechnet man alle Beteiligten zusammen, dann umfasste die Delegation in ihrer Hochphase insgesamt mehr als 250 Angehörige und verfügte damit über erhebliche personelle Kapazitäten.[1904] Zwar wurden aufgrund der weitaus größeren finanziellen Möglichkeiten der amerikanischen „Gastgeber" immer wieder Klagen über eine unzureichende Ausstattung laut. Aber angesichts des von Paris betrieben Aufwands lässt sich nicht bestreiten, dass die französische Regierung die politische wie juristische Bedeutung des Nürnberger Prozesses erkannt hatte und auch bereit war, etwas in dieses Unternehmen zu investieren.

Zugeschnitten war die gesamte Delegation auf die Anklagebehörde, der die meisten Ressourcen zur Verfügung standen. Die Gründe hierfür liegen auf der Hand, war es doch die Anklagevertretung, die während des Prozesses im Namen Frankreichs das Wort führte und vor der Weltöffentlichkeit sprach. Die Besetzung der führenden Posten lässt unschwer erkennen, dass das Justizministerium das Personal sorgsam auswählte und die Anklagevertreter nach verbindlichen Kriterien bestimmte. Die Wahl fiel in erster Linie auf Fachjuristen, die auf Karrieren als Richter und Staatsanwälte im Dienst der französischen Justiz zurückblicken konnten, also der Gruppe der *magistrats* angehörten. Hinzu kamen die politischen Verdienste, die die Juristen vorweisen konnten: Nahezu alle Mitglieder der Anklagevertretung hatten sich während des Zweiten Weltkrieges in der einen oder anderen Form im Kampf gegen NS-Deutschland ausgezeichnet, ein erheblicher Teil von ihnen hatte sich nachweislich in der Résistance betätigt. Gleichwohl hatten sich die Beamten in den vorangegangenen Jahren als Teil eines Gehorsam und Pflichterfüllung einfordernden „Staatssystems"[1905] auch mit dem Vichy-Regime arrangieren müssen und hatten Widerstand allenfalls „im Schatten des Rechts"[1906] leisten können. In Anbetracht ihrer individuellen Lebenswege ändert dieser Umstand jedoch nichts daran, dass die Nürnberger Anklagevertreter mit ihren eigenen Biographien für das Frankreich der Résistance standen, das in Nürnberg Anklage erhob. Von Bedeutung ist diese Beobachtung nicht nur dort, wo nach der Glaubwürdigkeit der französischen Anklage gefragt wird, sondern auch, wo man die Positionierungen der Delegation in inhaltlichen Fragen verstehen will.

Für die Zusammensetzung der Anklagevertretung spielten allerdings auch ganz praktische Notwendigkeiten eine Rolle: Sprachkenntnisse (Deutsch, Englisch oder Russisch) waren für mehrere Anwerbungen ebenso ausschlaggebend wie Fachwissen in speziellen Bereichen, was beispielsweise an der *section économique* innerhalb des Anklagestabes deutlich wird. Auch bereits gesammelte Erfahrungen der jeweiligen Person bei der Strafverfolgung von Kriegsverbrechen waren offenkundig für

1904 Vgl. AN-F 41/2721: De Menthon an de Gaulle, 19. Januar 1946, S. 4.
1905 Bancaud, Exception, S. 444.
1906 Israël, Résister, S. 159.

einige Ernennungen ausschlaggebend. Mehrere Mitarbeiter der Anklagebehörde wurden jedenfalls von der bei Kriegsende geschaffenen Ermittlungsbehörde SRCGE übernommen. Die tägliche Arbeit des juristischen Personals war in der Praxis stark von Improvisationen und ständigen Veränderungen geprägt, die sich spürbar auf die interne Hierarchie auswirkten. Die Unbeständigkeit an der Spitze der Delegation beispielsweise hatte zur Folge, dass mit Charles Dubost einer der beiden stellvertretenden Chefankläger zum wichtigsten französischen Vertreter vor dem IMT wurde und die Rolle der beiden aufeinanderfolgenden Delegationschefs de Menthon und Champetier de Ribes demgegenüber relativ unbedeutend war. Unbeständigkeit und Improvisation beschränkten sich unterdessen nicht nur auf den recht kleinen Kreis der Juristen innerhalb der Delegation, auch für die Arbeit des übrigen Personals waren sie charakteristisch. Laufend wurden etwa neue Übersetzer und Stenotypistinnen engagiert, während andere wieder aus Nürnberg abreisten. Vor allem für die für den Prozess erforderlichen Übersetzungstätigkeiten hatte die Delegation einige Mühe, geeignete Mitarbeiter zu finden. Trotz solcher Schwierigkeiten gelang es ihr jedoch rasch, ihre eigene Infrastruktur vor Ort aufzubauen und ein effizientes Arbeiten ihrer Delegation zu gewährleisten. Der Alltag der Franzosen spielte sich in der Regel zwischen dem Gerichtsgebäude im Westen Nürnbergs, dem für Empfänge und Einladungen genutzten Grand Hotel und den Quartieren im Vorort Zirndorf ab. Dabei befand sich die Delegation unter der Obhut der amerikanischen Militärverwaltung und war in das Leben der alliierten Prozessgemeinde eingebunden. Kontakte zu den Einheimischen kamen hingegen kaum zustande.

Vor dem Hintergrund der institutionellen Verfasstheit der französischen Vertretung stellt sich als nächstes die Frage nach dem konkreten juristischen Beitrag, den diese zum Prozess gegen die Hauptkriegsverbrecher leistete. Zu Beginn des Prozesses, während die beiden angelsächsischen Anklagevertretungen im Gerichtssaal das Wort führten, musste die Delegation erst ihren Platz unter den alliierten Prozessteilnehmern finden. Ihr gelang es, sowohl für die Zusammenarbeit mit den westlichen, als auch mit den sowjetischen Verbündeten eine tragfähige Grundlage zu schaffen. Allerdings gestalteten sich die gegenseitigen Beziehungen keineswegs immer harmonisch. Schwierig war vor allem das Verhältnis zum amerikanischen Chefankläger Robert H. Jackson und seinen Mitarbeitern, das von gegensätzlichen Vorstellungen über den Prozess, kulturellen Differenzen und persönlichen Animositäten geprägt war. De Menthon beispielsweise beklagte noch im Nachhinein Jacksons „Unkenntnis des französischen Rechts und seinen absoluten Glauben an die Überlegenheit des amerikanischen Rechts.“[1907] Schon allein aus diesem Grund ist die Vorstellung falsch, dass die französischen Vertreter in Nürnberg nur Statisten waren, sich anpassten und sich den Wünschen ihrer Verbündeten fügten. Tatsächlich hatten sie durchaus den Anspruch, das Verfahren gegen die NS-Führer mitzugestalten. Als dritte präsentierte die französische Delegation in der Zeit vom 17. Januar bis zum 7. Februar 1946 im Nürnberger Schwurgerichtssaal ihren

1907 ADHS-135 J 191: Redemanuskript de Menthons, ca. 1976, S. 8.

Anklagevortrag.[1908] Inhaltlich setzte sich dieser zusammen aus einem Eröffnungsplädoyer, das den Nationalsozialismus geistesgeschichtlich einordnete und den Zweck des Prozesses herausstellte, sowie themenbezogenen Einzelpräsentationen. In diesen wurden das deutsche Zwangsarbeitsprogramm, die Ausplünderung Westeuropas durch die Besatzungsmacht, Gewaltverbrechen an Zivilisten und Kriegsgefangenen, die Germanisierung besetzter Gebiete und die individuellen Anschuldigungen gegen die Angeklagten nacheinander thematisiert. Als Grundlage des im Vorfeld immer wieder eingeforderten „positiven Rechtes“[1909], auf dem die Franzosen ihre Anklage aufbauten, dienten ihnen in erster Linie bestehende völkerrechtliche Verträge, insbesondere die Haager Landkriegsordnung. Die Anklage zu den Themenkomplexen Zwangsarbeit und Ausplünderung etwa belegten sie sorgsam mit einzelnen Vertragsklauseln, deren Verletzung sie den Angeklagten vorwarfen. Darüber hinaus bildeten aber auch nationales Strafrecht und universalrechtliche Vorstellungen ein juristisches Fundament für die französische Anklage. Vor allem in der Beweisführung Dubosts über die deutschen Gräueltaten wird dies deutlich.

Außerdem scheute die Anklagevertretung nicht davor zurück, in ihrer Argumentation völkerrechtliche Pionierarbeit zu leisten. Die Auffassung, die sie von den Verbrechen gegen die Menschlichkeit vertrat, ging jedenfalls weit über die Bestimmungen des Londoner Statuts hinaus und spiegelte die Gedanken wider, die man sich auf französischer Seite über diese neue Konzeption machte. Gewertet wurden die deutschen Verbrechen durch die Ankläger zudem ganz aus der Perspektive der Résistance, in der das französische Prozesspersonal seinen biographischen Hintergrund hatte, und der unmittelbaren Kriegserfahrung. Zu nennen ist hier vor allem die These von der deutschen Kollektivschuld, die von den französischen Anklägern vehement vertreten und bereits im Eröffnungsplädoyer in aller Deutlichkeit formuliert wurde. Aber auch an der Bewertung der deutschen Verbrechen als Ausdruck eines einzigen, zentral gelenkten Vernichtungsfeldzuges gegen Frankreich und seine Bevölkerung wird diese Perspektive deutlich. In derlei inhaltlichen Fragen sind die Unterschiede zu den Auffassungen der anderen alliierten Anklagevertretungen eklatant.

Außerdem setzten die Franzosen auch methodisch eigene Akzente. Eine Beweisführung aus der Opferperspektive, in der insbesondere die Zeugenaussagen von KZ-Überlebenden im Mittelpunkt standen, war für ihr Vorgehen ganz charakteristisch und hob dieses ebenfalls von der Strategie ihrer Verbündeten ab. Man mag hier an Alfred Döblins vielzitierten „Nürnberger Lehrprozeß“ denken, in dem er für die Anklage vor dem IMT die Verpflichtung postulierte, als Anwalt der Opfer aufzutreten: „Die Zahl der nicht erschienen Ankläger beläuft sich auf Millionen [...]. Sie liegen waagrecht in ihren Gräbern, nachdem sie erschossen, gehängt, geköpft,

1908 Vgl. IMT, 17. Januar 1946, Bd. 5, S. 415-IMT, 7. Februar 1946, Bd. 7, S. 138.
1909 Vgl. DDF, 1/1945, S. 216, Dokument Nr. 110: Note du Secrétariat des Conférences. Instructions sollicitées par M. Cassin, 16. Februar 1945.

zu Tode geknüppelt und vergast sind."[1910] Sicherlich ist es auch zulässig, in diesem Zusammenhang auf die französischen Initiativen bei der Schaffung des IStGH hinzuweisen, die bezweckten, den Opfern vor dem Weltgericht ausreichend Gehör zu verschaffen und ihnen Mitwirkungsrechte an den Verfahren zu garantieren.[1911] Ein solcher „opferzentrierter Ansatz im Strafrecht"[1912] wird ohne jeden Zweifel bereits in der Beweisführung der französischen Delegation in Nürnberg sichtbar. Aber die französische Anklage profilierte sich nicht nur in methodischer Hinsicht, sondern untermauerte ihre Vorwürfe auch unter juristischen Gesichtspunkten sorgfältig, belegte sie mit einer Vielzahl von Beweisdokumenten und stellte sie in einer schlüssigen Abfolge dar. Qualitativ kann der Vortrag daher in jedem Fall als solide bezeichnet werden und es gelang den Franzosen, sich unter den alliierten Vertretungen als eigenständige Kraft zu behaupten und ihre Sicht der Dinge deutlich zu machen. Daher ist de Menthon zuzustimmen, wenn er in der Gesamtbewertung von einem „sehr nützlichen Beitrag zur Anklage"[1913] sprach.

Die zweite Prozesshälfte stand ganz im Zeichen der Konfrontation zwischen Anklage und Verteidigung. Mit den deutschen Anwälten der NS-Führer, die ihnen in der Regel relativ unbekannt waren, lieferten sich die französischen Ankläger immer wieder verbale Scharmützel, die eher politischer denn juristischer Natur waren. Diese Auseinandersetzungen zeigen allerdings deutlich, wie sehr der Prozess von beiden Seiten auch als politisches Forum verstanden wurde. Wesentlich bedeutender für die Urteilsfindung waren hingegen die Kreuzverhöre, denen sich die meisten Angeklagten im Rahmen ihrer eigenen Verteidigung unterzogen. Die französische Anklagevertretung war bei diesen Vernehmungen am passivsten, führte allerdings den Absprachen mit ihren Verbündeten gemäß vier Kreuzverhöre durch. Bei diesen Gelegenheiten wussten ihre Sprecher durchaus zu überzeugen und konfrontierten ihre Kontrahenten mit Beweismitteln, die keinen Zweifel an deren Schuld ließen. Dadurch trugen sie ganz konkret zur Verurteilung einiger Angeklagter bei. Die Schuldsprüche gegen Ribbentrop, Rosenberg, Sauckel und Seyß-Inquart am Ende des Prozesses begründete das Richterkollegium jedenfalls in weiten Teilen mit Beweisen, die die französische Anklagevertretung vorgebracht hatte.[1914] Diese hatte mit ihrem Schlussplädoyer gegen die NS-Führer gegen Ende des Prozesses noch einmal

1910 Fiedeler, Lehrprozeß, S. 4. Döblin verfasste die Schrift unter dem Pseudonym Hans Fiedeler. Bezeichnenderweise reiste er im Auftrag der Militärverwaltung der französischen Besatzungszone als Prozessbeobachter nach Nürnberg; vgl. Schoeller, Döblin, S. 655 ff.

1911 Vgl. zum Beispiel Artikel 50 „Rights of Victims" in dem Entwurf für das Statut des Internationalen Strafgerichtshofs, den Frankreich im August 1996 dem Preparatory Committee on the Establishment of an International Criminal Court vorlegte: Draft Statute of the International Criminal Court; auch Schabas, Introduction, S. 342–347.

1912 Schabas, Introduction, S. 346.

1913 ADHS-135 J 191: Bericht de Menthons, ca. 1966, S. 2.

1914 Vgl. IMT, Bd. 1, Urteil, S. 323 f., S. 333 f., S. 362 ff. und S. 372 f.

die Möglichkeit, ihren Standpunkt deutlich zu machen. Dubost, der die Rede hielt, versäumte die Gelegenheit nicht, das Profil seiner Delegation erneut zu schärfen. Das tat er, indem er auf den Darlegungen aus dem Anklagevortrag aufbauend das Konzept eines nationalsozialistischen „crime d'Etat"[1915] (Staatsverbrechens) entwickelte und abschließend die Todesstrafe für alle Angeklagten forderte. In der letzten Prozessphase, in der die Anklage gegen die NS-Organisationen verhandelt wurde, hielten sich Dubost und seine Mitarbeiter hingegen zurück und intervenierten nur in wenigen Fällen. Allerdings arbeitete man in der Delegation und im Pariser Justizministerium bereits an Plänen für das weitere Vorgehen nach einem Urteilsspruch gegen die NS-Organisationen.

Eine vollständige Bewertung der Rolle Frankreichs im Prozess gegen die Hauptkriegsverbrecher muss zuletzt auch die Rezeptionsgeschichte auf unterschiedlichen Ebenen miteinschließen. Umso aufschlussreicher ist eine solche Betrachtung, da heute die inneren Abläufe bei der Nürnberger Urteilsfindung bekannt sind: Das Urteil des IMT trägt auch die Handschrift der beiden französischen Mitglieder des Richterkollegiums, die trotz ihrer „unerklärten Passivität"[1916] während des Prozesses selbst eigene Standpunkte entwickelten, diese vor ihren Kollegen energisch vertraten und keinesfalls lediglich deren Beschlüsse formell absegneten. Vor allem die restriktive Auslegung der Bestimmungen des Londoner Statuts war für die Haltung der beiden Franzosen charakteristisch. De Vabres und mit einigen Abstrichen auch Falco waren stark darauf bedacht, das Urteil auf eine solide völkerrechtliche Basis zu stellen und sich an bestehenden Bestimmungen zu orientieren. Innerhalb des Richterkollegiums war ihre Haltung zweifellos am stärksten von rechtspositivistischem Denken geprägt. Vor allem die Beschränkung des ersten Anklagepunktes auf das Planen und Führen eines Angriffskrieges ging maßgeblich auf de Vabres zurück. Aber auch die Entscheidung, die Verbrechen gegen die Menschlichkeit mit den Kriegsverbrechen quasi zusammenzufassen entsprach ganz dieser Grundhaltung. Aus einer französischen Initiative entstanden zudem die Empfehlungen des IMT für die Folgeverfahren gegen die Mitglieder der als verbrecherisch eingestuften NS-Organisationen.

„Merkwürdig zaghaft"[1917], gab de Vabres bei den individuellen Verurteilungen in der Regel das mildeste Votum von allen Richtern ab. Dadurch hatte er entscheidenden Anteil daran, dass sieben Angeklagte lediglich zu Haftstrafen verurteilt und drei sogar freigesprochen wurden. Für diese „französische Nachsichtigkeit"[1918] brachte die Öffentlichkeit in Frankreich, die harte Strafen für die NS-Führer wünschte, jedoch keinerlei Verständnis auf. Insgesamt nahm sie das Urteil eindeutig ablehnend auf. Nach der Bekanntgabe brach in den Medien ein Sturm der Entrüstung los, in dem die Entscheidungen des alliierten Richterkollegiums scharf kritisiert, die „Schande

1915 AD-NUOI 1944–1959/90: Lalouette, Schreiben Nr. 153, 31. Juli 1946, S. 1.
1916 Neave, Record, S. 234.
1917 SUL-Biddle Collection-Box 14: Final Vote on Individuals, 10. September 1946.
1918 A. Wieviorka, France, S. 78.

von Nürnberg“[1919] angeprangert und der Sinn des ganzen Prozesses in Frage gestellt wurde. Diese öffentliche Entrüstung war das Resultat einer wachsenden Ungeduld angesichts der langen Dauer des Verfahrens und einer klaren Erwartungshaltung an dessen Ausgang, die sich in Frankreich während des Prozesses eingestellt hatten. Eine besondere Tragik liegt zweifellos darin, dass die Verantwortung dafür, dass das Urteil die Erwartungen so vieler Franzosen enttäuschte, zu einem guten Teil bei ihrem Landsmann de Vabres lag. Dieser Zusammenhang wurde jedoch damals nicht bekannt, da die Beratungen des Richterkollegiums strikter Geheimhaltung unterworfen waren. Trotz des öffentlichen Unmutes versuchte die französische Regierung, aus dem in Nürnberg verrichteten „Werk“[1920] im Anschluss außenpolitisches Kapital zu schlagen.

Überblickt man die Initiativen, die sie in der Folge entfaltete, dann lässt sich deren vollständiges Scheitern jedoch nicht bestreiten. Die Verantwortlichen in Paris bemühten sich durchweg, dem beginnenden Kalten Krieg zum Trotz die in Nürnberg begonnene Kooperation mit den Alliierten weiterzuführen und ein einheitliches, eng abgestimmtes Vorgehen in der Kriegsverbrecherfrage zu gewährleisten. Dabei konnten sie aber keinen einzigen Erfolg verbuchen. Die herbste Enttäuschung bestand zweifellos darin, dass die anderen Alliierten es ablehnten, einen zweiten Hauptkriegsverbrecherprozess durchzuführen. In dieses Projekt hatte man auf französischer Seite die meisten Ressourcen investiert. Aber auch das Fehlschlagen der Pläne, eine internationale Expertenkommission einzuberufen und das Kontrollratsgesetz Nr. 10 abzuändern, das die weitere Ahndung nationalsozialistischer Verbrechen regelte, zeigt, wie sehr sich die Regierung in Paris in der Kriegsverbrecherfrage außenpolitisch in die Sackgasse manövrierte. Die französische Delegation in Nürnberg wurde dadurch überflüssig, schrittweise erfolgte ihre Abwicklung. Am Ende redigierten die letzten Delegationsmitglieder noch die Protokolle des Hauptkriegsverbrecherprozesses, die trotz einiger Schwierigkeiten letztendlich komplett auf Französisch veröffentlicht wurden. Außerdem unterhielt das Justizministerium eine Vertretung bei den von amerikanischer Seite eingerichteten Nürnberger Militärtribunalen, die mit wechselnder Besetzung noch bis in den Sommer 1949 hinein vor Ort war.

Die Rechtsgrundsätze des Nürnberger Verfahrens fanden unterdessen trotz der wachsenden Spannungen zwischen den Alliierten Anwendung in der Rechtsprechung der Gerichte in der französischen Besatzungszone, die auf Grundlage des Alliierten Kontrollratsgesetzes Nr. 10 urteilten. Grundverschieden war die Lage hingegen in den Verfahren gegen deutsche Kriegsverbrecher in Frankreich, die ausschließlich nach französischem Strafrecht durchgeführt wurden. Dass im nationalen Rahmen dennoch das „Erbe“ Nürnbergs Eingang in die juristische Praxis fand, lag an einem Gesetz aus dem Jahr 1964, das die Unverjährbarkeit für Verbrechen gegen die Menschlichkeit festsetzte. Dadurch erklärt sich die paradoxe Situation, dass trotz des zeitlichen

1919 Front national, Artikel: „Après la grande honte de Nuremberg“, 3. Oktober 1946.
1920 AD-NUOI 1944–1959/90: Lalouette, Telegramm Nr. 171, 2. Oktober 1946.

Abstandes die „späten" Verfahren wegen NS-Verbrechen in Frankreich weitaus mehr Gemeinsamkeiten mit Nürnberg aufweisen als die Prozesse in der unmittelbaren Nachkriegszeit. Die Bewertung des Hauptkriegsverbrecherprozesses auf französischer Seite bestimmte nichtsdestotrotz in erster Linie die politische Entwicklung. Da mit dem sich zuspitzenden Kalten Krieg die Etablierung eines internationalen Strafgerichtshofes als dauerhafter Einrichtung bis auf Weiteres unmöglich schien, sahen die einst an dem Prozess beteiligten Juristen diesen im Nachhinein im Lichte ihrer enttäuschten Erwartungen und konnten in ihm allenfalls noch einen „Hoffnungsschimmer"[1921] erkennen. Schließlich waren ursprünglich ihre Hoffnungen auf eine weltweite Durchsetzung des Völkerstrafrechts, die von dem Prozess ausgehen würde, äußerst weitreichend gewesen und Dubost hatte die Mission der französischen Juristen in Nürnberg dezidiert als „unseren Kampf für den Frieden"[1922] verstanden. Die späteren Einschätzungen der Beteiligten zeugen daher von einem zunehmenden Maß an Resignation, deren Intensität sich sicherlich auch dadurch erklärt, dass keiner von ihnen die tatsächliche Schaffung des Internationalen Strafgerichtshofes in Den Haag mehr miterlebte. Insgesamt ist daher eine negative Rezeption des Nürnberger Prozesses in Frankreich zu konstatieren, die sich auf alle erfassbaren Ebenen erstreckte. Die öffentliche Empörung über das Urteil ging einher mit einem Scheitern der außenpolitischen Pläne der französischen Regierung. Bei der weiteren Strafverfolgung von NS-Verbrechen handelten die Siegermächte des Zweiten Weltkrieges unabhängig voneinander auf eigene Faust und auf lange Sicht erschien der Prozess selbst den Juristen, die an ihm mitgewirkt hatten, als fehlgeschlagener Versuch, dem Völkerstrafrecht weltweit dauerhaft Geltung zu verschaffen.

Zu fragen wäre nun nach den langfristigen, gesellschaftspolitischen Folgen der beschriebenen negativen Rezeption und ihren Rückwirkungen auf die spätere Wahrnehmung des Hauptkriegsverbrecherprozesses in Frankreich. Dies mag nur als Beispiel dafür dienen, dass sich von den Ergebnissen der hier vorgenommenen Untersuchung ausgehend neue Fragestellungen für die interdisziplinäre Forschung ergeben, deren Bearbeitung den Rahmen einer rein geschichtswissenschaftlichen Studie über den Prozess als historischem Ereignis jedoch sprengen würde. Hingewiesen sei allerdings auf die zu Beginn der Arbeit gemachte Beobachtung. Denn diese legt nahe, dass ein Zusammengang zwischen der negativen Rezeption des Prozesses in Frankreich und dem kollektiven Ausblenden der französischen Mitwirkung besteht: Ein Ereignis, das von den Zeitgenossen als Misserfolg und Fehlschlag gewertet wurde, war kaum dazu prädestiniert, sich zu einem positiven Bezugspunkt in der nationalen Gedenk- und Erinnerungskultur zu entwickeln. Ganz im Gegenteil war es im Fall des Nürnberger Unternehmens einfach, die Mitwirkung Frankreichs zu relativieren und aufgrund des internationalen Charakters des Prozesses mit seiner Vielzahl von Beteiligten nicht die eigenen Landsleute, die nach den Worten

1921 ADHS-135 J 191: Redemanuskript de Menthons, ca. 1976, S. 18.

1922 FNSP-CD/03: „Je ne crois pas que la notion de crime contre l'humanité [...]" (ohne Titel), 3 Seiten, undatiert, S. 3.

von Justizminister Teitgen „mehr als ihre Pflicht“[1923] getan hatten, sondern andere als die Verantwortlichen für die enttäuschten Erwartungen anzusehen. Als diese kamen natürlich vor allem die amerikanischen Verbündeten in Betracht, die den Prozess ohnehin als ihr alleiniges Werk betrachteten. Eine Auseinandersetzung mit dem französischen Anteil an dem als Niederlage empfundenen Prozess ließ sich so jedenfalls bequem vermeiden und fand in der Folge nicht statt. Wie stichhaltig diese These ist und ob hierin tatsächlich die Ursache dafür liegt, dass sich im nationalen Diskurs in Frankreich eine Wahrnehmung des Nürnberger Prozesses durchsetzte, die den eigenen Beitrag vollkommen außer Acht ließ und von der nationalen Geschichte abkoppelte, wäre durch die Forschung im Rahmen von weitergehenden Untersuchungen zu überprüfen.

Als zentrales Ergebnis der vorliegenden Studie muss allerdings festgehalten werden, dass die besagte Ausblendung zu Unrecht stattfand und den Blick auf den Prozess verfälschte. Entscheidende Gesichtspunkte sind dadurch in Vergessenheit geraten. Zu diesen gehört vor allem die Tatsache, dass die französische Regierung für ihre Verhältnisse beträchtliche Mittel für den Prozess zur Verfügung stellte und dessen politische wie juristische Bedeutung durchaus sah. Mit einer lang anhaltenden Nichtbeachtung wurde unverdientermaßen auch der französische Anklagevortrag in Nürnberg gestraft. Tatsächlich war dieser weder eine bloße Nachahmung der von den Verbündeten gemachten Ausführungen noch eine einfache Aneinanderreihung von Vorwürfen, der die juristische Substanz fehlte. Vielmehr lagen ihm ein eigenes Verständnis des Völkerstrafrechts und eine weitreichende Vision von dessen Zukunft zugrunde, die die französischen Anklagevertreter mit Nachdruck vertraten und begleitet von einer soliden Beweisführung vor den anderen Prozessteilnehmern zum Ausdruck brachten. Dennoch sind die Leistungen von Juristen wie Charles Dubost, Jacques-Bernard Herzog, Henri Monneray, Delphin Debenest, Charles Gerthoffer und Pierre Mounier später kaum gewürdigt worden. Dabei ist es nachweislich auch ihr Verdienst, dass mehrere der Hauptkriegsverbrecher am Ende des Prozesses durch den Gerichtshof verurteilt wurden. Diese Tatsachen gilt es, bei einer Bewertung zu berücksichtigen – selbstverständlich aber auch jene Umstände, die einer Verklärung der französischen Mitwirkung entgegenstehen. Dass de Menthon sich als Chefankläger nur wenig für sein Amt in Nürnberg interessierte und de Vabres seiner Aufgabe als Richter nicht gewachsen war, ist beispielsweise ebenso ein Teil der historischen Wahrheit. Ein differenziertes Gesamturteil muss solche Feststellungen miteinschließen, jedoch vor allem die wesentlichen Befunde benennen und klar herausstellen: Frankreich hat den Nürnberger Prozess gegen die Hauptkriegsverbrecher mitgestaltet und einen eigenständigen, keineswegs nur symbolischen Beitrag zu dem Verfahren geleistet. Dieser Beitrag verdient es, der Nachwelt in Erinnerung zu bleiben.

1923 Teitgen, Jugement., S. 6.

Quellen- und Literaturverzeichnis

I. Unveröffentlichte Quellen

A. Archives diplomatiques, La Courneuve (AD)

Secrétariat des Conférences

NUOI 1944–1959/81–98 Nations unies – Organisations internationales 1944–1959: Allemagne. Crimes de guerre – Procès de Nuremberg

Direction des affaires politiques

Y-Internationale 1944–1949/52–61 Droit international public et droit de guerre

Haut Commissariat de la République française en Allemagne

HCRFA/SL/19–20 Service de liaison: Recherche de criminels de guerre

Dossier de carrière

Lalouette, Roger Charles Georges

B. Archives nationales, Pierrefitte-sur-Seine und Fontainebleau (AN)

Ministère de la Justice

BB 30/1760–1765:	Cabinets des gardes des Sceaux (Gouvernement provisoire): Période Teitgen
BB 30/1779:	Documentation générale: Tribunaux militaires internationaux – Nuremberg
BB 30/1785	Commissariat à la Justice d'Alger: Commission intercommissariale des crimes de guerre
BB 30/1793–1797	Archives du Service de recherche des crimes de guerre ennemis
BB 35/1–88	Tribunal militaire international de Nuremberg

Ministère de l'Information

F 41/2721	Crimes de guerre

Papier des chefs de l'État

3 AG 4/49	Charles de Gaulle avant 1959: Crimes de guerre

Fonds privés

505 AP	Fonds Edgar Faure

Dossiers de personnel

19970410/1–3	Services judiciaires. Tribunal militaire international: Dossiers sur les membres de la délégation française à Nuremberg.

Service de recherche des crimes de guerre ennemis

19950468/1–4	Organisation du service, dossiers de personnel.

Archives des musées nationaux (AMN)

O30–438	Dossier Rose Valland

Dossiers de la Légion d'honneur

19800035/9	Herzog, Jacques-Bernard
19800035/67/8237	Donnedieu de Vabres, Félix August Henri
19800035/326/43981	Falco, Pacifique Alfred Robert

Dossiers de carrière (magistrats):

19770067/338	Mounier, Pierre
19820583/146	Debenest, Delphin Jean Aristide
19840317/7	Leyris, Jean Marius Joseph
19840317/8	Boucly, Félix Marie Pierre
19840317/91	Quatre, Constant Marius
19840320/41	Fuster, Serge
19890074/91	Chalufour, Aline Marie Radégonde
19890074/115	Gerthoffer, Charles Alexandre
19890074/124	Herzog, Jacques-Bernard
19890074/132	Lanoire, Jean Jacques Joseph
19890322/39	Delpech, Henri Joseph Jules Léon
19890322/43	Dubost, Charles Joseph Marie

C. Archives départementales de la Haute-Savoie, Annecy (ADHS)

Fonds François de Menthon (135 J)

D. Fondation nationale des sciences politiques, Paris (FNSP)

Archives d'histoire contemporaine

Fonds Charles Dubost (CD/01–16)

E. Centre de documentation juive contemporaine, Paris (CDJC)

Fonds Henri Monneray (MDXXXV/01–34)

Fonds Billig-Poliakov

Nuremberg

F. Service historique de la Défense, Vincennes (SHD)

Nuremberg 60/22–32 (nicht inventarisiert)

G. Archiv des Karl-von-Vogelsang-Instituts, Wien (KVVI)

Nachlass Gustav Steinbauer (nicht inventarisiert)

H. Archiv des Instituts für Zeitgeschichte der Universität Wien, Wien (IFZW)

Nachlass Gustav Steinbauer (NL 61)

I. Syracuse University Libraries, Syracuse (SUL)

Francis Biddle Collection – Trial Documents: Box 14

J. In Privatbesitz

Nachlass Delphin Debenest (nicht inventarisiert)

II. Veröffentlichte Quellen und Sekundärliteratur

Agi, Marc: René Cassin 1887–1976. Prix Nobel de la Paix, Père de la Déclaration universelle des droits de l'homme, Paris 1998.

Amat, Roman de/Limouzin-Lamothe, R. (Hrsg.): Dictionnaire de biographie française, Bd. 11 (Des Planches – Duguet), Paris 1967.

Amouroux, Henri: La grande histoire des Français après l'occupation IX. Les règlements de comptes, septembre 1944–janvier 1945, Paris 1991.

Ancel, Marc: Jacques-Bernard Herzog, in: Revue internationale de droit comparé 21 (1969), H. 2, S. 407–409.

Antipow, Lilia: Die UdSSR und der Nürnberger Prozess: Vorbereitung, Durchführung, Rezeption (1945–2008). Darstellung und Forschungsbericht. Manuskript, Nürnberg 2010.

Antipow, Lilia: „Die wahrhaft räuberischen Pläne der hitlerschen Angreifer gegen die Sowjetunion" – Zur Eröffnungsrede des sowjetischen Hauptanklägers Roman Rudenko, in: Nürnberger Menschenrechtszentrum (Hrsg.): Das Internationale Militärtribunal von Nürnberg 1945/1946. Die Reden der Hauptankläger, neu gelesen und kommentiert, Hamburg 2015, S. 227–277.

Aroneanu, Eugène: Das Verbrechen gegen die Menschlichkeit, Baden-Baden 1947.

Ascensio, Hervé: The French Perspective, in: Reginbogin, Herbert J./Safferling, Christoph J. M. (Hrsg.): Die Nürnberger Prozesse. Völkerstrafrecht seit 1945. Internationale Konferenz zum 60. Jahrestag, München 2006, S. 39–43.

Assemblée nationale – Service des archives (Hrsg.): Dictionnaire des parlementaires français. Notices biographiques sur les parlementaires français de 1940 à 1958, Bd. 3, Paris 1994.

Auswärtiges Amt (Hrsg.): Menschenrechte in der Welt. Konventionen, Erklärungen, Perspektiven, Remscheid, 4. erw. Aufl. 1981, S. 19–25.

Azéma, Jean-Pierre: De Munich à la Libération (1938–1944), Paris 2002.

Azéma, Jean-Pierre: Jean Moulin. Le rebelle, le politique, le résistant, Paris 2003.

Azéma, Jean-Pierre: Pacte germano-soviétique, in: Azéma, Jean-Pierre/Bédarida, François (Hrsg.): 1938–1948. Les années de tourmente – de Munich à Prague. Dictionnaire critique, Luçon 1995, S. 993–1003.

Azéma, Jean-Pierre: Vichy, in: Azéma, Jean-Pierre/Bédarida, François (Hrsg.): 1938–1948. Les années de tourmente – de Munich à Prague. Dictionnaire critique, Luçon 1995, S. 1083–1092.

Azéma, Jean-Pierre: Vichy-Paris. Les collaborations – Histoire et mémoires, Brüssel 2012.

Azéma, Jean-Pierre/Wieviorka, Olivier: Vichy 1940–1944, Paris 2000.

Bancaud, Alain: Une exception ordinaire. La magistrature en France 1930–1950, Paris 2002.

Barrett, John Q.: Raphael Lemkin and „Genocide" at Nuremberg, 1945–1946, in: Safferling, Christoph/Conze, Eckart (Hrsg.): The Genocide Convention. Sixty Years after its Adoption, Den Haag 2010, S. 35–54.

Baruch, Marc Olivier: Le régime de Vichy, Paris 1996.

Baruch, Marc Olivier: Servir l'État français. L'administration en France de 1940 à 1944, Paris 1997.

Baruch, Marc Olivier (Hrsg.): Une poignée de misérables. L'épuration de la société française après la Seconde Guerre mondiale, Paris 2003.

Bassiouni, Cherif: L'association internationale de droit pénal (A.I.D.P.). Plus d'un siècle de dévouement à la justice pénale et aux droits de l'homme, in: Revue internationale de droit pénal 86 (2015), S. 1069–1094.

Bassiouni, Cherif: Crimes Against Humanity. Historical Evolution and Contemporary Application, Cambridge [u.a.] 2011.

Bastid, Paul: Basdevant, Jules, in: Kuehl, Warren F. (Hrsg.): Biographical Dictionary of Internationalists, London [u.a.] 1983, S. 58 f.

Bayle, François: Croix gammée contre caducée. Les expériences humaines en Allemagne pendant la deuxième guerre mondiale, Neustadt (Rheinland-Pfalz) 1950.

Behrschmidt, Ewald: Der Saal 600, in: Oberlandesgericht Nürnberg (Hrsg.): Justizpalast Nürnberg. Ein Ort der Weltgeschichte wird 100 Jahre. Festschrift zum 100. Jahrestag der feierlichen Eröffnung des Justizpalastes in Nürnberg durch König Ludwig III. am 11. September 1916, Nürnberg 2016, S. 111–126.

Beigbeder, Yves: Judging War Crimes and Torture. French Justice and International Criminal Tribunal and Commissions 1940–2005, Leiden [u.a.] 2006.

Bellet, Murielle: L'inconnu de Rillieux, Paris 2002.

Berger, Françoise/Joly, Hervé: „Fall 13". Das Rastatter Röchling-Verfahren, in: Priemel, Kim C./Stiller, Alexa (Hrsg.): NMT. Die Nürnberger Militärtribunale zwischen Geschichte, Gerechtigkeit und Rechtschöpfung, Hamburg 2013, S. 464–490.

Bergère, Marc (Hrsg.): L'épuration économique en France à la Libération, Rennes 2008.

Berlia, Georges: Le président Jules Basdevant, in: Politique étrangère 33 (1968), H. 1, S. 5–7.

Berlière, Jean-Marc: Policiers français sous l'occupation. D'après les archives de l'épuration, Paris 2001.

Bermejo, Benito: Francisco Boix. El fotógrafo de Mauthausen, Barcelona 2002.

Biddle, Francis: In Brief Authority, Garden City (New York) 1962.

Binder, Dieter A.: Seyß-Inquart, Arthur, in: Neue Deutsche Biographie 24 (2010), S. 302 f.

Biscarat, Pierre-Jérôme: Dans la tourmente de la Shoah. Les enfants d'Izieu, Neuilly-sur-Seine 2008.

Bloch, Michael: Ribbentrop. A Biography, London 1992.

Bloxham, Donald: Genocide on Trial. War Crimes Trials and the Formation of Holocaust History and Memory, Oxford [u.a.] 2003.

Bloxham, Donald: Pragmatismus als Programm. Die Ahndung deutscher Kriegsverbrechen durch Großbritannien, in: Frei, Norbert (Hrsg.): Transnationale Vergangenheitspolitik. Der Umgang mit deutschen Kriegsverbrechern in Europa nach dem Zweiten Weltkrieg, Göttingen 2006, S. 140–179.

Boll, Bernd: Fall 6. Der IG-Farben-Prozeß, in: Ueberschär, Gerd (Hrsg.): Der Nationalsozialismus vor Gericht. Die alliierten Prozesse gegen Kriegsverbrecher und Soldaten 1943–1952, Frankfurt am Main 1999, S. 133–143.

Bollmus, Reinhard: Rosenberg, Alfred Ernst, in: Neue Deutsche Biographie 22 (2005), S. 59 ff.

Bonnard, Daniel: Kriegsprofiteure vor Gericht: Der Fall Röchling, in: Lingen, Kerstin von/Gestwa, Klaus (Hrsg.): Zwangsarbeit als Kriegsressource in Europa und Asien, Paderborn 2014, S. 391–408.

Borejsza, Jerzy W.: Katyn, in: Azéma, Jean-Pierre/Bédarida, François (Hrsg.): 1938–1948. Les années de tourmente – de Munich à Prague, Dictionnaire critique, Luçon 1995, S. 973–980.

Bouchoux, Corinne: Rose Valland. La Résistance au musée, La Mothe-Achard 2006.

Bower, Tom: Klaus Barbie. The Butcher of Lyons, New York 1984.

Brink, Cornelia: Ikonen der Vernichtung. Öffentlicher Gebrauch von Fotografien aus nationalsozialistischen Konzentrationslagern nach 1945, Berlin 1998.

Brunner, Bernhard: Der Frankreich-Komplex. Die nationalsozialistischen Verbrechen in Frankreich und die Justiz der Bundesrepublik Deutschland, Göttingen 2004.

Budde, Gunilla/Conrad, Sebastian/Janz, Oliver (Hrsg.): Transnationale Geschichte. Themen, Tendenzen und Theorien, Göttingen 2006.

Bundesministerium der Justiz (Hrsg.): Bundesgesetzblatt 2000, Teil II (Nr. 1 bis 38), Bonn 2000.

Bureau d'informations inter-allié à Londres (Hrsg.): Le châtiment des crimes de guerre. La Déclaration inter-alliée signée au Palais de St. James à Londres le 13 Janvier 1942 et documents annexes, London 1942.

Casamayor [= Fuster, Serge]: Nuremberg 1945. La guerre en procès, Paris 1985.

Cassin, René: Les hommes partis de rien. Le réveil de la France abattue, Paris 1974.

Cassou, Jean (Hrsg.): Le pillage par les Allemands des œuvres d'art et des bibliothèques appartenant à des Juifs en France, Recueil des documents, Paris 1947.

Cesarani, David: Eichmann. His Life and Crimes, London 2004.

Chalandon, Sorj/Nivelle, Pascale: Crimes contre l'humanité. Barbie – Touvier – Bousquet – Papon, Paris 1998.

Chevassus-au-Louis, Nicolas: Alfred Balachowsky. Un pastorien à Buchenwald, in: La Recherche 370 (Dezember 2003), S. 50–52.

Cointet, Michèle: Franc-maçonnerie, in: Cointet, Michèle et Jean-Paul (Hrsg.): Dictionnaire historique de la France sous l'occupation, Paris 2000, S. 321 f.

Cointet, Michèle: Nouvelle histoire de Vichy (1940–1945), Paris 2011.

Commission consultative des dommages et des réparations (Hrsg.): Monographie D. P. 1. Exploitation de la main-d'œuvre française par l'Allemagne, rédigée par Marcel Clément et Henri Delpech, mise au point par MM. Aubé et Baudouin, Paris 1948.

Cooper, John: Raphael Lemkin and the Struggle for the Genocide Convention, Basingstoke 2008.

Cooper, R.W.: Le Procès de Nuremberg. Histoire d'un crime, Paris 1947.

Cordesse, Henri: La Libération en Lozère, Montpellier 1977.

Courtois, Stéphane/Lazar, Marc: Histoire du Parti communiste français, Paris, 2. Aufl. 2000.

Crémieux-Brilhac, Jean-Louis: La France libre, in: Azéma, Jean-Pierre/Bédarida, François (Hrsg.): La France des années noires, Bd. 1, Paris 1993, S. 181–231.

Crémieux-Brilhac, Jean-Louis: La France libre. De l'appel du 18 Juin à la Libération, Paris 1996.

Crouquet, Roger: Le procès de Nuremberg. Les criminels nazis devant leurs juges, Charleroi [u.a.] 1946.

Darnstädt, Thomas: Nürnberg. Menschheitsverbrechen vor Gericht, München [u.a.] 2015.

Davidson, Eugene: The Trial of the Germans. An Account of the Twenty-two Defendants before the International Military Tribunal at Nuremberg, London 1997.

Dazet-Brun, Philippe: Auguste Champetier de Ribes (1882–1947). Un catholique social en République, Biarritz 2008.

Defrance, Corine: Edmond Vermeil et la Commission de rééducation du peuple allemand, in: Revue d'Allemagne et des pays de langue allemande 28 (1996), H. 2, S. 207–221.

Defrance, Corine/Pfeil, Ulrich: Eine Nachkriegsgeschichte in Europa 1945 bis 1963, Darmstadt 2011.

Delage, Christian: La vérité par l'image. De Nuremberg au procès Milosevic, Paris 2006.

Delbreil, Jean-Claude: Centrisme et Démocratie-Chrétienne en France. Le Parti démocrate populaire des origines au MRP 1919–1944, Paris 1990.

Delbreil, Jean-Claude: Le MRP (Mouvement républicain populaire), in: Sirinelli, Jean-François (Hrsg): Dictionnaire de la vie politique française au XXe siècle, Paris 1995, S. 709–713.

Delmas-Marty, Mireille/Fouchard, Isabelle/Fronza, Emanuela/Neyret, Laurent: Le crime contre l'humanité, Paris 2009.

Delpla, François: Nuremberg face à l'histoire, Paris 2006.

Der Prozess gegen die Hauptkriegsverbrecher vor dem Internationalen Militärgerichtshof, 14. November 1945 bis 1. Oktober 1946, amtlicher Text in deutscher Sprache, 42 Bde., Nürnberg 1947–1949 (französische Ausgabe: Procès des grands criminels de guerre devant le Tribunal militaire international, Nuremberg, 14 novembre 1945–1er octobre 1946. Débats (22 volumes). Documents (20 volumes), Nuremberg 1947–1949).

Descheemaeker, Jacques: Le Tribunal militaire international des grands criminels de guerre, Paris 1947.

Diefenbacher, Michael/Endres, Rudolf (Hrsg.): Stadtlexikon Nürnberg, Nürnberg, 2. Aufl. 2000.

Diefenbacher, Michael/Fischer-Pache, Wiltrud (Hrsg): Der Luftkrieg gegen Nürnberg. Der Angriff am 2. Januar 1945 und die zerstörte Stadt, Nürnberg 2004.

Dodd, Christopher J./Bloom, Lary (Hrsg.): Letters from Nuremberg. My Father's Narrative of a Quest for Justice, New York 2007.

Dönitz, Karl: Mein wechselvolles Leben, Göttingen [u.a.] 1968.

Donnedieu de Vabres, Henri: Introduction à l'étude du droit pénal international. Essai d'histoire et de critique sur la compétence criminelle dans les rapports avec l'étranger, Paris 1922.

Donnedieu de Vabres, Henri: Le procès de Nuremberg devant les principes modernes du droit pénal international, in: Académie de droit international de la Haye (Hrsg.): Recueil des cours 70 (1947), H. 1, Paris 1948, S. 477–582.

Donnedieu de Vabres, Henri: Les principes modernes du droit pénal international, Paris 1928.

Douzou, Laurent/Veillon, Dominique: Combat, in: Marcot, François (Hrsg.): Dictionnaire historique de la Résistance intérieure et France libre, Paris 2006, S. 117–119.

Douzou, Laurent/Veillon, Dominique: Liberté, in: Marcot, François (Hrsg.): Dictionnaire historique de la Résistance intérieure et France libre, Paris 2006, S. 129.

Dubost, Charles: Les crimes des Etats et la coutume pénale internationale, in: Politique étrangère 11 (Dezember 1946), H. 6, S. 553–568.

Ducerf, Laurent: François de Menthon, Un catholique au service de la République (1900–1984), Paris 2006.

Dupays, Paul: Au palais de Nuremberg. Chronique historique. Au Tribunal international militaire, mi-avril-mai 1946, London 1952.

Dupays, Paul: Au temple de Thémis. Chronique historique. Justice à Luneberg [sic!] et à Nuremberg, septembre-décembre 1945, London 1952.

Dupays, Paul: Grands chefs du nazisme. Chronique historique. Tribunal international de Nuremberg, mi-mars à mi-avril 1946, London 1952.

Dupays, Paul: Justice. Chronique historique. Tribunal international de Nuremberg, mi-juin à mi-octobre 1946, London 1952.

Dupays, Paul: Ne fais pas à autrui. Chronique historique. Tribunal international de Nuremberg, janvier-mars 1946, London 1952.

Durand, Dominique: Marie-Claude Vaillant-Couturier. Une femme engagée, du PCF au procès de Nuremberg, Paris 2012.

Durand, Yves: Vichy und der „Reichseinsatz“, in: Herbert, Ulrich (Hrsg.): Europa und der „Reichseinsatz“: Ausländische Zivilarbeiter, Kriegsgefangene und KZ-Häftlinge in Deutschland 1938–1945, Essen 1991, S. 184–199.

Duroselle, Jean-Baptiste: L'abîme 1939–1944. Politique étrangère de la France, Paris 1982.

Ehrenfreund, Norbert: The Nuremberg Legacy. How the Nazi War Crimes Trials Changed the Course of History, New York 2007.

Eichacker, Thomas: Die Nutzung des Nürnberger Zellengefängnisses während des Nürnberger Hauptkriegsverbrecherprozesses, in: Mitteilungen des Vereins der Geschichte der Stadt Nürnberg, 97 (2010), S. 321–349.

Eismann, Gaël: Hôtel Majestic. Ordre et sécurité en France occupée (1940–1944), Paris 2010.

Eitz, Thorsten/Strötzel, Georg: Wörterbuch der „Vergangenheitsbewältigung“. Die NS-Vergangenheit im öffentlichen Sprachgebrauch, Hildesheim 2007.

Elwyn-Jones, Frederick: In my Time. An Autobiography, London 1983.

Eyffinger, Arthur: La Cour internationale de Justice 1946–1996, Den Haag [u.a.] 1999.

Fabréguet, Michel: La commission des Nations unies pour les crimes de guerre et la notion de crimes contre l'humanité (1943–1948), in: Revue d'Allemagne et des pays de langue allemande 13 (1991), H. 4, S. 519–531.

Fabréguet, Michel: Mauthausen. Camp de concentration national-socialiste en Autriche rattachée (1938–1945), Paris 1999.

Falco, Robert: Juge à Nuremberg. Souvenirs inédits du procès des criminels nazis (1945–1946), Illustrations de Jeanne Falco, Nancy 2012.

Farmer, Sarah: Martyred Village. Commemorating the 1944 Massacre at Oradour-sur-Glane, London [u.a.] 1999.

Faure, Edgar: Mémoires, 2 Bde. (I: „Avoir toujours raison... c'est un grand tort“; II: „Si tel doit être mon destin ce soir“), Paris 1983–1984.

Faure, Edgar: Message d'Edgar Faure de l'Académie française, procureur général adjoint à Nuremberg, in: Contribution aux droits de l'homme et à la paix. 40 ans après le verdict de Nuremberg. Colloque organisé par la FNDIRP le 4 octobre 1986 au Sénat, Paris 1987, S. 31–35.

[Fédération nationale des déportés et internés, résistants et patriotes (Hrsg.):] La Fédération nationale des déportés et internés, résistants et patriotes accuse à Nuremberg. Déposition officielle de M. Maurice Lampe, le 25 janvier 1946, Paris 1947.

Fiedeler, Hans [= Döblin, Alfred]: Der Nürnberger Lehrprozeß, Baden-Baden 1946.

Flanner, Janet: Janet Flanner's World. Uncollected Writings 1932–1975, London 1979.

Fontette, François de: Le procès de Nuremberg, Paris 1996.

Form, Wolfgang: Transitional Justice: Alliierte Kriegsverbrecherprozesse nach dem Zweiten Weltkrieg in Europa, in: Lingen, Kerstin von (Hrsg.): Kriegserfahrung und nationale Identität in Europa nach 1945. Erinnerung, Säuberungsprozesse und nationales Gedächtnis, Paderborn [u.a.] 2009, S. 52–73.

Fouché, Jean-Jacques: Oradour, Paris 2001.

Fournet, Caroline: Genocide and Crimes Against Humanity. Misconceptions and Confusion in French Law and Practice, Oxford [u.a.] 2013.

Frank, Robert: Gouvernements en exil, in: Marcot, François (Hrsg.): Dictionnaire historique de la Résistance, Paris 2006, S. 856 f.

Frank, Robert: Légitimité, in: Marcot, François (Hrsg.): Dictionnaire historique de la Résistance, Paris 2006, S. 644 f.

Frank, Robert: Les systèmes internationaux au XXe siècle, in: Frank, Robert (Hrsg.): Pour l'histoire des relations internationales, Paris 2012, S. 187–215.

Frank, Robert: Vichy et le monde, le monde et Vichy. Perceptions géopolitiques et idéologiques, in: Azéma, Jean-Pierre/Bédarida, François (Hrsg.): Le régime de Vichy et les Français, Paris 1992, S. 99–121.

Frei, Norbert: 1945 und wir. Das Dritte Reich im Bewusstsein der Deutschen, München 2005.

Frei, Norbert: Der Nürnberger Prozeß und die Deutschen, in: Wette, Wolfram/Ueberschär, Gerd R. (Hrsg.): Kriegsverbrechen im 20. Jahrhundert, Darmstadt 2001, S. 477–492.

Frei, Norbert: Vergangenheitspolitik. Die Anfänge der Bundesrepublik und die NS-Vergangenheit, München 1996.

Fritzsch, Robert: Nürnberg im Krieg. Im Dritten Reich 1939–1945, Düsseldorf 1984.

Froment, Pascal: René Bousquet, Paris 2001.

[Fyfe, David Maxwell:] Political Adventure. The Memoirs of the Earl Kilmuir, London [u.a.] 1964.

Gaiba, Francesca: The Origins of Simultaneous Interpretation. The Nuremberg Trial, Ottawa 1998.

Garçon, Maurice: Lettre de Nuremberg, du 12 février 1946, in: Les nouvelles épîtres 1945/1946, présentées par le Monde illustré, Paris 1947 [ohne Seitenzahlen].

Gaskin, Hilary: Eyewitnesses at Nuremberg, London 1990.

Gasser, Hans-Peter/Melzer, Nils: Humanitäres Völkerrecht – Eine Einführung, Zürich [u.a.], 2., überarb. Aufl. 2012.

Gaulle, Charles de: Discours et messages. Pendant la guerre. Juin 1940–Janvier 1946, Paris 1970.

Gaulle, Charles de: Lettres, Notes et Carnets, Mai 1945–Juin 1951, Paris 1984.

Gemählich, Matthias: „Wir aber wollen, dass dieses Deutschland schuldig gesprochen werde" – Zur Eröffnungsrede des französischen Chefanklägers François de Menthon, in: Nürnberger Menschenrechtszentrum (Hrsg.): Das Internationale Militärtribunal von Nürnberg 1945/1946. Die Reden der Hauptankläger neu gelesen und kommentiert, Hamburg 2015, S. 127–162.

Geras, Norman: Crimes Against Humanity. Birth of a Concept, Manchester [u.a.] 2001.

Geschichtswerkstatt Zirndorf/Übler, Klaus (Hrsg): Die Zirndorfer Brauerei, das Bier und die Traditionsgaststätten, Zirndorf, 3. Aufl. 2007.

Gilbert, Gustave: Nürnberger Tagebuch. Gespräche der Angeklagten mit dem Gerichtspsychologen, Frankfurt am Main 1987.

Ginsburgs, George/Kudriavtsev, V. N. (Hrsg.): The Nuremberg Trial and International Law, London [u.a.] 1990.

Goldensohn, Leon: Die Nürnberger Interviews. Gespräche mit Angeklagten und Zeugen, Düsseldorf [u.a.] 2005 (Originalausgabe: The Nuremberg Interviews, New York 2005; französische Ausgabe: Les entretiens de Nuremberg, Paris 2005).

Greiner, Bernd: Die Morgenthau-Legende. Zur Geschichte eines umstrittenen Plans, Hamburg 1995.

Grimm, Ulrich: Das Oberlandesgericht Nürnberg und sein neues Gebäude – Ein Rückblick auf den 11. September 1916, Nürnberg 2006.

Grimm, Ulrich: Die Wunden des Baus, in: Oberlandesgericht Nürnberg (Hrsg.): Justizpalast Nürnberg. Ein Ort der Weltgeschichte wird 100 Jahre. Festschrift zum 100. Jahrestag der feierlichen Eröffnung des Justizpalastes in Nürnberg durch König Ludwig III. am 11. September 1916, Nürnberg 2016, S. 77–84.

Grohnert, Reinhard: Die Entnazifizierung in Baden 1945–1949. Konzeptionen und Praxis der „Epuration" am Beispiel eines Landes der französischen Besatzungszone, Stuttgart 1991.

Gruchmann, Lothar: „Nacht- und Nebel"-Justiz. Die Mitwirkung der Strafgerichte an der Bekämpfung des Widerstandes in den besetzten westeuropäischen Ländern 1942–1944, in: Vierteljahrshefte für Zeitgeschichte 29 (1981), H. 3, S. 342–396.

Grynfogel, Catherine: De la spécificité d'une infraction particulière. Le crime contre l'humanité, Toulouse 2012.

Haensel, Carl: Der Nürnberger Prozeß. Tagebuch eines Verteidigers, Wiesbaden [u.a.], 2. Aufl. 1980.

Hamel, Jérôme/Fontaine, Thomas: I. 261. Transport parti le 9 août 1944 de Bordeaux et arrivé le 28 août 1944 au KL Dachau, in: Fondation pour la Mémoire de la Déportation (Hrsg.): Livre-Mémorial des déportés de France arrêtés par mesure de répression et dans certains cas par mesure de persécution, 1940–1945, Bd. 3, Paris 2004, S. 55–84.

Handrich, Emmanuel: La Résistance... Pourquoi? Souvenirs des deux guerres et de déportation à Buchenwald 1914–1918 et 1939–1945, Paris 2006.

Hankel, Gerd: Die Leipziger Prozesse. Deutsche Kriegsverbrechen und ihre strafrechtliche Verfolgung nach dem Ersten Weltkrieg, Hamburg 2003.

Hattenhauer, Hans: Europäische Rechtsgeschichte, Heidelberg 1992.

Hébert, Valerie Geneviève: Hitler's Generals on Trial. The Last War Crimes Tribunal at Nuremberg, Lawrence (Kansas) 2010.

Heller, Jon Kevin: The Nuremberg Military Tribunals and the Origins of International Criminal Law, Oxford 2011.

Herbert, Ulrich: Fremdarbeiter. Politik und Praxis des „Ausländer-Einsatzes" in der Kriegswirtschaft des Dritten Reiches, Bonn 1999.

Herbert, Ulrich: Vergeltung, Zeitdruck, Sachzwang. Die deutsche Wehrmacht in Frankreich und in der Ukraine, in: Mittelweg 36 11 (2002/2003), S. 25–42.

Herbulot Simonov, Simone: Les fleurs de Nuremberg, Saint-Just-la-Pendue 2005.

Herz, Patrick: Ein Prozess – vier Sprachen. Übersetzen und Dolmetschen im Prozess gegen die Hauptkriegsverbrecher vor dem Internationalen Militärgerichtshof Nürnberg, Frankfurt am Main 2011.

Herzog, Jacques-Bernard: Contribution à l'étude de la définition du crime contre l'humanité, in: Revue internationale de droit pénal (1947), H. 2, S. 155–170.

Herzog, Jacques-Bernard: De la création d'une juridiction pénale internationale permanente (= Rapport général présenté, le 3 août 1950, à Londres au 3e congrès international de droit comparé), in: Revue internationale de droit pénal (1950), H. 3, S. 395–428.

Herzog, Jacques-Bernard: Henri Donnedieu de Vabres et le droit pénal international, in: Revue de science criminelle et de droit pénal comparé (1953), H. 1, S. 1–19.

Herzog, Jacques-Bernhard: Nuremberg – un échec fructueux?, Paris 1975.

Heydecker, Joe J./Leeb, Johannes: Der Nürnberger Prozeß, Köln, 2. Aufl. 2006.

Hirsch, Francine: The Soviets at Nuremberg. International Law, Propaganda, and the Making of the Postwar Order, in: American Historical Review 113 (2008), H. 3, S. 701–730.

Huhle, Rainer: „Recht ist ein lebendiges, wachsendes Wesen" – Zur Schlussrede des britischen Hauptanklägers Hartley Shawcross, in: Nürnberger Menschenrechtszentrum (Hrsg.): Das Internationale Militärtribunal von Nürnberg 1945/1946. Die Reden der Hauptankläger, neu gelesen und kommentiert, Hamburg 2015, S. 329–365.

Hürten, Heinz: Widerstand in Deutschland, in: Kißener, Michael/Brandt, Harm-Hinrich/Altgelt, Wolfgang (Hrsg.): Widerstand in Europa. Zeitgeschichtliche Erinnerungen und Studien, Konstanz 1995, S. 15–23.

Hüser, Dietmar: Frankreichs „doppelte Deutschlandpolitik". Dynamik aus der Defensive – Planen, Entscheiden, Umsetzen in gesellschaftlichen und wirtschaftlichen, innen- und außenpolitischen Krisenzeiten 1944–1950, Berlin 1996.

Hyde, Hartford Montgomery: Norman Birkett. The Life of Lord Birkett of Ulverston, London 1964.

International Criminal Court/Cour pénale internationale (Hrsg.): Understanding the International Criminal Court, Den Haag [o.J.].

Israël, Liora: Résister par le droit? Avocats et magistrats dans la résistance (1940–1944), in: L'Année sociologique 59 (2009), H. 1, S. 149–175.

Israël, Liora: Robes noires, années sombres. Avocats et magistrats en résistance pendant la Seconde Guerre mondiale, Paris 2005.

Jacob, Madeleine: Quarante ans de journalisme, Paris 1970.

Jakubowicz, Alain/Raffin, René: Touvier. Histoire du procès, Paris 1995.

Jaudel, Étienne: Le procès de Tokyo. Un Nuremberg oublié, Paris 2010.

Jeambrun, Pierre: Les sept visages d'Edgar Faure, Paris 1998.

Jean, Jean-Paul: Crimes contre l'humanité. Les décisions de juridictions françaises, in: Truche, Pierre (Hrsg.): Juger les crimes contre l'humanité. 20 ans après le procès Barbie. Actes du colloque des 10, 11 et 12 octobre 2007, Lyon 2009, S. 75–98.

Justice Telephone Directory. International Military Trials Nurnberg, June 1946, Nürnberg 1946.

Kaspi, André: La libération de la France. Juin 1944–Janvier 1946, Paris 2008.

Kastner, Klaus: Die Völker klagen an. Der Nürnberger Prozess 1945–1946, Darmstadt 2005.

Kastner, Klaus: Von den Siegern zur Rechenschaft gezogen. Die Nürnberger Prozesse, Nürnberg 2001.

Kessel, Joseph: Jugements derniers. Le procès Pétain, le procès de Nuremberg, le procès Eichmann, Paris 2007.

Kißener, Michael: Das Dritte Reich, Darmstadt 2005.

Kißener, Michael: „Vergangenheitsbewältigung" im Vergleich. Frankreich und Deutschland nach dem Zweiten Weltkrieg, in: Elz, Wolfgang/Neitzel, Sönke (Hrsg.): Internationale Beziehungen im 19. und 20. Jahrhundert, Festschrift für Winfried Baumgart zum 65. Geburtstag, Paderborn [u.a.] 2003, S. 403–415.

Klarsfeld, Arno: Papon. Un verdict français, Paris 1998.

Klarsfeld, Serge: Vichy – Auschwitz. Die „Endlösung der Judenfrage" in Frankreich, Darmstadt 2007.

Kochavi, Arieh J.: Prelude to Nuremberg. Allied War Crimes Policy and the Question of Punishment, London [u.a.] 1998.

Kohl, Christiane: Das Zeugenhaus, München 2005.

Kohser-Spon, Christiane: France, 1945: Vers une société nouvelle. Mythe, justice, histoire, in: Lingen, Kerstin von (Hrsg.): Kriegserfahrung und nationale Identität in Europa nach 1945. Erinnerung, Säuberungsprozesse und nationales Gedächtnis, Paderborn [u.a.] 2009, S. 370–388.

Kolb, Robert: Advanced Introduction to International Humanitarian Law, Cheltenham [u.a.] 2014.

Krakovitch, Raymond: Edgar Faure. Le virtuose de la politique, Paris 2006.

Kraus, Elisabeth: Ministerien für das ganze Deutschland? Der Alliierte Kontrollrat und die Frage gesamtdeutscher Zentralverwaltungen, München 1990.

Kretzer, Anette: NS-Täterschaft und Geschlecht. Der erste britische Ravensbrück-Prozess 1946/47 in Hamburg, Berlin 2009.

Kühn, Roland: Zirndorf – Stationen einer Ortsgeschichte in sieben Jahrhunderten, herausgegeben von der Geschichtswerkstatt Zirndorf e.V., Zirndorf, 2. Aufl. 1997.

Kurz, Ingrid: „Als Dolmetscher beim Nürnberger Prozess" – Ein Gespräch mit Marie-France Skuncke, in: Mitteilungsblatt des österreichischen Übersetzer- und Dolmetscherverbandes Universitas, 1985, S. 2–7.

La Germonière, Paul (Hrsg.): Le procès de Nuremberg, Lyon 1946.

Lagrou, Pierre: Les guerres, les morts et le deuil. Bilan chiffré de la Seconde Guerre mondiale, in: Audoin-Rouzeau, Stéphane/Becker, Annette/Ingrao, Christian/Rousso, Henry (Hrsg.): La violence de guerre 1914–1945, Brüssel 2002, S. 313–339.

Lalieu, Olivier: La zone grise? La Résistance française à Buchenwald, Paris 2005.

Lambauer, Barbara: Otto Abetz et les Français ou l'envers de la Collaboration, Paris 2001.

Lampe, Maurice: Réflexions sur le procès de Nuremberg, in: Le Patriote Résistant, Nr. 2, 15. Februar 1946, S. 1 f.

Lappenküper, Ulrich: Der „Schlächter von Paris": Carl-Albrecht Oberg als Höherer SS- und Polizeiführer in Frankreich 1942–1944, in: Martens, Stefan/Vaïsse, Maurice (Hrsg.): Frankreich und Deutschland im Krieg (November 1942-Herbst 1944). Okkupation, Kollaboration, Résistance, Akten des deutsch-französischen Kolloquiums „La France et l'Allemagne en guerre", Bonn 2000, S. 129–143.

Lawrence, Geoffrey: The Nuremberg Trial, in: Mettraux, Guénaël (Hrsg.): Perspectives on the Nuremberg Trial, Oxford [u.a.] 2008, S. 290–298.

Lazard, Didier: Le procès de Nuremberg. Récit d'un témoin, Paris 1947.

Le Dour, Corinne/Gaultier-Voituriez, Odile: Archives de Charles Dubost. Fondation nationale des sciences politiques, Archives d'histoire contemporaine. Inventaire, Paris 1998.

Le Saul, Jean-Claude: Forces occultes ou le reality-show comme discours, Paris 2002.

Lehnstaedt, Stephan und Kurt: Fritz Sauckels Nürnberger Aufzeichnungen. Erinnerungen aus seiner Haft während des Kriegsverbrecherprozesses, in: Vierteljahrshefte für Zeitgeschichte 57 (2009), H. 1, S. 117–150.

Lemkin, Raphael: Axis Rule in Occupied Europe. Laws of Occupation, Analysis of Government, Proposals for Redress, Washington 1944.

Lentin, Albert: Il y a 20 ans: le procès de Nuremberg, in: Après-demain. Journal mensuel de documentation politique 79 (Dez. 1965), S. 4–8.

Lestrohan, Patrice: L'Edgar. Biographie d'Edgar Faure (1908–1988), Paris 2007.

Lévy, Bernard-Henri (Hrsg.): Klaus Barbie. Archives d'un procès, Paris 1987.

Lévy, Claude/Tillard, Paul: La grande rafle du Vel d'Hiv. 16 juillet 1942, Paris 2010.

Lewin, André (Hrsg.): La France et l'Onu (1945–1995), Condé-sur-Noireau 1995.

Lieb, Peter: Konventioneller Krieg oder NS-Weltanschauungskrieg? Kriegführung und Partisanenbekämpfung in Frankreich 1943/44, München 2007.

Lindner, Stephan H.: Das Urteil im I.G.-Farben-Prozess, in: Priemel, Kim C./Stiller, Alexa (Hrsg.): NMT. Die Nürnberger Militärtribunale zwischen Geschichte, Gerechtigkeit und Rechtschöpfung, Hamburg 2013, S. 405–433.

Lingane, Zakaria: Punir, amnistier ou nier: Le crime international de Nuremberg à la Haye, Paris 2014.

Lippe, Viktor Freiherr von der: Nürnberger Tagebuchnotizen. November 1945 bis Oktober 1946, Frankfurt am Main 1951.

Lüdicke, Lars: Constantin von Neurath. Eine politische Biographie, Paderborn 2014.

Lummert, Günther: Die Strafverfahren gegen Deutsche im Ausland wegen „Kriegsverbrechens". Rechtsgutachten mit Gesetzestexten, Hamburg 1949.

Mady, J.: V. BB 30/1785–1831. Archives du Service de recherche des crimes de guerre (1941–1949), in: Archives nationales (Hrsg.): Inventaire BB 30/1774–1890, Paris [o.J.], S. 116–129.

Mai, Gunther: Der Alliierte Kontrollrat in Deutschland 1945–1948. Alliierte Einheit – deutsche Teilung?, München 1995.

Marek, Yves: Edgar Faure. L'optimiste, Paris 2010.

Marienburg, Kerstin: Die Vorbereitung der Kriegsverbrecherprozesse im II. Weltkrieg. Die Diskussion um die Bestrafung der Kriegsverbrecher im II. Weltkrieg sowie die Vorbereitung der Kriegsverbrecherprozesse – insbesondere des Nürnberger Prozesses – in den Kriegsjahren durch die Alliierten, Hamburg 2008.

Marrus, Michael: The Holocaust at Nuremberg, in: Yad Vashem Studies 26 (1998), S. 5–41.

Marrus, Michael: The Nuremberg War Crimes Trial 1945–46. A Documentary History, Boston [u.a.] 1997.

Martens, Stefan: Frankreich zwischen „Histoire contemporaine“ und „Histoire du temps présent“, in: Vierteljahrshefte für Zeitgeschichte, Sonderdruck aus H. 4 (2007), S. 583–616.

Maser, Werner: Nürnberg. Tribunal der Sieger, Düsseldorf [u.a.] 1977.

Mazower, Mark: Hitler's Empire. How the Nazis Ruled Europe, New York 2008.

Meder, Stephan: Rechtsgeschichte. Eine Einführung, Köln [u.a.], 5. Aufl. 2014.

Menthon, François de: Frankreich verlangt Gerechtigkeit im Namen der Menschheit. Wahrheit und Klarheit, Neustadt 1946.

[Menthon, François de:] Le Procès de Nuremberg. Le réquisitoire français. Exposé introductif présenté par M. François de Menthon, in: Cahiers français d'information, Bulletin hebdomadaire publié par le ministère de l'Information, ergänzender Bd. 50 (1946), S. 1–39.

Menthon, Francois de: Le procès de Nuremberg. Son importance juridique et politique, conférence prononcée le 8 mars 1946 au Théâtre Marigny, Paris 1946.

Merle, Marcel: Le procès de Nuremberg et le châtiment des criminels de guerre, Paris 1949.

Mettraux, Guénaël: Judicial Inheritance: The Value und Significance of the Nuremberg Trial to Contemporary War Crimes Tribunals, in: Mettraux, Guénaël (Hrsg.): Perspectives on the Nuremberg Trial, Oxford [u.a.] 2008, S. 599–614.

Meyer, Ahlrich: Die deutsche Besatzung in Frankreich 1940–1944. Widerstandsbekämpfung und Judenverfolgung, Darmstadt 2000.

Meyer, Ahlrich: Täter im Verhör. Die „Endlösung der Judenfrage“ in Frankreich 1940–1944, Darmstadt 2005.

Michal, Bernard: Le procès de Nuremberg, 2 Bde., Paris 1969.

Michalczyk, John J.: Filming the End of the Holocaust. Allied Documentaries, Nuremberg and the Liberation of the Concentration Camps, New York 2014.

Michalka, Wolfgang: Ribbentrop, Ulrich Friedrich Willy Joachim von, in: Neue Deutsche Biographie 21 (2003), S. 500–502.

Ministère des Affaires étrangères (Hrsg.): Annuaire diplomatique et consulaire de la République française pour 1947/1954/1968–1970, Paris 1947/1954/1970.

Ministère des affaires étrangères (Hrsg.): Documents diplomatiques français, 1945–1946, 4 Bde., Paris 1998–2004.

Miquel, Marc von: Ahnden oder amnestieren? Westdeutsche Justiz und Vergangenheitspolitik in den sechziger Jahren, Göttingen 2004.

Miquel, Pierre: Les quatre-vingts, Paris 1995.

Möhler, Rainer: Entnazifizierung in Rheinland-Pfalz und im Saarland unter französischer Besatzung von 1945 bis 1952, Mainz 1992.

Möhler, Rainer: Politische Säuberung im Südwesten unter französischer Besatzung, in: Düwell, Kurt/Matheus, Michael (Hrsg.): Kriegsende und Neubeginn. Westdeutschland und Luxemburg zwischen 1944 und 1947, Stuttgart 1997, S. 175–191.

Moisel, Claudia: Frankreich und die deutschen Kriegsverbrecher. Politik und Praxis der Strafverfolgung nach dem Zweiten Weltkrieg, Göttingen 2004.

Moisel, Claudia: Résistance und Repressalien. Die Kriegsverbrecherprozesse in der französischen Zone und in Frankreich, in: Frei, Norbert (Hrsg.): Transnationale Vergangenheitspolitik. Der Umgang mit deutschen Kriegsverbrechern in Europa nach dem Zweiten Weltkrieg, Göttingen 2006, S. 247–282.

Monneray, Henri (Hrsg.): La persécution des Juifs dans les pays de l'Est présentée à Nuremberg, recueil de documents publié sous la direction de Henri Monneray, Paris 1949.

Monneray, Henri (Hrsg.): La persécution des Juifs en France et dans les autres pays de l'Ouest présentée par la France à Nuremberg, recueil de documents publiés sous la direction de Henri Monneray, Paris 1947.

Montagnon, Pierre: La grande histoire de la Seconde Guerre mondiale. Du procès Laval au jugement de Nuremberg. Septembre 1945/Octobre 1946, Paris 1996.

Moracchini, Michel: Témoignages de Nuremberg. 20 années autour de la Seconde Guerre mondiale, Boulogne-Billancourt 2017.

Mossack, Erhard: Die letzten Tage von Nürnberg, Nürnberg 2000.

Muhlack, Ulrich: Verstehen, in: Goertz, Hans-Jürgen (Hrsg.): Geschichte. Ein Grundkurs, Reinbek bei Hamburg 1998, S. 99–131.

Muracciole, Jean-François: Mouvements de Résistance, in: Cointet, Michèle et Jean-Paul (Hrsg.): Dictionnaire historique de la France sous l'occupation, Paris 2000, S. 512–514.

Museen der Stadt Nürnberg/Henkel, Matthias/Täubrich, Hans-Christian (Hrsg): Memorium Nürnberger Prozesse. Die Ausstellung, Nürnberg 2011.

Nations Unies (Hrsg.): La commission du droit international et son œuvre, Bd. 1, New York, 7. Aufl. 2009.

Neave, Airey: Nuremberg. A Personal Record of the Trial of the Major Nazi War Criminals in 1945–6, London [u.a.] 1978.

Nécrologie. Henri Donnedieu de Vabres, in: Revue de science criminelle et de droit pénal comparé 1 (1952), S. 1–6.

Nécrologie. Henri Donnedieu de Vabres, in: Revue internationale de droit comparé 4 (1952), H. 2, S. 351–355.

Neuman, Hans Joachim: Arthur Seyß-Inquart, Graz [u.a.] 1970.

Novick, Peter: L'épuration française 1944–1949, Paris 1985.

Nürnberger Menschenrechtszentrum (Hrsg.): Von Nürnberg nach Den Haag – Der lange Weg zum Internationalen Strafgerichtshof/From Nuremberg to The Hague – The Road to the International Criminal Court, Nürnberg 2011.

Overy, Richard: The Nuremberg Trials: International Law in the Making, in: Sands, Philippe (Hrsg.): From Nuremberg to The Hague. The Future of International Criminal Justice, Cambridge 2003, S. 1–29.

Overy, Richard: Verhöre. Die NS-Elite in den Händen der Alliierten 1945, München 2002.

Papadopoulos-Killius, Rosemarie: Der letzte Akt. Das IMT aus der Sicht von Übersetzern und Prozeßbeobachtern, in: Ueberschär, Gerd (Hrsg.): Der Nationalsozialismus vor Gericht. Die alliierten Prozesse gegen Kriegsverbrecher und Soldaten 1943–1952, Frankfurt am Main 1999, S. 45–59.

Papen, Franz von: Der Wahrheit eine Gasse, München 1952.

Pätzold, Kurt: Arthur Seyß-Inquart – „Wie immer der Weg führt“, in: Pätzold, Kurt/Weißbecker, Manfred (Hrsg.): Stufen zum Galgen. Lebenswege vor den Nürnberger Urteilen, Leipzig 1999, S. 367–400.

Paxton, Robert O.: Vichy France. Old Guard and New Order 1940–1944, New York 2001.

Pelletier, Henri: Le procès de Nuremberg, [o.O.] 1946.

Pendaries, Yveline: Les procès de Rastatt (1946–1954). Le jugement des crimes de guerre en zone française d'occupation en Allemagne, Bern [u.a.] 1955.

Pernau, Margrit: Transnationale Geschichte, Göttingen 2011.

Persico, Joseph E.: Infamy on Trial, New York 1994 (französische Ausgabe: Nuremberg. Le procès de l'infamie, in: Enquêtes et témoignages, Paris [u.a.] 1996, S. 7–197).

Pfeiffer, Gerhard: Zusammenbruch und Wiederaufbau, in: Pfeiffer, Gerhard (Hrsg.): Nürnberg – Geschichte einer europäischen Stadt, München 1971, S. 466–481.

Pichinot, Hans-Rainer: Die Akademie für Deutsches Recht. Aufbau und Entwicklung einer öffentlich-rechtlichen Körperschaft des Dritten Reichs, Kiel 1981.

Pike, David Wingeate: Spaniards in the Holocaust. Mauthausen, the Horror on the Danube, London [u.a.] 2000.

Piper, Ernst: Alfred Rosenberg. Hitlers Chefideologe, München 2005.

Poliakov, Léon: Mémoires, nouvelle édition présentée par Gilles Firmin, Paris 1999.

Poliakov, Léon: Le procès de Nuremberg, Paris 1971.

Pöppmann: Im Schatten Weizsäckers? Auswärtiges Amt und SS im Wilhelmstraßen-Prozess, in: Priemel, Kim C./Stiller, Alexa (Hrsg): NMT. Die Nürnberger Militärtribunale zwischen Geschichte, Gerechtigkeit und Rechtschöpfung, Hamburg 2013, S. 320–352.

Poznanski, Renée: La création du centre de documentation juive contemporaine en France (avril 1943), in: Vingtième Siècle 63 (1999), H. 1, S. 51–63.

Poznanski, Renée: Les Juifs en France pendant la Seconde Guerre mondiale, Paris 1994.

Prévotat, Jacques: Menthon (François de), in: Cointet, Michèle et Jean-Paul (Hrsg.): Dictionnaire historique de la France sous l'occupation, Paris 2000, S. 488 f.

Priemel, Kim C.: The Betrayal. The Nuremberg Trials and German Divergence, Oxford 2016.

Priemel, Kim C./Stiller, Alexa: Wo „Nürnberg" liegt. Zur historischen Verortung der Nürnberger Militärtribunale, in: Priemel, Kim C./Stiller, Alexa (Hrsg): NMT. Die Nürnberger Militärtribunale zwischen Geschichte, Gerechtigkeit und Rechtschöpfung, Hamburg 2013, S. 9–63.

Prölß, Willy: Der Kampf um Nürnberg und der Einmarsch der Amerikaner in Nürnberg am 20. April 1945, in: Höverkamp, Ingeborg (Hrsg.): Von der Trümmerstadt zur Frankenmetropole. Nürnberg 1945 bis heute, München 2011, S. 166–174.

Prost, Antoine/Winter, Jay: René Cassin et les droits de l'homme. Le projet d'une génération, Paris 2011.

Pütz, Albert: Angehörige der ehemaligen Lager-SS, Gestapo und NS-Justiz vor Gericht. Das SS-Sonderlager/KZ Hinzert 1940–1945, Teil 2, Frankfurt am Main [u.a.] 2001.

Radisoglou, Theodoros: Kommentierte fotografische Dokumentation. Dolmetscher und Übersetzer, ihre Arbeit und Arbeitsbedingungen beim Nürnberger Prozess, in: Kalverkämper, Hartwig/Schippel Larisa (Hrsg.): Simultandolmetschen in Erstbewährung – Der Nürnberger Prozess 1945, Berlin 2008, S. 33–149.

Radlmaier, Steffen (Hrsg.): Der Nürnberger Lernprozess. Von Kriegsverbrechern und Starreportern, Frankfurt am Main 2001.

Raeder, Erich: Mein Leben, Bd. 2, Tübingen 1957.

Rajsfus, Maurice: La rafle du Vel d'Hiv, Paris 2002.

Raßloff, Steffen: Fritz Sauckel. Hitlers „Muster-Gauleiter" und „Sklavenhalter", Erfurt, 3. Aufl. 2008.

Reichsministerium des Innern (Hrsg.): Reichs-Gesetzblatt 1910, Nr. 3701 bis 3833, Berlin 1910, S. 107–151.

Ribadeau Dumas, François: Les damnés de Nuremberg ou les possédés du nazisme, Paris 1977.

Rioux, Jean-Pierre: La France de la Quatrième République, Bd. 1: L'ardeur et la nécessité 1944–1952, Paris 1980.

Rossignol, Dominique: Vichy et les francs-maçons. La liquidation des sociétés secrètes, Paris 1981.

Rousso, Henry: Juger le passé? Justice et histoire en France, in: Brayard, Florent (Hrsg.): Le Génocide des Juifs entre procès et histoire 1943–2000. Actes d'un colloque, Berlin et Postdam janvier 1998, Brüssel 2000, S. 261–287.

Rousso, Henry: Justiz, Geschichte und Erinnerung in Frankreich. Überlegungen zum Papon-Prozeß, in: Frei, Norbert/Laak, Dirk van/Stolleis, Michael (Hrsg): Geschichte vor Gericht. Historiker, Richter und die Suche nach Gerechtigkeit, München 2000, S. 141–163.

Rousso, Henry: Le syndrome de Vichy. De 1944 à nos jours, Paris, 2. Aufl. 1990.

Rousso, Henry: Vichy. L'événement, la mémoire, l'histoire, Paris 2001.

Rousso, Henry/Conan, Eric: Vichy. Un passé qui ne passe pas, Paris 1994.

Roux, Frédéric-Georges: Mon père, Jean Mamy. Le dernier fusillé de l'Épuration, Toulouse 2013.

Rozner, Jacques: Retour de Nuremberg. Conférence prononcée le samedi 9 février 1946 au Club Échos, Paris 1946.

Rückerl, Adalbert: Die Strafverfolgung von NS-Verbrechen 1945–1978. Eine Dokumentation, Heidelberg [u.a.] 1979.

Rumprecht, Karin: Die Nürnberger Prozesse und ihre Bedeutung für die Entwicklung des modernen Konferenzdolmetschens, in: Kalverkämper, Hartwig/Schippel, Larisa (Hrsg.): Simultandolmetschen in Erstbewährung – Der Nürnberger Prozess 1945, Berlin 2008, S. 151–297.

Sainsbury, Keith: The Turning Point. Roosevelt, Stalin, Churchill, and Chiang-Kai-Shek, 1943. The Moscow, Cairo, and Teheran Conferences, Oxford [u.a.] 1985.

Sands, Philippe (Hrsg.): From Nuremberg to the Hague: The Future of International Criminal Justice, Cambridge 2003.

Saurel, Louis: Le Procès de Nuremberg, Paris 1965.

Schabas, William: An Introduction to the International Criminal Court, Cambridge [u.a.], 4. Aufl. 2011.

Schacht, Hjalmar: 76 Jahre meines Lebens, Bad Wörishofen 1953.

Schaeffer, Pierre: Les voleurs de cadavres, in: Esprit 12 (1946), S. 829–840.

Schirach, Baldur von: Ich glaubte an Hitler, Hamburg 1967.

Schirmann, Sylvain: Des occupations à l'intégration européenne, in: Dumoulin, Michel/Elvert, Jürgen/Schirmann, Sylvain (Hrsg.): Ces chers voisins. L'Allemagne, la Belgique et la France en Europe du XIXe au XXIe siècles, Stuttgart 2010, S. 155–168.

Schirmann, Sylvain: Quel ordre européen? De Versailles à la chute du IIIe Reich, Paris 2006.

Schmidt, Ulf: „The Scars of Ravensbrück". Medical Experiments and British War Crimes Policy, 1945–1950, in: Heberer, Patricia/Matthäus, Jürgen (Hrsg.): Atrocities on Trial. Historical Perspectives on the Politics of Prosecuting War Crimes, London [u.a.] 2008, S. 123–157.

Schneppen, Heinz: Das Nürnberger Urteil über die „verbrecherischen Organisationen“ und seine Folgen. Eine kritische Bilanz, in: Zeitschrift für Geschichtswissenschaft 63 (2015), H. 1, S. 28–67.

Schoeller, Wilfried F.: Alfred Döblin. Eine Biographie, München 2011.

Schöpfel, Ann-Sophie: Dynamics of Justice in Indochina (1944–1946). France's Commitment to the Rule of Law and the Punishment of Japanese War Crimes, in: Tolliday, Phillip/Palme, Maria/Kim, Dong-Choon (Hrsg.): Asia-Pacific between Conflict and Reconciliation, Göttingen 2016, S. 103–124.

Schöpfel, Ann-Sophie: La voix des juges français dans les procès de Nuremberg et de Tokyo. Défense d'une idée de justice universelle, in: Guerres mondiales et conflits contemporains 249 (2013), H. 1, S. 101–114.

Schöpfel, Ann-Sophie: The War Court as a Form of State-Building. The French Prosecution of Japanese War Crimes at the Saigon and Tokyo Trials, in: Bergsmo, Morten/Cheah, Wui Ling/Yi, Ping (Hrsg.): Historical Origins of International Criminal Law, Brüssel 2014, S. 119–142.

Scholtyseck, Joachim: Der „Schwabenherzog“ Gottlob Berger, SS-Obergruppenführer, in: Kißener, Michael/Scholtyseck, Joachim (Hrsg.): Die Führer der Provinz. NS-Biographien aus Baden und Württemberg, Konstanz 1997, S. 77–110.

Schramm, Georg Wolfgang: Bomben auf Nürnberg. Luftangriffe 1940–1945, München 1988.

Schramm, Georg: Nürnberg im Fadenkreuz. Bombardierung und Vernichtung, in: Centrum Industriekultur Nürnberg (Hrsg.): Unterm Hakenkreuz. Alltag in Nürnberg 1933–1945, München 1993, S. 194–205.

Schulmeister-André, Irina: Internationale Strafgerichtsbarkeit unter sowjetischem Einfluss. Der Beitrag der UdSSR zum Nürnberger Hauptkriegsverbrecherprozess, Berlin 2016.

Schullze, Erich (Hrsg.): Gesetz zur Befreiung von Nationalsozialismus und Militarismus vom 5. März 1946 mit den Ausführungsvorschriften, der Anweisung für die Auswerter der Meldebogen und der Rangliste in mehrfarbiger Wiedergabe, München, 3. durchgesehene und ergänzte Aufl. 1948, S. 5–114.

Schunk, Peter (Hrsg.): Dokumente zur Geschichte der Dolmetscherhochschule Germersheim aus den Jahren 1946–1949, Germersheim, Mainz 1997.

Schwelb, Egon: Crimes Against Humanity, in: Mettraux, Guénaël (Hrsg.): Perspectives on the Nuremberg Trial, Oxford [u.a.] 2008, S. 120–166.

Seibold, Gerhard: Röchling. Kontinuität im Wandel, Stuttgart 2001.

Seliger, Hubert: Politische Anwälte? Die Verteidiger der Nürnberger Prozesse, Baden-Baden 2016.

Service d'information des crimes de guerre (Hrsg.): Camps de concentration, Paris 1946 (deutsche Ausgabe: Französisches Büro des Informationsdienstes über

Kriegsverbrechen (Hrsg.): Konzentrationslager Dokument F321 für den Internationalen Militärgerichtshof Nürnberg, durchgesehen, erläutert und mit einem Nachwort versehen von Peter Neitzke und Martin Weinmann, Frankfurt am Main, 3. Aufl. 1989).

Service d'information des crimes de guerre (Hrsg.): Le Procès de Nuremberg – L'accusation française, 6 Bde., Paris 1946/1947.

Service d'information des crimes de guerre (Hrsg.): Le Procès de Nuremberg – Le verdict, Paris 1947.

Simon, Sacha: La galerie des monstres. À Nuremberg dans les coulisses du plus grand procès de l'histoire, Nancy 1946.

Simon, Sacha: J'ai vu pendre les chefs nazis à Nuremberg, in: Historia – La revue vivante du passé 119 (Oktober 1956), S. 354–360.

Smith, Bradley F.: Der Jahrhundert-Prozeß. Die Motive der Richter von Nürnberg – Anatomie einer Urteilsfindung, Frankfurt am Main 1979 (Originalausgabe: Reaching Judgment at Nuremberg. The Untold Story of How the Nazi War Criminals Were Judged, New York 1976).

Smouts, Marie-Claude: La France à l'Onu. Premiers rôles & second rang, Paris 1979.

Sonnenberger, Franz: Wie der Justizpalast an die Fürther Straße kam. Ein Kapitel Nürnberger Stadtpolitik um 1900, in: Mitteilungen des Vereins der Geschichte der Stadt Nürnberg, Bd. 76. (1989), S. 325–340.

Soutou, Henri-Georges: Paris zwischen Angst vor einem neuen „Anschluss" und Schwärmerei für eine europäische Neuordnung, in: Karner, Stefan/Tschubarjan, Alexander O. (Hrsg.): Die Moskauer Deklaration 1943 – „Österreich wieder herstellen", Wien [u.a.] 2015, S. 109–118.

Speer, Albert: Erinnerungen, Berlin, 3. Aufl. 2007.

Speer, Albert: Spandauer Tagebücher, Frankfurt am Main [u.a.] 1975.

Spies, Christopher: Gnade für NS-Kriegsverbrecher? Ministerpräsident Peter Altmeier und die Begnadigungen der von französischen Gerichten verurteilten NS-Verbrecher, in: Jahrbuch für westdeutsche Landesgeschichte 40 (2014), S. 453–556.

Sprecher, A. Drexel: Inside the Nuremberg Trial. A Prosecutor`s Comprehensive Account, Bd. 1, Lanham [u.a.] 1999.

Stadt Nürnberg. Amt für Stadtforschung und Statistik (Hrsg.): 2012. Statistisches Jahrbuch der Stadt Nürnberg, Nürnberg 2012.

Steinbauer, Gustav: Ich war Verteidiger in Nürnberg. Ein Dokumentenbeitrag zum Kampf um Österreich, Klagenfurt 1950.

Steinberg, Lucien: La libération d'Oberg et Knochen, in: Le Monde Juif 18 (1963), H. 32/33, S. 81–89.

Steinbrecher, Marc: Der Aufbau der Verwaltung in der Südpfalz nach dem Zweiten Weltkrieg (1945–1948). Administrative Reorganisation und französische Besatzungsherrschaft, Neustadt an der Weinstraße 2015.

Stroh, Frédéric: Introduction, in: Stroh, Frédéric/Quadflieg, Peter M. (Hrsg.): L'incorporation de force dans les territoires annexés par le IIIe Reich 1939–1945, Straßburg 2016, S. 5–25.

Sutzkever, Avrom: Mon témoignage au procès de Nuremberg, in: Europe. Revue littéraire mensuelle 73, Nr. 796–797 (August-September 1995), S. 140–152.

Syré, Ludger: Der Führer vom Oberrhein – Robert Wagner. Gauleiter, Reichsstatthalter in Baden und Chef der Zivilverwaltung im Elsass, in: Kißener, Michael/Scholtyseck, Joachim (Hrsg.): Die Führer der Provinz. NS-Biographien aus Baden und Württemberg, Konstanz 1997, S. 733–780.

Tantin, Dominique (Hrsg.): Delphin Debenest, 1939–1945. Un magistrat français en guerre contre le nazisme, La crèche 2005.

Taylor, Telford: Final Report to the Secretary of the Army on the Nuernberg War Crimes Trials under Control Council Law No. 10, Washington, D.C. 1949.

Taylor, Telford: Die Nürnberger Prozesse. Hintergründe, Analysen und Erkenntnisse aus heutiger Sicht, München 1994 (Originalausgabe: The Anatomy of the Nuremberg Trials. A Personal Memoir, New York 1992; französische Ausgabe: Procureur à Nuremberg, Paris 1995).

Teitel, Ruti G.: Transitional Justice, New York 2000.

Teitgen, Pierre-Henri: „Faites entrer le témoin suivant", 1940–1958. De la Résistance à la Ve République, Rennes 1988.

Teitgen, Pierre-Henri: Le jugement de Nuremberg, Conférence de M. Teitgen, le 3 Octobre 1946, Paris 1946.

Terlinden, Charles: Nécrologie. Léon-Jean van der Essen (1883–1963), in: Revue belge de philologie et d'histoire 41 (1963), H. 1, S. 359 f.

Thalhofer, Elisabeth: Dachau in Rastatt. Der Prozess gegen das Personal des Gestapo-Lagers Neue Bremm vor dem Tribunal Général de la Zone Française in Rastatt, in: Eiber, Ludwig/Sigel, Robert (Hrsg.): Dachauer Prozesse. NS-Verbrechen vor amerikanischen Militärgerichten in Dachau 1945–48 – Verfahren, Ergebnisse, Nachwirkungen, Göttingen 2007, S. 192–209.

Tisseron, Antonin: La France et le procès de Nuremberg. Inventer le droit international, Paris 2014.

Trials of War Criminals before the Nuernberg Military Tribunals under Control Council Law No. 10, 15 Bde., Washington 1949–1952.

Tribunal et Cour de cassation (Hrsg): Notices sur le personnel (1905–1963). Recueillies et publiées avec l'autorisation de M. le Garde des Sceaux, 3e supplément, Paris 1963.

Tusa, Ann/Tusa, John: The Nuremberg Trial, New York 2003.

Übersichtsplan: Oberlandesgericht Nürnberg. Justizgebäude in Nürnberg, Fürther Straße, Neunummerierung ab Dezember 1973, Nürnberg 1973.

United States Department of State (Hrsg.): A Decade of American Foreign Policy. Basic Documents, 1941–49, Washington 1950.

United States Department of State (Hrsg.): Foreign Relations of the United States. Diplomatic Papers, 1945, Bd. 3 – European Advisory Commission; Austria; Germany, Washington 1968.

United States Department of State (Hrsg.): Report of Robert H. Jackson, United States Representative to the International Conference on Military Trials London 1945, Washington 1949.

Urselmann, Karin: Die Bedeutung des Barbie-Prozesses für die französische Vergangenheitsbewältigung, Frankfurt am Main [u.a.] 2000.

Vaillant-Couturier, Marie-Claude: Communication, in: Centre de droit international de l'institut de Sociologie de l'université libre de Bruxelles/Fondation Auschwitz-Stichting (Hrsg.): Le Procès de Nuremberg – Conséquences et actualisation. Actes du Colloque international, Université Libre de Bruxelles, Brüssel 1988, S. 19–22.

Valland, Rose: Le front de l'art. Défense des collections françaises 1939–1945, Paris 1997.

Varaut, Jean-Marc: Le procès de Nuremberg. La glaive dans la balance, Paris 1992.

Varaut, Jean-Marc: Le procès Petain, 1945–1990, Paris 1995.

Vermeil, Edmond: Le problème allemand – Vue d'ensemble, in: Vermeil, Edmond/Bérard, A./Fouques-Duparc, Jacques [u.a.] (Hrsg.): Quelques aspects du problème allemand, Paris 1945, S. 17–96.

Vonau, Jean-Laurent: Le Gauleiter Wagner. Le bourreau de l'Alsace, Straßburg 2011.

Vonau, Jean-Laurent: Le procès de Bordeaux. Les Malgré-Nous et le drame d'Oradour, Straßburg 2003.

Vonau, Jean-Laurent: Le rôle du Gauleiter Robert Wagner, in: Les saisons d'Alsace, Sonderheft Mai 2012, S. 16–25.

Vonau, Jean-Laurent: Les aspects juridiques découlant de l'incorporation de force, in: Eichenlaub, Jean-Luc/Grandhomme, Jean-Noël (Hrsg.): Août 1942. L'incorporation de force des Alsaciens et des Mosellans dans les armées allemandes. Actes de la rencontre de l'AMAM du 15, 16 et 17 octobre 2002, Colmar 2003, S. 85–96.

Vonau, Jean-Laurent: Profession bourreau. Struthof et Schirmeck – Les gardiens de camp et les „médecins de la mort" face à leurs juges, Straßburg 2013.

Vormbaum, Thomas (Hrsg.): Vichy vor Gericht – der Papon-Prozess. Der Strafprozeß gegen Maurice Papon in der deutschen Presseberichterstattung 1997/98, Baden-Baden 2000.

Wagner, Jens-Christian (Hrsg.): Wiederentdeckt. Zeugnisse aus dem Konzentrationslager Holzen, Begleitband zur Wanderausstellung, herausgegeben im Auftrag der Stiftung Gedenkstätten Buchenwald und Mittelbau-Dora, Göttingen 2013.

Weinke, Annette: Gewalt, Geschichte, Gerechtigkeit. Transnationale Debatten über deutsche Staatsverbrechen im 20. Jahrhundert, Göttingen 2016.

Weinke, Annette: Die Nürnberger Prozesse, München 2006.

Weißbecker, Manfred: Fritz Sauckel – „Wir werden die letzten Schlacken unserer Humanitätsduselei ablegen", in: Pätzold, Kurt/Weißbecker, Manfred (Hrsg.): Stufen zum Galgen. Lebenswege vor den Nürnberger Urteilen, Leipzig 1999, S. 297–331.

Weitkamp, Sebastian: „Mord mit reiner Weste". Die Ermordung des Generals Maurice Mesny im Januar 1945, in: Richter, Timm C. (Hrsg.): Krieg und Verbrechen – Situation und Intention: Fallbeispiele, München 2006, S. 31–40.

Werner, Michael/Zimmermann, Bénédicte (Hrsg.): De la comparaison à l'histoire croisée, Paris 2004.

Werner, Michael/Zimmermann, Bénédicte: Vergleich, Transfer, Verflechtung. Der Ansatz der Histoire croisée und die Herausforderung des Transnationalen, in: Geschichte und Gesellschaft 28 (Okt.–Dez. 2002), H. 4, S. 606–636.

Wesel, Uwe: Geschichte des Rechts. Von den Frühformen bis zum Vertrag von Maastricht, München 1997.

Wiedijk, C.H./Harmsen, Ger: Vorrink, Jacobus Jan, in: Biografisch Woordenboek van het Socialisme en de Arbeidersbeweging in Nederland, [o.O.] 1988, S. 221–227.

Wieviorka, Annette: L'ère du témoin, Paris 2013.

Wieviorka, Annette: La France et le crime contre l'humanité, in: Brayard, Florent (Hrsg.): Le génocide des Juifs entre procès et histoire 1943–2000, Actes d'un colloque, Berlin et Postdam janvier 1998, Brüssel 2000, S. 113–132.

Wieviorka, Annette: La France et le procès de Nuremberg, in: Wieviorka, Annette/ Kentarô, Awaya (Hrsg.): Les procès de Nuremberg et de Tokyo. Actes d'un colloque international, 26–28 octobre 1995, Brüssel 1996, S. 69–87.

Wieviorka, Annette: Le procès de Nuremberg, Rennes 1995.

Wieviorka, Annette: Le procès Eichmann, Brüssel 1989.

Wieviorka, Olivier: Histoire de la Résistance 1940–1945, Paris 2013.

Wilkens, Andreas: Von der Besetzung zur westeuropäischen Integration. Die französische Deutschlandpolitik der Nachkriegszeit (1945–1950), in: Historische Mitteilungen 4 (1991), H. 1, S. 1–21.

Woetzel, Robert K.: The Nuremberg Trials in International Law, New York [u.a.] 1960.

Wolikow, Serge: Les combats de la mémoire. La FNDIRP de 1945 à nos jours, Paris 2006.

Zaoui, Michel: Mémoires de justice. Les procès Barbie, Touvier, Papon, Paris 2009.

Zimmermann, Andreas: Das juristische Erbe von Nürnberg. Das Statut des Nürnberger Internationalen Militärtribunals und der Internationale Strafgerichtshof, in: Reginbogin, Herbert J./Safferling, Christoph J. M. (Hrsg.): Die Nürnberger Prozesse. Völkerstrafrecht seit 1945. Internationale Konferenz zum 60. Jahrestag, München 2006, S. 266–276.

III. Internetressourcen

Amann, Diane Marie: Portraits of Women at Nuremberg, UC Davis Legal Studies Research Paper Nr. 225 (August 2010), URL: http://ssrn.com/abstract=1654732; aufgerufen am 23. Februar 2018.

Annuaire rétrospectif de la magistrature, XIXe-XXe siècles, URL: http://tristan.u-bourgogne.fr:8080/; aufgerufen am 23. Februar 2018.

Assemblée nationale (Hrsg.): 2e séance du 22 février 2000. Discussion du projet de loi autorisant la ratification de la convention portant statut de la Cour pénale internationale (nos 2065, 2141), S. 1096–1110, URL: http://www.assemblee-nationale.fr/11/cri/html/20000130.asp#01096; aufgerufen am 23. Februar 2018.

Beigbeder, Yves: Nuremberg and France. Lecture delivered at the Robert H. Jackson Center in Jamestown on 11 June 2007, URL: http://yvesbeigbeder.blogspot.fr/2007/08/la-france-et-le-procs-de-nuremberg-1945.html; aufgerufen am 23. Februar 2018.

Bonnard, Daniel: Die Ursprünge der französischen Kriegsverbrecherprozesse in Deutschland (1942–1945), in: Trajectoires 7 (2013), URL: http://trajectoires.revues.org/1077; aufgerufen am 23. Februar 2018.

Draft Statute of the International Criminal Court. Working Paper Submitted by France, Preparatory Committee on the Establishment of an International Court, 12–30 August 1996, URL: https://www.legal-tools.org/en/doc/4d28ee/; aufgerufen am 23. Februar 2018.

Fite, Katherine: Letter from Katherine Fite to Mr. and Mrs. Emerson Fite, November 19, 1945. K. Lincoln Papers, War Crimes File (Harry S. Truman Presidential Museum & Library); URL: https://www.trumanlibrary.org/whistlestop/study_collections/nuremberg/documents/index.php?documentdate=1945-10-14&documentid=nuremberg20-16&pagenumber=1; aufgerufen am 23. Februar 2018.

Foulon, Charles-Louis: Teitgen, Pierre-Henri (1908–1997), in: Encyclopædia Universalis, [Onlinefassung]; URL: http://www.universalis.fr/encyclopedie/pierre-henri-teitgen/; aufgerufen am 23. Februar 2018.

Gemählich, Matthias: A. Tisseron, La France et le procès de Nuremberg, in: Francia Recensio 1 (2015), 19./20. Jahrhundert – Histoire contemporaine, URL: http://www.perspectivia.net/publikationen/francia/francia-recensio/2015-1/ZG/tisseron_gemaehlich; aufgerufen am 23. Februar 2018.

Herzog, Jacques Bernard: Recuerdos del proceso de Nuremberg, Conferencia dada el 3 de mayo de 1949 en la Universidad de Chile, bajo los auspicios del Instituto Chileno-Francés de Cultura, in: Revista de Derecho y Jurisprudencia 8/9 (1949), URL: http://www.derechos.org/nizkor/doc/herzog.html; aufgerufen am 23. Februar 2018.

Huhle, Rainer: Vom schwierigen Umgang mit „Verbrechen gegen die Menschheit“ in Nürnberg und danach, [o.O.] 2009, URL: http://www.nmrz.de/wp-content/uploads/2009/10/Crimes_against_humanity_nuernberg.pdf; aufgerufen am 23. Februar 2018.

Jean, Jean-Paul: Les magistrats de la Cour de cassation au procès de Nuremberg. Colloque: 70 ans après Nuremberg – Juger le crime contre l'humanité, URL: https://www.courdecassation.fr/IMG/Discours%20JP%20Jean%20-%2070%20ans%20par%C3 %A8s%20Nuremberg%20-%20Juger%20le%20crime%20contre%20l%20humanit%C3 %A9.pdf; aufgerufen am 23. Februar 2018.

Krüger, Anne K.: Transitional Justice. Version: 1.0, in: Docupedia-Zeitgeschichte, URL: https://docupedia.de/zg/Transitional_Justice; aufgerufen am 23. Februar 2018.

Loi n° 46–643 du 11 avril 1946 ayant pour objet de permettre aux femmes d'accéder à la magistrature, URL: https://www.legifrance.gouv.fr/affichTexte.do?cidTexte=JORFTEXT000000509013; aufgerufen am 23. Februar 2018.

Loi n° 64–1326 du 26 décembre 1964 tendant à constater l'imprescriptibilité des crimes contre l'humanité, URL: http://www.legifrance.gouv.fr/affichTexte.do?cidTexte=JORFTEXT000000684761; aufgerufen am 23. Februar 2018.

Loi n° 2000–282 du 30 mars 2000 autorisant la ratification de la convention portant statut de la Cour pénale internationale, URL: https://www.legifrance.gouv.fr/affichTexte.do?cidTexte=JORFTEXT000000215075&dateTexte=&categorieLien=id; aufgerufen am 23. Februar 2018.

Principles of International Law Recognized in the Charter of the Nürnberg Tribunal and in the Judgment of the Tribunal. Text adopted by the International Law Commission at its second session, in 1950 and submitted to the General Assembly as a part of the Commission's report covering the work of that session, URL: http://legal.un.org/ilc/texts/instruments/english/draft_articles/7_1_1950.pdf; aufgerufen am 23. Februar 2018.

Rioux, Jean-Pierre: Le procès d'Oradour, in: L'Histoire 64 (1984), URL: http://www.histoire.presse.fr/actualite/infos/proces-oradour-01-12-1985-60033; aufgerufen am 23. Februar 2018.

Syracuse University Libraries (Hrsg.): Francis Biddle Collection of International Military Tribunal Nuremberg Trial Documents and Related Material. An Inventory of the Collection at Syracuse University, [o.O., o.J.], URL: http://library.syr.edu/digital/guides/b/biddle_f.htm#d2e53; aufgerufen am 23. Februar 2018.

IV. Periodika

Amtsblatt des Kontrollrats in Deutschland
Brabants Dagblad
Ce Soir
Combat
De Arnhemsche Courant
De Dordtenaar
De Nieuwe Courant
Die Welt
Franc-Tireur
France libre
France Soir
Front national
Groninger Dagblad
Journal officiel de la République française (JORF)
L'Aube
L'Aurore
L'Époque
L'Étoile du Soir
L'Humanité
L'Ordre
La Revue de la Zone française
Le Courrier de Paris
Le Figaro
Le Monde
Le Monde Juif
Le Parisien
Le Parisien libéré
Le Patriote résistant
Le Pays
Le petit Provençal
Le Populaire de Paris
Libé-Soir
Libération
Réforme
Résistance
Süddeutsche Zeitung
Trouw
Utrechts Nieuwsblad

V. Dokumentarfilme

Costelle, Daniel: Le procès de Nuremberg (1974)
Delage, Christian: Nuremberg – Les nazis face à leurs crimes (2006)
Hartl, Peter: Le procès du siècle – Les chroniqueurs célèbres de Nuremberg (2016)
Rossif, Frédéric: De Nuremberg à Nuremberg (1986)

Abkürzungsverzeichnis

AD	Archives diplomatiques
AFAT	Auxiliaires féminins de l'armée de terre
AFP	Agence France-Presse
AIDP	Association internationale de droit pénal
AIJD	Association internationale des juristes démocrates
AMN	Archives des musées nationaux
AN	Archives nationales
BBC	British Broadcasting Corporation
BNF	Bibliothèque nationale de France
BWCE	British War Crimes Executive
CCWC	Chief of Counsel for War Crimes
CDJC	Centre de documentation juive contemporaine
CDU	Christlich Demokratische Union
CFLN	Comité français de la libération nationale
DDF	Documents diplomatiques français
DGER	Direction générale des études et recherches
ERR	Einsatzstab Reichsleiter Rosenberg
FFI	Forces françaises de l'intérieur
FNDIRP	Fédération nationale des déportés et internés résistants et patriotes
FRUS	Foreign Relations of the United States
HCRFA	Haut Commissariat de la République française en Allemagne
IMT	Internationales Militärtribunal; Internationaler Militärgerichtshof
IStGH	Internationaler Strafgerichtshof
JORF	Journal officiel de la République française
LFC	Légion française des combattants
MLN	Mouvement de libération nationale
MNJ	Mouvement national judiciaire
MRP	Mouvement républicain populaire
NSDAP	Nationalsozialistische Deutsche Arbeiterpartei
NSRB	Nationalsozialistischer Rechtswahrerbund
NMT	Nuremberg Military Tribunals
OKW	Oberkommando der Wehrmacht
PCF	Part communiste français
PDP	Parti démocrate populaire
PTT	Postes, Télégraphes et Téléphones
SA	Sturmabteilung
SD	Sicherheitsdienst
SHD	Service historique de la défense

SRCGE	Service de recherche des crimes de guerre ennemis
SS	Schutzstaffel
SUL	Syracuse University Libraries
UNO	United Nations Organization
UNWCC	United Nations War Crimes Commission

Personenregister

TRANSFORMATIONEN - DIFFERENZIERUNGEN - PERSPEKTIVEN

MAINZER STUDIEN ZUR NEUZEIT

Herausgegeben von Michael Kißener, Jan Kusber,
Andreas Rödder und Matthias Schnettger

Band 1 Stephanie Mayer-Tarhan: Zwischen Diktatur und Europa. Joaquín Ruiz-Giménez und der spanische Katholizismus, 1936-1977. 2017.

Band 2 Matthias Gemählich: Frankreich und der Nürnberger Prozess gegen die Hauptkriegsverbrecher 1945/46. 2018.

www.peterlang.com

www.ingramcontent.com/pod-product-compliance
Ingram Content Group UK Ltd.
Pitfield, Milton Keynes, MK11 3LW, UK
UKHW041827290926
8980IPUK00002B/118

9 783631 761892